collana di istruzione scientifica
serie di informatica

Luis Joyanes Aguilar

Fondamenti di programmazione in C++

Algoritmi, strutture dati e oggetti

Edizione italiana a cura di
Aldo Franco Dragoni

McGraw-Hill

Milano • New York • St. Louis • San Francisco • Auckland • Bogotá
Caracas • Lisboa • London • Madrid • Mexico City • Montreal
New Delhi • San Juan • Singapore • Sydney • Tokyo • Toronto

Titolo originale: *Programación en C++. Algoritmos, estructuras de datos y objetos, 2ª edición*

McGraw-Hill
*A Division of The **McGraw-Hill** Companies*

Publisher: Paolo Roncoroni
Editor: Alessandra Porcelli
Produzione: Donatella Giuliani
Realizzazione editoriale: Carmelo Giarratana
Grafica di copertina: G&G
Stampa: Delta Grafica, Città di Castello (PG)

ISBN 978 88 386 6477-9
Printed in Italy
123456789DTGLIL21098

Sommario

Indice

Prefazione

Il linguaggio C++ è ormai universalmente utilizzato per lo sviluppo di applicazioni industriali di grandi dimensioni e alte prestazioni; esso eredita dal C l'efficienza "prestazionale", mentre quella "dimensionale" la deriva dal paradigma dell'*Object Oriented Programming* (OOP), la cui inclusione nel C, a opera di Bjarne Stroustrup, sancì appunto la nascita del C++ nei primi anni '80.

Questo volume introduce ai principi della programmazione scegliendo come linguaggio didattico proprio il C++, nonostante non lo si possa certamente definire tale. Il motivo che ci spinge in questa direzione è il desiderio di ridurre i tempi di formazione del programmatore, facendolo applicare, fin dai primi algoritmi, su un linguaggio professionale realmente utilizzato in grandi suite software.

Questa scuola di pensiero ha mostrato recentemente un'interessante evoluzione. Proprio l'esplosione dell'OOP come paradigma computazionale per grandi sistemi software (soprattutto veicolata dal linguaggio Java, attuale principe dell'OOP) sta portando i grandi formatori internazionali a ripensare i percorsi didattici preferendo in alcuni casi la via del *thinking as objects*, anticipando cioè i temi dell'OOP rispetto a quelli della tradizionale programmazione strutturata.

Questa impostazione, ancorché condotta in maniera attenta ed equilibrata, è discutibile ma praticamente obbligata per chi adotti un linguaggio intrinsecamente OO come Java. Essa però richiede più tempo per la formazione, perché introduce dei concetti in più, quelli appunto legati all'OOP, senza eliminare quelli della programmazione strutturata classica. Questa impostazione risulta quindi di difficile attuazione nei corsi Fondamenti di Informatica cui sono rivolti i testi sui principi della programmazione.

Una soluzione è quindi quella di tornare all'impostazione classica "alla Niklaus Wirth" che vede al centro della programmazione gli algoritmi e le strutture dati, e solo a margine le classi, le quali sono strutture dati con integrate le funzioni specifiche per elaborarli.

Questa impostazione filologica classica è la principale caratteristica del testo di Aguilar: prima vengono presentati i concetti introdotti dai linguaggi di programmazione ad alto livello (come il Pascal), e poi quelli caratterizzanti i linguaggi OOP per lo sviluppo distribuito di grandi sistemi software da parte di molti programmatori (come il Java), il tutto utilizzando però un unico linguaggio che assembla entrambe le caratteristiche, come appunto l'ANSI/ISO C++.

In questa chiave il nostro testo si caratterizza per un'impostazione didattica poco formale ma al contempo ricca di esempi ed esercizi svolti, con richiami e suggerimenti orientati all'efficienza e alla professionalità. L'obiettivo dichiarato è quello di iniziare il lettore ai principi della programmazione, e non alla conoscenza del linguaggio C++. Esso tratta quindi ampiamente la programmazione strutturata e, solo successivamente quella orientata agli oggetti che "*no es la panacea universal de programador del siglo XXI, pero le ayudará a realizar tareas que, de otra manera, serían complejas y tediosas*".

Strumenti pedagogici

Il libro si avvale dei seguenti strumenti per aiutare lo studente nell'apprendimento:

- L'*Introduzione* presenta i punti chiave di ciascun capitolo e gli obiettivi che lo studente dovrebbe raggiungere dopo averlo studiato, permettendogli di inquadrare l'argomento che si prepara a studiare.
- Numerosi *Esempi* ed *Esercizi risolti* presentano allo studente la realizzazione pratica di quanto appena esposto.
- Numerosi box mettono in evidenza gli aspetti più importanti o problematici dell'argomento studiato.
- Il *Sommario* di fine capitolo propone una sintesi degli argomenti trattati nel capitolo.
- I *Concetti chiave* aiutano lo studente a fissare i punti più importanti del capitolo.
- I *Problemi* di fine capitolo sono un potente strumento di autoverifica per lo studente: le soluzioni sono disponibili sul sito dedicato al libro, *www.ateneonline.it/joyanes*.
- Nell'Appendice A lo studente ha a disposizione un altro set di esercizi, questa volta senza soluzione, per esercitarsi ulteriormente.

Aldo Franco Dragoni
Università Politecnica delle Marche

Ringraziamenti dell'Editore

L'Editore ringrazia i revisori che con le loro preziose indicazioni hanno contribuito alla realizzazione dell'edizione italiana di *Fondamenti di programmazione in C++*:

Eduardo Calabrese, *Università degli Studi di Parma*

Emanuele Covino, *Università degli Studi di Bari*

Stefano Ferilli, *Università degli Studi di Bari*

Marco La Cascia, *Università degli Studi di Palermo*

Gianfranco Rossi, *Università degli Studi di Parma*

Domenico Ursino, *Università degli Studi Mediterranea di Reggio Calabria*

PARTE I

Fondamenti di programmazione

1 Introduzione all'informatica e alla programmazione

Indice

Introduzione

I sistemi digitali per l'elaborazione dell'informazione rappresentano probabilmente la principale innovazione tecnologica degli ultimi sessant'anni. Essi sono ormai parte integrante della gestione dei processi in quasi tutti i settori delle attività umane, da quello produttivo alla gestione della cosa pubblica, dalla ricerca scientifica alla formazione scolastica o professionale. In ogni "computer" il ruolo dei programmi è essenziale; senza una lista di istruzioni da eseguire, il sistema per l'elaborazione dell'informazione è inutile. I linguaggi di programmazione ci permettono di scrivere questi programmi e, pertanto, di fornire al computer le istruzioni da eseguire per elaborare le informazioni. Il libro introduce il lettore all'arte della programmazione attraverso uno dei linguaggi più versatili e diffusi: il C++. Questo capitolo inizia descrivendo l'organizzazione fisica (hardware) e logica (software applicativo e sistema operativo) del computer. Saranno introdotti i concetti di "digitalizzazione dell'informazione" e di "algoritmo". Si passerà poi ai due paradigmi di programmazione caratteristici del C++: la programmazione strutturata e la programmazione orientata agli oggetti, per concludere introducendo l'Unified Modeling Language (UML) come strumento per la descrizione e la risoluzione dei problemi.

1.1 Che cos'è un computer?

Un **computer** è un dispositivo elettronico utilizzato per processare informazione digitale in **ingresso** (*input*) e ottenere risultati digitali in **uscita** (*output*), come si osserva nella Figura 1.1. Sia i dati in ingresso che quelli in uscita possono essere di qualunque tipo: testi, immagini, suoni o, addirittura, filmati. Il modo più semplice per interagire con il computer è utilizzare il *mouse*, la tastiera e lo schermo (monitor), ma oggi esistono altri dispositivi molto popolari come scanner, microfoni, altoparlanti, videocamere, fotocamere digitali, ecc.; tramite *modem* e schede di rete, è poi possibile collegare il computer ad altri computer attraverso reti, la più importante delle quali è **Internet**.

Con il termine **hardware** si denomina l'insieme dei componenti fisici che costituiscono il computer e i dispositivi che realizzano i compiti di ingresso e uscita dei dati. Nella memoria del computer risiede il **programma,** cioè la sequenza delle istruzioni che esso esegue; la persona che scrive programmi si chiama **programmatore** e l'insieme dei programmi scritti per un computer si denomina **software**.

Questo libro si occupa quasi esclusivamente di *software*, ma fa un breve cenno anche all'*hardware*, da prendere come ripasso o introduzione, a seconda delle conoscenze del lettore in questa materia.

Figura 1.1 Elaborazione dell'informazione digitale in un computer.

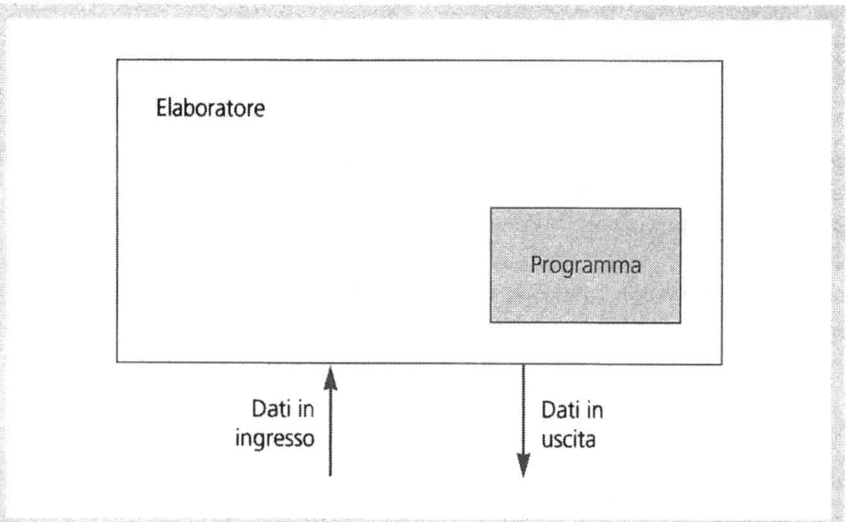

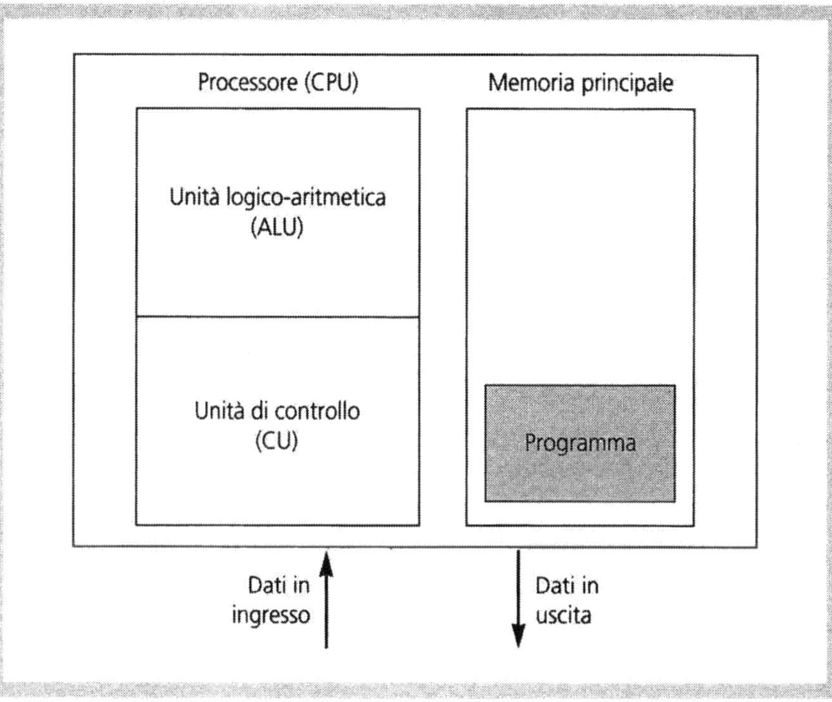

Figura 1.2
Organizzazione fisica di un computer.

1.2 Organizzazione fisica di un computer (hardware)

Grandi o piccoli che siano, i sistemi per l'elaborazione digitale delle informazioni sono organizzati come illustrato nella Figura 1.2. Possiedono tre componenti principali: il *processore* o *Central Processing Unit* (**CPU**), costituito dall'*Aritmetic Logic Unit* (**ALU**) e dalla *Control Unit* (**CU**), la *memoria principale* o *centrale* e il *programma.*

Se alla struttura fondamentale della Figura 1.2 si aggiungono i dispositivi per la comunicazione con il computer, sorge la struttura tipica di un sistema di elaborazione: dispositivi di input/output, memoria esterna e processore/ memoria centrale con il suo programma (Figura 1.3).

1.2.1 Dispositivi di Input/Output (I/O)

I dispositivi di *ingresso/uscita* sono le componenti *periferiche* del sistema per la comunicazione fra il computer e l'utente.

I dispositivi di ingresso servono a introdurre dati (informazione digitale) e/o programmi nella memoria principale del computer. Le principali periferiche di input sono **tastiere**, **penne ottiche**, **joystick**, **lettori di codici a**

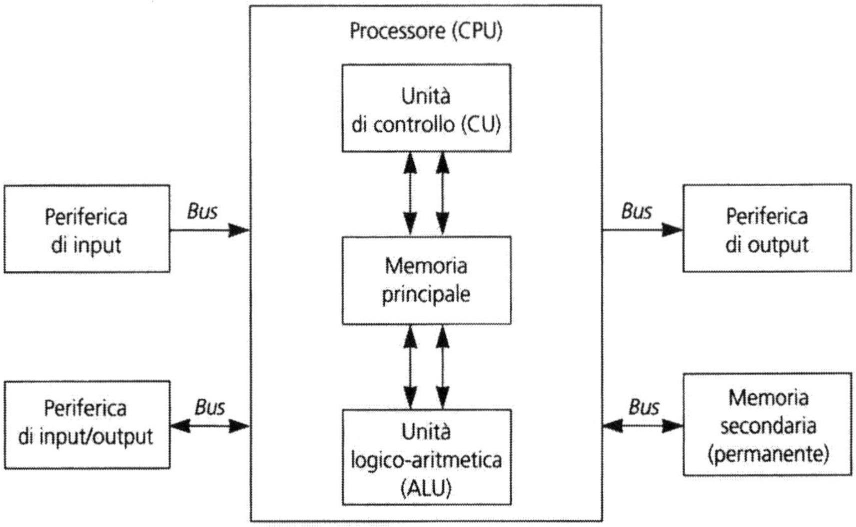

Figura 1.3
Organizzazione fisica di un computer.

barre, **scanner**, **microfoni**, **videocamere**, **lettori di tessere digitale** e **lettori RFID** (sistemi per l'identificazione tramite radio frequenza). Ma il dispositivo di input forse più popolare è il **mouse**, che muove un puntatore su uno schermo grafico facilitando l'interazione uomo-macchina.

I *dispositivi di uscita* servono per presentare i risultati dell'elaborazione dei dati. La principale periferica di output è lo **schermo** o **monitor** (tipicamente **CRT**). Altri dispositivi di uscita sono le **stampanti**, i **plotter**, gli **altoparlanti**, ecc.

I dispositivi di memoria di massa (o secondaria) come **dischi magnetici**, **CD-ROM**, **DVD**, **nastri magnetici**, **memorie flash**, **USB** ecc., sono pure annoverati fra le periferiche di I/O.

1.2.2 La memoria centrale (principale)

La **memoria centrale,** o **principale**, è anche detta semplicemente **memoria**. Essa può contenere informazione di due tipi: *istruzioni* (di un programma) e *dati* (con cui operano le istruzioni). Perché un programma possa essere *eseguito*, deve essere prima caricato in memoria (probabilmente dalla memoria secondaria) con un'operazione denominata *loading* (caricamento). Poi, in corso di **esecuzione**, esso dovrà leggere pure dalla memoria i dati di cui ha bisogno, e metterà sempre nella memoria i risultati di elaborazioni parziali, come anche informazioni funzionali al corretto espletamento del suo lavoro.

Per aumentare la velocità di accesso ai dati, i processori attuali utilizzano una piccola memoria intermedia, particolarmente veloce, denominata *cache*, in cui vengono collocati dati e istruzioni più frequentemente utilizzati dal programma in esecuzione. I processori più veloci incorporano tutti una propria memoria *cache*.

Organizzazione della memoria

Un **bit** (***binary digit***) è un contenitore astratto d'informazione binaria, cioè può assumere solo i valori 0 o 1. Una sequenza di 8 bit è detta **byte**. La memoria è costituita da **celle** tutte uguali e capaci di rappresentare più bit. Esse sono considerate i mattoni fondamentali della memoria perché sono scritte o lette per intero con un'unica operazione. Oggi queste celle di memoria hanno tutte la capacità di *un byte*. La capacità della memoria si misura quindi in byte, dipende dal tipo e dal modello del computer e normalmente può essere modificata.

Se si associa a ogni carattere dell'alfabeto una particolare sequenza di 8 bit e si desidera caricare in memoria la frase:

```
Ciao Mortimer tutto va bene.
```

allora la memoria conterrà 28 byte consecutivi: le 23 lettere, 4 spazi (uno spazio è pure esso un carattere rappresentato da un particolare byte) e 1 punto. Il numero del passaporto

```
P57487891
```

occuperà invece 9 byte, ma se si carica come

```
P5-748-7891
```

ne occuperà 11. Questo tipo di dati è detto *alfanumerico*, ed è costituito da lettere dell'alfabeto, simboli di punteggiatura, cifre numeriche e caratteri speciali (simboli: `$`, `#`, `*`, ecc.).

Il tipo di dato alfanumerico, anche quando rappresenta un numero, come un numero telefonico o un numero di passaporto, viene considerato e rappresentato come un *testo*. I numeri veri e propri, cioè quelli che sono oggetto di operazioni matematiche, vengono invece rappresentati in modo del tutto diverso e possono occupare 2, 4 e persino 8 byte consecutivi (si vedrà nel Capitolo 12).

Alla cella di memoria sono associati due concetti importanti: l'*indirizzo* e il *contenuto*. L'*indirizzo* ne indica univocamente la posizione e viene utilizzato dalle istruzioni per scrivere o leggere un byte in quella cella. Il byte scritto nella cella ne costituisce il suo *contenuto*. Un gruppo di una, due, quattro od otto celle di memoria può esser detto *parola* (*word*). La Figura 1.4 mostra una memoria di 1000 parole con indirizzi da 0 a 999.

Figura 1.4
Memoria centrale di un computer.

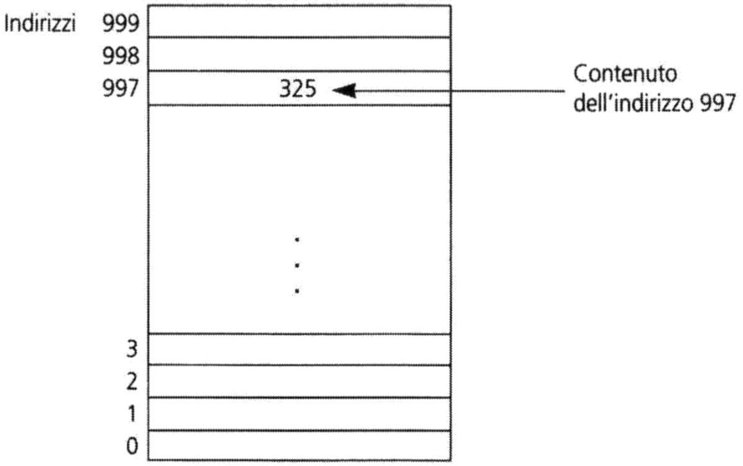

Quando si scrive un byte in una cella di memoria quello che vi era scritto prima viene cancellato senza possibilità di recupero. Quindi l'indirizzo è unico e fisso, ma il contenuto può cambiare durante l'esecuzione di un programma.

Per definire la capacità di una memoria si utilizzano multipli di potenze di 2, come descritto nella Tabella 1.1.

Tabella 1.1 Unità di misura della memoria.

Byte	Byte (B)	8 bit				
Kilobyte	Kbyte (KB)	2^{10} byte	*cioè*	1.024 byte	in decimale	1.024 byte
Megabyte	Mbyte (MB)	2^{20} byte	*cioè*	1.024 Kbyte	in decimale	1.048.576 byte
Gigabyte	Gbyte (GB)	2^{30} byte	*cioè*	1.024 Mbyte	in decimale	1.073.741.824 byte
Terabyte	Tbyte (TB)	2^{40} byte	*cioè*	1.024 Gbyte	in decimale	1.099.511.627.776 byte

Oggi i personal computer hanno comunemente una memoria la cui capacità può variare da 512 MB a 2 GB, ma ormai capita di vederli anche con memorie da 4 o 8 GB.

Nella memoria principale si trovano:
- I dati inviati dai dispositivi di ingresso per essere elaborati.
- I programmi che elaborano le informazioni digitali.
- I risultati ottenuti dalle elaborazioni pronti per essere inviati a un dispositivo di uscita.

Tipi di memoria principale

Vi sono due tipi di memoria principale: la **RAM** e la **ROM**. La **RAM** (*Random Access Memory*, memoria ad acceso aleatorio) è volatile (cioè perde il suo contenuto quando si spegne il computer) e può essere sia scritta che letta accedendo direttamente a ogni sua cella; essa di fatto coincide con ciò che comunemente s'intende per "memoria principale". La **ROM** (*Read Only Memory*, memoria di sola lettura) è una memoria permanente in cui non si può scrivere (viene preregistrata dal fabbricante). I programmi e i dati scritti nella ROM non si perdono quando si spegne il computer e non si possono modificare. Per questo la ROM contiene normalmente i programmi che servono ad avviare il computer.

1.2.3 L'unità centrale di processo: il processore

L'*unità centrale di processo* (**CPU** – *Central Processing Unit*) è il cuore del sistema di elaborazione. Essa gestisce l'informazione (programmi e dati) leggendoli dalla memoria, eseguendo le istruzioni e scrivendo in memoria i risultati.

Essa contiene una *unità di controllo* (**CU** – *Control Unit*) e una *unità aritmetico-logica* (**ALU** – *Aritmetic Logic Unit*), come illustra la Figura 1.2. L'**unità di controllo** coordina le attività del computer, determinando le operazioni che si debbono realizzare e in che ordine. L'**unità aritmetico-logica** compie le operazioni aritmetiche e logiche, come somma, sottrazione, moltiplicazione, divisione e operazioni di confronto.

1.2.4 Il microprocessore

Il **microprocessore** è il *chip* (un circuito integrato) che nei moderni personal computer realizza le funzioni della CPU.

Il primo microprocessore commerciale, l'Intel 4004 fu presentato il 15 novembre 1971. Esistono vari produttori di microprocessori, come Intel, Zilog, AMD, Motorola, Cyrix, ecc. Storici microprocessori a 8 bit furono l'Intel 8080, lo Zilog Z80 e il Motorola 6800. Il primo personal computer IBM nacque con gli 8086 e 8088 di Intel, mentre l'Apple si affidò al Motorola MC68000 per il suo Macintosh. Negli anni ottanta è stata la volta dell'architettura a 32 bit dell'Intel con 80386 e 80486. Poi sono venuti i Motorola MC 68020, MC68400 e gli AMD 80386, 80486.

Nel 1993 apparve l'Intel Pentium (80586) e poi Intel Pentium Pro, Intel Pentium II/III e AMD K6. Nel 2000 Intel e AMD controllano il mercato con Pentium IV, Titanium, Pentium D e AMD Athlon XP, AMD Duxor. Negli anni 2005 e 2006 appaiono le nuove tecnologie Intel Core Duo, AMD Athlon 64 ecc.

Figura 1.5
Organizzazione fisica di un computer con un microprocessore.

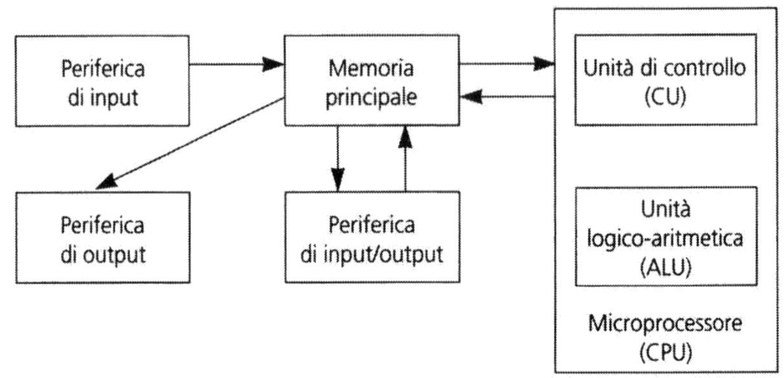

1.2.5 Memoria secondaria

Per poter essere eseguito, un programma deve risiedere in memoria, ma questa ha capacità limitata e si cancella quando si *spegne* il computer. Per questo servono **dispositivi di memoria secondaria** o **di massa** (*mass storage* o *secondary storage*), come illustra la Figura 1.6.

I più comuni sono *nastri magnetici, dischi magnetici,* **CD-ROM** e **DVD**. I nastri sono utilizzati principalmente da sistemi di computer grandi per operazioni di salvataggio periodico. I **dischi fissi** sono invece utilizzati da tutti i computer e sono molto capienti (la loro capacità attuale oscilla tra 40 e 500 GB).

Il compact disk (**CD**) è un supporto ottico sviluppato nel 1980 e commercializzato a partire dal 1982. Ne esistono tre tipi: il CD-ROM (di sola lettura), il **CD-R** (registrabile) e il **CD-RW** (riscrivibile). La loro capacità di immagazzinamento varia da 650 a 875 MB.

Figura 1.6
Supporti per la memoria di massa: compact flash (sinistra), memoria flash USB (centro) e hard disk (destra).

I **DVD** (*Digital Versatile Disk*) hanno una tecnologia analoga, ma una capacità molto maggiore, essendo quindi adatti anche a contenere film digitali. I formati più popolari sono DVD-ROM, DVD±R, DVD±RW, DVD±RAM, e le loro capacità variano da 4.7 GB, 8.5 GB fino a 17.1 GB, a seconda se sono a uno strato, a due strati o a doppia faccia.

I più recenti dischi ottici usciti nel 2006 sono **Blu-ray** e **HD DVD**. La loro capacità varia da 15 a 50 GB e potrà arrivare sino a 200 GB.

L'informazione nella memoria di massa si organizza in unità indipendenti chiamati **file** (archivi). I file possono contenere *dati* o *programmi* e possono essere trasferiti nella memoria principale per l'elaborazione.

Confronto tra memoria principale e secondaria

La memoria principale è molto più veloce e cara della memoria secondaria. I dati nella memoria principale sono *volatili* e spariscono quando si *spegne* il computer. I dati in memoria secondaria sono *permanenti* e non spariscono quando si *spegne* il computer. Per poter essere processati i file dei programmi e dei dati debbono essere prima caricati nella memoria principale.

La **scheda di rete** consente di collegare un computer a una **rete locale** per accedere alle risorse di altri computer. Il **modem** mette in comunicazione due computer attraverso la rete telefonica analogica. Grazie a queste capacità di connessione il computer può anche collegarsi a una rete dati privata intranet/extranet o con la grande e pubblica Internet. Le reti wireless permettono collegamenti senza fili su brevi distanze (IEEE 802.11x, Bluetooth, ZigBee) o grandi distanze (Wi-Max).

1.2.6 Il personal computer

Lo studente di informatica e il professionista dispongono oggi di un ampio ventaglio di personal computer a prezzi economici e alte prestazioni. Nel 2006 abbiamo PC con 1 GB di memoria, masterizzatore DVD a doppio strato, microprocessore Pentium a 3.00/3.20 GHz, monitor LCD a 17 pollici e hard disk di 200/400 GB con prezzi da 800 a 1000 euro. Fra i portatili si possono trovare modelli pure di 1 GB, 60-80 GB di disco fisso, processori Intel Pentium di 1.73 GHz, 1.83 GHz, schermo di 15.4 pollici con prezzi da 800 a 1200 euro. La Tabella 1.2 riassume la nostra proposta per un PC, a metà del 2006.

Tabella 1.2 Caratteristiche medie di un computer portatile (*laptop*).

Processore	Intel Centrino 1.6 a 1.73/2.0 GHz; Intel Core Duo (1.73/1.83 GHz); AMD Turion 64.
Memoria	512 MB a 1.0-2 GB.
Hard Disk	60-120 GB.
Internet	Scheda Ethernet; modem 56 Kbps; rete wireless 802.11 b/g; Bluetooth.
Video	Memoria video da 128 a 512 MB.
Schermo	15", 15.4" o 17" (si commercializzano anche schermi da 11", 12" e 13").
Masterizzatore	DVD±RW a doppio strato.
Porte	3/4 porte USB 2.0, firewire, PCMCIA.
Marchi	HP, Compaq, Dell, IBM, El System, Gateways, Acer, Toshiba, Sony, Cofiman ...

1.3 Rappresentazione dell'informazione nei computer

I computer elaborano informazione in formato digitale, per cui è necessario introdurre un po' l'argomento della "digitalizzazione" e capire come testi, immagini e suoni possano essere tradotti in sequenze di bit.

Altri temi importanti sono le tecniche per la compressione dei file per ridurre lo spazio da loro occupato e la durata della loro trasmissione, nonché i metodi per riconoscere gli errori nella stessa trasmissione dei file.

1.3.1 Rappresentazione di testi

I testi si rappresentano tramite un codice in cui a ciascuno dei diversi caratteri (lettere dell'alfabeto, cifre e segni di interpunzione) si assegna una particolare sequenza di bit. I caratteri si raggruppano di solito in cinque categorie:

1. **Caratteri alfabetici**: lettere maiuscole e minuscole.

   `A, B, C, D, E, ... X, Y, Z, a, b, c, ... x, y, z`

2. **Caratteri numerici**: cifre del sistema decimale.

   `0, 1, 2, 3, 4, 5, 6, 7, 8, 9`

3. **Caratteri speciali**: simboli ortografici e matematici.

   `{ } Ñ ñ ! ? & > # ç ...`

4. **Caratteri geometrici e grafici**: simboli per rappresentare figure geometriche.

   │ ┐ ┌ ♠ ~ ...

5. **Caratteri di controllo**: rappresentano comandi, come il carattere per passare alla linea successiva [NL], per tornare all'inizio della linea (CR, *carriage return*), emettere un "bip" [BEL], ecc.

I codici più utilizzati sono **EBCDIC**, **ASCII** e **Unicode**.

- **Codice EBCDIC** (*Extended Binary Coded Decimal Inter Change Code*)
  Questo codice introdotto dall'IBM utilizza *un byte per ogni carattere* e quindi codifica $2^8 = 256$ simboli differenti.
- **Codice ASCII** (*American Standard Code for Information Interchange*)
  Il codice ASCII base utilizza 7 bit e permette quindi di rappresentare $2^7 = 128$ caratteri, ma le lettere maiuscole e minuscole sono limitate a quelle dell'alfabeto inglese. In realtà però le celle di memoria sono di un byte ciascuna, per cui si aggiunge un bit settato a zero all'inizio della sequenza per assegnare un carattere a ogni cella.
- **Codice Unicode** (*www.unicode.org*)
  Questo codice utilizza due byte per rappresentare ogni simbolo, quindi permette di rappresentare $2^{16} = 65536$ simboli differenti. I nuovi posti sono utilizzati per superare il limite dell'ASCII e contemplare anche i caratteri alfabetici di tutte le lingue parlate.

Un testo diventa quindi una sequenza di byte, cioè un **file di testo**, che potrà essere in formato ASCII, EBCDIC oppure Unicode. Questi file sono normalmente costruiti e modificati da programmi che si chiamano **editori di testo** e vanno distinti da quelli più elaborati prodotti da *word processor*, come Microsoft Word, perché questi ultimi contengono sequenze di byte che rappresentano cambi di formato, di tipi di fonti ecc., e possono utilizzare codici proprietari diversi da ASCII o Unicode.

In C++ per rappresentare i *caratteri* si usa il tipo predefinito `char`, che associa ogni carattere a un codice ASCII *esteso* a 8 bit (256 caratteri diversi). Il tipo denominato `wchar_t` serve invece a rappresentare caratteri di tipo internazionale per linguaggi diversi dall'inglese.

1.3.2 Rappresentazione di valori numerici

Per rappresentare valori numerici non conviene utilizzare la codifica testuale. Se per esempio rappresentiamo il numero 65 come sequenza di caratteri ASCII, utilizzando un byte per simbolo occupiamo 16 bit. Con due byte il maggior numero intero rappresentabile sarebbe 99. Ma se invece di utilizzare la codifica testuale per rappresentare il numero utilizziamo direttamente la *notazione binaria* (sistema posizionale come il decimale, ma con base 2 invece che 10), il range di numeri interi rappresentabili con 16 bit andrà da 0 a 65535 ($2^{16} - 1$). Pertanto, la notazione binaria (o varianti di essa) viene preferita per la codifica dei numeri. Il numero viene originalmente immesso come testo (sequenza di cifre ASCII), ma poi l'applicazione che userà quel valore numerico provvederà a convertirlo nella notazione binaria specifica per quel tipo di numero. Esistono infatti due tipi di dato numerici: gli interi e i numeri reali.

Rappresentazione dei numeri interi

Nelle architetture a 32 bit (su cui girano i più comuni sistemi operativi, come Windows o Linux) i dati di tipo intero si rappresentano normalmente su quattro byte. Gli interi si possono rappresentare con segno (`signed`, in C++) o senza segno (`unsigned`, in C++). Poiché un bit serve per specificare il segno, gli interi senza segno possono contenere valori positivi il doppio più grandi. Normalmente, se non viene specificato diversamente, l'intero è inteso essere considerato con il segno. Il C++ consente poi variazioni sul tipo intero.

Rappresentazione dei numeri reali

I numeri reali sono quelli che contengono una parte decimale, come `2`, `6` o `3.14152`. Essi si rappresentano in *notazione scientifica* o in *virgola mobile*; perciò nei linguaggi di programmazione sono noti come numeri in virgola mobile. Nel sistema anglosassone la virgola decimale è rappresentata dal punto, per cui questi numeri vengono detti di tipo *floating point*.

Esempi

`12.35 99901.32 0.00025 9.0`

La notazione scientifica, o esponenziale, è utile per rappresentare numeri molto grandi o molto piccoli.

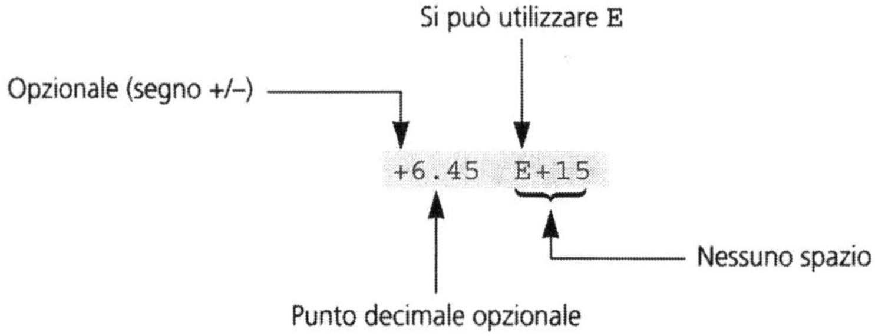

Notazione esponenziale

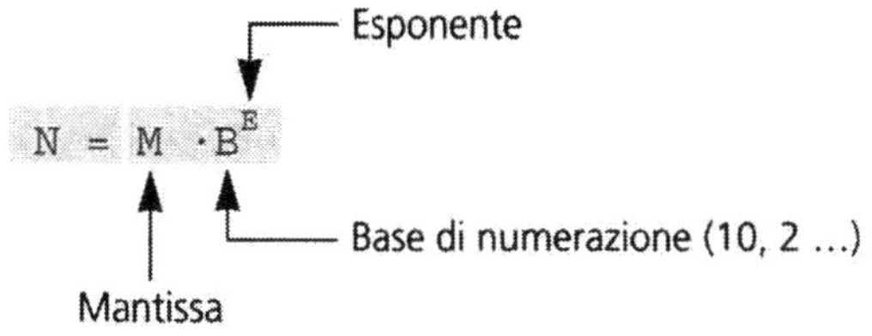

`2.52 e + 8`
`8.34 E - 4` equivale a `8.34/104 = 0.000834`
`7E5`
`-18.35e15`
`5.95E25`
`9.11e - 31` equivale a `0.00000000000000000000000000000911`

1.3.3 Rappresentazione delle immagini

Le immagini si acquisiscono tramite scanner, videocamere digitali, macchine fotografiche, ecc. Esistono due modi per rappresentare le immagini: le *bit map* e la *rappresentazione vettoriale*.

Nel caso delle rappresentazioni bit map, l'immagine viene prima scomposta in una matrice di piccoli quadratini, chiamati *pixel* (*picture element*), ognuno dei quali possiede un suo colore uniforme. Associando a ogni colore un codice binario, l'immagine viene rappresentata come una sequenza di bit. Per esempio, nel caso di un'immagine in bianco e nero, possiamo associare al bianco l'1 e al nero lo 0, così che, una volta scomposta in pixel, l'immagine viene codificata in una sequenza di bit. Per immagini con toni di grigio si associa a ogni tono un byte, dal nero puro che ha lo "0" al bianco puro che è associato al "256". Così l'immagine diventa una sequenza di byte. I colori si scompongono invece nelle tre componenti principali, rosso, verde e blu (rappresentazione RGB, *Red Green Blue*), ognuna delle quali è associata a un byte che ne rappresenta l'intensità. Un'immagine di n pixel diventa quindi un file di $3n$ byte, dove ogni 3 byte consecutivi rappresentano una particolare combinazione di rosso, verde e blu associata a un certo pixel. Questi byte possono poi essere collocati sul file con schemi diversi. Inoltre sono stati trovati modi per comprimere i file senza compromettere significativamente la qualità delle immagini. Ne risulta una varietà di formati, i più utilizzati dei quali sono riportati nella Tabella 1.3.

Tabella 1.3 Mappe di bit.

Formato	Origine e descrizione
BMP	*Microsoft*. Formato semplice con immagini di grande qualità ma con l'inconveniente di occupare molto spazio (non utile per il web).
JPEG	*Gruppo JPEG*. Qualità accettabile per immagini naturali. Include compressione con perdita d'informazione. Si utilizza nel web.
GIF	*CompuServe*. Molto adeguato per immagini non naturali (logotipi, bandiere, disegni annidati ...). Molto usato nel web.

La **rappresentazione vettoriale** si usa per immagini non naturali (disegni tecnici, caratteri tipografici ecc.) e consiste nello scomporre l'immagine in una collezione di oggetti come linee, poligoni e testi con i loro rispettivi attributi e dettagli (spessore, colore, ecc.).

Tabella 1.4 Rappresentazioni vettoriali.

Formato	Descrizione
IGES	ASME/ANSI. Standard per scambio di dati e modelli di (AutoCAD, ...).
Pict	Apple Computer. Immagini vettoriali.
EPS	Adobe Computer.
TrueType	Apple e Microsoft per EPS.

1.3.4 Rappresentazione dei suoni

La digitalizzazione dei suoni avviene in tre fasi. Prima si campiona l'ampiezza dell'onda acustica (catturata da un microfono e convertita in onda elettrica) a un certo istante di tempo, poi si "quantizza" il campione estratto per poterlo rappresentare su uno o due byte, quindi si codifica in binario il valore ottenuto e lo si registra in memoria. Tutto il procedimento viene ripetuto a intervalli regolari detti intervalli di campionamento.

Per esempio, per la registrazione stereo ad alta fedeltà si utilizza una frequenza di campionamento di 44.000 Hz e una quantizzazione su 2 byte per canale (4 quindi in tutto). Un'ora di musica stereo occupa quindi 44.000 × 3.600 × 4 = 633.600.000 byte, cioè circa la capacità dei primi CD audio.

Un sistema totalmente diverso per rappresentare la musica è il formato **MIDI** (*Musical Instruments Digital Interface*); questi file non sono però registrazioni digitali, ma spartiti musicali opportunamente codificati e riprodotti mediante sintetizzatori denominati *sequencer*.

1.4 Concetto di algoritmo

L'obiettivo di questo testo è quello di insegnare a programmare. Il programmatore è anzitutto una persona che risolve problemi, perciò per riuscire ad essere un buon programmatore bisogna imparare a risolvere problemi in modo rigoroso e sistematico. L'idea centrale di ogni metodologia di programmazione è il concetto di algoritmo.

Un algoritmo è un metodo per risolvere un problema. Il termine **algoritmo** deriva da *Mohammed al-Khowârizmi*, matematico persiano che visse nel IX secolo e assunse a grande fama grazie all'enunciazione di regole "passo passo" per sommare, sottrarre, moltiplicare e dividere numeri decimali. Dalla latinizzazione del suo cognome derivò poi il termine "algoritmo". Euclide, il grande matematico greco (del IV secolo prima di Cristo) che inventò un metodo per trovare il massimo comune divisore di due numeri, è considerato, con Al-Khowârizmi, l'altro padre dell'algoritmica.

Il professore Niklaus Wirth – inventore di Pascal, Modula-2 e Oberon – titolò uno dei suoi più famosi libri, *Algoritmi + Strutture di dati = Programmi*, intendendo che si può realizzare un buon programma soltanto con il progetto di un buon algoritmo e una corretta struttura di dati.

La soluzione di un problema richiede quindi l'elaborazione di un algoritmo per risolverlo.

I passi per la risoluzione di un problema sono:

1. *Analisi del problema e sviluppo dell'algoritmo,* che descrive la sequenza ordinata di passi – senza ambiguità – che conducono alla soluzione di un certo problema.
2. *Codifica dell'algoritmo* in un *programma* scritto mediante un opportuno linguaggio di programmazione.
3. *Esecuzione e validazione* del programma sul computer.

Senza algoritmo non può esistere un programma, ma gli algoritmi sono indipendenti sia dal linguaggio di programmazione in cui si esprimono sia dal computer che li eseguirà. Un algoritmo può essere scritto in linguaggi diversi ed essere eseguito su computer diversi, ma sarà sempre lo stesso algoritmo.

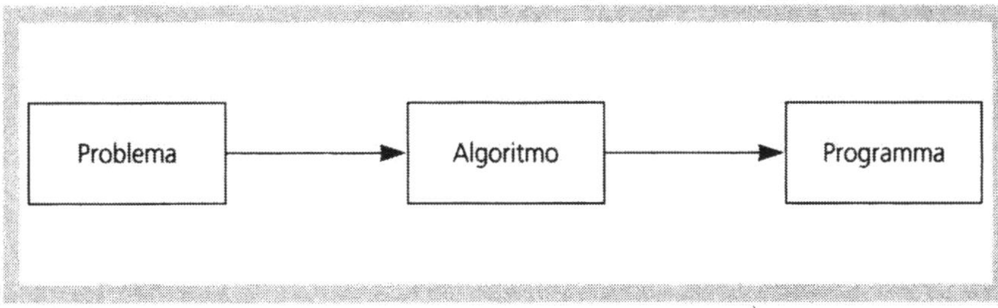

Figura 1.7
Risoluzione di un problema.

Più o meno come una ricetta di cucina, che si può esprimere in spagnolo, inglese oppure italiano, ma qualunque sia il linguaggio, i passi per l'elaborazione del piatto si realizzeranno indipendentemente dalla lingua del cuoco.

Gli algoritmi sono quindi più importanti dei linguaggi di programmazione e dei computer. Un linguaggio di programmazione è soltanto un mezzo per esprimere un algoritmo e un computer è soltanto un processore per eseguirlo. Tanto il linguaggio di programmazione come il computer sono i mezzi per ottenere un fine: riuscire ad eseguire l'algoritmo ed effettuare il processo corrispondente.

Quindi è molto importante imparare a progettare algoritmi. All'insegnamento e alla pratica della progettazione di algoritmi è dedicata gran parte di questo libro. Si tratta di un'attività che richiede creatività e conoscenze profonde delle tecniche di programmazione.

1.4.1 Caratteristiche degli algoritmi

Un buon algoritmo deve essere:

- *preciso*: deve indicare cioè la sequenza corretta di ogni passo.
- *deterministico*: ogni volta che si applica deve produrre lo stesso risultato.
- *finito*: deve comportare un numero finito di passi.

La definizione di un algoritmo si compone di tre parti: *input, processo* e *output*. Nell'algoritmo di ricetta di cucina citato prima si avrà:

Input: ingredienti e utensili impiegati.

Processo: elaborazione della ricetta in cucina.

Output: terminazione del piatto.

Esercizio risolto 1.1

Un cliente emette un ordine a un fornitore. Il fornitore esamina nel suo database la scheda del cliente; se il cliente è solvente allora l'impresa accetta l'ordinazione, altrimenti la rifiuta. Scrivere l'algoritmo corrispondente. I passi dell'algoritmo sono:

```
1. Inizio.
2. Leggere l'ordine.
3. Esaminare la scheda del cliente.
4. Se il cliente è solvente, accettare ordine;
   in caso contrario, rifiutare ordine.
5. Fine.
```

Esercizio risolto 1.2

Concepire e sintetizzare un algoritmo per capire se un numero è primo oppure no. Per definizione, un numero è primo se può essere diviso solo per sé stesso, oltre che per il numero 1. Un algoritmo di risoluzione del problema passa per il dividere successivamente il numero per 2, 3, 4 e così via.

```
1. Inizio.
2. Porre X uguale a 2 (x = 2, x variabile che rappresenta
   i divisori del numero esaminato N).
3. Dividere N per X (N/X).
4. Se il risultato di N/X è intero, allora N non è un numero
   primo e andare al punto 7; in caso contrario, continuare
   il processo.
5. Sommare 1 a X (X ← X + 1).
6. Se X è uguale a N, allora N è un numero primo; in caso
   contrario, andare al punto 3.
7. Fine.
```

Ad esempio, se `N` è `131`, i passi sarebbero:

```
1. Inizio.
2. X = 2.
3 e 4. 131/X. Siccome il risultato non è intero,
       si continua il processo.
5. X ← 2 + 1, dunque X = 3.
6. Siccome X non è 131, si va al punto 3.
3 e 4. 131/X risultato non è intero.
5. X ← 3 + 1, X = 4.
6. Siccome X non è 131 si va al punto 3.
3 e 4. 131/X ... ecc.
7. Fine.
```

Esercizio risolto 1.3

Calcolare la somma dei numeri pari compresi fra 2 e 1000.
Il problema consiste nel sommare 2 + 4 + 6 + 8 … + 1000. Utilizzeremo le parole `SOMMA` e `NUMERO` (*variabili*, saranno introdotte più tardi) per rappresentare le somme successive (2 + 4), (2 + 4 + 6), (2 + 4 + 6 + 8), eccetera. La soluzione del problema si può trovare con il seguente algoritmo:

```
1. Inizio.
2. Porre SOMMA a 0.
3. Porre NUMERO a 2.
4. Sommare NUMERO a SOMMA. Il risultato sarà il nuovo
   valore della somma (SOMMA).
5. Incrementare NUMERO di 2 unità.
6. Se NUMERO =< 1.000 andare al passo 4;
7. in caso contrario, scrivere l'ultimo valore di SOMMA
   e terminare il processo.
8. Fine.
```

1.5 Programmazione strutturata

La "programmazione orientata agli oggetti" (OOP – *Object Oriented Programming*), caratteristica del C++, nasce per superare alcuni limiti della tradizionale "programmazione strutturata".

C, Pascal e FORTRAN sono esempi di *linguaggi procedurali*. Ogni istruzione indica al compilatore di realizzare un compito: caricare un dato dall'input, produrre un output, sommare tre numeri, dividere per cinque, ecc. In un linguaggio procedurale, un programma è una sequenza di istruzioni o sentenze. Nel caso di piccoli programmi, questo paradigma computazionale è efficiente; il programmatore deve solo scrivere questa lista di istruzioni in un linguaggio di programmazione, compilarla nel computer ed esso le eseguirà. Ma quando i programmi si fanno più grandi perché aumenta la complessità del problema da risolvere, la lista di istruzioni cresce al punto che il programmatore ha parecchie difficoltà a mantenere il controllo di tutto il codice (generalmente possono arrivare a comprendere qualche centinaia di linee di codice). Per risolvere questo problema i programmi si compongono di unità più piccole, le *funzioni* (*sottoprogrammi*, *subroutine* in altri linguaggi di programmazione). Ogni funzione risolve un compito definito e possiede un'interfaccia chiaramente definita (il *prototipo* o *intestazione* della funzione) con la quale comunicare con altre funzioni.

Col tempo, l'idea di scomporre un programma in funzioni portò al raggruppamento delle funzioni in unità più grandi chiamate *moduli*, ma il principio continuava a essere lo stesso. Man mano che i programmi si fanno più grandi e complessi, il paradigma della programmazione strutturata comincia a dare segni di debolezza, essendo molto difficile gestire grandi programmi in maniera efficiente. Più specificamente, esistono due motivi di debolezza principali nella programmazione strutturata: il fatto che le funzioni hanno acceso ai dati globali (e quindi possono modificare valori che poi vanno ad alterare il funzionamento di altre funzioni) e la considerazione astratta che le funzioni scollegate dai dati su cui lavorano non costituiscono un'adeguata modellazione del mondo reale.

1.5.1 Dati locali e dati globali

In un programma procedurale, per esempio scritto in C, esistono due tipi di dati. I *dati locali* sono nascosti all'interno della funzione, possono essere utilizzati esclusivamente dalla funzione e sono protetti da modifiche da parte di altre funzioni. I *dati globali* sono invece accessibili da *qualunque* funzione del programma; cioè due o più funzioni possono accedere agli stessi dati globali (Figura 1.8). Un grande programma (Figura 1.9) è costituito da molte funzioni e dati globali, e ciò comporta una moltitudine di collegamenti tra funzioni e dati con conseguenti difficoltà di comprensione e lettura. Inoltre, il

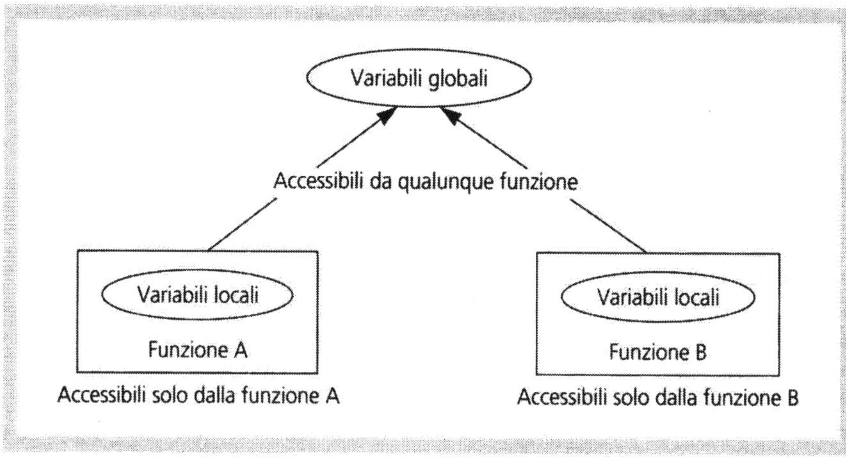

Figura 1.8
Dati locali e globali.

programma diventa difficile da modificare perché cambi nella struttura dei dati globali richiedono la riscrittura di tutte le funzioni che vi accedono, e non è detto che queste riscritture siano sempre possibili o corrette.

1.5.2 Modellazione del mondo reale

Un secondo problema della programmazione strutturata sta nel fatto che la separazione fra dati e funzioni non corrisponde ai modelli delle cose del mondo reale. Nel mondo fisico si ha a che fare con oggetti come persone, macchine o aerei. Questi oggetti non sono come i dati né come le funzioni. Complessi o no, essi hanno *attributi* e *comportamenti.*

Per esempio, gli **attributi** nelle persone sono la loro età, la loro professione, il loro domicilio, ecc.; in una macchina, la potenza, il numero di matricola, il prezzo, il numero di porte, ecc; in una casa, la superficie, il prezzo, l'anno di costruzione, l'indirizzo, ecc. Gli attributi del mondo reale corrispondono ai dati di un programma; infatti essi hanno un valore specifico, come 200 metri quadrati, 20000 dollari, cinque porte, ecc.

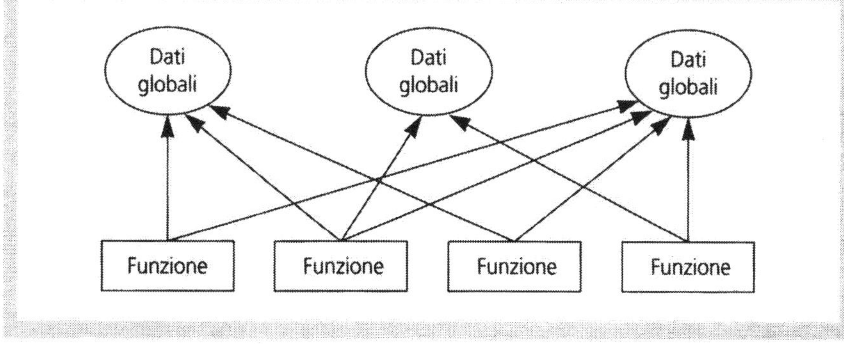

Figura 1.9
Un programma procedurale.

Il **comportamento** è invece l'azione che gli oggetti del mondo reale possono compiere in risposta a un determinato stimolo. Premendo il freno l'auto si ferma; premendo l'acceleratore essa aumenta la sua velocità, ecc. Il comportamento corrisponde a una funzione: si manda in esecuzione una funzione (i programmatori dicono "si chiama una funzione") per fare qualcosa (visualizzare l'elenco degli impiegati di un'impresa ecc.).

Per queste ragioni, né i dati né le funzioni, da sole, modellano gli oggetti del mondo reale in un modo efficiente.

La programmazione strutturata migliora la chiarezza, aumenta l'affidabilità e facilita l'aggiornamento dei programmi; tuttavia, per programmi grandi o su vasta scala, presenta sfide di difficile soluzione.

1.6 Programmazione orientata agli oggetti

La programmazione orientata agli oggetti (OOP) è forse il paradigma computazionale oggi più diffuso. Esso supera alcuni limiti che la programmazione strutturata mostra quando i problemi da risolvere sono complessi. Mentre la programmazione *procedurale* enfatizza gli algoritmi, la OOP enfatizza i dati.

L'idea fondamentale dei linguaggi orientati agli oggetti è di combinare in un unico modulo sia i dati che le funzioni che operano su di essi. Tale modulo viene chiamato **oggetto**.

In C++ le funzioni di un oggetto si chiamano *funzioni membro* o *metodi* (nome che fu usato nello Smalltalk, uno dei primi linguaggi orientati agli oggetti) e sono l'unico mezzo per accedere ai suoi dati. I dati di un oggetto si dicono *attributi* o *variabili d'istanza.* Se si desidera leggere i dati di un oggetto, si chiama una funzione membro di quell'oggetto, e questo metodo può anche cambiare il valore dei dati. Non si può accedere ai dati direttamente perché sono nascosti per essere protetti da alterazioni accidentali. Dati e funzioni sono *incapsulati in un'unica entità. L'incapsulamento e l'occultamento* dei dati sono termini chiave nella trattazione dei linguaggi orientati agli oggetti.

Per modificare i dati di un oggetto si usano esattamente le uniche funzioni predisposte per farlo. Questo semplifica la scrittura, la correzione (*debugging*) e l'aggiornamento dei programmi. Un programma C++ è costituito normalmente da un insieme di oggetti che comunicano tra loro tramite chiamata ad altre funzioni membro (Figura 1.10), cioè *inviando un messaggio* ad altri oggetti.

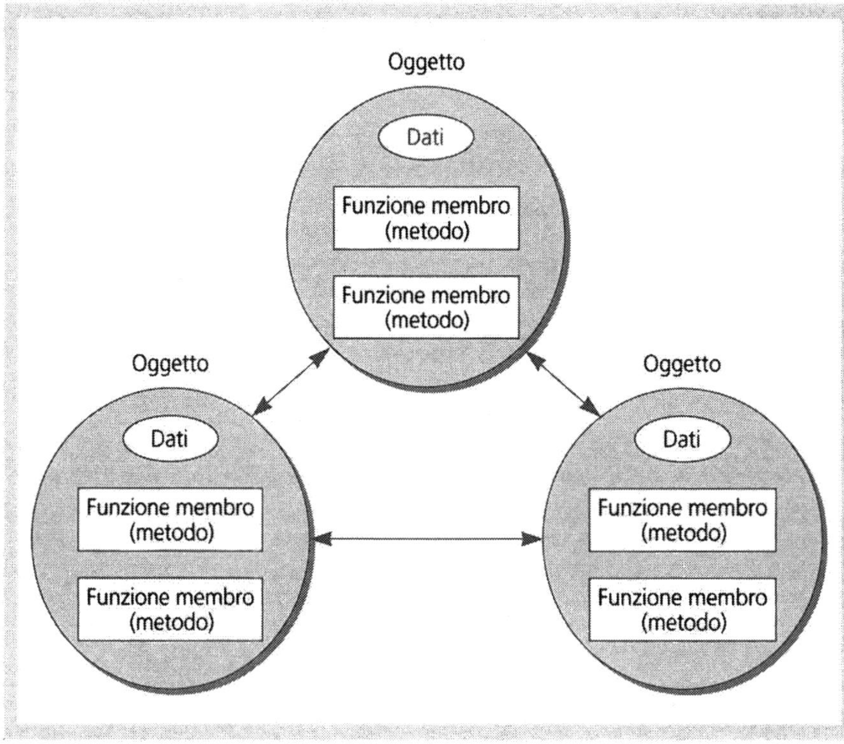

Figura 1.10 Organizzazione tipica di un programma orientato agli oggetti.

Nel paradigma orientato agli oggetti il programma è un insieme finito di oggetti che contengono dati e operazioni (dette "funzioni membro" o "metodi" in C++) che possono lavorare quei dati. Gli oggetti comunicano tra di loro tramite messaggi.

1.6.1 Proprietà fondamentali della programmazione orientata agli oggetti

Non si tratta di proprietà esclusive, dato che possono caratterizzare anche altri paradigmi computazionali, ma nel complesso definiscono specificamente i linguaggi orientati agli oggetti. Queste proprietà sono:

- **astrazione** (tipi astratti di dati e classi)
- **incapsulamento dei dati**
- **occultamento di dati**
- **ereditarietà**
- **polimorfismo**

Il C++ supporta tutte queste caratteristiche, ma ci sono pareri discordi sulla qualifica del C++ come linguaggio orientato agli oggetti. Rispetto a Smalltalk, Java o C#, il C++ non può infatti dirsi un linguaggio orientato agli oggetti "puro". Questo perché esso ha voluto mantenere una retrocompatibilità con il precedente linguaggio C, e quindi si possono scrivere programmi C++ che non utilizzano le caratteristiche orientate agli oggetti. Il C++ è pertanto un linguaggio *multiparadigma* per la programmazione strutturata, orientata agli oggetti e generica.

1.6.2 Astrazione

L'astrazione è la proprietà che consiste nel prendere in considerazione solo gli aspetti più importanti degli oggetti in funzione dell'applicazione che s'intende realizzare. Il termine **astrazione** si riferisce al fatto che si determinano le proprietà esterne di un'entità senza specificare i dettagli della sua composizione interna. È l'astrazione che permette di utilizzare dispositivi complessi, come un computer, un'automobile, una lavatrice o un forno a microonde, senza conoscerne la struttura e i dettagli interni. Tramite l'astrazione si progettano prima i sistemi complessi, poi i componenti più piccoli di cui essi sono costituiti e così via, in maniera ricorsiva, fino ai componenti elementari. Ogni componente rappresenta un *livello di astrazione* in cui l'uso del componente si astrae dai dettagli della sua composizione interna. Pertanto, l'astrazione possiede diversi gradi che aiutano a strutturare la complessità intrinseca dei sistemi reali. Nella progettazione orientata agli oggetti questo significa concentrarsi su *cosa è* e *cosa fa* un oggetto, piuttosto che sul *come* esso debba essere implementato. È durante il processo di astrazione che si decide quali caratteristiche e comportamenti deve possedere il modello.

Applicando l'astrazione si possono costruire, analizzare e progettare sistemi di computer complessi e grandi che non si potrebbero realizzare se si dovesse modellare direttamente al livello dettagliato. In ogni livello di astrazione si visualizza il sistema in termini di componenti, denominati **astratti**, la cui composizione interna si ignora.

Per gli oggetti è interessante non solo sapere *come* sono strutturati i loro dati, ma anche *cosa* si può fare con essi, cioè le operazioni che ne costituiscono l'anima. Il primo concetto dell'orientazione agli oggetti nacque con i *tipi di dato astratti* (ADT – *Abstract Data Type*). Un tipo di dato astratto descrive appunto non soltanto gli attributi di un oggetto, ma anche il suo comportamento (le operazioni). Questa descrizione può includere anche gli stati che può raggiungere un oggetto.

1.6.3 Incapsulamento e occultamento dei dati

L'*incapsulamento dei dati* consiste nell'aggregare dati e operazioni ad essi relative nella stessa unità di programmazione. Oggetti che possiedono le stesse caratteristiche e comportamenti si raggruppano in *classi*, che non sono altro che unità di programmazione che incapsulano dati e operazioni.

L'occultamento dei dati permette di separare l'aspetto di un componente, cioè la sua *interfaccia* con il mondo esterno, dai suoi dettagli implementativi interni. I termini di occultamento dell'informazione (*information hiding*) e incapsulamento dei dati (*data encapsulation*) si utilizzano a volte come sinonimi, ma in C++ possiedono accezioni diverse, dato che i dati interni sono protetti dall'esterno, ma non sono nascosti.

La sintesi di un programma orientato agli oggetti consiste almeno nei seguenti passi:

1. Identificare gli *oggetti* del sistema.
2. Raggruppare in *classi* gli oggetti che hanno caratteristiche e comportamento comuni.
3. Identificare *dati* e *operazioni* di ognuna delle classi.
4. Identificare le *relazioni* che possono esistere tra le classi.

In C++, un **oggetto** è un individuo specifico, con la propria identità, per esempio, un libro, un'automobile ..., mentre una **classe** è un individuo generico. Si dice che un oggetto è un'istanza di una classe. Ad esempio, si possono descrivere con una classe proprietà generiche di un impiegato (nome, titolo, salario, *mansione* ...), mentre un oggetto rappresenterà un particolare impiegato (Paolo Rossi, direttore, 30000, *dirigere il reparto vendite* ...).

È la classe che definisce i dati utilizzati per rappresentare l'oggetto e le operazioni che si possono eseguire su di essi. Ogni classe ha le sue caratteristiche e il suo comportamento. Una classe descrive una categoria di oggetti, è quindi un *tipo* di oggetto. Data una classe, cioè un tipo di oggetto, si possono creare *variabili* di quel tipo, e queste vengono denominate *istanze*. Le istanze sono dunque la concretizzazione degli oggetti descritti in una classe. Queste istanze contengono valori concreti per gli attributi descritti nella classe e si possono manipolare con le operazioni definite nella classe. I termini *oggetto* e *istanza* si utilizzano quindi come sinonimi: data una classe `auto`, se definisco una variabile di tipo `auto`, creo un oggetto `auto` (istanza della classe `auto`), anche se non ho ancora specificato i valori dei suoi attributi.

Le operazioni definite negli oggetti si chiamano *metodi*. Ogni chiamata di un metodo si interpreta come un *messaggio* spedito all'oggetto che lo possiede.

Nell'OOP si parte col progettare le classi che rappresentano le cose di cui tratta il programma. Per esempio, un programma per la grafica può definire classi che rappresentano rettangoli, linee, pennelli e colori, corredate con le relative operazioni, come spostamento di un cerchio, rotazione di una linea ecc. La progettazione di classi congrue e utili può essere un compito difficile. Per fortuna, i linguaggi per l'OOP facilitano il compito perché incorporano classi generiche predefinite. I compilatori di linguaggi per l'OOP forniscono numerose librerie di classi, incluse quelle per utilizzare i sistemi grafici e le finestre di Windows, Linux, Macintosh o Unix. Uno dei punti di forza del C++ è proprio la grande dote di classi ben scritte ed efficienti che i suoi compilatori portano con loro.

1.6.4 Oggetti

L'oggetto è il cuore dell'OOP. Un oggetto è un'entità che gioca un ruolo definito nella risoluzione del problema, per cui bisogna individuare bene quali debbano essere gli oggetti. La loro struttura interna e il loro comportamento non hanno inizialmente molta importanza. Più importante è il ruolo che questi oggetti giocano nel sistema. Gli aspetti rilevanti di un oggetto dipendono dalla specifica applicazione in cui esso opererà. Un oggetto non deve necessariamente rappresentare qualcosa di concreto o tangibile. Ad esempio, può descrivere un'entità astratta come un processo.

Nell'OOP un problema non si scompone in funzioni, come nella tradizionale programmazione strutturata del linguaggio C, ma in oggetti. Pensare in termini di oggetti ha un grande vantaggio: si associano gli oggetti del problema agli oggetti del mondo reale.

Non c'è limite oggettivo alla fantasia di cosa, nel mondo reale, possa essere rappresentato da un oggetto nell'OOP. Categorie tipiche sono:

- Risorse umane:
  - Impiegati
  - Studenti
  - Clienti
  - Venditori
  - Soci
- Strutture dati:
  - Vettori
  - Liste
  - Pile
  - Alberi
  - Alberi binari
  - Grafi
- Tipi di dato definiti dagli utenti:
  - Ora
  - Numeri complessi
  - Punti del piano
  - Punti dello spazio
  - Angoli
  - Lati

- Elementi di un computer:
  - Menu
  - Finestre
  - Oggetti grafici (rettangoli, circoli, rette, punti ...)
  - Mouse
  - Tastiera
  - Stampante
  - USB
  - "Memory card" di macchine fotografiche
- Oggetti fisici:
  - Macchine
  - Aerei
  - Treni
  - Navi
  - Motociclette
  - Case
- Componenti di videogiochi:
  - Console
  - Comandi
  - Volanti
  - Connettori
  - Memoria
  - Accesso a Internet

Lo stato di un oggetto è determinato dai valori che assumono i suoi attributi.

La Figura 1.11 mostra la rappresentazione grafica di un oggetto nel linguaggio di modellazione unificato (**UML** – *Unified Modeling Language*) che sarà descritto in seguito.

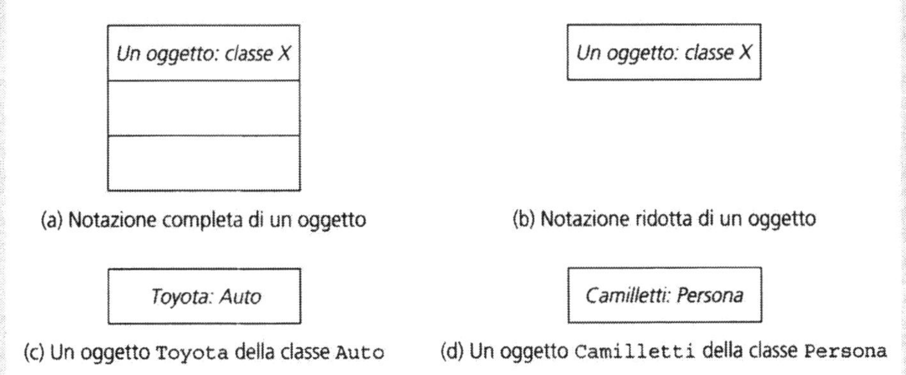

Figura 1.11 Rappresentazione di oggetti in UML.

1.6.5 Classi

Una classe è una descrizione di oggetti simili. `Madonna`, `Sting`, `Prince`, `Juanes`, `Carlos Vives` o `Juan Luis Guerra` sono istanze della classe "`musicisti rock`".

Nell'OOP gli oggetti sono istanze di **classi**. Definire una classe è come definire un tipo di dato, solo che essa contiene sia dati che funzioni (metodi). La sua definizione non implica la creazione di oggetti. Essa incapsula astrazioni di dati e le operazioni necessarie per descrivere un'entità del mondo reale.

Una classe si rappresenta in **UML** come una scatola che contiene una sezione con il nome della classe e, opzionalmente, altre due sezioni con il nome dei suoi attributi e dei suoi metodi (Figure 1.12 e 1.13).

1.6.6 Generalizzazione e specializzazione: ereditarietà

La *generalizzazione* è la proprietà che permette di eliminare ridondanza informativa mediante la condivisione dell'informazione tra più entità. Le classi possono essere ordinate in una gerarchia tale per cui quelle inferiori possono condividere attributi e comportamenti di quelle superiori. Per esem-

Figura 1.12 Rappresentazione di classi in UML.

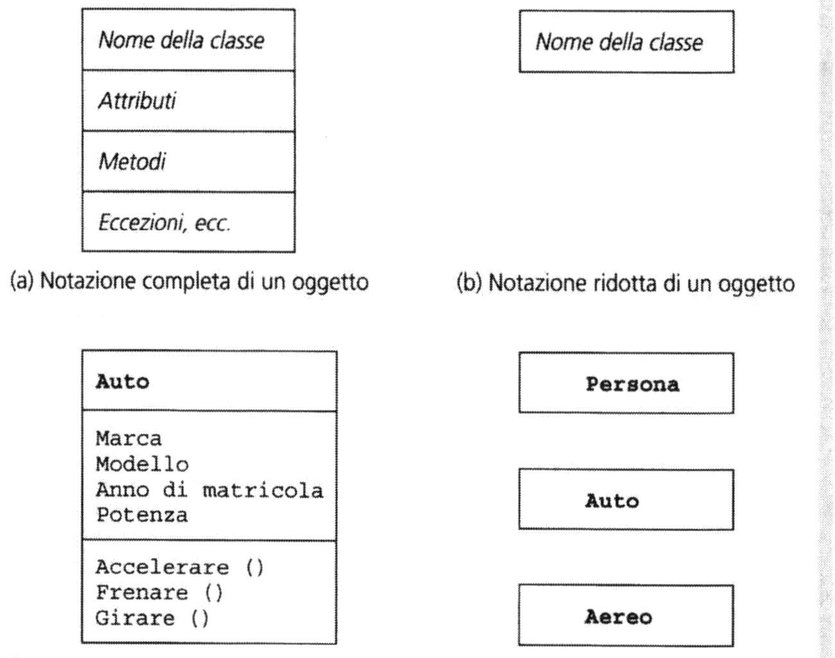

(a) Notazione completa di un oggetto

(b) Notazione ridotta di un oggetto

(c) Classe `Auto`

(d) Classi `Persona`, `Auto` e `Aereo`

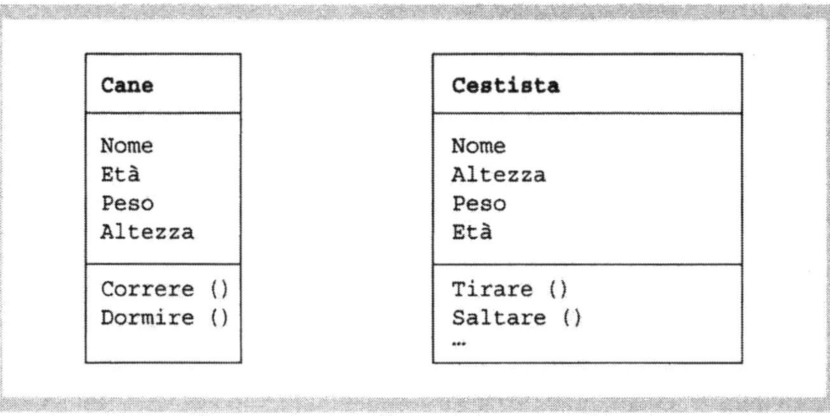

Figura 1.13 Rappresentazione di classi in UML con attributi e metodi.

pio, lavatrici, frigoriferi, forni a microonde, tostapane, lavastoviglie ecc., sono tutti elettrodomestici, quindi nell'OOP, ognuno di questi dispositivi può essere modellato come una **sottoclasse** della classe `elettrodomestico` e, a sua volta, `elettrodomestico` è una **superclasse** delle classi `lavatrice`, `frigorifero`, `forno_a_microonde`, `tostapane`, `lavastoviglie`, ... La classe `animale` ha come sottoclassi `anfibi`, `mammiferi`, `insetti`, `uccelli`, ecc. (Figura 1.14), e la classe `veicolo` ha `auto`, `moto`, `camion`, `autobus`, ecc.

Il processo inverso della generalizzazione, cioè la definizione di nuove classi più specifiche a partire da quelle più generiche si dice *specializzazione*. Nell'OOP a questo meccanismo si associa il concetto di **ereditarietà.** L'ereditarietà permette di definire nuove classi a partire da altre già esistenti aggiungendo caratteristiche specifiche. Infatti il principio è che ogni sottoclasse condivide caratteristiche comuni con la superclasse di cui deriva.

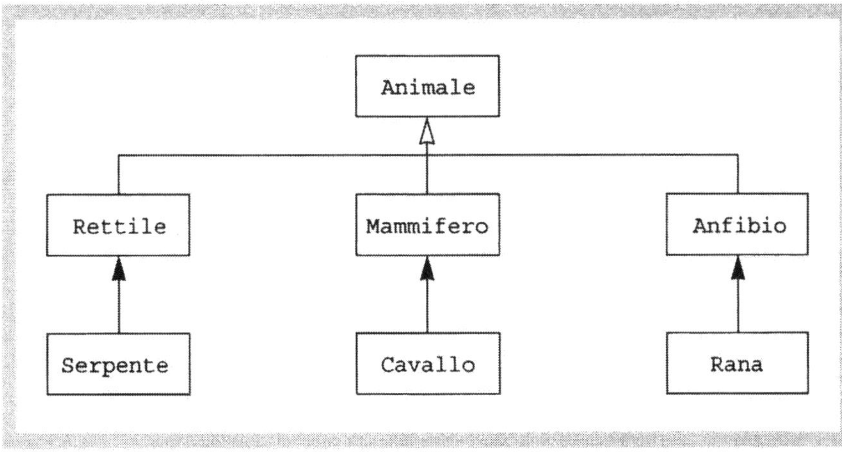

Figura 1.14 Ereditarietà di classi in UML.

Auto, moto, camion e autobus hanno ruote, motori e carrozzerie; caratteristiche queste che definiscono ogni veicolo. Ma, ovviamente, ogni sottoclasse ha proprie caratteristiche specifiche. Per esempio i camion hanno una cabina indipendente che trasporta il carico; gli autobus hanno un gran numero di posti a sedere, ecc.

In C++ la superclasse si denomina *classe base* e le altre *classi derivate*, e sono sempre una specializzazione della sua classe base.

1.6.7 Riusabilità

Una volta che una classe è stata scritta e validata ("*debugata*" è un brutto anglismo) si può distribuire perché altri programmatori la possano utilizzare nei propri programmi. Questa proprietà di una classe si chiama *riusabilità*. Il concetto è lo stesso delle funzioni di libreria di un linguaggio procedurale, come il C, che si possono incorporare in altri programmi.

In C++ l'ereditarietà è un'applicazione del concetto di *riusabilità*. Un programmatore può considerare una classe esistente e, senza modificarla, aggiungerle attributi e metodi derivandone una nuova. La nuova classe erediterà le caratteristiche della preesistente, ma è ovviamente libera di aggiungerne di nuove.

La possibilità di riutilizzare software esistente è uno dei grandi benefici dell'OOP. Grazie alla riusabilità di classi in nuovi progetti le aziende riescono a ridurre i costi di gestione e sviluppo dei programmi.

In pratica, la riusabilità ha due vantaggi: la consistente riduzione del codice (le proprietà comuni di diverse classi devono essere implementate una sola volta) e la facilità di aggiornamento (le proprietà comuni devono essere modificate una volta sola, se necessario).

1.6.8 Polimorfismo

Oltre alla maggior consistenza e riduzione del codice, l'ereditarietà comporta anche un altro vantaggio: facilitare il polimorfismo. Polimorfismo è la proprietà di una funzione di comportarsi in modo differente in funzione dell'oggetto su cui si applica. In pratica il polimorfismo sta nella capacità di un'operazione di essere interpretata correttamente soltanto dal proprio oggetto che l'invoca. Nel Capitolo 14 si descriverà in profondità la proprietà del polimorfismo e le sue diverse implementazioni.

Con il polimorfismo una funzione può avere lo stesso nome in differenti classi, ma eseguire differenti operazioni. Così, per esempio, la funzione di "aprire" si può definire in differenti classi: aprire una porta, aprire una finestra, aprire un giornale, aprire un archivio, aprire un conto in banca, aprire un libro ecc., ma consiste sempre in un'operazione diversa. Un altro esempio significativo è quello degli operatori "+" e "*" applicati a numeri interi e a numeri complessi; le due funzioni matematiche possono conservare il nome, ma nel primo caso la somma e la moltiplicazione sono operazioni semplici, mentre nel caso dei numeri complessi (caratterizzati da parte reale e parte immaginaria) sarà necessario seguire un altro metodo specifico e ottenere un risultato che sarà pure un numero complesso. Quando si permette a un operatore come "+" o "*" di operare nuovi tipi di dati, si dice che l'operatore è *overloaded*. L'*overloading* degli operatori è un tipo di polimorfismo e una caratteristica importante dell'OOP. Nel Capitolo 10 si approfondirà questo concetto.

1.7 Il software

Le operazioni che il sistema di elaborazione deve eseguire sono specificate in una lista di istruzioni chiamate programmi o *software*. Ne esistono due tipi: il software di sistema e il software applicativo. Il **software di sistema** è un insieme di programmi che gestisce le risorse stesse del computer, come il processore, la memoria e le periferiche. Il **software applicativo** è l'insieme di programmi scritti per eseguire un compito specifico esterno al sistema di elaborazione stesso. I due tipi di software sono ovviamente correlati, perché il software applicativo esterno (Figura 1.15) utilizza l'hardware per mezzo dello strato interno costituito dal software di sistema. Quindi, in generale, sostituendo il software di sistema, quello applicativo non gira più.

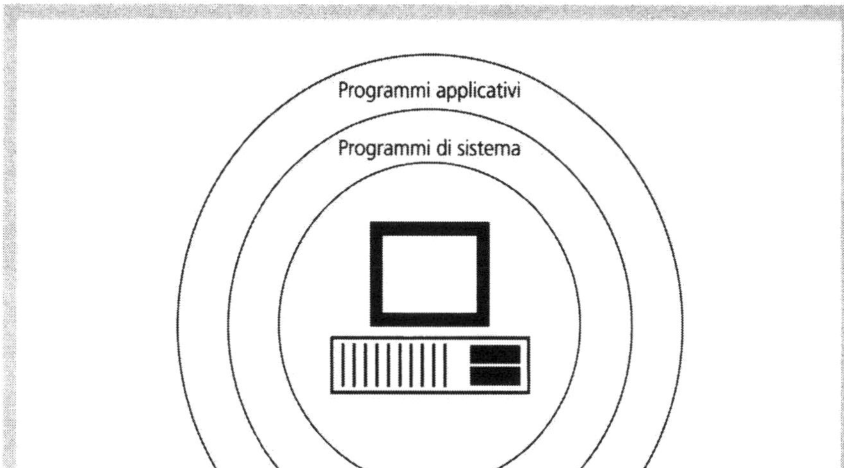

Figura 1.15
Il sistema operativo gestisce l'hardware per conto dei programmi applicativi.

1.7.1 Software di sistema

Il software di sistema, più comunemente noto come **sistema operativo**, coordina le differenti funzioni del sistema di elaborazione e gestisce l'hardware del computer per conto del software applicativo. Il sistema operativo viene spesso fornito con un corredo di programmi di utilità (*utility*) i più importanti dei quali sono i compilatori, che traducono i programmi scritti in linguaggio ad alto livello (come il C++) in linguaggio macchina (quello binario eseguibile dalla CPU), e gli editori di file di testo.

1.7.2 Software applicativo

Il software applicativo serve per compiere compiti specifici esterni al computer. Uno degli esempi più noti di software applicativo è costituito dalla suite di programmi per l'utilità individuale "Office" della Microsoft, pacchetto integrato che comprende diffusissimi programmi come Word, Excel, PowerPoint e Access. Esiste ormai un'enorme varietà di programmi applicativi per tutti i tipi di attività, personali o professionali, gestionali,scientifici, grafici, per la navigazione in Internet, ecc.

La Figura 1.16 mostra il processo generale di esecuzione di un programma, dal suo caricamento nella CPU da parte del sistema operativo, alla ricezione di dati di input dalla corrispondente periferica fino all'ottenimento dei risultati in uscita sulla periferica di output. Sia l'input che l'output possono essere testi, numeri, immagini, suoni, filmati o segnali per controllare apparecchiature digitali.

Figura 1.16
Esecuzione di un programma.

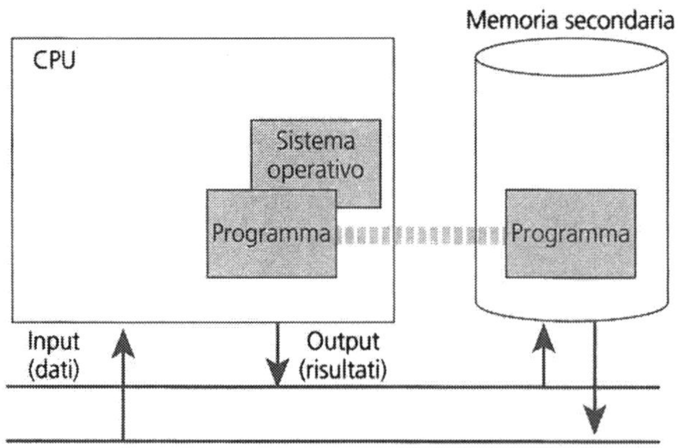

1.8 Il sistema operativo

Il sistema operativo (*operating system*) è l'amministratore principale del computer. Esso assegna, pianifica e controlla l'uso di risorse e compiti del computer. Queste risorse includono la memoria, i dispositivi di I/O e la CPU. La Tabella 1.5 mostra alcuni dei più comuni sistemi operativi.

L'utente del sistema comunica con il sistema operativo attraverso l'interfaccia utente. I sistemi operativi moderni utilizzano interfacce utenti grafiche (GUI – *Graphical User Interface*) che fanno uso di finestre, menu, icone e bottoni che si controllano dalla tastiera, dal mouse o altri dispositivi come i *joystick*.

Normalmente, il sistema operativo è installato sul disco fisso e viene caricato nella RAM da parte di un piccolo programma, chiamato BIOS (*Basic Input Output System*), che risiede nella ROM e che viene attivato all'accensione del computer. Questo processo viene detto *bootstrap*.

Esistono compilatori C++ per tutti i sistemi operativi, Windows XP, Windows 95, Windows NT, Windows 2000, UNIX, Linux, Vista ... e per tutti gli attuali computer, PC, Mac, Sun, ecc.

Tabella 1.5 Sistemi operativi più utilizzati.

Sistema operativo	Caratteristiche
Windows Vista	Nuovo sistema operativo della Microsoft presentato nel 2007.
Windows XP	Il sistema operativo «general purpose» della Microsoft più diffuso nel 2007.
Windows 98/ME/2000	Sistemi operativi della Microsoft antecedenti a Windows XP.
UNIX	Storico sistema operativo «open source» nato negli anni '70.
Linux	Sistema operativo «open source» derivato da Unix negli anni '90; oggi rappresenta una valida alternativa a Windows XP.
Mac OS	Sistema operativo dei computer Apple Macintosh.
DOS e OS/2	Vecchi sistemi operativi rispettivamente della Microsoft e dell'IBM, oggi non più utilizzati.
CP/M	Storico sistema operativo a 8 bit che fu rimpiazzato sui primi PC dall'MS-DOS.
Symbian	Sistema operativo sviluppato dalla Nokia per i suoi cellulari.
PalmOS	Sistema operativo sviluppato dalla Palm per i suoi Personal Digital Assistant (PC palmari).
Windows Mobile, CE	Sistema operativo sviluppato dalla Microsoft per palmari e cellulari.

1.8.1 Tipi di sistemi operativi

I sistemi operativi possono classificarsi in vari gruppi:

Multitasking

Il multitasking permette a più programmi di condividere le risorse di un computer, in particolare della sua CPU. Mentre un programma utilizza la CPU, gli altri possono attendere che si compiano le loro operazioni di I/O. Dopo un certo quanto di tempo (*time sharing*) la CPU viene consegnata a un altro programma e così via, ciclicamente per tutti.

Multiutenza

Un sistema operativo multiutente può permettere a parecchi utenti di condividere contemporaneamente le risorse del computer. Centinaia o migliaia di utenti si possono collegare al computer che assegna un ambiente di lavoro e un certo quanto di tempo ai processi di ciascuno di loro, in maniera che, data l'alta velocità della CPU, la sensazione di ognuno è quella di avere un computer dedicato.

Multiprocessore

Un sistema operativo è multiprocessore quando può gestire più CPU contemporaneamente per farle lavorare in parallelo. Il sistema operativo può assegnare a ogni CPU differenti istruzioni dello stesso programma o programmi differenti simultaneamente.

1.9 Linguaggi di programmazione

Affinché la CPU esegua un programma essa deve essere capace di *interpretarlo*, il che significa:

- capire le istruzioni a ogni passo
- realizzare le operazioni corrispondenti.

Oggi i programmi si scrivono in linguaggi di programmazione **ad alto livello** (come il C++), e i relativi programmi si dicono scritti in **codice sorgente**. Il codice sorgente è comprensibile ai programmatori, ma non alla CPU che è capace solo di eseguire istruzioni scritte nel suo **linguaggio macchina**. Quest'ultimo non è invece facilmente comprensibile al programmatore. Per questo sono necessari programmi **traduttori** che traducano il codice sorgente in codice macchina. Tutto il processo di conversione di un algoritmo scritto in pseudocodice fino al programma eseguibile è rappresentato nella Figura 1.17.

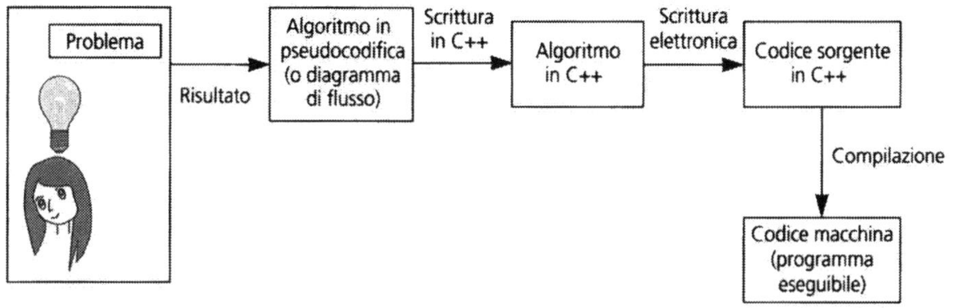

Figura 1.17 Processo di trasformazione di un algoritmo dallo pseudocodice al programma eseguibile.

I più diffusi linguaggi ad alto livello sono C++, C, C#, Java, Visual Basic, XML, HTML, Perl, PHP, JavaScript, anche se si utilizzano ancora i classici COBOL, FORTRAN, Pascal e BASIC.

1.9.1 Compilatori e interpreti

I programmi traduttori si dividono in **compilatori** e **interpreti**.

Interpreti

Un *interprete* traduce ed esegue un'istruzione sorgente alla volta dalla prima all'ultima nel programma. BASIC e Smalltalk erano esempi di linguaggi interpretati. Anche Java può essere considerato un linguaggio interpretato.

Compilatori

Un *compilatore* traduce *tutto* il programma sorgente in un programma eseguibile. L'operazione si chiama **compilazione** del programma. Il programma compilato e corretto (dopo vari cicli di compilazione, testing, correzione del sorgente e ricompilazione) si chiama *programma eseguibile*. Ogni linguaggio ad alto livello deve avere il suo compilatore, anzi deve avere un compilatore per ogni CPU e ogni sistema operativo sui quali deve essere utilizzato.

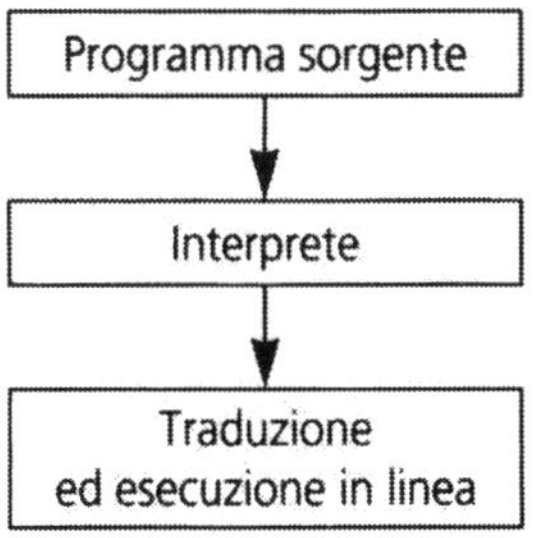

Figura 1.18 Interprete.

Figura 1.19
La compilazione di programmi.

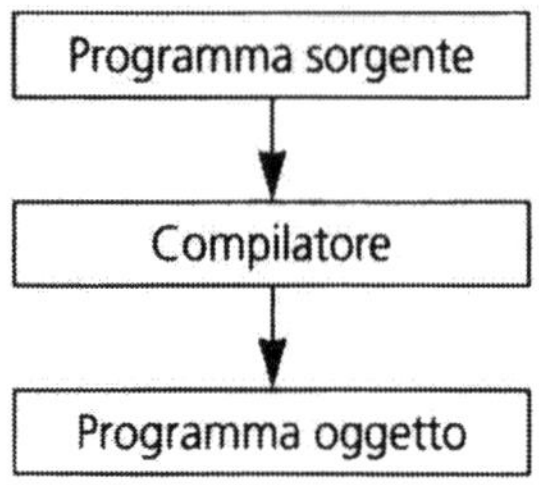

1.9.2 La compilazione e le sue fasi

Il processo che porta dal sorgente all'eseguibile integra normalmente anche una fase chiamata di *linking* (collegamento). Questo perché un programma fa sempre uso di librerie (almeno per gestire l'I/O) che devono essere collegate al programma. Tutto il processo è schematizzato nella Figura 1.20. Esso si compone di solito dei seguenti passi:

1. Scrivere il *programma sorgente* con un *text editor* e salvarlo nella memoria di massa.
2. Caricare il sorgente in memoria.
3. *Compilare* il programma.
4. *Verificare* e *correggere gli errori di compilazione.*

Figura 1.20
Fasi della compilazione.

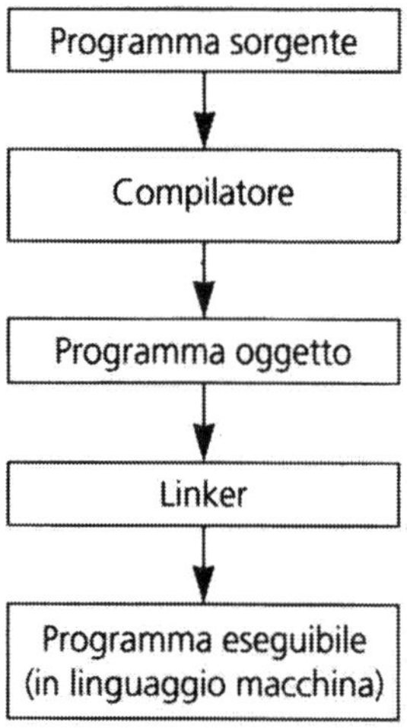

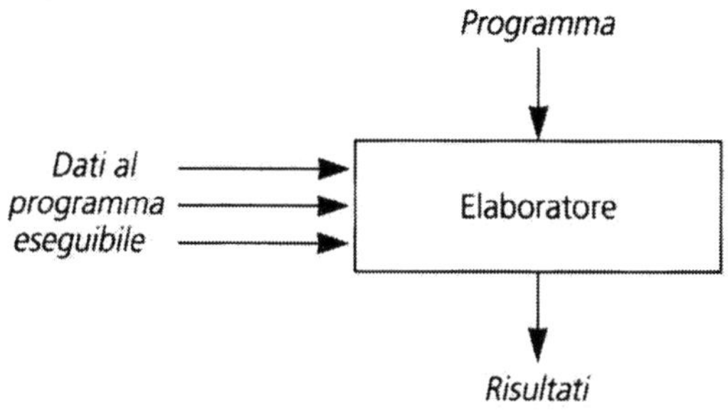

Figura 1.21
Esecuzione di un programma.

5. Ottenere il programma *oggetto.*
6. *"Linkare"* il programma oggetto per ottenere il *programma eseguibile.*
7. Eseguire il programma; se non contiene errori, terminerà producendo il suo output.

Il processo è mostrato nelle Figure 1.21 e 1.22. Il Capitolo 2 descrive dettagliatamente il processo per il linguaggio C.

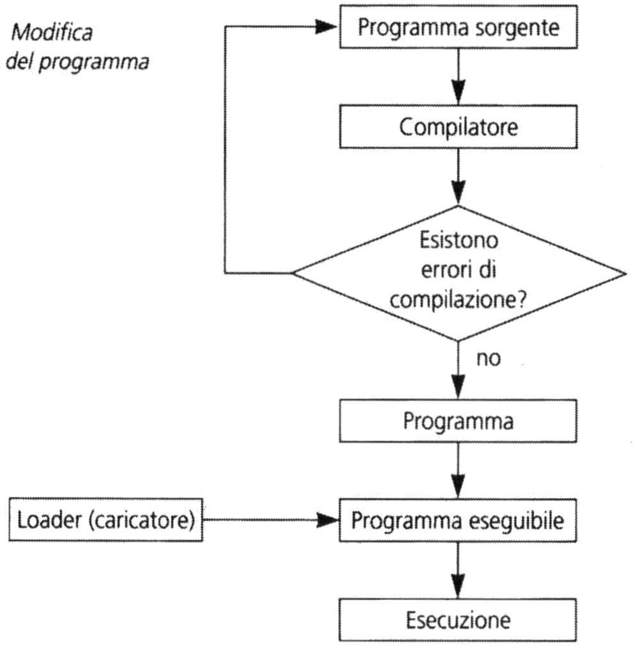

Figura 1.22
Fasi dell'esecuzione di un programma.

1.10 Il linguaggio C

Benché il linguaggio C nasca per e con il sistema operativo UNIX, oggi non è praticamente associato ad alcun sistema operativo né ad alcuna macchina. Anzi, quasi tutti i sistemi operativi sono scritti in C. C è un'evoluzione dei linguaggi BCPL – sviluppato da Martin Richards – e B – sviluppato da Ken Thompson nel 1970 – per il primitivo INIX del computer DEC PDP-7.

C nacque nel 1978 con la pubblicazione di *The C Programming Language*, di Brian Kernighan e Dennis Ritchie (Prentice Hall, 1978). Da allora ebbe una crescita tumultuosa e apparvero subito varie personalizzazioni e compilatori sviluppati da terze parti non coinvolte nel progetto originale. Per questo si rese presto necessaria la sua standardizzazione.

Nel 1983, l'American National Standard Institute (ANSI) creò un comitato (denominato X3J11) per dare *"una definizione del linguaggio C non ambigua e indipendente dalla macchina"*. Nacque così lo standard ANSI del linguaggio C. Esso assicura che qualunque compilatore ANSI C incorpora tutte le caratteristiche del linguaggio specificate dallo standard. Questo significa che i programmatori che scriveranno secondo lo standard C avranno la sicurezza che i programmi gireranno su qualunque sistema che abbia un compilatore ANSI C.

C è un linguaggio *general purpose* per la programmazione strutturata, ma, essendo nato per scrivere un sistema operativo, fu pure immediatamente caratterizzato da una assoluta potenza (capacità di interazione con l'hardware) e flessibilità.

L'ANSI C introdusse elementi e funzionalità non presenti nella prima versione di C, come l'assegnamento di strutture ed enumerazioni. Inoltre si definì una nuova forma di dichiarazione di funzioni (i prototipi). Ma la standardizzazione più importante fu forse quella della grande libreria di funzioni.

Ancora oggi C è uno dei linguaggi di programmazione più utilizzati nell'industria del software e nelle università. Praticamente tutti i sistemi operativi, Windows, UNIX, Linux, MacOS, Solaris ... supportano diversi tipi di compilatori C, spesso gratuiti. Tutti i compilatori C++ possono eseguire programmi scritti in ANSI C.

1.11 Il linguaggio C++: storia e caratteristiche

C++, Java e C# derivano dal linguaggio C estendendolo con caratteristiche orientate agli oggetti e a Internet. Con il C essi formano attualmente il *poker* di linguaggi più impiegati al mondo.

Benché C sia un linguaggio molto potente, ha due caratteristiche che lo rendono inappropriato come introduzione alla moderna programmazione.

Innanzitutto è ritenuto di difficile comprensione dai programmatori principianti. Inoltre C fu pensato agli inizi degli anni settanta, ma la programmazione è cambiata molto negli anni ottanta e novanta.

Bjarne Stroustrup, dell'AT&T Bell Laboratories, sviluppò C++ agli inizi degli anni ottanta. Ispirandosi anche al Simula 67 [Dahl, 1972] (lo segnala lui stesso [Stroustrup, 1997]), Stroustrup disegnò C++ come un C con caratteristiche di OOP. In generale, C standard è un sottoinsieme di C++ e la maggioranza dei programmi C sono anche programmi C++, ma non il contrario.

Sono state presentate diverse versioni di C++ e la sua evoluzione è stata studiata in [Stroustrup 94]. Le caratteristiche più importanti incorporate nel C++ sono: classi, ereditarietà multipla, *genericità*, funzioni virtuali, *template* ed eccezioni. Come il suo autore ha spiegato, C++ si evolve di anno in anno "*sempre per risolvere problemi trovati dagli utenti e come conseguenza di conversazioni tra l'autore, i suoi amici e i suoi colleghi*".

Nel dicembre del 1989, su iniziativa di Hewlett Packard, si riunì il comitato X3J16 dell'ANSI e cominciò anche per C++ il processo di standardizzazione (*The Annotated C++ Reference Manual* [Ellis 89]). Nel giugno del 1991 all'ANSI si unì ISO (*International Organization for Standardization*) con il suo proprio comitato (ISO-WG-21), creando una task force comune ANSI/ISO per sviluppare uno standard per C++. Questi comitati si riunirono tre volte l'anno per arrivare a uno standard che facesse di C++ un linguaggio importante e di ampia diffusione.

Sito ufficiale di Bjarne Stroustrup

Bjarne Stroustrup, progettista e implementatore del C++, è il riferimento principale per lo studente ed il programmatore di C++. Le sue opere *The C++ Programming Language*, *The Design and Evolution of C++* e *The C++ Reference Manual* sono letture obbligate. Il suo personale sito web su AT&T Labs Researchs dovrebbe essere fra i preferiti del lettore.

www.research.att.com/~bs

Il sito è aggiornato frequentemente, contiene una grande quantità di informazioni e un'eccellente sezione di FAQ (*frequently asked questions*).

Nel 1995 il Comitato pubblicò diversi *working paper* e nell'aprile di quell'anno fu pubblicato un libro bianco sullo standard. Nel dicembre del 1996 se ne rilasciò una seconda versione (CD2). Questi documenti non solo affinarono la descrizione delle caratteristiche di C++, ma ampliarono pure il linguaggio con eccezioni, identificazione a *run time* (*RTII, run_time type identification*), template e la STL (*Standard Template Library*). Stroustrup pubblicò nel 1997 la terza edizione del suo libro *The C++ Programming Language*. Nel 1998 il comitato produsse lo standard ISO/IEC 14882:1998

[Standard98]. Nel 2003 vide la luce una seconda versione dello Standard [Standard03] disponibile su Internet come file PDF su *http://www.ansi.org*. La nuova edizione è una revisione tecnica, cioè riordina l'edizione precedente – fissazione dei tipi, riduzione delle ambiguità e simili – ma non cambia le caratteristiche del linguaggio.

Poiché ci vuole molto tempo perché i compilatori recepiscano le ultime specifiche di un linguaggio, esistono compilatori che ancora non sono conformi allo standard. Per cercare di evitare problemi, i programmi di questo libro sono stati compilati con le ultime versioni di diversi compilatori.

Benché C++ sia un linguaggio orientato agli oggetti, esso può essere utilizzato come linguaggio procedurale stile C, se si vuole lavorare secondo la classica programmazione strutturata, concentrandosi su algoritmi e strutture di dati.

1.11.1 C versus C++

C++ è quasi un superinsieme di C. Ha ovviamente una sua libreria di classi, ma utilizza anche la libreria standard ANSI C. Perciò quasi tutte le istruzioni C sono accettate in C++, ma non il contrario. Gli elementi più importanti aggiunti sono legati al concetto di classe e all'OOP (C++ fu chiamato all'inizio "C con classi"). Tuttavia, sono state aggiunte anche altre caratteristiche come una migliore impostazione dell'I/O. La Figura 1.23 mostra le relazioni tra C e C++.

Anche se si può scrivere un programma in C++ simile a un programma in C, raramente lo si fa. C++ fornisce ai programmatori nuove potenzialità e spinge a utilizzarle, ma recepisce in parte anche caratteristiche specifiche e potenti del C. Chi conosce già C troverà familiari molte proprietà che

Figura 1.23 Caratteristiche di C e C++.

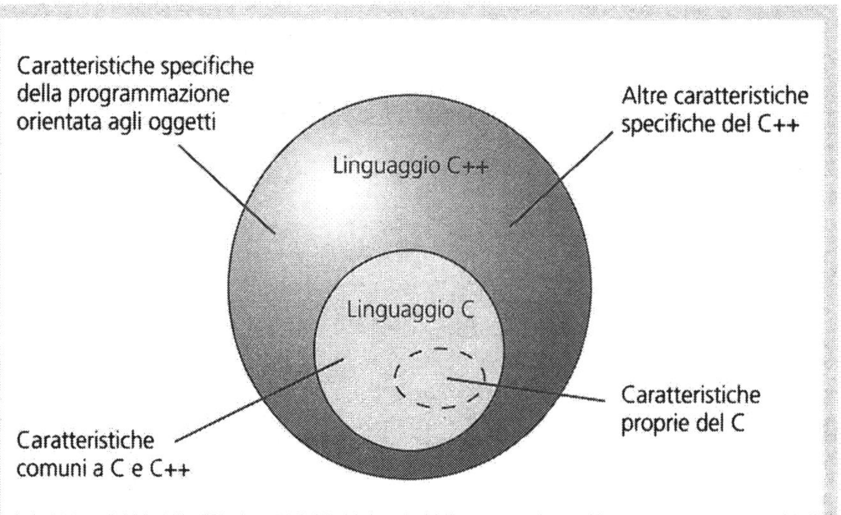

imparerà presto e bene, ma troverà pure parecchie proprietà nuove e molto potenti che gli faranno apprezzare questo nuovo linguaggio e la potenza dell'OOP.

Il nostro obiettivo è aiutare a scrivere programmi OOP prima che sia possibile. Tuttavia, poiché il C++ deriva dal C, bisogna possedere una buona familiarità con il "vecchio stile *procedurale*", perciò i primi capitoli del libro vertono su di esso.

Questo libro descrive lo standard ANSI/ISO C++ seconda edizione, (ISO/IEC 14882:2003) e gli esempi funzionano con qualunque compilatore C++ compatibile con esso. Tuttavia, malgrado gli anni trascorsi, C++ Standard si considera ancora nuovo e vi possono essere discrepanze con vecchi compilatore ancora in uso. Per esempio, un vecchio compilatore può non usare i *namespace* o le caratteristiche più nuove dei *template*, come la classe "`String`" e la *Standard Template Library*. Può addirittura capitare che sia diverso il numero di byte usati per rappresentare un intero.

1.11.2 Il futuro del C++

C++ continua ad evolvere. Bjarne Stroustrup ha pubblicato il 2 gennaio 2006 un articolo intitolato *The Sc++ Source: A Brief Look at C++0X* (il nome deriva dal fatto che si spera appaia entro la fine di questo decennio), dove imposta brevemente i principi del lavoro del nuovo standard, sperando che il comitato ISO C++ finisca i suoi lavori nel 2008 e **C++09** possa diventare "de facto" il nuovo standard. Stroustrup crede che bisogna rinforzare lo standard **C++98** per migliorarlo come linguaggio per la programmazione di sistemi e per renderlo più facile da imparare.

1.12 Il linguaggio di modellazione unificato (UML 2.0)

UML è un linguaggio grafico per la modellazione di programmi. Esso fornisce un mezzo per visualizzare graficamente l'organizzazione astratta dei programmi senza scendere nei dettagli del codice reale.

UML nasce come strumento grafico e metodologico per l'analisi di problemi e la sintesi di programmi OOP. In programmi di grandi dimensioni è infatti difficile capire il funzionamento esaminando solo il codice; strumenti come UML sono praticamente indispensabili per vedere come si relazionano le parti, l'una con le altre.

UML possiede un insieme completo di diagrammi grafici: diagrammi di classe che mostrano le relazioni tra classi, diagrammi di oggetti che mostrano come si relazionano oggetti specifici tra di loro, diagrammi di casi d'uso che mostrano come gli utenti di un programma interagiscono con il programma, ecc. UML è difatti lo standard per le rappresentazioni grafiche in

OOP. Non è una metodologia di sviluppo del software, ma semplicemente un mezzo per esaminare il software che si sta sviluppando. Nella Figura 1.24 si mostrano alcune rappresentazioni grafiche di classi, oggetti e relazioni di generalizzazione e specializzazione (ereditarietà) tra classi.

Il linguaggio di modellazione si dice "unificato" perché è basato su diversi modelli precedenti. Nel 1994, James Rumbaugh e Grady Booch decisero infatti di unificare le loro notazioni OMT e Booch. Nel 1995, Juar Jacobson si unì alla squadra dei «tre amici» per fondare la Rational Software. Nel 1997 venne pubblicato UML 1.0 e in quello stesso anno OMG (*Object Management Group* – un consorzio di più di 1000 società e università attive nel campo delle tecnologie orientate agli oggetti – adottò la notazione e creò una commissione incaricata di studiare l'evoluzione di UML. Nel 2003 venne presentato l'UML 1.5 e nel 2005 l'UML 2.0. Nel 2006 Rumbaugh, Booch e Jacobson hanno pubblicato le nuove edizioni della Guida Utente e del Manuale di Riferimento.

Figura 1.24 Rappresentazioni grafiche di oggetti, classi ed ereditarietà in UML 2.0.

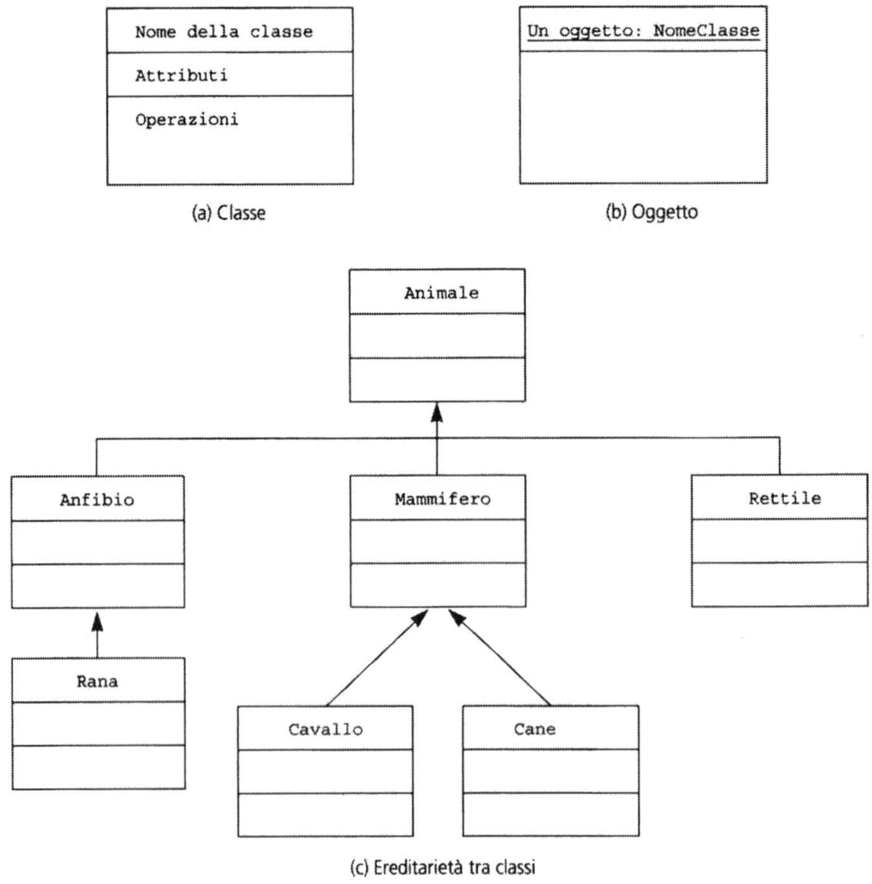

CONCETTI CHIAVE

- Algoritmo
- CD-ROM, CDR/W
- Compilatore
- Computer
- Diagramma di flusso
- Floppy
- DVD
- DVD ad alta definizione
- Hardware
- Interprete
- Linguaggio macchina
- Linguaggio di programmazione
- Linguaggio assemblatore
- Memoria
- Memoria ausiliare
- Memoria centrale
- Microprocessore
- Modem
- Software
- Unità centrale di processo

Il linguaggio C++. Elementi base

2

Indice

Introduzione

In questo capitolo iniziamo a conoscere i fondamenti del linguaggio di programmazione C++. Vedremo come creare un programma, quali sono i tipi di dato fondamentale del C++ e come si dichiarano. Poi vedremo cosa sono e come si dichiarano le costanti e, soprattutto, le variabili, con la loro visibilità e i loro tempi di vita. Vedremo anche come si leggono i dati in ingresso al programma (input) e come si restituiscono i risultati in uscita (output).

2.1 Costruzione di un programma in C++

C++ è un linguaggio di programmazione di alto livello e i suoi programmi sono scritti in ASCII, mentre i computer, come il lettore già sa, eseguono solo programmi in linguaggio *macchina* (una sequenza di istruzioni espresse in binario). Pertanto è necessario tradurre il codice sorgente in codice macchina o binario:

```
1010   1111
0011   0111
0111   0110
...
```

Questo processo di traduzione è detto *compilazione*. I programmi nascono come idee nella mente del programmatore, che poi le sviluppa fino ad abbozzare un *algoritmo* espresso in linguaggio naturale, come lo *pseudocodice*, o direttamente in linguaggio C++.

Una volta che è stato scritto il codice del programma si deve procedere alla sua esecuzione. Le tappe da seguire dipendono dal compilatore e dall'ambiente di sviluppo utilizzati; comunque, saranno simili alle seguenti:

1. *Utilizzare un editor di testo* per scrivere il programma sorgente e salvarlo in un file chiamato *file sorgente* o *codice sorgente*. Per convenzione, molti programmi scritti in C++ hanno l'estensione `.cpp`, mentre quelli scritti in C hanno l'estensione `.c` (la Tabella 2.1 riporta le estensioni più usuali).
2. *Compilare il codice sorgente*. Il compilatore traduce il codice sorgente in *codice oggetto*. In C++, il file prodotto in questo passo ha lo stesso nome di quello sorgente, ma estensione `.obj` oppure `.o`.
3. Se il passo 2 ha avuto successo, il codice oggetto si collega con le funzioni di libreria C++ di cui fa uso tramite il *linker*. Una libreria C++ contiene il codice oggetto di una collezione di funzioni che realizzano compiti comuni, come visualizzare informazione sullo schermo, calcolare la radice quadrata di un numero, ecc. Il collegamento produce una versione eseguibile del programma che viene posta in un file che ha generalmente il nome del sorgente ed estensione `.exe` sotto Windows e nulla sotto Linux).

La Figura 2.1 riassume queste fasi. Normalmente il compilatore compie sia la compilazione vera e propria che il collegamento. Molto comodi sono gli **ambienti di sviluppo integrati** (**IDE** – *Integrated Development Environment*) che integrano un editor, un compilatore, un linker, un **gestore** di progetti, un debugger e altri programmi di utilità. Borland, Microsoft e le comunità Open Source sotto Linux, hanno prodotto molti IDE per il C++.

I programmi contenuti nel libro sono generici ma dovrebbero essere eseguibili da compilatori recenti perché seguono lo standard **ANSI/ISO C++**.

2.1.1 Tipi di compilatori

Esistono due tipi di compilatori: quelli *a riga di comando* e quelli inclusi *in un IDE* (oggi più comuni).

Il tradizionale *compilatore a riga di comando* è lanciato dalla *console* del sistema operativo mediante un opportuno comando al quale viene passato, come argomento, il nome del file ASCII che contiene il codice sorgente da compilare. Il compilatore trasforma il codice sorgente in un programma eseguibile, oppure si limita a produrre il codice oggetto, a seconda di come è stato lanciato il comando. La maggior parte dei sistemi Unix e Linux uti-

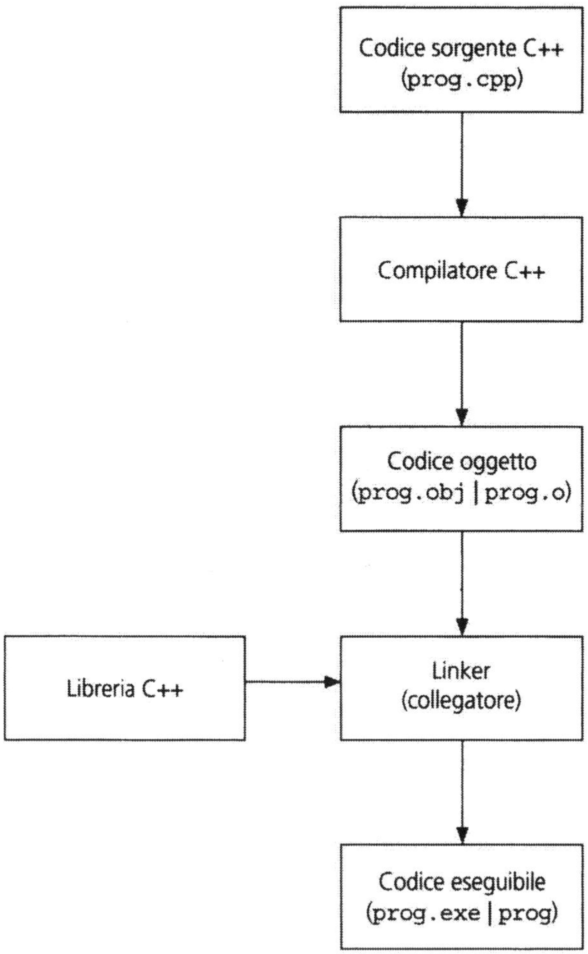

Figura 2.1
Tappe nell'esecuzione di un programma.

lizzano compilatori a riga di comando, benché ormai sia ampia la dotazione di IDE anche per questi sistemi operativi. Quasi tutti i compilatori che girano sotto Windows sono invece incorporati in IDE; è il caso di Microsoft Visual C++, Borland C++, Watcom C++, ecc.

2.1.2 Scrittura del programma sorgente

In un sistema Unix/Linux si possono utilizzare i tradizionali editor `vi`, `ed` o `emacs`. In un sistema Windows si può utilizzare un elaboratore di testi come Microsoft Word, ma in questo caso si deve avere la precauzione di salvare il file in formato testo (ASCII), anziché nel formato standard del *word processor*.

Tabella 2.1 Estensioni di codici sorgente.

Versione C++	Estensione codice sorgente*
Microsoft Visual C++	`cpp, cc, cxx`
Borland C++	`cpp`
GNU C++	`C, cc, cpp, c++, cxx`
Unix	`C, cc, cxx, c`
Watcom	`cpp`
Dev C++	`cpp`

* Alcuni sistemi sono *case sensitive*; in questi casi `Demo.cpp` è un file diverso da `demo.cpp`.

Quando si nomina un file sorgente si deve utilizzare il suffisso adatto al compilatore C++ utilizzato. In questo modo si identifica il file come contenente il codice sorgente C++ affinché il compilatore lo possa riconoscere. Il suffisso consta di un punto seguito da uno o più caratteri e si denomina *estensione*.

La Tabella 2.1 raccoglie le estensioni più usuali dei file sorgente nei compilatori C++ commerciali o di libera distribuzione. Gli *header file* (ne parleremo in seguito, contengono le librerie) o non hanno estensione, come nel caso dei compilatori **ANSI/ISO C++**, oppure terminano in `.h` (anche se si trovano estensioni in `.hh`, `.H` o `.hxx`).

Compilatori commerciali e di libera distribuzione

- **CC** Unix CC Compiler (Unix generico)
- **g++** Free Software Foundation (gratuito)
- Borland C++ (gratuito)
- Microsoft Visual C++ .NET
- Dev C++
- GNU C++

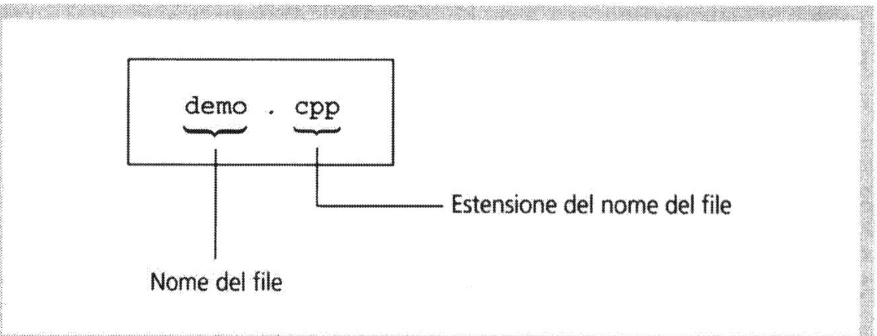

Figura 2.2 Nome di un file in codice sorgente.

2.1.3 Esempio pratico di compilazione

1. Scrivere il seguente programma sorgente come file di testo (sequenza di caratteri ASCII) utilizzando un text editor, e dargli il nome `ciao.cpp`.

```
#include <iostream>

int main()
{
   std::cout << "Ciao mondo!\n";
   return (0)
}
```

2. Compilare il programma con il compilatore GNU C++ **g++** della Free Software Foundation. Normalmente il compilatore si lancia con il comando `g++` oppure `C++`.

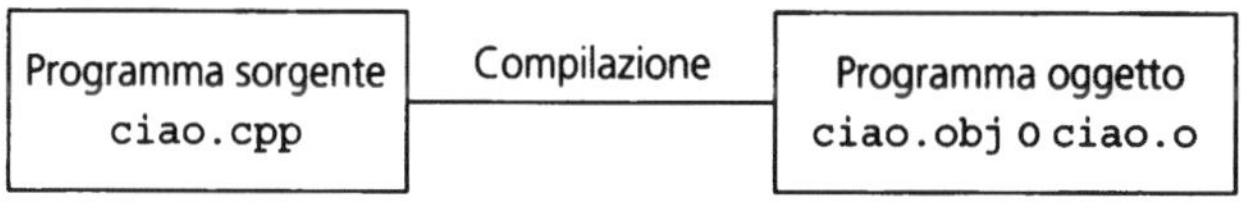

Sulla riga di comando della console scrivere

```
% g++ -g -wall -o ciao ciao.cpp
```

o più semplicemente

```
% C++ -o ciao.cpp
```

- L'*opzione* `-g` permette il debugging.
- `-wall` attiva i messaggi di avvertimento (*warning*).
- `-o ciao` indica al compilatore che il programma finale si chiamerà `ciao`.
- Il file che contiene il programma sorgente si chiama `ciao.cpp`.
- Il compilatore `g++` creerà un file eseguibile denominato `ciao` (in Unix di solito non si aggiunge l'estensione `.exe`).

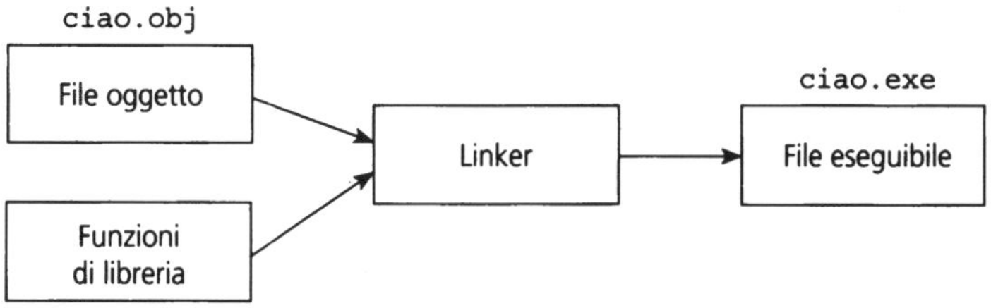

3. Eseguire il programma. Se si esegue il programma dalla riga di comando della console di Linux digitando il comando

```
ciao
```

verrà visualizzato il seguente messaggio sullo schermo

```
Ciao mondo
```

2.1.4 Sviluppo di un programma in C++

Il processo completo di creazione di un programma eseguibile (Figura 2.3) implica le seguente tappe:

1. Scrittura del codice sorgente (su carta ...).
2. *Editing* del codice sorgente sul computer (salvare con un nome; ad esempio, `demo.cpp`).
3. Compilazione del codice sorgente (`demo.obj`).
4. Individuazione e correzione degli errori di compilazione e di collegamento, esecuzione e collaudo del programma.

In pratica si tratta di:

1. Editare il codice sorgente (con un text editor indipendente o con quello incorporato nell'IDE).
2. Compilare il programma (normalmente la compilazione esegue anche il collegamento).
3. Eseguire e collaudare (*debugging* del programma).

Figura 2.3
Messa a punto di un programma C++.

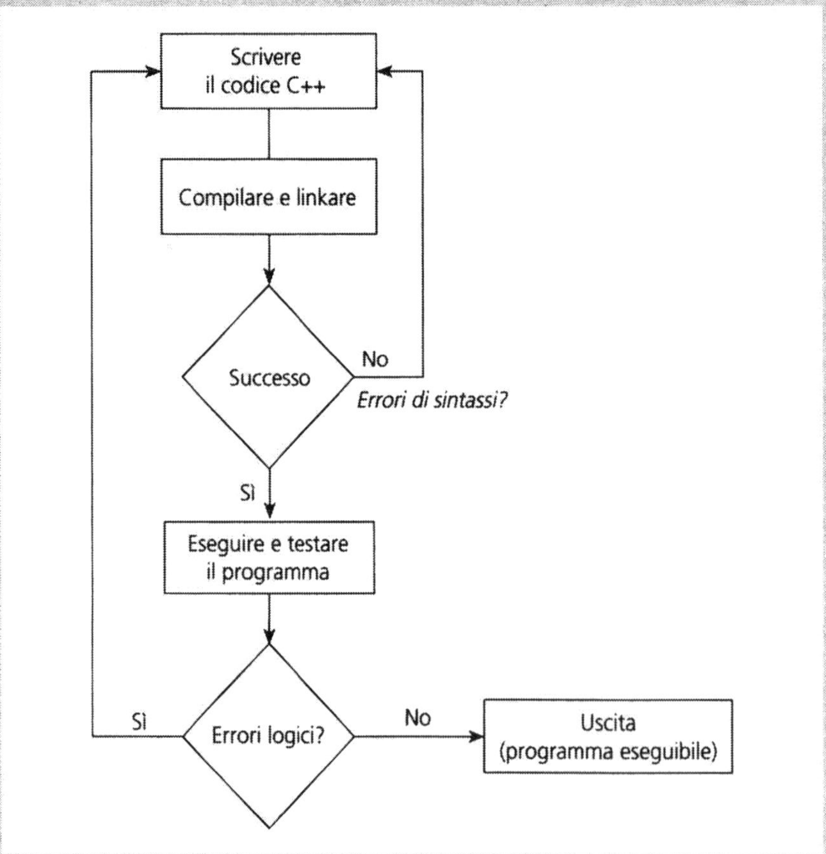

Se il codice sorgente non contiene errori la compilazione termina con successo. Altrimenti il compilatore darà informazioni circa le righe esatte che contengono gli errori.

Tuttavia, anche se la fase di compilazione non rileva errori, può darsi (anzi è probabile) che l'eseguibile non si comporti correttamente come desiderato. Dopo che un programma è stato compilato con successo, bisogna eseguire il programma parecchie volte per verificare che faccia esattamente quello per cui è stato progettato. Nel caso di programmi commerciali o professionali si richiede maggiore qualità e si deve provare il programma parecchie volte per avere la *quasi* sicurezza che funzioni correttamente. Gli errori riscontrati in fase di collaudo si dicono *errori di esecuzione* o *di logica*. In questi casi il programma è scritto sintatticamente bene, ma il programma non fa quello che dovrebbe fare a causa di errori logici. Il processo di collaudo (*testing*) di un programma con l'individuazione e la riparazione della causa del problema si dice *debugging*.

Se esistono errori logici nel programma, bisogna determinarne la natura, andare indietro, revisionare il codice sorgente e in molti casi ricostruire il programma. Se i programmi sono semplici, magari con una quantità moderata di collaudi e riparazioni di errori si termina presto. Ma se i programmi sono complessi, può essere necessario molto tempo per analisi, esecuzioni e collaudi. In questi casi si dovrà avere pazienza e seguire un metodo sistematico per la messa a punto del programma.

Nella pagina web del libro ci sono esempi completi di compilazione ed esecuzione sotto Windows, Linux e Unix, sia da riga di comando che con **IDE**. Il codice sorgente utilizzato in quest'opera si deve poter eseguire in qualsiasi compilatore. Perciò non si fa riferimento a finestre, grafici, quadri di dialogo e altri strumenti che dipendono fondamentalmente dal sistema operativo e/o dall'ambiente di sviluppo utilizzato.

2.2 Struttura generale di un programma C++

Un programma in C++ è costituito da una o più funzioni, una delle quali deve chiamarsi obbligatoriamente `main`. Una funzione è una sequenza di istruzioni (cioè un sottoprogramma) che compie una o più azioni. Un programma C++ contiene anche una serie di direttive `#include` che consentono di includervi *header file* con funzioni e dati predefiniti. Un programma C++ può quindi contenere:

- obbligatoriamente la funzione `main()`
- direttive di preprocessore come `#include`, `using` ...
- dichiarazioni globali

- funzioni definite dall'utente
- commenti al programma
- istruzioni

La struttura tipica di un programma C++ è illustrata nella Figura 2.4. Un semplice esempio di programma in C++ è il seguente:

```
1: #include <iostream>
2: using namespace std;
3: // Il programma scrive sullo schermo:
   // "Benvenuto alla programmazione C++"
4: int main()
5: {
6:   cout << "Benvenuto alla programmazione C++\n";
7:   return 0;
8: }
```

La direttiva della prima riga include la libreria di funzioni `iostream` per gestire l'I/O e serve per eseguire l'istruzione `cout` di cui alla riga 6. Le parentesi angolari < e > si utilizzano per indicare che il file è parte della libreria standard del C++.

La seconda riga è la direttiva `using` che permette di utilizzare il `namespace` (spazio dei nomi) standard `std` e di riconoscere così il nome standard `cout` del flusso d'output.

La terza riga è un *commento*. Iniziati dalle doppie sbarre inclinate (`//`), i commenti sono ignorati dal compilatore e servono per spiegare al lettore cosa fa il codice.

La quarta riga contiene l'intestazione della funzione `main()`, obbligatoria in ogni programma C++. Essa indica l'inizio del programma e richiede le parentesi `()`.

La quinta e l'ottava riga contengono solo le parentesi graffe `{` e `}` che racchiudono il corpo della funzione `main()` e sono necessarie in tutti i programmi C++.

La sesta riga contiene l'istruzione

```
cout << "Benvenuto alla programmazione C++\n";
```

che indica al sistema di inviare il messaggio `"Benvenuto alla programmazione in C++\n"` all'oggetto `cout`. Quest'oggetto è il *flusso standard di output* che normalmente rappresenta lo schermo del computer (il nome `cout` sta per "*console output*"). L'output sullo schermo sarà

```
Benvenuto alla programmazione C++
```

Il simbolo '`\n`' indica *nuova riga* (*newline*). Mettendolo alla fine della stringa tra virgolette, si chiede al sistema che cominci una nuova riga dopo aver stampato i caratteri precedenti, terminando, pertanto, la riga attuale.

```
#include <iostream>   ←  File di libreria iostream
using namespace std;  ←  Specifica dello standard ANSI/ISO C++
int main()            ←  Intestazione di funzione
{                        ↑ Nome della funzione
    ...               ←  Istruzioni del corpo della funzione
}
```

`#include`	*Direttiva al preprocessore*
`#define`	*Macro al preprocessore*

Definizioni globali
- Funzioni
- Variabili
- Prototipi di funzioni

Funzione principale `main`

```
main ()
{
  Dichiarazioni locali
  Istruzioni
}
```

Definizioni di altre funzioni

```
funz1 (...)
{
  ...
}
funz2 (...)
{
  ...
}
  ...
```

Figura 2.4 Struttura tipica di un programma C++.

La settima riga contiene l'istruzione `return 0`. Questa istruzione termina l'esecuzione del programma e ridà il controllo al sistema operativo del computer. Il numero 0 si utilizza per segnalare che il programma ha terminato correttamente (*con successo*).

Il simbolo `<<` si dice *operatore di output* o *operatore di inserimento*, perché "inserisce" il messaggio nel flusso di output.

Il punto e virgola (`;`) alla fine delle sesta e settima riga serve a specificare che l'istruzione è finita, e quindi dopo di esso ne inizia un'altra. Non è necessario che stia alla fine di una riga perché si possono mettere diverse istruzioni nella stessa riga e si può estendere un'istruzione su parecchie righe.

Il più corto programma C++ è il programma vuoto che non fa nulla:

```
int main()
{}
```

L'istruzione `return 0`; non è obbligatoria anche se alcuni compilatori emettono dei warning se si omette.

2.2.1 Il preprocessore di C++ e le direttive

Come il C, anche il C ++ utilizza automaticamente un **preprocessore** all'inizio della compilazione. Il `preprocessore` è un programma che prepara il codice sorgente affinché il compilatore possa lavorare correttamente. Esso permette di includere nel codice altri file (denominati *header*), definire macro, eliminare i commenti, ecc.

I programmi C++ cominciano di solito con direttive. Le direttive più usuali sono `#include`, `#define` e `using` (nell'ultima versione di C++, lo standard ANSI/ISO C++).

Direttiva #include

La direttiva `#include nome_file` indica al processore di inserire il contenuto del file `nome_file` nel sorgente. Il preprocessore rimpiazza tutta la direttiva `#include` con il contenuto dell'*header file* `nome_file`. Ad esempio:

```
#include <iostream>              // Inserisce il contenuto
                                 // del file iostream
```

L'header file `iostream` è fondamentale nei programmi C++ perché contiene le funzioni di libreria per comunicare con il mondo esterno (i caratteri `io` di `iostream` si riferiscono all'*input-output*). Esso include le dichiarazioni per poter utilizzare gli identificatori `cout` e `cin` per introdurre e tirar fuori dati. Quindi i programmi che utilizzano `cin` e `cout` per l'I/O debbono includere il file `iostream`.

Tabella 2.2 Notazioni di header file.

Tipo di header	Notazione	Esempio	Uso in
Stile C vecchio	`.h`	`Math.h`	Programmi C e C++
Stile C++ vecchio	`.h`	`iostream.h`	Programmi C++
Stile nuovo standard C++	Nessuna estensione	`iostream`	Programmi C++, con direttiva `using namespace std`
Altri header file nuovo standard C++	Prefisso `c` nessuna estensione	`cmath`	Programmi C++

Header file

I file come iostream si dicono *header file* (*file d'intestazione*) perché s'includono all'inizio del programma sorgente. I compilatori C++ incorporano molti header file che supportano differenti funzionalità. Gli header file di C utilizzavano l'estensione .h. Ad esempio, l'header file math.h supporta parecchie funzioni matematiche. In linea di massima, C++ aveva la stessa rappresentazione, ma nei compilatori nuovi è cambiata la notazione e gli header file non hanno più estensione. L'estensione .h viene riservata per i compilatori C o le versioni di C++ precedenti lo standard ANSI/ISO. I nuovi header file di C++ cominciano con la lettera c ed è stata cancellata l'estensione .h.

La direttiva "using namespace std;"

Se si utilizza il file iostream dello standard ANSI/ISO C++ (anziché l'iostream.h delle vecchie versioni di C++), bisognerà utilizzare la direttiva using namespace std per permettere che le definizioni di iostream siano accessibili nel programma. Questa necessità viene dal fatto che su un programma C++ possono valere differenti spazi di nomi (*namespace*).

Uno **spazio di nomi**, come si vedrà, è la parte del programma su cui certi identificatori sono riconosciuti. La direttiva using namespace std indica che tutte le istruzioni del programma che seguono stanno dentro lo spazio di nomi std. cout e cin sono identificatori che appartengono allo spazio di nomi std.

Esempio

Uso della direttiva using e riconoscimento dell'identificatore cout.

```
#include <iostream>
using namespace std;

int main()
{
   cout << "Ciao mondo C++\n";
   return 0;
}
```

Se non si utilizza la direttiva using bisognerà far precedere il nome std a parecchi elementi del programma.

Esempio

Programma senza direttiva using namespace std;

```
#include <iostream>

int main()
{
   std::cout << "Ciao mondo, C++\n";
   return 0;
}
```

Regole pratiche

1. Se si vuole che il programma utilizzi gli identificatori `cin` e `cout` per indicare rispettivamente i canali di input e di output bisogna scrivere queste due righe all'inizio del programma

```
#include <iostream>
using namespace std;
```

2. Se il compilatore non trova il file `iostream`, è perché sta utilizzando un vecchio compilatore non compatibile con lo standard, e bisogna quindi sostituire le due righe del punto 1 con

```
#include <iostream.h>       // compatibile con vecchi
                            // compilatori
```

e il compilatore riconoscerà automaticamente `cin` e `cout`.

2.2.2 Funzione main()

Ogni programma C++ contiene una funzione `main()` che è la funzione principale, quella che parte quando si lancia il programma. Tutte le altre funzioni sono chiamate direttamente o indirettamente dalla `main`.

La funzione `main()` ha la seguente struttura: *nome, header, corpo, definizione* e *terminazione della funzione* (Figura 2.5). Il corpo della funzione `main()` è la sequenza delle istruzioni che costituiscono il programma.

Ogni istruzione deve terminare con il punto e virgola, la sua omissione è l'errore più ricorrente in C++.

In generale, una funzione C++ viene *chiamata* (cioè *attivata*) da un'altra funzione e l'intestazione costituisce l'interfaccia tra le due. La parte che precede il nome della funzione definisce il tipo del valore che essa restituirà alla funzione che l'ha invocata (*valore di ritorno*, cioè restituito in output).

Figura 2.5
Funzione `main`.

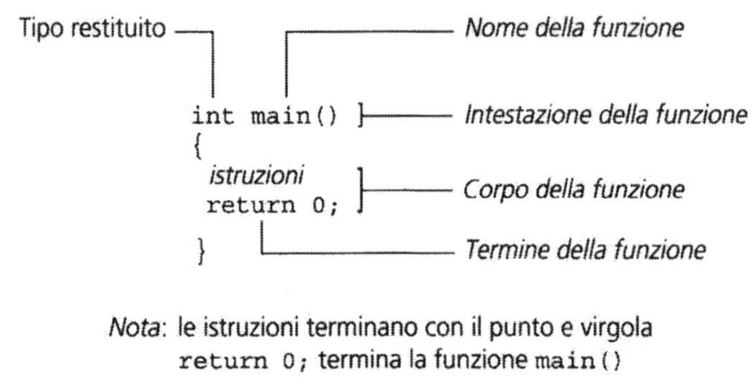

Le parentesi dopo il nome contengono invece la lista degli *argomenti*; detti anche *parametri formali*, essi descrivono il tipo e la quantità dei valori che la funzione dovrà ricevere dalla funzione chiamante (input).

La `main()` è una funzione speciale perché è invocata non da un'altra funzione, ma dal sistema operativo (Unix, Linux, Windows XP, Windows Vista, ecc.). Essa normalmente non ha quindi parametri formali, ma può ritornare un valore di tipo intero (indicato con la parola riservata `int`).

```
int main()
```

Alcuni compilatori permettono di omettere `int` o di sostituirlo con `void` indicando che la funzione non ritorna alcun valore. Il programma termina quando si esegue l'istruzione

```
return 0;
```

che restituisce al sistema operativo il valore zero (che è di tipo `int`). Anche se lo standard ANSI/ISO C++ non esige questa istruzione, vecchi compilatori richiedono il suo uso e quindi consigliamo di inserirla. L'istruzione può anche essere scritta `return(0)`. Essa indica al sistema operativo che il programma ha terminato la sua esecuzione con successo (stato 0). Uno stato diverso da zero indica un errore; normalmente 1 si utilizza per gli errori più semplici, quali "sintassi non corretta" o "file non trovato".

Regole di stile

C	intestazione della funzione principale	`main()`
C++	intestazione della funzione principale	`int main()`
	intestazione *alternativa*	`int main(void)`

ANSI/ISO C++

- Se il compilatore arriva alla fine di `main()` senza trovare alcuna istruzione `return`, assume per default che esso termini con l'istruzione:

  ```
  return (0);
  ```

- Il ritorno implicito esiste soltanto in `main()` e non in altre funzioni.
- Alcuni programmatori utilizzano la seguente intestazione e omettono la sentenza `return`

  ```
  void main()
  ```

  dato che un tipo di ritorno `void` significa che non restituisce alcun valore.

2.2.3 Dichiarazioni globali

Le *dichiarazioni globali* sono quelle scritte prima della funzione `main()`. La posizione in cui vengono scritte indica al compilatore che gli elementi lì dichiarati sono comuni a tutte le funzioni del programma.

Se ad esempio si dichiara una variabile globale di tipo intero per indicare il numero di abitanti di una città

```
int abitanti;
```

qualunque funzione del programma (inclusa ovviamente la `main()`) può accedervi.

La zona delle dichiarazioni globali può includere dichiarazioni di funzione, che si dicono *prototipi*.

```
int media(int a, int b);
```

Questo esempio significa che in tutto il programma si potrà fare uso di una funzione (cioè la si potrà invocare) che si chiama `media` e che accetta in input due valori di tipo intero, anche se non sappiamo ancora che cosa essa farà con quei due valori. Il seguente esempio è un tipico programma che include dichiarazioni globali.

```
#include <iostream>
// Definizione macro
#define MICONST1 0.50
#define MICONS2 0.75

//Dichiarazioni globali
int abitanti;

main()
{
   // ...
}
```

2.2.4 Funzioni definite dall'utente

Un programma C++ è un insieme di funzioni. Tutti i programmi si costruiscono a partire da una o più funzioni che si integrano a formare un'applicazione. Tutte le funzioni contengono una o più istruzioni e servono generalmente per realizzare un compito ben definito, come stampare sullo schermo, scrivere in un file o cambiare il colore dello schermo. In un programma C++ si può dichiarare ed eseguire un numero di funzioni quasi illimitato.

Tutte le funzioni hanno un nome. Si può assegnare qualunque nome a una funzione, ma normalmente si cerca di darle un nome facile da ricordare e associabile al compito svolto dalla funzione.

Le funzioni si mandano poi in esecuzione proprio invocando il loro nome e passandole i valori che eventualmente richiedono nell'intestazione. Questa operazione si dice **chiamata** della funzione.

Per mandare in esecuzione una funzione bisogna che questa sia stata prima dichiarata o definita, altrimenti il compilatore segnala un errore. Una **dichiarazione** di funzione o **prototipo** contiene il nome della funzione, il tipo del valore che essa restituisce e la lista *dei tipi* degli argomenti che essa prende in input:

```
int eleva_al_quadrato(int);
```

La **definizione** di una funzione specifica invece anche le *istruzioni* che la funzione dovrà eseguire e il nome dei suoi argomenti formali.

```
tipo_restituito nome_funzione(lista_parametri)   intestazione della funzione
{
  istruzioni                                     corpo della funzione
  return;  // opzionale                          ritorno della funzione
}
```

Il tipo restituito dalla funzione può essere `void`.

C++ fornisce anche moltissime funzioni predefinite, le *funzioni di libreria*. Per essere utilizzate esse richiedono l'inclusione dell'header file che le contiene, come `iostream`, `cmath` ecc. Vediamo un esempio

```
#include <iostream>
using namespace std;

int saluto();
int main()
{
  saluto();
  return 0;
}

void saluto()
{
  cout << "Ciao a tutti!\n";
}
```

2.2.5 Commenti

I *commenti* sono informazioni che si aggiungono al sorgente per spiegare al lettore che cosa fa il codice. Il compilatore ovviamente ignora i commenti. È buona pratica di programmazione commentare i programmi il più possibile per sé stessi (quando si torna a leggere il sorgente dopo molto tempo) e per gli altri che dovranno leggerlo. All'inizio si includono di solito il nome del file, il nome del programmatore, una breve descrizione di cosa fa il programma, la data in cui è stata creata la versione e il numero di versione.

In C++ i commenti di un programma si possono introdurre di due forme:

- stile C standard
- stile C++

Stile C standard

I commenti in C standard cominciano con la sequenza `/*` e terminano con la sequenza `*/`. Tutto il testo situato tra le due sequenze è un commento ignorato dal compilatore.

```
/* PROVA1.CPP  -  Primo programma C++ */
```

oppure

```
/*
  Programma:         PROVA1.CPP
  Programmatore:     Pepe Mortimer
  Descrizione:       Primo programma C++
  Data creazione:    17 giugno 1994
  Revisione:         Nessuna
*/
```

o anche

```
cout << "Ciao a tutti!\n";        /* istruzione di output */
```

Stile C++

In stile C++ i commenti iniziano con la doppia barra inclinata `//` e finiscono alla fine della riga.

```
// PROVA1.CPP  -  Primo programma C++
```

oppure:

```
//Programma:         PROVA1.CPP
//Programmatore:     Pepe Mortimer
//Descrizione:       Primo programma C++
//Data creazione:    17 giugno 1994
//Revisione:         Nessuna
```

o anche:

```
cout << "Ciao a tutti!\n";       // istruzione di output
```

Non si possono annidare commenti, cioè scrivere un commento dentro un altro.

Esercizio risolto 2.1

Supponiamo di dover far stampare molte volte un nome e un indirizzo da un programma C++. Anziché scrivere tante volte quelle istruzioni di stampa, sarà possibile scriverle *una sola volta* in un file (ad esempio `mioindir.cpp`) e poi includere quel file in ogni punto del programma in cui bisogna far stampare quel nome e quell'indirizzo.

Per esempio, digitare le seguenti righe e salvarle in un file denominato `mioindir.cpp`.

```
// file mioindir.cpp
cout << "Luis Joyanes Aguilar\n";
cout << "Avda de Andalucia, 48\n";
cout << "Carchelejo, JAEN\n";
cout << "Andalucia, SPAGNA\n";
```

Il programma seguente

```
#include <iostream>
using namespace std;

int main()
{
  #include "mioindir.cpp"
  return 0;
}
```

equivale a

```
#include <iostream>
using namespace std;
int main()

{
  cout << "Luis Joyanes Aguilar\n";
  cout << "Avda de Andalucia, 48\n";
  cout << "Carchelejo, JAEN\n";
  cout << "Andalucia, SPAGNA\n";
  return 0;
}
```

Esercizio risolto 2.2

Il seguente programma copia un messaggio in un array di caratteri e lo stampa sullo schermo. Dato che si utilizzano `cout` e `strcpy()`[1] (una funzione di stringa), sono necessari i suoi header file specifici.

```
#include <iostream>
#include <string>
using namespace std;

int main()
{
  char messaggio[20];
  strcpy (messaggio, "ciao mondo\n");
  // Le due righe precedenti possono anche
  // essere sostituite da
  // char messaggio[20] = "ciao mondo\n";
  cout << messaggio;
  return 0;
}
```

2.2.6 Funzioni di libreria

Le *funzioni di libreria* compiono compiti d'interesse generale come accedere a file, fare calcoli matematici e convertire tipi di dato. Anche se si dedicherà un capitolo specifico alle funzioni C++, l'uso delle funzioni di libreria è semplice e necessario, perciò le anticipiamo un po' qui affinché il lettore si familiarizzi con loro. Vediamo ad esempio l'uso della funzione `sqrt` inclusa nella libreria standard `cmat` (o nell'equivalente `math` dei vecchi compilatori).

Esercizio risolto 2.3

Utilizzare la funzione di libreria `sqrt()` per calcolare la radice quadrata di un numero introdotto dall'utente.

In primo luogo, per utilizzare `sqrt()` in un programma si deve fornire il prototipo della funzione. In questo caso si può fare in due modi.

1. Digitare il prototipo della funzione (nel suo codice sorgente).
2. Includere l'header file `cmath` (`math.h` nei vecchi sistemi C++) che ha il prototipo incluso.

Prototipo della funzione `sqrt()`

```
double sqrt(double);
```

richiede un argomento di tipo `double` (*reale su 8 byte*)
restituisce un valore di tipo `double`

[1] La funzione `strcpy()` assegna una sequenza o stringa di caratteri a una variabile tipo carattere, `messaggio`. Nei Capitoli 7 e 10 si spiegheranno in dettaglio i concetti di stringa come array di caratteri.

Precauzione

Il punto e virgola dopo il prototipo specifica che si tratta di un'istruzione; se si omette il punto e virgola, il compilatore l'interpreta come intestazione di funzione e pensa che ne venga in seguito definito il corpo.

Esempio

```
double n;          // si dichiara n come di tipo double
n = sqrt (16.25);
```

Sintassi della chiamata alla funzione `sqrt()`

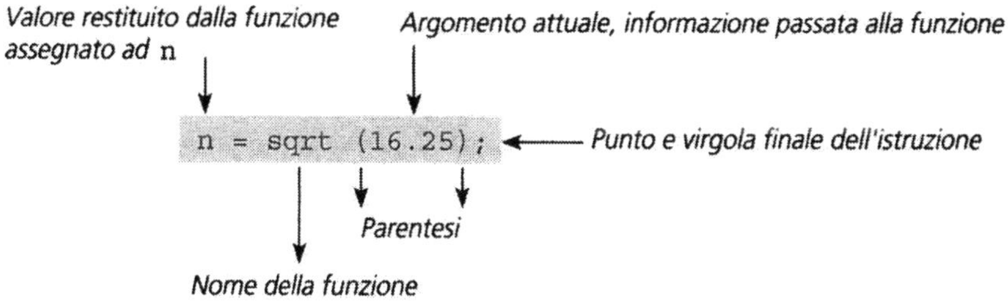

Codice sorgente

```
#include <iostream>        //uso di cout, cin
#include <cmath>           //uso di sqrt(), anche math.h
using namespace std;

int maint()
{
  double numero, soluzione;
  cout << "Introduca un numero: ";    //chiedere numero
  cin >> numero;                 //leggere numero
  soluzione = sqrt(numero);      //ottenere radice quadrata
  cout << "La radice quadrata è " << soluzione << endl;
  return 0;
}
```

Se si usa un vecchio compilatore, utilizzare `<math.h>` anziché `<cmath>`.

Un diagramma dell'esecuzione del programma è:

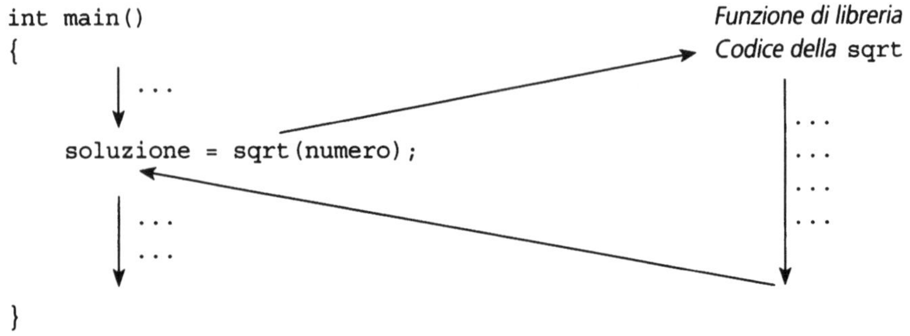

2.3 Creazione di un programma

I passi da seguire per compilare un programma dipendono dal compilatore C++, ma in generale saranno simili a quelli mostrati nella Figura 2.6.

- Scrivere il "codice sorgente" (C++) del programma e salvarlo in un file.
- Compilare il codice sorgente nel *codice oggetto* (estensione `.obj`). Il codice oggetto è già scritto in linguaggio macchina e contiene gli header file C++ inclusi con la direttiva `#include` (per esempio, la libreria `iostream` che contiene informazioni e codice per interpretare `cout` ed eseguire <<).
- Collegare il codice oggetto con le *librerie* corrispondenti. Questo *linking* del codice oggetto del programma con l'oggetto delle funzioni utilizzate e qualunque altro codice impiegato nel collegamento, produrrà il codice *eseguibile*. Normalmente un programma C++ collega vari file oggetto e varie librerie.

Le tappe di tutto il processo sono:

1. Definire il programma.
2. Definire le direttive al preprocessore.
3. Definire le dichiarazioni globali.
4. Creare il `main()`, cioè il corpo del programma.
5. Creare le funzioni necessarie al `main()`.
6. Scrivere i commenti.
7. Compilare, collegare, eseguire e collaudare il programma.

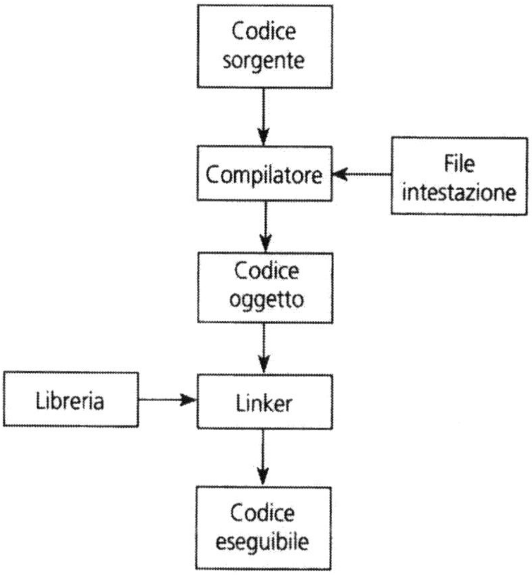

Figura 2.6
Tappe per creazione di un programma eseguibile.

2.4 Esecuzione di un programma in C++

Un programma in codice sorgente (per esempio, C++) è un file di testo (ASCII o UNICODE). Prendiamo il classico esempio:

```
#include <iostream>
using namespace std;

int main()
{
  cout << "Ciao mondo, C++!" << endl;
  return 0;
}
```

Al file così editato bisogna dare un nome, per esempio `ciao.cpp`, e poi salvarlo sul disco o su altro supporto di memoria di massa.

Per compilare il sorgente bisogna utilizzare il compilatore "giusto". Infatti, il codice macchina da produrre dipende dal processore su cui esso girerà. Inoltre alcune specifiche funzioni di libreria possono dipendere dal sistema operativo su cui il codice macchina girerà. Quindi è necessario usare un compilatore capace di generare il corretto linguaggio macchina per il processore e per il sistema operativo su cui l'applicativo finale dovrà essere eseguito. GNU g++ è un ottimo compilatore open source multipiattaforma (capace di generare codice eseguibile per Windows da Linux e viceversa), ma è a riga di comando. Specialmente per i principianti può forse essere utile utilizzarlo all'interno di un IDE (come "Dev C++") che contiene altre risorse necessarie per sviluppare ed eseguire un programma, come un buon text editor e un debugger. Migliori e più sofisticati sono gli IDE di ultima generazione come Eclipse (*http://www. eclipse.org*).

Ogni linguaggio di programmazione ha le sue regole grammaticali. Il complesso di regole a cui devono sottostare le istruzioni di un programma si dice *sintassi* del linguaggio. Dopo aver avviato il preprocessore, la successiva operazione che il compilatore esegue è il *parsing* del programma, cioè la verifica del rispetto della sintassi da parte delle istruzioni. Gli errori trovati vengono segnalati perché possano essere corretti con il text editor. Poi si itera la compilazione fino a che non vengono più emessi messaggi di errore.

Il codice oggetto così ottenuto si salva su un file, normalmente con lo stesso nome, ma estensione `.obj` oppure `.o`. Questo codice oggetto, per esempio `ciao.o`, contiene solo la traduzione del codice sorgente e non è sufficiente per eseguire realmente il programma. È necessario includere i codici oggetto dei file di libreria in esso inclusi. Il linker esegue (di solito, automaticamente) quest'ulteriore passo producendo il *file eseguibile*, che avrà estensione `.exe` in Windows (`ciao.exe`) o nessuna estensione in Linux (`ciao`). L'eseguibile contiene tutto il codice macchina necessario per eseguire il programma e può essere lanciato semplicemente scrivendo il nome del file (`ciao`) nella linea di comando o facendo click sull'icona che rappresenta il file su un'interfaccia grafica. L'eseguibile può essere trasportato ed eseguito su altre macchine con lo stesso sistema operativo e non ha più bisogno del compilatore.

Tappe del processo

- Si crea il codice sorgente (file del programma) con un editor di testo.
- Il compilatore traduce il file di testo nel corrispondente file oggetto.
- Il linker mette insieme differenti file oggetti per formare un file eseguibile.
- Il sistema operativo pone il file eseguibile nella memoria centrale e fa partire il programma.

2.5 Debugging di un programma in C++

Il programma non gira quasi mai la prima volta che si tenta di compilarlo. Il processo per scoprire e correggere gli errori si chiama *debugging* del programma (Figura 2.7). In generale gli errori possono essere di tre tipi:

1. Errori *sintattici* nell'uso delle regole grammaticali del linguaggio.
2. Errori *logici* nel progetto dell'algoritmo.
3. Errori *logici* nella traduzione dell'algoritmo in un programma sorgente.

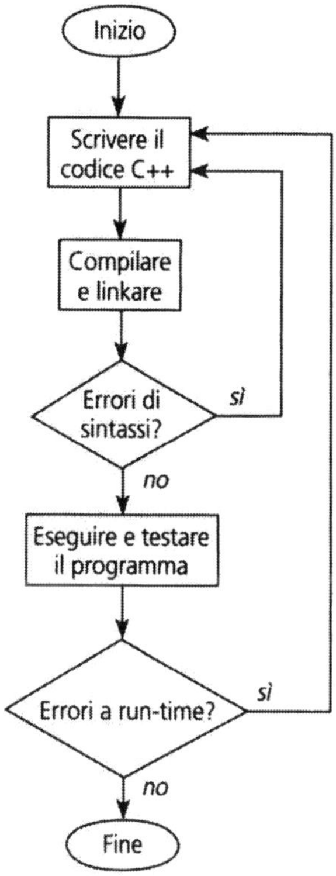

Figura 2.7
Processo completo di debugging di un programma.

Correggere un errore è più facile che trovarlo e isolarlo. Gli errori del primo tipo saranno scoperti in fase di compilazione (*compile time error*), gli altri solo in fase di esecuzione (*run time error*) ... eventualmente! Quest'ultimo tipo d'errore è certamente il più difficile da individuare e, purtroppo, nella storia del software alcuni di questi sono stati scoperti solo quando già avevano prodotto perdite di vite umane e di beni, e chissà quanti errori logici sono ancora da scoprire fra i miliardi di righe di codice che stanno girando in questo momento sui processori di tutto il mondo.

Quando il compilatore scopre un errore, visualizza un *messaggio d'errore* indicandone la sua possibile causa. Questi messaggi sono a volte difficili da interpretare e purtroppo si può arrivare a conclusioni erronee. Inoltre essi cambiano da un compilatore all'altro. Con l'esperienza, il processo di messa a punto di un programma migliora. In ogni capitolo cercheremo di descrivere gli errori più frequenti e suggerire regole di stile per la scrittura di programmi corretti.

2.5.1 Errori di sintassi

Errori sintattici tipici sono l'errata scrittura di parole riservate o di identificatori definiti dal programmatore stesso, e l'omissione di segni di interpunzione o di operatori (virgolette, punto e virgola ...). Gli errori di sintassi li scopre di solito il compilatore segnalandoli mediante *messaggi di errore* (o *diagnosi*) che dovrebbero spiegare il problema (apparente). Alcuni esempi:

- punto e virgola dopo l'intestazione `main()`.
- omissione della parentesi graffa d'apertura (`{`) o chiusura (`}`) del corpo di una funzione.
- omissione del punto e virgola alla fine di un'istruzione.
- omissione della doppia sbarra inclinata prima di un commento.
- omissione delle doppie virgolette quando si chiude una stringa.
- ...

Se un'istruzione ha un errore di `sintassi` non verrà tradotta e il codice oggetto non verrà prodotto. Così ad esempio, la riga di programma:

```
double raggio
```

produrrà un errore perché manca il punto e virgola (;) dopo dell'ultima lettera dell'identificatore `raggio`.

2.5.2 Errori logici

Gli errori logici sono difficili da trovare e isolare perché il compilatore generalmente non li scopre. Per esempio, l'istruzione

```
double area_cerchio = diametro * PIGRECO + PIGRECO;
```

è sbagliata perché il secondo operatore dovrebbe essere pure di moltiplicazione ma il programmatore ha scritto invece l'operatore somma aritmetica. Il compilatore non produce alcun messaggio di errore perché non è stata violata alcuna regola sintattica. Il programma sarà compilato ed eseguito ma non produrrà risultati corretti perché la formula utilizzata per calcolare l'area del cerchio contiene un errore logico.

Si possono scoprire errori logici verificando minuziosamente tutto il programma confrontandone l'output con i risultati attesi, ma l'esperienza, la conoscenza del C++ e delle tecniche algoritmiche potranno ridurre ma non annullare la possibilità di compiere errori logici.

Posto che si riesca a capire che il programma non restituisce risultati corretti, trovare l'errore è uno dei compiti i più difficili della programmazione. Il **debugger** è un programma che serve proprio per aiutare a scoprire, verificare e correggere errori logici.

A volte la correzione di un errore logico può incidentalmente comportare l'introduzione di un altro. In questo caso si parla di **errori di regressione**.

2.5.3 Messaggi d'errore

I messaggi d'errore variano a seconda dei compilatori, ma si possono raggruppare in tre blocchi.

- **Errori fatali.** Sono rari. Alcuni di loro indicano un errore interno del compilatore. Quando capita un errore fatale, la compilazione si ferma immediatamente. Bisogna capire che cosa è successo e far ripartire il processo di compilazione.
- **Errori di sintassi.** Sono i tipici errori di sintassi, di riga di comando e di accesso alla memoria secondaria. Al termine della compilazione non viene prodotto il codice oggetto.
- **Avvertenze** (*warning*). Indicano condizioni che sono sospette, ma legittime come parte del linguaggio. Al termine della compilazione viene prodotto il codice oggetto.

2.5.4 Errori a *run time*

Ci sono due tipi di *run time error*: quelli che non impediscono l'esecuzione del programma (ma producono risultati scorretti) e quelli "fatali" che invece provocano la terminazione del programma (esempi tipici sono la divisione di un numero per zero e il tentativo di leggere una zona di memoria non consentita).

Quando capita questo secondo tipo di errore il computer ferma l'esecuzione del programma e visualizza un opportuno diagnostico.

Errori tipici del primo tipo accadono invece quando si tenta di elaborare dati indefiniti o mal definiti. Ad esempio, il seguente programma viene correttamente compilato, ma non contiene alcuna istruzione che assegni un valore alla variabile `x` (che possa poi sommarsi al valore della variabile `y` per assegnare un valore alla variabile `z`); pertanto, quando si esegue l'istruzione di assegnamento

```
z = x + y;
```

si produce un run-time error.

```
#include <iostream>
using namespace std;
void main ()
{
   // Dati locali
   float x, y, z;
```

```
    y = 10.0
    z = x + y;          // errore di esecuzione
    cout << "Il valore di z è = " << z << endl;
}
```

Questo programma potrebbe terminare la sua esecuzione, benché produca risultati scorretti, poiché alla variabile x si assegnerà un valore casuale impredicibile (la sequenza casuale di bit che saranno precedentemente stati scritti nella locazione di memoria fisica assegnata alla variabile `x`) e il risultato della somma sarà pure indeterminato. Alcuni compilatori inizializzano le variabili automaticamente a zero, rendendo in questo caso ancora più difficile accorgersi dell'omissione, soprattutto quando il programma viene compilato da un altro compilatore che non assegna un valore predefinito.

Spesso si producono errori silenti quando si legge un dato dall'input e lo si mette in un contenitore (cioè una variabile) definito di un tipo non congruo col valore letto (ad esempio, si legge un carattere e lo si mette in una variabile numerica).

2.5.5 Collaudi

Per determinare se un programma contiene un errore logico silente, lo si lancia più volte utilizzando vari dati di collaudo e verificandone ogni volta la correttezza del comportamento. Questo **collaudo** (*testing*) si deve fare parecchie volte, utilizzando differenti dati di input idealmente preparati da persone diverse dal programmatore, che possano indicare casi d'uso a lui non evidenti.

Stabilito che un programma contiene errori logici, la loro localizzazione è una delle parti più difficili della programmazione. Il debugging deve essere fatto eseguendo le istruzioni una alla volta (si dice che bisogna seguire la *traccia* o fare il *tracing* del programma) fino a trovare il punto in cui il programma si comporta in maniera sbagliata. Per semplificare il tracing, i compilatori C++ forniscono un debugger integrato[2] nell'IDE. Il debugger permette appunto di eseguire il programma riga dopo riga, osservando ogni volta gli effetti dell'istruzione sui valori degli oggetti del programma. Una volta che è stato localizzato l'errore, si utilizzerà il text editor per correggerlo.

Non è quasi mai possibile verificare un programma per tutti i possibili dati di collaudo. Esistono casi di programmi utilizzati professionalmente per anni senza problemi, prima che l'immissione di una specifica combinazione di valori in ingresso abbia finalmente prodotto un comportamento anomalo, mettendo in evidenza la presenza di un errore logico.

---

[2] È il caso di Borland C++, Builder C++ di Borland/Inprise, Visual C++ di Microsoft o dei compilatori sotto Unix e Linux. Hanno normalmente un menu `Debug` oppure un'opzione `Debug` nel menu `Run`.

Man mano che i programmi crescono in dimensione e complessità, il problema dei collaudi si fa sempre più serio. Non importa quanti collaudi si facciano: "i collaudi non terminano mai, solo si sospendono, e non esistono garanzie che siano stati trovati e corretti tutti gli errori di un programma". Come osservò Dijkstra, già agli inizi degli anni settanta: "*I collaudi mostrano la presenza di errori, non la loro assenza. Non si può provare che un programma è corretto, ma solo che è scorretto*".

2.6 Elementi di un programma in C++

Un programma C++ consiste in uno o più file. Un file è tradotto in differenti fasi. La prima fase è il preprocessamento, che obbedisce alle direttive (righe che contengono # come primo carattere) d'inclusione degli header file e di sostituzione di eventuali identificatori di costanti con il loro reale valore.

Il risultato del preprocessing è una sequenza di *token*.

2.6.1 Token (elementi lessici dei programmi)

Esistono cinque classi di *token*: identificatori, parole riservate, letterali, operatori e separatori.

2.6.2 Identificatori

Un *identificatore* è una sequenza di caratteri che possono essere solo lettere, cifre e il carattere *underscore* (_). In ANSI/ISO C++ il primo carattere non può essere una cifra. Il C++ è *case sensitive*, distingue cioè fra lettere maiuscole e minuscole. Sono esempi di identificatori:

```
nome_classe             Alfa
alfa                    i
Giorno_Mese_Anno        Stanza120
```

Possono essere di qualunque lunghezza, ma farli corti è utile per non sbagliare (e qualche vecchio compilatore pone limiti alla lunghezza degli identificatori). C++ riconosce come diversi gli identificatori `Alfa` e `alfa` (è bene utilizzare sempre lo stesso stile per definire gli identificatori). Alcuni consigli.

1. Scrivere gli identificatori di variabili con tutte lettere minuscole.
2. Scrivere gli identificatori di costanti con tutte lettere maiuscole.
3. Scrivere gli identificatori di funzioni con le minuscole, ma iniziando con la maiuscola.

Regole fondamentali di scrittura degli identificatori

1. Sequenza di lettere o cifre; il primo carattere può essere una lettera o un *underscore* (compilatori di Borland, tra altri).
2. Gli identificatori sono *case sensitive*:
   `mionum` è diverso da `MioNum`
3. Gli identificatori possono essere di qualunque lunghezza, ma sono significativi soltanto i primi 32 caratteri (è il caso di Borland e Microsoft).
4. Gli identificatori non possono essere parole riservate, tipo `if`, `switch` o `else`.

2.6.3 Parole riservate

Il C++ riserva a sé stesso i seguenti identificatori (*keyword* o *reserved word*) perché li usa con significati e compiti specifici predefiniti.

```
asm         delete     if          register    try
auto        do         inline      return      typedef
bool        double     int         short       union
break       else       long        signed      unsigned
case        enum       mutable     sizeof      virtual
catch       explicit   namespace   static      void
char        extern     new         struct      volatile
class       float      operator    switch      wchar_t
const       for        private     template    while
continue    friend     protected   this
default     goto       public      throw
```

Ovviamente essi non possono essere ridefiniti dal programmatore per altri scopi, per esempio come identificatore di variabile o di funzione.

```
// ...
int void()          // errore
{
  // ...
  int char;         // errore
  // ...
}
```

2.6.4 Segni d'interpunzione e separatori

Tutte le istruzioni devono terminare con un punto e virgola (`;`). Altri segni d'interpunzione sono:

```
! % ^ & * ( ) - + = { } ~ [ ] \ ' : < > ? , . / "
```

I separatori sono gli spazi bianchi (' '), le tabulazioni (`\t`), il carattere di ritorno di carrello (*carriage return*, `\r`) e quello di nuova linea (*newline*, `\n`).

2.6.4 Header file

Per utilizzare gli oggetti e le funzioni definite in una libreria, il programma deve utilizzare la direttiva `#include` per inserire il corrispondente header file. Ad esempio, se un programma utilizza la funzione `pow` (elevamento a potenza) definita nella libreria matematica, deve contenere la direttiva:

```
#include <cmath>
```

Pressoché tutti i programmi C++ includono header file di qualche libreria.

Lo standard ANSI/ISO C++ ha cambiato la convenzione notazionale per gli header file, eliminando il suffisso `.h` e introducendo per alcune un prefisso `c`; cioè, si usa `iostream`, `cmath`, `cassert` e `cstdlib`, anziché `iostream.h`, `math.h`, `assert.h` e `stdlib.h`, rispettivamente. Si potrebbe continuare a utilizzare la vecchia notazione, ma il compilatore potrebbe emettere dei warning e bisogna fare attenzione a

```
#include <string>
```

che non è uguale a

```
#include <string.h>
```

perché l'header `<string>` definisce lo stile C++ per le stringhe mentre `<string.h>` definisce lo stile C, che è totalmente diverso (anche se gli header hanno lo stesso nome).

2.7 Tipi di dato in C++

C++ non supporta molti tipi di dato predefiniti, ma consente al programmatore di crearne di propri. I tipi di dato predefiniti sono relativi a tre tipologie:

- **interi**: tipo `int` e varianti di interi, tipi `short`, `long` e `unsigned`.
- **reali**: numeri decimali, tipi `float`, `double` o `long double`.
- **caratteri:** lettere, cifre, simboli e segni di interpunzione.

La Tabella 2.3 raccoglie i principali tipi di dato fondamentali, le loro *tradizionali* dimensioni in byte e il range di valori che essi possono assumere.

Tabella 2.3 Tipi di dato semplici di C++.

Tipo	Esempio	Dimensione in byte	Minimo ... Massimo
`char`	`'C'`	1	`0 ... 255`
`short`	`-15`	2	`-128 ... 127`
`int`	`1024`	2	`-32768 ... 32767`
`unsigned int`	`42325`	2	`0 ... 65535`
`long`	`262144`	4	`-2147483648 ... 2147483637`
`float`	`10.5`	4	$3.4*(10^{-38}) \ldots 3.4*(10^{38})$
`double`	`0.00045`	8	$1.7*(10^{-308}) \ldots 1.7*(10^{308})$
`long double`	`1e-8`	8	uguale a `double`

`char`, `int`, `float` e `double` sono parole riservate, o più precisamente, *specificatori di tipi*. Ogni tipo di dato ha la propria lista di *modificatori* che possono variare da una macchina all'altra. I tipi `char`, `int` e `double` hanno come modificatori `short`, `long`, `signed` e `unsigned`.

L'ANSI C++ ha introdotto pure il tipo fondamentale `wchar_t` che definisce caratteri non ASCII. Esistono altri tipi di dato fondamentali in C++ che tratteremo più avanti:

`enum`	tipo enumerativo
`bool`	tipo *falso-vero*
`void`	tipo vuoto

2.7.1 Interi (`int`)

Forse il tipo di dato più usato è `int`. Oggi il tipo `int` occupa comunemente 4 byte nelle architetture a 32 bit (per esempio Intel IA-32), e il suo range va da -2^{16} a $2^{16}-1$. Il numero naturale, cioè l'`unsigned int`, va pure su 4 byte e il suo range va da 0 a $2^{32}-1$. Lo `short int` è normalmente su 2 byte e il range spazia da -2^{8} a $2^{8}-1$. Il `long int` in questo momento si sovrappone al normale `int`, mentre c'è un nuovo `long long int` che va su 8 byte. Comunque queste specifiche dipendono dal tipo di CPU e dal particolare compilatore.

Definizione di variabili

Come vedremo fra breve, il modo più semplice per definire una variabile in C++ è scrivere prima il tipo del dato e poi il nome della variabile. Se si vuole darle un valore iniziale, esso si scrive a destra dell'operatore di assegnamento =. Il formato della definizione è:

```
<tipo di dato> <nome di variabile> = <valore iniziale>
```

Si possono anche dichiarare più variabili dello stesso tipo nella stessa riga

```
<tipo_di_dato> <nom_var1>, <nom_var2> ... <nom-varn>
```

Per esempio

```
int valore;              int valore = 99;
int valore1, valore2;    int num_parte = 1141, num_item = 45;
```

C++ permette di scrivere valori numerici in *ottale* (base 8) o *esadecimale* (base 16). Un valore espresso nel sistema ottale comincia con uno `0` e contiene solo cifre comprese fra 0 e 7. Ad esempio, 0377 è un numero ottale. Un valore espresso nel sistema esadecimale comincia con `0x` e contiene solo le normali cifre decimali più le lettere dalla `A` alla `F` (oppure dalla `a` alla `f`). Ad esempio, `0xFF16` è un valore esadecimale.

La Tabella 2.4 riporta alcuni esempi di valori interi rappresentati nelle notazioni decimale, esadecimale e ottale.

Tabella 2.4 Esempi di valori interi espressi in tre basi differenti.

Base 10 Decimale	Base 16 Esadecimale (Hex)	Base 8 Ottale
8	0x08	010
10	0x0A	012
16	0x10	020
65536	0x10000	0200000
24	0x18	030
17	0x11	021

Se si vuole forzare il compilatore a trattare valori interi come `long`, si può aggiungere la lettera `L` (oppure `l`) al termine dell'espressione del valore numerico. Per esempio

```
long numeri_grandi = 40000L;
```

2.7.2 Tipi a virgola mobile (`float`/`double`)

I tipi di dato a virgola mobile (*floating point*) rappresentano numeri reali, che contengono cioè una parte decimale. La dichiarazione delle variabili reali è analoga a quella degli interi:

```
float valore;            // definisce una variabile reale
float valore1, valore2;  // definisce due variabili reali
float valore = 99.99;    // definisce una variabile reale e
                         // le assegna il valore 99.99
```

C++ supporta tre formati di dato per i reali (Tabella 2.5). Il tipo `float` richiede 4 byte di memoria, `double` ne richiede 8 e `long double` 10.

Tabella 2.5 Tipi di dati in virgola mobile (Borland C++).

Tipo C++	Rango di valori		Precisione
`float`	3.4×10^{-38} ...	3.4×10^{38}	7 cifre decimali
`double`	1.7×10^{-308} ...	1.7×10^{308}	15 cifre decimali
`long double`	3.4×10^{-4932} ...	1.1×10^{4932}	19 cifre decimali

Esempi

```
float f;                        // definizione di f
f = 5.65                        // assegnamento
cout << "f:" << f << endl;      // visualizzazione di f:5.65
double h;                       // definizione di h
h = 0.0                         // assegnamento
cout << "h:" << h << endl;      // visualizza h: 0.0
```

2.7.3 Caratteri (`char`)

La maggior parte delle applicazioni software fa riferimento all'insieme di caratteri ASCII. In C++ il tipo per rappresentarli è `char`:

```
char dato_carattere;
char lettera = 'A';
char cifra = '7';
```

Inserendo caratteri in vettori (ne parleremo in seguito) si creano le *stringhe* (sequenze di caratteri). I caratteri si rappresentano quindi come numeri, su 8 bit (ASCII), e su 16 bit per il tipo `wchar_t` (UNICODE). La lettera `A`, ad esempio, corrisponde al numero `65`, la lettera `B` è `66`, la lettera `C` è `67`, ecc. Il tipo `char` (ASCII) spazia quindi da -2^7 a $2^7 - 1$, cioè da `-128` a `+127`, mentre il tipo `wchar_t` (UNICODE) va da -2^{16} a $2^{16} - 1$. Il tipo `unsigned char` va da 0 a 255.

Si possono realizzare operazioni aritmetiche con dati tipo `char`. Ad esempio, si può trasformare una lettera minuscola `a` in una lettera maiuscola `A`, sottraendo 32 al codice ASCII, come segue:

```
char maiuscola;
char minuscola = 'a';
maiuscola = minuscola - 32;
```

Questo assegna alla variabile `maiuscola` il valore `65` dato dal `97` contenuto nella variabile `minuscola` meno `32`; ma questo valore `65` corrisponde al codice ASCII della lettera A. Quindi maiuscola contiene la lettera A. Al contrario, aggiungendo 32 si trasforma la lettera da maiuscola a minuscola:

Siccome il tipo char è sottoinsieme di int, si può assegnare un intero al tipo char. Per esempio

```
int somma = 0;
char valore;
...
cin >> valore;                  // operatore di input
somma = somma + valore;
cout << somma;                  // operatore di output
```

Esistono caratteri che hanno compiti speciali e non possono essere scritti normalmente. C++ fornisce per essi una **sequenze di escape**. Ad esempio, il carattere apostrofo si può scrivere come

```
\'
```

e il carattere nuova riga

```
\n
```

La Tabella 2.6 elenca le diverse sequenze di escape del C++.

2.7.4 Tipo void

Il tipo void indica un non valore (nullo). Come si vedrà più avanti, questo tipo si utilizza per

1. dichiarare una funzione che non restituirà alcun valore (cioè una procedura).
2. definire puntatori generici.

2.8 Il tipo di dato *bool*

Il tipo bool può assumere solo due valori, true (vero) e false (falso), Si utilizza solitamente per indicare se è capitato o no un certo evento, oppure per restituire il risultato di un confronto. Così, ad esempio, se una variabile porta rappresenta il fatto che una porta sia aperta o chiusa, può prendere il valore false quando è chiusa e true quando è aperta. Altri casi possono essere: se una lampadina è accesa o spenta ecc.

Esempio

```
bool bisestile;
bisestile = true;
bool trovato, flag;
```

Date queste dichiarazioni, i seguenti assegnamenti sono tutti validi.

```
trovato = true;          // trovato prende il valore vero
indicatore = false;      // indicatore prende il valore falso
trovato = indicatore;    // trovato prende il valore di
                         // indicatore
```

Esempio

```
#include <iostream>
using namespace std;

void main()
{
  bool b1;
  bool b2 = false;
  bool b3 = true;
  int i1 = true;
  int i2 = false;
  int i3 = b3;
  int i4 = 10;
  bool b4 = i4;
  bool b5 = -i4;
  // errore, non è possibile assegnare
  // valori a true e false
  true = 2;
  false = -1;
  cout << "b1:" << b1 << endl;
  ...
}
```

In effetti, al livello macchina il C++ utilizza il valore intero `0` per rappresentare `false` e qualunque altro valore intero (normalmente `1`) per rappresentare `true`.

Valore diverso da zero	rappresenta	`true`
0	rappresenta	`false`

La maggior parte delle espressioni booleane appaiono in strutture di controllo che servono per indirizzare il flusso delle istruzioni C++. Raramente si ha la necessità di leggere valori di tipo `bool` come dati di input o di visualizzare valori `bool` come risultati di programma, ma se necessario, si può visualizzare il valore della variabile `bool` utilizzando l'operatore di output `<<`. Così, se `bisestile` è `false`, l'istruzione

```
cout << "Il valore di bisestile è " << bisestile;
```

visualizzerà

```
Il valore di bisestile è 0
```

Se invece bisogna leggere in input un dato di tipo `bool`, si può scrivere sull'input l'intero `0` per inserire il valore `false` e l'intero `1` per il valore `true`.

2.9 Costanti

Le costanti si possono definire con la parola riservata `const` assegnandole contemporaneamente un valore; questo valore non si può modificare durante il programma e qualunque intento di alterarlo produrrà un messaggio di errore nella fase di compilazione.

In C++ esistono quattro tipi di costanti:

- *costanti letterali*
- *costanti definite*
- *costanti enumerative*
- *costanti dichiarate*

Le "costanti letterali" sono le più comuni; prendono valori come `45.32564`, `222` oppure `"Introduca i suoi dati"` che si scrivono direttamente nel testo del programma. Le "costanti definite" sono identificatori che prendono come valore costanti letterali. Le "costanti dichiarate" sono come variabili: i loro valori si caricano in memoria, ma non si possono modificare. Le "costanti enumerative" permettono di associare un identificatore, come `Colore`, a una sequenza di altri nomi, come `Azzurro`, `Verde`, `Rosso` e `Giallo`.

2.9.1 Costanti letterali

Le costanti letterali o *costanti*, in generale, si classificano in quattro gruppi, ognuno dei quali può essere dei seguenti tipi:

- costanti intere
- costanti caratteri
- costanti in virgola mobile
- costanti stringa

Costanti intere

La scrittura di costanti intere soggiace a determinate regole:

- Non utilizzare virgole né altri segni di interpunzione.

  `123456` *invece di* `123.456`

- Per forzare un valore al tipo `long`, terminare con una lettera `L` maiuscola.

  `1024` *è un tipo* `int`

  `1024L` *è un tipo* `long`

- Per forzare un valore al tipo `unsigned`, terminarlo con una lettera maiuscola `U`. Ad esempio, `4352U`.

Formato decimale	`123`
Formato ottale	`0777` (sono precedute dalla cifra `0`)
Formato esadecimale	`0XFF3A` (sono precedute da `"0x"` oppure `"0X"`)

Si possono combinare suffissi `L(l)`, che significa `long` (lungo), oppure `U(u)`, che significa `unsigned` (senza segno).

`3456UL`

Costanti reali

Una costante in virgola mobile rappresenta un numero reale; hanno sempre il segno e rappresentano approssimazioni di valori esatti.

`82.   347   .63   83.   47e-4   1.25E7   61.e+4`

Se un numero è intero si può scrivere con o senza punto decimale:

`15`

oppure

`15.0`

Se il valore ha una parte decimale, essa si può scrivere dopo il punto decimale, come

`3.141519          -3.151519`

Per scrivere numeri in notazione esponenziale, si deve far seguire la parte decimale del numero dalla lettera `E` (oppure `e`) e, poi dall'esponente. Ad esempio

`4.5E+5     -3.2E-5     7.12E6`

La notazione scientifica viene rappresentata con un esponente positivo o negativo.

`2.5E4`	equivale a `25000`
`5.435E-3`	equivale a `0.005435`

Esistono tre tipi di costanti:

`float`	4 byte
`double`	8 byte
`long double`	10 byte

Costanti carattere

Una costante carattere (`char`) è un carattere ASCII racchiuso tra virgolette semplici.

```
'A'    'b'    'c'
```

Una costante `char` supporta anche caratteri speciali che non si possono rappresentare utilizzando la tastiera, come ad esempio, i codici ASCII alti e le sequenze di `escape`.

Così, ad esempio, il carattere `'A'` – codice ASCII 65 – è rappresentato tramite il prefisso `\x` e il numero esadecimale del codice ASCII (il decimale 65 in esadecimale è 41):

```
char c = '\x41';
```

Questo metodo si utilizza per rappresentare qualunque carattere ASCII. Nell'esempio, la variabile `c` non contiene quattro caratteri (`\x41`), ma un solo byte con il codice ASCII del simbolo `'A'`.

Un carattere che si legge utilizzando una sbarra `obliqua` (`\`) si chiama *sequenza di escape*. La Tabella 2.6 mostra varie sequenze di `escape` con il loro significato.

```
#include <iostream>
using namespace std;

main()
{
  char bip = '\a';              // Emette un bip sonoro
  char backspace = '\b';        // Sposta il cursore indietro
                                // di uno spazio
  cout << bip;
  cout << backspace;
  return 0;
}
```

Dichiarazione di costanti: `#define`

Si possono creare costanti con la parola riservata `const` e la direttiva `#define`.

Gli identificatori di costanti si scrivono di solito tutto in maiuscolo e gli identificatori di variabili tutto in minuscolo.

Le costanti dichiarate tramite `#define` si scrivono solitamente prima della funzione `main` e dopo le direttive `#include`.

Direttiva #define

Si possono assegnare stringhe alle costanti create con `#define`

```
#define   SALUTO    "Buon giorno"
#define   GRUPPO    "FM-11"
```

Tabella 2.6 Sequenze di escape.

Sequenza di escape	Significato	Codici ASCII Dec	Codici ASCII Hex
`'\n'`	Nuova riga	13 10	0D 0A
`'\r'`	Ritorno di carrello	13	0D
`'\t'`	Tabulazione orizzontale	9	09
`'\v'`	Tabulazione verticale	11	0B
`'\a'`	Bip sonoro	7	07
`'\b'`	Retrocessione di uno spazio	8	08
`'\f'`	Avanzamento di una pagina	12	0C
`'\0'`	Zero, nullo	0	0
`'\\'`	Barra inclinata inversa	92	5C
`'\''`	Apice	39	27
`'\"'`	Virgolette	34	22
`'\?'`	Punto interrogativo	63	3F
`'\000'`	Numero ottale	*Tutti*	*Tutti*
`'\xhh'`	Numero esadecimale	*Tutti*	*Tutti*

Costanti stringa

Una *costante stringa* (o semplicemente *stringa*) è una sequenza di caratteri racchiusa tra virgolette:

```
"123"
"12 ottobre 1492"
"questa è una stringa"
```

Si può scrivere una stringa su più righe, terminando ogni riga con "\"

```
"questa è una stringa\
 che ha due righe"
```

Si possono concatenare le stringhe, scrivendo

```
"ABC"  "DEF"  "GHI"
"JKL"
```

che equivale a

```
"ABCDEFGHIJKL"
```

In memoria, le stringhe si rappresentano con una sequenza di ASCII terminata dal carattere 0, quello cioè costituito da 8 bit tutti a 0. Il carattere nullo marca la fine della stringa ed è inserito automaticamente dal compilatore C++ alla fine delle costanti stringa. Per rappresentare il byte 0 il C++ definisce la costante `NULL` in diversi header file.

Si faccia bene attenzione al fatto che una costante carattere si racchiude tra due apici, mentre le costanti stringa si racchiudono fra virgolette. Per esempio

```
'Z'    "Z"
```

La prima `'Z'` è una costante carattere lunga 1 byte, e la seconda `"Z"` è una costante stringa lunga 2 byte. La differenza è che la costante stringa include il carattere 0 alla fine della stringa (dopo il carattere `'Z'`).

2.9.2 Costanti definite: #define

Le costanti possono ricevere nomi simbolici tramite la direttiva `#define`.

```
#define NUOVARIGA '\n'
#define PIGRECO 3.141592
#define VALORE 54
```

C++ sostituisce i valori `\n`, `3.141592` e `54` alle costanti simboliche `NUOVARIGA`, `PI` e `VALORE`. Le direttive non sono istruzioni e, perciò, non terminano con il punto e virgola.

```
cout << "Il valore è " << VALORE << NUOVARIGA;
```

2.9.3 Costanti enumerative

Le costanti enumerative permettono di creare liste di elementi affini. Un esempio tipico è una costante enumerativa "colori", che si può dichiarare come:

```
enum Colori {Rosso, Arancione, Giallo, Verde, Blu, Viola};
```

Il compilatore *enumera* gli identificatori, cioè assegna un valore a ogni elemento enumerato cominciando dallo 0; così, `Rosso` equivale a 0, `Arancione` a 1, ecc. Dopo aver dichiarato un tipo di dato enumerativo, si possono creare variabili di quel tipo. Così, ad esempio, si può definire una variabile di tipo `Colori`.

```
Colori Colorefavorito = Verde;
```

È possibile alterare l'enumerazione fatta dal compilatore assegnando valori diversi da quelli corrispondenti alla sequenza naturale

```
enum LuciTraffico {Verde, Giallo = 10, Rosso};
```

2.9.4 Costanti dichiarate `const` e `volatile`

Il qualificatore `const` permette di dare nomi simbolici a costanti come nel linguaggio Pascal. Il formato generale per creare una costante è:

```
const tipo nome = valore;
```

Se si omette il tipo, C++ utilizza `int` (intero per default)

```
const int MESI=12;
const float PIGRECO=3.141592
const char CARATTERE='@';
const int OTTALE=0233;
const char STRINGA[]="Corso di C++";
```

Differenze tra `const` e `#define`

Le definizioni `const` specificano il tipo di dato, finiscono con il punto e virgola e si inizializzano come le variabili. La direttiva `#define` non specifica il tipo di dato, non utilizza l'operatore di assegnamento (=) e non finisce con il punto e virgola.

In C++ è quasi sempre raccomandabile l'uso di `const`, anziché `#define`, perché il compilatore può verificare immediatamente se le costanti letterali nelle definizioni di `const` sono del tipo giusto. Con `#define` il compilatore non può realizzare controlli simili, finché un'istruzione non utilizzerà l'identificatore costante; ciò rende più difficile la scoperta di errori.

I valori dei simboli di `const` occupano però spazio di memoria a tempo di esecuzione, mentre `#define` esiste soltanto nel testo del programma e il suo valore si inserisce direttamente nel codice compilato. Perciò, alcuni programmatori di C continuano a utilizzare `#define` anziché `const`.

2.10 Variabili

Una *variabile* è un pezzetto continuo di memoria caratterizzato da un *indirizzo* e da un *tipo*. L'indirizzo è associato dal compilatore al *nome* della variabile (un identificatore), mentre la variabile stessa viene utilizzata per ospitare valori di quel tipo che possono poi essere modificati. Le variabili possono contenere ogni tipo di dato: stringhe, numeri e strutture. Una *costante*, invece, è una variabile il cui valore non può essere modificato.

2.10.1 Definizione

Per poter essere utilizzata in un programma ogni variabile deve prima essere definita. Una definizione riserva spazio in memoria per ospitare un dato di quel tipo. Per definire una variabile bisogna scrivere il tipo di dato, l'identificatore scelto come nome della variabile ed eventualmente il suo valore iniziale dopo l'operatore di assegnamento. Per esempio

```
char risposta;
```

significa che si riserva un byte di spazio in memoria (`char` è su 1 byte) a un certo indirizzo associato all'identificatore `risposta` (nome della variabile) per ospitare in seguito un dato di tipo `char`.

Il nome della variabile deve essere un identificatore valido. È frequente utilizzare l'*underscore* per ottenere maggiore leggibilità e un'intuitiva corrispondenza con l'elemento del mondo reale rappresentato.

Esempi

```
long    dNumero;
double  OreAccumulate;
float   OrePerSettimana;
float   VotoMedio;
short   GiornoSettimana;
```

Una variabile può essere definita all'inizio del file o del blocco di codice che la utilizza oppure proprio nel punto di utilizzo.

All'inizio di un file o blocco di codice

Questo è il metodo tradizionale C per definire una variabile: all'inizio del file o all'inizio della funzione che la utilizza.

```
#include <iostream>
using namespace std;
int IlMioNumero;     // variabile all'inizio del file

main()
{
  cout << "Qual è il suo numero preferito?";
  cin >> IlMioNumero;
  return 0;
}

#include <iostream>
...
main()
{
  int i;             // variabile all'inizio di un blocco
  int j;
  ...
}
```

Nel punto di utilizzo

C++ fornisce una maggiore flessibilità del C per definire variabili; è infatti possibile definire una variabile nel punto dove sarà utilizzata. Questa proprietà si utilizza molto nei cicli (Capitolo 4). Ad esempio, in C il sistema per dichiarare una variabile per controllare il ciclo `for` è

```
int j;
for(j = 0; j < 10; j++)
{
  // ...
}
```

Ma, come vedremo nel Capitolo 4, in C++ è possibile dichiarare la variabile nel momento del suo utilizzo dentro l'istruzione `for`:

```
for(int j = 0; j < 10; j++)
{
  // ...
}
```

In C++ le definizioni si possono trovare fra le istruzioni eseguibili, ma il loro ambito di visibilità è il blocco di istruzioni in cui sono definite.

Esempio

```
// Distanza alla luna in chilometri
#include <iostream>
using namespace std;

void main()
{
  const int Luna = 238857;  // distanza in miglia
  cout << "Distanza alla Luna " << luna;
  cout << " miglia\n";
  int luna_chilo;
  luna_chilo = luna*1.609; // un miglio = 1.609 chilometri
  cout << "In chilometri è " << luna_chilo;
  cout << " km.\n";
}
```

Esempio

Il seguente programma mostra come una variabile possa essere definita in qualunque parte di un programma C++.

```
#include <iostream.h>
using namespace std;
```

```
// Differenti definizioni
main()
{
  int x, y1;        // definizione delle variabili x e y1
  x = 75;
  y1 = 89;
  int y2 = 50;      // definizione della variabile y2
                    // inizializzata a 50
  cout << x << "," << y1 << "," << y2 << endl;
  return 0;
}
```

2.10.2 Inizializzazione di variabili

Quando si definisce una variabile, questa non ha alcun valore associato. Ciò significa che se si utilizza quella variabile il programma potrebbe funzionare in maniera strana, è pertanto opportuno inizializzare sempre le variabili. Il formato generale di una definizione con inizializzazione è:

`tipo nome_variabile = espressione`

Dove `espressione` è qualunque espressione valida il cui valore sia dello stesso tipo di `tipo`. *Nota*: questa istruzione definisce una variabile e le fornisce un valore iniziale.

Esempi

```
char risposta = 'S';          char var1 = 'A';
int contatore = 1;            char var2 = '\t';
float peso = 156.45;          char var3 = 'B';
int anno = 1992;              char var4 = 'C';
```

2.11 Durata e visibilità di una variabile

A seconda di dove vengono definite, le variabili C++ possono essere utilizzate nella totalità del programma, solo dentro una funzione oppure solo dentro un blocco di istruzioni. La zona di un programma in cui una variabile è attiva si dice *visibilità* (*scope*) della variabile, e si estende fino ai limiti del blocco di istruzioni all'interno del quale essa è definita.

Le variabili possono essere

- *locali*
- *globali*

2.11.1 Variabili locali

Un blocco di istruzioni è una sequenza di istruzioni racchiusa da una coppia di parentesi graffe. Le variabili locali sono quelle definite all'interno di una funzione o di un blocco di istruzioni, e sono visibili solo in quel blocco. Le regole sono:

1. Una variabile locale non può essere modificata da istruzioni esterne al blocco in cui è definita.
2. Funzioni/blocchi diversi possono utilizzare nomi identici per le proprie (distinte) variabili locali.
3. Le variabili locali non esistono in memoria fino a che non si esegue la funzione/blocco in cui sono definite.

```
#include <iostream>
using namespace std;

void main()
{
  int a, b, somma;        // variabili locali al programma
                          // principale
  cout << "Immetti due numeri /n";
  cin >> a >> b;
  somma = a + b;
  cout << "La loro somma è " << somma;
}
```

2.11.2 Variabili globali

Le *variabili globali* sono variabili che si dichiarano fuori dalla `main()` e sono visibili dappertutto, meno che nei blocchi in cui esistono variabili locali con lo stesso nome.

```
#include <iostream>
int a, b, c;          // dichiarazione di variabili globali

main()
{
  int valore;         // dichiarazione di variabile locale
  // ...              // al programma principale
}
```

Tutte le variabili locali spariscono quando termina la loro funzione. Una variabile globale è visibile dal punto in cui si definisce sino al termine del programa.

La memoria assegnata a una variabile globale rimane occupata fino al termine del programma. Quando possibile, è meglio utilizzare variabili locali, non solo per risparmiare spazio di memoria, ma anche perché le funzioni possono modificare le variabili globali e, in questo modo, si possono commettere errori difficilmente individuabili.

Esempio

```
# include <iostream>          Ambito globale
int Q;                        Q, variabile globale
void main()
{ ——————————————————          Locale alla main()
  int A;                      A, variabile locale

  A = 124;
  Q = 1;
  { ————————————————          Primo sottolivello della main()
    int B;                    B, variabile locale

    B = 124;
    A = 457;
    Q = 2;
    { ——————————————          Sottolivello più interno della main()
      int C;                  C, variabile locale

      C = 124;
      B = 457;
      A = 788;
      Q = 3;
    }
  }
}
```

2.12 Istruzione di assegnamento

Alle variabili definite e visibili si può dare un valore tramite l'*istruzione di assegnamento*.

Sintassi dell'istruzione di assegnamento

```
variabile = espressione;
```

Esempio

```
temperatura = 75.45;
conto = conto + 5;
spazio = velocita * tempo;
```

```
int risposta;            // risultato di un'operazione
risposta = (1+4)*5;
```

Alla variabile a sinistra dell'operatore di assegnamento (l'operatore =) è assegnato il valore dell'espressione a destra; il punto e virgola termina l'istruzione.

Esempio

```
#include <iostream>
using namespace std;

int main()
{
  aux = 4*5;
  cout << "Due per " << aux << " fa: " << 2*aux << "\n";
  cout << "Tre per " << aux << " fa: " << 3*aux << "\n";
  return (0);
}
```

2.13 Input/output da console

C++ non definisce direttamente istruzioni per realizzare l'I/O, ma la libreria `iostream` fornisce un ampio insieme di istruzioni e operatori; in particolare essa contiene quattro oggetti, `cin`, `cout`, `cerr` e `clog`, per consentire l'I/O di dati dalla console del sistema operativo.

Come sappiamo, per utilizzare questa libreria bisogna inserire nel sorgente le direttive:

```
#include <iostream>
using namespace std;
```

La libreria `iostream`, per maneggiare l'input e l'output, ha due tipi denominati `istream` e `ostream`, che rappresentano flussi di input e di output, rispettivamente. Un **flusso** (*stream*) è una sequenza di caratteri preparati per leggere o scrivere da/su un qualunque dispositivo di I/O. Il termine "flusso" suggerisce che i caratteri si generano o consumano serialmente nel tempo.

Oggetti standard di input/output

Per gestire l'input, si utilizza un oggetto del tipo `istream` chiamato `cin`; questo oggetto è noto come *input standard* ed è normalmente collegato alla tastiera. Per l'output, si utilizza un oggetto `ostream` chiamato `cout`, noto anche come *output standard*, che si collega normalmente allo schermo.

La libreria definisce anche altri due oggetti `ostream` denominati `cerr` e `clog`. L'oggetto `cerr` è noto come *standard error* e si utilizza normalmente per generare messaggi di errore e precauzione (*warning*). L'oggetto `clog` si utilizza per informazioni generali sull'esecuzione del programma.

Nota

In generale, il sistema associa ognuno di questi oggetti con la finestra nella quale si esegue il programma. Così, quando si leggono dati da `cin`, i dati si leggono dalla finestra in cui si sta eseguendo il programma e quando scriviamo con `cout`, `cerr` o `clog`, l'output si scrive nella stessa finestra.

La maggior parte dei sistemi operativi fornisce un mezzo di redirigere i flussi di input/output. Utilizzando la redirezione si possono associare questi flussi con file arbitrari.

2.13.1 Input (`cin`)

Il file `iostream` definisce l'oggetto `cin` per rappresentare il flusso di input, e utilizza l'*operatore di estrazione* >> per estrarre da esso caratteri e metterli in qualche variabile. `cin` è un oggetto intelligente; trasforma la serie di caratteri ricevuti dalla tastiera in un formato accettabile per la variabile dove viene posta l'informazione. Se non si redirige esplicitamente `cin`, l'input viene letto dalla tastiera.

L'istruzione

```
cin >> numero
```

aspetta che l'utente digiti sulla tastiera il valore di `numero` e poi prema il tasto *Invio*.

```
int n;       double x;
cin >> n;    cin >> x;
```

L'estrattore >> può operare in cascata.

```
cin >> variabile1 >> variabile2 >> ...;
```

Esempi

1.
```
cout << "Introduca il numero di euro.\n";
        << "seguito dal numero dei centesimi.\n";
cin >> euro >> centesimi;
```

2. La sentenza `cin` si può anche scrivere così:
```
cin >> euro
    >> centesimi;
```

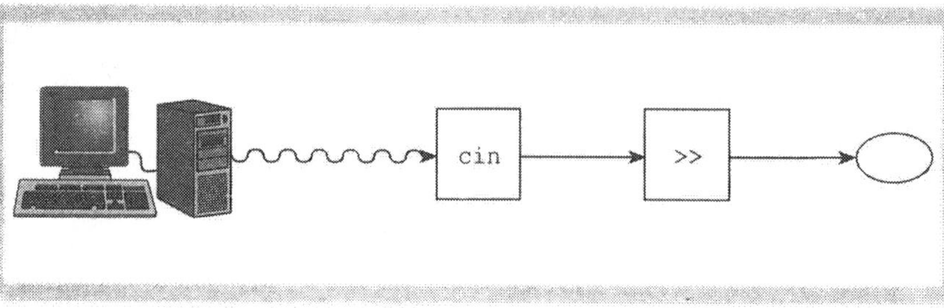

Figura 2.8
Input di una variabile da `cin`.

2.13.2 Output (`cout`)

Il file `iostream` definisce pure l'oggetto `cout` per rappresentare il flusso di output, e utilizza l'*operatore di inserzione* << che inserisce i dati che si trovano alla sua destra nell'oggetto alla sua sinistra (normalmente il `cout`). Si possono così visualizzare valori di variabili e stringhe di testo. Per esempio

```
cout << "Questa è una stringa"
```

visualizza

```
Questa è una stringa
```

L'inseritore << può operare in cascata:

```
cout << "Ciao mondo C++, " << "sono affascinato!";
```

oppure

```
cout << "Ho "<< NumeroStudenti << "studenti nel mio corso
  sul C++.";
```

La Figura 2.9 rappresenta l'output con `cout`.

> Gli operatori di estrazione e inserzione, >> e <<, puntano nella direzione del flusso di dati.

Il metodo più semplice per introdurre risposte tramite la tastiera è quello di utilizzare il flusso di input e l'operatore di estrazione insieme con il flusso di output e l'operatore di inserzione. Un esempio tipico è il seguente:

```
cout << "Introduca v1 e v2:";
cin  >> v1 >> v2;          // lettura valori v1 e v2
cout << "v1= " << v1 << ",b= " << b << '\n';
cout << "Prezzo di vendita al pubblico";
cin  >> Prezzo_vendita;
```

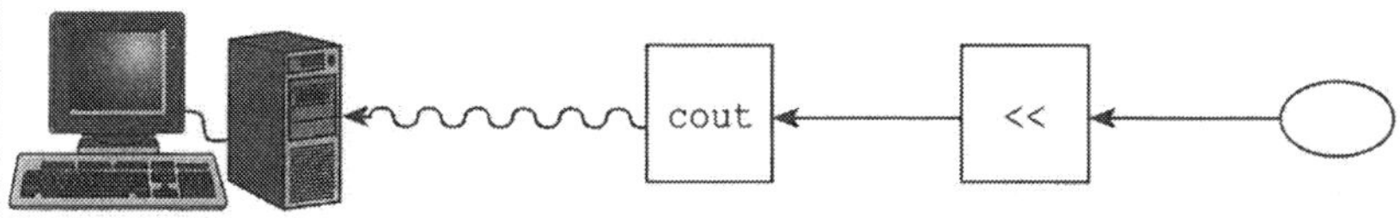

Figura 2.9
Output di una stringa o di una variabile verso `cout`.

Esempio

Qual è l'output del seguente programma, se si introducono in input le lettere LJ?

```
main()
{
    char primo, ultimo;
    cout << "Introduca la sua prima e ultima iniziale:";
    cin >> primo >> ultimo;
    cout << "Ciao," << primo << "." << ultimo << ".!\n";
}
```

Esempio

Supponendo che

```
i = 5, j = 12, C = 'A', n = 40.791512
```

L'istruzione

```
cout << i << j << c << n;
```

visualizza sullo schermo

```
512A40.791512
```

Per inserire una riga bianca si può usare la sequenza di escape `"\n"`:

```
cout << "\n";
```

Per esempio, l'istruzione

```
cout << "Benvenuto\nal\nC++!";
```

visualizzerà sullo schermo il testo:

```
Benvenuto
al
C++
```

Ma in C++ un altro modo per andare a capo è quello di utilizzare l'identificatore riservato `endl`.

```
cout << endl;    // produce una riga in bianco
```

Precauzione

`"\n"` ed `endl` svolgono lo stesso compito, ma sono leggeramente diversi: `\n` si deve racchiudere sempre tra virgolette mentre `endl` non si scrive tra virgolette.

`endl` è definita nell'header file `iostream` ed è parte dello spazio di nomi `std`

```
cout << "\n"        // comincia una nuova riga
cout << endl;       // comincia una nuova riga
```

Si noti che l'esecuzione di `cout` non sposta automaticamente il cursore alla riga successiva quando si stampa una stringa, dato che la sentenza `cout` lascia il cursore posizionato nell'ultimo carattere della stringa di output. L'output di ogni sentenza `cout` comincia dove termina l'ultimo output.

Esempio

```
cout << "Il buono, il";
cout << "brutto";
cout << "e il cattivo";
cout << endl;
```

visualizza l'output

```
Il buono, il brutto e il cattivo
```
– *cursore*

Consiglio pratico

Se l'ultimo elemento di un'output è una stringa, è bene mettere `\n` o `endl` al termine della stringa.

2.13.3 Sequenze di escape

La Tabella 2.6 mostra le *sequenze di escape* del C++. La Figura 2.10 mostra alcuni esempi di inserimento di sequenze di escape nello standard output.

Istruzione	Output
`cout << "Benvenuto\n\al\C++";`	Benvenuto al C++
`cout << "Benvenuto al C++ \a\a\a";`	Benvenuto al C++ (seguito da tre fischi)
`cout << "Usare \\n per nuova riga";`	Usare \n per nuova riga
`cout << "\t Benvenuto al C++";`	Benvenuto al C++
`cout << "\"Testo tra virgolette.\"";`	"Testo tra virgolette."

Figura 2.10
Esempi di sequenze di escape.

Le sequenze di *escape* forniscono flessibilità alle applicazioni tramite effetti speciali

```
cout << "\n Tabella di numeri \n";     // uso di \n per nuova
                                       // riga
cout << "nNum1\t Num2\t Num3\n";       // uso di \t per
                                       // tabulazioni
cout << '\a';                          // uso di \a per bip
                                       // sonoro
```

dove si utilizzano i caratteri delle sequenze di escape di *nuova riga* (`\n`), *tabulazione* (`\t`) e *bip sonoro* (`\a`).

Stile di presentazione

Per introdurre dati in input sulla stessa riga dove appare il messaggio che li richiede, non utilizzare né `\n` né `endl`.

Esempio

Quando si esegue

```
cout << "Introduca numero di litri d'olio: ";
cin >> numLitri;
```

appare sullo schermo

```
Introduca numero di litri d'olio:
```

e quando l'utente introduce il dato in input (per esempio `12.50`), esso apparirà nella stessa riga

```
Introduca numero di litri d'olio: 12.50
```

Nota

Nei nuovi compilatori ANSI/ISO C++ standard, i programmi che utilizzano `cin` e `cout` per input/output debbono includere il file `iostream` con le seguenti direttive:

```
#include <iostream>
using namespace std;
```

Con vecchi compilatori, non compatibili con lo standard ANSI/ISO C++:

```
#include <iostream.h>
```

In modo simile, altri nomi di librerie sono diversi in vecchi compilatori. In questo libro, normalmente, si utilizza sempre il nuovo compilatore standard ANSI/ISO C++. Coi vecchi compilatori i nomi dei file di libreria terminano in `.h` (Tabella 2.7).

Tabella 2.7 Header file nuovo standard ANSI/ISO C++ versus antichi compilatori.

Nuovo header file	Vecchio header file equivalente
`cassert`	`assert.h`
`cttype`	`ttype.h`
`cstddef`	`stddef.h`
`cstdlib`	`stdlib.h`
`cmath`	`math.h`
`cstring`	`string.h`
`fstream`	`fstream.h`
`iomanip`	`iomanip.h`
`iostream`	`iostream.h`
`string`	`string` o *non corrisponde alcuna libreria*

2.14 Spazio di nomi

Lo **spazio di nomi** (*namespace*) è una caratteristica del C++ introdotta nelle ultime versioni per semplificare la scrittura dei programmi. È una regione del codice, definita e nominata dal programmatore, che contiene definizioni di oggetti, funzioni, variabili ecc. Si può accedere a questi elementi dal di fuori dello spazio semplicemente anteponendo al loro nome quello dello spazio stesso.

Un programma C++ può contenere vari spazi di nomi.

Definizione di uno spazio di nomi

```
1. namespace identificatore {
      corpo_dello_spazio_di_nome }

2. corpo_dello_spazio_di_nome
      sezione_delle_definizioni     // elementi dello
                                    // spazio di nome
```

Esempio

```
namespace geo
{
    const double PIGRECO = 3.141592;
    double lungcircon (double raggio)
       { return 2*PIGRECO*raggio; }
}  // fine spazio di nome geo
```

2.14.1 Accesso ai membri di uno spazio di nomi

Il codice esterno allo spazio di nomi non può accedere ai suoi elementi normalmente perché lo spazio di nomi li fa diventare invisibili. Supponendo di aver definito lo spazio di nomi del precedente esempio, la seguente chiamata di funzione è errata:

```
double c = lungcircon(16); // errore, non funziona perché la
                           // funzione lungcircon non è più
                           // visibile normalmente dal di
                           // fuori dello spazio di nomi
```

Per accedere agli elementi di uno spazio di nomi si deve anteporre il nome dello stesso al nome degli elementi ponendo fra i due l'*operatore di risoluzione dei nomi* (::)

```
double c = geo::lungcircon(16);     // corretto
```

Per semplificare la scrittura di questi identificatori composti si può utilizzare la direttiva `using`, che dichiara che da essa in poi si sottointenderà l'anteposizione del nome dello spazio di nomi a quelli degli elementi invocati. Per esempio

```
using namespace geo;
double c = lungcircon(16);          // corretto
```

Regola

La direttiva using fa sì che lo spazio di nome sia visibile da essa in poi, fino alla fine del blocco di codice in cui essa è inserita.

Questo significa che la regione di validità della direttiva `using` è limitata al blocco in cui essa è dichiarata. Sempre supponendo definito il codice del precedente esempio:

```
void calcoloSup()
{
  using namespace geo;
  ...
  double c = lungcircon(r);          // corretto
}
double c = lungcircon(r);            // scorretto
```

In questo caso la funzione `lungcircon` è accessibile soltanto dentro il corpo della funzione `calcoloSup` perché in essa è la direttiva `using namespace geo`.

Esempio

```
int test;                  // test è una variabile globale
namespace demo
{                          // inizio namespace demo
   int test;               // variabile locale con lo stesso
                           // nome della variabile globale
}                          // fine namespace demo
void main () {
   ::test = 0;             // assegna il valore 0
                           // alla variabile globale
   demo::test = 10;        // assegna il valore 10
                           // alla variabile locale
}
```

Spazi di nomi negli header file

I namespace si utilizzano spesso negli header file. Ogni libreria ha il suo namespace. Per esempio, la libreria standard `<iostream>` contiene lo spazio di nomi `std`; dopo averla inclusa sarebbe necessario invocare il flusso della standard output `cout` come `std::cout`. Per evitare ciò si utilizza la direttiva `using`

```
using namespace std;
```

Questa direttiva, inserita all'inizio del sorgente, fa sì che in tutto il programma siano accessibili gli elementi definiti nella libreria `<iostream>`. La direttiva non era necessaria nei vecchi programmi C++ perché il vecchio standard per le librerie `<iostream.h>` non utilizzava i namespace.

Spazi di nomi annidati

I namespace si possono annidare

```
namespace Esterno {
    int j;
    namespace Interno {
       void f()  { j++; }    // Esterno::j
       int j;
       void g()  { j++; }    // Interno::j
    }
}
```

Esempio

Sottospazi di nomi

```
namespace Continente
{
   namespace StruttureDati
   {
      class Lista ();
      class Pila ();
   }
   namespace FunzioniDati
   {
      using namespace StrutturaDati;
      void ordinareLista (Lista l);
   }
}
```

Un'applicazione dello spazio `Continente`

```
using namspace Continente;
void namespace Continente::StruttureDati

int main (int argc, char * argv[])
{
   Lista l;
   return 0;
}
```

Spazi di nomi multipli

La dichiarazione di un namespace può spezzarsi e distribuirsi in vari punti del sorgente.

```
namespace Geo
{
  cout double PIGRECO = 3.141592;
```

```
{ // fine dello spazio di nome Geo
// ...
namespace Geo
{
  double lungcircon (double raggio)
    { return 2 * PIGRECO * raggio; }
} // fine dello spazio di nome Geo
```

Il maggior vantaggio sta nel fatto che uno stesso spazio di nomi si può arricchire in differenti header file a seconda delle convenienze, e tutti gli header file possono poi essere inclusi in uno stesso file sorgente senza problemi.

Esempio

Nella libreria standard del C++, numerosi header file utilizzano lo spazio di nomi `std`.

```
// fileA.h
namespace alfa
{
   void funzA();
}

// fileB.h
namespace alfa
{
   void funzB();
}

// file Main.cpp
#include "fileA.L"
#include "fileB.L"
using namespace alfa;
funzA();
funzB();
```

I namespace permettono di mantenere separate le librerie del C++ per non farle interferire le une con le altre. I nomi possono riferirsi a variabili, funzioni, strutture, enumerazioni, classi e membri di strutture e classi. Al crescere della dimensione dei programmi cresce pure il rischio di conflitti fra i nomi, specialmente se si utilizzano librerie di classi definite indipendentemente in diversi programmi. Ad esempio, due librerie possono avere definito classi diverse con gli stessi nomi: `Lista`, `Albero` e `Nodo`. Ora nulla vieta che si possa desiderare di utilizzare la classe `Lista` di una libreria e la classe `Albero` dell'altra, di ognuna utilizzando poi la propria versione di `Nodo`. Tali conflitti si risolvono proprio qualificando gli spazi di nomi.

2.14.2 Regole pratiche

1. Per utilizzare tutti i nomi dello spazio di nomi `std`, basta includere all'inizio del programma

```
#include <iostream>
using namespace std;
```

2. Per utilizzare solamente i nomi di `cin`, `cout` ed `endl` di `std` si possono includere le seguenti righe all'inizio del programma (pratica utilizzata da molti programmatori):

```
#include <iostream>
using std::cin;        // rende disponibile cin
using std::cout;       // rende disponibile cout
using std::endl;       // rende disponibile endl
```

3. Se non si vuole utilizzare lo spazio di nomi `std` (e riservare il suo uso per altri fini specifici) allora si può includere solo

```
#include <iostream>
```

Invocando però sempre gli elementi `cin`, `cout` ed `endl` vincolati a `std`, cioè

```
std::cout << "Ciao mondo crudele.";
std::cout << std::endl;
```

SOMMARIO

In questo capitolo abbiamo iniziato a programmare in C++. Abbiamo introdotto la struttura generale di un programma e la funzione `main()`. Abbiamo visto l'importanza della direttiva `#include` che consente d'accedere alle funzioni definite nei file di libreria. Il flusso dello standard input `cin` e l'operatore d'estrazione >> per ottenere input dalla tastiera, così come il flusso dello standard output `cout` e l'operatore d'inserzione << per mandare l'output sullo schermo.

La sintassi dei nomi degli identificatori (il compilatore normalmente ignora i caratteri dopo il 32-esimo) e i tipi di dato predefiniti del C++: interi (`int`) su 4 byte, caratteri (`char`) su 1 byte, reali (`float`) su 4 byte e (`double`) su 8 byte.

Nei successivi capitoli si analizzeranno in profondità ognuno dei componenti qui illustrati e s'introdurranno le specifiche caratteristiche del C++ che permettono di scrivere programmi orientati agli oggetti.

CONCETTI CHIAVE

- Header file
- `char`
- `cin`
- Codice eseguibile
- Codice sorgente
- Codice oggetto
- Commenti
- Costanti
- `cout`
- Direttiva `#include`
- `float/double`
- Flussi
- Funzione `main()`
- `Identificatore`
- `int`
- Preprocessore
- Variabili

Problemi

2.1 Qual è l'output del seguente programma?

```
#include <cstdlib>
#include <iostream>
using namespace std;
int main()
{
   // cout << "Ciao mondo!\n";
   system("PAUSE");
   return EXIT_SUCCESS;
}
```

2.2 Qual è l'output del seguente programma?

```
#include <cstdlib>
#include <iostream>
using namespace std;
#define collaudo "questo è un collaudo"
int main()
{
   char stringa[21]="esce la stringa.";
   cout <<collaudo << endl;
   cout <<"Scriviamo di nuovo.\n";
   cout << stringa << endl;
   cout << &stringa[8] << endl;
   system("PAUSE");
   return EXIT_SUCCESS;
}
```

2.3 Scrivere un programma che visualizzi la lettera B con asterischi.

```
 *****
*     *
*     *
*     *
******
*     *
*     *
*     *
*****
```

2.4 Codificare un programma in C++ che scriva in due righe diverse le frasi: `Benvenuto in C++`; `Cominceremo presto a programmare in C`.

2.5 Disegnare un programma in C che copi in un array di caratteri la frase "`è un nuovo esempio in C++`" e lo scriva sullo schermo.

2.6 Qual è l'output del seguente programma?

```
#include <cstdlib>
#include <iostream>
#define Costante "di definizione di
                  costante."
using namespace std;
int main( )
{
   char Output[21] = "Questo è
                     un esempio";
   cout << Output << endl;
   cout << Costante << endl;
   cout << "Salta due righe\n \n";
   cout << "e anche un\n";
   cout << &Output[11];
   cout << " stringhe\n";
   system("PAUSE");
   return EXIT_SUCCESS;
}
```

2.7 Qual è l'output del seguente programma?

```
#include <cstdlib>
#include <iostream>
using namespace std;
int main( )
{
   char pax[] = "Giovanni Senza Paura";
   cout << pax << "----> "
          <<&pax[4] << endl;
   cout << pax << endl;
   cout << &pax[9] << endl;
   system("PAUSE");
   return EXIT_SUCCESS;
}
```

2.8 Scrivere un programma che legga una variabile intera e due reali e le visualizzi.

2.9 Scrivere un programma che legga la lunghezza e la larghezza di un rettangolo.

2.10 Quali dei seguenti identificatori sono validi?

```
N                85 Nome
MioProblema      AAAAAAAAAA
Mio Gioco        Nome_Cognome
MioGioco         Saldo_Attuale
write            92
m&m              Universidad Pontificia
registro         Set 15
* 143Eta
```

Esercizi supplementari

Per ulteriori esercizi si rimanda all'Appendice A del testo.

Operatori ed espressioni

3

Indice

Introduzione

In questo capitolo introduciamo la sintassi C++ per le espressioni matematiche e logiche. Vedremo gli operatori aritmetici, logici e relazionali, gli operatori di manipolazione dei bit, gli operatori condizionali e quelli speciali. S'introdurranno i concetti di *precedenza* e *associatività* e si analizzeranno le regole per la conversione dei tipi di dato.

3.1 Operatori ed espressioni

Un'*espressione* è costituita da uno o più **operandi** che si combinano tra loro tramite **operatori** per impostare un'operazione e restituire un risultato. Una costante o una variabile costituiscono già un'elementare forma d'espressione che non ha operatore ma restituisce comunque un valore, per esempio:

```
4.5            // espressione che restituisce il valore 4.5
Ore_Settimana  // costante che restituisce un valore,
               // per esempio 30
```

Ogni espressione deve produrre infatti un **risultato**. Se l'espressione contiene operatori, il suo risultato si determina applicando ogni operatore ai suoi operandi. Gli operatori rappresentano operazioni aritmetiche, logiche, matematiche o di manipolazione digitale (spostamenti, slittamenti ecc.).

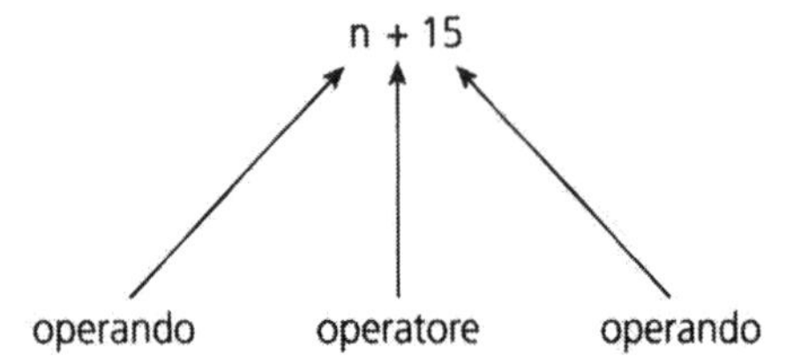

Figura 3.1
Espressione con operatore e operandi.

3.1.1 Espressioni

Le più comuni sono forse le espressioni aritmetiche, che fanno uso degli operatori + (somma), - (sottrazione), × (moltiplicazione), / (divisione) e % (resto della divisione intera); esse restituiscono un valore intero o reale a seconda degli operandi. In generale un'espressione si può utilizzare in qualunque punto del codice in cui sia legale inserire un valore del tipo risultante dall'espressione stessa. Quindi le operazioni si possono innestare, cioè un operando può essere a sua volta un'espressione, a patto che quest'ultima restituisca un valore del tipo giusto per l'operando che essa rappresenta.

Esempio

Quella che segue è una lista di espressioni, non un pezzo di programma; però le istruzioni che vi compaiono s'intendono eseguite in sequenza.

```
int i=1, s=15; // definisce due variabili di tipo
               // intero, i ed s; ad i assegna il
               // valore 1 e ad s assegna il valore 15
false          // restituisce il valore false
s              // restituisce il valore 15
25             // restituisce il valore 25
s + 25         // restituisce il valore 40
s == 40        // operatore di confronto, verifica
               // l'uguaglianza dei valori, in questo caso
               // restituisce il valore false
               // perché 15 è diverso da 40
i++;           // istruzione che utilizza l'operatore di
               // post-incremento; aumenta di 1 il valore
               // della variabile i, ma restituisce
               // il valore che essa aveva prima
               // dell'incremento, cioè 1
i = s + 5;     // istruzione di assegnamento; anch'essa è
               // un'espressione e restituisce un
               // "left value", cioè l'indirizzo della
               // variable i (non restituisce 20)
(10+s)/(i*3)   // restituisce 0
```

Nota

Si noti che un'espressione non è un'istruzione. Le istruzioni indicano al compilatore di realizzare un compito e terminano con un punto e virgola, mentre le espressioni specificano un calcolo. In un'istruzione vi possono essere varie espressioni.

3.1.2 Operatori

C e C++ sono linguaggi molto ricchi di operatori.

L'operazione realmente compiuta da un operatore può dipendere dal tipo dei suoi operandi. In genere, se non si conosce il tipo di operando/i, non si può conoscere il significato dell'espressione. Ad esempio,

```
m + n
```

può significare "somma di numeri interi", "somma di numeri reali" (che può sembrare la stessa cosa, ma a livello macchina è un'operazione diversa e restituisce un valore di tipo diverso), concatenazione di stringhe o perfino un'altra operazione, tutto a seconda dei tipi di `m` ed `n`.

Gli operatori possono essere unari, binari o ternari, a seconda che abbiano arità 1, 2 o 3. Gli operatori unari, come l'operatore di post-incremento (`++`), hanno un solo operando. Gli operatori binari, come somma (`+`) e sottrazione (`-`), hanno due operandi. Gli operatori ternari, come l'operatore condizionale (`?:`), hanno tre operandi.

Alcuni operatori possono essere sia unari che binari, come l'operatore (`-`) che può fungere anche da operatore di segno se anteposto ad un solo operando numerico.

Gli operatori impongono requisiti sul tipo degli operandi. Per esempio, un operatore binario richiede normalmente che i due operandi siano dello stesso tipo o di tipi che si possano convertire ad un tipo comune (ad esempio, come vedremo si può convertire un intero in un reale e viceversa; ma non è possibile convertire un tipo puntatore ad un reale).

3.1.3 Valutazione di espressioni composte

Quando le espressioni contengono diversi operatori si dicono "espressioni composte", e diventano molto importanti la *precedenza* e l'*associatività* degli operatori.

Precedenza: indica la priorità relativa dell'operatore rispetto ad altri operatori nella stessa espressione composta.

Associatività: indica l'ordine in cui si valuta un'espressione composta costituita da più operatori con identica precedenza. L'associatività si dice "destra" se la catena di operatori va valutata da destra verso sinistra (è il caso ad esempio dell'operatore di assegnamento =). Si dice "sinistra" se la catena di operatori va invece valutata da sinistra verso destra (è il caso comune degli operatori aritmetici).

Esempio

`m * n + p`	equivale a	`m * (n + p)`	l'operatore `*` ha maggiore precedenza di `+`
`m = n = p`	equivale a	`m = (n = p)`	associatività destra
`m + n + p`	equivale a	`(m + n) + p`	associatività sinistra

Gli operatori C++ possono essere:

- di visibilità
- aritmetici
- di incremento e decremento
- di assegnamento
- relazionali
- logici
- bit a bit
- condizionali
- di indirizzo o di indirezione
- di dimensione (`sizeof`)
- di sequenza (virgola)
- di conversione
- di conversione di tipo (`static_cast`, `reinterpret_cast`, `const_cast`, `dynamic_cast`)
- di memoria dinamica (`new` e `delete`)

Gli operatori C++ possono essere collocati in una tabella di 16 righe a priorità decrescente, dove ciascuna riga contiene operatori della stessa precedenza e della stessa associatività. Si noti che le parentesi tonde hanno la massima precedenza.

Priorità	Operatori	Associatività
1	`::  ×  ->  []  ()`	sinistra
2	`++  --  ~  !  -  +  &  *  sizeof`	destra
3	`.*  ->*`	sinistra
4	`*  /  %`	sinistra
5	`+  -`	sinistra
6	`<<  >>`	sinistra

<table>
<tr><td>7</td><td>< <= > >=</td><td>sinistra</td></tr>
<tr><td>8</td><td>== !=</td><td>sinistra</td></tr>
<tr><td>9</td><td>&</td><td>sinistra</td></tr>
<tr><td>10</td><td>^</td><td>sinistra</td></tr>
<tr><td>11</td><td>||</td><td>sinistra</td></tr>
<tr><td>12</td><td>&&</td><td>sinistra</td></tr>
<tr><td>13</td><td>||</td><td>sinistra</td></tr>
<tr><td>14</td><td>?: (espressione condizionale)</td><td>destra</td></tr>
<tr><td>15</td><td>= *= /= %= += -=
<<= >>= &= ||= ^=</td><td>destra</td></tr>
<tr><td>16</td><td>(operatore virgola)</td><td>sinistra</td></tr>
</table>

Esercizio risolto 3.1

Qual è il risultato di `6 + 3 * 4 / 2 + 2;`?

A seconda dell'ordine in cui vengono valutate le sottoespressioni aritmetiche si può ottenere un risultato diverso. In questo caso potremmo avere `14` (risultato reale in C++), `36`, `20` o `9`.

```
6 + 3 * 4 / 2 + 2;
|   \___/       |
|    12         |
|    \_____/    |
v               v
6 +     6     + 2     risultato in C++    14
```

In C++ si ottiene il risultato vero `14` perché la moltiplicazione e la divisione hanno precedenza più alta e, quando coincidono nella stessa espressione, si applica prima l'operatore di sinistra, dato che gli operatori aritmetici hanno associatività sinistra.

Precedenza e associatività determinano quindi come si valutano le espressioni composte, ma si possono aggirare entrambe inserendo opportunamente parentesi tonde per trattare ogni sottoespressione come un'unità e poi applicare le normali regole di precedenza.

Esempio

```
cout << 6 + 3 * 4 / 2 + 2;              // visualizza 14
cout << ((6 + ((3 * 4)) / 2)) + 2));    // visualizza 14
cout << 6 + 3 * 4 / (2 + 2);            // visualizza 9
cout << (6 + 3) * (4 / 2 + 2);          // visualizza 36
```

Si noti che se due operatori hanno la stessa precedenza, hanno anche la stessa associatività. Per questo, per valutare una sottoespressione composta costituita da operatori diversi ma con identica precedenza si segue l'ordine stabilito dalla loro comune associatività.

3.2 Operatore di assegnamento

L'operatore di assegnamento (=) assegna il valore dell'espressione alla sua destra alla variabile posta alla sua sinistra.

```
variabile = espressione
```

Per esempio:

```
x = 525;
y = 725;
```

Questo operatore è associativo a destra, cosa che permette di eseguire assegnamenti multipli:

```
x = y = z = 525;
```

equivale a

```
x = (y = (z = 525));
```

cioè alle tre variabili si assegna il valore 525.
A sinistra dell'operatore di assegnamento non può esserci altro che il nome di una variabile.

Esempio

```
int i, j, val_m;
const int ci = i;     // inizializzazione, non assegnamento
2040 = val_m;         // errore; 2040 non è il nome
                      // di una variabile
i + j = val_m;        // errore; i + j non è il nome
                      // di una variabile
ci = val_m;           // errore; ci non è il nome
                      // di una variabile
```

In C++ l'operatore di assegnamento si può comporre con operatori aritmetici. Gli operatori di assegnamento composti sono riportati nella Tabella 3.1. Questi operatori composti sono semplici notazioni abbreviate. Per esempio, se si vuole moltiplicare `i` per 10, si può scrivere

```
i = i * 10;
```

oppure:

```
i *= 10;
```

In maniera analoga l'operatore di assegnamento si può comporre anche con operatori *bitwise* (descritti in seguito):

```
<<=     >>=     &=     ^=     |=        // operatori di bit
```

Tabella 3.1 Operatori di assegnamento composto in C++.

Simbolo	Uso	Equivale a	Descrizione
=	a = b		assegna il valore di b alla variabile a
+=	a += b	a = a + b;	somma a e b ed assegna il risultato alla variabile a
-=	a -= b	a = a - b;	sottrae b ad a ed assegna il risultato alla variabile a
*=	a *= b	a = a * b;	moltiplica a per b ed assegna il risultato alla variabile a
/=	a /= b	a = a / b;	divide a per b ed assegna il risultato alla variabile a
%=	a %= b	a = a % b;	mette in a il resto della divisione intera di a per b

Esempio	Equivale a
`conto += 5;`	`conto = conto + 5;`
`totale -= sconto;`	`totale = totale - sconto;`
`cambio %= 100;`	`cambio = cambio % 100;`
`quantita *= c1 + c2;`	`quantita = quantita * (c1 + c2);`
`m -= 8;`	`m = m - 8;`
`m *= 6;`	`m = m * 6;`

3.3 Operatori aritmetici

Gli operatori aritmetici servono per le operazioni aritmetiche di base e ne osservano le ovvie regole di precedenza ed associatività.

Tabella 3.2 Operatori aritmetici.

Operatore	Tipi interi	Tipi reali	Esempio
+	somma	somma	4 + 5
-	sottrazione	sottrazione	7 - 3
*	prodotto	prodotto	4 * 5
/	quoziente della divisione intera	divisione	8 / 5
%	resto della divisione intera		12 % 5

Se gli operatori + e - non hanno un operando a sinistra (ma un operatore), s'intende che siano unari, con ovvio significato e precedenza più alta. A destra possono avere un valore intero o reale.

```
i = +75;    // associa il valore positivo 75 alla variabile i
i = -75;    // associa il valore negativo 75 alla variabile i
i = i * -75; // associa alla variabile i il valore che
             // attualmente ha moltiplicato per il valore
             // negativo 75
```

Esercizio risolto 3.2

Qual è il risultato dell'espressione `7 * 10 -5 % 3 * 4 + 9`?

Ci sono tre operatori a precedenza più alta `*`, `%` e `*`. La valutazione procede da sinistra verso destra, quindi si esegue prima `7 * 10`:

```
70 - 5 % 3 * 4 + 9
```

Rimangono alla precedenza più alta `%` e `*` con associatività sinistra, dunque si esegue `5 % 3`

```
70 - 2 * 4 + 9
```

e poi `2 * 4`, ottenendo

```
70 - 8 + 9
```

Le due operazioni restanti sono di uguale precedenza ed associatività sinistra; si realizzerà prima la sottrazione:

```
62 + 9
```

ed infine la somma, ottenendo il risultato finale

```
71
```

Come già osservato, si possono utilizzare le parentesi tonde per cambiare l'ordine di valutazione di un'espressione predeterminato dalle regole di precedenza ed associatività. Come ovvio dall'aritmetica si valutano prima le sottoespressioni tra parentesi e poi il resto secondo le normali regole. Se le parentesi sono *annidate* si eseguono prima le sottoespressioni più interne.

Ad esempio, si consideri l'espressione `(7 * (10 - 5) % 3) * 4 + 9`. Si valuta prima la sottoespressione `(10 - 5)` ottenendo

```
(7 * 5 % 3) * 4 + 9
```

Poi, si valuta da sinistra a destra la sottoespressione `(7 * 5 % 3)`

```
(35 % 3) * 4 + 9
```

seguita da

```
2 * 4 + 9
```

Infine la moltiplicazione, ottenendo

```
8 + 9
```

e la somma produce il risultato finale

```
17
```

Precauzione

Si deve fare attenzione nella scrittura di espressioni che contengono due o più operazioni per assicurarsi che siano valutate nell'ordine previsto. Anche quando non sono richieste, è bene utilizzare le parentesi per chiarificare l'ordine di valutazione e scrivere espressioni complicate in termini di espressioni più semplici. È importante, tuttavia, che le parentesi restino equilibrate – ogni parentesi sinistra ha una corrispondente parentesi destra che appare più avanti nell'espressione – dato che quando esistono parentesi squilibrate si produrrà un errore di compilazione.

```
((8 - 5) + 4 - (3 + 7)
```

Errore di compilazione: manca la parentesi finale a destra.

3.4 Operatori di incremento e decremento

Delle molte caratteristiche di C++ ereditate dal C, tra le più utili figurano gli operatori di **incremento** (`++`) e **decremento** (`--`) che, rispettivamente, sommano e sottraggono 1 alla variabile che hanno come argomento. Di ciascuno esistono due sensibili varianti, *pre_* e *post_* il cui comportamento è descritto nella Tabella 3.3.

Poiché l'operatore di preincremento `++x` restituisce la variabile a cui si applica, esso si può innestare: `++(++x);` mentre poiché l'operatore di postincremento restituisce il valore della variabile, esso non può essere innestato, cioè `(x++)++` è un errore perché non si può applicare un operatore ad un valore, ma soltanto ad una variabile. Lo stesso discorso si applica agli operatori di pre e post decremento.

Se gli operatori `++` e `--` si usano come prefissi, l'operazione di incremento/decremento si effettua prima dell'operazione di assegnamento; se invece gli operatori `++` e `--` si usano come suffissi l'assegnamento si effettua prima dell'incremento/decremento.

Tabella 3.3 Operatori di incremento (++) e decremento (--).

	Sintassi	Equivale a	Cioè a	Restituisce
Preincremento	`++x;`	`x += 1;`	`x = x + 1;`	la variabile x
Postincremento	`x++;`	`x += 1;`	`x = x + 1;`	il valore della variabile x
Predecremento	`--x;`	`x -= 1;`	`x = x - 1;`	la variabile x
Postdecremento	`x--;`	`x -= 1;`	`x = x - 1;`	il valore della variabile x
	`y=x++;`	`y = x;` `x += 1;`		
	`y=++x;`	`x += 1;` `y = x;`		

Esempio

```
int a = 1, b, c;
b = a++;            // postincremento; b vale 1 e a vale 2
c = a--;            // postdecremento; c vale 2 e a vale 1

int a = 1, b, c;
b = ++a;            // preincremento; b vale 2 e a vale 2
c = --a;            // predecremento; c vale 1 e a vale 1
```

Esercizio risolto 3.3

Questo programma illustra il funzionamento degli operatori di incremento/decremento.

```
#include <iostream>
using namespace std;

main()
{
  int m = 45, n = 75;
  cout << " m = " << m << " n = " << n << endl;
  ++m;
  --n;
  cout << " m = " << m << ", n = " << n << endl;
  m++;
  n--;
  cout << "m=" << m <<", n=" << n << endl;
  return 0;
}
```

Esecuzione

```
m = 45,   n = 75
m = 46,   n = 74
m = 46,   n = 73
```

Esercizio risolto 3.4

Questo programma illustra le differenze tra operatori di preincremento e postincremento.

```
#include <iostream>
using namespace std;

int main()
{
    int m = 99, n;
    n = ++m;
    cout << "m = " << m << ", n = " << n << endl;
    n = m++;
    cout << "m = " << m << ", n = " << n << endl;
    cout << "m = " << m++ << endl;
    cout << "m = " << m  << endl;
    cout << "m = " << ++m << endl;
    return 0;
}
```

Esecuzione

```
m = 100,  n = 100
m = 101,  n = 100
m = 101
m = 102
m = 103
```

Esercizio risolto 3.5

Ordine di valutazione non predicibile.

```
#include <iostream>
using namespace std;

void main()
{
    int n = 5, t;
    t = ++n * --n;
    cout << "n= " << n << ", t = " << t << endl;
    cout << ++n << " " << ++n << " " << ++n << endl;
}
```

Esecuzione

```
n = 5,  t = 25
6  7  8
```

Ci si poteva aspettare il risultato `t=30`, in realtà `t=25` perché prima che sia valutato l'operatore prodotto, `n` si incrementa a 6 e poi si decrementa a 5, quindi `t=5*5`. Le tre sottoespressioni dell'ultima istruzione si valutano da sinistra verso destra perché l'operatore di uscita << ha associatività sinistra.

3.5 Operatori relazionali

ANSI/ISO C++ supporta il tipo `bool` che può assumere solo i due valori `false` e `true`. Un'espressione si dice *booleana* se restituisce un valore di tipo `bool`.

Come sappiamo, per rappresentare i valori `false` e `true` il C++ utilizza il tipo `int`:, lo `0` per `false` e qualunque altro intero per `true`.

`false`	zero
`true`	diverso da zero

Operatori come `>=` e `==` che verificano una relazione tra due operandi si chiamano operatori relazionali e si utilizzano in espressioni della forma

espressione$_1$ *operatore_relazionale* *espressione*$_2$

dove

espressione$_1$ *espressione*$_2$	espressioni compatibili C++
operatore_relazionale	un operatore della Tabella 3.4

Gli operatori relazionali si usano normalmente nelle istruzioni condizionali (`if`) ed in quelle iterative (`while`, `for`) e servono a verificare una condizione. La Tabella 3.4 mostra gli operatori relazionali che si possono applicare ad operandi di qualunque tipo di dato standard: `char`, `int`, `float`, `double` ecc.

Quando si utilizzano gli operatori in un'espressione, l'operatore relazionale produce `0` o `1` a seconda del risultato del confronto. Ad esempio, se si scrive

```
c = 3 < 7;
```

la variabile `c` prende il valore `1` perché `3` è minore di `7` e quindi `3<7` è vera.

Tabella 3.4 Operatori relazionali in C++.

Operatore	Significato	Esempio
`==`	Uguale	`a == b`
`!=`	Diverso	`a != b`
`>`	Maggiore	`a > b`
`<`	Minore	`a < b`
`>=`	Maggiore o uguale	`a >= b`
`<=`	Minore o uguale	`a <= b`

Precauzione

Un errore tipico, perfino tra programatori esperti, è di confondere l'operatore di assegnamento (=) con l'operatore di uguaglianza (==).

Esempio

- Se s, a, b e c sono di tipo double, numero è int e iniziale è di tipo char, le seguenti espressioni booleane sono valide:

```
s < 5.75
b * b >= 5.0 * a * c
numero == 100
iniziale != '5'
```

- Gli operatori relazionali si utilizzano normalmente per confrontare valori numerici. Così, se

  `s = 3.1`

  l'espressione

  `s < 7.5`

  produce il valore `true`. In modo simile se

  `numero = 27`

  l'espressione

  `numero == 100`

  produce il valore `false`.

- I caratteri si confrontano in base ai rispettivi codici (ASCII o UNICODE).

  `'A'<'C'` è `true` perché il codice 65 di `A` è minore del codice 67 di `C`
  `'a'<'c'` è `true` perché il codice 97 di `a` è minore del codice 99 di `c`
  `'b'<'B'` è `false` perché il codice 98 di `b` non è minore del codice 66 di `B`

Gli operatori relazionali hanno associatività sinistra e minore precedenza rispetto agli operatori aritmetici. Ad esempio,

`m + 5 <= 2 * n` equivale a `(m + 5) <= (2 * n)`

Regola

Per valutare una successione di disuguaglianze come

`s < z < e`

si deve utilizzare la seguente espressione

`(s < z) && (z < e)`

3.6 Operatori logici

Gli *operatori logici* (detti anche *booleani*, in onore di George Boole, creatore dell'omonima algebra) sono: `!` (not), `&&` (and) e `||` (or). L'operatore `!` produce `false` se il suo operando è `true` e viceversa. L'operatore `&&` produce `true` *se e solo se* entrambi gli operandi sono `true`. L'operatore `||` (`or`, *o*) produce `false` *se e solo se* entrambi gli operandi sono `false`. La Tabella 3.5 mostra le cosiddette tabelle di verità degli operatori logici.

Tabella 3.5 Tabelle di verità degli operatori logici.

a	b	a && b	a || b	!a
true	true	true	true	false
true	false	false	true	false
false	true	false	true	true
false	false	false	false	true

Esercizio risolto 3.6

```
!(7 == 5)
(aNum > 5) && (Nome == "Mortimer")
(bNum > 3) || (Nome == "Mortimer")
```

Anche gli operatori logici si utilizzano nelle istruzioni condizionali (`if`) ed iterative (`while` o `for`) che vedremo in seguito. Ad esempio:

1.
```
if ((a < b) && (c > d))
{
  cout << "I risultati non sono validi";
}
```
   Se la variabile `a` è minore di `b` e, allo stesso tempo, `c` è maggiore di `d`, allora sarà visualizzato il messaggio: `I risultati non sono validi.`

2.
```
if ((vendite > 50000) || (ore < 100))
{
  bonus = 100000;
}
```
   Se la variabile `vendite` è maggiore di `50000` oppure la variabile `ore` è minore di `100`, sarà assegnato il valore `100000` alla variabile `bonus`.

3.
```
if (!(vendite < 2500))
{
  bonus = 12500;
}
```
   In questo esempio, se `vendite` è maggiore o uguale di `2500`, sarà assegnato il valore `12500` a `bonus`.

L'operatore `!` ha priorità più alta di `&&`, che a sua volta ha precedenza su `||`. L'associatività è per tutti sinistra.

Gli operatori matematici hanno precedenza sugli operatori relazionali, e gli operatori relazionali hanno precedenza sugli operatori logici.

La seguente istruzione

```
if (vendite < sal_min * 3 && anni > 10 * iva)...
```

equivale a

```
if ((vendite < (sal_min * 3)) && (anni > (10 * iva)))...
```

In C++ gli operandi a sinistra di `&&` e `||` vengono sempre valutati per primi; se il loro valore è già sufficiente per determinare il valore dell'espressione, l'operando destro non viene valutato, per risparmiare tempo della CPU. Ciò accade solo in due casi: quando il primo operando di `&&` è `false` (in questo caso tutta l'espressione è sicuramente `false`) e quando il primo operando di `||` è `true` (in questo caso tutta l'espressione è sicuramente `true`). Questa proprietà si dice **valutazione in cortocircuito**.

Esercizio risolto 3.7

Supponiamo che si debba valutare l'espressione

```
(s >= 0.0) && (sqr(s) >= 2)
```

Se l'operando `(s >= 0.0)` è `false` (`s` è negativo), tutta l'espressione è sicuramente `false` e, pertanto, non è necessario valutare il secondo operando; ciò evita di calcolare la radice quadrata di numeri (`s`) negativi!

La valutazione in **cortocircuito** ha due benefici importanti:

1. L'espressione *booleana* al primo membro può agire come sentinella per evitare di compiere un'operazione potenzialmente insicura al secondo membro.
2. L'espressione *booleana* al primo membro può far risparmiare una considerevole quantità di tempo nella valutazione di condizioni complesse al secondo membro.

Esercizio risolto 3.8

I benefici citati si apprezzano nell'espressione booleana

```
(n != 0) && (s < 1.0 / n)
```

che evita di dividere per zero il secondo membro, dato che se `n` è `0`, allora la prima espressione

```
n != 0
```

è `false` e la seconda espressione

```
s < 1.0 / n
```

non viene valutata.

Lo stesso vantaggio si ha valutando l'espressione booleana duale della precedente

```
(n == 0) || (s >= 1.0 / n)
```

dato che, se `n` è `0`, la prima espressione

```
n == 0
```

è `true` e non c'è bisogno quindi di valutare la seconda espressione

```
(s >= 1.0 / n)
```

Si può assegnare direttamente un valore di tipo bool ad una variabile di tipo bool.

Esempio

```
bool Maggiorenne = true;
Maggiorenne = (età > 18);
```

Esercizio risolto 3.9

`range` e `lettera` sono due variabili booleane. `range` è `true` se e solo se il valore di `n` va da –100 a 100; la variabile `lettera` è `true` se e solo se `car` è una lettera maiuscola o minuscola

```
range   = (n > -100) && (n < 100);
lettera = (('A' <= car) && (car <= 'Z'))||
          (('a' <= car) && (car <= 'Z'));
```

3.7 Operatori di manipolazione dei bit

Gli operatori di manipolazione o trattamento dei bit *(bitwise)* eseguono operazioni logiche sui bit degli operandi. Queste operazioni sono paragonabili per efficienza e velocità alle equivalenti operazioni del linguaggio assembly. Si applicano soltanto ai tipi `char` ed `int`, non ai reali. Le seguenti tabelle di verità descrivono le azioni che realizzano i diversi operatori.

Esercizio risolto 3.10

1. Se si applica l'operatore `&` di manipolazione dei bit ai numeri 9 e 14, si ottiene un risultato di 8. La Figura 3.2 mostra come si realizza l'operazione.

2.
```
(&)0x3A5B          = 0011   1010   0101   1011
   0x00F0          = 0000   0000   1111   0000
                     -------------------------
0x3A5B & 0x00F0    = 0000   0000   0101   0000 = 0x0050
```

3.
```
(||) 152  0x0098   = 0000   0000   1001   1000
       5  0x0005   = 0000   0000   0000   0101
                     -------------------------
     152 || 5      = 0000   0000   1001   1101 = 0x009d
```

9 decimale equivale a	1 0 0 1	binario
	& & & &	
14 decimale equivale a	1 1 1 0	binario
8 decimale equivale a	= 1 0 0 0	binario

Figura 3.2 Operatore bitwise `&`.

```
4. (^)     83      = 0101   0011
          204      = 1100   1100
       83^204      = 1001   1101 = 157
```

Tabella 3.6 Operatori logici bit a bit.

Operatore	Operazione
&	AND bit a bit
|	OR inclusivo bit a bit
^	OR esclusivo bit a bit (OR exclusive, XOR)
~	Complemento a uno (inversione di tutti i bit)
<<	Spostamento di tutti i bit verso sinistra
>>	Spostamento di tutti i bit verso destra

A&B == C
0&0 == 0
0&1 == 0
1&0 == 0
1&1 == 1

A|B == C
0|0 == 0
0|1 == 1
1|0 == 1
1|1 == 1

A^B == C
0^0 == 0
0^1 == 1
1^0 == 1
1^1 == 0

A	~A
1	0
0	1

Gli operatori bitwise di spostamento equivalgono all'istruzione `SHR (>>)` e `SHL (<<)` dei microprocessori 80x86. Effettuano uno spostamento a destra (>>) o a sinistra (<<) dei bit dell'operando di sinistra, di *n* posizioni, dove *n* è l'operando di destra (intero). I formati degli operatori di spostamento sono:

1. `valore << numero_di_bit;`
2. `valore >> numero_di_bit;`

`valore` può essere di tipo intero o carattere. `numero_di_bit` determina di quanti bit si sposterà valore. La Figura 3.3 mostra quello che succede quando il numero 29 (binario 00011101) si sposta a sinistra di tre bit (`29 << 3`).

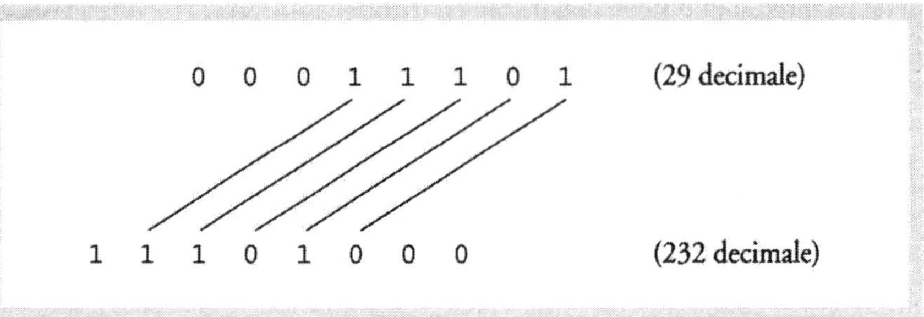

Figura 3.3
Spostamento a sinistra di tre posizioni dei bit del numero 29.

Supponiamo che la variabile `num1` contenga il valore `25`, se si sposta di tre posizioni (`num << 3`), si ottiene il nuovo numero `104` (`11001000` nel formato binario).

```
int num1 = 25;            // 00011001 binario
int spost1, spost2;

spost1 = num1 << 3;       // 11001000 binario
```

Esistono anche operatori bitwise composti (Tabella 3.7).

Tabella 3.7 Operatori bitwise composti.

Simbolo	Uso	Descrizione
`<=`	`a <<= b`	Sposta a sinistra `b` bit e assegna il risultato ad `a`.
`>>=`	`a >>= b`	Sposta a destra `b` bit e assegna il risultato ad `a`.
`&=`	`a &= b`	Assegna ad `a` il valore `a & b`.
`^=`	`a ^= b`	Assegna ad `a` il valore `a ^ b`.
`|=`	`a | b`	Assegna ad `a` il valore `a | b`.

3.8 Operatore condizionale

L'operatore condizionale è un operatore ternario che restituisce un valore che dipende dal valore dell'espressione booleana al primo membro. È associativo a destra.

Il formato dell'operatore condizionale è:

```
espressione_booleana ? se_vera : se_falsa;
```

Si valuta *`espressione_booleana`*, se è `true` viene restituito il valore dell'espressione *`se_vera`*, altrimenti viene restituito il valore dell'espressione *`se_falsa`*.

Esempi d'uso:

```
n >= 0 ? 1 : -1   // restituisce 1 se n è positivo, -1 se è
                  //  negativo
m >= n ? m : n    // restituisce il maggiore tra m ed n
```

La precedenza dell'operatore condizionale è minore di quella di qualunque altro operatore finora trattato. La sua associatività è a destra.

3.9 Operatore virgola

L'operatore *virgola* (`,`) permette di combinare due o più espressioni che verranno valutate da sinistra verso destra. L'espressione più a destra restituisce il risultato globale.

espressione_1, espressione_2, espressione_3, ..., espressione_n

Ad esempio, in

```
int i = 10, j = 25;
```

viene prima dichiarata ed inizializzata la `i` e poi la `j`. Altri esempi sono:

`i++, j++`	equivale a	`i++; j++;`
`i++, j++, k++`	equivale a	`i++; j++; k++;`

L'operatore virgola ha priorità su tutti gli operatori C++ e si associa a sinistra.

Esercizio risolto 3.11

1. `i = 10;`
   `j = (i = 12, i + 8);`
   `j` vale `20`

2. Un'applicazione tipica dell'operatore virgola si ha nel ciclo `for` (vedasi Capitolo 5).

   ```
   for (i=0, somma = 0,0; i<n; i++)
   ```

   prima si esegue l'espressione `i=0`, poi l'espressione `somma`

   ```
   somma = somma + i;
   ```

3.10 Operatori speciali (), [] e ::

L'operatore `()` serve a racchiudere gli argomenti di una funzione, effettuare conversioni esplicite di tipo, indicare che un identificatore corrisponde a una funzione, risolvere i conflitti di precedenza tra operatori.

L'operatore `[]` serve a designare un elemento di un array. Si può anche utilizzare in unione con l'operatore **`delete`**; in questo caso, indica la dimensione dell'array dinamico da rimuovere e la sua sintassi è

`delete` `[`*`dimensione_array`*`]` *`puntatore_array;`*

Altri esempi sono:

```
v[2]
return C[i - INFERIORE];
```

L'operatore `::` è specifico del C++ e si denomina *operatore di ambito di risoluzione*; permette di specificare l'ambito di un oggetto. La sua sintassi è

`class``::`*`membro`* oppure `::`*`membro`*

dato di riferimento (variabile, funzione, ...)

classe a cui appartiene l'oggetto

```
cout << i << "i <> :: i" << :: i << "\n";
void conto :: deposito (double amt)
{
  bilancio += amt;    // attenzione, bilancio non è definito
}
```

3.11 L'operatore *sizeof*

L'operatore `sizeof` serve per conoscere la dimensione in byte di un tipo di dato o di una variabile. Il formato dell'operatore unario è

`sizeof(`*`nome_variabile tipo_dato`*`)`
`sizeof` *`espressione`*

L'operatore può migliorare la portabilità dei programmi. Infatti diverse architetture hardware possono dimensionare diversamente i vari tipi di dato. Un uso opportuno di questo operatore permette di gestire queste differenze. L'operatore viene valutato in fase di compilazione, quando il compilatore sostituisce ogni sua occorrenza nel programma con il valore intero senza segno (`unsigned`) da esso restituito. L'operatore `sizeof` si utilizza nella programazione avanzata.

Esercizio risolto 3.12

Su un'architettura in cui il tipo **int** è su quattro byte e il tipo **double** su otto, le seguenti espressioni restituiranno rispettivamente i valori 1, 4 ed 8.

```
sizeof (char)
sizeof (unsigned int)
sizeof (double)
```

L'operatore **`sizeof`** si può applicare anche a espressioni, così si può scrivere

```
cout << "La variabile K è " << sizeof  k << " byte";
cout << "L'espressione a+b è " << sizeof (a+b) << " byte"
```

Esercizio risolto 3.13

Il seguente programma determina la dimensione del tipo `float` nel computer su cui gira

```
// Nome del file LONGBYTE.CPP
// Stampa la dimensione del tipo float

#include <iostream>
using namespace std;

int main()
{
   cout << "La dimensione delle variabili di tipo float ";
   cout << "di questo computer è:" << sizeof(float) <<
  '\n';
   return 0;
}
```

Questo programma produrrà differenti risultati su differenti computer. Compilato e lanciato il programma produrrà l'output seguente:

```
La dimensione delle variabili di tipo float di questo
computer è: 4
```

3.12 Conversioni di tipo

In C++ si può convertire un valore di un tipo in un valore di un altro tipo. Tale azione si dice *conversione di tipo* (*casting*). Questa caratteristica è necessaria in numerose espressioni aritmetiche e assegnazioni in cui gli operatori binari richiedono operandi dello stesso tipo, ma si trovano ad operare su operandi di tipo diverso. Inoltre, quando si chiama una funzione, il tipo dell'argomento passatole deve coincidere con il tipo dell'argomento formale che la funzione si aspetta; se non è così, il tipo dell'argomento passato si converte nel tipo atteso. C++ realizza parecchie conversioni automaticamente (*conversioni implicite*), ma ha operatori di conversione che permettono al programmatore di impostarle esplicitamente (*conversioni esplicite*).

- C++ converte i valori quando si assegna un valore di un tipo aritmetico a una variabile di un altro tipo aritmetico.
- C++ converte i valori quando si combinano tipi misti nelle espressioni.
- C++ converte i valori quando si passano argomenti alle funzioni.

Conversione implicita

I tipi fondamentali possono essere usati liberamente nelle espressioni perché le conversioni si eseguono automaticamente: gli operandi di tipo a precisione più bassa si convertono nei tipi a precisione più alta (*promozione di tipo*). Per esempio, in

```
pi = 3.141592 + 3;
int n = 0.0;
```

si assegna a `pi` la somma di un intero e di un reale, due tipi differenti, e quindi `pi` può assumere valore `6` o `6.141592` (che sarebbe più logico) a seconda che venga compiuta la somma fra interi (troncando pigreco a `3`) o la somma fra reali (convertendo l'intero `3` nel reale `3.0`). Il compilatore realizza conversioni tra i tipi aritmetici preservando se possibile la precisione, quindi converte l'intero in virgola mobile e si ottiene il risultato `6.141592` che è di tipo `float (double)`.

Nell'istruzione successiva il compilatore deve assegnare il valore `double 0.0` a `n`, che è un intero. Quando i tipi sinistro e destro di un assegnamento differiscono, il lato destro si converte al tipo del lato sinistro. Nell'esempio, se il valore reale `double` si converte a `int`, il compilatore produrrà un messaggio simile a

```
warning = assignment to 'int' from 'double'
```

che allarmerà il programmatore.

Regole

1. In un'espressione aritmetica, gli operatori binari richiedono operandi dello stesso tipo. Se non coincidono, il tipo di un operando si deve convertire al tipo dell'altro operando.
2. Nel caso di chiamata a una funzione, il tipo dell'argomento attuale deve corrispondere al tipo dell'argomento formale, altrimenti il primo si converte al secondo.
3. C++ ha operatori di *casting* di tipi, che permettono di convertire i tipi, esplicitamente, ma il compilatore può convertire automaticamente il tipo in certi casi ovvi.

Conversioni aritmetiche

Le *conversioni aritmetiche* assicurano che gli operandi di un operatore binario aritmetico o logico si convertano ad un tipo comune prima che si valuti l'operatore. Questo tipo comune sarà il tipo del risultato dell'espressione. Le regole definiscono una gerarchia di conversioni di tipi in cui gli operandi si convertono ai tipi di maggiore precisione nelle espressioni (*promozione di tipi*). Cioè, se un operando è del tipo `long double`, l'altro operando si converte anche a `long double` qualunque sia il suo tipo.

La Tabella 3.8 considera l'ordine dei tipi agli effetti della loro conversione automatica, in base al grado di precisione (legato alla dimensione occupata in byte dal tipo di dati).

Tabella 3.8 Ordine dei tipi di dati.

Tipo di dato	Precisione	Ordine
`long double`	10 byte	Più alta (19 cifre)
`double`	8 byte	15 cifre
`float`	4 byte	7 cifre
`long`	4 byte	Non applicabile
`int`	4 byte	Non applicabile
`short`	2 byte	Non applicabile
`char`	1 byte	Più bassa
`bool`	Non applicabile	

I tipi più piccoli di `int` (`char`, `signed char`, `unsigned char`, `short` e `unsigned short`) sono promossi ad `int`. Il tipo `bool` si promuove ad `int` nel senso che `false` si promuove a `0` e `true` ad `1`.

Quando un tipo `unsigned` è implicato in un'espressione, le regole di conversione preservano il valore degli operandi, ma in questi casi le dimensioni relative dipendono dalla macchina.

Esempio

```
bool   flag;
char   car;
short  num_short;
int    num_int;
long   num_long;
float  num_float;
double num_double;
//alcune conversioni automatiche di tipi
num_double + num_int;    //si converte a double
num_double + num_float;  //si converte a double
num_short + num_float;   //num_short si converte ad int
                         // e poi a float
flag = num_double;       //se num_double è 0, flag è falso
car + num_float;         //car si converte ad int
                         // e poi a float
```

Il compilatore compie quindi automaticamente le conversioni secondo certe regole. Per conservare l'informazione, normalmente, si permettono soltanto conversioni da tipi di minor dimensione a tipi con maggior informazione;

questa operazione viene chiamata *promozione*, ad esempio da char a int (non si perde informazione). In altri casi si perde informazione, come nella conversione da float a int.

Se il compilatore non può effettuare la conversione il programmatore può farla esplicitamente.

Esempio

```
int i = 7, j = 2;
double m = i/j;           // stroncatura m == 3.0
m = (double) (i/j);       // m == (double) 3 == 3.0
m = (double) i/j;         // m == 3.5 i si converte a double
m = i/(double) j;         // ora j si converte a double
m = (double) i/ (double) j;   // corretto
```

Conversioni esplicite

Con il termine *casting* s'intende normalmente la conversione esplicita di tipi. C++ offre diverse forme di casting.

Notazioni compatibili con il C e con vecchie versioni del C++

- tipo (*espr*)   // notazione conversione di tipi,
                     // stile funzione
- (tipo) *espr*;   // notazione conversione stile C

Notazioni compatibili con lo standard ANSI/ISO C++

C++ supporta i seguenti operatori di *casting*:

- const_cast <*tipo*> (*espr*)
- dinamic_cast <*tipo*> (*espr*)
- reinterpret_cast <*tipo*> (*espr*)
- static_cast <*tipo*> (*espr*)

Esercizio risolto 3.14

1. (float) i   //converte i a float
2. float (i)   //converte i a float
3. varCar = static_cast <char> (varIntera):

tipo a cui si converte   *variabile da convertire*

varIntera si converte a char prima di essere assegnata a varCar.

SOMMARIO

In questo capitolo abbiamo esaminato le regole di precedenza e associatività dei differenti operatori quando si combinano in espressioni. In dettaglio abbiamo analizzato gli operatori:

- di assegnamento =
- aritmetici +, -, *, / e %
- di incremento e decremento, *pre* (anteriore) e *post* (posteriore). C++ permette di applicare questi operatori a variabili di tipo `char`, `int` e perfino `float` e `double`
- relazionali >, >=, <, <=, ==, !=
- logici &&, ||, !
- di manipolazione dei bit che realizzano operazioni bit a bit (*bitwise*), &, |, ^, !, << e >>
- di assegnamento composti
- virgola
- condizionali
- speciali `()`, `[]` e `::`
- `sizeof`

Abbiamo anche introdotto il *casting*, che permette di forzare la conversione di tipi di un'espressione.

CONCETTI CHIAVE

- Assegnamento
- Associatività
- Conversione esplicita
- Conversioni di tipi
- Valutazione in cortocircuito
- Espressione
- Incremento/decremento
- Manipolazione di bit
- Operatore
- Operatore `sizeof`
- Priorità/precedenza
- Tipo `bool`

Problemi

3.1 Determinare il valore delle seguenti espressioni aritmetiche:

```
15 / 12        15 % 12
24 / 12        24 % 12
123 / 100      200 % 100
```

3.2 Qual è il valore di ciascuna delle seguenti espressioni?

a) 10 * 14 – 3 * 2

b) –4 + 5 * 2

c) 13 – (24 + 2 * 5) / 4 %3

d) (4 – 40 / 5) %3

e) 4 * (3 + 5) – 8 * 4 % 2 – 5

f) –3 * 10 + 4 * (8 + 4 * 7 – 10 * 3) / 6

3.3 Scrivere le seguenti espressioni aritmetiche come espressioni di computer: la potenza può farsi con la funzione *pow()*, ad esempio, $(x+y)^2$==*pow(x+y,2)*.

a) $\frac{x}{y}+1$ b) $\frac{x+y}{x-y}$ c) $x+\frac{y}{z}$

d) $\frac{b}{c+d}$ e) $(a+b)\frac{c}{d}$ f) $[(a+b)^2]^2$

g) $\frac{xy}{1-4x}$ h) $\frac{xy}{mn}$ i) $(x+y)^2(a-b)$

3.4 Scrivere le istruzioni di assegnamento che permettano di scambiare i contenuti (valori) di due variabili *x* e *y* di un certo tipo di dato.

3.5 Scrivere un programma che legga due interi nelle variabili *x* e *y*, e poi ottenga i valori di: a) *x*/*y*; b); *x* % *y*. Eseguire il programma varie volte con diverse paia di interi come input.

3.6 Una temperatura espressa in gradi Celsius (centigradi) può essere trasformata nella temperatura in Fahrenheit tramite la seguente formula: $f = (9/5)c + 32$. Scrivere un programma che legga la temperatura in gradi centigradi e la converta in gradi Fahrenheit.

3.7 La relazione tra i lati (a,b) di un triangolo e l'ipotenusa (h) viene data dalla formula: $a^2 + b^2 = h^2$. Scrivere un programma che legga la lunghezza dei lati e calcoli l'ipotenusa.

3.8 Scrivere un programma che legga un intero e, poi, ne visualizzi il doppio e il triplo.

3.9 Scrivere un programma che legga i coefficienti *a, b, c, d, e, f* di un sistema lineare di due equazioni con due incognite e ne mostri la soluzione.

$$\begin{cases} ax + by = e \\ cx + dy = f \end{cases}$$

3.10 La forza di attrazione tra due masse m_1 e m_2 separate da una distanza d è data dalla formula:

$$F = \frac{G * m_1 * m_2}{d^2}$$

dove G (= 6.673×10^{-8} $cm^3/g{\cdot}s^2$) è la costante di gravitazione universale. Scrivere un programma che legga la massa di due corpi e la loro distanza e, poi, ottenga la forza di attrazione tra i corpi. L'output deve essere espresso in dine; una dina è uguale a $g{\cdot}cm/s^2$.

3.11 La famosa equazione di Einstein per la conversione di una massa m in energia viene data dalla formula: $E = mc^2$, dove c è la velocità della luce e il suo valore è $c = 2.997925 \times 10^{10}$ m/s. Scrivere un programma che legga una massa in grammi e ottenga la quantità di energia prodotta quando la massa si converte in energia. *Nota*: se la massa è espressa in grammi, la formula fornisce l'energia in erg.

3.12 Scrivere un programma per convertire una misura data in piedi ai suoi equivalenti in a) iarde, b) pollici, c) centimetri e d) metri (1 piede = 12 pollici, 1 iarda = 3 piedi, 1 pollice = 2,54 cm, 1 m = 100 cm). Leggere il numero di piedi e stampare il numero di iarde, piedi, pollici, centimetri e metri.

3.13 Scrivere un programma che riceva come input la lunghezza del perimetro di un terreno (espressa da tre numeri interi che rappresentano rispettivamente ettometri, decametri e metri) e visualizzi la lunghezza del perimetro in decimetri.

3.14 Scrivere un programma che chieda all'utente una quantità di euro e trasformi tale quantità in banconote e monete di corso legale (cambio ottimo).

Esercizi supplementari

Per ulteriori esercizi si rimanda all'Appendice A del testo.

La programmazione strutturata

4

Indice

Introduzione

I programmi visti finora si eseguono in modo sequenziale, cioè un'istruzione dopo l'altra, dalla prima fino all'ultima, ed ognuna viene eseguita una sola volta. Questa cosiddetta *programmazione sequenziale* risolve problemi molto semplici, ma per problemi normali bisogna avere la capacità di controllare e variare il flusso di esecuzione del programma mediante altre *strutture di controllo.*

La cosiddetta "programmazione strutturata" contempla tre tipi di strutture di controllo: oltre alla citata struttura *sequenziale,* vi sono quelle di *selezione* e quelle di *ripetizione.* Le *strutture selettive*, o *condizionali*, determinano quale sequenza di istruzioni eseguire in funzione della valutazione di una certa condizione di selezione; quest'ultima potrà essere booleana (nell'istruzione `if`) o multivalore (nell'istruzione `switch`). Le *strutture di controllo iterative* o *cicliche* (`while`, `for` e `do while`) consentono invece la ripetizione di una sequenza di istruzioni.

4.1 Strutture di controllo

Le **strutture di controllo** determinano il flusso di esecuzione di un programma. Esse permettono di combinare più istruzioni in una unità logica con un punto d'ingresso e uno d'uscita.

La **programmazione strutturata** contempla tre tipi di strutture di controllo: *sequenza*, *selezione* e *ripetizione*. Finora è stata utilizzata solo la struttura sequenziale, cioè il concetto di **blocco** di istruzioni, o **istruzione composta**. Si tratta semplicemente di una sequenza di istruzioni racchiuse tra parentesi graffe.

```
{
  istruzione1;
  istruzione2;
  ...
  istruzionen;
}
```

Il flusso del programma passa in maniera sequenziale dalla prima istruzione all'ultima. Tuttavia, anche la soluzione di semplici problemi richiede spesso di valutare una certa condizione per scegliere fra percorsi alternativi.

4.2 L'istruzione *if*

In tutti i linguaggi procedurali la struttura di selezione principale è l'istruzione `if`. Normalmente essa ha due forme possibili. In C++ il formato più semplice ha la seguente sintassi:

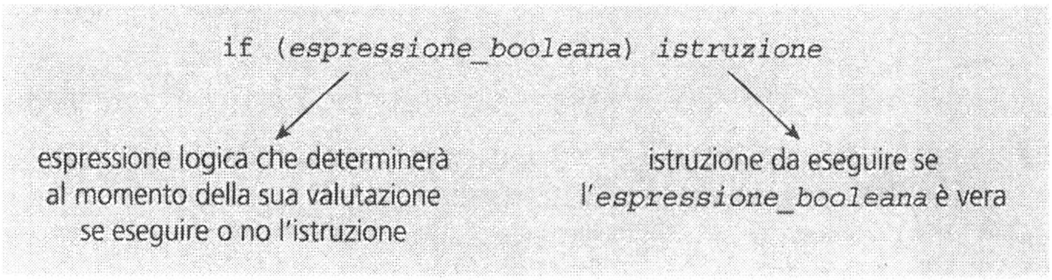

L'istruzione `if` valuta l'*espressione booleana* fra le parentesi; se è vera, esegue `istruzione` (che può essere un'istruzione composta), altrimenti non fa nulla. Dopodiché, in entrambi i casi l'esecuzione del programma continua con l'istruzione successiva all'`if`. La Figura 4.1 mostra il *diagramma di flusso* (*flow chart*) dell'`if`.

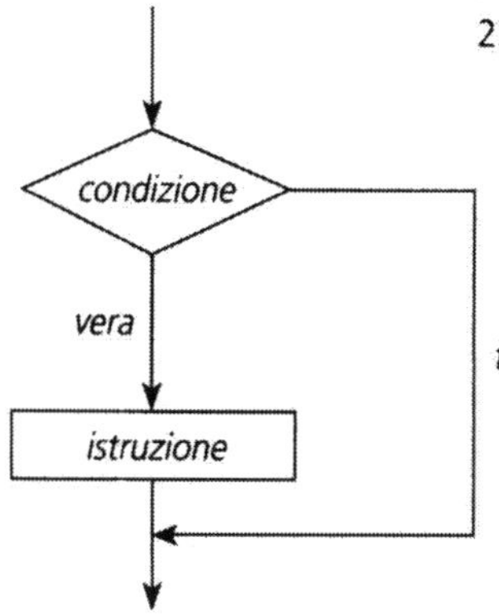

Figura 4.1
Diagramma di flusso dell'istruzione `if`.

Esercizio risolto 4.1

Verificare la divisibilità fra due numeri interi, entrambi letti in input.

```
void main()
{
   int n, d;
   cout << "Introduca due interi:";
   cin >> n >> d;
   if (n%d == 0) cout << n << "è divisibile per" << d <<
     endl;
}
```

Eseguendo questo programma, si ottiene:

```
Introduca due interi: 36 4
36 è divisibile per 4
```

Questo programma legge due numeri interi e verifica se il resto della divisione di `n` per `d` (cioè `n%d`) è zero, perché in tal caso `n` è divisibile per `d`. Se la condizione è verificata viene emesso un opportuno messaggio sul flusso di output.

Esempio

Scrivere un'istruzione condizionale per verificare il superamento di un esame e disegnare il corrispondente flow-chart (`Voto >= 18`, `Sufficiente`).

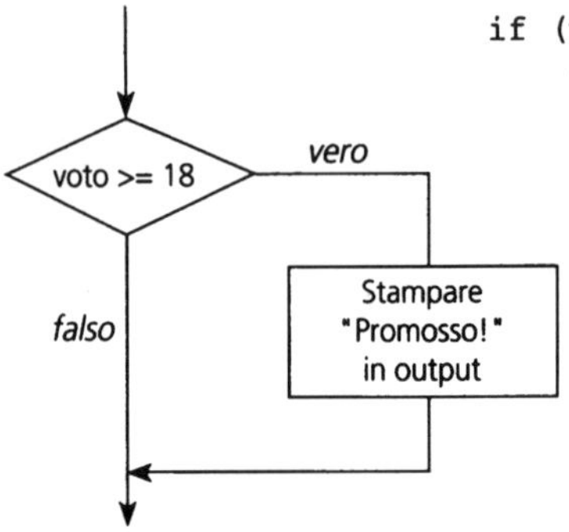


```
if (voto >= 18)
    cout << "Promosso!" << endl;
```

Esempio

```
#include <iostream>
using namespace std;
void main()
{
  float numero;
  // ottenere numero introdotto dall'utente
  cout << "Introduca un numero positivo o negativo:";
  cin >> numero;
  // confrontare numero con zero
  if (numero > 0)
  cout << numero << " è maggiore di zero" << endl;
}
```

L'esecuzione di questo programma produce:

```
Introduca un numero positivo o negativo: 10.15
10.15 è maggiore di zero
```

Che cosa succede se si introduce un numero negativo? Niente. Il programma è così sciocco che verifica soltanto se il numero è maggiore di zero. Il seguente programma risolve il problema.

```
// programma demo2 if
#include <iostream>
using namespace std;
void main()
{
  float numero;
  cout "introduca un numero positivo o negativo:";
  cin >> numero;
```

```
  if (numero > 0)
    cout << numero << "è maggiore di zero" << endl;
  if (numero < 0)
    cout << numero << "è minore di zero" << endl;
  if (numero == 0)
    cout << numero << "è uguale a zero" << endl;
}
```

Questo programma aggiunge altre due istruzioni `if`, una che verifica se il numero introdotto è minore di zero, l'altra che verifica se il numero è uguale a zero.

Esercizio risolto 4.2

Visualizzare il valore assoluto di un numero letto dalla tastiera.

```
#include <iostream>
using namespace std;
int main() {
   cout << "Introduca un numero intero:";
   int valore;
   cin >> valore;
   if (valore < 0)
      valore = -valore;
   cout << "il valore assoluto è " << valore << endl;
   return 0;
}
```

4.3 Istruzione condizionale doppia: *if else*

La seconda forma dell'istruzione condizionale è l'`if else`. Questo formato dell'istruzione `if` ha la seguente sintassi:

`if (espressione_booleana) istruzione`$_1$ `else istruzione`$_2$

- *espressione_booleana*: espressione logica che determinerà al momento della sua valutazione quale istruzione eseguire
- *istruzione*$_1$: istruzione da eseguire se *espressione_booleana* è vera
- *istruzione*$_2$: istruzione da eseguire se *espressione_booleana* è falsa

istruzione$_1$ e *istruzione*$_2$ possono anche essere istruzioni composte. L'istruzione `if else` valuta *espressione_booleana*; se è vera esegue *istruzione*$_1$, altrimenti esegue *istruzione*$_2$. La Figura 4.2 mostra la semantica dell'istruzione `if else`.

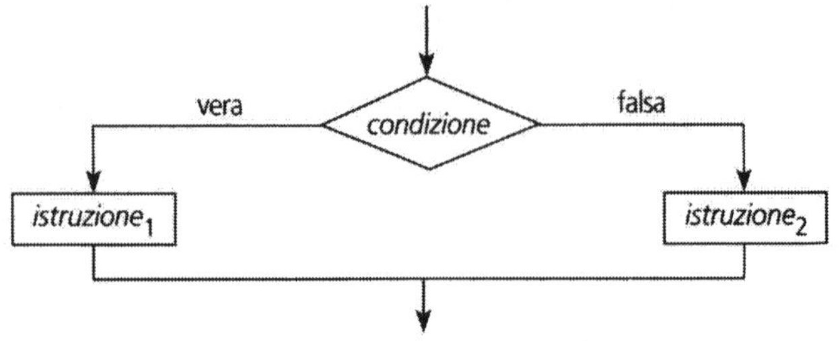

Figura 4.2
Diagramma di flusso della rappresentazione di un'istruzione `if else`.

Esaminiamo alcuni esempi:

1.
```
if (salario >= 40.000)
    salario_netto = salario - salario*0.30;
else
    salario_netto = salario - salario*0.20;
```

Se `salario` è maggiore di `40.000`, si calcola il salario netto, sottraendogli il 30 per cento di tasse; in caso contrario (`else`), il salario netto è quello lordo meno il 20 per cento.

2.
```
if (Voto >= 6)
    cout << "Sufficiente" << endl;
else
    cout << "Insufficiente" << endl;
```

Esercizio risolto 4.3

Verificare la divisibilità fra due numeri interi letti in input (come l'Esercizio risolto 4.1, ma con l'alternativa `else`).

```
void main()
{
  int n, d;
  cout << "Introduca due interi: ";
  cin >> n >> d;
  if (n%d == 0) cout << n << "è divisibile per " << d <<
    endl;
  else cout << n << "non è divisibile per " << d <<
    endl;
}
```

Eseguendo questo programma, si ottiene:

```
Introduca due interi: 36 5
36 non è divisibile per 5
```

Esercizio risolto 4.4

Calcolare il maggiore di due numeri letti dalla tastiera e visualizzarlo sullo schermo.

```
void main()
{
   int x, y;
   cout << "Introduca due interi: ";
   cin >> x >> y;
   if (x > y) cout << x << endl;
      else cout << y << endl;
}
```

Eseguendo il programma, si ottiene:

```
Introduca due interi: 17 54
54
```

4.4 Istruzioni *if else* annidate

Entrambe le istruzioni `if` hanno come condizione un'espressione booleana e quindi implicano una o due alternative. Se abbiamo più alternative possiamo "annidare" più istruzioni `if` una dentro l'altra. Un'istruzione `if` è annidata quando si trova dentro uno dei due rami di un'altra istruzione `if`.

Esercizio risolto 4.5

Incrementare i contatori di numeri positivi, negativi o zeri.

```
if (x > 0)
   num_pos = num_pos + 1;
else
   if (x < 0)
      num_neg = num_neg + 1;
   else
      num_zeri = num_zeri + 1;
```

L'istruzione `if` annidata ha tre alternative. Si incrementa di 1 il valore di una delle tre variabili, `num_pos`, `num_neg` e `num_zeri`, a seconda se `x` è maggiore, minore o uguale a zero. I riquadri mostrano la struttura logica dell'istruzione `if` annidata; la seconda istruzione `if` (interna) viene eseguita se è falsa la condizione della prima. In pratica, si verifica la prima condizione (`x > 0`); se è vera, `num_pos` s'incrementa di 1 e si salta il resto dell'istruzione `if`, altrimenti si verifica la seconda condizione (`x < 0`); se è vera, si incrementa di 1 `num_neg`, altrimenti si incrementa `num_zeri`. È importante capire che la seconda condizione si verifica *soltanto se* la prima condizione è falsa.

Le istruzioni `if` si possono ovviamente annidare anche nel ramo positivo.

1.
```
if (x > 0)
    if (y > 0)
        z = sqrt(x) + sqrt(y);
```

2.
```
if (x > 0)
    if (y > 0)
        z = sqrt(x) + sqrt(y);
    else
        cerr << "\n *** Impossibile calcolare z" << endl;
```

Esempio

```
#include <iostream>
using namespace std;

void main()
  cout << " introduca un numero positivo o negativo: ";
  cin >> numero;

  if (numero > 0)
  {
    cout << numero << " è maggiore di zero" << endl;
    cout << "provi di nuovo introducendo un numero
      negativo" << endl;
  }
  else if (numero < 0)
    {
      cout << numero << " è minore di zero" << endl;
      cout << "provi di nuovo introducendo un numero
        negativo" << endl;
    }
    else
      {
        cout << numero << " è uguale a zero" << endl;
        cout << "Perché non introduce un numero negativo?"
          << endl;
      }
```

Un'istruzione `if` annidata può rendersi anche come sequenza di istruzioni `if`. Ad esempio, l'istruzione `if` dell'Esercizio risolto 4.5 si può riscrivere come la seguente sequenza di istruzioni `if`.

```
if (x > 0)
  num_pos = num_pos + 1;
if (x < 0)
  num_neg = num_neg + 1;
if (x == 0)
  num_zeri = num_zeri + 1;
```

Le due soluzioni sono logicamente equivalenti, ma questa è meno efficiente perché compie sempre tre valutazioni booleane, mentre l'`if` annidato dell'Esercizio risolto 4.5 ne compie solo una se `(x > 0)` e solo due se `(x < 0)`.

È bene indentare le istruzioni annidate in maniera da rendere il codice più leggibile.

Esistono diverse forme di scrivere istruzioni `if` annidate.

1.
```
if (a > 0) if (b > 0) ++a; else if (c > 0)
if (a < 5) ++b; else if (b < 5) ++c; else --a;
else if (c < 5) --b; else --c; else a = 0;
```

2.
```
if (a > 0)              // forma più leggibile
    if (b > 0) ++a;
    else
      if (c > 0)
        if (a < 5) ++b;
        else
          if (b < 5) ++c;
          else --a;
      else
        if (c < 5) --b;
        else --c;
else
  a = 0;
```

3.
```
if (a > 0)              // forma ancora più leggibile
    if (b > 0) ++a;
    else if (c > 0)
      if (a < 5) ++b;
      else if (b < 5) ++c;
      else --a;
    else if (c < 5) --b;
    else --c;
else
  a = 0;
```

Esercizio risolto 4.6

Calcolare il maggiore di tre numeri interi.

```
void main()
{
  int a, b, c, maggiore;
  cout << "Introduca tre numeri interi: ";
  cin >> a >> b >> c;
  if (a > b)
    if (a > c) maggiore = a;
    else maggiore = c;
  else
    if (b > c) maggiore = b;
    else maggiore = c;
  cout << "Il maggiore è " << maggiore << endl;
}
```

Eseguendo questo programma, si ottiene:

```
Introduca tre numeri interi: 77 54 85
Il maggiore è 85
```

Se `a>b` e `a>c` allora `maggiore=a`, si esegue l'istruzione di output e termina il programma. L'istruzione `else maggiore=c` si riferisce all'`if` a lei più vicino, cioè `if (a>c)`. Quindi se `a>b` e `a<=c` allora `maggiore=c`.

L'istruzione `else` successiva si riferisce invece al primo `if (a>b)`. Se `a<=b` e `b>c` allora `maggiore=b`, si esegue l'istruzione di output e termina il programma. La successiva `else maggiore=c` si riferisce all'`if` a lei più vicino, cioè `if (b>c)`. Quindi se `a<=b` e `b<=c` allora `maggiore=c`.

4.5 Istruzione *switch*: condizioni molteplici

L'istruzione `switch` si utilizza per selezionare una tra molteplici alternative. La condizione da valutare non sarà quindi più booleana, ma potrà essere un'espressione semplice denominata *espressione di controllo* o *selettore*. Il valore di quest'espressione deve essere un tipo ordinale (ad esempio, `int`, `char`, `bool`, ma non `float`, `double` o `string`). Lo `switch` ha la seguente sintassi.

```
switch (selettore)
{
  case etichetta1: istruzioni1;
                   break;
  case etichetta2: istruzioni2;
                   break;
  ...
```

```
  case etichettan: istruzionin;
                      break;
  default:         istruzionid;         // opzionale
}
```

Ogni *etichetta* ha un valore costante diverso dalle altre etichette. Se il valore del selettore è uguale a una delle etichette `case`, allora si eseguirà la corrispondente sequenza di istruzioni e si continueranno ad eseguire le successive sequenze di istruzioni fino ad incontrare la prima istruzione `break` (o fino alla fine dello `switch` se non si incontrano istruzioni `break`).

Il tipo di ogni etichetta deve essere lo stesso del *selettore*. Le espressioni sono permesse come etichette, ma solo se ogni operando dell'espressione è una costante.

Se il valore del selettore non è uguale a un'etichetta `case`, non si eseguirà alcuna istruzione, a meno che sia presente l'ultima etichetta opzionale `default`. Benché l'etichetta `default` sia opzionale, se ne consiglia l'uso, a meno che non si sia assolutamente sicuri che tutti i valori che *selettore* potrà assumere siano contemplati nelle etichette `case`.

Esempio 1

```
char giocata_totocalcio;
cin >> giocata_totocalcio;
switch (giocata_totocalcio)
{
  case '1':
    cout << "vittoria in casa" << endl;
    break;
  case '2':
    cout << "vittoria fuori casa" << endl;
    break;
  case 'x':
    cout << "pareggio" << endl;
    break;
  default:
    cout << "non è una giocata corretta" << endl;
}
```

Esempio 2

```
switch (opzione)
{
case 0:
case 1:
```

```
case 2:
    cout << "Minore di 3";
    break;
case 3:
    cout << "Uguale a 3";
    break;
default:
    cout << "Maggiore di 3";
}
```

Esercizio risolto 4.7

Confronto fra istruzioni `if` annidate e `switch`.

Determinare se un determinato carattere `car` è una vocale.

Soluzione con `if` annidate

```
if ((car == 'a') || (car == 'A'))
     cout << car << " è una vocale" << endl;
else if ((car == 'e') || (car == 'E'))
     cout << car << " è una vocale" << endl;
else if ((car == 'i') || (car == 'I'))
     cout << car << " è una vocale" << endl;
else if ((car == 'o') || (car == 'O'))
     cout << car << " è una vocale" << endl;
else if ((car == 'u') || (car == 'U'))
     cout << car << " è una vocale" << endl;
else
     cout << car << " non è una vocale" << endl;
```

Soluzione con `switch`

```
switch (car) {
     case 'a': case 'A':
     case 'e': case 'E':
     case 'i': case 'I':
     case 'o': case 'O':
     case 'u': case 'U':
          cout << car << " è una vocale" << endl;
          break;
     default
          cout << car << " non è una vocale" << endl;
  }
```

Esempio

```
#include <iostream>
using namespace std;

int main()
{
  char voto;
  cout << "Introdurre un voto nel sistema
    anglosassone (A-H):";
  cin >> voto;

  switch (voto)
  {
    case 'A':  cout << "Ottimo. " << "Esame superato\n";
                break;
    case 'B':  cout << "Distinto. "; cout << "Buono\n";
                break;
    case 'C':  cout << "Sufficiente\n";
                break;
    case 'D':
    case 'F':  cout << "Insufficiente\n";
                break;
    default:  cout "Questo non è un voto";
  }
  cout << "Fine del programma" << endl;
  return 0;
}
```

L'istruzione `switch` valuta `voto`. Se `voto` è uguale al valore di un'etichetta, allora il flusso di controllo si trasferisce alle istruzioni associate a quella etichetta. Se nessuna etichetta coincide con il valore di `voto`, si eseguono le istruzioni associate all'etichetta `default`. L'istruzione `break` fa sì che il flusso del programma esca dallo `switch`. Se una sequenza di istruzioni non è chiusa dal `break`, si eseguono anche le istruzioni delle etichette successive fino al successivo `break` (o fino alla fine, se non si incontrano `break`).

Esecuzione di prova 1

```
Introdurre un voto nel sistema anglosassone (A-H): A
Ottimo. Esame superato
Fine del programma
```

Esecuzione di prova 2

```
Introdurre un voto nel sistema anglosassone (A-H): B
Distinto. Buono
Fine del programma
```

Esecuzione di prova 3

```
Introdurre un voto nel sistema anglosassone (A-H): E
Questo non è un voto
Fine del programma
```

Esempio

```
int tipo_veicolo;
cout << "Introduca tipo di veicolo:";
cin >> tipo_veicolo, pedaggio;

switch(tipo_veicolo)
{
  case 1:
    cout << "auto";
    pedaggio = 500;
    break;      // Se si omette questo break, il veicolo
                // sarà prima auto e poi autocarro.
  case 2:
    cout << "autocarro";
    pedaggio = 3000;
    break;
  case 3:
    cout << "motocicletta";
    pedaggio = 300;
    break;
  default:
    cout << "veicolo non autorizzato";
}
```

È possibile associare la stessa sequenza di istruzioni a più etichette `case`. Ad esempio, si può scrivere:

```
switch(c) {
  case '0': case '1': case '2': case '3': case '4':
  case '5': case '6': case '7': case '8': case '9':
    num_cifre++; //si incrementa di 1 il valore di num_cifre
    break;
  case '': case '\t': case '\n':
    num_spazi++; //si incrementa di 1 il valore di num_spazi
    break;
```

```
  default:
    num_diversi++;
}
```

L'istruzione `if else` annidata è più versatile dell'istruzione `switch` e si può utilizzare in sua vece, ma lo `switch` è più chiaro. Esso è particolarmente adatto a implementare menu, cioè a stampare in output liste di alternative da presentare all'utente del programma.

4.6 L'istruzione *if else* e l'operatore condizionale *?:*

Le istruzioni di selezione `if else` possono essere sostituite da opportuni usi dell'operatore condizionale. Esaminiamo i seguenti esempi.

1. `a == b ? funzione1() : funzione2();`

   è equivalente alla seguente istruzione:

   ```
   if (a == b)
      funzione1();
   else
      funzione2();
   ```

2. L'operatore `?:` si utilizza nel seguente segmento di codice per assegnare a `Minore` il più piccolo di due valori letti in input:

   ```
   int Entrata1;
   int Entrata2;
   cin >> Entrata1 >> Entrata2;
   int Minore = Entrata1 <= Entrata2 ? Entrata1 : Entrata2
   ```

Esempio

```
#include <iostream>
using namespace std;

void main()
{
  float n1, n2;
  cout << "Introduca due numeri positivi o negativi:";
  cin >> n1 >> n2;
// if else
  cout << "if else" << endl;
  if (n1 > n2)
    cout << n1 << " > " << n2;
  else
    cout << n1 << " > " << n2;
```

```
   // operatore condizionale
   cout << condizionale:" << endl;
   n1 > n2 ? cout << n1 << " > " << n2
           : cout << n1 << " < " << n2;
}
```

4.7 Errori di programmazione frequenti

1. Uno degli errori più comuni dell'istruzione `if` consiste nell'utilizzare l'operatore di assegnamento (=) anziché l'operatore di uguaglianza (==).

2. Come già detto, in un'istruzione `if` annidata ogni clausola `else` corrisponde alla `if` precedente più vicina. Ad esempio, a quale `if` è associata l'`else` nel seguente esempio?

   ```
   if (a > 0)
   if (10 > 0)
   c = a + b;
   else
   c = a + abs(b);
   d = a * b * c;
   ```

   Il sistema migliore per evitare errori è quello di fare buon uso dell'indentazione, per far capire al primo sguardo a quale `if` corrisponde la clausola `else`.

   ```
   if (a > 0)
      if (b > 0)
         c = a + b;
      else
         c = a + abs(b);
   d = a * b * c;
   ```

3. Poiché i numeri reali sono approssimati, non si dovrebbe mai confrontarli con l'operatore di uguaglianza `==`. Ad esempio, anche se le seguenti espressioni reali sono equivalenti:

   ```
   a * (1 / a)
   1.0
   ```

   l'espressione

   ```
   a * (1 / a) == 1.0
   ```

   può restituire il valore false. Per questo motivo *il selettore di un'istruzione* `switch` *non può essere di tipo reale.*

4. Quando in un'istruzione `switch` o in un blocco di istruzioni manca una delle parentesi graffe appare un messaggio di errore del tipo:

```
Errore ...: Compound statement missing } in function
```

Se non si scrive il codice in buono stile, può essere molto difficile localizzare la parentesi mancante.

4.8 L'istruzione *while*

Un **ciclo** è la ripetizione controllata di una sequenza di istruzioni. La sequenza si dice **corpo** del ciclo e ogni ripetizione si chiama **iterazione** del ciclo. L'iterazione è ovviamente controllata da una condizione, cioè un'espressione booleana che prima o poi dovrà diventare falsa per evitare di avviare una ripetizione all'infinito. Il corpo può essere un'istruzione singola o composta.

L'istruzione ciclica `while` ha la *condizione* posta davanti al corpo del ciclo; questo significa che si valuta *prima* la condizione e poi si esegue, eventualmente, il corpo del ciclo. Se la condizione è falsa in partenza il corpo del ciclo non verrà eseguito neanche una volta. L'esecuzione del corpo si ripete *fintanto che* la condizione del ciclo rimane vera e termina quando essa diventa falsa. La Figura 4.3 rappresenta il flow chart del ciclo `while`.

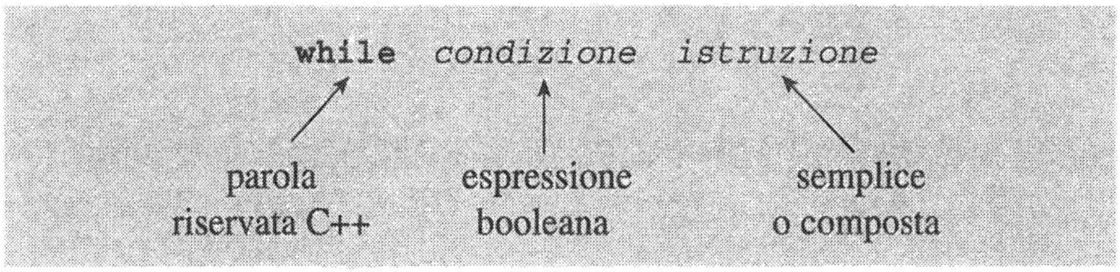

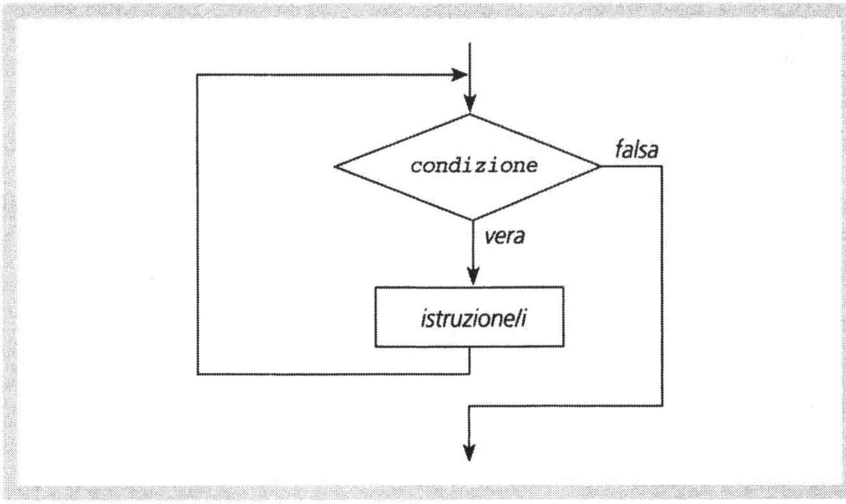

Figura 4.3 Diagramma del flow chart del ciclo `while`.

Il *comportamento* o *funzionamento* di un'istruzione (ciclo) `while` è:

1. Si valuta la `condizione_ciclo`.
2. Se la `condizione_ciclo` è vera:
   a) si esegue l'istruzione specificata, denominata **corpo** del ciclo;
   b) il controllo torna al passo 1.
3. In caso contrario:
   il controllo passa all'istruzione successiva al `while`.

Esempio

```
// conta da 1 a 10
int x = 1;
while (x <= 10)
  cout << "x: " << ++x;    // istruzione semplice
```

Esempio

```
// visualizzare n asterischi
contatore = 0;  // inizializzazione
while (contatore < n)  // si valuta la condizione
{  // istruzione composta
  cout << " * ";
  contatore++;  // incrementa il contatore
}
```

La **variabile di controllo del ciclo** deve essere: (1) inizializzata, (2) verificata e (3) aggiornata dal corpo del ciclo o da eventi esterni, altrimenti il ciclo diventa **infinito**. Un ciclo infinito si genera quando la condizione del ciclo non viene falsata in nessuna iterazione. Per esempio:

```
contatore = 1;
while (contatore < 100)
{
  cout << contatore << endl;
  contatore--;      // decrementa di 1 contatore
}
```

`contatore` è inizializzato a 1 (che è minore di 100) e poiché `contatore--` decrementa il suo valore a ogni iterazione, `contatore` non varrà mai 100 e la condizione del ciclo non sarà mai falsata, risultando un ciclo infinito il cui output sarà:

```
 1
 0
-1
-2
-3
-4
...
```

Esempio

```
int main()
{
  int contatore = 0;    // inizializza la condizione
  while(contatore < 5)  // condizione di prova
  {
    contatore ++;       // corpo del ciclo
    cout << "contatore: " << contatore << "\n";
  }
  cout << "Terminato. Contatore: " << contatore << "\n";
  return 0;
}
```

Eseguendo questo programma si otterrà:

```
contatore:  1
contatore:  2
contatore:  3
contatore:  4
contatore:  5
Terminato. Contatore: 5
```

Ricordiamo dal Capitolo 3 la sintassi degli operatori di incremento (++) e decremento (--):

```
++nomeVariabile     // preincremento
nomeVariabile++     // postincremento
--nomeVariabile     // predecremento
nomeVariabile--     // postdecremento
```

Esaminiamo il seguente esempio: se `i` è una variabile intera il cui valore è 3, le variabili `k` e `i` prendono i valori successivi che si indicano nelle istruzioni seguenti:

```
k = i++;       // assegna il valore 3 a k e 4 a i
k = ++i;       // assegna il valore 5 a k e 5 a i
k = i--;       // assegna il valore 5 a k e 4 a i
k = --i;       // assegna il valore 4 a k e 3 a i
```

Esempio

Uso dell'operatore di incremento ++ per controllare l'iterazione di un ciclo (una delle applicazioni più usuali di ++).

```
// programma calcolo delle calorie
#include <iostream>
using namespace std;
int main()
{
  int num_di_elementi, conto, calorie_per_alimento,
      calorie_totali;
  cout << "Quanti alimenti ha mangiato oggi? ";
  cin >> num_di_elementi;
  calorie_totali = 0;
  conto = 1;
  cout << "Introdurre il numero di calorie di ognuno
      degli " << num_elementi << " alimenti:\n";
  while (conto++ <= numero_di_elementi)
  {
    cin >> calorie_per_alimento;
    calorie_totali = calorie_totali + calorie_per_alimenti;
  }
  cout << "Le calorie totali consumate oggi sono = "
       << calorie_totali << endl;
  return 0;
}
```

Eseguendo il programma si otterrà:

```
Quanti alimenti ha mangiato oggi? 8
Introdurre il numero di calorie di ognuno degli 8 alimenti:
500   50   1400   700   10   5   250   100
Le calorie totali consumate oggi sono = 3015
```

4.8.1 Terminazioni anormali di un ciclo

Un errore tipico nel `while` è omettere le parentesi graffe per inglobare la sequenza di istruzioni del suo corpo in un'unica istruzione composta. Il seguente codice

```
contatore = 1;
while (contatore < 25)
  cout << contatore << endl;
  contatore++;
```

visualizzerà infinite volte il valore 1 perché non sarà mai aggiornata la variabile di controllo `contatore` e quindi la condizione `contatore < 25` non verrà mai falsificata. L'istruzione di output è cioè l'unica istruzione di questo (evidentemente errato) ciclo `while`. La versione corretta è

```
contatore = 1;
while (contatore < 25)
{
  cout << contatore << endl;
  contatore++;
}
```

Come già detto, se si utilizza una condizione di controllo falsa già in partenza, il ciclo non viene mai avviato. Questo a volte può essere voluto, perché la condizione può essere falsa in partenza solo in certi casi. Se però la condizione è sempre e sicuramente falsa in partenza, allora il ciclo non ha alcun senso e certamente siamo di fronte ad un errore di progetto dell'algoritmo. Per esempio:

```
contatore = 10
while (contatore > 100)
{
  ...
}
```

Qui alla variabile di controllo (`contatore`) viene assegnato un valore (`10`) immediatamente prima del ciclo, e questo valore falsifica la condizione (`contatore > 100`); quindi il corpo del `while` non sarà mai eseguito. Siamo sicuramente di fronte a un errore.

4.8.2 Cicli controllati da sentinella o da indicatori di stato

Nell'esempio precedente il ciclo è controllato da una variabile che funge da contatore, viene incrementata ad ogni ripetizione e la condizione verifica che il suo valore non superi un certo limite. Questo significa che sappiamo in partenza quante volte dovrà essere ripetuto il ciclo, ma non sempre siamo così fortunati perché il numero di dati da elaborare potrebbe non essere noto in partenza. In questi casi per terminare il ciclo si può usare la tecnica della *sentinella*. Si definisce *sentinella* un particolare valore del dato da elaborare, cioè quello destinato ad indicare la terminazione del ciclo, e si imposta la condizione di controllo in maniera da verificare che il dato da elaborare nella ripetizione corrente abbia valore diverso dalla sentinella. Ad esempio:

```
const int sentinella = -1
cout << "Introduca il primo voto";
cin >> voto;
while (voto != sentinella)
```

```
{
  conto++;
  somma += voto;
  cout << "Introduca il voto successivo:";
  cin >> voto;
} // fine del ciclo while
cout << "Fine"
```

Se si legge il primo valore di `voto`, ad esempio 25, e poi si esegue il ciclo, il risultato potrebbe essere questo:

```
Introduca il voto successivo: 25
Introduca il voto successivo: 30
Introduca il voto successivo: 90
Introduca il voto successivo: -1
Fine
```

Per controllare l'esecuzione di un ciclo si possono utilizzare anche variabili tipo `bool` come *indicatori di stato* o *flag*. Il valore del *flag* si inizializza (normalmente a `false`) prima del ciclo e si cambia dentro il ciclo quando accade un certo specifico evento. Il ciclo si ripeterà fino a quando non accadrà quell'evento che cambierà il valore del flag.

Esercizio risolto 4.8

Leggere i caratteri introdotti da tastiera tramite un ciclo **while** fino a quando viene battuto un carattere cifra.

Si può utilizzare un flag `letta_cifra` per indicare che il carattere battuto da tastiera è una cifra ed inizializzarne il valore a `false`. Il corpo del ciclo deve contenere un'istruzione che ne cambi il valore a `true` quando viene introdotto un carattere cifra (eventualmente come primo carattere). Poiché il ciclo va avanti fintanto che la condizione di controllo ha valore `true` essa dovrà essere scritta come `!letta_cifra` che rimane `true` fintanto che `letta_cifra` è `false`. Il ciclo `while` sarà

```
char car;
bool letta_cifra = false;
while (!letta_cifra)
{
  cout << "Introduca un carattere:";
  cin >> car;
  letta_cifra = (('0'<= car) && (car <= '9'));
  ...
} // fine del while
```

Il ciclo funziona così:

1. Si inizializza `letta_cifra` (in questo caso a `false`).
2. La condizione del ciclo `!letta_cifra` è `true`, quindi si entra nel ciclo.

3. Si legge un dato dalla tastiera e lo si mette nella variabile `car`.
4. Il flag `letta_cifra` diventa `true` se il codice ASCII del carattere letto è compreso fra quello del carattere `'0'` e quello del carattere `'9'`, altrimenti rimane a `true`.
5. Il ciclo termina solo quando `letta_cifra` diventa `true`.

Il formato generale di un ciclo controllato da indicatore è il seguente:

1. Impostare l'indicatore di controllo del ciclo a `false` o `true` affinché si esegua il ciclo `while` correttamente la prima volta (normalmente si inizializza a `false`).
2. Fintanto che la condizione di controllo del ciclo è vera:
   2.1 Eseguire le istruzioni del corpo del ciclo.
   2.2 Quando si produce la condizione di uscita (nell'esercizio precedente, quando il dato carattere letto è una cifra), si cambia il valore della variabile indicatore o flag, al fine di rendere falsa la condizione di controllo e, pertanto, di terminare il ciclo.
3. Eseguire le istruzioni successive al ciclo.

4.8.3 Cicli infiniti ed istruzione *break*

L'istruzione `break` non termina solo l'istruzione `switch`, ma anche il ciclo `while`. Essa può essere utilizzata per uscire da un ciclo infinito (la cui condizione è cioè sempre `true`) quando accade un certo evento. Per esempio:

```
// esempio while (true)
#include <iostream>
using namespace std;
int main()
{
   int contatore = 0;
   while (true);
   {
      contatore++;
      if (contatore > 10)
         break;
   }
   cout << "Contatore: " << contatore << "\n";
   return 0;
 }
```

Il risultato di questo programma è

```
Contatore: 11
```

Il ciclo `while` ha una condizione che non può essere falsificata! Esso però incrementa la variabile `contatore` nella riga 9 e poi verifica se è maggiore di `10`. Se è così, l'istruzione `break` della riga 11 termina il ciclo `while` e l'esecuzione del programma passa alla riga 12.

Esercizio risolto 4.9

Calcolare la media aritmetica di sei numeri.

L'algoritmo per calcolare la media aritmetica è: leggere successivamente i valori, sommarli e dividere la somma totale per il numero di valori letti. Il codice più semplice potrebbe essere:

```
float Num1;
float Num2;
float Num3;
float Num4;
float Num5;
float Num6;
cin >> Num1 >> Num2 >> Num3 >> Num4 >> Num5 >> Num6;
float Media = (Num1 + Num2 + Num3 + Num4 + Num5 + Num6)/6;
```

Evidentemente, se anziché 6, i valori fossero 1000, il codice diverrebbe lunghissimo ed il lavoro di scrittura sarebbe tedioso. Perciò, la necessità di utilizzare un ciclo. L'algoritmo più semplice sarebbe:

```
Definire il numero di elementi da sommare come costante
Inizializzare a zero la variabile contatore dei numeri
Inizializzare a zero la variabile accumulatore per sommare
  i numeri
Messaggio di richiesta dei dati da sommare
mentre il contatore è minore della costante
  Leggere numero
  Incrementare l'accumulatore del valore del numero letto
  Incrementare di uno il contatore di numeri
fine_mentre
Calcolare media come accumulatore/costante
Visualizzare valore della media
Fine
```

Il codice in C++ è:

```
#include <iostream>
using namespace std;
int main()
```

```
{
  const int TotalNum = 6;
  int ContatoreNum = 0;
  float SommaNum = 0;
  cout << "Introduca " << TotalNum << " numeri" << endl;
  while (ContatoreNum < TotalNum)
  {
     // valori da processare
     float Numero;
     cin >> Numero;          // legge il numero
     SommaNum += Numero;  // incrementa la somma parziale
     ++ContatoreNum;         // incrementa il contatore
  }
  float Media = SommaNum / ContatoreNum;
  cout << "Media: " << Media << endl;
  return 0;
}
```

4.9 Il ciclo *for*

Nei linguaggi procedurali, un ciclo `while` del tipo

```
inizializzazione;
while (condizione)
{
  corpo del ciclo;
  passo;
}
```

può essere convenientemente implementato da una specifica istruzione ciclica denominata `for`

```
for (inizializzazione; condizione; passo)
  corpo del ciclo
```

dove *corpo del ciclo* può ovviamente essere anche un'istruzione composta. Rispetto ad altri linguaggi di programmazione, come BASIC, Pascal e C, il C++ offre più controllo sull'inizializzazione e sul passo del ciclo.

Il `for` è comodo per eseguire il ciclo un numero predeterminato di volte.

Figura 4.4
Diagramma di flusso dell'istruzione `for`.

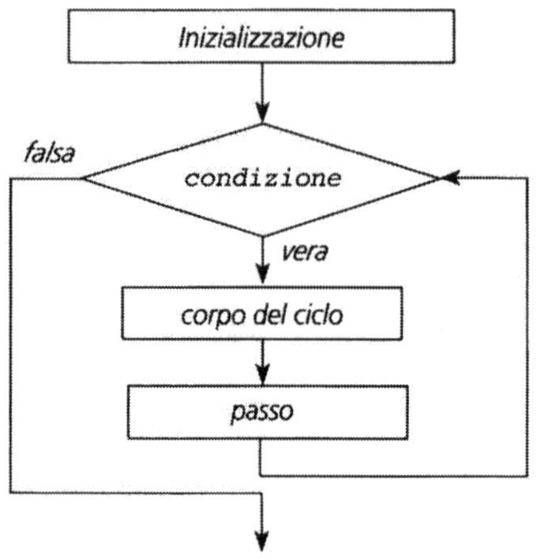

Esempio

```
// stampare Ciao 10 volte
for (int i = 0; i < 10; i++)
  cout << "Ciao!";
```

Il diagramma di flusso dell'istruzione `for` è illustrato nella Figura 4.4. Il passo del ciclo può essere un incremento della variabile di controllo (`for` ascendente) o un decremento (`for` discendente).

Esempio di `for` ascendente

```
for (int n = 1; n <= 10; n++)
  cout << n << '\t' << n * n << endl;
```

La variabile di controllo è `n` (definita dentro il `for`), il suo valore iniziale è `1`, il valore limite è `10` e il passo è l'incremento `n++`. Ciò significa che il ciclo viene eseguito per ogni valore di `n` da `1` a `10`. Nella prima iterazione `n` prenderà il valore `1`; nella seconda il valore `2`, e così via fino al valore `10`. Sul canale di output sarà stampato

```
1    1
2    4
3    9
4    16
5    25
6    36
7    49
8    64
9    81
10   100
```

Esempio di `for` discendente

```
for (int n = 10; n > 5; n--)
   cout << n << '\t'<< n * n << endl;
```

L'uscita di questo ciclo è

```
10  100
9   81
8   64
7   49
6   36
```

perché il valore iniziale della variabile di controllo è `10`, la condizione di controllo è `n > 5` e il passo è l'operatore di decremento `n--`.

L'incremento/decremento della variabile di controllo può essere di qualsiasi valore e non necessariamente `1`, cioè `5`, `10`, `20`, `-4` ... Per esempio, il ciclo

```
for (int n = 0; n <= 100; n += 20)
  cout << n << '\t' << n * n << endl;
```

utilizza come passo l'incremento

```
n += 20
```

ed in output verrà stampato

```
0     0
20    400
40    1600
60    3600
80    6400
100   10000
```

Esaminiamo alcuni esempi.

```
// esempio 1
for (i = 9; i >= 0; i -= 3)
  cout << ( i * i) << "\n";

// esempio 2
for (int i = 1; i < 100; i++)
  cout << i << "\n";

// esempio 3
for (int i = 0, j = MAX; i < j; i++, j—)
  cout << (i + 2 * j) << endl;
```

Il primo esempio mostra un ciclo discendente che inizializza la variabile di controllo a `9`. Il ciclo va avanti fintanto che `i` si mantiene positivo; poiché il passo è un decremento di `3`, il ciclo viene eseguito quattro volte con `i` che prende i valori `9`, `6`, `3` e `0`.

Il secondo esempio mostra la caratteristica del C++, precedentemente descritta, di dichiarare e inizializzare la variabile di controllo `i`. La variabile si incrementa di 1, pertanto, il ciclo si ripete 99 volte, per `i` che va da 1 a 99.

Il terzo esempio dichiara due variabili di controllo, `i` e `j`, inizializzando la prima a `0` e la seconda a `MAX`. `i` viene incrementata di uno, mentre `j` viene decrementata sempre di uno. Il ciclo andrà avanti fintanto che `i` rimane minore di `j`.

Esercizio risolto 4.10

Sommare i primi 10 numeri.

```
#include <iostream>
using namespace std;

int main()
{
  int somma = 0;
  for (int n = 1; n <= 10; n++)
     somma = somma + n;
  cout << "La somma dei numeri da 1 a 10 è " << somma
       << endl;
  return 0;
}
```

L'uscita del programma è

```
La somma dei numeri da 1 a 10 è 55
```

4.9.1 Regolamentazione ANSI/ISO C++ del *for*

ANSI/ISO C++ specifica che le variabili dichiarate nell'inizializzazione del `for` siano locali al blocco del ciclo `for`, ma permette che

- possano non essere di tipo `int` e modificate liberamente nel passo
- possano essere più di una.

Quando un ciclo `for` dichiara una variabile di controllo, essa rimane accessibile solo dentro il `for`. Per esempio, il seguente codice non è corretto perché l'istruzione di output esterna al `for` non può accedere alla variabile `i`.

```
for (int i != 0; i < 10; i++)
  cout << i << endl;
cout << " valore della variabile di controllo"
     << " dopo che termini il ciclo è " << i << endl;
```

Le variabili di controllo possono essere di tipo `float` o `double` e possono essere modificate di quantità non intere.

```
for (double long = 0.75; long <= 5; long = long + 0.05)
  cout << "lunghezza è ora uguale a " << long << endl;
```

In realtà il passo può essere una qualunque istruzione (non necessariamente un incremento/decremento). Ad esempio, il seguente codice è ammesso dallo Standard ANSI/ISO C++:

```
for (double x = pow(e, 3.0); x > 2.0; x = sqrt(x))
  cout << "x è ora uguale a "  << x << endl;
```

Naturalmente, se la variabile di controllo non è di tipo `int`, si avranno meno garanzie di precisione.

4.10 Precauzioni nell'uso di *for*

Come per il ciclo `while`, anche per il `for` si deve porre attenzione a che l'inizializzazione e il passo siano tali per cui la condizione del ciclo venga prima o poi falsificata. In particolare sarebbe da evitare che *il corpo del* `for` *modifichi variabili contenute nella condizione di controllo*, perché questo potrebbe portare a strane interferenze fra il passo e il corpo del ciclo con rischi di incappare in cicli infiniti. Ad esempio, l'esecuzione di

```
int limite = 1;
for (int i = 0; i <= limite; i++)
{
  cout << i << endl;
  limite++;
}
```

produce una sequenza infinita di interi, dato che a ogni iterazione, l'istruzione del corpo `limite++` incrementa `limite` di `1`, prima che il passo `i++` incrementi `i` (questo `for` può terminare se il compilatore ha la costante `MAXINT`, allora l'esecuzione terminerà quando `i` assumerà il valore `MAXINT` e `limite` il valore `MAXINT+1`, cioè `MININT`, ma sarebbe comunque un risultato probabilmente non voluto).

```
0
1
2
3
...
```

Un altro esempio è il ciclo

```
int limite = 1;
for (int i = 0; i <= limite; i++)
{
  cout << i << endl;
  i--;
}
```

che produrrà infiniti zeri

```
0
0
0
...
```

dato che in questo caso l'espressione `i--` del corpo del ciclo decrementa `i` di `1` prima che il passo `i++` la incrementi. Come risultato `i` è sempre `0` ad ogni iterazione del `for`.

4.10.1 Cicli infiniti

L'istruzione `break` può essere utilizzata anche per uscire da un `for` infinito, cioè senza inizializzazione, né condizione né passo, ovvero `for (;;) istruzione;`

```
for (;;)
  istruzione
```

`istruzione` viene eseguita all'infinito, a meno che non si utilizzi un'istruzione `return` o `break` (normalmente una combinazione `if-break` o `if-return`).

Per esempio

```
for (;;)
   cout << "Sempre così, ti chiamiamo sempre così...";
```

produrrà l'uscita

```
Sempre così, ti chiamiamo sempre così...
Sempre così, te chiamiamo sempre così...
...
```

un numero illimitato di volte, a meno che l'utente non interrompa l'esecuzione (normalmente premendo i tasti *Ctrl-C*). Per uscire dal ciclo infinito si può appunto usare l'istruzione di terminazione `if break`, con sintassi

`if (`*`condizione`*`) break;`

Esempio

```
for (;;)
{
  cout << "Introduca un numero";
  cin >> num;
  if (num = -999) break;
  ...
}
```

Attenzione a non collocare un punto e virgola dopo le parentesi tonde del ciclo `for`, perché questo significherebbe che esso non ha il corpo e quindi non farebbe alcunché. Per esempio, il ciclo

```
for (int i = 1; i<= 10; i++);
  cout << "Stampa qualcosa" << endl;
```

non stampa nulla e il compilatore non produce alcun messaggio di errore. La frase `"Stampa qualcosa"` si stampa soltanto una volta (e non dieci), dopo le inutili dieci iterazioni del ciclo `for`.

Il ciclo `for` con corpi vuoti può avere qualche applicazione, specialmente quando si richiedono rallentamenti o temporizzazioni.

4.11 Il ciclo *do while*

Se si è certi che il corpo del ciclo debba essere eseguito almeno una volta, può essere conveniente utilizzare l'istruzione `do while`.

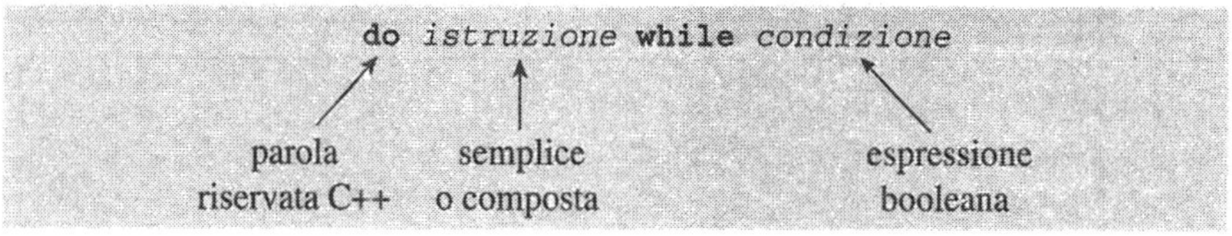

L'istruzione `do while` comincia eseguendo *`istruzione`* e solo dopo valuta *`condizione`*. Se questa è vera, allora *`istruzione`* viene ripetuta e così via, fino a quando *`condizione`* diventa falsa. La Figura 4.5 riporta il flow chart del `do while`. Esaminiamo alcuni esempi.

Esempio 1

```
do
{
  cout << "Introduca una cifra (0-9): ";
  cin >> cifra;
} while ((cifra < '0') || ('9'< cifra));
```

Questo ciclo legge almeno un carattere e continua a farlo fintanto che viene battuta una cifra.

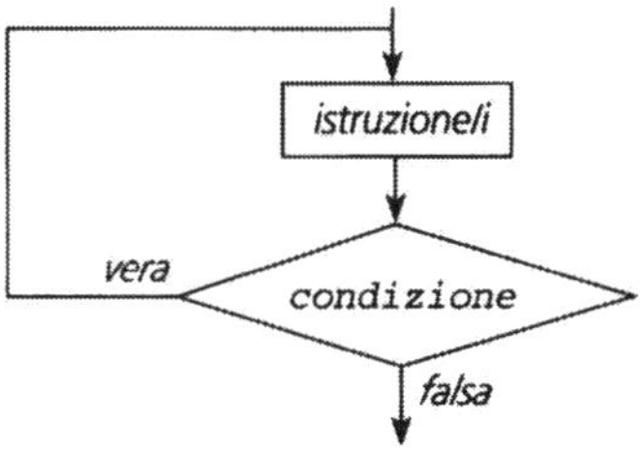

Figura 4.5
Diagramma di flusso dell'istruzione `do while`.

Esempio 2

```
#include <iostream>
using namespace std;
int main()
{
  char opzione;
  do
  {
    cout << "Salve" << endl;
    cout << "Vuole un altro saluto?\n";
         << "Prema s per sì e n per no,\n"
         << "e poi prema Invio: ";
    cin >> opzione;
  } while (opzione == 's'|| opzione == 'S');
  cout << "Addio\n";
  return 0;
}
```

Il risultato di questo programma è

```
Salve
Vuole un altro saluto?
Prema s per sì e n per no
e poi prema Invio: S
Salve
Vuole un altro saluto?
Prema s per sì e n per no
e poi prema Invio: N
Addio
```

Esempio 3

```
// conta fino a 10
int x = 0;
do
  cout << "X:" << x++;
while (x < 10);
```

Esempio 4

```
// stampa le lettere minuscole dell'alfabeto
char car = 'a';
do
{
  cout << car << '';
  car++;
} while (car <= 'z');
```

Esercizio risolto 4.11

Visualizzare le potenze di 2 inferiori a 1000.

```
// esercizio con while
potenza = 1;
while (potenza < 1000)
{
  cout << potenza << endl;
  potenza *= 2
} // fine di while
```

```
// esercizio con do-while
potenza = 1;
do
{
  cout << potenza << endl;
  potenza *= 2;
} while (potenza < 1000);
```

4.12 Confronto fra *while*, *for* e *do while*

La Tabella 4.1 spiega quando usare ognuno dei tre cicli. In C++, il ciclo `for` è il più usato. È relativamente facile riscrivere un ciclo `do while` come `while`, inserendo un'assegnazione iniziale della variabile condizionale. Tuttavia, non tutti i cicli `while` si possono esprimere come `do while`, dato che il corpo di quest'ultimo viene eseguito sempre almeno una volta mentre quello del `while` può non essere eseguito. Di conseguenza, di solito si preferisce il ciclo `while`, a meno che non sia chiaro che si debba eseguire almeno un'iterazione.

Tabella 4.1 Formati dei cicli.

Ciclo	Descrizione
`while`	È particolarmente usato quando l'iterazione non è controllata da un contatore. Poiché il corpo del ciclo può non essere eseguito, si utilizza quando si vuole saltare il ciclo se la condizione è falsa.
`for`	È particolarmente usato quando si conosce in anticipo il numero di iterazioni e quindi l'iterazione può essere controllata da un contatore. La condizione di controllo precede l'esecuzione del corpo del ciclo.
`do while`	È usato quando si deve eseguire almeno un'iterazione. La condizione di controllo segue l'esecuzione del corpo del ciclo.

Confronto

```
conto = valore_iniziale;
while (conto < valore_fermata)
{
  ...
  conto++;
} // fine di while

for (conto=valore_iniziale; conto<valore_fermata; conto++)
{
  ...
} // fine di for
```

```
conto = valore_iniziale;
if (valore_iniziale < valore_fermata)
  do
  {
     ...
     conto++;
  } while (conto < valore_fermata);
```

4.13 Progetto di un'istruzione ciclica

Il progetto di un'istruzione ciclica richiede quindi la definizione di tre parti:

1. Il corpo del ciclo.
2. Le istruzioni di inizializzazione.
3. Le condizioni per terminare il ciclo.

4.13.1 Cicli per somme e prodotti

I cicli vengono spesso impiegati per calcolare sommatorie e produttorie di serie di numeri. Se si conosce la lunghezza della serie, la sommatoria può essere facilmente calcolata col seguente pseudocodice. Il valore della variabile `totale` è il numero dei numeri da sommare. La somma parziale viene accumulata nella variabile `somma`.

```
somma = 0;
ripetere il seguente blocco di istruzioni totale volte:
   cin >> seguente;
   somma = somma + seguente;
fine_ciclo
```

Questo pseudocodice si implementa facilmente con un ciclo `for`.

```
int somma = 0;
for (int conto = 1; conto <= totale; conto++)
{
  cin >> successivo;
  somma = somma + successivo;
}
```

La variabile `somma` deve avere un valore la prima volta che si esegue l'istruzione, quindi `somma` deve essere inizializzata. Per determinare il corretto valore iniziale di `somma` si deve pensare a quello che succede dopo la prima iterazione. All'aggiunta del primo numero, il valore di `somma` deve essere uguale a quel numero, quindi `somma` deve essere inizializzata a 0.

Per calcolare una produttoria, anziché una sommatoria, il programma è:

```
int prodotto = 1;
for (int conto = 1; conto <= totale; conto++)
{
  cin << successivo;
  prodotto = prodotto * successivo;
}
```

Dove il valore iniziale della variabile `prodotto` deve essere chiaramente `1`, e non `0`.

4.13.2 Fine di un ciclo

Esistono quattro modi classici per terminare un ciclo di prelievo dati:[1]

1. Termine predeterminato dal numero dei dati da elaborare
2. Termine richiesto prima di ogni iterazione
3. Termine controllato da sentinella
4. Termine determinato dalla fine del flusso di ingresso

Termine predeterminato dal numero dei dati da elaborare

Se si può determinare in anticipo il numero `n` dei dati da elaborare, magari chiedendolo all'utente; si può utilizzare un ciclo "ripetere `n` volte" per prelevare esattamente `n` dati.

Termine richiesto prima di ogni iterazione

Si tratta semplicemente di chiedere all'utente, dopo ogni iterazione del ciclo, se esso debba essere iterato o no. Ad esempio

```
somma = 0;
cout << "Ci sono ancora dati da elaborare?:\n"
     << "prema S per Si, N per No.";
char risp;
cin >> risp;
while ((risp == 'S')|| (risp == 's'))
{
  cout << "Introduca un numero: ";
  cin >> numero;
  somma = somma + numero;
  cout << "Ci sono altri numeri?:\n";
       << "S per Si, N per No.";
  cin >> risp;
}
```

[1] Questi metodi sono descritti in Savitch, Walter, *Problem Solving with C++, The Object of Programming*, 2ª edizione, Reading, Massachussetts, Addison-Wesley, 1999.

Questo metodo è improponibile per grandi sequenze di numeri. In questi casi è preferibile utilizzare un unico valore di stop, come nel metodo seguente.

Termine controllato da sentinella

Il modo più pratico ed efficiente per terminare un ciclo di lettura da tastiera è tramite un valore sentinella. Si tratta di un valore diverso da tutti gli altri in lettura che può servire da indicatore del termine del ciclo. Per esempio, se si deve leggere una lista di numeri positivi, come sentinella si può utilizzare un numero negativo.

```
cout << "Introduca una sequenza di interi positivi" << endl;
     << "Termini la sequenza con un numero negativo" << endl;
somma = 0;
cin >> numero;
while (numero >= 0)
{
  somma = somma + numero;
  cin >> numero;
}
cout << "La somma è: " << somma;
```

Se si introduce la sequenza

```
4       8       15       -99
```

il valore della somma sarà `27`. Cioè `-99`, l'ultimo numero in input, non si aggiunge a `somma` e funge solo da sentinella.

Termine determinato dalla fine del flusso di input

Se si legge da un file, si può terminare il ciclo quando il file è finito. Normalmente il C++ utilizza l'identificatore standard `eof` per denotare la fine del file. Se il flusso di input proviene dalla tastiera (standard input), come codice di fine flusso si può utilizzare la combinazione *Ctrl-D*.

4.13.3 Cicli *for* vuoti

L'istruzione nulla (`;`) è un'istruzione che sta nel corpo del ciclo, ma non fa nulla. Per esempio:

```
#include <iostream>
using namespace std;
int main()
{
  for (int i = 0; i < 5; cout << "i: " << i++ << endl)
   ;
  return 0;
}
```

Il risultato di questo programma è

```
i: 0
i: 1
i: 2
i: 3
i: 4
```

L'*inizializzazione* del `for` definisce il contatore `i` e lo pone a `0`. La *condizione* verifica `i < 5`; il passo stampa il valore di `i` e lo incrementa. Il *corpo* non fa nulla.

4.13.4 Istruzioni di salto

Abbiamo già visto come a volte sia conveniente uscire da un ciclo durante la sua esecuzione (cioè non necessariamente al termine del ciclo o al termine dell'iterazione corrente). Il flusso di controllo in un ciclo si può alterare inserendo una delle tre istruzioni di salto: `break`, `continue` o `goto`. L'istruzione `continue` termina solo l'iterazione corrente del ciclo; l'istruzione `break` termina il ciclo e passa alla successiva istruzione; l'istruzione `goto` termina il ciclo e salta a una certa altra istruzione (ma ciò non è molto consigliabile).

break

L'istruzione `break` trasferisce il controllo del programma alla fine del ciclo.

```
break;
```

```
while (condizione)
{
   if (condizione2)
      break;
   // istruzioni
}
```

Come abbiamo già visto, `break` può essere utilizzata per uscire da un ciclo infinito. Esaminiamo alcuni esempi.

```
while (true)
{
  int a;
  cout << "a= ";
  cin >> a;
  if (!cin || a == b)
     break;
  cout << "numero della fortuna: " << a << endl;
}
```

```
while (cin.get(car))
{
  istruzione1;
  if (car == '\n')
     break;
  istruzione2;
}
istruzionen;
```

Il seguente codice estrae e visualizza valori di entrata dal flusso di input `cin` fino a trovare un valore specificato

```
int chiave;
cin >> chiave;
int entrata;
while (cin >> entrata) {
  if (entrata != chiave)
     cout << entrata << endl;
  else
     break;
}
```

Precauzione

L'uso di `break` in un ciclo non è molto consigliato dato che può rendere difficile la comprensione del comportamento del programma. In particolare, spesso è difficile verificare le costanti dei cicli. D'altra parte, di solito è facile riscrivere i cicli senza l'istruzione `break`; per esempio, il precedente ciclo può essere riscritto così

```
int Chiave;
cin >> Chiave;
int Entrata;
while ((cin >> Entrata) && (Entrata != Chiave))
{
  cout << Entrata << endl;
}
```

continue

L'istruzione `continue` termina solo l'iterazione corrente del ciclo più vicino che la contiene.

```
continue;
```

L'istruzione provoca il ritorno all'espressione di controllo del ciclo `while`, o alla terza espressione del ciclo `for`, saltando così il resto del corpo del ciclo. Si usa meno spesso del `break`. Per esempio:

```
while (espressione)
{
  istruzione1;
  if (car == '\n')
     continue;
  istruzione2;
}
istruzione3;
```

goto

Anche il C++ include l'istruzione `goto`, ma non si dovrebbe utilizzare se non in casi molto particolari.

```
goto etichetta;
```

Un caso estremo può essere quello di voler uscire da vari cicli annidati, poiché in questo caso eccezionale `break` esce solo dal ciclo immediatamente superiore. Esistono altri casi in cui si richiede massima efficienza; per esempio, in un ciclo interno di qualche soluzione in tempo reale o nel nucleo di un sistema operativo.

Esempio

```
#include <iostream>
using namespace std;
int main()
{
  int contatore = 0;
  int max;
  cout << "Quanti ciao?";
  cin >> max;
  for (;;)            // ciclo for che non termina mai
  {
    if(contatore < max)      // test
    {
      cout << "Ciao!\n";
      contatore++;          // incremento
    }
    else
      break;
  }
```

```
    return 0;
}
```

Se si esegue questo programma si ottiene:

```
Quanti ciao? 3
Ciao!
Ciao!
Ciao!
```

4.14 Cicli annidati

Come abbiamo anticipato nei precedenti esempi, è possibile *annidare* cicli, cioè mettere un ciclo dentro un altro. Ogni volta che si ripete il ciclo esterno, quelli interni si ripetono daccapo, si rivalutano i componenti di controllo e si rieseguono tutte le iterazioni richieste.

Il seguente segmento di programma visualizza una tabella per il calcolo e la visualizzazione di prodotti nella forma `x * e`, dove ogni `x` varia da `1` a `Xultimo` ed ogni `e` varia da `1` a `Yultimo` (dove `Xultimo` e `Yultimo` sono interi prefissati). La tabella che si vuole ottenere è

```
1 * 1 = 1
1 * 2 = 2
1 * 3 = 3
1 * 4 = 4
1 * 5 = 5
2 * 1 = 2
2 * 2 = 4
2 * 3 = 6
2 * 4 = 8
2 * 5 = 10
...
```

```
for (int x = 1; x <= Xultimo; x++)

    for (int e = 1; e <= Yultimo; e++)
    {
       prodotto = x * e;
       cout << setw(2) << x << " * "
            << setw(2) << e << " = "
            << setw(3) << prodotto << endl;
    }
```

ciclo esterno *ciclo interno*

Il ciclo che ha x come variabile di controllo si denomina **ciclo esterno** e il ciclo che ha e come variabile di controllo si denomina **ciclo interno**.

Esempio

```
#include <iostream>      // necessario per cin e cout
#include <iomanip.h>     // necessario per setw
using namespace std;

void main()
{
  // intestazione di stampa
  cout << setw(12) << " i " << setw(6) << " j " << endl;
  for (int i = 0; i < 4; i++)
  {
    cout << "Esterno " << setw(7) << i << endl;
    for (int j = 0; j < i; j++)
      cout << "Interno " << setw(10) << j << endl;
  } // fine del ciclo esterno
}
```

L'uscita del programma è

```
           i     j
Esterno    0
Esterno    1
   Interno       0
Esterno    2
   Interno       0
   Interno       1
Esterno    3
   Interno       0
   Interno       1
   Interno       2
```

Esercizio risolto 4.12

Scrivere un programma che visualizzi un triangolo isoscele.

```
        *
      * * *
    * * * * *
  * * * * * * *
* * * * * * * * *
```

Il triangolo isoscele si realizza tramite un ciclo esterno e due cicli interni. Ogni volta che si ripete il ciclo esterno si eseguono i due cicli interni. Il ciclo esterno si ripete cinque volte (cinque righe); il numero di ripetizioni realizzate dai cicli interni si basa sul valore della variabile `riga`. Il primo ciclo interno visualizza gli spazi bianchi non significativi; il secondo ciclo interno visualizza uno o più asterischi.

```
#include <iostream>
using namespace std;

void main()
{
  // dati locali ...
  const int num_righe = 5;
  const char bianco = '';
  const char asterisco = '*';

  // inizio di una nuova riga
  cout << endl;

  // disegnare ogni riga: ciclo esterno
  for (int riga = 1; riga <= num_righe; riga++)
  {
     // stampare spazi in bianco: primo ciclo interno
     for (int bianchi = num_righe -fila; bianchi > 0;
          bianchi--)
          cout << bianco;

     for (int conto_as = 1; conto_as < 2 * fila;
          conto_as ++)
          cout << asterisco;

     // terminare riga
     cout << endl;
  } // fine del ciclo esterno
}
```

Il ciclo esterno si ripete cinque volte, uno per riga; il numero di ripetizioni eseguite dai cicli interni si basa sul valore di `riga`. La prima riga consta di un asterisco e quattro bianchi, la riga 2 consta di tre bianchi e tre asterischi, e così via; la riga 5 avrà 9 asterischi (2 x 5 – 1).

Esercizio risolto 4.13

Il seguente programma stampa una tabella di *m* righe ed *n* colonne e un carattere prefissato.

```
int main()
{
  int righe, colonne;
  char Car;
  cout << "Quante righe?";
  cin >> righe;
```

```
  cout << "Quante colonne?";
  cin >> colonne;
  cout << "Che carattere?";
  cin >> Car;
  for (int i = 0; i < righe; i++)
  {
    for (int j = 0; j < colonne; j++)
    cout << Car;
  cout << "\n";
  }
  return 0;
}
```

Se si esegue il programma si ottiene

```
Quante righe? 4
Quante colonne? 12
Che carattere? *
************
************
************
************
```

L'utente fornisce il numero di righe e colonne ed il carattere da stampare. Il primo ciclo `for` inizializza un contatore `i` a `0`; poi inizia ad eseguire il suo corpo. Inizializza a `0` un altro contatore `j` di un altro ciclo `for`, poi inizia il corpo del ciclo interno. Nel ciclo `for` interno si stampa il carattere `Car` (un `*`, nell'esecuzione). Si valuta la condizione (`j < colonne`) e se risulta `true`, si incrementa `j` e si stampa il carattere successivo. Questa azione si ripete fino a che `j` è uguale al numero delle colonne.

Il ciclo interno stampa 12 asterischi in una stessa riga e il ciclo esterno ripete quattro volte (numero di righe) la riga di caratteri.

SOMMARIO

In questo capitolo abbiamo affrontato i temi centrali della cosiddetta "programmazione strutturata", cioè le "strutture di controllo" del flusso di programma. In particolare abbiamo visto le istruzioni condizionali e quelle cicliche. Le istruzioni condizionali sono `if` e `switch`. L'istruzione `if` seleziona la sequenza di istruzioni da eseguire in base al risultato di un test (la sua "condizione"). Ha due forme, "semplice" e "composta", cioè l'`if-else`; la prima decide se eseguire o no una sequenza di istruzioni, la seconda quale sequenza eseguire fra due. Quindi per entrambi gli `if` la condizione è di tipo booleano. Lo `switch` invece consente di scegliere fra più sequenze alternative, pertanto la sua condizione sarà la valutazione di un'espressione semplice che potrà restituire più risultati a ciascuno dei quali il programmatore avrà fatto corrispondere una sequenza d'istruzioni da eseguire.

Le istruzioni cicliche si eseguono invece ripetutamente fintanto che rimane vera una certa condizione di controllo, tipicamente un contatore (per contare le ripetizioni del ciclo) oppure una sentinella (quando non si sa in anticipo il numero delle ripetizioni che bisogna fare; il ciclo termina quando viene letto o prodotto un determinato "valore sentinella"). Il C++ contempla tre istruzioni cicliche:

- `while` verifica prima la sua condizione booleana e, se è `true`, esegue le istruzioni del corpo del ciclo.
- `do while` esegue prima il corpo del ciclo e poi verifica la condizione per sapere se ripeterlo un'altra volta.
- `for` può essere implementato anche tramite `while`, ma è più comodo quando si conosce un contatore.

L'integrità della programmazione strutturata può essere violata anche in C++ per opera delle cosiddette "istruzioni di salto": `break`, `continue` e `goto`. Noi ci siamo occupati solo delle prime due. L'istruzione `break` produce l'uscita immediata dal ciclo in cui viene eseguita, mentre l'istruzione `continue` salta tutte le istruzioni che vengono dopo e prosegue con l'iterazione successiva dello stesso ciclo.

CONCETTI CHIAVE

- Struttura di controllo
- Istruzione `break`
- Istruzione composta
- Istruzione `if`
- Istruzione `switch`
- Tipo di dato `bool`
- Ciclo, iterazione/ripetizione
- Controllo di cicli
- Ottimizzazione di cicli
- Istruzione `do-while`
- Istruzione `for`
- Istruzione `while`
- Terminazione di un ciclo
- Confronto di `while`, `for` e `do-while`

Problemi

4.1 Quali errori di sintassi ha la seguente istruzione?

```
if  x > 25.0
   y = x
else
   y = z;
```

4.2 Che output produrrà il codice seguente, quando si inserisce in un programma completo?

```
int prima_opzione = 1;
switch (prima_opzione + 1)
{
 case 1:
       cout << "Agnello arrosto\n";
       break;
 case 2:
       cout << "Cotoletta\n";
       break;
 case 3:
       cout << "Bistecca\n";
 case 4:
       cout << "Dolce\n";
       break;
 default:
       cout << "Buon appetito\n";
}
```

4.3 Scrivere un'istruzione `if else` che visualizzi la parola `Alto` se il valore della variabile `voto` è maggiore di `100` e `Basso` se il valore è minore di `100`.

4.4 Scrivere un programma che legga due numeri interi e ne visualizzi il minore.

4.5 Scrivere e verificare un programma che risolva un'equazione di secondo grado ($ax^2 + bx + c = 0$).

4.6 Scrivere un programma che legga tre interi da tastiera ed emetta un messaggio che indichi se sono in ordine numerico oppure no.

4.7 Scrivere ed eseguire un programma che simuli un calcolatore semplice. Legge due interi e un carattere. Se il carattere è `+`, si visualizza la somma; se è `-`, si visualizza la differenza; se è `*`, si visualizza il prodotto; se è `/`, si visualizza il quoziente; e se è `%` si stampa il resto.

4.8 Scrivere un programma che calcoli gli angoli acuti di un triangolo rettangolo a partire dalle lunghezze dei cateti.

4.9 Qual è l'output del seguente segmento di programma?

```
for (int conto = 1; conto < 5; conto++)
   cout << (2 * conto) << " ";
```

4.10 Qual è l'output dei seguenti cicli?

a)
```
for (int n = 10; n > 0; n = n-2) {
   cout << "Ciao ";
   cout << n  << endl ;
}
```

b)
```
for (double n = 2; n > 0; n = n-0.5)
   cout << m << " ";
```

4.11 Considerare il seguente codice di programma.

```
using namespace std;
int main(int argc, char *argv[]){
   int i = 1 , n ;
   cin >> n;
   while (i <= n)
      if ((i % n) == 0)
         ++i;
   cout << i << endl;
   system("PAUSE");
   return EXIT_SUCCESS;
}
```

a) Qual è l'output se si introduce 0 come valore di `n`?

b) Qual è l'output se si introduce 1 come valore di `n`?

c) Qual è l'output se si introduce 3 come valore di `n`?

4.12 Supponendo che `m` = 3 ed `n` = 5, qual è l'output dei seguenti segmenti di programma?

a)
```
for (int i = 0; i < n; i++){
   for (int j = 0; j < i; j++)
      cout << " *";
   cout << endl;
}
```

b)
```
for (int i = n; i > 0; i--){
   for (int j = m; j > 0; j--)
      cout << " * ";
   cout << endl;
}
```

4.13 Qual è l'output di questo ciclo?

```
int i = 1 ;
while (i * i < 10){
   int j = i;
```

```
   while (j * j < 100){
      cout << i + j << " ";
      j *= 2;
   }
   i++;
   cout << endl;
}
cout << "\n*****\n";
```

4.14 Scrivere un programma che calcoli e visualizzi 1 + 2 + 3 + ... + (n – 1) + n, dove n è il valore (dato) di un intero positivo.

4.15 Scrivere un programma che visualizzi il seguente output:

```
1
1??2
1??2??3
1??2??3??4
1??2??3
1??2
1
```

4.16 Progettare e implementare un programma che legga un totale di 10 numeri e conti il numero di loro che sono positivi, negativi o zero.

4.17 Progettare e implementare un programma che solleciti al suo utente un valore non negativo n e visualizzi il seguente output ($n = 6$):

```
1?2?3?4?5?6
1?2?3?4?5
1?2?3?4
1?2?3
1?2
1
```

4.18 Scrivere un programma che legga un limite massimo intero positivo, una base intera positiva e visualizzi tutte le potenze della base minori del limite massimo specificato.

4.19 Progettare un algoritmo che sommi $m = 30$ primi numeri pari.

4.20 Scrivere un programma che legga il raggio di una sfera e ne visualizzi l'area e il volume.

4.21 Scrivere un programma che presenti i valori della funzione $\cos(3x) - 2x$ per i seguenti valori di x: 0; 0,5; 1,0; ... 4,5; 5.

4.22 Scrivere ed eseguire un programma che inverta le cifre di un intero positivo letto dalla tastiera.

4.23 Implementare l'algoritmo di Euclide che trova il massimo comune divisore di due numeri interi e positivi.

4.24 Scrivere un programma che calcoli e visualizzi il più grande, il più piccolo e la media di n numeri ($n > 0$).

4.25 Trovare il numero naturale n più piccolo tale che la somma dei primi n termini della serie

$$\sum_{i=1}^{n} i^2 - i - 2$$

superi una quantità introdotta in input.

4.26 Calcolare tutti i numeri di esattamente tre cifre tali che la somma dei quadrati delle loro cifre sia uguale al quoziente della divisione intera fra il numero e 3.

4.27 Il valore di e^x si può approssimare dalla somma:

$$e^x = 1 + x + \frac{x^2}{2!} + \frac{x^3}{3!} + ... + \frac{x^n}{n!} = \sum_{i=0}^{n} \frac{x^i}{i!}$$

Scrivere un programma che legga un valore di x come input e visualizzi le somme parziali della precedente serie, quando si effettua una somma, due somme, tre somme ... 15 somme.

4.28 Un numero perfetto è un intero positivo che è uguale alla somma di tutti gli interi positivi (escluso sé stesso) che sono divisori del numero. Il primo numero perfetto è 6, dato che i divisori stretti di 6 sono 1, 2, 3 e 1 + 2 + 3 = 6. Scrivere un programma che legga un numero intero positivo e scriva tutti i numeri perfetti minori o uguali di esso.

4.29 Progettare un programma che produca il seguente output:

```
ZYXWVTSRQPONMLKJIHGFEDCBA
YXWVTSRQPONMLKJIHGFEDCBA
XWVTSRQPONMLKJIHGFEDCBA
WVTSRQPONMLKJIHGFEDCBA
VTSRQPONMLKJIHGFEDCBA
...
FEDCBA
EDCBA
DCBA
CBA
BA
A
```

4.30 Calcolare la somma della serie $1/1^3 + 1/2^3 + ... + 1/n^3$, dove n è un numero positivo che si immette da tastiera.

4.31 Calcolare la somma dei 20 primi termini della serie: $1^2/3^1 + 2^2/3^2 + 3^2/3^3 + ... + n^2/3^n$.

4.32 Determinare se un numero naturale maggiore o uguale a 1 che si legge in input è primo.

Esercizi supplementari

Per ulteriori esercizi si rimanda all'Appendice A del testo.

Funzioni 5

Indice

Introduzione

Le funzioni sono programmi che possono essere mandati in esecuzione da altri programmi. La loro importanza sta nel fatto che evitano ripetizioni di codice e facilitano la programmazione rendendola modulare, cioè consentono di riutilizzare infinite volte programmi già fatti all'interno di programmi nuovi. Ogni programma C++ ha una funzione principale detta `main()`. Ogni funzione ha un nome che serve al programma chiamante per eseguirla. Le funzioni definite all'interno di un programma possono essere mandate in esecuzione anche da altri programmi. Raggruppando funzioni ben collaudate in librerie tematiche, altri programmi potranno utilizzarle abbattendo i tempi di sviluppo del software e rendendolo più affidabile.

La maggior parte dei programmatori non *costruiscono* librerie, ma le usano. Qualunque compilatore C++ include più di cinquecento funzioni di libreria, che appartengono alla *libreria standard* ANSI. Fra le numerose funzioni di librerie, non sarà sempre facile trovare quella che serve, perciò è utile munirsi del manuale delle funzioni di libreria del compilatore.

La potenza di un linguaggio sta anche nella sua libreria. In questo capitolo s'imparerà ad utilizzare le funzioni della libreria standard ANSI incorporata in tutti i compilatori C++. La compilazione separata, il sovraccaricamento e la ricorsione sono poi proprietà la cui conoscenza è essenziale per una progettazione software efficiente.

5.1 Concetto di funzione

Anche il C++ consente la *programmazione modulare*: il programma si divide in vari moduli, le *funzioni*, che risolvono sottoproblemi specifici. Per esempio, se si sta scrivendo un programma per leggere una lista di caratteri dalla tastiera, metterli in ordine alfabetico e poi visualizzarli sullo schermo, si potrebbe certamente scrivere tutti questi compiti in un unico programma (che sarà esso stesso una funzione, la `main()`).

```
main()
{
  // Codice C++ per ottenere una lista di caratteri
  ...
  // Codice C++ per ordinare i caratteri
  ...
  // Codice C++ per visualizzare la lista in ordine
  // alfabetico
  ...
  return 0
}
```

Tuttavia, un modo migliore per scrivere il programma è quello di definire funzioni indipendenti per ogni sottocompito:

```
main()
{
  ottenerecaratteri();      // Chiamata a una funzione
                            // che ottiene i numeri
  ordinare();           // Chiamata alla funzione che ordina
                        // alfabeticamente le lettere
  vederelettere();      // Chiamata alla funzione che
                        // visualizza lettere sullo schermo
  return 0;             // Ritorno al sistema operativo
}

int ottenerecaratteri()
{
  ...
  // Codice C++ per ottenere una lista di caratteri
  return 0;             // Ritorno a main()
}

int ordinare()
{
  ...
  // Codice C++ per ordinare i caratteri
  ...
  return 0;             // Ritorno a main()
}
```

```
int vederelettere()
{
  ...
  // Codice C++ per visualizzare la lista alfabetizzata
  ...
  return 0;         // Ritorno a main()
}
```

L'istruzione `return` ritorna il controllo alla funzione chiamante.

Consiglio

Non scrivere funzioni più lunghe di una schermata.

5.2 Stuttura di una funzione

Una funzione è un programma che può essere mandato in esecuzione in qualunque punto di un altro programma. In C++ le funzioni non si possono annidare, cioè non possono essere dichiarate dentro altre funzioni, ma sono globali, cioè possono essere chiamate da qualunque punto del programma. La Figura 5.1 mostra la struttura di una funzione in C++.

```
tipo_di_ritorno nomeFunzione (parametri)
{
 corpo della funzione
 return espressione
}
```

tipo_di_ritorno	Tipo del valore restituito dalla funzione (può essere `void` se la funzione non restituisce alcun valore)
nomeFunzione	Identificatore o nome della funzione
parametri	Valori che la funzione prenderà in ingresso
espressione	Valore che la funzione restituirà in uscita

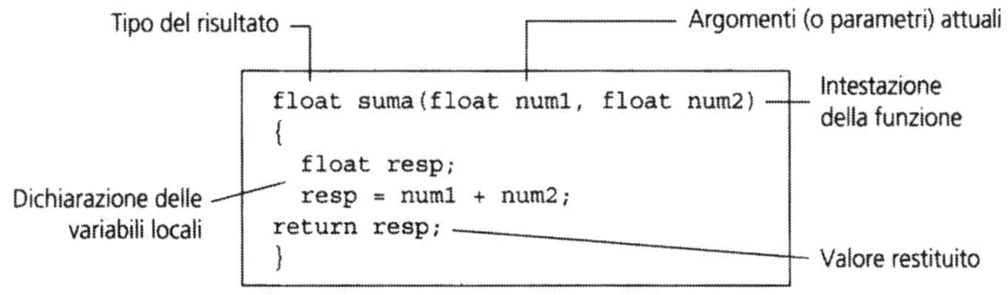

Figura 5.1 Struttura di una funzione.

Gli aspetti più importanti nella progettazione di una funzione sono:

- *Il tipo del risultato.* È il tipo del dato che la funzione restituisce al programma che la manda in esecuzione.
- *Argomenti formali.* È la lista dei parametri (tipizzati) che la funzione richiede al programma che la chiama; vengono scritti nel formato seguente:
  `tipo1 parametro1, tipo2 parametro2, ...`
- *Corpo della funzione.* È il sottoprogramma vero e proprio; si racchiude tra parentesi graffe senza punto e virgola dopo quella di chiusura.
- *Passaggio di parametri.* Quando viene mandata in esecuzione una funzione, le si passano i suoi argomenti "attuali" e, come vedremo, questo passaggio in C++ può avvenire "per valore" o "per riferimento".
- Non si possono dichiarare funzioni annidate, ma *una funzione può mandare in esecuzione un'altra funzione.*
- *Dichiarazioni locali.* Gli argomenti formali, le costanti e le variabili definite dentro la funzione sono locali ad essa, esistono solo mentre la funzione è in esecuzione e non sono accessibili fuori di essa.
- *Valore restituito dalla funzione.* Mediante la parola riservata `return` si può ritornare il valore restituito dalla funzione al programma chiamante.

La chiamata della funzione manda in esecuzione le istruzioni del corpo della funzione. L'istruzione `return` *`qualcosa`* termina l'esecuzione della funzione e restituisce *`qualcosa`* al programma chiamante. L'istruzione `return` termina l'esecuzione della funzione senza restituire nulla. La funzione può anche terminare senza l'istruzione `return`.

Esempio

```
// Calcola la somma di un numero dato (parametro)
// di elementi di un array di dati
float somma (int num_elementi)
{
  int indice;
  float totale = 0.0;
  for (indice = 0; indice <= num_elementi; indice++)
    totale += Dati[indice]; //Array di dati, Cap. 6
  return totale;
}
```

5.2.1 Nome di una funzione

Un nome di una funzione comincia con una lettera o un underscore (_) e può contenere lettere, cifre o underscore. C++ è "case sensitive", il che significa che le lettere maiuscole e minuscole sono caratteri diversi.

```
int max (int x, int e)                //Nome della funz. max
double media (double x1, double x2)  //Nome della funz. media
```

5.2.2 Tipo del dato di ritorno

Se non si specifica il tipo di dato restituito dalla funzione, si sottintende che essa restituisca un valore di tipo `int`. Il tipo può essere uno dei tipi semplici, come `int`, `char` o `float`, un puntatore a qualunque tipo C++ o un tipo `struct`.

```
int max(int x, int y) //Ritorna un tipo int
double media(double x1, double x2) //Ritorna un tipo double
float funz0() {…}    //Ritorna un float
char* funz1() {…}    //Ritorna un puntatore a char
int* funz3() {…}     //Ritorna un puntatore a int
int funz5() {…} //Ritorna un int [opzionale ma consigliato]
struct InfoPersona CercareRegistro(int num_registro);
```

Molte funzioni non restituiscono risultati e si utilizzano solo come *subroutine* per realizzare compiti concreti. Una funzione che non restituisce un risultato si dice *procedura* e si specifica utilizzando la parola riservata `void`.

```
void VisualizzareRisultati(float Totale, int num_elementi);
```

5.2.3 Risultati di una funzione

Una funzione può restituire un valore mediante l'istruzione `return` la cui sintassi è:

```
return(espressione)
```

oppure

```
return;
```

`espressione` deve essere ovviamente del tipo restituito dalla funzione; ad esempio, non si può restituire un valore `int` se il tipo di ritorno è un puntatore. Tuttavia, se viene restituito un `int` mentre il tipo di ritorno è un `float`, viene effettuata la conversione automatica.

Una funzione può avere più di una istruzione `return` e termina non appena si esegue la prima di esse. Se non si incontra alcuna istruzione `return`, l'esecuzione continua fino alla parentesi graffa finale del corpo della funzione.

Se il tipo di ritorno è `void`, l'istruzione `return` si può scrivere come

```
return;
```

oppure si può omettere:

```
void funz1(void)
{
  cout << "Questa funzione non prende e non restituisce
     valori";
}
```

Il valore restituito si racchiude solitamente tra parentesi tonde, ma il loro uso è opzionale. I sistemi operativi accettano un valore restituito dalla funzione principale, cioè dalla `main()`, che dovrebbe essere il numero `0`, se tutto è andato bene.

```
int main()
{
  cout << "Ciao mondo" << endl;
  return 0;
}
```

Precauzione

Un errore tipico è quello di dimenticare l'istruzione `return` o di inserirla dentro una sezione di codice che non verrà eseguita. In questi casi il risultato della funzione è imprevedibile e probabilmente porterà a risultati errati. Per esempio, se si mette l'istruzione `return` dentro un'istruzione condizionale come

```
if (Totale >= 0.0)
  return Totale;
```

e `Totale` è minore di zero, l'istruzione `return` non sarà eseguita e il risultato restituito dalla funzione sarà un valore casuale (comunque in questi casi C++ genera di solito il messaggio di avvertenza "`Function should return a value`", che aiuta a riconoscere questo errore.)

5.2.4 Chiamata ad una funzione

Una funzione va in esecuzione quando viene *chiamata* (o *invocata*) dal programma principale `main()` o da un'altra funzione (Figura 5.2).

Nota

La funzione che chiama un'altra funzione è detta *funzione chiamante* e la funzione controllata è detta *funzione chiamata.*

La funzione chiamata inizia con la prima istruzione dopo la parentesi graffa aperta e termina con la prima istruzione `return` o con l'ultima istruzione prima della parentesi graffa chiusa.

```
#include <iostream>

void funz1(void)
{
  cout << "Seconda funzione \n";
```

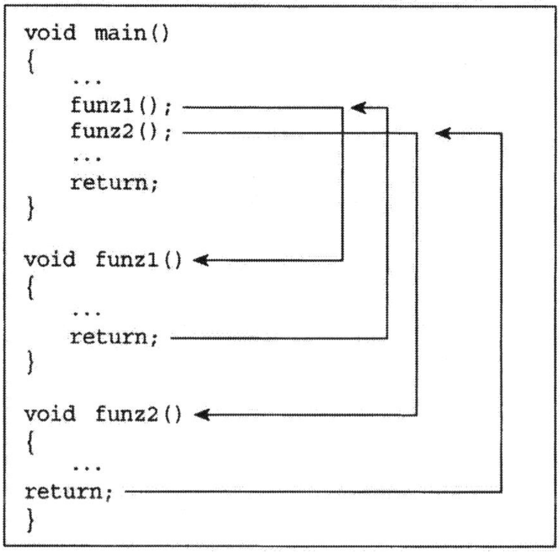

Figura 5.2
Traccia di chiamate di funzioni.

```
  return;
}

void funz2(void)
{
  cout << "Terza funzione \n";
  return;
}

main()
{
  cout << "Prima funzione chiamata main() \n";
  funz1();                    //Seconda funzione chiamata
  funz2();                    //Terza funzione chiamata
  cout << "main termina";

  return 0; //Restituisce il controllo al sistema operativo
}
```

L'output di questo programma è:

```
Prima funzione chiamata main()
Seconda funzione
Terza funzione
main termina
```

Il formato `funz()` senza argomenti è il più semplice. Per indicare espressamente che la chiamata a una funzione non ha argomenti, si può collocare la parola riservata `void` tra parentesi nella definizione.

```
void main()
{
   funz();                // Chiamata alla funzione
   ...
}
void funz(void)           // Definizione della funzione
{
   cout << "Ciao mondo \n";
}
```

Esempio

La funzione `max` restituisce il maggiore fra due numeri interi.

```
int max(int x, int y)
{
  if (x < y) return y;
  else
    return x;
}
void main()
{
  int m, n;
  do {
     cin >> m >> n;
     cout << max(m, n) << endl;        // Chiamata a max
  } while(m != 0);
}
```

Esercizio risolto 5.1

Calcolare la media aritmetica di due numeri.

```
#include <iostream>
using namespace std;
double media(double x1, double x2)
{
   return(x1 + x2)/2;
}

void main()
{
   double num1, num2, med;
   cout << "Introdurre due numeri reali:";
   cin >> num1 >> num2;
   med = media(num1, num2);
   cout << "Il valore medio è " << med << endl;
}
```

5.3 Prototipi delle funzioni

Per poter mandare in esecuzione una funzione bisogna prima averla definita. A volte però la funzione potrebbe essere definita in altri programmi che verranno poi collegati a quello dove la si vuole utilizzare; ma come potrebbe il compilatore accettare la chiamata a una funzione definita altrove? La soluzione è nel concetto di "*dichiarazione*": se non è già stata definita, la funzione deve almeno essere "dichiarata". La dichiarazione di una funzione si dice *prototipo* della funzione ed è simile alla definizione, ma

1. non ha il corpo (perché esso verrà definito altrove)
2. deve specificare il tipo dei parametri formali, ma non necessariamente il loro nome (perché tanto non segue il corpo e quindi non servono; tuttavia servono al programmatore e sono una buona pratica di documentazione)
3. l'intestazione deve terminare con il punto e virgola (`;`)

`tipo_ritorno nome_funzione (parametri_formali);`

tipo_ritorno	Tipo del valore restituito dalla funzione
nome_funzione	Nome della funzione
parametri_formali	Tipi degli argomenti formali della funzione, separati da virgole

Il prototipo fornisce sufficienti informazioni al compilatore per verificare che la funzione venga chiamata correttamente rispetto al numero e al tipo di parametri che utilizza e rispetto al tipo restituito. Se c'è qualche incongruenza il compilatore la segnala come errore. È obbligatorio mettere un punto e virgola alla fine perché la dichiarazione di un prototipo è un'istruzione.

```
double FahrACelsius(double tempFahr);    // Prototipo valido
                           // anche se tempFahr non è necessario
int max(int, int);                       // Prototipo valido
```

I prototipi si collocano normalmente all'inizio del programma, prima della definizione della `main()`.

C++ distingue i concetti di *dichiarazione* e *definizione*. Quando si *dichiara* un'entità, se ne fornisce il nome e se ne elencano le caratteristiche, mentre quando si *definisce* un'entità si riserva anche spazio di memoria per essa. Rispetto alla dichiarazione, che informa solo dell'esistenza di una certa entità, la definizione specifica anche il luogo dove essa esiste. Nel caso di una funzione, la *dichiarazione* ne contiene solo l'intestazione, mentre la *definizione* ne contiene anche il codice; per esempio:

```
#include <iostream>

int max(int, int);                    //Dichiarazione di max

void main()
{
  int m, n;
  do {
     cin >> m >> n;
     cout << max(m, n) << endl;
  } while (m != o);
}

// restituisce l'intero maggiore
int max(int x, int e)                 //Definizione di max
{
  if (x < e) return e;
  else return x;
}
```

Riassumendo

- Prima che una funzione possa essere invocata, deve essere almeno *dichiarata* (se non completamente *definita*).
- La dichiarazione di una funzione (detta anche *prototipo* della funzione) è l'intestazione seguita da un punto e virgola.

  `tipo_risultato nome (tipo1 param1, tipo2 param2, ...);`
- I nomi dei parametri si possono omettere.

  ```
  double med (double, double);
  double med (double x1, double x2);
  ```

Come detto, il compilatore utilizza soltanto l'informazione sui tipi di dato per convalidare le chiamate alla funzione. I nomi degli argomenti non sono necessari, ma migliorano la leggibilità del prototipo. Ad esempio, il prototipo:

```
int elabora(int classe, char sezione, float media, char* cognome);
```

è identico al seguente:

```
int elabora(int, char, float, char*);
```

ma è certamente più "comprensibile". Se una funzione non ha argomenti, il suo prototipo deve includere la parola riservata `void` fra le parentesi tonde.

```
int esempio(void);
```

Esempio 1

```
double quadrato(double);      // Prototipo della funzione
                              // quadrato
int main()
{
  cout << "5.6 al quadrato =" << quadrato(5.6) << endl;
  return 0;
}

double quadrato(double n)     // Definizione della funzione
                              // quadrato
{
  return n * n;
}
```

Esempio 2

```
void visualizzare_nome(void);

void main()
{
  visualizzare_nome();
}

void visualizzare_nome()
{
  cout << "Ciao Ciccio";
}
```

Prototipi con un numero non specificato di parametri

Un formato speciale di prototipo è quello che ha un numero di argomenti non specificato che si rappresenta con punti sospensivi (...). Ad esempio,

```
int esempi(int a, ...);
int printf(const char *formato, ...);
int scanf(const char *formato, ...);
```

5.4 Passaggio di parametri a una funzione

Un parametro *attuale* può essere un valore costante, una variabile o un'espressione generica. In C++ ci sono due modi per passare variabili come argomenti attuali alle funzioni: *per valore* o *per riferimento*.

Supponiamo di avere una funzione `cerchio` con tre argomenti:

```
void cerchio(int x, int e, int diametro);
```

quando s'invoca la funzione `cerchio`, bisogna passarle tre parametri *attuali*, per esempio

```
cerchio(25, y, giri*4);
```

Dove il secondo parametro è una variabile. Il dubbio che può nascere è: che cosa viene realmente passato alla funzione, la variabile o il valore che essa contiene nel momento in cui viene chiamata? Nel primo caso parleremmo di passaggio per riferimento, nel secondo di passaggio per valore.

5.4.1 Passaggio di parametri per valore

In C++, come in C, le variabili vengono passate per valore. *Passaggio per valore* significa che all'atto della chiamata la funzione riceve i valori delle variabili, non le variabili stesse. Questo significa che se la funzione modificherà il valore del suo argomento formale, queste modifiche non interesseranno in alcun modo la variabile passata.

La Figura 5.3 esemplifica il passaggio di un argomento per valore; non viene passata la variabile reale `i`, bensì il suo valore, 6. È importante sottolineare che la funzione chiamata non può modificare il valore della variabile che le è stata passata come argomento attuale. Un esempio:

```
// Mostra il passaggio di parametri per valore. Si può
// cambiare la variabile del parametro nella funzione, ma
// tale modifica non ha effetti esternamente alla funzione

#include <iostream>
using namespace std;
```

Figura 5.3
Passaggio per valore della variabile `i`.

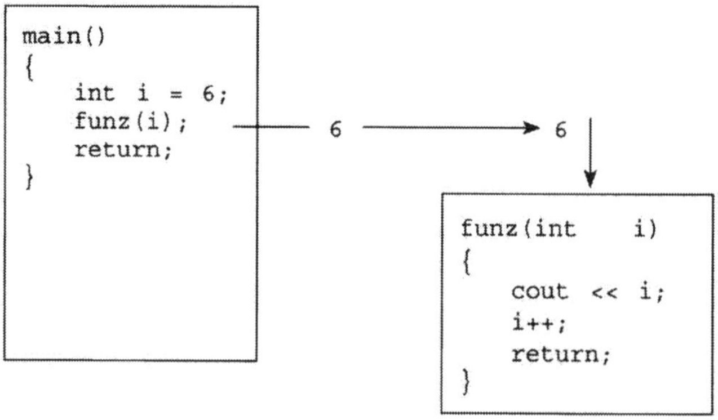

```
void ProvaPassaggioPerValore(int valore);
void main(void)
{
  int n = 10;
  cout << "Prima di chiamare ProvaPassaggioPerValore, n = "
     << n << endl;
  ProvaPassaggioPerValore(n);
  cout << "Dopo la chiamata a ProvaPassaggioPerValore,
     n = " << n << endl;
  cout << "Prema Invio per continuare";
  cin.get();
}
void ProvaPassaggioPerValore(int i)
{
  cout << "Dentro ProvaPassaggioPerValore, i = " << i
       << endl;
  i = 999;
  cout << "Adesso cambio il valore, i = " << i << endl;
}
```

Quando si esegue questo programma si visualizza l'output:

```
Prima di chiamare ProvaPassaggioPerValore, n = 10
Dentro ProvaPassaggioPerValore, i = 10
Adesso cambio il valore, i = 999
Dopo la chiamata a ProvaPassaggioPerValore, n = 10
Prema Invio per continuare
```

5.4.2 Passaggio di parametri per riferimento

Supponiamo di voler scrivere una procedura per scambiare fra loro i valori di due variabili che passeremo come argomenti attuali alla chiamata. La procedura potrebbe avere questa struttura:

```
void scambia (int a, int b)
{
  int ausiliare = a;
  a = b;
  b = ausiliare;
}
```

e potremmo mandarla in esecuzione con una chiamata del tipo:

```
int i = 3, j = 4;
cout << "i = " << i << " e j = " << j << endl;
scambia (i, j);
cout << "i = " << i << " e j = " << j << endl;
```

Ma il risultato sarebbe frustrante:

```
i = 3 e j = 4
i = 3 e j = 4
```

Questo appunto perché agli argomenti formali `a` e `b` non vengono passate le variabili `i` e `j`, ma i valori che contengono all'atto della chiamata.

Quando una funzione deve modificare il valore della variabile che le è stata passata come argomento, si deve utilizzare il metodo del passaggio per *riferimento*. Con questo metodo non viene in realtà passata la variabile, ma *il valore del suo indirizzo in memoria*, cioè il suo riferimento; esso sarà poi utilizzato dentro la funzione per indirizzare la variabile esterna che dovrà essere modificata.

Questa tecnica può essere implementata in due modi: mediante i puntatori o mediante i riferimenti. La tecnica dei *puntatori* è ereditata dal C, mentre la tecnica dei *riferimenti* è stata introdotta dal C++ (ma c'era anche nel Pascal del 1971). Illustriamo le due tecniche con l'esempio di una funzione che deve scambiare fra loro i valori di due variabili prese in ingresso come parametri attuali.

Metodo dei puntatori

```
void scambia_con_puntatori(int* a, int* b)
{
  int ausiliare = *a;
  *a = *b;
  *b = ausiliare;
}
```

La funzione `scambia_con_puntatori(int* a, int* b)` ha come argomenti formali due *puntatori ad interi*, `a` e `b`. I puntatori sono variabili destinate a contenere indirizzi di memoria. "Puntatori ad interi" significa "che contengono indirizzi di variabili intere". Il corpo della funzione utilizza poi le espressioni `*a` e `*b` per *dereferenziare* i puntatori, cioè per leggere gli indirizzi dentro i puntatori e, tramite questi, risalire alle variabili di tipo `int` da loro referenziate. Alla chiamata non verranno passate le variabili, ma i loro indirizzi in memoria. L'indirizzo di memoria di una variabile si indica anteponendo l'operatore `&` (*ampersand*) al nome della variabile.

```
int i = 3, j = 50;
cout << "i = " << i << " e j = " << j << endl;
scambia_con_puntatori(&i, &j);
cout << "i = " << i << " e j = " << j << endl;
```

Metodo dei riferimenti

```
void scambia_con_riferimenti(int& m, int& n)
{
  int ausiliare = m;
  m = n;
  n = ausiliare;
}
```

La funzione `scambia(int& m, int& n)` ha come argomenti formali due *riferimenti ad interi*, `m` ed `n`. Come vedremo nel Capitolo 8, un riferimento a una variabile è semplicemente un (altro) nome della variabile stessa. Se ora chiamiamo la funzione passandole due variabili, per esempio `i` e `j`,la funzione userà `m` ed `n` come alias di `i` e `j`. Qualunque modifica effettuata dalla funzione su `m` ed `n` avrà effetto su `i` e `j`.

```
int i = 3, j = 50;
cout << " i = " << i << " e j = " << j << endl;
scambia_con_riferimenti(i, j);
cout << "i = " << i << " e j = " << j << endl;
```

Riassumiamo il comportamento delle tre procedure con un esempio:

```
#include <iostream>
using namespace std;
void scambia(int, int);
void scambia_con_puntatori(int* a, int* b);
void scambia_con_riferimenti(int&, int&);
void main()
{
  int i=10, j=20;
  scambia(i, j);
  cout << "scambio errato i=" << i << " e j=" << j << endl;
  int i=10, j=20;
  scambia_con_puntatori(i, j);
  cout << "scambio con puntatori i=" << i << " e j=" << j
       << endl;
  int i=10, j=20;
  scambia_con_riferimenti(i, j);
  cout << "scambio con riferimenti i=" << i << " e j="
       << j << endl;
}
void scambia(int a, int b)
{
  int ausiliare = a;
  a = b;
  b = ausiliare;
}
```

```
void scambia_con_puntatori(int* a, int* b)
{
  int ausiliare = *a;
  *a = *b;
  *b = ausiliare;
}
void scambia_con_riferimenti(int& a, int& b)
{
  int ausiliare = a;
  a = b;
  b = ausiliare;
}
```

L'esecuzione del programma produrrà:

```
scambio errato i=10 e j=20
scambio con puntatori i=20 e j=10
scambio con riferimenti i=20 e j=10
```

5.4.4 Parametri *const* di una funzione

Si può aggiungere lo specificatore `const` alla descrizione di un parametro per indicare al compilatore che esso è di sola lettura. Se il codice della funzione tenta di scrivere su questo parametro, la compilazione produce un messaggio di errore.

```
void falso(const int item, const char& car)
{
  item = 123;              // Errore durante la compilazione
  car = 'A'                // Errore durante la compilazione
}
```

5.5 Argomenti di default

Normalmente alla funzione si passa un numero di argomenti pari a quello definito nella sua intestazione. Tuttavia in C++ è possibile definire funzioni in cui alcuni argomenti assumono un valore di *default* (per difetto di specifica). Se all'atto della chiamata non viene passato alcun valore per quel parametro, allora la funzione assegnerà al parametro il valore di default stabilito nell'intestazione. L'unica restrizione è che questi argomenti di default devono raggrupparsi a destra nell'intestazione. Il valore di default deve essere un'espressione costante.

L'esempio seguente mostra come utilizzare gli argomenti di default:

```
void asterischi(int fila, int col, int num, char c = '*');
```

Si può chiamare la funzione `asterischi` in due forme equivalenti:

```
asterischi(4, 0, 40);
```

oppure

```
asterischi(4, 0, 40, '*');
```

Tuttavia, se si vuole cambiare il carattere di default (`*`), si può scrivere

```
asterischi(4, 0, 40, '#');
```

dove l'argomento esplicito (`#`) annulla il carattere di default.

Un altro esempio:

```
char funzdef(int arg1=1, char c='A', float f_val=45.7f);
```

Si può invocare `funzdef` con una delle seguenti istruzioni:

```
funzdef(9,'Z',91.5); //Annulla i tre argomenti di default
funzdef(25, 'W'); //Annulla i primi due argomenti di default
funzdef(50);       //Annulla il primo argomento di default
funzdef();         //Utilizza i tre argomenti di default
```

che sono equivalenti a:

```
funzdef(9, 'Z', 91.5);
funzdef(25, 'w', 45.7);
funzdef(50, 'A', 45.7);
funzdef(1, 'A', 45.7);
```

Il vincolo è che, se si omette un argomento, bisogna omettere anche tutti quelli alla sua destra. Ad esempio, la seguente chiamata alla funzione non è corretta:

```
funzdef( , 'Z', 99.99);
```

Si deve quindi avere cura nel collocare gli argomenti in un ordine per cui non capiti mai che un argomento di default stia alla destra di un argomento specificato.

```
f()
f(a);
f(a, b);
f(a, b, c);
```

Esempio

La funzione `scrivere_car` ha due parametri. Il primo indica il carattere da visualizzare e il secondo indica il numero di volte che quel carattere deve essere visualizzato.

```
void scrivere_car(char c, int num = 1)
{
   for(int i = 1; i <= num; i++)
      cout << c;
}
```

Al parametro num viene assegnato per default il valore 1. Quindi, se non si specifica un valore per questo parametro, il carattere passato verrà visualizzato una sola volta. Sono chiamate valide:

```
scrivere_car('x', 4)        // si scrive quattro 'x'
scrivere_car('e');          // si scrive una 'e'
```

Per esempio:

```
#include <iostream>
using namespace std;
void f(int a = 10, int b = 20, int c = 30)
{
  cout << "a = " << a << endl
       << "b = " << b << endl
       << "c = " << c << endl;
}
void main(void)
{
  f();
  f(1);
  f(1, 5);
  f(1, 2, 3);
  cout << "Prema Invio per continuare";
  cin.get();
}
```

Riassumendo

- Gli argomenti di default si devono passare per valore (e non per riferimento).
- I valori degli argomenti di default *non possono essere variabili*. In altre parole, se si dichiara `int n` e poi `int x = n`, si rifiuterà `n` come parametro per difetto. Tuttavia, se `n` si dichiara con `const int n=1`, allora si accetta la definizione di default.
- Gli argomenti a destra di un argomento di default devono essere pure di default.

Data la funzione

```
void f(int larghezza, float v = 3.14159, char x = '*');
```

Le seguenti chiamate sono legali:

```
f(10);
f(10, 7.5);
f(10, 7.5, '$');
```

La seguente chiamata non è legale:

```
f(10, , '^');
```

perché si è tentato di saltare uno dei parametri per difetto. Un altro esempio:

```
void scrivere_car(char c, int num = 1,
                  bool righe_indep = false)
{
  for(int i = 1; i < num; i++)
  {
     cout << c;
     if(righe_indep)
          cout << endl;
  }
}
```

Alcune chiamate valide sono

```
scrivere_car('x');           // scrive una x
escribie_car('#',5);         // cinque # nella stessa riga
scrivere_car('%',5,true);    // cinque % in righe distinte
```

5.6 Funzioni in linea (*inline*)

Le funzioni in linea servono per aumentare la velocità del programma. Il loro uso è conveniente quando la funzione si chiama parecchie volte nel programma e il suo codice è breve.

Una funzione normale è un blocco di codice mandato in esecuzione da un'altra funzione. L'indirizzo dell'istruzione successiva alla chiamata della funzione viene memorizzato nello "stack" in maniera tale da potervi far ritorno quando l'esecuzione della funzione sarà conclusa. Dopodiché il flusso del programma salta all'indirizzo della prima istruzione della funzione. Il blocco di codice della funzione terminerà con un'istruzione speciale che recupererà dallo stack l'indirizzo di ritorno e manderà in esecuzione l'istruzione successiva alla chiamata di funzione nel programma chiamante.

Per una *funzione in linea* il compilatore ricopia realmente il codice della funzione in ogni punto in cui essa viene invocata. Il programma verrà così eseguito più velocemente perché non si dovrà eseguire il codice associato alla chiamata della funzione. Tuttavia, ogni ripetizione della funzione richiede memoria, perciò il programma aumenta la sua dimensione. Ad esempio, se si invoca dieci volte una funzione in linea, il compilatore inserisce dieci copie della funzione nel programma. Se questa occupa 1 K, la dimensione del programma cresce di 10 K.

Per creare una funzione in linea si deve inserire la parola riservata `inline` all'inizio dell'intestazione. Ad esempio, la funzione in linea `Sommare15` somma la costante 15 al suo argomento `n`:

```
inline int sommare15(int n) {return (n+15);}
```

Le funzioni in linea si scrivono spesso in una sola riga data la loro piccola dimensione.

Esercizio risolto 5.2

Scrivere una funzione in linea, `VolCono()`, che calcola il volume della figura geometrica *cono*: $V = (1/3)\pi r^2 h$.

```
#include <iostream.h>

const float PiGreco = 3.141592;

inline float VolCono(float raggio, float altezza)
  {return ((PiGreco * (raggio * raggio) * altezza) / 3.0);}

main()
{
  float raggio, altezza, volume;
  cout << "Introduca raggio del cono";
  cin >> raggio;
  cout << "Introduca altezza del cono";
  cin >> altezza;
  volume = VolCono(raggio, altezza);
  cout << "Il volume del cono è: " << volume
  return 0;
}
```

5.7 Visibilità

La *visibilità* di una variabile è la zona del programma in cui essa è accessibile. Se una funzione accede correttamente a una variabile, questa si dice *visibile* in quella funzione. Esistono quattro tipi di visibilità: *programma, file sorgente, funzione* e *blocco*. Si può designare una variabile perché sia associata a ciascuna di queste visibilità.

Normalmente la visibilità è determinata dal punto in cui la variabile viene definita all'interno del programma, ma gli specificatori `static`, `extern`, `auto` e `register`, possono modificarla. Il seguente frammento di programma illustra i singoli tipi di visibilità:

```
int i;              // Visibilità di programma
static int j;       // Visibilità di file
funzione(int k)     // Visibilità di programma, k visibilità
                    // di blocco
```

```
{
  int m;            // Visibilità di blocco
  ...               // Visibilità della funzione
}
```

5.7.1 Visibilità di programma

Le variabili che hanno *visibilità di programma* si dicono *globali* e possono essere referenziate da qualunque funzione del programma. Per rendere globale una variabile basta dichiararla all'inizio del programma, fuori da qualunque funzione.

```
int g, h;           // Variabili globali
main()
{
  ...
}
```

Una variabile globale è visibile in tutto il programma a partire dal suo punto di definizione nel file sorgente.

5.7.2 Visibilità di file

Una variabile che si dichiara fuori da qualunque funzione e la cui dichiarazione contiene la parola riservata `static` ha *visibilità di file*. Le variabili con questa visibilità si possono referenziare dal punto in cui sono dichiarate fino alla fine del file sorgente. Se un file sorgente ha più di una funzione, tutte le funzioni che seguono la dichiarazione della variabile possono referenziarla. Un esempio:

```
static int i;
void funz(void)
{
  ...
}
```

5.7.3 Visibilità di funzione

Le variabili dichiarate dentro il corpo della funzione si dicono *locali* alla funzione. Una variabile che ha visibilità di funzione si può referenziare in qualunque parte della funzione, ma non può essere utilizzata al di fuori della funzione.

5.7.4 Visibilità di blocco

Una variabile dichiarata in un blocco ha *visibilità di blocco* e può essere referenziata in qualunque parte del blocco, dal punto in cui è dichiarata fino alla fine. Le variabili locali dichiarate dentro una funzione hanno visibilità di blocco; non sono visibili fuori dal blocco. Nel seguente esempio, `i` è una variabile locale:

```
void funzdemo()
{
   int i;
   for (i = 0; i < 10; i++)
      cout << "i = " << i << "\n";
}
```

Una variabile locale dichiarata in un blocco annidato è visibile solo all'interno di quel blocco.

```
void funz(int j)
{
   if (j > 3)
   {
      int i;
      for (i = 0; i < 50; i++)
          funz2(i);
   }
   // Qui i non è visibile
}
```

5.7.5 Variabili locali

Oltre ad avere una visibilità ristretta, le variabili locali sono speciali per un altro motivo: esistono in memoria solo mentre vengono esegute le istruzioni della funzione. Quando la funzione non è attiva, le sue variabili locali non occupano spazio in memoria, cioè non esistono. Due conseguenze:

- Un'istruzione esterna alla funzione non può modificare il valore di una variabile locale alla funzione.
- Due o più funzioni possono dare lo stesso nome a una propria variabile locale.

Si esamini la struttura dei blocchi della Figura 5.4. Qui la variabile globale è `x0` e la variabile locale è `x1`. La funzione può realizzare operazioni su `x0` e `x1`. Tuttavia, soltanto `main()` può operare con `x0`, dato che `x1` non è definita fuori dal blocco della `funzione1()`. Qualunque tentativo di utilizzare `x1` fuori da `funzione1()` produrrà un errore.

Si esamini ora la Figura 5.5. Ci sono due funzioni che definiscono `x1` come variabile locale. Nuovamente `x0` è una variabile globale. Soltanto la variabile `x1` può essere utilizzata dentro le due funzioni. Tuttavia, qualunque operazione su `x1` dentro `funzione1()` non riguarda la `x1` di `funzione2()` e viceversa.

```
int x0;                    // variabile globale
funzione1(...);            // prototipo funzione1
main
{
   ...
   ...
}
   funzione1(...)
   {
      int x1;              // variabile locale
      ...
      ...
   }
```

Figura 5.4
La variabile `x0` è globale al programma completo, mentre `x1` è locale alla funzione `funzione1()`.

```
int x0;
funzione1();               // prototipo funzione1
funzione2();               // prototipo funzione2
main
{
   ...
   ...
}
   funzione1()
   {
      int x1;              // variabile locale
      ...
      ...
   }
   funzione2()
   {
      int x1;
      ...
      ...
   }
```

Figura 5.5
La variabile `x0` è globale al programma completo; `x1` è locale sia a `funzione1()` sia a `funzione2()`, ma sono trattate come variabili indipendenti.

5.8 Classi di immagazzinamento

Gli specificatori di classi (tipi) di immagazzinamento `auto`, `extern`, `register`, `static` e `typedef` permettono di modificare la visibilità di una variabile.

5.8.1 Variabili automatiche

Le variabili locali a una funzione si dicono automatiche (`auto`) perché si assegna loro spazio in memoria automaticamente alla chiamata della funzione e si rimuovono automaticamente all'uscita della funzione. La parola riservata `auto` è però opzionale.

`auto int Totale;` è uguale a `int Totale;`

5.8.2 Variabili esterne

In C++ una funzione può utilizzare una variabile globale definita in un altro file sorgente semplicemente dichiarandola localmente con la parola riservata `extern`. In questo modo si indica al compilatore che la variabile è definita in un altro file sorgente che sarà *linkato* assieme.

```
// file ester1.cpp - variabili esterne
#include <iostream>
using namespace std;
void leggereReale(void);
float f;
int main()
{
  leggereReale();
  cout << "Valore di float =" << f;
  return 0;
}
// file ester2.cpp - variabili esterne
#include <iostream>
using namespace std;
void leggereReale(void)
{
  extern float f;
  cout << "Introduca valore in virgola mobile";
  cin >> f;
}
```

Nel file `ester2.cpp` la dichiarazione esterna di `float f` indica al compilatore che `f` è stata definita in un altro file. Quando questi file verranno linkati assieme, le dichiarazioni si combineranno in modo da riferire la stessa posizione di memoria.

Se una definizione di variabile comincia con la parola riservata `extern`, non è in realtà una definizione, ma solo una *dichiarazione* di variabile. Ogni definizione di variabile è anche una dichiarazione di variabile, ma non viceversa. Una *variabile si definisce una volta sola*, ma si può *dichiarare* quanto volte si vuole.

5.8.3 Variabili registro

Un altro tipo di variabile C++ è la *variabile registro*. Con la parola riservata `register` si chiede al compilatore di porre la variabile in uno dei registri hardware del microprocessore. Si tratta di un suggerimento al compilatore, non di un ordine. La famiglia di microprocessori 80x86 non ha molti registri hardware, quindi il compilatore può decidere di ignorare la richiesta. Un esempio:

```
register int k;
```

Una variabile registro deve essere locale a una funzione, ovvero non può essere globale a un programma.

L'uso tipico di una variabile registro è come variabile di controllo di un ciclo. Salvando la variabile di controllo di un ciclo in un registro, si riduce il tempo che la CPU richiede per cercare il valore della variabile in memoria. Per esempio

```
register int i;
for (i = 0; i < 1000; i++)...
```

5.8.4 Variabili statiche

Al contrario delle variabili automatiche, le *variabili statiche* non si cancellano quando la funzione termina e perciò mantengono i loro valori tra diverse chiamate di una funzione. Quindi, a differenza delle normali variabili locali, una variabile statica si inizializza una volta per tutte. Si dichiarano anteponendo la parola riservata `static` alla dichiarazione della variabile.

```
int funz_uno()
{
  int i;
  static int j = 25;        // j, k variabili statiche
  static int k = 100:
}
```

Ad esempio, nella seguente funzione si utilizza `Somma` per accumulare somme parziali attraverso successive chiamate a `RisultatiTotali`.

```
void RisultatiTotali(float Valore)
{
  static float Somma;
  ...
  Somma = Somma + Valore;
}
```

Un altro esempio:

```
#include <iostream>
using namespace std;
// prototipo della funzione
void Esempio_statica(int);
void main()
{
  Esempio_statica(1);
  Esempio_statica(2);
  Esempio_statica(3);
}
// Esempio dell'uso di una variabile statica
void Esempio_statica(int Chiamata)
{
  static int Conto;
  if (Chiamata == 1)
     Conto = 1;
  cout << "\n Il valore di Conto in chiamata nº "
       << Chiamata << " è: " << Conto;
  ++Conto;
}
```

Quando si esegue il programma si visualizza:

```
Il valore di Conto in chiamata nº 1 è: 1
Il valore di Conto in chiamata nº 2 è: 2
Il valore di Conto in chiamata nº 3 è: 3
```

Se si toglie la parola riservata `static` della dichiarazione di `Conto`, il risultato sarà:

```
Il valore di Conto in chiamata nº 1 è: 1
Il valore di Conto in chiamata nº 2 è: 1046
Il valore di Conto in chiamata nº 3 è: 314
```

Qui non si può predire quale sarà il valore di `Conto` nelle chiamate successive della funzione.

La parola riservata `static` può essere utilizzata per *occultare variabili globali da altri file sorgenti*. Per rendere una variabile globale privata al file sorgente (e pertanto non utilizzabile da altri moduli di codice in altri file sorgenti), la si fa precedere dalla parola `static`. Ad esempio, se definiamo le seguenti variabili fuori dalle funzioni di un file sorgente

```
static int m = 25;
static char riga_testo[80];
static int indice_riga;
static char buffer[MAXLOGBUF];
static char *pBuffer;
```

esse rimarranno private al file sorgente. Per esempio

```
const int OFF = 0;
const int ON = 1;
...
static unsigned char maestro = OFF;
...
main()
{
  ...
}
funzione_a()
{
  ...
}
```

`maestro` si può utilizzare sia in `funzione_a()` che in `main()`, ma non si può dichiarare come `extern` in un altro file sorgente.

5.9 Visibilità di una funzione

Per default, tutte le funzioni sono `extern` e sono quindi visibili da altri moduli di programma. Si può anche dichiarare una funzione `static`. Quando si colloca la parola riservata `static` davanti alla definizione di una funzione, il compilatore la rende privata, in modo da impedire di utilizzare quella funzione in altri moduli sorgente del programma.

5.10 Concetto e uso di funzioni di libreria

Tutte le versioni del linguaggio C++ contengono una grande raccolta di funzioni di libreria per operazioni comuni. Queste funzioni predefinite si dividono in gruppi; le funzioni che appartengono allo stesso gruppo si dichiarano nello stesso *header file*.

Ecco alcuni esempi nel vecchio stile pre ANSI/ISO C++:

```
<assert.h>    <ctype.h>     <errno.h>     <float.h>
<limits.h>    <math.h>      <setjmp.h>    <signal.h>
<stdarg.h>    <stdef.h>     <stdio.h>     <string.h>
<time.h>
```

L'inserimento di queste librerie nel programma deve essere specificato mediante la direttiva `#include`. Le parentesi angolari indicano al compilatore di cercare la libreria nella collocazione standard all'interno del file system. Se la libreria si trova in una posizione diversa si dovrà indicare tutto il *pathname* fra doppi apici, anziché fra parentesi angolari.Per utilizzare una funzione si deve conoscere il numero dei suoi argomenti, i tipi di argomenti e il tipo del suo valore di ritorno; queste informazioni sono tutte contenute nel prototipo della funzione.

Alcuni dei gruppi di funzioni di libreria più comuni sono:

- I/O standard (per operazioni di input/output)
- matematiche (per operazioni matematiche)
- routine standard (per operazioni standard di programmi)
- visualizzare finestra di testo
- conversione (routine di conversione di caratteri e stringhe)
- diagnostica (forniscono routine di debugging incorporato)
- manipolazione di memoria
- controllo del processo
- classificazione (ordinamento)
- cartelle
- data e ora
- interfaccia
- diverse
- ricerca
- manipolazione di stringhe
- grafici

Oltre a utilizzare le librerie standard, il programmatore può costruire le proprie librerie e non c'è limite al numero di librerie che possono essere incluse in un programma. Alcune librerie standard ereditate dal C sono obsolete. Questo capitolo descrive le funzioni più importanti e utilizzate in C++.

5.11 Funzioni di carattere

L'header file `<ctype.h>` definisce un gruppo di funzioni per la manipolazione dei caratteri. Tutte le funzioni restituiscono un risultato booleano.

5.11.1 Verifiche alfanumeriche

Esistono diverse funzioni per le verifiche alfanumeriche:

`isalpha(c)`
Ritorna `true` se e solo se `c` è una lettera maiuscola o minuscola.

`islower(c)`
Ritorna `true` se e solo se `c` è una lettera minuscola.

`isupper(c)`
Ritorna `true` se e solo se `c` è una lettera maiuscola.

Le seguenti funzioni verificano i caratteri numerici:

isdigit(c)
Ritorna `true` se e solo se `c` è una cifra (cioè un carattere da `0` a `9`).

isxdigit(c)
Ritorna `true` se e solo se `c` è una cifra esadecimale (da `0` a `9`, da `A` a `F`, da `a` a `f`).

La seguente funzione verifica argomenti numerici o alfabetici:

isalnum(c)
Ritorna `true` se e solo se `c` è una cifra o un carattere alfabetico (maiuscolo o minuscolo).

5.11.2 Verifiche di caratteri speciali

Alcune funzioni incorporate nella libreria di funzioni verificano la leggibilità di caratteri speciali:

iscntrl(c)
Ritorna `true` se e solo se `c` è un *carattere di controllo* (codici ASCII da 0 a 31).

isgraph(c)
Ritorna `true` se e solo se `c` è un carattere stampabile (non di controllo), eccetto lo spazio.

isprint(c)
Ritorna `true` se e solo se `c` è un carattere stampabile (ASCII da 21 a 127), incluso lo spazio.

ispunct(c)
Ritorna `true` se e solo se `c` è un carattere di interpunzione.

isspace(c)
Ritorna `true` se e solo se `c` è uno spazio, nuova riga (`\n`), ritorno carrello (`\r`), tabulazione (`\t`) o tabulazione verticale (`\v`).

5.11.3 Funzioni di conversione di caratteri

Esistono funzioni non booleane che servono a trasformare lettere maiuscole in minuscole o viceversa.

tolower(c)
Converte la lettera `c` in minuscola, se non lo è già.

toupper(c)
Converte la lettera `c` in maiuscola, se non lo è già.

Esempio

Il programma verifica se l'input è una lettera M o una lettera F.

```
#include <iostream>
#include <ctype.h>
using namespace std;
int main()
{
 char risp;     // Risposta dell'utente
 cout << "È un maschio o una femmina (M/F)?";
 cin.get(risp);
 risp=toupper(risp);
 switch (risp)
 {
   case 'M':
     cout << "È un infermiere \n";
     break;
   case 'F':
     cout << "È una maestra \n";
     break;
   default:
     cout << "Non è né infermiere né maestra \n";
     break;
   }
   return 0;
 }
```

5.12 Funzioni numeriche

In C++ sono disponibili funzioni matematiche:

- aritmetiche
- trigonometriche
- logaritmiche
- esponenziali
- aleatorie

La maggior parte delle funzioni numeriche si trovano nell'header file `math.h`; le funzioni `abs` e `labs` sono definite in `math.h` e `stdlib.h`, e le routine `div` e `ldiv` in `stdlib.h`.

5.12.1 Funzioni matematiche

Le funzioni matematiche più comuni nella libreria standard sono:

`ceil(x)`
Arrotonda all'intero più vicino.

fabs(x)
Restituisce il valore assoluto di `x` (un valore positivo).

floor(x)
Arrotonda per difetto all'intero più vicino.

fmod(x, e)
Calcola il resto in virgola mobile per la divisione `x/e`, in modo che `x = i*e+f`, dove `i` è un intero, `f` ha lo stesso segno di `x` e il valore assoluto di `f` è minore del valore assoluto di `e`.

pow(x, y)
Calcola `x` elevato a `y` (x^y). Se `x` è minore o uguale a zero, `y` deve essere un intero. Se `x` è uguale a zero, `y` non può essere negativo.

sqrt(x)
Restituisce la radice quadrata di `x` (con `x` maggiore o uguale a zero).

5.12.2 Funzioni trigonometriche

La libreria `math.h` include una serie di funzioni che servono a effettuare calcoli trigonometrici.

acos(x)
Calcola l'arcocoseno di `x`. L'argomento `x` deve essere compreso fra `-1` e `1`.

asin(x)
Calcola l'arcoseno di `x`. L'argomento `x` deve essere compreso fra `-1` e `1`.

atan(x)
Calcola l'arcotangente di `x`.

atan2(x, e)
Calcola l'arcotangente di `x` diviso `e`.

cos(x)
Calcola il coseno dell'angolo `x` (`x` si esprime in radianti).

sin(x)
Calcola il seno dell'angolo `x` (`x` si esprime in radianti).

tan(x)
Calcola la tangente dell'angolo `x` (`x` si esprime in radianti).

Regola

Le funzioni trigonometriche richiedono che l'angolo `x` sia espresso in radianti. Per trasformare l'ampiezza dell'angolo da *gradi* in *radianti*, moltiplicare i gradi per $\pi/180$, dove $\pi = 3{,}14159$.

5.12.3 Funzioni logaritmiche ed esponenziali

La libreria `cmath` include anche una serie di funzioni logaritmiche ed esponenziali.

`exp(x), expl(x)`
Calcola l'esponenziale e^x, dove `e` è la base di logaritmi naturali di valore 2.718282.

```
valore = exp(5.0);
```

Una variante di questa funzione è `expl`, che calcola e^x su un valore `long double`.

`log(x), logl(x)`
Calcolano il logaritmo naturale di `x`; la seconda su un valore `long double`.

`log10(x), log10l(x)`
Calcolano il logaritmo decimale di `x`; la seconda su un valore `long double`. `x` deve essere positivo.

5.12.4 Funzioni aleatorie

I numeri aleatori sono di grande utilità in numerose applicazioni. C++ incorpora nel file `stdlib.h` funzioni che generano numeri aleatori.

`rand(void)`
La funzione `rand` genera un numero aleatorio. Il numero calcolato da `rand` varia da `0` a `RAND_MAX`, dove la costante `RAND_MAX` è definita nel file `stdlib.h` come `2E15-1`.

Ogni volta che si richiama `rand()` nello stesso programma, si ottiene un numero differente. Tuttavia, il programma restituisce la stessa sequenza di numeri aleatori a ogni sua esecuzione. Un modo per superare questo problema è quello di chiamare la funzione `srand()` o la macro `randomize`.

`randomize(void)`
La macro `randomize` inizializza il generatore di numeri aleatori con un seme aleatorio ottenuto a partire da una chiamata alla funzione `time`, a sua volta contenuta nell'header file `time.h` (che quindi deve essere incluso nel programma). Non restituisce alcun valore.

```
#include <stdio.h>
#include <stdlib.h>
#include <time.h>
int main(void)
{
  clrscr();
  randomize();
  cout <<  "Numero aleatorio" << random(10);
  return 0;
}
```

srand(seme)

Anche la funzione `srand` inizializza il generatore di numeri aleatori, ma lo fa in base al valore dell'argomento `seme`. S'intende che questo valore sia esso stesso casuale o letto in input.

random(num)

La macro `random` restituisce un numero aleatorio che varia da `0` a `num-1`.

```
#include <iostream.h>
#include <stdlib.h>
#include <time.h>
int main(void)
{
  clrscr();
  randomize();
  cout << "Numero aleatorio minore di 10 " << random(10);
  return 0;
}
```

Un esempio di generazione di numeri aleatori che fissa il seme a `50`:

```
#include <iostream.h>
#include <stdlib.h>
int main(void)
{
  clrscr();
  srand(50);
  cout << "Questo è un numero aleatorio " << rand();
  return 0;
}
```

5.13 Funzioni di data e ora

L'header file `time.h` definisce strutture e funzioni per manipolare date e ore. La data si riferisce al calendario gregoriano.

Le funzioni `time`, `clock`, `_strdate` e `_strtime` restituiscono, rispettivamente, l'ora attuale come numero di secondi trascorsi dalla mezzanotte del 1 gennaio 1970 (ora universale, GMT), il tempo di CPU impiegato dal processo invocante, la data e l'ora attuale.

La struttura dati (verrà descritta in seguito) include i seguenti campi:

```
struct tm
{
 int tm_sec;  /* secondi */
 int tm_min;  /* minuti */
 int tm_hour; /* ore */
```

```
 int tm_mday; /* giorno del mese 1 a 31 */
 int tm_mon;  /* mese, 0 per Gen, 1 per Feb,... */
 int tm_year; /* anno da 1900 */
 int tm_wday; /* giorni della settimana da domenica (0-6) */
 int tm_yday; /* giorno dell'anno dal 1 Gen (0-365) */
 int tm_isdt; /* sempre 0 per gmtime */
};
```

clock(void)

La funzione `clock` determina il tempo del processore trascorso dall'inizio dell'esecuzione del programma, esprimendolo in secondi. Se non è possibile restituire il tempo del processore, viene restituito `-1`. Di solito si usa per calcolare il tempo di esecuzione di un programma.

```
inizio = clock();
...
fine = clock();
  tempo_di_esecuzione = fine - inizio;
```

time(ora)

La funzione `time` ottiene l'ora attuale; restituisce il numero di secondi trascorsi dalla mezzanotte (00:00:00) del primo gennaio 1970. Questo valore di tempo si immagazzina nella posizione puntata dall'argomento `ora`. Se `ora` è un puntatore nullo, il valore non si immagazzina. Il prototipo della funzione è:

```
time_t time(time_t *ora);
```

localtime(ora)

Converte la data e l'ora in una struttura di tipo `tm`. Il suo prototipo è

```
struct tm *localtime(const time_t *tptr);
```

mktime(t)

Converte l'ora in un formato di calendario. Prende l'informazione dell'ora locale contenuta nella struttura `*tptr` e determina i valori di tutti i membri nel formato di tempo del calendario. Il suo prototipo è

```
time_t mktime(struct tm *tptr);
```

Esempio

```
#include <dos.h>
#include <stdio.h>
#include <time.h>

int main(void)
{
  struct tm tim;
```

```
    clrscr();
    tim.tm_year = 90;
    tim.tm_mon = 9;
    tim.tm_mday = 15;
    tim.tm_hour = 8;
    tim.tm_min = 45;
    tim.tm_sec = 30;
    tim.tm_isdt = 0;
    mktime (&tim);
    ...
}
```

5.14 Compilazione modulare

Quasi tutti gli esempi visti finora si trovavano in un unico file sorgente. I programmi grandi sono più facili da gestire se si dividono in vari file sorgente, detti anche *moduli*, ognuno dei quali può contenere una o più funzioni. Questi moduli verranno poi compilati separatamente ma linkati assieme. A ogni ricompilazione verranno in realtà ricompilati solo i moduli che sono stati modificati.

La Figura 5.6 mostra come il linker produce l'eseguibile a partire dai vari moduli oggetto, ognuno dei quali si ottiene compilando il corrispondente modulo sorgente.

In ogni modulo si può referenziare funzioni definite in altri moduli. Come già detto, al contrario delle variabili, le funzioni sono esterne per default. Si può però restringere la visibilità di una funzione alle sole funzioni dello stesso modulo utilizzando la parola riservata `static`. Una motivazione potrebbe essere quella di ridurre il rischio di avere funzioni con lo stesso nome.

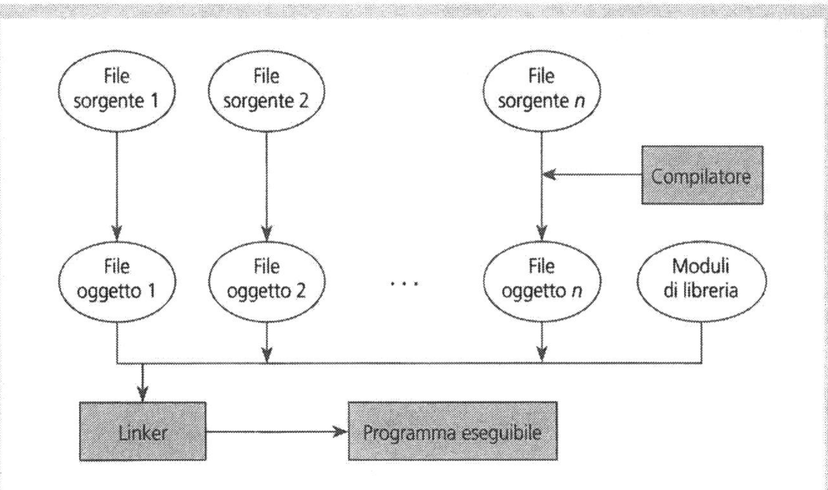

Figura 5.6 Compilazione modulare.

Un'altra ragione è quella di ridurre il numero dei riferimenti esterni per aumentare la velocità del processo di collegamento (*linking*).

In generale, sia per le variabili globali sia per le funzioni, la parola riservata `static` è utile per evitare conflitti di nomi. Ad esempio, immaginiamo un programma molto grande che consta di parecchi moduli, nel quale si cerca un errore prodotto da una variabile globale; se la variabile è statica, si può restringere la ricerca al solo modulo in cui è definita; altrimenti bisogna estendere l'indagine a tutti i moduli in cui essa può essere stata dichiarata (con la parola riservata `extern`).

Come regola generale, sono preferibili le variabili locali a quelle globali.

Esempio

Supponiamo che il programma sia in due file: `MODULO1` e `MODULO2`.

```
// MODULO1.CPP
#include <iostream>
using namespace std;
void main()
{
  void f(int i), g(void); //Dichiarazioni (no definizioni)
  extern int n;       //Dichiarazione di n (no definizione)
  f(8);
  n++;
  g();
  cout << "Fine del programma. \n";
}
```

```
// MODULO2.CPP
#include <iostream>
using namespace std;
int n = 100;     // Definizione di n (anche dichiarazione)
static int m = 7;
void f(int i)    // Definizione
{
  n += i + m;
}
void g(void)     // Definizione
{
  cout << "n = " << n << endl;
}
```

`f` e `g` *si definiscono* nel modulo 2 e *si dichiarano* nel modulo 1. Se si esegue il programma, si produce l'output

```
n = 116
Fine del programma.
```

Si può rendere una funzione invisibile al di fuori del modulo in cui è definita utilizzando la parola riservata `static` all'inizio dell'intestazione.

5.15 Sovraccaricamento delle funzioni

C++ supporta una delle funzionalità più importanti della programmazione: *il sovraccaricamento delle funzioni* (*overheading*). Esso permette di utilizzare più funzioni con lo stesso nome, ma con almeno un argomento di tipo diverso e/o con un diverso numero di argomenti. Per capire l'importanza dell'overheading, si consideri ad esempio la funzione `quadrato`:

```
int quadrato(int x)
{
  return x * x;
}
```

Se si vuole implementare una funzione simile per processare un valore `long` o `double` e non si dispone dell'overheading di funzioni, si debbono definire funzioni indipendenti che utilizzano un nome diverso per ogni tipo, per esempio:

```
long lquadrato(long x);
double dquadrato(double x);
```

In C++, grazie all'overheading, possiamo conservare per esse lo stesso nome:

```
int quadrato(int x);
long quadrato(long x);
double quadrato(double x);
```

Per chiamare la funzione si usa il nome comune con l'argomento del tipo giusto:

```
long raggio = 42500;
risultato = quadrato(raggio);
```

Il compilatore C++ verifica il tipo di parametro inviato per determinare qual è la funzione da chiamare. Così, nella chiamata precedente, C++ invoca

```
long quadrato(long x);
```

dato che il parametro `raggio` è un tipo di dato `long`.

C++ determina quale tra le funzioni sovraccaricate deve chiamare in base al numero e al tipo di parametri passati. C++ richiede che ogni funzione sovraccaricata abbia almeno un argomento di tipo diverso dalle altre. Per esempio:

```
int f(int a, int b, int c);
int f(int a, int b, float c);
```

C++ può chiamare entrambe le funzioni, dato che almeno uno dei valori dei parametri ha un tipo differente. Se non si differenziano gli argomenti delle funzioni sovraccaricate, C++ emetterà un errore in fase di compilazione. Ad esempio, le seguenti definizioni non saranno compilate, dato che il compilatore non le differenzia:

```
int f(int a, int b, int c);
int f(int a, int b, int c);
```

Le regole che C++ segue per selezionare una funzione sovraccaricata sono:

- Se esiste, si seleziona la funzione che mostra la corrispondenza esatta tra il numero e i tipi dei parametri formali e attuali.
- Se tale funzione non esiste, si seleziona una funzione in cui il matching dei parametri formali e attuali avviene tramite una conversione automatica di tipo (come da `int` a `long` o da `float` a `double`).
- La corrispondenza dei tipi degli argomenti può venire anche forzata mediante *casting*.
- Se una funzione sovraccaricata possiede un numero variabile di parametri (tramite l'uso dei punti sospensivi ...), può venire selezionata in mancanza di corrispondenze più specifiche.

Esempio

```
#include <iostream>
using namespace std;
// Prototipi di funzioni
int Prova(int);
int Prova(int, int);
float Prova(float, float);
void main()
{
  int i = 7;              // definizione di variabili
  int x = 4;   int e = 5;
  float a = 6.0;
  float b = 7.0; cout << "Il quadrato di " << i << " è: "
      << Prova(i);
  cout << "\n Il prodotto di " << x << " per " << e << "
      è: " << Prova(x, e);
  cout << "\n La media fra " << a << " e " << b << " è: "
      << Prova(a, b);
}
// Prova, calcola il quadrato di un valore intero
int Prova(int valore)
{
  return (valore * valore);
}
```

```
// Prova, moltiplica due valori interi
int Prova(int valore1, int valore2)
{
  return(valore1 * valore2);
}
float prova (float valore1, float valore2)
// Prova, calcola la media di due valori reali
{
  return ((valore1 + valore2) / 2);
}
```

Il programma visualizzerà in output:

```
Il quadrato di 7 è: 49
Il prodotto di 4 per 5 è: 20
La media di 6 e 7 è: 6.5
```

Esempio

```
#include <iostream>
using namespace std;
void seletipo(int i);          // Prototipi della funzione
                               // sovraccaricata
void seletipo(char *s);
void seletipo(float f);
void seletipo(char);
void seletipo(int i, int j);
void main()
{
  seletipo(5);
  seletipo("Stringa");
  seletipo(3.65f);
  seletipo('A');
  seletipo(4, 5);
}
void seletipo(int i)
{
  cout << i << " è un intero \n";
}
void seletipo(char *s)
{
  cout << s << " è una stringa \n";
}
void seletipo(float f)
{
  cout << f << " è un tipo float \n";
}
```

```
void seletipo(char c)
{
  cout << c << " è un tipo carattere \n";
}
void seletipo(int i, int j)
{
  cout << i << " e " << j << " sono 2 interi \n";
}
```

I risultati dell'esecuzione del programma sono:

```
5 è un intero
Stringa è una stringa
3.65 è un tipo float
A è un tipo carattere
4 e 5 sono 2 interi
```

Il sovraccaricamento delle funzioni è un tipo di polimorfismo. Come si vedrà più avanti, il **polimorfismo** è uno dei concetti fondamentali della programmazione orientata agli oggetti.

5.16 Ricorsione

Una *funzione ricorsiva* è una funzione che chiama sé stessa, direttamente o indirettamente. La *ricorsione diretta* è il processo per il quale una funzione invoca sé stessa. La *ricorsione indiretta* implica più di una funzione, per esempio una funzione `uno()` che chiama una funzione `due()`, che a sua volta richiama `uno()`. Questo processo è una ricorsione indiretta, dato che `uno()` è stata chiamata due volte, senza tornare mai alla sua chiamante (la funzione `main()`). Un processo ricorsivo deve avere una condizione di terminazione, altrimenti si ripete all'infinito. Un algoritmo tipicamente ricorsivo è il calcolo del fattoriale di un numero `n` (`n!`).

```
n! = n * (n-1) * (n-2) * … * 3 * 2 * 1
```

Infatti il fattoriale di `n` si ottiene moltiplicando per `n` il fattoriale di `n-1`. La Figura 5.7 mostra la sequenza di invocazioni ricorsive della funzione fattoriale. Consideriamo i seguenti esempi.

Esercizio risolto 5.3

Realizzare l'algoritmo della funzione fattoriale. L'implementazione della funzione ricorsiva `Fattoriale` è:

```
double Fattoriale(int numero)
{
  if (numero > 1)
     return numero * Fattoriale(numero-1);
  return 1;
}
```

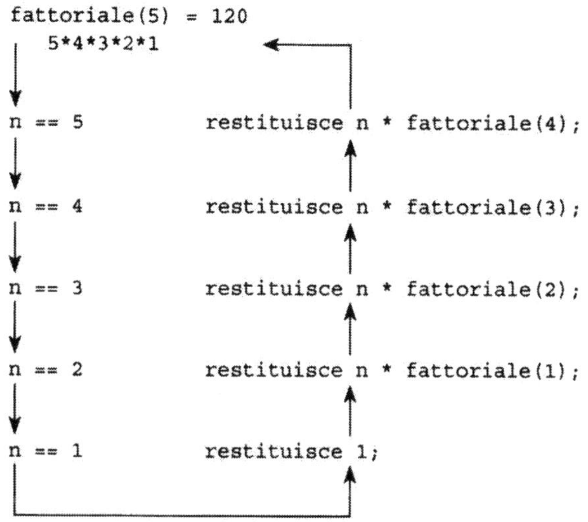

Figura 5.7
Chiamate di funzioni ricorsive per `fattoriale(5)`.

Esercizio risolto 5.4

Contare i valori da 1 a 10 in modo ricorsivo.

```
#include <iostream>
using namespace std;
void Contare(int cima);
int main()
{
  Contare(10);
  return 0;
}
void Contare(int cima)
{
  if (cima > 1)
     Contare(cima-1);
  cout << cima;
}
```

5.17 Template di funzioni

I **template** (*function template*) forniscono un meccanismo per creare *funzioni generiche*. Una funzione generica è una funzione che può supportare simultaneamente differenti tipi di dato per i suoi parametri. Costituiscono una delle grandi innovazioni del C++ e la maggior parte dei produttori di software commerciale (Borland, Microsoft ...) o libero (DevC++ ...) li supportano.

I template sono molto utili ai programmatori quando occorre utilizzare la stessa funzione con differenti tipi di argomenti. I programmatori che utilizzano il linguaggio C risolvono questo problema normalmente con le macro, ma tale soluzione non è efficiente.

Consideriamo, per esempio, una funzione `abs(argomento)` che restituisce il valore assoluto del suo `argomento`. Per implementare `abs()` in modo che possa accettare parametri `int`, `float`, `long` e `double`, si dovrebbero scrivere quattro funzioni diverse; tuttavia, siccome C++ supporta l'overheading delle funzioni, è possibile sovraccaricare la funzione `abs` per farle accettare tutti e quattro i tipi di dato citati.

```
int abs(int x)
{
  return (x < 0) ? -x : x;
}
long abs(long x)
{
  return (x < 0) ? -x : x;
}
float abs(float x)
{
  return (x < 0) ? -x : x;
}
double abs(double x)
{
  return (x < 0) ? -x : x;
}
```

Tuttavia, in C++ anziché scrivere le quattro funzioni `abs()`, si può scrivere un unico *template di funzione* come:

```
template <class tipo>
tipo abs(tipo x)
{
  return (x < 0) ? -x : x;
};
```

La parola riservata `template` indica al compilatore che è stato definito un template di funzione. Il simbolo *tipo* indica al compilatore che può essere sostituito dal tipo di dato appropriato: `int`, `float`, ecc.

Un template di funzione ha il seguente formato

```
template <class tipo>
   dichiarazione della funzione
```

o più dettagliatamente

```
template <class tipo> tipo funzione(tipo arg1, tipo arg2, ...)
{
  // Corpo della funzione
}
```

Alcune dichiarazioni tipiche:

1.
```
template <class T> T max (T a, T b)
  0
```

Il template funzione `max` si dichiara con un unico tipo generico `T` e con due argomenti.

2.
```
template <class T1, class T2> T1 max (T1 a, T2 b)
```

Il template funzione `max` si dichiara con due tipi differenti possibili. Restituisce un valore di tipo `T1` e richiede due argomenti: uno di tipo `T1` e uno di tipo `T2`.

Utilizzazione dei template di funzioni

La prima operazione consiste nel progettare un template di funzione con uno o più tipi generici `T`. Una volta progettato il template di funzioni per maneggiare qualunque tipo di dato, lo si può utilizzare con un tipo di dato specifico, creando così una *funzione di template*.

Così, ad esempio, consideriamo la funzione `Funz1()`

```
template <class Tipo> Tipo Funz1(Tipo arg1, Tipo arg2)
{
  // Corpo della funzione Funz1()
}

void main()
{
  int i, j;       // Definisce variabili intere
  float a, b;     // Definisce variabili float
  // Uso della funzione Funz1() con valori interi
  Funz1(i, j);
  // Uso della funzione Funz1() con variabili float
  Funz1(a, b);
}
```

Il programma dichiara una funzione template `Funz1()` e utilizza la funzione con argomenti interi (`int`) o reali (`float`).

La prima volta che si chiama `Funz1()`, le si passano due argomenti di tipo intero. Il compilatore esamina il template, osserva che gli argomenti si dichiarano di tipo generico e si costruisce una corrispondente funzione che utilizza argomenti di tipo intero. Il compilatore genera la seguente funzione reale dalla funzione template:

```
int Funz1(int arg1, int arg2)
{
  // Corpo della funzione Funz1()
}
```

Il tipo `int` rimpiazza il generico `Tipo` dappertutto. Quando si chiama `Funz1()` la seconda volta con argomenti `float`, il compilatore genera la seguente funzione reale dal template:

```
float Funz1(float arg1, float arg2)
{
  // Corpo della funzione Funz1()
}
```

Il seguente esempio definisce due template di funzioni: `min()` e `max()`.

```
//file minmax.h
#ifndef _ _MINMAX_H
#define _ _MINMAX_H          // Evita inclusioni molteplici
template <class T> T max(T a, T b)
{
  if (a > b)
     return a;
  else
     return b;
}
template <class T> T min(T a, T b)
{
  if (a < b)
     return a;
  else
     return b;
}
#endif
```

Segue un programma che utilizza i precedenti template (includendo il file che li contiene) tramite prototipi che il compilatore utilizza per scrivere i corpi delle funzioni reali.

```
#include <iostream>
#include "minmax.h"
using namespace std;
int max(int a, int b);
double max(double a, double b);
char max(char a, char b);
main()
{
  int e1 = 400; e2 = 500;
  double d1 = 2.718283, d2 = 3.141592;
  char c1 = 'X', c2 = 't';
  cout << "massimo(e1, e2) = " << max(e1, e2) << endl;
  cout << "massimo(d1, d2) = " << max(d1, d2) << endl;
  cout << "massimo(c1, c2) = " << max(c1, c2) << endl;
  return 0;
}
```

SOMMARIO

In questo capitolo abbiamo visto cosa sono e come si definiscono le funzioni, che costituiscono la base della programmazione modulare. Esse servono per suddividere problemi grandi in moduli più piccoli in modo da facilitare la progettazione e la manutenzione del software. Abbiamo visto come si dichiara, come si definisce e come si manda in esecuzione una funzione; come la funzione restituisce un risultato al programma chiamante e come accetta da esso argomenti su cui lavorare. Abbiamo visto che gli argomenti vengono passati per valore, ma che il C++ ha recuperato (dal Pascal) la tecnica dei riferimenti (il C non la contempla), consentendo quindi di passare argomenti a funzioni anche tramite riferimenti. Inoltre abbiamo descritto:

- il concetto e l'uso di prototipi, obbligatori in C++
- il concetto di argomenti per default e il loro utilizzo nelle funzioni
- il vantaggio di utilizzare funzioni in linea (`inline`) per aumentare la velocità di esecuzione

Abbiamo detto che la libreria standard C++ include una grande quantità di funzioni, che si raggruppano in categorie, tra le quali le librerie:

- per la manipolazione di caratteri
- numeriche
- per tempo e ora
- per conversione di dati
- per ricerca e ordinamento

Per utilizzare una libreria bisogna includere nel programma il corrispondente "header file". Sono stati approfonditi anche i seguenti argomenti:

- *Visibilità* o *regole di visibilità* di funzioni e variabili.
- L'ambiente di un programma ha quattro tipi di visibilità: di programma, file sorgente, funzione e blocco.
- *Variabili globali* (si dichiarano fuori da ogni funzione e sono visibili a tutte le funzioni) e *locali* (si dichiarano dentro una funzione e possono essere utilizzate soltanto da quella funzione).
- Le *variabili statiche* mantengono la loro informazione dopo che la funzione ha finito di lavorare. Quando si richiama di nuovo la funzione, la variabile prende il valore che aveva al termine della precedente chiamata.
- Le *variabili registro* si utilizzano quando si vuole aumentare la velocità di elaborazione di certe variabili.
- Le *funzioni ricorsive* sono quelle che chiamano sé stesse.
- Il C++ permette il *sovraccaricamento di funzioni* o *polimorfismo di funzioni*, che consente di utilizzare lo stesso nome per funzioni diverse.
- I *template di funzioni* forniscono il meccanismo per creare funzioni generiche. Una funzione generica è una funzione che può supportare simultaneamente differenti tipi di dato nei suoi argomenti.

CONCETTI CHIAVE

- Argomento
- Libreria di funzioni
- Compilazione separata
- Funzione
- Parametro referenza
- Parametro valore
- Template di funzioni
- Prototipo
- Ricorsività
- Sovraccaricamento di funzioni
- Visibilità

Problemi

5.1 Scrivere una funzione che abbia un argomento di tipo intero e che restituisca la lettera *P* se il numero è positivo, e la lettera *N* se è zero o negativo.

Scrivere una funzione booleana con due argomenti interi, che restituisca `true` se uno divide l'altro, `false` in caso contrario.

Scrivere una funzione che converta una temperatura da gradi Celsius in gradi Fahrenheit. La formula di conversione è:

$F = 9/5 * C + 32$

Scrivere una funzione booleana `Vocale` che determini se un carattere è una vocale.

Scrivere una funzione che abbia come parametro due numeri interi positivi `num1` e `num2`, e calcoli il resto della divisione intera tra il maggiore di loro e il minore mediante somme e sottrazioni.

Scrivere una funzione che abbia come parametri due numeri interi positivi `num1` e `num2` e calcoli il quoziente della divisione intera tra il primo e il secondo mediante somme e sottrazioni.

Scrivere un programma che calcoli i valori della funzione definita nella seguente forma:

```
funzioney(0)  = 0,
funzioney(1)  = 1
funzioney(2)  = 2
funzioney(n)  = funzioney(n - 3) + 3
                *funzioney(n - 2) -
                funzioney(n - 1)  se n > 2
```

Un numero intero *n* si dice perfetto se coincide con la somma dei suoi divisori, includendo 1 ed escludendo il numero stesso. Codificare una funzione che determini se un numero è perfetto. Ad esempio 6 è un numero perfetto 1 + 2 + 3 = 6.

Dato il valore di un angolo, scrivere una funzione che mostra i valori di tutte le funzioni trigonometriche.

Scrivere una funzione booleana che decida se un numero intero positivo è primo.

Scrivere un programma che tramite funzioni calcoli:

- Le annualità di capitalizzazione, se si conosce la durata, il tasso d'interesse e il capitale finale da pagare.
- Il capitale residuo *c* da pagare dopo *t* anni, conoscendo l'annualità di capitalizzazione e il tasso d'interesse.
- Il numero di anni necessari per restituire un capitale *c* a un tasso di interesse *r*.

Siano dati un numero reale *p* compreso tra zero e uno, un numero intero *n* positivo e un altro numero intero *i* compreso tra 0 ed *n*. È noto che, se un evento ha probabilità di accadere *p* e l'esperimento aleatorio si ripete *n* volte, la probabilità che l'evento accada *i* volte è data dalla funzione binomiale di parametri *n*, *p* e *i*, espressa dalla seguente formula:

$$\text{Probabilità } (X=i) = \binom{n}{i} \cdot p^i (1-p)^{n-i}$$

Scrivere un programma che legga i valori di *p*, *n* e *i*, e calcoli il valore dato per la funzione binomiale.

Scrivere un programma che utilizzi una funzione per convertire le coordinate polari in rettangolari.

La probabilità che un evento accada *r* volte con la distribuzione di Poisson di media *m* è data da:

$$\text{Probabilità } (X=r) = \frac{m^r \cdot e^{-m}}{r!}$$

Scrivere un programma che calcoli tramite un menu le probabilità che

a) l'evento accada esattamente *r* volte

b) l'evento accada al massimo *r* volte

c) l'evento accada almeno *r* volte

Scrivere le funzioni per calcolare il massimo comune divisore e il minimo comune multiplo di due numeri interi.

Scrivere le funzioni per leggere delle frazioni e visualizzarle con due numeri interi (numeratore e denominatore).

5.17 Scrivere un programma che tramite un menu permetta di gestire le operazioni di somma, sottrazione, prodotto e quoziente di frazioni.

5.18 La funzione seno viene definita tramite il seguente sviluppo in serie:

$$\text{sen}(x) = \sum_{i=0}^{n} \frac{(-1)^n \cdot x^{2i+1}}{(2i+1)!}$$

Scrivere una funzione che riceva come parametri il valore di x e un limite di errore, e poi calcoli il seno di x con un errore minore del limite specificato. Eseguire la funzione in un programma con diversi valori di prova.

5.19 La funzione coseno è definita tramite il seguente sviluppo in serie di Taylor:

$$\cos(x) = \sum_{i=0}^{n} \frac{(-1)^n \cdot x^{2i}}{(2i)!}$$

Scrivere una funzione che riceva come parametro il valore di x e un limite di errore, e poi calcoli il coseno di x con un errore minore del limite specificato.

Esercizi supplementari

Per ulteriori esercizi si rimanda all'Appendice A del testo.

Array 6

Indice

Introduzione

Finora sono state descritte le caratteristiche dei tipi di dato fondamentali (carattere, numero intero e in virgola mobile). Abbiamo anche imparato a definire e utilizzare costanti simboliche tramite `const`, `#define` e il tipo `enum`. In questo capitolo continueremo l'esame dei tipi di dato del C++ focalizzando l'attenzione sul tipo *array* (vettore).

Un array elementare contiene dati dello stesso tipo, come interi, numeri in virgola mobile o caratteri. È molto importante per diverse ragioni, la più importante delle quali è forse il fatto che viene utilizzato per rappresentare le *stringhe*, cioè le sequenze di caratteri. Gli elementi di un array possono essere a loro volta degli array, e in questo caso si rappresentano matrici, cioè vettori di vettori, oppure possono essere delle matrici, e in questo caso si ottengono array tridimensionali e così via.

6.1 Array

Un *array* (o *vettore*) è una sequenza di oggetti dello stesso tipo. Gli oggetti si chiamano elementi dell'*array* e si numerano consecutivamente 0, 1, 2, 3 … Gli elementi di un "array" possono essere di qualunque tipo, predefinito o definito dall'utente, come vedremo più avanti. Normalmente, l'array si utilizza per tipi come `char`, `int` o `float`.

Un *array* può contenere, ad esempio, l'età degli allievi di una classe, le temperature dei giorni di un mese in una data città o il numero di persone che risiedono in ognuna delle venti regioni italiane.

Figura 6.1
Array di sei elementi.

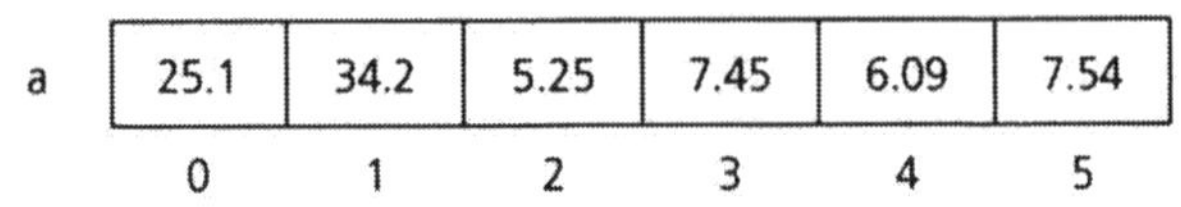

Come detto prima, gli *elementi* di un array si numerano consecutivamente a partire da 0. Questi numeri si dicono *indici* dell'array, e il loro ruolo è quello di localizzare la posizione di ogni elemento dentro l'array, fornendo *accesso diretto* ad esso.

Se il nome del vettore è `a`, allora `a[0]` è il nome del primo elemento, `a[1]` è il nome del secondo elemento e così via. L'elemento *i-esimo* si trova quindi nella posizione `i-1`, e se l'array ha *n* elementi, i loro nomi sono `a[0]`, `a[1]` ... `a[n-1]`.

La Figura 6.1 rappresenta graficamente un array `a` con sei numeri reali: `a[0]` contiene 25,1; `a[1]` contiene 34,2; `a[2]` contiene 5,25; `a[3]` contiene 7,45; `a[4]` contiene 6,09 e `a[5]` contiene 7,54. Questa figura rappresenta realmente una regione della memoria del computer, perché un *array* viene immagazzinato sempre sequenzialmente su posizioni di memoria contigue.

6.1.1 Definizione di un array

Come qualunque altro tipo di variabile, l'array deve essere definito prima di essere utilizzato. Un array si definisce in modo simile agli altri tipi di dato, ma si deve indicare tra parentesi quadre la sua dimensione (o *lunghezza*). La *sintassi* per dichiarare un array di una dimensione determinata è:

```
tipo nomeArray[numeroDiElementi];
```

numeroDiElementi — È la dimensione dell'array; deve essere un valore intero (come 10), un valore `const`, un'espressione costante (come `5 * sizeof(int)`) o una variabile che però sia stata istanziata prima della definizione dell'array.

Ad esempio, per creare un array (lista) di dieci variabili intere, si scrive:

```
int numeri[10]; // Crea un array di 10 elementi int
```

Questa definizione fa sì che il compilatore riservi spazio sufficiente per contenere dieci numeri interi. In C++ gli interi occupano, normalmente 4 byte, così che un array di dieci interi occupa 40 byte di memoria.

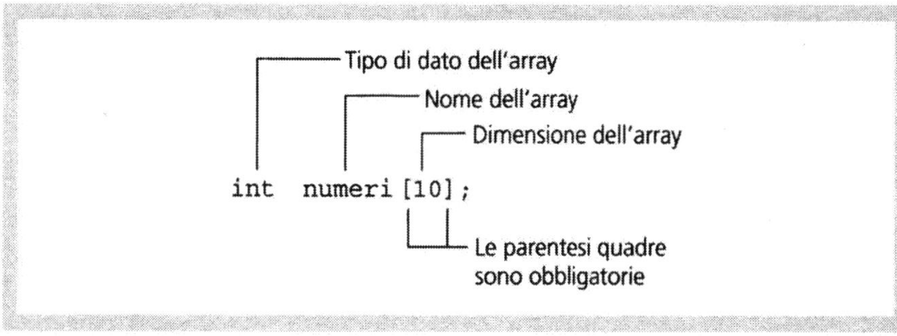

Figura 6.2
Sintassi della definizione di un array.

6.1.2 Accesso agli elementi di un array

L'utilità dell'array sta nel fatto che si può accedere a ogni suo elemento mediante uno stesso nome e un *indice* scorrevole:

nomeArray[n]

└── posizione dell'elemento dentro l'array

Come già detto, il primo elemento ha indice 0, il successivo 1 e così via. Perciò, l'array `numeri` contiene i seguenti elementi individuali:

```
numeri[0]    numeri[1]    numeri[2]    numeri[3]
numeri[4]    numeri[5]    numeri[6]    numeri[7]
numeri[8]    numeri[9]
```

Ad esempio

```
cout << numeri[4] << endl;
```

visualizza il valore del quinto elemento dell'array `numeri`.

Precauzione

C++ non verifica che gli indici dell'array stiano dentro la dimensione definita. Così, ad esempio, si può tentare di accedere a `numeri[12]` e il compilatore non segnalerà alcun errore.

L'indicizzazione a partire da 0 ha come effetto che l'indice di un elemento dell'array indica il numero di "passi" da fare per raggiungerlo partendo da quello iniziale. Ad esempio, `a[3]` sta a 3 passi dall'elemento `a[0]`. Il vero vantaggio di questo metodo si capirà però solo quando tratteremo le relazioni tra array e puntatori (Capitolo 8). Esaminiamo alcuni esempi:

`int eta[5];`	L'array `eta` contiene 5 elementi: il primo è `eta[0]` e l'ultimo è `eta[4]`.
`int pesi[25], lunghezze[100];`	Definisce due array di interi.

`float salari[25];`	Definisce un array di 25 elementi `float`.
`double temperature[50];`	Definisce un array di 50 elementi `double`.
`char lettere[15];`	Definisce un array di caratteri.

Si possono referenziare elementi anche utilizzando espressioni per gli indici

```
eta[4]
vendite[totale + 5]
buoni[mese]
salario[mese[i] * 5]
```

Esempio

```
// Chiedere in input 10 età di allievi
// e visualizzarle in output
#include <iostream>
using namespace std;
int main()
{
  int eta[10];    //array di 10 interi
  for (int i = 0; i < 10; i++)
  {
    cout << "Introduca età dell'allievo: ";
    cin >> eta[i];
  }
  for (i = 0; i < 10; i++)
    cont << "le età sono " << eta[i] << endl;
  return 0;
}
```

6.1.3 Allocamento in memoria degli array

Gli elementi degli array si posizionano in blocchi contigui di memoria. Così, ad esempio, gli array

```
int eta[5];
char codici[5];
```

si rappresentano graficamente come illustra la Figura 6.3.

Figura 6.3
Allocamento in memoria di array.

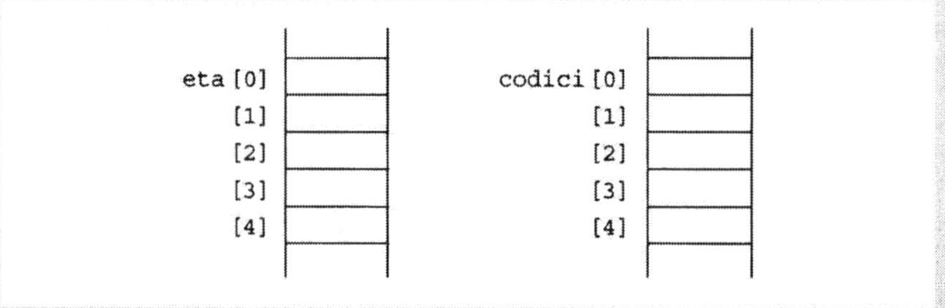

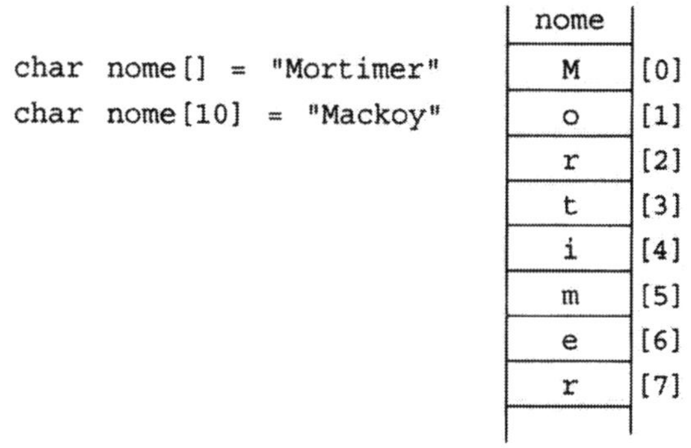

Figura 6.4
Un array di caratteri in memoria.

Gli array di caratteri funzionano nella stessa maniera, ma ogni carattere occupa un solo byte. Così, ad esempio, un array chiamato `nome` si può rappresentare come illustra la Figura 6.4.

6.1.4 La dimensione degli array (*sizeof*)

La funzione `sizeof()` restituisce il numero di byte necessari per contenere il dato o il tipo di dato che le è stato passato come argomento. Se la si usa per conoscere la dimensione di un array, essa restituisce il numero di byte occupati da tutto l'array. Ad esempio, supponiamo che si definisca un array di 100 numeri interi denominato `eta`; se si vuole conoscere la dimensione dell'array, si può utilizzare un'istruzione simile a questa

```
n = sizeof(eta);
```

Dove `n` assumerà il valore 400. Se si vuole conoscere la dimensione di un singolo elemento dell'array si può scrivere:

```
n = sizeof(eta[6]);
```

n assumerà il valore 4 (numero di byte che contengono un intero).

6.1.5 Verifica del rango dell'indice di un array

A differenza di altri linguaggi di programmazione – come il Pascal – C++ non verifica che il valore dell'indice sia inferiore alla lunghezza dell'array. Ad esempio, in Pascal se si definisce un array `a` con indici da 0 a 5, allora l'espressione `a[6]` produrrà un errore di *buffer overflow* in fase di compilazione.

Esempio

Protezione contro errori di buffer overflow.

```
double somma(const double a[], const int n)
{
   if (n * sizeof(double) > sizeof(a))
      return 0;
   double S = 0.0;
   for (int i = 0; i < n; i++)
      S += a[i];
   return S;
}
```

6.2 Inizializzazione di un array

Si può ovviamente utilizzare l'operatore di assegnamento per assegnare valori a ogni elemento di un array. Per esempio, per un array `prezzi` di numeri interi, si può scrivere:

```
prezzi[0] = 10;
prezzi[1] = 20;
prezzi[3] = 30;
prezzi[4] = 40;
...
```

La prima istruzione fissa `prezzi[0]` al valore 10, `prezzi[1]` al valore 20, ecc. Tuttavia, questo metodo non è pratico quando l'array contiene parecchi elementi. Il metodo utilizzato normalmente è quello di *inizializzare* l'array completo in una sola istruzione quando lo si definisce. Il sistema consiste nell'immagazzinare i valori corrispondenti racchiusi tra parentesi graffe e separati da virgole (Figura 6.5).

Figura 6.5
Inizializzazione di un array.

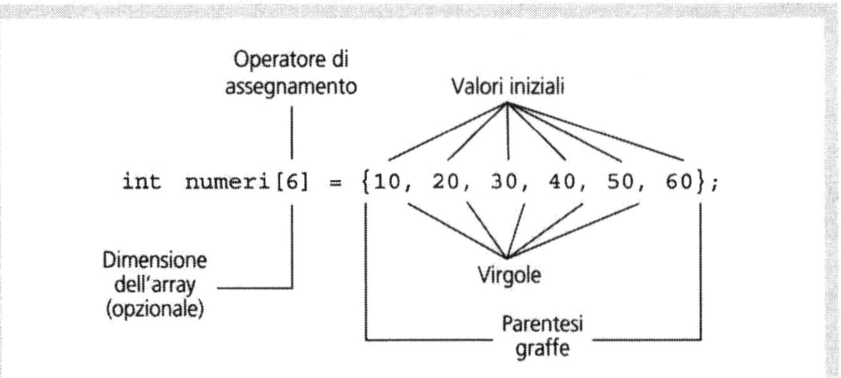

Quando si inizializzano gli array in questo modo la dimensione è facoltativa, dato che il compilatore conterà il numero di valori dentro le parentesi graffe, come nei seguenti esempi:

```
int numeri[6] = {10, 20, 30, 40, 50, 60};
int n[] = {3, 4, 5}       // Definisce un array di 3 elementi
char c[] = {'L','u','i','s'};         // Definisce un array
                                      // di 4 elementi
char c[] = {"Luis"};      // Definisce un array di 4 elementi
const int
G=31,F=28,M=31,A=30,I=31,U=30,L=31,O=31,S=30,T=31,N=30,D=31;
int mesi[12]={G, F, M, A, I, U, L, O, S, T, N, D};
```

L'array `numeri` ha 6 elementi, `n` ha 3 elementi e `c` ha 4 elementi. Gli array di caratteri si possono inizializzare con una costante di stringa, come in `char s[]={"Luis"};` l'ultimo esempio mostra come si possono anche assegnare costanti simboliche come valori numerici agli elementi di un array.

Questo modo di inizializzare gli array nella definizione può andar bene se la loro dimensione è piccola; altrimenti possiamo usare un'istruzione ciclica, tipicamente il `for`. Ad esempio, per inizializzare tutti i valori dell'array `numeri` al valore 0, si può utilizzare la seguente istruzione:

```
for (i = 0; i <= 5; i++)
   numeri[i] = 0;
```

Poiché il valore dell'indice `i` varia da `0` a `5`, ogni elemento dell'array `numeri` prenderà il valore zero.

Esempio

Il programma assegna otto interi a un array `nums`, tramite `cin`; poi visualizza il totale dei numeri.

```
#include <iostream>
using namespace std;
const NUM 8
main()
{
  int nums[NUM];
  int totale = 0;
  for (int i = 0; i < NUM; i++)
  {
    cout << "Per favore, introduca il numero";
    cin >> nums[i];
    totale += nums[i];
  }
  cout << "Il totale di numeri è" << totale << endl;
  return 0;
}
```

Le variabili globali di tipo array si inizializzano a 0 per default. Perciò il programma seguente visualizza 0 per i 10 valori dell'array.

```
int lista[10];
main()
{
  int j;
  for (j = 0; j <= 9; j++)
     cout << "\n lista[" << j << "] = " << lista[i];
}
```

Se si definisce un array globalmente o un array statico e non si fornisce alcun valore di inizializzazione, il compilatore inizializzerà l'array con un valore per difetto (zero per array di elementi interi e reali – virgola mobile – e carattere nullo per array di caratteri).

Così, ad esempio, in

```
int Voti[5];
void main()
{
  static char Nomi[5];
}
```

l'array di interi è definito globalmente e l'array di caratteri è definito come un array statico locale al `main()`. Se si visualizzano in output gli elementi degli array si ottiene:

```
 Voti                      Nomi
[0]   0                  [0]    '\0'
[1]   0                  [1]    '\0'
[2]   0                  [2]    '\0'
[3]   0                  [3]    '\0'
[4]   0                  [4]    '\0'
```

6.3 Array di caratteri e stringhe di testo

Una stringa di testo è una sequenza di caratteri, come `"AbC3zG"`. C++ rappresenta le stringhe di testo utilizzando array di caratteri

```
char mia_stringa[] = "AbC3zG";
```

con la convenzione che le stringhe terminano con un carattere nullo.

Le stringhe sono array di caratteri, ma non tutti gli array di caratteri sono stringhe.

La Figura 6.6 mostra una stringa e un array di caratteri.

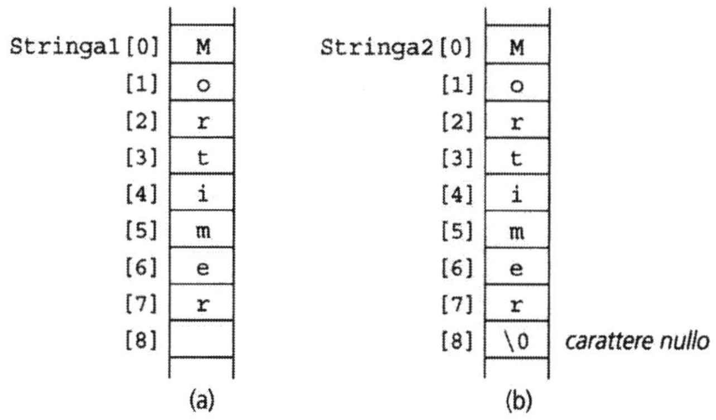

Figura 6.6
(a) Array di caratteri;
(b) stringa.

Le stringhe hanno il *carattere nullo* (`\0` – ASCII 0) come ultimo carattere (non necessariamente come ultimo elemento del vettore). Il metodo più facile per inizializzare una stringa è farlo durante la sua definizione:

```
char Stringa[7] = "AbC3zG";
```

Il compilatore inserisce automaticamente il carattere nullo alla fine della stringa, in modo che la sequenza reale sia

Stringa	A	b	C	3	z	G	\0

L'assegnazione potrebbe essere fatta anche così:

```
Stringa[0] = 'A';
Stringa[1] = 'b';
Stringa[2] = 'C';
Stringa[3] = '3';
Stringa[4] = 'z';
Stringa[5] = 'G';
Stringa[6] = '\0';
```

Tuttavia, non si può assegnare una stringa a un array al di fuori della definizione

```
Stringa = "AbC3zG";        \\ Errore
```

Per assegnare una stringa a una variabile si può utilizzare la funzione di libreria standard `strcpy()`. Ad esempio, per assegnare la stringa `"Abracadabra"` all'array di caratteri `nome`, si può scrivere

```
strcpy(nome, "Abracadabra");  // Copia Abracadabra in nome
```

La funzione `strcpy` aggiunge il carattere nullo alla fine della stringa. Si dovrebbe però essere sicuri che l'array di caratteri `nome` abbia sufficienti elementi per contenere la stringa, altrimenti si verifica un buffer overflow e si potrà andare a scrivere in celle di memoria esterne all'array.

Esempio

Riempire gli elementi di un array con dati provenenti dall'input.

```
#include <iostream>
using namespace std;
// Costanti e variabili globali
const int MAX = 10;
int Mostra[MAX];

void main()
{
  cout << "Introduca un vettore di " << MAX << " elementi
      e prema INVIO dopo ogni elemento \n\n";
  for (int i = 0, i < MAX; ++i)
    cin >> Mostra[i];
}
```

Esempio

Visualizzare gli elementi di un array.

```
#include <iostream>
using namespace std;
// costanti e variabili globali
const int MAX = 10;
int Mostra[MAX];

void main()
{
  for (int i = 0; i < MAX; ++i)
    Mostra[i] = i * i;
  for ( i = 0, i < MAX; ++i)
    cout << Mostra[i] << '\t';
}
```

6.4 Array multidimensionali

Gli array visti finora sono *unidimensionali* e hanno un solo indice. Gli array di array si dicono *bidimensionali*; hanno due dimensioni e, pertanto, due indici. Gli array di array di array sono tridimensionali e così via. Gli array bidimensionali sono noti anche con il nome di *tabelle* o *matrici* (Figura 6.7).

Ogni elemento sarà localizzato tramite le coordinate rappresentate dal suo numero di riga e dal suo numero di colonna. La sintassi per la dichiarazione di un array di due dimensioni è:

```
<tipo dato Elemento> <nome array> [<NumRighe<] [<NumColonne>]
```

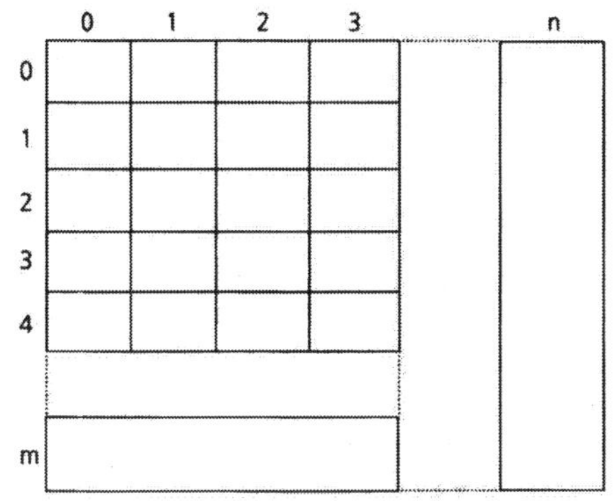

Figura 6.7
Struttura di un array di due dimensioni.

Alcuni esempi di dichiarazione di tabelle:

```
char Schermo[25][80];
int posti[6][8];
int squadre[4][30];
int matrice[4][2];
```

Diversamente da altri linguaggi, C++ richiede che ogni dimensione sia racchiusa tra parentesi quadre. L'istruzione

```
int squadre[4, 30]
```

non è valida.

Come detto, un array di due dimensioni in realtà è un *array di array*. Cioè, è un array unidimensionale i cui elementi non sono valori interi o reali ma sono a loro volta array.

Gli elementi degli array vengono immagazzinati in memoria in modo che il primo indice rappresenti la riga e l'altro la colonna. La Tabella 6.1 rappresenta elementi e posizioni relative in memoria dell'array

```
int tabella[4] [2];
```

6.4.1 Inizializzazione di array multidimensionali

Anche gli array multidimensionali si possono inizializzare nella definizione. L'inizializzazione consta di un vettore di costanti separate da virgole e racchiuse tra parentesi graffe, come in

```
int tabella[2][3] = {51, 52, 53, 54, 55, 56};
```

oppure

```
int tabella[2][3] = {{51, 52, 53}, {54, 55, 56}};
```

Tabella 6.1 Un array bidimensionale.

Elemento	Posizione relativa di memoria
`tabella[0][0]`	0
`tabella[0][1]`	4
`tabella[1][0]`	8
`tabella[1][1]`	12
`tabella[2][0]`	16
`tabella[2][1]`	20
`tabella[3][0]`	24
`tabella[3][1]`	28

Consiglio

Gli array multidimensionali (a meno che non siano globali) non si inizializzano per default. Se si inizializzano uno o più elementi, ma non tutti, C++ riempie il resto con zeri o valori nulli (`'\0'`). Se si vuole inizializzare a zero un array multidimensionale, si può utilizzare un'istruzione come questa.

```
float vendite[3][4] = {0.0};
```

6.4.2 Acceso agli elementi di array bidimensionali

Per accedere agli elementi di array bidimensionali bisogna specificare l'indice di riga e quello di colonna. Il formato generale per l'assegnamento diretto di valori agli elementi è:

inserzione di elementi

```
<nome array>[indice riga][indice colonna]=valore elemento;
```

Figura 6.8
Tabelle di due dimensioni.

`tabella[2][3]`

Righe \ *Colonne*	0	1	2
0	51	52	53
1	54	55	56

`tabella[3][4]`

Righe \ *Colonne*	0	1	2	3
0	1	2	3	4
1	5	6	7	8
2	9	10	11	12

```
tabella  [0][0]
         [0][1]
         [0][2]
         [0][3]
         [1][0]
         [1][1]
         [1][2]
         [1][3]
         [2][0]
         [2][1]
         [2][2]
         [2][3]
```

Figura 6.9 Immagazzinamento in memoria di `tabella[3][4]`.

estrazione di elementi

```
<variabile> = <nome array> [indice riga] [indice colonna];
```

Alcuni esempi di inserzioni possono essere:

```
Tabella[2][3] = 4.5;
Resistenze[2][4] = 50;
PostiASedere[5][12] = 5;
```

e di estrazione di valori:

```
Vendite = Tabella[1][1];
Giorno = Settimana[3][6];
```

6.4.3 Lettura e scrittura di elementi da array bidimensionali

Le istruzioni `cin` e `cout` possono inserire ed estrarre elementi da un array; per esempio

```
cin >> Tabella[2][3];
cout << Tabella[1][1];
cin >> Resistenze[2][4];
if (PostiASedere[3][1])
  cout << "VERO";
else
  cout << "FALSO";
```

6.4.4 Accesso a elementi tramite cicli

Si può accedere agli elementi di array bidimensionali tramite cicli annidati:

```
for (int IndiceRiga = 0; IndiceRiga < NumRiga; ++IndiceRiga)
  for (int IndiceCol = 0; IndiceCol < NumCol; ++IndiceCol)
     Processare elemento[IndiceRiga] [IndiceCol]
```

Esempio

```
// Riempire la Tabella
float dischi[2] [4];
int riga, col;
for (riga=0; riga<2; riga++) {
  for (col = 0; col < 4; col++)
  {
    cin >> dischi[riga][col];
  }
}
// Visualizzare la tabella
for (riga = 0; riga  < 2; riga++) {
  for (col = 0; col < 4; col++)
  {
    cout << "Disco: " << dischi[riga] [col] << "\n";
  }
}
```

6.4.5 Array di più di due dimensioni

C++ offre la possibilità di immagazzinare dati in array pluridimensionali, anche se nel mondo reale raramente si richiedono più di due o tre dimensioni. Il modo più facile per rappresentare un array di tre dimensioni è paragonarlo a un cubo (Figura 6.10).

Una definizione di array tridimensionale è:

```
const int PAGINE=500, RIGHE=45, COLONNE=80:
char libro[PAGINE][RIGHE][COLONNE];
```

Un esempio tipico di array tridimensionale è il *libro*, nel quale ogni pagina del libro è un array bidimensionale costruito con righe e colonne. Così, ad esempio, ogni pagina ha 45 righe (le righe dell'array) e 80 caratteri per riga

Figura 6.10
Un array di tre dimensioni (4×5×3).

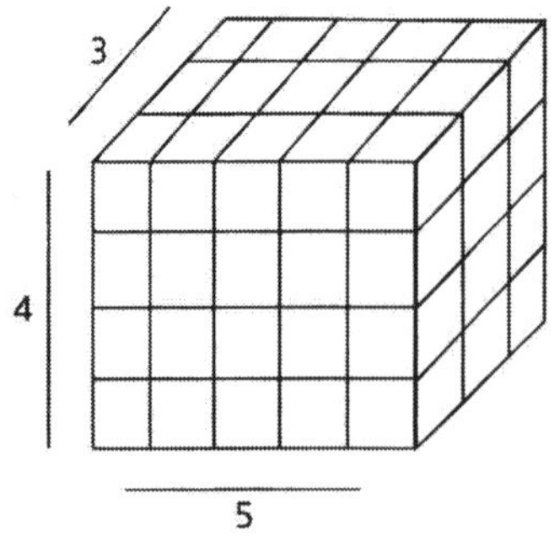

(le colonne dell'array). Quindi, se il libro ha 500 pagine, esisteranno 500 piani e il numero di elementi sarà $500 \times 80 \times 45 = 1.800.000$. Il tipo di dato dell'array è `char`, dato che gli elementi sono caratteri.

Il metodo più facile per accedere ai singoli elementi del libro è tramite cicli annidati. Dato che il libro è costituito di un insieme di pagine, il ciclo più esterno sarà il ciclo di pagina; e il ciclo di colonne il ciclo più interno. Ciò significa che il ciclo di righe si inserirà tra i cicli pagina e colonna. Il codice seguente permette di processare l'array

```
for (int pagina = 0; pagina < PAGINE; ++pagina)
  for (int riga = 0; riga < RIGHE; ++riga)
     for (int colonna = 0; colonna < COLONNE; ++colonna)
       <processare Libro[pagina][riga][colonna]>
```

Esercizio risolto 6.1

Leggere e visualizzare un array di due dimensioni. La funzione `leggere` legge un array di due dimensioni e la funzione `visualizzare` presenta la tabella sullo schermo.

```
// prototipi
void leggere(int a[][5]);
void visualizzare(const int a[][5]);

main()
{
  int a[3][5];
  leggere(a);
  visualizzare(a);
}

void leggere(int a[][5]
{
  cout << "Introduca 15 numeri interi, 3 per riga" << endl;
  for (int i = 0; i < 3; i++) {
     cout << "Riga  " << i << ":";
     for (int j = 0; j < 5; j++)
          cin >> a[i][j];
  }
}

void visualizzare (const int a[][5]
{
  for (int i = 0; i < 3; i++) {
     for (int j = 0; j < 5; j++)
          cout << " " << a[i][j];
     cout << endl;
  }
}
```

La tabella (un array di due dimensioni) è:

```
Riga  0:  45 75 25 10 40
Riga  1:  20 14 36 15 26
Riga  2:  21 15 37 16 27
```

Eseguendo il programma si ottiene:

```
Introduca 15 numeri interi, 3 per riga

Riga  0: 45 75 25 10 40
Riga  1: 20 14 36 15 26
Riga  2: 21 15 37 16 27
45 75 25 10 40
20 14 36 15 26
21 15 37 16 27
```

6.5 Passaggio di vettori come parametri

In C++ *gli array si passano per riferimento*. Ciò significa che, quando s'invoca una funzione e le si passa un array come parametro, C++ tratta la chiamata come se vi fosse l'operatore di indirizzo `&` davanti al nome del vettore. La Figura 6.11 aiuta a capire il meccanismo.

Date le definizioni:

```
const MAX 100;
double dati[MAX];
```

si può dichiarare una funzione che accetti un array di valori `double` come parametro:

```
double SommaDiDati(double dati[]);
```

Si lasciano le parentesi quadre in bianco perché ciò che in realtà viene passato non è il vettore, ma solo il suo riferimento (sarà più chiaro quando vedremo

Figura 6.11
Passaggio di un array a una funzione.

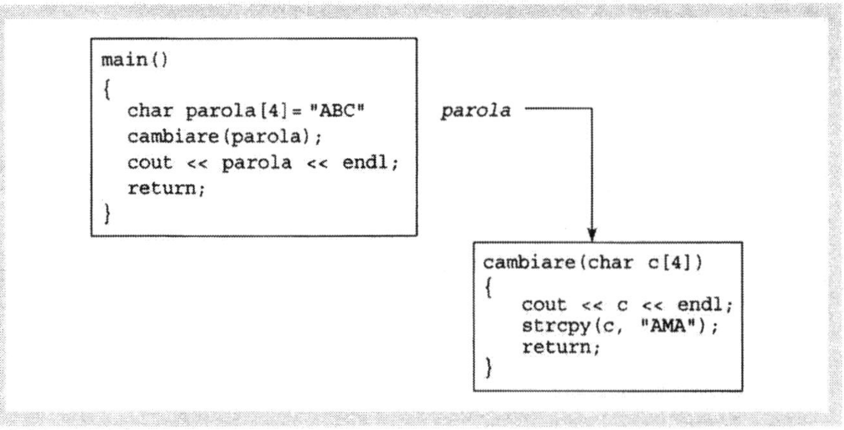

la relazione fra vettori e puntatori). Se la funzione deve conoscere la dimensione del vettore si deve aggiungere un secondo parametro per questo:

```
double SommaDiDati(double dati[], int n);
```

Alla funzione `SommaDiDati` si possono allora passare sia il vettore (che sarà preso in `dati`) che la sua dimensione (che sarà presa in `n`). Ad esempio, questa istruzione visualizzerebbe la somma degli elementi dell'array:

```
cout << "Somma di " << SommaDiDati(dati, MAX);
```

La funzione `SommaDiDati` non è difficile da scrivere. Un semplice ciclo somma gli elementi dell'array e un'istruzione `return` restituisce il risultato:

```
double SommaDiDati(double dati[], int n)
{
  double Somma = 0;
  while (n > 0) Somma += dati[n];
  return Somma;
}
```

Quando si passa un array a una funzione, si passa in realtà *solo* l'indirizzo del suo primo elemento, che è proprio il nome dell'array, ma la funzione accede direttamente alle celle di memoria dell'array. Passare il nome dell'array per valore significa passare l'array per riferimento.

Esempio

Passaggio di array a funzioni.

```
const int long = 100;
void leggereArray(double[], int&);
void stampareArray (const double [], const int);

main()
{
   double a[long];
   int n;
   leggereArray(a, n);
   cout << "L'array ha " << n << " elementi\nSono:\n";
   stampareArray(a, n);
}

void leggereArray(double a[], int& n)
{
   n = 0;
   cout << "Introduca dati. Per terminare premere 0.\n";
   for (n = 0; n < long; n++)
   {
      cout << "\n" << n << ":";
      cin >> a[n];
```

```
         if (a[n] == 0) break;
      }
}
void stampareArray(const double a[], const int n)
{
   for (int i = 0; i < n; i++)
      cout << i << ":\t" << a[i] << endl;
}
```

Eseguendo il programma si ottiene:

```
Introduca dati. Per terminare premere 0.
0:  31.31
1:  15.25
2:  44.77
3:  0
L'array ha 3 elementi
Sono:
0:  31.31
1:  15.25
2:  44.77
```

Esercizio risolto 6.2

Scrivere una funzione che sommi i primi `n` elementi di un array specificato.

```
double somma(const double a[], const int n)
{
  double s = 0.0;
  for (int i = 0; i < n; i++)
     s += a[i];
  return s;
}
```

Di conseguenza, quando si utilizza una variabile array come argomento, la funzione non può conoscere quanti elementi ci siano nell'array; sa dove inizia l'array, ma non sa dove termina.

Si possono utilizzare due metodi per permettere a una funzione di conoscere il numero di elementi dell'array che le è stato passato come argomento.

- Passare alla funzione l'informazione come secondo argomento.
- Collocare un valore sentinella alla fine dell'array, che indichi alla funzione dove fermarsi.

Esempio

```
#include <iostream>
using namespace std;
int SommaDiInteri(int *ArrayInteri, int NoElementi)
{
  int i, Totale = 0;
  for (i = 0; i < NoElementi; i++)
    Totale += ArrayInteri[i];
  return Totale;
}
void main()
{
  int elementi[10];
  int totale, i;
  cout << "Introduca 10 numeri, seguiti da invio" << endl;
  for (i = 0; i < 10; i++)
    cin >> elementi[i];
  // Somma dell'array
  totale = SommaDiInteri(elementi, 10);
  // Visualizzare il risultato
  cout << totale;
  return 0;
}
```

Poiché le stringhe sono vettori di caratteri, passare una stringa a una funzione significa passare un vettore. Per far conoscere alla funzione la loro dimensione, le stringhe utilizzano il secondo metodo, cioè quello della sentinella, che è il carattere nullo. Quando si passa una stringa a una funzione, come `strlen()` (restituisce la lunghezza della stringa, come descritto nel Capitolo 10), la funzione sa che la stringa termina quando incontra il valore 0.

6.6 Ordinamento di vettori

L'ordinamento è la procedura tramite la quale si dispongono gli elementi dell'array in un ordine specifico, come l'ordine alfabetico o quello numerico. L'ordinamento può essere *crescente* o *decrescente*. Esistono numerosi algoritmi di ordinamento di array: *per inserzione* (*insertion-sort*), *a bolle* (*bubble-sort*), *per selezione* (*selection-sort*), *rapido* (*quick-sort*), *per fusione* (*merge-sort*) ecc. Nei Capitoli 11 e 19 approfondiremo l'argomento.

6.6.1 Bubble-sort

L'ordinamento a bolle è uno dei metodi più facili. L'algoritmo è semplice. Si confronta ogni elemento dell'array con il successivo; se gli elementi non

Figura 6.12
Iterazioni nel bubble sort.

Lista disordinata:	6	4	10	2	8
Prima iterazione	6	4	4	4	
	4	6	6	6	
	10	10	2	2	
	2	2	10	8	
	8	8	8	10	
Seconda iterazione	4	4			
	6	2			
	2	6			
	8	8			
	10	10			
Terza iterazione	4	2			
	2	4			
	6	6			
	8	8			
	10	10			
Quarta iterazione	2				
	4				
	6				
	8				
	10				

sono nella sequenza corretta si scambiano i loro valori, e così via. Il valore più piccolo "gorgoglia" fino alla parte superiore dell'array come se fosse una bolla in un bicchiere di gassosa.

La Figura 6.12 mostra un vettore di numeri, prima, durante i successivi confronti e al termine dell'algoritmo *bubble sort*. Si realizzano diverse iterazioni fino a che il vettore è ordinato totalmente in ordine ascendente.

L'ordinamento richiede sempre uno scambio di valori, quando essi non sono nell'ordine giusto. Se, ad esempio, nella prima iterazione, 6 e 4 non sono ordinati si debbono scambiare i loro valori. Supponiamo che l'array si chiami `lista`:

```
lista[0]   6
lista[1]   4
lista[2]   10
lista[3]   2
lista[4]   8
```

Per scambiare due valori, bisogna utilizzare la funzione di scambio vista nel Paragrafo 5.4.2.

Esercizio risolto 6.3

Il seguente programma ordina un vettore di numeri reali e poi li stampa.

```
// prototipi
void stampare(float [], const int);
void ordinare(float [], const int);

void main()
{
  float a[10] = {25.5,34.1,27.6,15.24. 3.27, 5.14, 6.21,
                 7.57, 4.61, 5.4};
  stampare(a, 10);
  ordinare(a, 10);
  stampare(a, 10);
}

void stampare(float a[], const int n)
{
  for (int i = 0; i < n; i++) {
    cout << a[i] << ", ";
    if ((i + 1)% 16 == 0) cout << endl;
  }
  cout << endl;
}

void scambia(float& x, float& e);

// ordinare
void ordinare(float a[], const int n)
{
  for (int i = n; i < 0; i--)
    for (int j = 0; j < i; j++)
      if (a[j] > a[j+1]) scambia(a[j], a[j+1]);
}
```

La funzione `ordinareBol` realizza un ordinamento per il metodo a bolle dell'array `lista`, che è il parametro di input/output.

```
void ordinareBol(int lista[], int n)
// lista[], parametro di input/output
// n, parametro di input, numero di elementi
{
  int i,
  passo,    //Numero di iterazioni a traverso l'array
  aux,      //Variabile aussiliare utilizzata nello scambio
  ordinato; //Variabile che indica se l'ordine è corretto

  passo = 1;
  do {
     // Si suppone che l'array sia ordinato finché
     // si trova una coppia disordinata
     ordinato = 1;
```

```
        // Realizza un'iterazione sugli elementi disordinati
        for ( i = 0; i < n-passo; ++i)
        {
             if (lista[i] > lista[i+1])
             {
             // Scambio di coppie di variabili disordinate
                  aux         = lista[i];
                  lista[i]    = lista[i+1];
                  lista[i+1] = aux;
                  ordinato = 0;
             }
        }
        ++passo;
   } while (!ordinato);
}
```

6.7 Ricerca nei vettori

I vettori sono la struttura dati più comune nella programmazione, specialmente nelle applicazioni tecnico-scientifiche; quindi ricercare un elemento dentro un vettore è un'operazione fondamentale. Nei Capitoli 11 e 19 si approfondirà lo studio degli algoritmi di ricerca, ma ne anticipiamo qui due: la **ricerca sequenziale** o **in serie** per vettori non ordinati, e la **ricerca binaria** o **dicotomica** per array ordinati.

6.7.1 Ricerca sequenziale

Questo algoritmo cerca l'elemento dato nel modo più semplice, attraversando cioè l'array in maniera sequenziale dalla prima posizione fino all'elemento cercato, oppure fino alla fine se il vettore non contiene l'elemento.

Questo compito ripetitivo richiede ovviamente un ciclo, per esempio un `while`. Una variabile booleana `Trovato`, inizializzata a `false`, sarà posta a `true` se viene trovato l'elemento nel vettore. L'operatore logico `and` valuta le due condizioni di terminazione della ricerca: elemento trovato o array terminato. Quando il ciclo si arresta, se il valore di `Trovato` sarà `true`, verrà restituito il valore dell'indice che indicherà la posizione dell'elemento nel vettore; se il valore di `Trovato` sarà rimasto a `false`, si restituirà il valore `-1`. In pseudocodice:

```
RicercaSeq
inizio
  Stabilire Trovato = false
  Stabilire Indice = primo indice dell'array
  mentre (Elemento non sia Trovato) e (Indice < Ultimo
              indice) fare
     se (A[indice] == Elemento) allora
          Mettere Trovato a true
```

```
    se no
          Incrementare Indice
    se (Trovato == true) allora
          ritorno (Indice)
  fine_mentre
    se no
          ritorno (-1)
fine
```

Nel linguaggio C++:

```
int RicercaSeq(int vettore[], int dimensione, int elemento)
{
  bool trovato = false;
  int i = 0;
  // Ricerca nel vettore fino a che si trova l'elemento
  // o si raggiunge la fine del vettore
  while ((!trovato) && (i <= dimensione -1))
  {
     if (vettore[i] == elemento) trovato = true;
     else ++i;
  }
  // Se si trova l'elemento restituisce la posizione
  // nel vettore, altrimenti restituisce -1
  if (trovato) return (i);
  else return (-1);
}
```

Esercizio risolto 6.4

Questo programma trova il numero maggiore all'interno di un vettore di interi.

```
#include <iostream>
using namespace std;
#define LONG 15
void main()
{
  int lista[LONG] = {5,2,4,9,14,4,2,85,11,45,25,12,45,6,99};
  int valore_maggiore, i;
  valore_maggiore = lista[0];
  for (i = 1; i < LONG; i++)
  {
     // Immagazzinare valore attuale se è maggiore
     // dell'ultimo valore maggiore trovato
     if (lista[i] > valore_maggiore)
     {
          valore_maggiore = lista[i];
     }
  }
  cout  << "Il numero maggiore del vettore è" <<
     valore_maggiore << "\n";
  return 0;
}
```

SOMMARIO

Questo capitolo è stato dedicato al principale tipo di dato "aggregato", cioè il *vettore* o *array*. Abbiamo visto che esso è un tipo di dato strutturato che si utilizza per immagazzinare elementi dello stesso tipo e che esistono array a una dimensione, a due dimensioni ... e multidimensionali. Gli array si definiscono specificando il tipo di dato dell'elemento, il nome dell'array e la lunghezza di ogni dimensione dell'array. Abbiamo visto come accedere agli elementi dell'array. Infine abbiamo ampiamente discusso le caratteristiche di quei particolari vettori di caratteri che sono le stringhe (sequenze di caratteri terminanti con il carattere nullo).

CONCETTI CHIAVE

- Array
- Array bidimensionali
- Array di caratteri
- Array multidimensionali
- Stringa di testo
- Dichiarazione di un array
- Inizializzazione di un array
- Lista, tabella
- Ordinamento e ricerca
- Parametri di tipo array

Problemi

6.1 Qual è l'output del seguente programma?

```
#include <cstdlib>
#include <iostream>
using namespace std;
int main(int argc, char *argv[])
{
  int i, Primo[21];
  for i = 1; i <= 6; i++)
    cin >> Primo[i];
  for(i = 3; i > 0; i--)
    cout << Primo[2 * i];
  system("PAUSE");
  return EXIT_SUCCESS;
}
```

6.2 Qual è l'output del seguente programma?

```
#include <cstdlib>
#include <iostream>
using namespace std;
int main(int argc, char *argv[])
{
  int i,j,k, Primo[10];
  for (i = 0; i < 10; i++)
    Primo[i]  =  i  +  3;
  cin >> j >> k;
  for(i = j; i <= k; i++)
    cout << Primo[i] << " ";
  system("PAUSE");
  return EXIT_SUCCESS;
}
```

6.3 Qual è l'output del seguente programma?

```
#include <cstdlib>
#include <iostream>
using namespace std;
int main(int argc, char *argv[]){
  int i, j ,k, Primo[11], Secondo[11];
  for(i = 0; i < 11;  i++)
    Primo[i] = 2 * i + 2;
  for(j = 0; j < 6; j++)
    Secondo[j] = Primo[2 * j] + j;
  for(k = 3; k < 6; k++)
    cout << Primo[k + 1]<< " "  <<
  Secondo [k - 1] << endl;
  system("PAUSE");
  return EXIT_SUCCESS;
}
```

6.4 Scrivere una funzione che riempia un array con i 10 primi numeri dispari e visualizzi i contenuti del vettore i cui indici sono: 0, 2, 4, 6, 8.

6.5 Scrivere un programma che legga 10 numeri interi, li immagazzini in un vettore e calcoli la loro somma e la loro media aritmetica.

6.6 Un vettore di n elementi è detto simmetrico se l'elemento che occupa la posizione i-esima coincide con quello che occupa la posizione $(n-i)$-esima. Ad esempio il vettore che immagazzina i valori 2, 4, 5, 4, 2 è simmetrico. Scrivere una funzione che decida se il vettore di n dati che riceve come parametro è simmetrico.

6.7 Un vettore che immagazzina n dati si dice che è maggioritario, se esiste un elemento immagazzinato nel vettore che appare nel vettore più di $n/2$ volte. Scrivere una funzione che decida se un vettore è maggioritario.

6.8 Progettare delle funzioni che calcolino il prodotto scalare di due vettori, la norma di un vettore e il coseno dell'angolo che formano, utilizzando le seguenti formule:

$$ps(a,b,n) = \sum_{i=0}^{n-1} a(i) \cdot b(i) \qquad norma(a,n) = \sqrt{\sum_{i=0}^{n-1} a(i) \cdot a(i)}$$

$$cos(a,b,n) = \frac{\sum_{i=0}^{n-1} a(i) \cdot b(i)}{\sqrt{\sum_{i=0}^{n-1} a(i) \cdot a(i) \cdot \sum_{i=0}^{n-1} a(i) \cdot b(i)}}$$

6.9 Scrivere un algoritmo che calcoli e scriva una tabella con i 100 primi numeri primi. Un numero è primo se solo ha per divisori l'unità e sé stesso.

6.10 Scrivere un programma che generi aleatoriamente i dati di un vettore, li visualizzi e ne calcoli la media m, la deviazione media dm e la deviazione tipica dt, date dalle seguenti espressioni:

$$m = \left(\sum_{i=0}^{n-1} a(i) \right) / n \qquad dm = \frac{\sum_{i=0}^{n-1} abs(a(i) - m)}{n}$$

$$dt = \sqrt{\frac{\sum_{i=0}^{n-1} (a(i) - m)^2}{n}}$$

6.11 Scrivere una funzione che riceva come parametro una matrice quadrata di ordine n e ne calcoli la trasposta immagazzinando il risultato nella propria matrice.

6.12 Si dice che una matrice ha un punto di sella se qualche posizione della matrice è il valore più piccolo della sua riga e allo stesso tempo il più grande della sua colonna. Scrivere una funzione che abbia come parametro una matrice di numeri reali, e calcoli e scriva gli eventuali punti di sella e le loro posizioni.

6.13 Scrivere un programma che legga un numero naturale dispari n minore o uguale a 11, calcoli e visualizzi il quadrato magico di ordine n. Un quadrato di ordine $n*n$ si dice magico se contiene i valori 1, 2, 3 ... $n*n$ e soddisfa la condizione che le somme dei valori immagazzinati in ogni riga e colonna coincidono.

6.14 Scrivere una funzione che trovi l'elemento maggiore e minore di una matrice, nonché le posizioni che occupano e le visualizzi sullo schermo.

6.15 Scrivere una funzione che riceva come parametro una matrice quadrata di ordine `n` e decida se è simmetrica. Una matrice quadrata di ordine `n` è simmetrica se `a[i][j]==a[j][i]` per tutti i valori degli indici `i`, `j`.

6.16 Codificare un programma C++ che permetta di visualizzare il triangolo di Pascal:

```
               1
            1     1
         1     2     1
      1     3     3     1
   1     4     6     4     1
1     5     10    10    5     1
```

Nel triangolo di Pascal ogni numero è la somma dei due numeri posti sopra di esso. Questo problema si deve risolvere utilizzando prima un array bidimensionale e poi un array di una sola dimensione.

6.17 Scrivere un programma che legga un testo in input e conti il numero di parole lette, il numero di righe e il numero di vocali (*a*, *e*, *i*, *o*, *u*). La fine dell'ingresso dei dati viene segnalata da *Ctrl-Z*.

6.18 Codificare un programma C++ che legga una frase e decida se è palindroma. Una frase si dice che è palindroma se, dopo aver eliminato gli spazi vuoti, si può leggere nella stessa forma nei due sensi.

6.19 Scrivere una funzione che riceva un numero scritto in una certa base b come stringa di caratteri e lo trasformi nello stesso numero scritto in un'altra base $b1$ come stringa di caratteri. Le basi b e $b1$ sono maggiori o uguali a 2 e minori o uguali a 16. Si può supporre che il numero entri in una variabile numerica intero lungo; usare la base 10 come base intermedia.

6.20 Progettare e codificare un programma che legga un testo e determini la frequenza di apparizione di ogni lettera maiuscola. La fine della lettura viene data da *Ctrl-Z*.

6.21 Scrivere un programma che legga una frase e poi visualizzi ogni parola della frase in colonna, seguita dal numero di lettere che compongono ogni parola.

Esercizi supplementari

Per ulteriori esercizi si rimanda all'Appendice A del testo.

Strutture e unioni

7

Indice

Introduzione

Questo capitolo esamina altri tipi di dato definibili dal programmatore: strutture, unioni ed enumerazioni. La capacità di creare nuovi tipi di dato è una caratteristica importante del C++ perché libera il programmatore dai vincoli imposti dai tipi predefiniti. A differenza del vettore, una *struttura* può aggregare dati di tipo diverso. La struttura è importante per la creazione di basi di dati o altre applicazioni che richiedono grandi quantità di dati. Come vedremo in seguito essa è anche alla base del concetto di *oggetto*. In questo capitolo analizzeremo il concetto di *unione* e il tipo di dato `enum` (collezione di elementi, definiti dal programmatore, i cui nomi sono in corrispondenza con valori interi). Infine vedremo come utilizzare `typedef` per definire un sinonimo di un tipo esistente definito dal programmatore.

7.1 Strutture

Gli array sono strutture dati che contengono un determinato numero di elementi dello stesso tipo. Questa caratteristica è un limite quando si richiede di descrivere oggetti caratterizzati da vari attributi descrivibili mediante dati di tipo diverso. Ad esempio, per descrivere un oggetto "cliente" bisogna raccogliere dati, come il nome, l'età, l'indirizzo, il numero del conto corrente ecc. La soluzione a questo problema è di utilizzare un tipo di dato *struttura* (*record* in Pascal).

I componenti individuali di una struttura si chiamano campi, ognuno caratterizzato da un *nome* e capace di contenere dati di tipo diverso.

Una **struttura** è una collezione di elementi denominati **campi**, ognuno dei quali può contenere un dato di tipo diverso.

Una struttura può contenere qualunque numero di campi. Supponiamo di voler immagazzinare i dati di una collezione di compact disc. I campi della struttura CD potrebbero essere cinque

- titolo
- artista
- numero di canzoni
- prezzo
- data di acquisto

Dopodiché bisogna stabilire di che tipo sarà ciascun campo:

Nome campo	Tipo di dato
Titolo	Array di caratteri di dimensione 30
Artista	Array di caratteri di dimensione 25
Numero di canzoni	Intero
Prezzo	Virgola mobile
Data di acquisto	Array di caratteri di dimensione 8

La Figura 7.1 contiene la struttura `CD`, mostrando graficamente i tipi di dato dentro la struttura. Si noti che ogni campo è un tipo di dato differente.

7.1.1 Dichiarazione di una struttura

Una struttura è un tipo di dato definito dal programmatore. Prima di definire una variabile di quel tipo bisogna dichiarare il tipo stesso! Il formato della dichiarazione è:

```
struct <nome della struttura>
{
   <tipo di dato campo1> <nome campo1>;
   <tipo di dato campo2> <nome campo2>;
   ...
   <tipo di dato campon> <nome campon>;
};
```

Titolo	Hebron Gate
Artista	Groundation
Numero di canzoni	9
Prezzo	11.99
Data di acquisto	8-10-07

Figura 7.1
Rappresentazione grafica di una struttura CD.

La dichiarazione della struttura `CD` ad esempio è

```
struct CD
{
  char titolo[30];
  char artista[25];
  int num_canzoni;
  float prezzo;
  char data_acquisto[8];
}
```

7.1.2 Definizione di variabili di tipo struttura

Dopo aver dichiarato il tipo di dato, si possono definire le variabili di quel tipo. Le variabili di tipo `struct` si possono definire di due modi: (1) elencandole dopo la parentesi graffa di chiusura della dichiarazione della struttura, o (2) scrivendo il nome della struttura seguita dalle variabili di quel tipo:

1.
```
struct CD
  {
    char titolo[30];
    char artista[25];
    int num_canzoni;
    float prezzo;
    char data_compra[8];
  } cd1, cd2, cd3;
```

2.
```
CD cd1, cd2, cd3;
```

Questa seconda definizione non è consentita in C, dove è obbligatorio l'uso della parola riservata `struct` nella definizione:

```
struct CD cd1, cd2, cd3;
```

Consideriamo un programma che archivi libri processando i seguenti dati: titolo del libro, nome dell'autore, editore e anno di pubblicazione. Un tipo `libro` potrebbe essere:

```
struct libro {
  char titolo[60];
  char autore[30];
  char editore[30];
  int anno;
};
```

La definizione di variabili di tipo `libro` si potrebbe fare così:

1. `libro libro1, libro2, libro3;`

oppure subito dopo la definizione della struttura:

2.
```
struct libro
{
  char titolo[60];
  char autore[30];
  char editoriale[30];
  int anno;
} libro1, libro2, libro3;
```

7.1.3 Le strutture possono essere assegnate

Un altro vantaggio notevole delle strutture rispetto ai vettori è che esse possono essere assegnate. Ad esempio, è possibile assegnare alle variabili `libro4`, `libro5` e `libro6` gli stessi valori rispettivamente di `libro1`, `libro2` e `libro3`. Pertanto, sarebbe necessario realizzare le seguenti istruzioni:

```
libro libro4 = libro1;
libro libro5 = libro2;
libro libro6 = libro3;
```

7.1.4 Inizializzazione di una dichiarazione di strutture

Una variabile di tipo struttura si può inizializzare in qualunque punto del programma, anche nella definizione. Per esempio:

```
struct data
{
  int mese;
  int giorno;
  int anno;
} data_di_nascita = {1,6,1982};
```

```
struct libro
{
  char titolo[60];
  char autore[30];
  char editoriale[30];
  int anno;
} libro1 = { "C++", "Luis Joyanes","McGraw-Hill", 1994 };
```

```
cd1 = {
          "Hebron Gate",
          "Groundation",
          9,
          11.99,
          "08/10/07"
      };
```

I valori si devono dare nell'ordine in cui sono definiti i corrispondenti campi nella struttura. Nell'esempio precedente, il campo `mese` di `datanascita` assume il valore iniziale `1`, il campo `giorno` assume il valore `6` e il campo `anno` assume il valore `1982`.

Se vi sono più valori di inizializzazione che campi della struttura, il compilatore segnala un errore. Al contrario, se i valori sono di meno, vengono inizializzati solo i primi campi a cui corrisponde un valore, mentre gli altri prendono il valore di default corrispondente al loro tipo.

7.1.5 La dimensione di una struttura

Il seguente programma illustra l'uso dell'operatore `sizeof` per determinare la dimensione di una struttura:

```
#include <iostream>
using namespace std;
//dichiarare una struttura Persona
struct persona
{
  char nome[30];
  int eta;
  float altezza;
  float peso;
};

int main()
{
  persona tizio;
  cout << "sizeof(persona): " << sizeof(tizio);
}
```

Quando si esegue il programma si produce l'output:

```
sizeof(persona): 42
```

Il risultato si ottiene determinando il numero di byte che occupa la struttura

Persona	Campi dato	Dimensione (byte)
`nome[30]`	`char(1)`	30
`eta`	`int(4)`	4
`altezza`	`float(4)`	4
`peso`	`float(4)`	4
Totale		42

7.2 Accesso ai campi delle strutture

Per accedere in lettura o in scrittura a un singolo campo della struttura si utilizza l'operatore punto (`.`). Ad esempio, per assegnare un valore al campo di una variabile di tipo `struct` si scrive:

```
<variabile_struct>.<campo> = valore;
```

↑ operatore punto

Alcuni esempi:

```
cd1.prezzo = 30.75;
cd1.num_canzoni = 7;
strcpy (cd1.titolo, "El Patio");
```

L'operatore punto consente l'accesso diretto al campo menzionato, il cui nome diventa a tutti gli effetti quello di una variabile, quindi ad esso si potranno assegnare solo valori del suo tipo.

Esempio

```
struct RegStudente
{
  int NumLibStudente;
  char corso;
};

int main()
{ RegStudente RegPersonale;
  RegPersonale.NumLibStudente = 2010;
} RegPersonale.corso = 'Dottorato';
```

Quindi prima definiamo le strutture

```
struct automobile
{
  int anno;
  int porte,
  double potenzaCV;
  char classe;
};
```

che equivale a

```
struct automobile
{

  int anno, porte;
  double potenzaCV;
  char classe;
}
```

e poi alcune variabili di quel tipo

```
automobile miaMacchina, tuaMacchina, suaMacchina;
```

Infine assegniamo i valori ai campi mediante l'operatore punto

```
miaMacchina.anno=2002;
miaMacchina.PotenzaCV=240;
miaMacchina.classe='C';
```

Se si vuole introdurre l'informazione dalla tastiera, basta utilizzare l'operatore di estrazione >> applicato al flusso dello standard input `cin`:

```
cout << "Introduca la potenza del motore espressa in CV: ";
cin >> miaMacchina.PotenzaCV;
...
```

Se invece si vuole mandare in output l'informazione contenuta in un campo, basta utilizzare l'operatore di inserimento << applicato al flusso dello standard input `cout`:

```
cout << "La potenza è di " << miaMacchina.PotenzaCV << " CV.";
```

7.3 Strutture annidate

Un campo di una struttura può a sua volta essere di tipo struttura. Se strutture diverse possiedono parti identiche, definire queste ultime come sottostrutture fa risparmiare tempo e riduce le possibilità di errore. Consideriamo queste due definizioni di strutture:

```
struct impiegato
{
  char nome[30];          // Nome del impiegato
  char indirizzo[25];     // Indirizzo dell'impiegato
  char citta[20];
  char provincia[20];
  long int cod_postale;
  double salario;         // Salario annuale
};
```

```
struct cliente
{
  char nome[30];          // Nome del cliente
  char indirizzo[25];     // Indirizzo del cliente
  char citta[20];
  char provincia[20];
  long int cod_postale;
  double saldo;           // Saldo
};
```

Queste strutture contengono campi identici che si potrebbero raccogliere in una struttura, `info`:

```
struct info
{
  char nome[30];
  char indirizzo[25];
  char citta[20];
  char provincia[20];
  long int cod_postale;
};
```

Questa struttura si può utilizzare come un campo delle altre strutture, cioè, annidarsi.

```
struct impiegato
{
  struct info anagrafica;
  double salario;
};

struct cliente
{
  struct info anagrafica;
  double saldo;
};
```

Ogni campo della sottostruttura si raggiungerà mediante un doppio uso dell'operatore punto (`.`). Ad esempio, supponiamo di avere definito una variabile `x` di tipo `impiegato`.

```
impiegato x;
```

Per assegnare a questa variabile il nome leggendolo dalla tastiera scriviamo

```
cout << "Introduca il nome dell'impiegato: ";
cin >> x.anagrafica.nome;
```

Esercizio risolto 7.1

Si vuole definire una struttura `impiegato` che contenga una struttura `persona` che, a sua volta, contenga una struttura `data_di_nascita`.

```
#include <iostream>
using namespace std;

struct data_di_nascita {
  unsigned int giorno;
  unsigned int mese;
  unsigned int anno;
};

struct persona {
  char              nome[20];
  unsigned int      eta;
  float             altezza;
  float             peso;
  data_di_nascita   data;
};

struct impiegato {
  persona       pers;
  unsigned int  salario;
  unsigned int  ore_settimanali;
};

int main()
{
impiegato x; // definisce una variabile di tipo impiegato
// input
cout << " introdurre il nome: "; cin >> x.pers.nome;
cout << " introdurre l'età: ";   cin >> x.pers.eta;
cout << " introdurre l'altezza: "; cin >> x.pers.altezza;
cout << " introdurre il peso: ";   cin >> x.pers.peso;
cout << " introdurre la data di nascita: ";
cin  >> x.pers.data.giorno;
cin  >> x.pers.data.mese;
cin  >> x.pers.data.anno;
cout << "introduca il salario: ";
cin  >> x.salario;
cout << "introduca numero di ore: ";
cin  >> x.ore_settimanali;
// output
cout << endl;
cout << "nome: " << pe.pers.nome << endl;
cout << "età:  " << pe.pers.eta << endl;
cout …
cout << "data di nascita: "
cout << pe.pers.data.giorno << "-";
  …
}
```

L'accesso a campi dato di strutture annidate richiede l'uso di operatori punto in cascata.

Le strutture si possono annidare a qualunque livello. È pure possibile inizializzare strutture annidate nella definizione. La seguente istruzione inizializza una variabile `Luigi` di tipo `Persona`.

```
Persona Luigi { "Luigi", 25, 1.940, 40, { 12', 1, 70}};
```

7.4 Array di strutture

Si può creare un array di strutture così come di un qualunque altro tipo. Gli array di strutture sono utili per rappresentare basi di dati (*database*), cioè collezioni di record da gestire in maniera efficiente.

La dichiarazione di un array di strutture `libro` si può fare in modo simile a qualunque array; per esempio, la definizione

```
libro libri[100];
```

riserva spazio in memoria per ospitare un array di 100 elementi di tipo `libro`. Per accedere ai campi di ognuno degli elementi struttura si utilizzano l'indice dell'array e l'operatore punto:

```
libri[0].anno = 1994;
strcpy(libri[0].titolo, "C++");
strcpy(libri[0].autore, "Luis Joyanes");
strcpy(libri[0].editore, "McGraw-Hill");
```

Si può anche inizializzare un array di strutture nel punto della dichiarazione racchiudendo la lista di inizializzatori tra parentesi graffe, `{ }`. Ad esempio

```
info_libro libri[3] = { "C++ alla sua portata", "Luis
  Joyanes", "McGraw-Hill", 1994, "The Annotated C++.
  Reference Manual", "Stroustrup", "Addison-Wesley", 1992,
  "The Design and Evolution of C++", "Stroustrup",
  "Addison-Wesley", 1994, "Object Orientation", "Hares,
  Smart", "Wiley", 1994 };
```

7.4.1 Array come campi

Come abbiamo già visto negli esempi, i campi delle strutture possono essere vettori.

Esercizio risolto 7.2

Catalogare i libri di una biblioteca. Il seguente programma crea un array di 100 strutture, dove ogni struttura contiene diversi tipi di variabili, vettori inclusi.

```
#include <iostream>
#include <stdio.h>
```

```
#include <ctype.h>
using namespace std;

struct inventario
{
  char titolo[25];
  char data_pub[20];
  char autore[30];
  int num;
  int ordinazione;
  float prezzo_vendita;
};

main()
{
  struct inventario libro[100];
  int totale = 0;
  char risp;
  do {
     cout << "Totale libri " << (totale+1) << "\n";
     cout << "Qual è il titolo? ";
     gets(libro[totale].titolo);

     cout << "Qual è la data di pubblicazione? ";
     gets(libro[totale].data_pub);

     cout << "Chi è l'autore? ";
     gets(libro[totale].autore);

     cout << "Quanti libri esistono? ";
     cin >> libro[totale].num;
     cout << "Quanti esemplari esistono ordinati? ";
     cin >> libro[totale].ordinazione;

     cout << "Qual è il prezzo di vendita? ";
     cin >> libro[totale].prezzo_vendita;
     fflush(stdin);

     cout << "\n Vi sono ancora libri? (S/N)";
     cin >> risp;
     fflush(stdin);
     risp = toupper(risp);
     if (risp == 'S')
     {
        totale++;
        continue;
     }
  } while (risp == 'S');
  return 0;
}
```

7.5 Utilizzare le strutture come parametri

C++ permette di passare strutture come parametri attuali alle funzioni, sia per valore (come fa il C) che per riferimento (passando non la struttura ma il suo indirizzo in memoria, come vedremo nel prossimo capitolo). Nel primo caso, se la struttura è grande può comportare una notevole perdita di efficienza ricopiare tutti i suoi valori nello *stack*.

Il seguente programma mostra come passare per valore una struttura a una funzione.

```
#include <iostream>
using namespace std;

// Definire il tipo struttura persona
struct persona {
  char nome[20];
  char via[30];
  char citta[25];
  char provincia[25];
  char codicePostale[5];
};

void visualizza_info(persona dati)
{
  cout << dati.nome << endl
       << dati.via << endl
       << dati.citta << " " << dati.provincia
       << " " << dati.codicePostale << endl;
}

void main(void)
{
  // Definisce x come tipo persona
  persona x = {"Peppe Luigi Clifford",
               "3 maggio","Tresnuraghes",
               "Oristano", "09079"};
  visualizza_info(x);

  cout << "Prema Invio per continuare";
  cin.get();
}
```

Per passare la struttura per riferimento si deve cambiare l'intestazione della funzione inserendo l'operatore di riferimento `&` tra `persona` e `dati`.

```
void visualizza_info(persona& dati)
```

7.6 Funzioni membri di strutture

In C++ le strutture possono anche contenere funzioni, come le classi che vedremo in seguito.

Esercizio risolto 7.3

Progettare una struttura `Punto` (coordinate in 3 dimensioni `x`, `y`, `z`) che contenga due membri funzione `sommare()` e `sottrarre()` che sommino e sottraggano, rispettivamente, due oggetti di tipo `Punto`:

```
#include <iostream>
using namespace std;

struct Punto
{
  double x, y, z;  // campi dato
  void sommare(const Punto& p1, const Punto& p2)  //Membro
                                                  //funzione
  {
     x = p1.x + p2.x;
     y = p1.y + p2.y;
     z = p1.z + p2.z;
  }

  void sottrarre(const Punto& p1, const Punto& p2) //Membro
                                                   //funzione
  {
     x = p1.x - p2.x;
     y = p1.y - p2.y;
     z = p1.z - p2.z;
  }
};

int main()
{
  Punto p1, p2, p3;
  p1.x = 1.0; p1.y = 2.0; p1.z = 3.0;
  p2.x = 8.0; p2.y = 9.0; p2.z = 10.0;
  p3.x = 0.0; p3.y = 0.0; p3.z = 0.0;

  cout << "prima: " << endl;
  cout << "p3.x: " << p3.x << endl;
  cout << "p3.y: " << p3.y << endl;
  cout << "p3.z: " << p3.z << endl;
  p3.sommare (p1, p2);

  cout << "dopo: " << endl;
  cout << "p3.x: " << p3.x << endl;
  cout << "p3.y: " << p3.y << endl;
  cout << "p3.z: " << p3.z << endl;
}
```

Figura 7.2
Punto Q in tre dimensioni.

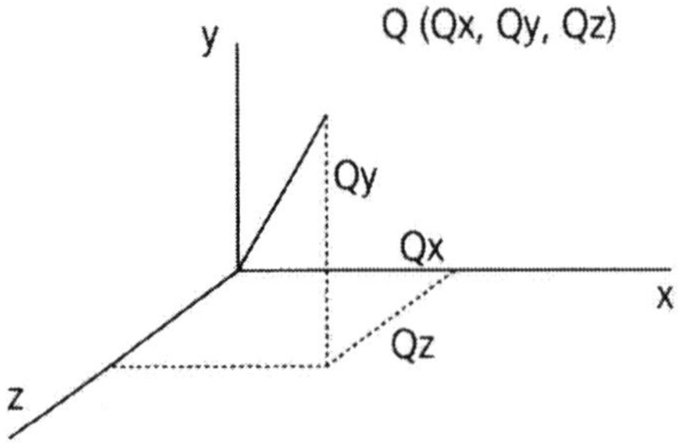

La definizione del tipo `Punto` include due funzioni membro `sommare()` e `sottrarre()`. A queste funzioni si passano due argomenti di tipo `Punto` ed esse manipolano questi due punti aggiungendo o sottraendo i loro rispettivi campi dato (`x`, `y`, `z`).

Se una struttura si dichiara con visibilità globale, i suoi campi e le sue funzioni sono accessibili da qualunque funzione del programma. In altre parole, sono pubblici. Così, ad esempio:

```
// definire e inizializzare due punti
p1.x = 1.0; p1.y = 2.0; p1.z = 3.0;
p2.x = 8.0; p2.y = 9.0; p2.z = 10.0;
p3.x = 0.0; p3.y = 0.0; p3.z = 0.0;
 ...
Punto p3;
p3.x = p1.x + p2.x;
p3.y = p1.y + p2.y;
p3.z = p1.z + p2.z;
// oppure
p3.Sommare (p1,p2);
```

7.7 Unioni

Le unioni somigliano alle strutture, ma anziché allocare i campi in maniera contigua esse li sovrappongono nella stessa posizione di memoria.

La sintassi di una unione è:

```
union nome {
   tipo1 campo1;
   tipo2 campo2;
   ...
};
```

Un esempio:

```
union ProvaUnione {
  float x;
  double y;
};
```

La quantità di memoria riservata per una unione è data dal campo più grande, perché i campi condividono la stessa zona di memoria. Ad esempio, la quantità totale di memoria utilizzata da `ProvaUnione` è di 8 byte, dato che l'elemento `double` è il campo più grande dell'unione.

Le unioni servono per risparmiare memoria. Capita spesso di aver bisogno di diverse variabili ma non tutte nello stesso momento. Si pensi al caso in cui bisogna leggere diverse stringhe dall'input, come:

```
char riga_ordini[80];
char messaggio_errore[80];
char aiuto[80];
```

Queste tre variabili occupano 240 byte di memoria. Tuttavia, se il programma non ha bisogno di utilizzarle simultaneamente, perché non permettergli di condividere la memoria utilizzando un'unione? Combinate ad esempio nel tipo union `frasi`, queste variabili occupano un totale di 80 byte.

```
union frasi {
  char riga_ordini[80];
  char messaggio_errore[80];
  char aiuto[80];
} stringhe;
```

Per riferirsi ai campi di un'unione, si utilizza l'operatore punto (`.`).

```
stringhe.aiuto
stringhe.messaggio_errore
```

7.8 Enumerazioni

Una enumerazione è un tipo definito dall'utente costituito da un insieme di costanti.

```
1. enum {enumeratore1, enumeratore2, enumeratore3 ...};
2. enum nome {enumeratore1, enumeratore2, enumeratore3 ...};
3. enum nome {
     enumeratore1 = espressione_costante1,
     enumeratore2 = espressione_costante2,
     enumeratore3 = espressione_costante3,
     ...
   };
```

Esempio

La seguente istruzione

```
enum {ROSSO, VERDE, AZZURRO};
```

definisce tre enumeratori – `ROSSO`, `VERDE` e `AZZURRO` – che internamente verranno associati, rispettivamente, agli interi 0, 1 e 2. Vale a dire l'esempio precedente è equivalente alla definizione di tre costanti, `ROSSO`, `VERDE` e `AZZURRO`, come

```
const int ROSSO = 0;
const int VERDE = 1;
const int AZZURRO = 2;
```

Una enumerazione può avere un nome

```
enum giorni_settimana{LUN, MAR, MER, GIO, VEN, SAB, DOM};
```

Per modificare l'assegnamento di default, agli enumeratori si possono assegnare valori o espressioni costanti durante la dichiarazione:

```
enum esaedro
{
  VERTICI = 8,        // Numero di vertici
  LATI    = 12,       // Numero di lati
  FACCE   = 6         // Numero di facce
}
```

7.9 typedef

La parola riservata `typedef` serve per creare un sinonimo di un tipo di dato, fondamentale o definito dall'utente. Per esempio, per dare un nuovo nome `lunghezza` al tipo di dato `double`.

```
typedef double lunghezza;
lunghezza distanza (const Punto& p, const Punto& p2)
{
  ...
  lunghezza lungh = sqrt(r-qua);
  return lungh;
}
```

Esempi più significativi (ma in parte ancora incomprensibili) sono:

```
typedef char* string;            // puntatore a char
typedef const char* String;      // puntatore a const char
```

SOMMARIO

In questo capitolo abbiamo introdotto le strutture dati di tipo `struct` le quali permettono di incapsulare dati di tipo diverso. Abbiamo visto come il programmatore deve dichiarare questo tipo di dato e come si definiscono poi variabili di quel tipo (definito dal programmatore). Abbiamo visto come poi si accede ai singoli campi di una struttura e che i campi, per default, sono accessibili pubblicamente. Abbiamo anticipato (sarà tema centrale nel capitolo dedicato alle "classi") che una struttura potrebbe anche incapsulare funzioni che operano sui dati della medesima. Il tipo di dato `union` è poi simile a `struct` ma può contenere solo uno dei suoi campi alla volta e la sua dimensione è, pertanto, la dimensione del suo campo più grande. Utilizzando il tipo `union` si può far sì che differenti variabili condividano in tempi diversi lo stesso spazio di memoria. L'unione permette di ridurre spazio di memoria. Da ultimo abbiamo visto l'operatore `typedef` che non dichiara un nuovo tipo di dato, ma un sinonimo di un tipo esistente.

CONCETTI CHIAVE

- Struttura
- Strutture annidate
- `sizeof`
- `struct`
- `typedef`
- Unione
- `union`
- Visibilità

Problemi

7.1 Dichiarare un tipo di dato per rappresentare le stagioni dell'anno.

7.2 Scrivere una funzione che restituisca la stagione dell'anno letta in input. La funzione deve essere del tipo dichiarato nel Problema 7.1.

7.3 Scrivere una funzione che riceva il tipo enumerativo del Problema 7.1 e lo visualizzi.

7.4 Dichiarare un tipo di dato enumerativo per rappresentare i mesi dell'anno; il mese gennaio deve essere associato al dato intero 1, e così successivamente per gli altri mesi.

7.5 Trovare gli errori del seguente codice:

```
void scrive(struct data f);
int main()
{
  struct data
  {
    int giorno;
    int mese;
    int anno;
    char mese[];
    } ff;
    ff = {1,1,2000,"GENNAIO"};
    scrive(ff);
    return 1;
}
```

7.6 La parola riservata `typedef` consente di dichiarare nuovi tipi di dato oppure permette di cambiare i nomi di tipi di dato già dichiarati?

7.7 Scrivere un programma che legga e scriva l'informazione di 100 clienti di una determinata impresa. I clienti hanno un nome, il numero di unità ordinate, il prezzo di ogni unità e lo stato in cui si trova: moroso, in ritardo, pagato.

7.8 Aggiungere al programma precedente una funzione che permetta di mostrare la fattura di tutti i clienti di ciascuna delle categorie moroso, in ritardo o pagato.

7.9 Modificare il programma dei Problemi 7.7 e 7.8 per ottenere i seguenti elenchi:

- Clienti in stato moroso, con fattura inferiore a una certa quantità.
- Clienti in stato pagato con fattura maggiore di una determinata quantità.

7.10 Si vuole registrare una struttura `Impiegato` che contenga come campi i dati di una persona, il salario e il numero di ore lavorate per settimana. Una `persona`, a sua volta, è un'altra struttura che ha come campi il nome, l'età, l'altezza, il peso e la data di nascita. La data di nascita è un'altra struttura che contiene il giorno, il mese e l'anno. Scrivere funzioni per leggere e scrivere un impiegato di tipo `Impiegato`.

7.11 Scrivere funzioni che permettano di fare le operazioni di somma, sottrazione, moltiplicazione e quoziente di numeri complessi in forma binomiale, $a + bi$. Il tipo *complesso* deve definirsi come una struttura.

7.12 Aggiungere al Problema 7.11 funzioni per leggere e scrivere numeri complessi, e un programma che permetta interattivamente di realizzare operazioni con numeri complessi.

7.13 Scrivere un tipo di dato per rappresentare numeri complessi in forma polare (modulo, argomento). Codificare due funzioni per convertire, rispettivamente, un numero complesso di forma polare in binomiale e uno di forma binomiale in polare.

7.14 Scrivere funzioni che permettano di fare le operazioni di moltiplicazione, divisione ed elevazione a potenza di numeri complessi in forma polare.

7.15 Si richiede di informatizzare i risultati ottenuti dalle squadre di basket e di calcio di Treviso. Le informazioni su ogni squadra:

- Nome della squadra
- Numero di vittorie
- Numero di sconfitte

Per le squadre di basket aggiungere le informazioni:

- Numero di perdite di pallone
- Numero di rimbalzi presi
- Nome del miglior realizzatore di tripli
- Numero di tripli del miglior realizzatore di tripli

Per le squadre di calcio aggiungere le informazioni:

- Numero di pareggi
- Numero di reti fatte
- Numero di reti subite
- Nome del capocannoniere della squadra
- Numero di reti del capocannoniere

Scrivere un programma per introdurre le informazioni per tutte le squadre di entrambi i campionati.

7.16 Modificare il programma del Problema 7.9 per ottenere i seguenti dati:

- Lista dei migliori realizzatori di tripli di ogni squadra.
- Massimo cannoniere del campionato di calcio.
- La squadra vincitrice del campionato di calcio, supponendo che la partita vinta valga tre punti e il pareggio un punto.
- Squadra vincitrice del campionato di basket.

7.17 Un punto nel piano si può rappresentare tramite una struttura con due campi. Scrivere un programma che realizzi le seguenti operazioni con punti nel piano:

- Dati due punti, calcolare la loro distanza.
- Dati due punti, determinare il punto medio del segmento che li unisce.

7.18 I protocolli IP di indirizzamento di rete Internet definiscono l'indirizzo di ogni nodo di una rete come un intero lungo, ma il formato non è molto adatto per gli umani. Di solito gli indirizzi si presentano agli utenti in gruppi di quattro byte, separati da un punto. Scrivere una funzione che visualizzi un intero lungo come un indirizzo di rete dei protocolli di Internet (quattro byte dell'intero lungo separati da punti).

7.19 Una biblioteca intende informatizzare l'inventario dei libri. Occorre creare un database in cui immagazzinare le seguenti informazioni: titolo del libro, data di pubblicazione, autore, numero totale di libri; numero totale di libri ordinati; prezzo di vendita. Scrivere le funzioni che permettano di leggere e visualizzare i dati del database.

Esercizi supplementari

Per ulteriori esercizi si rimanda all'Appendice A del testo.

Puntatori e riferimenti

8

Indice

Introduzione

Si dice che i *puntatori* in C (ed in C++) siano molto difficili da capire e da utilizzare, ma non è così. Sono una delle tecniche che rendono potente il linguaggio C, ma non sono affatto difficili da apprendere. Il puntatore è un tipo di dato predeterminato a rappresentare indirizzi di memoria. Una variabile di tipo puntatore contiene quindi l'indirizzo di memoria di una variabile o di una funzione, dette rispettivamente variabile e funzione *puntate*. Il dato in sé è un intero positivo (su 4 byte per le architetture con spazio di indirizzamento a 32 bit), ma s'intende che esso rappresenti specificamente un indirizzo di memoria.

In questo capitolo si approfondiranno differenti aspetti dei puntatori, in particolare:

- l'assegnamento dinamico della memoria
- l'aritmetica dei puntatori
- gli array di puntatori
- i puntatori a puntatori, funzioni e strutture

Il C++ ha poi recuperato dal Pascal i riferimenti (in C non esistono), che sono nomi aggiuntivi (cioè "alias") per una variabile. Implementati mediante puntatori nascosti, argomenti di funzione di questo tipo consentono il passaggio di argomenti per riferimento (tecnica preclusa al C).

8.1 Riferimenti

Quando si definisce una variabile, se ne determinano tre attributi fondamentali: il nome, il tipo e l'indirizzo in memoria. Un esempio:

```
int n;      // Associa al nome n, il tipo int e l'indirizzo
            // della posizione di memoria dove scrivere
            // il valore di n
```

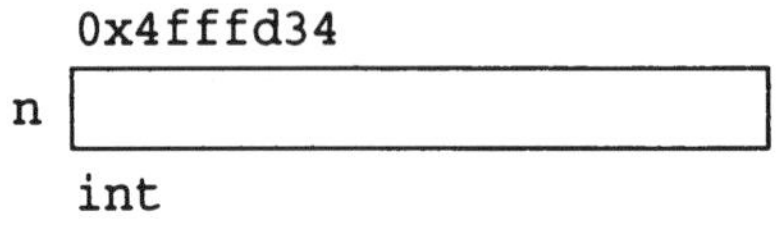

Il riquadro rappresenta le celle di memoria occupate dalla variabile; alla sua sinistra c'è il nome della variabile; l'indirizzo è sopra il riquadro e il tipo è sotto. Se il valore della variabile è noto, lo si può scrivere nel riquadro.

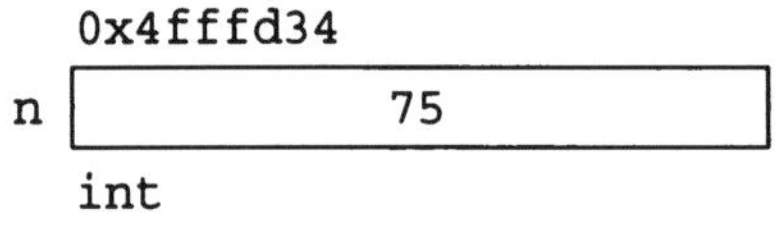

Al valore di una variabile si accede tramite il suo nome. Ad esempio, si può stampare il valore di `n` con l'istruzione

```
cout << n;
```

All'indirizzo della variabile si accede mediante l'operatore di indirizzo `&`. Ad esempio, si può stampare l'indirizzo di `n` con l'istruzione

```
cout << &n;
```

L'operatore di indirizzo applicato al nome di una variabile restituisce il suo indirizzo; ha precedenza di livello 15, come l'operatore logico `NOT (!)` e l'operatore di preincremento `++`.

Esercizio risolto 8.1

Ottenere il valore e l'indirizzo di una variabile.

```
main()
{
  int n = 75;
  cout << "n = " << n << endl; //Visualizza il valore di n
  cout << "&n = " << &n << endl; //Visualizza l'indirizzo di n
}
```

Eseguendo il programma si ottiene:

```
n = 45
&n = 0x4fffd34
```

Nota:

`0x4fffd34`	è un indirizzo espresso in codice esadecimale
`0x`	è il prefisso corrispondente al codice esadecimale

Un riferimento a una variabile è un ulteriore nome per essa, un *alias*. Il C++ introduce un nuovo tipo di dato: il "riferimento al tipo". Si dichiara utilizzando l'operatore `&` come suffisso al tipo di dato riferito. Per esempio, `int&` è il tipo "riferimento al tipo `int`". Questa dichiarazione di tipo serve poi per definire una variabile di quel tipo, per esempio

```
int& r = n;
```

definisce una variabile `r` di tipo "riferimento a `int`" e la inizializza pure al valore `n`; ciò significa che `r` è un puro sinonimo di `n`.

Regola

Il tipo "riferimento al tipo" viene utilizzato come un normale tipo di dato in una definizione di variabile. Tuttavia, quest'ultima deve essere inizializzata contestualmente alla definizione, cioè deve essere seguita dall'operatore di assegnamento e dal nome di una variabile già definita dello stesso tipo del tipo riferito.

Esempio

Utilizzo di riferimenti.

```
void main()
{
  int n = 75;
  int& r = n;          // r è un riferimento per n
  cout << "n = " << n << ", r = " << r << endl;
}
```

Se si esegue il programma si ottiene:

```
n = 75, r = 75
```

Si noti che i due identificatori `n` ed `r` fanno riferimento alla stessa variabile.

Esempio

Le variabili `n` e `r` hanno lo stesso indirizzo di memoria.

```
void main()
{
  int n = 75;
  int& r = n;
  cout << "&n = " << &n << ", &r =" << &r << endl;
}
```

Se si esegue il programma si ottiene:

```
&n = 0x4fffd34, &r = 0x4fffd34
```

Regola

Il carattere `&` ha tre usi in C++.

1. Se si utilizza come prefisso al nome di una variabile, ne restituisce l'indirizzo.
2. Se si utilizza come suffisso a un tipo nella definizione di un riferimento, quest'ultimo è dichiarato sinonimo della variabile utilizzata per la sua inizializzazione.
3. Se si utilizza come suffisso a un tipo nella dichiarazione dei parametri formali di una funzione, questi ultimi sono dichiarati riferimenti delle corrispondenti variabili passate alla funzione.

8.2 Puntatori

Ogni volta che si definisce una variabile il compilatore riserva un'area di memoria per immagazzinarne il contenuto. La quantità di spazio riservato dipende dal tipo della variabile. Lo spazio è allocato in maniera contigua a partire da una cella il cui indirizzo viene preso come indirizzo di memoria della variabile. Quando si nomina (o si fa riferimento a) una variabile, il compilatore accede automaticamente al suo indirizzo di memoria risalendovi dal nome (o dal riferimento).

Questa potenzialità di accesso è resa ancora più efficace dalla tecnologia dei `puntatori`. Il C ed il C++ utilizzano il tipo di dato "puntatore al tipo". Si dichiara utilizzando l'operatore `*` come suffisso al tipo di dato puntato. Per esempio, `int*` è il tipo "puntatore al tipo `int`". Questa dichiarazione di tipo serve poi per definire una variabile di quel tipo; per esempio

```
int* p = &n;
```

definisce una variabile `p` di tipo "puntatore a `int`" e la inizializza pure assegnandole come valore l'indirizzo di memoria della variabile `n`; ciò significa che "`p` punta `n`". Le variabili di tipo puntatore non devono necessariamente essere inizializzate all'atto della loro definizione; cioè possiamo avere

```
int* p;
...
p = &n;
```

Un puntatore è quindi una variabile che contiene l'indirizzo di memoria di un'altra variabile. Si chiama così appunto perché *punta* un'altra variabile. È importante distinguere l'indirizzo di una variabile dal suo valore. Nel caso precedente, il valore intero della variabile `n` è contenuto dentro la variabile stessa, mentre il suo indirizzo è contenuto nella variabile `p` di tipo "puntatore a intero".

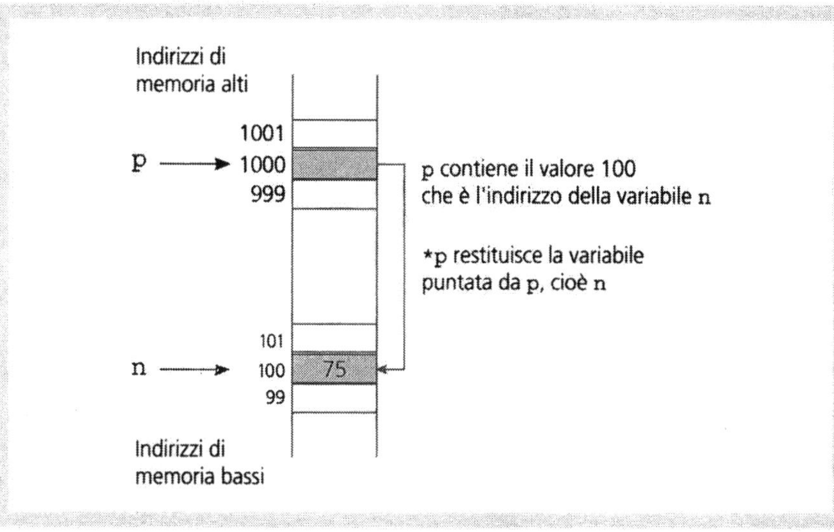

Figura 8.1
Relazioni fra variabile puntatore e variabile puntata.

Riassumendo:

- un puntatore è una *variabile*
- un puntatore contiene un *indirizzo di memoria*
- all'indirizzo di memoria contenuto nel puntatore c'è una variabile (o, come vedremo, una funzione), quindi si dice che un puntatore punta una variabile (o una funzione)

Esempio

```
void main()
{
  int n = 75;
  int* p = &n;      // p contiene l'indirizzo di n
  cout << "n = " << n << ", &n = " << &n << ", p " << p
       << endl;
  cout << "&p = " << &p << endl;
}
```

Eseguendo questo programma si ottiene

```
n = 75, &n = 0x4fffd34, p = 0x4fffd34
&p = 0x4fffd10
```

0x4fffd30	0x4fffd34
0x4fffd34	75
p	n
int*	int

Altri esempi di variabili di tipo puntatore:

```
long* ptr1;   // Puntatore a un tipo intero lungo (long int)
char* ptr2;   // Puntatore a un tipo char
float* f;     // Puntatore a un tipo float
```

Dopo aver definito e inizializzato un puntatore, il passo successivo è quello di utilizzarlo per riferire la variabile puntata, sia in scrittura che in lettura. Arrivare alla variabile puntata partendo da un suo puntatore significa *dereferenziare* il puntatore. L'operazione si fa con il cosiddetto operatore di indirezione `*` che si antepone alla variabile puntatore. Facendo riferimento al precedente esempio:

```
*p
```

restituisce il nome della variabile puntata da `p`, cioè `n`. A questo punto il nome della variabile può essere usata sia a destra dell'operatore di assegnamento (in lettura) che a sinistra (in scrittura). Per esempio

```
int q = *p;
```

significa che la variabile `q` prende lo stesso valore che c'è dentro la variabile `n`, mentre

```
*p = 75;
```

significa che la variabile `n` prende il valore `75`. Analogamente

```
cin >> *p;
```

legge dallo standard input un intero e lo mette nella variabile `n`, mentre

```
cout << *p;
```

scrive sullo standard output il valore letto nella variabile `n`.

Il seguente programma riepiloga i concetti di creazione, inizializzazione e dereferenziamento di un puntatore.

```
#include <iostream>
using namespace std;
char c;          // Una variabile carattere
int main()
{
  char *pc;      // Un puntatore a una variabile carattere
  pc = &c;
  for (c = 'A'; c <= 'Z'; c++);
     cout << *pc;
  return 0;
}
```

Questo programma visualizza l'alfabeto. La variabile `pc` è un puntatore a una variabile carattere. La riga `pc = &c` assegna a `pc` l'indirizzo della variabile c. Il ciclo for mette in c le lettere dell'alfabeto e l'istruzione cout << *pc; visualizza il contenuto della variabile puntata da pc. c e *pc fanno riferimento alla stessa posizione in memoria.

Abbiamo visto che il tipo puntatore è riferito a uno specifico tipo "puntato". Così, ad esempio, se si dichiara un tipo puntatore a float, a una variabile di questo tipo non si può assegnare l'indirizzo di una variabile di tipo char o int. Per esempio, questo segmento di codice non funzionerà

```
float* fp;
char c;
fp = &c;            // Non è valido
```

appunto perché C++ non permette l'assegnamento dell'indirizzo della variabile c di tipo char a fp, che è una variabile di tipo "puntatore a float".

Comunque in C++ si può anche dichiarare un tipo "puntatore a qualsiasi tipo di dato". Il metodo consiste nel dichiarare il puntatore come un puntatore a void. Per esempio:

```
void* ptr; //Dichiara un puntatore a qualunque tipo di dato
```

ptr potrà indirizzare qualunque tipo di variabile e qualunque posizione di memoria.

8.3 Puntatori *null*

Normalmente, un puntatore inizializzato adeguatamente punta a qualche posizione specifica della memoria. Un puntatore non inizializzato, come qualsiasi variabile, ha un valore aleatorio dato dallo stato dei bit delle celle di memoria che occupa al momento della sua definizione. Per questo è importante assegnare sempre un valore a un puntatore, eventualmente il valore 0 o NULL.

Un puntatore a cui viene assegnato il valore 0 o NULL non punta alcun oggetto, cioè non indirizza alcun dato valido in memoria; è detto *puntatore nullo*. NULL è una costante simbolica definita in vari header file, compreso <iostream>. È equivalente inizializzare un puntatore a 0 o NULL, anche se in C++ generalmente si preferisce inizializzarlo a 0. Per esempio:

```
char* p = 0;
char* p = NULL;
```

Si può testare il valore del puntatore:

```
if (p == 0) ...
```

oppure

```
if (p != NULL) ...
```

Interpretandola letteralmente, l'istruzione di assegnamento `p = 0` assegna al puntatore `p` l'indirizzo di memoria `0x0` che è sicuramente fuori dal segmento di memoria riservato al programma dal sistema operativo. Pertanto, se si tentasse di dereferenziare `p`, si commetterebbe un errore a *run-time*. I puntatori nulli si utilizzano spesso per indicare la terminazione di qualcosa, per esempio la fine di liste dinamiche, ma spesso sono causa di errori. Prima di dereferenziare un puntatore che scorre lungo una lista si deve sempre controllare che esso non sia nullo.

8.4 Puntatore a puntatore

Un tipo puntatore può puntare qualunque tipo, anche un altro puntatore. Per dichiarare un tipo "puntatore a puntatore" si usano naturalmente due asterischi. Per esempio il seguente `ptr2` è un puntatore a puntatore di interi.

```
int i = 100;
int* ptr1 = &i;
int** ptr2 = &ptr1;
```

`ptr1` e `ptr2` sono puntatori diversi. `ptr1` è puntatore a interi e punta la variabile `i` di tipo `int`. `ptr2` è puntatore a puntatori di interi e punta la variabile `ptr1` (Figura 8.2).

Per dereferenziare il puntatore di puntatori si possono usare i due asterischi. Per esempio, le seguenti istruzioni sono equivalenti:

```
i = 95;             // Assegna 95 a i
*ptr1 = 95;         // Assegna 95 a i
**ptr2 = 95;        // Assegna 95 a i
```

Figura 8.2
Un puntatore a puntatore di interi.

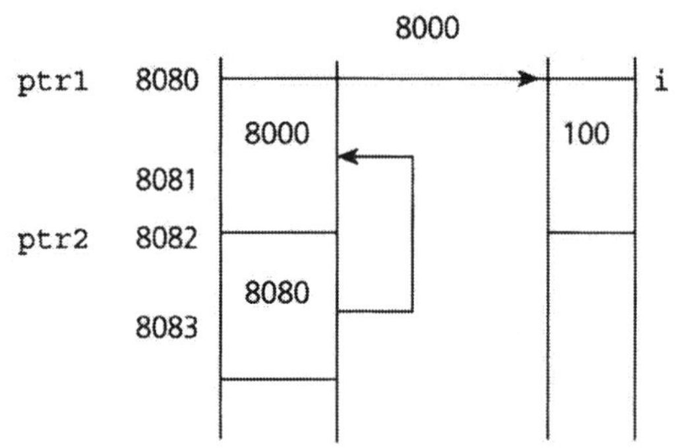

Esempio

```
char c = 'z';
char* pc = &c;
char** ppc = &pc;
char*** pppc = &ppc;
***pppc = 'm';              // Cambia il valore di c in 'm'
```

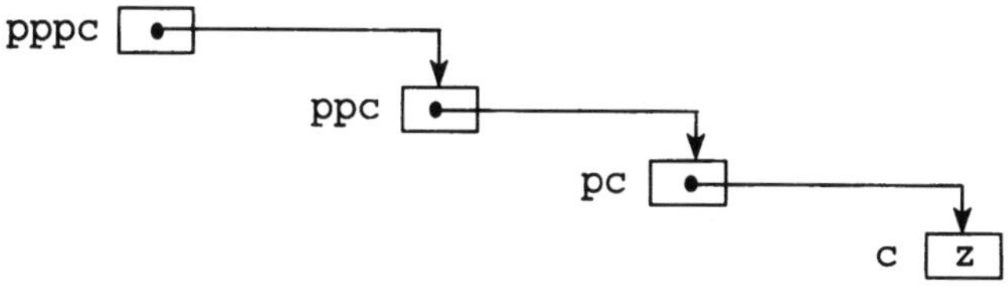

8.5 Puntatori e array

In C++ gli array sono implementati mediante puntatori. Il nome di un vettore è esattamente un puntatore al primo elemento dell'array. Prendiamo ad esempio il seguente vettore

```
int gradi[5] = {10, 20, 30, 40, 50};
```

L'istruzione `cout << gradi[0]` visualizzerà ovviamente `10`, ma lo farà anche l'istruzione `cout << *gradi`, perché il nome `gradi` è un puntatore al primo elemento del vettore. Quindi dereferenziandolo si prende il primo elemento del vettore, ma non basta; come sarà chiarito nel Paragrafo 8.8, se incrementiamo il puntatore di un valore pari a un indice del vettore e poi lo dereferenziamo andiamo a prendere l'elemento del vettore corrispondente a quell'indice, cioè

`gradi + 0`	punta a	`gradi[0]`
`gradi + 1`	punta a	`gradi[1]`
`gradi + 2`	punta a	`gradi[2]`
`gradi + 3`	punta a	`gradi[3]`
`gradi + 4`	punta a	`gradi[4]`

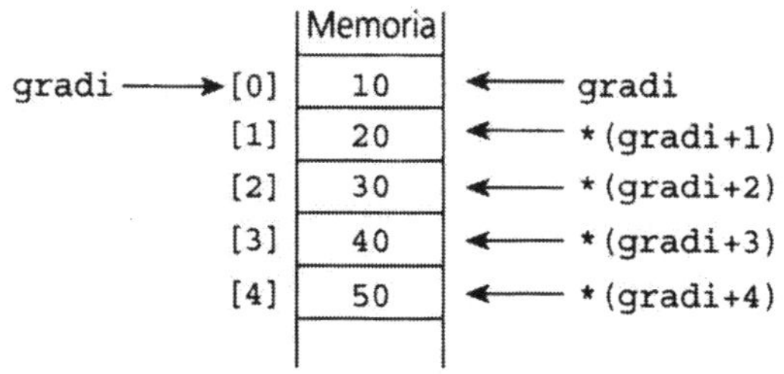

Figura 8.3
Un array.

Pertanto, per leggere o scrivere un elemento di un array si possono utilizzare indifferentemente entrambe le notazioni, quella vettoriale e quella basata sui puntatori.

Il nome di un array è però una costante *puntatore*, non una variabile puntatore. Non si può cambiarne il valore. L'osservazione è importante perché, ovviamente, è possibile cambiare i valori delle variabili di tipo puntatore per farle puntare valori differenti in memoria. Ad esempio, il seguente programma inizializza due variabili in virgola mobile e manda un puntatore a puntarle entrambe in successione:

```
#include <iostream>
int main()
{
  float v1 = 756.423;
  float v2 = 900.545;
  float *p_v;

  p_v = &v1;
  cout << "Il primo valore è" << *p_v << endl;    // Stampa
                                                  // 756.423

  p_v = &v2;
  cout << "Il secondo valore è" << *p_v << endl; // Stampa
                                                  // 900.545

  return 0;
}
```

La maggior parte dei programmatori C++ dichiarano array e poi utilizzano altri puntatori per referenziarne gli elementi per poter avere maggior libertà d'azione.

8.6 Array di puntatori

Se bisogna definire parecchi puntatori a uno stesso tipo si può utilizzare un array di puntatori. Un array di puntatori è un vettore i cui elementi sono puntatori allo stesso tipo. Per esempio, l'istruzione

```
int* ptr[10];  // Riserva un array di 10 puntatori a interi
```

definisce un vettore di dieci puntatori a interi (Figura 8.4). Ogni elemento contiene un indirizzo che punta ad altre variabili di tipo intero in memoria e può essere riassegnato, per esempio

```
ptr[5] = &eta        // ptr[5] punta all'indirizzo di età
```

Un altro esempio di array di puntatori, in questo caso di caratteri, è

```
char* punti[25];     // array di 25 puntatori caratteri
```

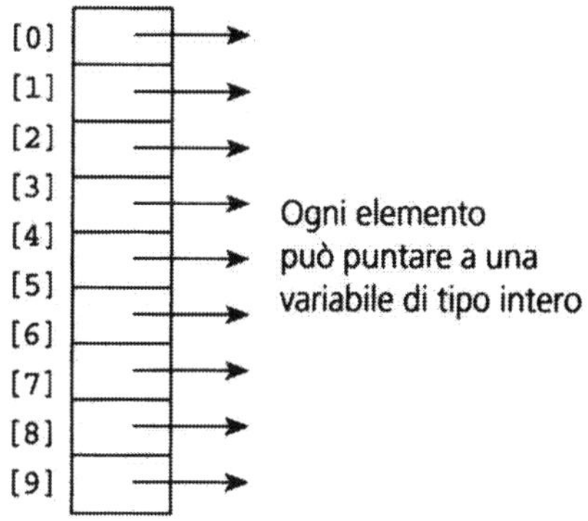

Figura 8.4 Un array di 10 puntatori a interi.

Queste due definizioni sono quindi equivalenti:

```
char stringa[]= "Ciao vecchio mondo";
char* stringa = "Ciao vecchio mondo";
```

8.7 Puntatori a stringhe

Nel Capitolo 10 approfondiremo il concetto di stringa e relative operazioni. Si consideri la seguente dichiarazione di un array di caratteri:

```
char alfabeto[27] = "ABCDEFGHIJKLMNOPQRSTUVWXYZ";
```

Dichiariamo ora `p` un puntatore a `char`

```
char* p;
```

Facciamo puntare `p` al primo carattere di `alfabeto` scrivendo:

```
p = alfabeto;  // o anche p = &alfabeto[0]
```

Ora, l'istruzione

```
cout << *p << endl;
```

visualizza `A`, dato che `p` punta al primo elemento della stringa. Possiamo anche assegnare:

```
p = alfabeto + 15;  // o anche p = &alfabeto[15];
```

facendo puntare `p` al sedicesimo carattere (la lettera `P`). Ma non si può assegnare

```
p = &alfabeto;
```

perché `p` e `alfabeto` sono puntatori al tipo `char`, e l'istruzione tenterebbe di assegnare a `p` l'indirizzo di un puntatore a `char` e non l'indirizzo di una variabile di tipo `char`. Si produrrebbe un errore di compilazione perché `p` è di tipo puntatore a `char` e non puntatore a puntatore a `char`.

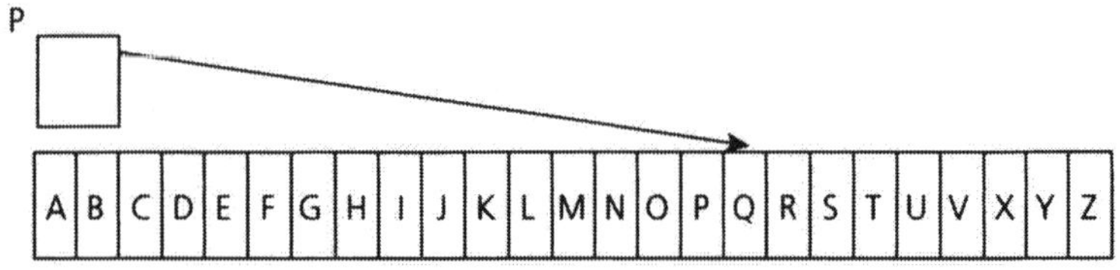

Figura 8.5
Un puntatore ad `alfabeto[15]`.

Si può ovviamente definire un array di puntatori a stringhe:

```
char* nomi_mesi[12] = { "Gennaio", "Febbraio", "Marzo",
                        "Aprile", "Maggio", "Giugno",
                        "Luglio", "Agosto", "Settembre",
                        "Ottobre", "Novembre",
                        "Dicembre" };
```

Il seguente programma implementa una funzione per contare il numero di caratteri di una stringa. Nel primo programma la stringa è descritta utilizzando un array e nel secondo utilizzando un puntatore.

```
// Implementazione con un array
#include <iostream>
using namespace std;
int strlen(const char str[ ])
{
  int posizione = 0;
  while (str[posizione] != '\0') posizione++;
  return posizione;
}
void main()
{
  static char str[ ] = "Università Politecnica delle Marche";
  cout << "La lunghezza di " << str << " è "
       << strlen(str) << " caratteri " << endl;
}
// Implementazione con un puntatore
#include <iostream>
using namespace std;
int strlen(const register char* str)
{
  int conto = 0;
  while (*str++) conto++;
  return(conto);
}
```

```
main()
{
  static char str[ ] = "Università Politecnica delle Marche";
  cout  << "La lunghezza di " << str << " è "
  << strlen(str) << " caratteri " << endl;
}
```

In entrambi i casi si stamperà:

```
La lunghezza di Università Politecnica delle Marche è 35
caratteri
```

8.8 Aritmetica dei puntatori

Se un puntatore a un tipo T viene incrementato (o decrementato) di `1`, il suo valore viene in realtà incrementato (o decrementato) di un numero pari alla dimensione del tipo T espressa in byte. In generale, incrementare o decrementare di un intero `n` un puntatore significa incrementarlo o decrementarlo di un numero di byte pari a `n` moltiplicato per la dimensione del tipo puntato. Ad esempio, date le definizioni

```
int gradi[5] = {10, 20, 30, 40, 50};
p = gradi;
```

`p` punta al primo intero `10` in gradi; ma dopo l'istruzione

```
p++;
```

`p` punterà al secondo intero `20`. Poiché ogni elemento di `gradi` occupa 4 byte, il valore di `p` è stato incrementato di `4` (e non di `1`).

Si può quindi utilizzare questa tecnica per attraversare ogni elemento di un vettore senza usare una variabile di indice. Per esempio

```
p = &gradi[0];
for (i = 0; i < strlen(gradi); i++)
    cout << *p++ << endl;
```

Se il vettore da attraversare è una stringa, si può semplificare il ciclo considerando il fatto che essa termina con il carattere nullo. Ad esempio, utilizzando l'istruzione `while` per realizzare il ciclo si può omettere la variabile di controllo:

```
char messaggio[] = "Ciao vecchio mondo";
p = messaggio;
while (*p) cout << *p++ << endl;
```

Il ciclo `while` si ripete finché `*p` ha un valore diverso da zero; si stampa il carattere e si incrementa `p` per puntare al successivo carattere. Quando si raggiunge il byte nullo alla fine della stringa il ciclo termina. In questo esempio `p++` incrementa in effetti di `1`, ma soltanto perché ogni carattere occupa un solo byte.

L'esempio che segue mostra un puntatore che attraversa una stringa di caratteri e converte qualunque carattere minuscolo in maiuscolo.

```
void main()
{
  char *p;
  char StringaTesto[80];

  cout << "Introdurre una stringa da convertire:";
  cin.getline(StringaTesto, sizeof(StringaTesto));

  // p punta al primo carattere della stringa
  p = &StringaTesto[0];

  while (*p)
     // Sottrarre 32, differenza ASCII fra maiuscolo
     // e minuscolo
     if ((*p >= 'a') && (*p <= 'z')) *p++ = *p-32;
          else p++;

  cout << "La stringa convertita è:" << endl;
  cout << StringaTesto << endl;

  cout << "Prema Invio per continuare";
  cin.get();
}
```

Se il carattere letto cade tra `'a'` e `'z'`, ovvero è una lettera minuscola, l'assegnamento

```
*p++ = *p-32;
```

sottrae 32 dal codice ASCII, convertendo la lettera in maiuscolo, e poi incrementa il puntatore all'elemento successivo del vettore (Figura 8.6).

Figura 8.6
*p++ serve per accedere incrementalmente alla stringa.

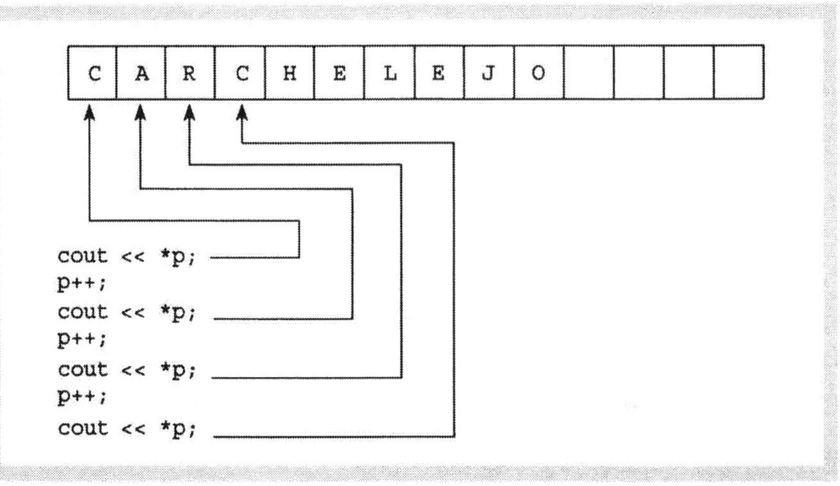

I puntatori possono anche essere sottratti. Esempio:

```
char messaggio[] = "Ciao vecchio mondo";
p = messaggio;
q = p+1;
while (*q) cout << q - p << *p++ << endl;
```

Non possono essere sommati, moltiplicati o divisi.

Nota

Operazioni non valide con puntatori

- Non si possono sommare due puntatori.
- Non si possono moltiplicare due puntatori.
- Non si possono dividere due puntatori.

8.9 Puntatori costanti e puntatori a costanti

Abbiamo già visto che il nome di un array è un puntatore costante: il suo valore non può cambiare, ma possono essere cambiati i valori della variabile puntata. Giocando con le idee, pensiamo a un puntatore a una costante: il suo valore può cambiare, ma non può essere cambiato il valore della costante puntata. Vediamo come definire puntatori costanti e puntatori a costante.

8.9.1 Puntatori costanti

Per creare un puntatore costante si deve utilizzare il seguente formato:

```
<tipo_dato> * const <nome_puntatore> = <indirizzo_variabile>;
```

Ad esempio, si considerino le seguenti istruzioni

```
int x;
int e;
int* const p1 = &x;
```

`p1` è un puntatore costante che punta a `x`. `p1` è costante, ma `*p1` è una variabile, pertanto si può cambiare il valore di `*p1`, ma non `p1`. Ad esempio, il seguente assegnamento è legale, dato che si cambia il contenuto di memoria dove `p1` punta, ma non il puntatore in sé.

```
*p1 = e;
```

D'altra parte, il seguente assegnamento non è legale, dato che si tenta di cambiare il valore del puntatore

```
p1 = &e;
```

Per creare un puntatore costante a una stringa:

```
char* const nome = "Luigi";
```

`nome` non si può modificare, `*nome` sì. Pertanto,

```
Strcpy (*nome = "C");
```

è legale, dato che si modifica il dato puntato da `nome`; ma non è legale

```
nome = &Altra_Stringa;
```

dato che si tenta di modificare proprio il puntatore.

8.9.2 Puntatori a costanti

Il formato per definire un puntatore a una costante è

```
const <tipo_dato> * <nome_puntatore> =
  <indirizzo_const_o_stringa>;
```

Alcuni esempi sono:

```
const int x = 25;
const int e = 50;
const int *p1 = &x;
```

Dove `p1` è un puntatore alla costante `x`. `x` è la costante, non il puntatore, quindi si può scrivere

```
p1 = &e;
```

Qualunque tentativo di modificare il contenuto della posizione di memoria puntata da `p1` provocherà un errore di compilazione; per esempio

```
*p1 = 15;
```

La creazione di un puntatore a una costante stringa si può fare così:

```
const char *cognome = "Mortimer";
```

Nota

La definizione di un puntatore costante ha la parola riservata `const` davanti al nome del puntatore, mentre il puntatore a una costante ha la parola riservata `const` davanti al tipo di dato.

8.9.3 Puntatori costanti a costanti

L'ultimo caso da considerare è quello di creare puntatori costanti a costanti utilizzando il seguente formato

```
const <tipo_dato> *const <nome_puntatore> =
  <indirizzo_const_o_stringa>;
```

Nel seguente esempio

```
const int x = 25;
const int* const p1 = &x;
```

`p1` è un puntatore costante che punta alla costante intera `x`. Qualsiasi tentativo di modificare `p1` o `*p1` produrrà un errore di compilazione.

Regole

- Se si sa che un puntatore punterà sempre la stessa posizione e non dovrà mai essere riallocato, lo si definisca come "puntatore costante".
- Se si sa che il dato puntato dal puntatore non dovrà mai essere modificato, si definisca il puntatore come "puntatore a costante".

Esempio

Il seguente esempio mostra le differenze fra puntatore a costante e puntatore costante.

```
// Il codice dichiara 4 variabili: un puntatore p, un
// puntatore costante cp, un puntatore pc a una costante e
// un puntatore costante cpc a una costante

int *p;              // Puntatore a un int
++(*p);              // Incremento int *p
++p;                 // Incrementa un puntatore p
int * const cp;      // Puntatore costante a un int
++(*cp);             // Incrementa int *cp
++cp;              // Non valido: il puntatore cp è costante
const int * pc;      // Puntatore a una costante int
++(*pc);             // Non valido: int * pc è costante
++pc;                // Incrementa puntatore pc
const int * const cpc; // Puntatore costante a costante int
++(*cpc);            // Non valido: int *cpc è costante
++cpc;               // Non valido: puntatore cpc è costante
```

Regola

Lo spazio non è significativo nella dichiarazione di puntatori. Le dichiarazioni seguenti sono equivalenti:

```
int* p;
int * p;
int *p;
```

8.10 Puntatori come argomenti di funzioni

Spesso, si vuole che una funzione restituisca più di un valore oppure modifichi variabili passate come argomenti. Si possono ottenere questi risultati passando puntatori, magari nomi di vettori, come argomenti attuali.

Si consideri la seguente definizione della procedura `Incrementare5`, che incrementa un intero di 5

```
void Incrementare5(int* i)
{
  *i = *i + 5;
}
```

La chiamata a questa funzione passa l'indirizzo della variabile da incrementare, per esempio

```
int j;
j = 10;
Incrementare5(&j);
```

È possibile combinare il passaggio per riferimento con quello per valore. Per esempio, la funzione `funz1` definita come

```
int funz1(int* s, int t)
{
  *s = 6;
  t = 25;
}
```

potrebbe essere chiamata così

```
int i= 5, j= 7;
funz1(&i, j);         // Chiamata a funz1
```

Quando si ritorna dalla funzione `funz1` dopo la sua esecuzione, `i` sarà uguale a `6` e `j` sarà sempre `7`, dato che è stato passato per valore.

Passare il nome di un array a una funzione è equivalente a passare il primo elemento del vettore, quindi facendo scorrere il puntatore se ne possono modificare gli elementi.

8.10.1 Passaggio per riferimento contro passaggio per indirizzo

Il passaggio per riferimento è più efficiente del passaggio per indirizzo. Supponiamo di raccogliere in una struttura le temperature massima e minima di una giornata

```
struct temperatura {
  float massima;
  float minima;
};
```

e di dover scrivere una procedura che modifichi i campi di una variabile di questo tipo che le è stata passata come argomento.

Metodo C++

Il passaggio per indirizzo (tramite puntatore) è più comune in C perché in C++ esiste il passaggio per riferimento che è più comodo.

```
void scrivitemp(temperatura& t)
{
  float attuale;
  leggitempattuale(attuale);
  if (attuale > t.alta) t.alta = attuale;
     else if (attuale < t.bassa) t.bassa = attuale;
}
```

Poiché il parametro `t` è un riferimento, la funzione lavora direttamente sulla variabile passata, per esempio `temp`:

```
temperatura temp;
scrivitemp(temp);
```

Metodo C

In C gli argomenti si passano solo per valore; quindi, per modificare una variabile bisognerà passarne l'indirizzo come argomento a un parametro puntatore. La stessa funzione `scrivitemp` scritta in C sarebbe:

```
void scrivitemp(struct temperatura *t)
{
  float attuale;
  leggitempattuale(attuale);
  if (attuale > (*t).alta) (*t).alta = attuale;
  else if (attuale < (*t).bassa) (*t).bassa = attuale;
}
```

8.11 Puntatori a funzioni

Finora sono stati analizzati puntatori a dati. È possibile anche creare puntatori che puntino a funzioni. Anziché indirizzare dati, i puntatori di funzioni indirizzano codice eseguibile. Infatti non solo i dati, ma anche le istruzioni stanno in memoria in certi indirizzi. In C++ (e in C) si possono assegnare gli indirizzi iniziali di funzioni a puntatori. Tali funzioni si possono chiamare in un modo indiretto, cioè tramite un puntatore il cui valore è uguale all'indirizzo iniziale della funzione in questione.

Figura 8.7
Puntatore a funzione.

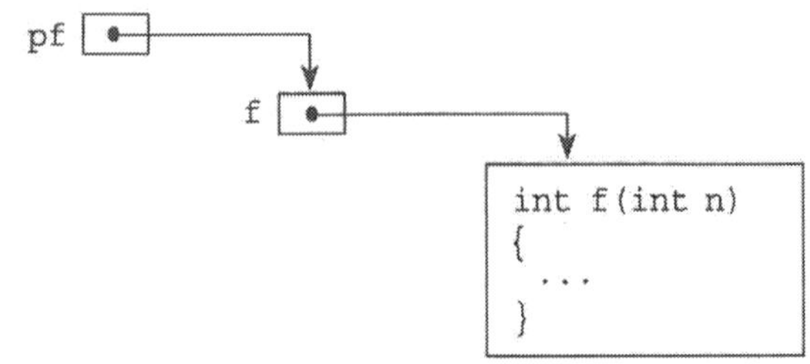

La sintassi generale per la dichiarazione di un puntatore a una funzione è:

```
Tipo_di_ritorno (*PuntatoreFunzione) (<argomenti>);
```

Questo formato indica al compilatore che *PuntatoreFunzione* è un puntatore a una funzione che restituisce il tipo *Tipo_di_ritorno* e una lista di parametri.

Un puntatore a una funzione è semplicemente un puntatore il cui valore è l'indirizzo del nome della funzione. Dato che il nome di una funzione è un puntatore, come il nome di un vettore, un puntatore a una funzione è un puntatore a un puntatore costante. Un esempio:

```
int f(int);         // Dichiara la funzione f
int (*pf)(int);     // Dichiara il puntatore pf alla funzione
pf = &f;            // Assegna l'indirizzo di f a pf
```

Un altro esempio:

```
double (*fp) (int n);
float (*p) (int i, int j);
void (*sort) (int* ArrayInt, unsigned n);
unsigned (*search)(int CercareChiave,int* ArrayInt,
  unsigned n);
```

Il primo identificatore, `fp`, punta a una funzione che restituisce un tipo `double` e ha un unico parametro di tipo `int`. Il secondo puntatore, `p`, punta a una funzione che restituisce un tipo `float` e accetta due parametri di tipo `int`. Il terzo puntatore, `sort`, è un puntatore a una procedura e prende due parametri: un puntatore a `int` e un tipo `unsigned`. Da ultimo `search` è un puntatore a una funzione che restituisce un tipo `unsigned` e ha tre parametri: un `int`, un puntatore a `int` e un `unsigned`.

8.11.1 Inizializzazione di un puntatore a una funzione

La sintassi generale per inizializzare un puntatore a funzione è:

```
PuntatoreFunzione = NomeDiUnaFunzione
```

La funzione assegnata deve avere il tipo del ritorno e dei parametri appropriati al tipo del puntatore a funzione; in caso contrario, si produrrà un errore di compilazione. Un esempio di inizializzazione del puntatore a procedura `ordinare`:

```
void (*ordinare) (int* Lista, unsigned n);
ordinare = qsort;             // inizializzazione di ordinare
```

Esempio

Supponiamo di avere il seguente puntatore a funzione `p`:

```
float (*p) (int i, int j);
```

Possiamo assegnargli l'indirizzo della funzione `esempio`

```
float esempio(int i, int j)
{
  return 3.14159 * i * i + j;
}
```

scrivendo

```
p = esempio;
```

Dopo questo assegnamento si può scrivere la chiamata alla funzione

```
(*p) (12, 45)
```

L'effetto è lo stesso di

```
esempio (12, 45)
```

È possibile omettere l'asterisco (e anche le parentesi) nella chiamata `(*p) (12, 45)` e scrivere semplicemente

```
p (12, 45)
```

I puntatori a funzioni permettono anche di passare una funzione come argomento a un'altra funzione, specificandone semplicemente il nome. Supponiamo che si voglia passare la funzione `miafunz()` alla procedura `suafunz()`:

```
void suafunz(int (*f) ())
{
  ...
  j = f(5);
  ...
}
int miafunz(int i)
{
  return 5*i;
}
```

```
main()
{
  ...
  suafunz(miafunz);
}
```

Nella funzione `suafunz()` si dichiara l'unico argomento come un puntatore a funzione. Come esempio pratico vediamo come scrivere una funzione generale che calcoli la somma di alcuni valori

```
f(1) + f(2) + ... + f(n)
```

per una funzione `f`, che ritorni il tipo `double` e abbia un unico argomento di tipo `int`. Il seguente programma mostra la funzione `funzsomma` che ha due argomenti: `n`, il numero di termini della somma, ed `f`, la funzione utilizzata. Così, la funzione `funzsomma` si potrà chiamare, per esempio, due volte calcolando la somma di:

inversi(k) = 1.0 / k   (k = 1, 2, 3, 4, 5)
quadrati(k) = k^2 (k = 1, 2, 3)

```
#include <iostream.h>
using name space std;

double inversi(int k)
{
  return 1.0 / k;
}
double quadrati(int k)
{
  return (double)k * k;
}
double funzsomma(int n, double (*f) (int k))
{
  double s = 0;
  int i;
  for (i = 1; i <= n; i++) s += f(i);
  return s;
}
int main()
{
  cout << "Somma di cinque inversi:"
       << funzsomma(5, inversi) << endl;
  cout << "Somma di tre quadrati:"
       << funzsomma(3, quadrati) << endl;
  return 0;
}
```

Il programma calcola le somme di

a. $1+\frac{1.0}{2}+\frac{1.0}{3}+\frac{1.0}{4}+\frac{1.0}{5}$

b. $1.0+4.0+9.0$

e il suo output sarà:

```
Somma di cinque inversi: 2.283333
Somma di tre quadrati: 14
```

8.11.2 Altra applicazione

Alcune delle funzioni di libreria, come `qsort()`, hanno come argomento un puntatore a funzione. Si deve passare loro il nome di una funzione (cioè un puntatore). Ad esempio, `qsort()` utilizza il quicksort per ordinare un array di qualunque tipo di dato, ma è necessario fornire una funzione che specifichi la relazione d'ordine desiderata per quel tipo di array. Nel programma che segue la funzione `confrontare()` confronta due elementi dell'array `tabella` e restituisce un numero negativo se `arg1` è minore di `arg2`, zero se sono uguali e un numero positivo se `arg1` è maggiore di `arg2`.

```
#include <iostream>
#include <search>
using namespace std;

// Confronta due elementi del vettore
int confrontare(const void* arg1, const void* arg2)
{
  return *(int*) arg1 - *(int*) arg2;
}
int main()
{
  int i, j, aux, text;
  int tabella[10] = {14, 17, 5, 21, 12, 40, 60, 55, 35, 15};
  // Ordina tabella utilizzando l'algoritmo quicksort
  // di libreria
  qsort((void*) tabella, (size_t)10, sizeof(int), confrontare);
  cout << "Vettore ordinato: \n";
  for (i = 0; i < 10; i++)
     cout << " " << tabella[i];
  return;
}
```

L'output del programma è:

```
Vettore ordinato: 5  12  14  15  17  21  35  40  55  65
```

Nota

I parametri della funzione `qsort()` sono:

- `(void*) vettore` Array da ordinare
- `(size_t) 10` Numero di elementi dell'array
- `sizeof(int)` Dimensione in byte di ciascun elemento dell'array
- `confrontare` Funzione che confronta due elementi dell'array

8.11.3 Array di puntatori di funzioni

Certe applicazioni richiedono di scegliere una funzione fra tante, in base alla valutazione a run-time di determinate condizioni. Un metodo consiste nell'utilizzare un'istruzione `switch` con parecchi `case`. Un'altra soluzione è quella di utilizzare un array di puntatori di funzione. Si può selezionare una funzione della lista e richiamarla.

La sintassi generale di un array di puntatori di funzione è

```
tipoRitorno(*PuntatoreFunz[LunghezzaArray])(<argomenti>);
```

Consideriamo il seguente esempio:

```
double (*fp[3]) (int n);
void (*ordinare[MAX_ORD]) (int* ArrayInt, unsigned n);
```

`fp` punta a un array di funzioni; ogni membro restituisce un valore `double` e ha un unico parametro di tipo `int`. `ordinare` è un puntatore a un array di funzioni; ogni membro restituisce un tipo `void` e prende due parametri: un puntatore a `int` e un `unsigned`.

Nota

- `funz` Nome di un oggetto
- `funz[]` Un array
- `(*funz[])` Un array di puntatori
- `(*funz[])()` Un array di puntatori a funzioni
- `int (*funz[])()` Un array di puntatori a funzioni che ritornano variabili `int`

Si può assegnare l'indirizzo delle funzioni all'array, fornendo le funzioni che sono già state dichiarate. Un esempio è

```
int funz1(int i, int j);
int funz2(int i, int j);
int (*funz[])() = {funz1, funz2};
```

8.11.4 Un'applicazione pratica

Quello che segue è un programma calcolatore che può sommare, sottrarre, moltiplicare o dividere numeri. Si scrive un'espressione semplice in input e il programma visualizza la risposta.

```
#include <iostream>
using namespace std;

float sommare(float x, float y)
{
  return x + y;
}
float sottrarre(float x, float y)
{
  return x - y;
}
float molt(float x, float y)
{
  return x * y;
}
float div(float x, float y)
{
  return x / y;
}
float (*f) (float x, float y);

void main()
{
  char segno, operatori[] = {'+', '-', '*', '/'};
  float(*funz[])(float, float) = {sommare, sottrarre,
                                  molt, div};
  int i;
  float x, y, z;
  cout << "     Calcolatore\n Espressione:";
  cin >> x >> segno >> y;
  for (i = 0; i < 4; i++)
  {
     if (segno == operatori[i])
     {
        f = funz[i];
        z = f(x, y);
        cout << "\n" << x
             << " " << segno
             << " " << y
             << " " << z;
     }
  }
}
```

8.12 Puntatori a strutture

Un puntatore può anche puntare una struttura. Dati un tipo `struct` e una variabile di questo tipo, si può definire un puntatore a questo tipo `struct` e inizializzarlo in maniera che punti alla variabile. Per esempio:

```
struct persona
{
  char nome[30];
  int eta;
  int altezza;
  int peso;
};
// Definiamo una variabile impiegato di tipo persona
persona impiegato = {"Mortimer, Peppe", 47, 182, 85"};

// Definiamo un puntatore al tipo persona
persona *p;

// Mettiamo nel puntatore l'indirizzo della variabile
// impiegato
p = &impiegato;
```

Come sappiamo dal capitolo precedente, per fare riferimento a un campo di una variabile di tipo struttura, si deve indicare il nome della variabile seguito dal punto e dal nome del campo, per esempio `impiegato.nome`. Se la variabile `impiegato` è indicata dereferenziando il puntatore `p` che ne contiene l'indirizzo, si dovrebbe scrivere `*p.nome`, ma l'operatore punto (`.`) ha la precedenza sull'operatore asterisco (`*`), per cui bisogna mettere le parentesi tonde `(*p).nome`. Questa notazione diventa un po' scomoda e, siccome è assai frequente dereferenziare un puntatore a una struttura, si è introdotta una notazione equivalente ma più immediata ed intuitiva, costituita dall'operatore freccia a destra (`->`), che sostituisce le parentesi tonde, l'asterisco e il punto: l'espressione `(*p).nome` viene semplicemente resa come `p->nome`.

Esempio

```
#include <iostream>
using namespace std;

struct persona
{
  char nome[30];
  int eta;
  int altezza;
  int peso;
};
```

```
void mostrare_persona(persona* ptr)
{
  cout  << "Nome: " << ptr -> nome
        << "\tEtà: " << ptr -> eta
        << "\tAltezza " << ptr -> altezza
        << "\tPeso: " << ptr -> peso << "\n";
}
int main()
{
  int i;
  persona impiegati[] = { {"Mortimer, Peppe", 47, 182, 85"},
                          {"Mason, Perry", 39, 170, 75"},
                          {"Clifford, Luigi",18, 175, 80"} };
  persona* p;     // puntatore a struttura
  p = impiegati;
  for (i = 0; i < 3; i++, p++);
    mostrare_persona(p);
}
```

Il programma visualizza:

```
Nome: Mortimer, Peppe    Età: 47    Altezza: 180    Peso: 85
Nome: Mason, Perry       Età: 39    Altezza: 170    Peso: 75
Nome: Clifford, Luigi    Età: 18    Altezza: 175    Peso: 80
```

SOMMARIO

I puntatori sono uno degli strumenti più potenti della programmazione in C e C++. Anche se il loro uso può sembrare difficile e tedioso è, senza dubbio fondamentale apprenderne bene il funzionamento. In questo capitolo abbiamo visto che un puntatore è una variabile che contiene l'indirizzo di una posizione in memoria (cioè l'indirizzo di un'altra variabile di un qualunque tipo), mentre un riferimento è un altro nome per una stessa variabile. Abbiamo visto come definire puntatori e riferimenti e come utilizzarli. In particolare:

- Per definire una variabile puntatore si colloca un asterisco tra il tipo di dato puntato e il nome del puntatore, per esempio: `int* p`.
- Per prelevare il valore della variabile puntata si utilizza l'operatore di indirezione (`*`) applicato come prefisso al nome del puntatore. Il valore di `p` è l'indirizzo della variabile puntata, mentre il valore di `*p` è quello della variabile puntata, perché `*p` è il "nome" della variabile puntata.
- Per ottenere l'indirizzo di una variabile, le si applica come prefisso l'operatore di indirizzo (`&`).
- Un puntatore a `void` è un puntatore a un tipo di dato generico e può essere utilizzato per puntare tipi di dato differenti in diversi punti del programma.
- Per far sì che un puntatore non punti alcuna variabile gli si assegna la costante `NULL` o l'intero `0`.
- Poiché il nome di un array è un puntatore al suo primo elemento, si può utilizzare il nome come puntatore per accedere a ogni elemento dell'array in modo sequenziale. Incrementando e decrementando di *n* il puntatore, il suo valore aumenta o diminuisce di $n \times T$, dove *T* è la dimensione del tipo del vettore.

CONCETTI CHIAVE

- Aritmetica dei puntatori
- Array di puntatori
- Indirizzi
- Parola riservata `const`
- Parola riservata `null`
- Parola riservata `void`
- Puntatore
- Puntatori e array
- Riferimenti
- Tipi di puntatore

Problemi

8.1 Trovare gli errori nelle seguenti dichiarazioni di puntatori:

```
int x, *p, &e;
char* b= "Stringa lunga";
char* c= 'C';
float x;
void* r = &x;
```

8.2 Qual è la differenza fra un puntatore a costante e un puntatore costante?

8.3 Un vettore si può indicizzare con l'aritmetica dei puntatori. Che tipo di puntatore dovrebbe essere definito per indicizzare una matrice?

8.4 Il seguente codice accede agli elementi di una matrice. Accedere agli stessi elementi con l'aritmetica dei puntatori.

```
#define N 4
#define M 5
int f,c;
double mt[N][M];
  ...
for (f = 0; f < N; f++)
{
  for (c = 0; c < M; c++)
    cout << mt[f][c];
  cout << "\n";
}
```

8.5 Scrivere una funzione con un argomento di tipo puntatore a `double` e un altro argomento di tipo `int`. Il primo argomento deve corrispondere a un array e il secondo al numero di elementi dell'array. La funzione deve essere di tipo puntatore a `double` per restituire l'indirizzo dell'elemento minore.

8.6 Siano date le seguenti definizioni e la funzione `gorta`

```
double W[15], x, z;
void *r;
double* gorta(double* v, int m, double k)
{
  int j;
  for (j = 0; j < m; j++)
  if (*v == k)
    return v;
  return 0,
}
```

- Vi sono errori di codifica? Di che tipo?
- È corretta la seguente chiamata alla funzione?
  `r = gorta(W,10,12.3);`
- Sono corrette queste altre chiamate?
  ```
  cout << (*gorta(W,15,10.5));
  z = gorta(w,15,12.3);
  ```

8.7 Occorre immagazzinare le seguenti informazioni su una persona: nome, età, altezza e peso. Scrivere una funzione che legga i dati di una persona, ricevendo come parametro un puntatore e un'altra funzione che li visualizzi.

8.8 Scrivere un programma che decida se una matrice di numeri reali è simmetrica. Utilizzare: (1) una funzione di tipo `bool` che riceva come input una matrice di reali, il suo numero di righe e quello di colonne, e decida se la matrice è simmetrica; (2) un'altra funzione che generi la matrice di 10 righe e 10 colonne di numeri aleatori da 1 a 100; (3) un programma principale che chiami le due funzioni. *Nota*: passare le matrici come puntatori e utilizzare l'aritmetica dei puntatori.

8.9 Scrivere un programma per generare una matrice di 4×5 numeri reali, moltiplicare la prima colonna per un'altra qualunque della matrice e mostrare la somma dei prodotti. Il programma deve scomporsi in sottoprogrammi e utilizzare puntatori per accedere agli elementi della matrice.

8.10 Scrivere le funzioni per sommare a una riga di una matrice un'altra riga, scambiare due righe, e sommare a una riga una combinazione lineare di altre. *Nota*: utilizzare l'aritmetica dei puntatori.

8.11 Scrivere le funzioni che realizzino le seguenti operazioni: moltiplicare una matrice per un numero e riempire di zeri una matrice. *Nota*: utilizzare l'aritmetica dei puntatori.

8.12 Scrivere un programma che legga 20 righe di testo, ognuna con 80 caratteri al massimo. Mostrare sullo schermo il numero di vocali in ogni riga, il testo letto e il numero totale di vocali lette.

8.13 A una gara di nuoto si iscrivono 16 nuotatori. Pregettare un vettore che contenga il nome di ciascun nuotatore, l'età e il tempo (minuti, secondi) ottenuto in vasca. Scrivere un programma che consenta l'immissione dei dati nel vettore e visualizzi la graduatoria finale.

8.14 Scrivere un programma che permetta di calcolare l'area di diverse figure geometriche: un triangolo rettangolo, un triangolo isoscele, un quadrato, un trapezio e un cerchio. *Nota*: utilizzare un array di puntatori di funzioni (che calcolano l'area di ciascuna figura).

8.15 Sviluppare un programma in C++ che usi una struttura per raccogliere informazioni sui pazienti di un ospedale: nome, indirizzo, data di nascita, genere, giorno di ingresso, giorno di uscita e problema fisico. Il programma deve avere una funzione per immettere i dati, raccoglierli in un array e visualizzare in output i pazienti ricoverati in un dato giorno.

8.16 Scrivere una funzione che riceva in input una stringa di cifre decimali e restituisca il corrispondente numero intero.

8.17 Scrivere un programma per simulare una piccola calcolatrice che permetta di leggere espressioni intere terminanti con il simbolo = e le valuti da sinistra a destra, senza tenere conto della priorità degli operatori. Esempio `4*5-8=12`. *Nota*: usare un array di funzioni per realizzare le diverse operazioni (somma, sottrazione, prodotto, quoziente resto).

Esercizi supplementari

Per ulteriori esercizi si rimanda all'Appendice A del testo.

Allocazione dinamica della memoria

9

Indice

Introduzione

Nei precedenti capitoli abbiamo visto che le variabili possono essere globali o locali. Le variabili globali occupano posizioni fisse di memoria all'interno del *segmento dati* assegnato al programma dal sistema operativo; tutte le funzioni possono utilizzarle. Le variabili locali a una funzione vengono invece memorizzate nello *stack* ed esistono *soltanto* mentre è in esecuzione la funzione.

È possibile anche creare variabili `static` che occupano pure posizioni fisse di memoria nel segmento dati, ma sono utilizzabili solo nel modulo (ovvero nel file sorgente) o nella funzione in cui sono definite. Queste classi di variabili condividono una caratteristica: essere definite al momento della compilazione; questo potrebbe essere un loro limite. Infatti non sempre è possibile sapere prima dell'esecuzione quanta memoria (cioè quante variabili) sarà necessaria al programma.

In C++ è possibile gestire dinamicamente la memoria durante l'esecuzione del programma mediante due operatori, `new()` e `delete()`, che assegnano e liberano la memoria nella zona denominata *heap*.

9.1 Gestione dinamica della memoria

Con il termine *heap* si denota la parte della memoria principale che può essere allocata dinamicamente durante l'esecuzione del programma. Per poter essere riallocata, la memoria allocata a run-time può essere deallocata automaticamente mediante un *garbage recollector* (come avviene ad esempio in Java) oppure rimanere occupata fino a che il programmatore la libera esplicitamente mediante opportune istruzioni. In C la gestione della memoria dinamica avviene tramite le funzioni `malloc`, `calloc` e `free`. In C++ esiste un'alternativa migliore: gli operatori `new` e `delete`. Con l'operatore `new` si definiscono variabili a run-time e con l'operatore `delete` si possono rilasciare le posizioni occupate dinamicamente perché possano eventualmente essere riutilizzate da altre variabili.

Consideriamo un programma per la valutazione degli studenti di un corso. I voti riportati dagli studenti devono essere memorizzati in un array sufficientemente grande da contenerli tutti. L'istruzione

```
int corso [40];
```

riservando 40 interi, potrebbe ander bene se fossimo sicuri che gli studenti non siano più di 40, perché se poi il loro numero aumentasse, si dovrebbe cambiare la lunghezza dell'array e ricompilare il programma. In effetti, gli array sono la struttura dati più efficiente *quando si conosce la loro lunghezza al momento di scrivere il programma*, ma non sono adeguati se la dimensione del vettore può essere nota *solo* in fase di esecuzione.

È abbastanza frequente non conoscere la quantità di memoria necessaria fino al momento dell'esecuzione del programma. Ad esempio, se si vuole memorizzare una stringa di caratteri liberamente digitata dall'utente, non si può prevedere *a priori* la dimensione dell'array necessaria per ospitarla, quindi bisogna preallocare un vettore grandissimo con conseguente spreco di memoria. Per risolvere questo problema si deve ricorrere alle tecniche di *allocazione dinamica della memoria.*

Il sistema operativo assegna al programma specifici segmenti della memoria principale; il *code segment* ospita il codice stesso, il *data segment* ospita costanti e variabili globali, lo *stack* contiene le variabili locali, i parametri delle funzioni e le copie dei registri per restituire il controllo alle funzioni chiamanti al termine delle funzioni chiamate. La memoria che rimane nello stack, denominata *heap*, viene appunto usata per allocare dinamicamente le variabili.
La Figura 9.1 mostra la generica mappa di memoria di un programma. L'*heap* è dentro lo stack e cresce verso il basso, mentre lo stack cresce verso l'alto.

Gli operatori `new` e `delete` utilizzati dal C++ sono più versatili ed affidabili delle `malloc()` e `free()` del C perché allocano (o deallocano) memoria in funzione del tipo di dato da memorizzare ed effettuano ogni volta i relativi controlli. Inoltre `new` e `delete` si implementano come operatori e non come funzioni, quindi si possono utilizzare senza includere alcun header file.

Un'altra caratteristica importante di questi operatori è che non richiedono *casting* di tipi, e per questo sono più facili da utilizzare rispetto a `malloc()` e `free()`.

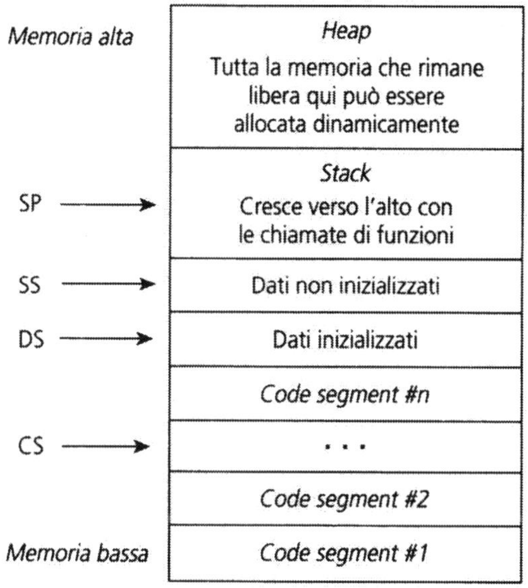

Figura 9.1
Mappa di memoria di un programma.

9.2 L'operatore *new*

L'operatore `new` genera dinamicamente una variabile di un certo tipo (`int`, `float`, una struttura, un array o qualunque altro tipo), assegnandole un blocco di memoria della dimensione di quel tipo. L'operatore restituisce un puntatore che contiene l'indirizzo del blocco di memoria allocato, cioè della variabile. La variabile sarà quindi accessibile dereferenziando il puntatore.

La sintassi dell'operatore `new` è:

1. `tipo* puntatore = new tipo                    // non array`
2. `tipo* puntatore = new tipo[dimensione]        // per array`

dove *puntatore* sta per il nome del puntatore a cui si assegna l'indirizzo dell'oggetto generato (indirizzo che è `NULL`, se per un motivo qualsiasi fallisce l'operazione di allocazione della memoria). Nel secondo formato, al puntatore si assegna l'indirizzo di memoria di un blocco sufficientemente grande per contenere un array con *dimensione* elementi di tipo *tipo*. Per esempio, la seguente istruzione

```
char* p = new char[100];
```

genera dinamicamente un vettore di cento `char`; l'indirizzo del primo di questi elementi viene assegnato al puntatore `p`. Si noti che l'operatore `new` può effettuare questo assegnamento proprio perché restituisce l'indirizzo del blocco di memoria allocata dinamicamente.

Ogni volta che si invoca l'operatore `new`, il compilatore verifica che il tipo puntato dal puntatore (a sinistra) corrisponda al tipo della variabile allocata (a destra). Se i tipi non coincidono, il compilatore produce un messaggio di errore.

Se il puntatore è già stato definito, si può semplicemente usare `new` per assegnargli la variabile dinamica. Ad esempio, per allocare dinamicamente una variabile di tipo intero si può scrivere sia

```
int* pi = new int;
```

sia

```
int* pi;
...
pi = new int;
```

L'effetto è sempre quello di creare una variabile intera senza nome, accessibile soltanto dereferenziando il puntatore `pi`

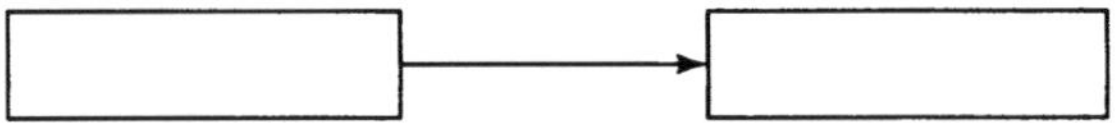

`pi` punta ora alla posizione nell'heap dove si trova la variabile. Così ancora, per riservare memoria per un array di 100 interi, si può scrivere

```
int* BloccoMem;
BloccoMem = new int[100];
```

o più concisamente

```
int* BloccoMem = new int[100];
```

Se nell'heap esiste un blocco della dimensione richiesta (400 byte in questo caso), `new` restituisce un puntatore al primo byte del blocco, altrimenti restituisce `0` o `NULL`.

La dimensione del blocco di memoria da allocare si può definire a run-time, per esempio richiedendola dall'input:

```
int n;
...
cin >> n;
char* s = new char[n];
```

L'operatore `new` appartiene al C++ e non richiede alcun header file. Esaminiamo un esempio:

```
#include <iostream>
#include <string>          // Uso di strcpy() e strlen()
using namespace std;
```

```
int main()
{
  char* str = "Sierras di Cazorla, Segura e Magina";
  int lun = strlen(str); // Ottiene la lunghezza di str
  char* ptr = new char[lun+1];      // memoria a str + '\0'
  strcpy(ptr, str);                 // Copia str in ptr
  cout << endl << "ptr = " << ptr;     //  str è ora in ptr
  delete [] ptr;    // Libera la memoria puntata da ptr
  return 0;
}
```

L'espressione

```
char* ptr = new char[lun+1];
```

restituisce un puntatore che punta una sezione di memoria dell'heap abbastanza grande per contenere la stringa di lunghezza `strlen()` più un byte extra per il carattere `'\0'` alla fine della stringa.

Precauzione

L'heap non è infinito e, come abbiamo detto, l'operatore `new` restituisce un puntatore `NULL` se non c'è spazio per la nuova variabile, cioè *non dà errore!* È responsabilità del programmatore verificare *sempre* il puntatore per assicurarsi che sia valido, prima di dereferenziarlo. Supponiamo, per esempio, che si voglia assegnare un vettore di 8.000 interi (32.000 byte):

```
int* ptr_lista = new int[8000];
if (ptr_lista == NULL)
{
  cout << "Manca memoria" << endl;
  return -1;       // Fare qualche azione di recupero
}
for (int i = 0; i < 8000; i++)
  ptr_lista[i] = lista(i);
```

Nel Paragrafo 9.5 vedremo un altro modo per effettuare questa verifica.

Se non esiste spazio sufficiente nell'heap, l'operatore `new` restituisce `NULL`. La scrittura di un programma sicuro esige di verificare il valore restituito da `new` per assicurarsi che non sia `NULL`.

Esercizio risolto 9.1

Scrivere un programma che verifichi approssimativamente quanta memoria può essere allocata.

```
#include <iostream>
using namespace std;

void main()
{
  char* p;
  for (int i = 1;  ; i++)
  {
    p = new char[10000];
    if (p == 0) break;
    cout << "Assegnata: " << 10 * i << "kB\n";
  }
}
```

Si allocano ripetutamente 10 kB fino a che l'allocazione fallisce e il ciclo termina.

9.2.1 Allocazione di dimensione ignota

Si può invocare l'operatore `new` per allocare un vettore, perfino se non si sa in anticipo quanta memoria richiedono i suoi elementi. Tutto quello che si deve fare è invocare l'operatore `new` utilizzando un puntatore all'array. Anche se in fase di compilazione non si può calcolare la quantità di memoria necessaria, `new` aspetta il momento dell'esecuzione, quando sarà nota la dimensione del tipo del vettore. Ad esempio, questo segmento di codice assegna memoria per un array di dieci stringhe, la cui lunghezza sarà nota solo al momento dell'esecuzione:

```
miaStringa* mioTesto = new miaStringa[10];
```

9.2.2 Inizializzazione di memoria con un valore

Si può inizializzare la variabile dinamica indicandone il valore fra parentesi tonde alla fine dell'istruzione che invoca l'operatore `new`. Per esempio

```
int* pi = new int(0);
```

equivale a

```
int* pi = new int;
*pi = 0;
```

Tuttavia, non si possono utilizzare in questo modo i singoli elementi di un array:

```
int* pv = new int[100](0);          // Non funziona
```

9.2.3 Allocazione dinamica di array multidimensionali

Per allocare un array multidimensionale si indicano le singole dimensioni dell'array. Ad esempio, per assegnare un puntatore ad un array contenente i nomi dei dodici mesi si può allocare dinamicamente una matrice di caratteri di dimensione `[12]` per `[10]`:

```
char* p = new char[12][10];
```

Quando si utilizza `new` per assegnare un array multidimensionale, soltanto la dimensione più a sinistra può essere una variabile. Ciascuna delle altre dimensioni deve essere un valore costante, esattamente come quando si definisce un parametro formale come array bidimensionale.

9.3 L'operatore *delete*

L'operatore `delete` libera la memoria allocata dinamicamente perché possa eventualmente essere riallocata mediante successive chiamate all'operatore `new`. La sintassi dell'operatore `delete` è:

1. `delete` *`puntatore`*   // per non array
2. `delete []` *`puntatore`*   // per array

Per esempio, lo spazio assegnato per le variabili dinamiche

```
int* ad = new int;
char* adc = new char[100];
```

si può liberare con le seguenti istruzioni:

```
delete ad;
delete [] adc;
```

`delete` rende riutilizzabile la memoria puntata, ma non cancella il puntatore che può quindi essere riutilizzato, ad esempio per puntare un'altra variabile successivamente allocata con `new`. Se una variabile allocata dinamicamente non serve più, è bene liberare lo spazio che essa occupa nell'heap, perché altrimenti questo potrebbe esaurirsi anzitempo; l'operazione, che è detta *garbage collection*, in C/C++ è totalmente lasciata alla responsabilità del programmatore. È importante quindi che esista sempre una corrispondenza `new-delete`.

Esempio

```
int* pv = new int[55];
if (pv == NULL)
  cout << "Memoria esaurita" << endl;
else
{
  ...
  delete pv;        // Affranca la memoria puntata da pv
}
```

Non si può utilizzare `delete` per liberare la memoria occupata da variabili ordinarie.

```
int* p = new int;
delete p;             // Corretto
delete p;             // Non è corretto, duplicato
int num = 10;
int* pn = &num;
delete pn;            // Errato, memoria non assegnata da new
```

9.4 Esempi di *new* e *delete*

Si può allocare dinamicamente qualunque tipo di dato: `char`, `int`, `float`, array, strutture e identificatori di `typedef`.

Consideriamo una stringa costituita da un array di `char`. Utilizzando `new` si può creare un puntatore ad array di lunghezza variabile, in modo che si possa regolare la quantità di memoria necessaria per la stringa di testo durante l'esecuzione del programma. Cominciamo assegnando una stringa di 80 caratteri mediante un puntatore a `char`:

```
char* p = new char[80];
```

Il sistema di gestione della memoria riserva 80 byte per l'array di caratteri assegnando a `p` l'indirizzo del primo di loro.

Esempio

```
#include <iostream>
#include <string>

int main()
{
  char* p = new char[80];
  strcpy(p, "Carchelejo esta nella Sierra Magina")
  cout << p << endl;
  delete p;
  cout << "Prema Invio per continuare";
  cin.get();
}
```

Una caratteristica notevole di `new` è che non è costretto a predeterminare la dimensione dei vettori. Utilizzando una variabile si può aggiustare la dimensione dell'array a run-time. Il programma seguente mostra come assegnare una quantità variabile di memoria, a seconda del bisogno.

Esempio

```
#include <iostream>
#include <string>
int main()
{
  int lunghezza_stringa;
  char* p;

  cout << "Quanti caratteri si assegnano?";
  cin >> lunghezza_stringa;
  cin.ignore(1);

  p = new char[lunghezza_stringa];

  strcpy(p, "Carchel tambien esta en Sierra Magina");
  cout << p << endl;
  delete [] p;
  cout << "Prema Invio per continuare";
  cin.get();
}
```

Il seguente esempio alloca dinamicamente la memoria per una struttura, riempie i suoi campi, visualizza e libera la memoria allocata.

Esempio

```
#include <iostream>
using namespace std;

struct scheda_p {
  int numero;
  char nome[30];
};

  int main ()
{
  struct scheda_p* una_scheda = new struct scheda_p;
  cout << "Introduca il numero del cliente: " ;
  cin >> una_scheda->numero;
  cout << "Introduca il nome:";
  cin >> una_scheda->nome;
  cout << "\nNumero: " << una_scheda -> numero;
  cout << "\nNome; " << una_scheda -> nome;

  delete una_scheda;
}
```

Esempio

```
#include <iostream>
using namespace std;

int main()
{
 int* Giorni = new int[3];
 Giorni[0] = 15;
 Giorni[1] = 8;
 Giorni[2] = 1999;
 cout << "Le feste del paese sono in Agosto "
      << Giorni[0] << "/ "
      << Giorni[1] << "/ "
      << Giorni[2];
 delete [] Giorni;          // Libera la memoria
 return 0;
}
```

L'output del programma è

```
Le feste del paese sono in Agosto 15/8/1999
```

Il seguente programma chiede all'utente di digitare la dimensione di un array. Se si risponde adeguatamente, il programma stampa l'array, che contiene il numero di numeri consecutivi che sono stati richiesti.

Esempio

```
#include <iostream>
#include <stdlib>
using namespace std;
int main()
{
 cout << "Quanti elementi ha il vettore?";
 int lun;
 cin >> lun;
 int* mioArray = new int[lun];
 for (int n = 0; n < lun; n++)
    mioArray[n] = n + 1;
 for (int n = 0; n < lun; n++)
    cout << '\n' << mioArray[n];
 delete [] mioArray;
 return 0;
}
```

Il seguente programma definisce un tipo di struttura `cane`. Poi utilizza l'operatore `new` per allocare un array di tre strutture di tipo `cane` e ne assegna l'indirizzo al puntatore `pcane`. Dopo aver verificato che l'operazione ha avuto successo, il programma assegna dei valori ai campi di ogni elemento, utilizzando la funzione di libreria `strcpy()` per copiare costanti stringa nei campi `razza` e `colore` della struttura `cane`. Infine, il programma visualizza il contenuto dei tre elementi dell'array.

Esempio

```
#include <iostream>
#include <string>
using namespace std;
struct cane {
 char razza[20];
 int eta;
 int altezza;
 char colore[15];
};
int main()
{
 cane* pcane = new cane[3];
 if (pcane == NULL)
    cout << "**Mancanza di memoria**" << endl;
 else
    {
     strcpy(pcane[0].razza, "Pastore tedesco");
     strcpy(pcane[0].colore, "Biondo");
     pcane[0].eta = 4;
     pcane[0].altezza = 120;
     strcpy(pcane[1].razza, "dalmata");
     strcpy(pcane[1].colore, "bianco e nero");
     pcane[1].eta = 5;
     pcane[1].altezza = 130;
     strcpy(pcane[2].razza, "doberman");
     strcpy(pcane[2].colore, "nero");
     pcane[2].eta = 4;
     pcane[2].altezza = 155;
     for (int i = 0; i < 3; i++)
      {
       cout << "\nRazza:  "<< pcane[i].razza << endl;
       cout << "Colore:  " << pcane[i].colore << endl;
       cout << "Altezza:  "<< pcane[i].altezza << endl;
       cout << "Eta:  "  << pcane[i].eta << endl;
      }
    }
}
```

Il programma visualizza sullo schermo

```
Razza:   pastore tedesco
Colore:  biondo
Altezza: 120
Eta:   4

Razza:   dalmata
Colore:  bianco e nero
Altezza: 130
Eta:   5

Razza:   doberman
Colore:  nero
Altezza: 155
Eta:   4
```

9.5 Gestione dell'overflow di memoria

Per far fronte alla mancanza di spazio nell'heap si può utilizzare la funzione C++ `set_new_handler()` che serve a gestire gli errori. Questa funzione è definita nell'header file `new.h` e ha come argomento un puntatore a funzione. Quando la si invoca, le si passa il nome di una funzione scritta per gestire l'errore.

Esempio

```
#include <iostream>
using namespace std;
void overflow()
{
  cout << "Memoria insufficiente - fermare esecuzione
       << endl;
  exit(1);
}
void main()
{
  set_new_handler (overflow);
  long dimensione;
  int* pi;
  int nblocco;
  cout << "Dimensione desiderata?";
  cin >> dimensione;
  for (nblocco = 1; ; nblocco++)
  {
    pi = new int[dimensione];
```

```
    cout << "Allocazione blocco numero: " << nblocco <<
       endl;
  }
}
```

Il programma produrrà un output del tipo:

```
Dimensione desiderata?
Allocazione blocco numero: 1
Allocazione blocco numero: 2
Allocazione blocco numero: 3
Allocazione blocco numero: 4
Allocazione blocco numero: 5
Memoria insufficiente - fermare esecuzione
```

Esempio

Il seguente programma esegue un ciclo che alloca memoria con incrementi di 10.000 byte, fino ad esaurire l'heap. Allora, si ferma l'allocazione di memoria e si visualizza la quantità totale di memoria attualmente allocata visualizzando il messaggio `"Heap vuoto"`.

```
#include <iostream>
#include <stdlib>
#include <new.h>
using namespace std;

int esaur_mem(size_t dim)
{
  cerr << "\n Heap vuoto \n";
  exit(1);
  return 0;
}

int main()
{
  set_new_handler(esaur_mem);
  long totale = 0;
  while (1)
  {
    char* pvc = new char[10000];
    totale += 10000;
    cout << "Occupati 10000 byte " << totale << endl;
  }
}
```

La funzione `esaur_mem` prende un parametro di tipo `size_t`, che rappresenta la dimensione del blocco richiesto al momento del fallimento di `new`.

9.6 Tipi di memoria in C++

In conclusione di questo capitolo torniamo a specificare le differenze fra i tre tipi di memoria del C++: *automatica*, *statica* e *dinamica*.

Memoria automatica

Le variabili definite all'interno di una funzione si denominano *variabili automatiche*: si allocano automaticamente nello *stack* quando viene invocata la funzione in cui sono definite e si cancellano quando essa termina. Tali variabili sono ovviamente locali alla funzione in cui sono definite, ma sono anche locali al blocco che le contiene, cioè alla più piccola sezione di codice racchiusa tra parentesi graffe dove sono definite.

Memoria statica

L'allocazione statica avviene nel *data segment* durante l'esecuzione di un programma completo. Ci sono due modi per allocare staticamente una variabile.

1. Definire la variabile al di fuori di qualsiasi funzione, `main()` compresa.
2. Anteporre alla definizione della variabile la parola riservata `static`:

   ```
   static double temperatura = 25.75;
   ```

Memoria dinamica

Viene allocata a run-time nell'heap dagli operatori `new` e `delete`. In assenza di un *garbage collector,* come quelli che ci sono in Java e Visual Basic, la memoria rimane allocata fino a che viene affrancata dall'esecuzione di un'opportuna istruzione di `delete`.

L'operatore `new` compie una chiamata al sistema operativo chiedendo una certa quantità di memoria. Il sistema risponde verificandone la disponibilità. Negli odierni elaboratori è raro aver problemi di disponibilità di memoria, ma l'esaurimento dell'heap è sempre possibile. Come abbiamo visto, in questo caso l'operatore `new` restituisce il puntatore nullo; questa eventualità che può essere sempre testata e trattata adeguatamente:

```
int* p = new int[5000];
if (!p) {
  cout << "Memoria insufficiente";
  exit (1);
}
```

Per ridurre la probabilità di svuotamento dell'heap si deve utilizzare accuratamente `delete` per liberare la memoria assegnata dinamicamente e non più utilizzata.

Esercizio risolto 9.2

Assegnare dinamicamente un array con la dimensione richiesta dall'utente; immettere i valori dallo standard input; visualizzare e calcolare la media aritmetica di tali valori.

```
#include <iostream>
using namespace std;
int main()
{
  int somma = 0;
  int n;
  int* p;
  cout << "Introdurre numero di elementi: ";
  cin >> n;
  p = new int[n];    // Assegna n interi
  for (int i=0; i<n; i++)
  {
     cont << "Introduca elemento: " << i ;
     cin >> p[i];
     somma += p[i];
  }
  cout << "elementi introdotti: ";
  for (int i = 0; i < n; i++)
     cout << p[i] << " , " ;
  cout << endl;
  cout << "Totale: " << somma << endl;
  cout << "Media: " << (double) somma /n << endl;
  delete [] p;  // Libera lo spazio di n interi
  return ;
}
```

SOMMARIO

L'assegnamento dinamico della memoria permette di utilizzare quantità di memoria non note a priori. Abbiamo visto che in C++ si può allocare una variabile nell'heap quando se ne ha bisogno ed eliminarla quando non serve più mediante i due operatori `new` e `delete`. L'operatore `new` assegna un blocco di memoria della dimensione del tipo specificato.

Quando non si usa più un blocco di memoria definito dinamicamente con `new`, lo si può liberare con l'operatore `delete` affinché possa essere riallocato ad altre variabili dinamiche. Per gestire l'eventualità dello svuotamento dell'heap, si può utilizzare la funzione di libreria `set_new_handler()`.

CONCETTI CHIAVE

- Array dinamico
- Array statico
- Overflow di memoria
- Memoria dinamica
- Operatore `delete`
- Operatore `new`

Problemi

9.1 Qual è l'output del seguente programma?

```
#include <cstdlib>
#include <iostream>
using namespace std;
int main(int argc, char *argv[])
{
  int * p1, *p2;
  p1= new int;
  *p1 = 45;
  p2 = p1;
  cout << " *p1 == " << *p1 << endl;
  cout << " *p2 == " << *p2 << endl;
  *p2 = 54;
  cout << " *p1 == " << *p1 << endl;
  cout << " *p2 == " << *p2 << endl;
  cout << " vivano i puntatori \n";
  system("PAUSE");
  return EXIT_SUCCESS;
}
```

9.2 Qual è l'output del seguente codice?

```
#include <cstdlib>
#include <iostream>
using namespace std;
int main(int argc, char *argv[])
{
  int * p1, *p2;
  p1= new int;
  p2= new int;
  *p1 = 10;
  *p2 = 20;
  cout <<  *p1 << " " << *p2 << endl;
  *p1 = *p2;
  cout <<  *p1 << " " << *p2 << endl;
  *p1 = 30;
  cout <<  *p1 << " " << *p2 << endl;
  system("PAUSE");
  return EXIT_SUCCESS;
}
```

9.3 Si supponga che un programma contenga il seguente codice per creare un array dinamico.

```
int* entrata;
entrata = new int[10];
```

Se non esiste sufficiente memoria nell'heap, la precedente chiamata a `new` fallirà. Scrivere un codice che verifichi se quella chiamata a `new` fallisce per mancanza di spazio nell'heap; in questo caso, dovrà essere visualizzato un apposito messaggio di errore sullo schermo.

9.4 Si supponga che un programma contenga il codice per creare un array dinamico, come nel Problema 9.3, in modo che la variabile `entrata` punti a questo array dinamico. Scrivere il codice che riempia questo array con 10 numeri scritti in input.

9.5 Data la seguente dichiarazione, definire un puntatore `b` alla struttura, riservare la memoria dinamicamente per una struttura assegnando il suo indirizzo a `b`.

```
struct bottone
{
  char* cartellino;
  int codice;
};
```

9.6 Una volta assegnata la memoria al puntatore `b` del Problema 9.5, scrivere le istruzioni per leggere i campi `cartellino` e `codice`.

9.7 Dichiarare una struttura per rappresentare un `punto` nello spazio tridimensionale con un nome. Dichiarare un puntatore alla struttura che abbia l'indirizzo di un array dinamico di `n` strutture `punto`. Assegnare la memoria all'array e verificare che si è potuto assegnare la memoria richiesta.

9.8 Data la dichiarazione della struttura `punto` del Problema 9.7, scrivere una funzione che ritorni l'indirizzo di un array dinamico di `n` punti nello spazio tridimensionale. I valori dei dati si leggono dal dispositivo di input (tastiera).

9.9 Aggiungere al problema precedente una funzione che mostri i punti di un vettore dinamico la cui terza coordinata sia maggiore di un parametro che riceve come dato.

9.10 Aggiungere al problema precedente il punto più lontano dall'origine delle coordinate.

9.11 Si richiede di rappresentare nello spazio tridimensionale dei triangoli, minimizzando lo spazio necessario per immagazzinarli. Tenendo conto che un triangolo nello spazio tridimensionale viene determinato dalle coordinate dei suoi tre vertici, scrivere una struttura per rappresentare un triangolo che, utilizzando il vettore dinamico dei problemi precedenti, immagazzini l'indice dei tre vertici, il perimetro e l'area (così si memorizzano i tre vertici con tre interi, anziché con 9 reali, risparmiando memoria). Il perimetro e l'area devono essere calcolati tramite una funzione a partire dall'indice dei tre vertici e il vettore dinamico di punti dello spazio tridimensionale.

9.12 Aggiungere al problema precedente una funzione che legga e immagazzini in un vettore gli *m* triangoli dello spazio tridimensionale i cui vertici si trovano nell'array dinamico di punti. Usare le funzioni e le strutture definite nei problemi precedenti.

9.13 Aggiungere al problema precedente una funzione che visualizzi i triangoli del vettore di triangoli.

9.14 Data la dichiarazione dell'array di puntatori:

```
#define N 4
char *riga[N];
```

Scrivere le istruzioni di codice per leggere `N` righe di caratteri ed assegnare ogni riga a un elemento dell'array.

9.15 Scrivere un codice che elimini dall'array di `N` righe del precedente problema tutte le righe di lunghezza minore di 20.

9.16 Scrivere una funzione che utilizzi dei puntatori per copiare un array di elementi `double`.

9.17 Scrivere un programma che legga un numero determinato di interi (1000 al massimo) dalla console e li visualizzi nello stesso ordine e con la condizione che ogni intero sia scritto una sola volta. Ad esempio, se si leggono dalla console i seguenti numeri `55 78 -25 55 24 -3 7`, il programma dovrà visualizzare: `55 78 -25 24 -3 7`. Trattare l'array con i puntatori.

9.18 Scrivere un programma per leggere *n* stringhe di caratteri. Ogni stringa ha una lunghezza variabile e può essere formata da qualsiasi carattere. La memoria si deve adeguare alla dimensione di ciascuna stringa. Una volta lette le stringhe, si deve eseguire un processo che elimina tutti gli spazi vuoti, adeguando sempre la memoria occupata al numero dei caratteri. Il programma deve mostrare le stringhe lette e quelle trasformate.

9.19 Scrivere il codice della funzione che restituisce la somma degli elementi `float` puntati dai primi `n` puntatori dell'array `p`.

9.20 Scrivere una matrice che riceva come parametro un puntatore doppio a `float` e la sua dimensione e ritorni la memoria dinamica per una matrice quadrata.

9.21 Scrivere una funzione che generi aleatoriamente una matrice quadrata simmetrica e che possa essere chiamata da un programma principale che generi aleatoriamente la matrice con la funzione del Problema 9.20. La matrice deve essere elaborata tramite puntatori.

9.22 Scrivere una funzione che decida se una matrice quadrata di ordine `n` è maggioritaria. Una matrice quadrata di ordine `n` si dice che è maggioritaria, se esiste un elemento nella matrice il cui numero di ripetizioni supera la metà di `n*n`. La matrice deve essere elaborata tramite puntatori.

9.23 Una matrice di numeri interi rappresenta delle immagini; ogni intero esprime l'intensità luminosa di un pixel. Un pixel è "rumore" quando il suo valore si differenzia di due o più unità dal valore medio degli otto punti che lo circondano. Scrivere un programma che riceva come input le dimensioni della matrice, allochi dinamicamente la memoria e riempia la matrice leggendo i dati in input. Progettare una funzione che riceva in input una matrice e ne restituisca un'altra delle stesse dimensioni, dove gli elementi "rumore" assumono il valore 1 e gli altri il valore 0.

Esercizi supplementari

Per ulteriori esercizi si rimanda all'Appendice A del testo.

Stringhe 10

Indice

Introduzione

In questo capitolo approfondiremo la conoscenza delle stringhe già introdotte nel capitolo sugli array. Il C++ offre due metodi per rappresentare le stringhe: il convenzionale vettore di caratteri stile C e la classe `string` introdotta nel C++ standard. Ci sono situazioni in cui è utile o necessario conoscere e utilizzare la vecchia *C-string*, cioè un array di `char` in cui la sequenza dei caratteri dalla posizione 0 fino al primo carattere ASCII nullo (`'\0'`) rappresenta la stringa.

In particolare analizzeremo:

- input e output di stringhe
- uso delle funzioni di stringa della libreria standard
- assegnamento di stringhe
- varie operazioni con le stringhe (lunghezza, concatenazione, confronto e conversione)
- localizzazione di caratteri e sottostringhe
- inversione dei caratteri di una stringa

10.1 Concetto di stringa

Una *C-string* o semplicemente *stringa* è un array di `char` che termina con un carattere nullo (`'\0'`); la sequenza di caratteri dalla posizione 0 fino al carattere `\0` escluso rappresenta la stringa (Figura 10.1).

Una stringa letterale di *n* caratteri è un vettore di `char` lungo esattamente $n + 1$. Per esempio, la stringa letterale `"ABC"` è considerata un vettore di 4 `char`: `'A'`, `'B'`, `'C'` e `'\0'`. La stringa letterale è il nome del vettore, quindi è un puntatore a `char` il cui valore è l'indirizzo del suo primo carat-

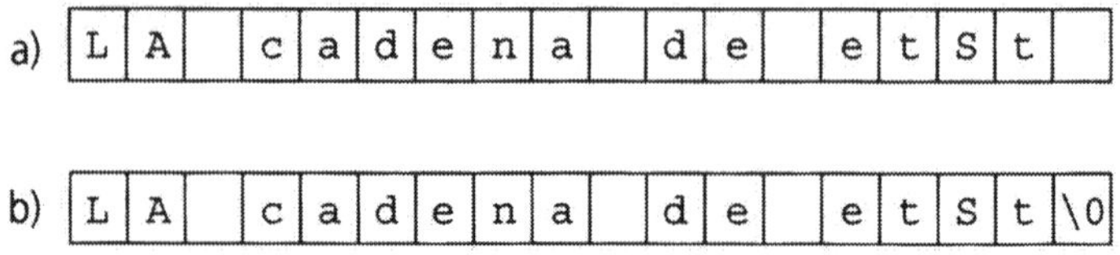

Figura 10.1
a) Array di caratteri;
b) stringa.

tere. Dereferenziando una stringa letterale si ottiene quindi il suo primo carattere (cioè il valore del primo elemento del vettore); è possibile anche utilizzare l'aritmetica dei puntatori

```
*"ABC"          è il valore  'A'
*("ABC" + 1)    è il valore  'B'
*("ABC" + 2)    è il valore  'C'
*("ABC" + 3)    è il valore  '\0'
```

Allo stesso modo, utilizzando l'indice dell'array si può scrivere

```
"ABC"[0]   è il valore  'A'
"ABC"[1]   è il valore  'B'
"ABC"[2]   è il valore  'C'
"ABC"[3]   è il valore  '\0'
```

Il numero totale di caratteri dell'array è sempre uguale alla lunghezza della stringa più 1.

Esaminiamo alcuni esempi.

1. `char str[] = "Clifford";`

   `str` ha nove caratteri: `'C'`, `'l'`, `'i'`, `'f'`, `'f'`, `'o'`, `'r'`, `'d'`, `'\0'`

2. `cout << str;`

   Il sistema invierà i caratteri di `str` a `cout` fino al carattere `'\0'`

3. `cin >> buffer;`

   Se `buffer` è un vettore di `char` abbastanza grande per contenerli tutti, il sistema estrarrà i caratteri da `cin`, dal primo "non-spazio" fino al primo "spazio" esclusi, per metterli nel `buffer` chiudendo automaticamente con il carattere `'\0'`.

Per manipolare le stringhe si utilizzano le funzioni dichiarate nell'header file <cstring>.

10.1.1 Dichiarazione di variabili stringa

Le stringhe si definiscono come array di `char` o `unsigned char`:

```
char testo[80];         // Una riga di caratteri di testo
char comando[40];       // Stringa utilizzata per ricevere un
                        // comando da tastiera
unsigned char dati;     // Attivazione di bit di ordine alto
```

Il tipo `unsigned char` può essere interessante nei casi in cui possono essere presenti caratteri speciali con il bit di ordine alto settato.

La dimensione del vettore deve essere tale da includere il carattere `'\0'`. Perciò, un array che dovrà contenere la stringa `"ABCDEF"` sarà definito come:

```
char UnaStringa[7];
```

In una dichiarazione come questa

```
char* s;
```

`s` non è una stringa, ma semplicemente un puntatore a carattere (che potrebbe essere il primo carattere di una stringa ...).

10.1.2 Inizializzazione di variabili stringa

Gli array si inizializzano normalmente nella definizione assegnando loro una sequenza di valori separati da virgole e racchiusi tra parentesi graffe. Questo si potrà quindi fare anche con le stringhe, per esempio

```
char UnaStringa[7]= {'A', 'B', 'C', 'D', 'E', 'F'};
```

Tuttavia, essendo le stringhe usate assai frequentemente, per loro si adotta una notazione semplificata:

```
char UnaStringa[7]= "ABCDEF";
char testo[81] = "Questa è una stringa";
char testodemo[255] = "Questa è una stringa più lunga";
char stringatest[] = "Quale è la lunghezza di questa
                     stringa?";
```

Le stringhe `testo` e `testodemo` possono contenere fino a `80` e `254` caratteri, rispettivamente, più il carattere nullo. Si noti la quarta stringa, `stringatest`, che non specifica la dimensione, in modo che possa essere definita automaticamente dal compilatore; siccome nella stringa letterale a destra dell'operatore di assegnamento ci sono `39` caratteri, il compilatore aggiunge il carattere `'\0'` e alloca `40` byte per `stringatest`.

Come ogni vettore, una stringa non può essere inizializzata fuori dalla sua definizione. Ad esempio, l'assegnamento

```
UnaStringa = "ABC";
```

provocherà un errore di compilazione, perché un identificatore di stringa, come qualunque identificatore di array, può prendere come valore un indirizzo, non una stringa. Vedremo più avanti che per assegnare una variabile stringa sarà necessario utilizzare la funzione di libreria denominata `strcpy()`.

Esempio

Il seguente programma mostra che l'inizializzazione di una stringa aggiunge automaticamente il carattere `'\0'`:

```
main()
{
  char S[] = "ABCD";
  for (int i = 0; i < 5; i++)
    cout << "S[" << i << "] = '" << S[i] << "'\n";
}
```

Se si esegue il programma si ottiene:

```
S[0] = 'A'
S[1] = 'B'
S[2] = 'C'
S[3] = 'D'
S[4] = ''
```

10.2 Lettura di stringhe

L'operatore di estrazione >> applicato a un flusso (Capitolo 15) come lo standard input `cin`, se deve mettere i caratteri letti in un vettore di caratteri si comporta in maniera speciale:

```
// Questo programma mostra come >> carica array di char
// letti da cin

#include <iostream>
using namespace std;

void main()
{
  char nome[30];     // Definisce un array di caratteri
  cin >> nome; // Legge caratteri e li mette dentro l'array
  cout << '\n' << nome;  // Visualizza tutto il contenuto
                         // dell'array
}
```

Il programma definisce nome come un array di 30 char. Se l'utente digita sulla tastiera Peppe Mackoy, il programma visualizzerà sullo schermo soltanto Peppe. Cioè la parola Mackoy non viene assegnata alla variabile stringa nome. Il motivo è che l'operatore >> termina la lettura quando trova uno spazio. Per leggere una sequenza di caratteri che include spazi vuoti si deve utilizzare la funzione di libreria getline(), anziché l'operatore >>. Vedremo fra poco che la funzione getline permette a cin di leggere la stringa completa, includendo qualsiasi spazio vuoto.

Esercizio risolto 10.1

Input ed output di stringhe. Scrivere un programma che legga le parole in un buffer di 79 caratteri.

```
main()
{
  char parola[80];
  do {
     cin >> parola;
     if (*parola)
          cout << "\t\" " << parola << "\"\n";
  } while (*parola);
}
```

Il numero di ripetizioni del ciclo while dipende dal numero di parole introdotte, incluso il carattere di controllo che termina il flusso cin (*Ctrl-D*). Se si esegue il programma si ottiene:

```
Oggi è 16 Giugno 2007.
               "Oggi"
               "è"
               "16"
               "Giugno"
               "2007."
Domani è Domenica.
               "Domani"
               "è"
               "Domenica."
```

Il ciclo viene eseguito nove volte, una per ogni parola introdotta (incluso *Ctrl-D* che arresta il ciclo). Ogni parola dal flusso di input cin viene immessa nel flusso di output cout. Il buffer di input non viene letto finché non viene digitato il carattere *Invio* (carriage return \r).

*parola è diverso da zero (e quindi true) se parola contiene una stringa di lunghezza maggiore di 0, infatti solo in quest'ultimo caso il primo elemento della stringa è il carattere '\0'. Premendo *Ctrl-D* (nei sistemi UNIX/Linux) o *Ctrl-Z* (in Windows/DOS), si invia il carattere di terminazione del flusso. Quest'azione carica la stringa vuota in parola fermando appunto il ciclo. L'ultima riga di output mostra soltanto l'eco di *Ctrl-D*.

Nota

I segni d'interpunzione (apostrofi, virgole, punti, ecc.) fanno parte delle stringhe, mentre i caratteri di spaziatura (tabulazioni, spazi, nuove righe, ecc.) non ne fanno parte.

Come chiariremo meglio quando introdurremo la programmazione orientata agli oggetti, l'oggetto `cin` (flusso di input) include le funzioni di input: `cin.getline()`, `cin.get()`, `cin.ignore()`, `cin.putback()` e `cin.peek()`.

10.2.1 Funzioni membro *cin.getline()*

`cin` è un oggetto della classe `iostream`; `getline()` è una funzione membro della classe `iostream`; `cin` può chiamare `getline()` per leggere una riga completa (includendo cioè qualsiasi carattere di spaziatura) con il seguente formato:

```
cin.getline(<var_str>, <max_lung_stringa>, <'separatore'>);
```

La funzione `getline()` utilizza cioè tre argomenti. Il primo è l'identificatore della variabile stringa; il secondo è la lunghezza massima della stringa; il terzo è il delimitatore, cioè il carattere successivo all'ultimo carattere della stringa. Ad esempio, la chiamata di funzione

```
cin.getline(str, LEN, 'a')
```

legge i caratteri da `cin` finché ha estratto `LEN-1` caratteri oppure finché ha estratto il carattere `'a'`, a seconda di cosa accada per prima. Il motivo per cui la lettura si ferma all'(`LEN-1`)-esimo carattere è perché la `getline()` deve chiudere la stringa inserendovi il carattere nullo `'\0'`. La `getline()` può essere lanciata anche con due soli argomenti; in questo caso, è sottointeso che il delimitatore sia `'\n'`. Ad esempio, il precedente programma per leggere la stringa `nome` può essere riscritto così:

```
#include <iostream>
using namespace std;

void main()
{
  char nome[32];             // Define l'array di caratteri
  cin.getline(nome, 32);     // Legge la stringa nome
  cout << nome;              // Visualizza la stringa nome
}
```

Esempio

```
int #include <iostream>
using namespace std;
main()
```

```
{
  char nome[80];
  cout << "Introduca il suo nome";
  cin.getline(nome, sizeof(nome)-2);
  cout << "Ciao" << nome << "come stai?";
  return 0;
}
```

Il seguente programma legge e scrive il nome, l'indirizzo e il telefono di un utente.

```
#include <iostream>
using namespace std;
void main()
{
  char Nome[32];
  char Via[32];
  char Citta[27];
  char Provincia[27];
  char CodicePostale[5];
  char Telefono[10];
  // Legge le stringhe
  cin.getline(Nome, 32);
  cin.getline(Via, 32);
  cin.getline(Citta, 27);
  cin.getline(Provincia, 27);
  cin.getline(CodicePostale, 5);
  cin.getline(Telefono, 10);
  // Visualizza le stringhe
  cout << Nome;
  cout << Via;
  cout << Citta;
  cout << Provincia;
  cout << CodicePostale;
  cout << Telefono;
}
```

Regole

- La chiamata `cin.getline(str, n, car)` legge e mette in `str` tutti gli input fino alla prima occorrenza del carattere delimitatore `car` o fino all'(`n-1`)-esimo carettere letto.
- Se il carattere specificato `car` è il carattere di nuova riga `'\n'`, la chiamata è equivalente a `cin.getline(str, n)`.
- Il carattere delimitatore non viene inserito nella stringa, ma viene comunque estratto dal flusso di input.

10.2.2 Funzione *cin.get()*

La funzione `cin.get()` si utilizza per leggere carattere per carattere. La chiamata `cin.get(car)` copia il carattere seguente del flusso di input `cin` nella variabile `car` e restituisce `1`, a meno che non venga letta la fine del flusso, nel qual caso restituisce `0`.

Esempio

Il seguente programma conta le occorrenze della lettera `'t'` nel flusso di input.

```
main()
{
  char car;
  int contatore = 0;
  while (cin.get(car))
    if (car == 't') ++contatore;
  cout << contatore << "lettere t\n";
}
```

Il ciclo `while` si ripete fintanto che la funzione `cin.get(car)` legge caratteri e li mette in `car`. L'uscita del ciclo è `^D`.

10.2.3 Funzione *cout.put()*

La funzione opposta di `get` è `put`. La funzione `cout.put()` si utilizza per scrivere nel flusso di output `cout` carattere per carattere.

Esercizio risolto 10.2

Il seguente programma fa l'eco del flusso di input mettendo però in maiuscolo l'iniziale di ogni parola. Cioè, se si legge in input `"grotte di frasassi"` si scrive in output `"Grotte Di Frasassi"` ricorrendo alla funzione `toupper(car)` della libreria `ctype`, che restituisce l'equivalente maiuscola di `car` se è una lettera minuscola (altrimenti restituisce la lettera maiuscola stessa).

```
#include <iostream>
#include <ctype>
using namespace std;

void main()
{
  char car, pre = '\0';
  while (cin.get(car)) {
     if (pre == ' ' || pre == '\n')
          cout.put(char(toupper(car)));
     else cout.put(car);
     pre = car;
  }
}
```

Eseguendo il programma si ottiene:

```
grotte di frasassi nel comune di genga
Grotte Di Frasassi Nel Comune Di Genga
^Z
```

La variabile `pre` contiene il carattere letto. L'algoritmo si basa nel fatto che se `pre` è uno spazio o il carattere nuova riga, allora il successivo sarà il primo carattere della parola seguente, quindi la lettera in `car` viene rimpiazzata dalla sua equivalente maiuscola mediante la chiamata alla funzione di libreria `toupper(car)`.

10.2.4 Funzioni *cin.putback()* e *cin.ignore()*

La funzione `cin.putback(`*c*`)` restaura l'ultimo carattere *c* letto da `cin.get(`*c*`)` nel flusso di input `cin`. La funzione `cin.ignore(`*m*`,'\n')` estrae i successivi *m* caratteri dal flusso `cin` senza farci nulla, fermandosi appena trova un `'\n'`, oppure quando ha letto `m` caratteri da `cin`.

Esercizio risolto 10.3

Scrivere una funzione che riconosca ed estragga interi dal flusso di input.

```
int seguenteIntero()
{
  char car;
  int n;
  while (cin.get(car))
     if (car >= '0' && car <= '9') {
        cin.putback(car);
        cin >> n;
        break;
     }
  return n;
}

int main()
{
  int m = seguenteIntero(), n = seguenteIntero();
  cin.ignore(80,'\n');
  cout << m << " + " << n << " = " << m + n << endl;
}
```

Eseguendo il programma si ottiene:

```
Quanto fa 406 più 3121?
406 + 3121 = 3527
```

La funzione `seguenteIntero()` esplora i caratteri passati in `cin` finché trova la prima cifra (4 nell'esempio).

10.2.5 Funzione *cin.peek()*

La funzione `cin.peek()` può essere utilizzata al posto della combinazione `cin.get()` e `cin.putback()`. La chiamata

```
car = cin.peek()
```

copia il successivo carattere dal flusso di input `cin` nella variabile `car` di tipo `char`, senza estrarre il carattere dal flusso di input.

Esempio

```
int seguenteIntero()
{
  char car;
  int n;
  while (car = cin.peek())
    if (car >= '0' && car <= '9')
    {
      cin >> n;
      break;
    }
    else   cin.get(car);
  return n;
}
```

L'istruzione `car = cin.peek()` copia il successivo carattere in `car`; poi, se `car` è una cifra, legge l'intero completo in `n` e lo restituisce, altrimenti elimina il carattere da `cin` e continua il ciclo. Se viene raggiunta la fine del file, l'espressione `car = cin.peek()` restituisce 0, e il ciclo si arresta.

10.3 Array e stringhe come parametri di funzioni

Come tutti gli array, le stringhe possono essere passate alle funzioni fornendo il valore del puntatore al loro primo elemento. Ad esempio, il seguente programma contiene una funzione che copia `num_car` caratteri dalla stringa `sorgente` alla stringa `dest`:

```
#include <iostream>
using namespace std;

int estrarre(char* dest, char* sorgente, int num_car)
{
  int contatore;
  for(contatore = 1; contatore <= num_car; contatore++)
     *dest++ = *sorgente++;
  *dest = '\0';
  return contatore; // restituisce il numero di caratteri
}
```

```
void main(void)
{
  char s1[40] = "Grotte Di Frasassi";
  char s2[40];
  estrarre(&s2[0], &s1[0], 3);
  cout << s2 << endl;
  cout << "Prema Invio per continuare";
  cin.get();
}
```

Si osservi che i parametri formali sono dichiarati come puntatori di tipo char. L'istruzione

```
*dest++ = *sorgente++;
```

dereferenzia entrambi i puntatori per accedere alle stringhe prese in input. Nella chiamata si utilizza l'operatore `&` per passare l'indirizzo dei primi elementi delle due stringhe.

Potevamo ottenere lo stesso risultato con la notazione vettoriale. Il seguente programma contiene una funzione che calcola la lunghezza della stringa passata alla chiamata. Il parametro formale `str` è dichiarato come array di caratteri (ma ovviamente di dimensione indefinita perché è semplicemente un puntatore a caratteri).

```
#include <iostream>
using namespace std;
int Lunghezza(char str[])
{
  int contatore = 0;
  while (str[contatore++] != '\0');
  return contatore;
}
int main()
{
  cout << Lunghezza("C++ è migliore del C") << endl;
  cout << "Prema Invio per continuare";
  cin.get();
}
```

Il programma principale chiama la funzione `Lunghezza()` passandole la stringa letterale (cioè il valore del puntatore alla stringa letterale). Il ciclo `while` dentro la funzione conta i caratteri non nulli e termina quando trova il byte nullo alla fine della stringa.

Un modo diverso e specifico del C++ per passare stringhe a funzioni è quello che fa uso dei riferimenti. Ad esempio, per implementare la funzione `Lunghezza()`, bisogna anzitutto utilizzare `typedef` per definire come tipo un vettore di `char`. Dopodiché si potrà definire un argomento formale come riferimento a quel tipo.

```
#include <iostream>
using namespace std;
typedef char str80[80];
int Lunghezza(str80& str)
{
  int contatore = 0;
  while (str[contatore++] != '\0');
     return contatore;
}
int main()
{
  str80 s = "C++ è migliore del C";
  cout << Lunghezza(s) << endl;
  cout << "Prema Invio per continuare";
  cin.get();
}
```

Bisogna utilizzare `typedef` perché il compilatore non avrebbe accettato `char str[]& str` come dichiarazione di argomento formale. Si noti che ovviamente cambia la chiamata alla funzione, perché adesso bisogna passare un valido riferimento alla stringa.

10.4 La libreria *cstring*

La libreria `cstring` del C++ contiene funzioni di manipolazione di stringhe. La Tabella 10.1 ne riassume alcune. Le funzioni di stringa raccolte in questa tabella usano la parola riservata `const` per distinguere fra parametri di input e di output.

La funzione `strcpy` copia i caratteri della stringa sorgente nella stringa destinazione aggiungendovi il carattere nullo alla fine. La funzione suppone che la stringa destinazione abbia spazio sufficiente per contenere tutta la stringa sorgente. Un esempio:

```
#include <iostream>
#include <cstring>
using namespace std;

int main()
{
  char s[100] = "Buongiorno Mr. Perry", t[100];
  strcpy(t, s);
  strcpy(t+15, "Dragoni");
  cout << s << endl << t << endl;
}
```

Il programma visualizza:

```
Buongiorno Mr. Perry
Buongiorno Mr. Dragoni
```

L'espressione `t+15` ottiene l'indirizzo della sottostringa di `s` che inizia a partire dall'indice 15.

Tabella 10.1 Funzioni di <cstring>. (*continua*)

Funzione	Intestazione della funzione e prototipo
`memcpy()`	`void* memcpy(void* s1, const void* s2, size_t n);` Rimpiazza i primi `n` byte di `*s1` con i primi `n` byte di `*s2`. Restituisce `s1`.
`strcat()`	`char* strcat(char* destinazione, const char* sorgente);` Aggiunge una copia della stringa `sorgente` alla fine di `destinazione`. Restituisce `destinazione`.
`strchr()`	`const char* strchr(const char* str, int c);` Restituisce un puntatore alla prima occorrenza del carattere `c` in `s`. Restituisce `NULL` se `c` non è in `s`.

`strcmp()`	`int strcmp(const char* s1, const char* s2);`
	Confronta le stringa `s1` ed `s2` e restituisce
	0 se `s1 = s2`
	`<0` se `s1 < s2`
	`>0` se `s1 > s2`

`strcpy()`	`char* strcpy(char* destinazione, const char* sorgente);` Copia la stringa `sorgente` nella stringa `destinazione`. Restituisce `destinazione`.
`strcspn()`	`size_t strcspn(const char* s1, const char* s2);` Restituisce la lunghezza della sottostringa più lunga di `s1` che comincia con `s1[0]` e non contiene nessuno dei caratteri presenti in `s2`.
`stricmp()`	`int stricmp(const char* s1, const char* s2);` Come `strcmp()` ma *case insensitive*.
`strlen()`	`size_t strlen (const char* s)` Restituisce la lunghezza della stringa `s`.
`strlwr()`	`char* strlwr(char* s);` Trasforma in minuscolo la stringa passata come argomento.
`strncat()`	`char *strncat(char* s1, const char* s2, size_t n);` Aggiunge i primi `n` caratteri di `s2` a `s1`. Restituisce `s1`. Se `n >= strlen(s2)`, allora `strncat(s1, s2, n)` ha lo stesso effetto di `strcat(s1, s2)`.
`strncmp()`	`int strncmp(const char* s1, const char* s2, size_t n);` Come `strcmp()` ma solo sui primi `n` caratteri.
`strncpy()`	`char* strncpy(char* destinazione, const char* sorgente, size_t num);` Copia `num` caratteri da `sorgente` a `destinazione`. Restituisce `destinazione`.

Tabella 10.1 Funzioni di <cstring>.

Funzione	Intestazione della funzione e prototipo
`strnicmp()`	`int strncmp(const char* s1, const char* s2, size_t n);` Come `strncmp()` ma *case insensitive*.
`strnset()`	`char* strnset(char* s, int ch, size_t n);` Utilizza `strcmp()` su una stringa esistente per fissare `n` byte della stringa al carattere `ch`.
`strpbrk()`	`const char *strpbrk(const char* s1, cont char* s2);` Restituisce l'indirizzo della prima occorrenza in `s1` di qualsiasi carattere di `s2`. Restituisce `NULL` se nessuno dei caratteri di `s2` appare in `s1`.
`strrchr()`	`const char *strrchr(const char* s, int c);` Restituisce un puntatore all'ultima occorrenza di `c` in `s`. Restituisce `NULL` se `c` non è in `s`.
`strrev()`	`char* strrev(char* s);` Inverte la stringa passata come argomento.
`strspn()`	`size_t strspn(const char* s1, const char* s2);` Restituisce la lunghezza della sottostringa più lunga di `s1` che comincia con `s1[0]` e contiene unicamente caratteri presenti in `s2`.
`strstr()`	`const char* strstr(const char* s1, const char* s2);` Cerca la stringa `s2` in `s1` e restituisce un puntatore al carattere dove comincia `s2`.
`strstr()`	`const char* strstr(const char* s1, const char* s2);` Cerca la stringa `s2` in `s1` e restituisce un puntatore al carattere dove comincia `s2`.
`strtok()`	`char* strtok(char* s1, const char* s2);` Divide la stringa `s1` in sottostringhe delimitate dai caratteri presenti nella stringa `s2`. Dopo la chiamata iniziale `strtok(s1, s2)`, ogni chiamata successiva a `strtok(NULL, s2)` restituisce un puntatore alla successiva sottostringa in `s1`. Queste chiamate cambiano la stringa `s1`, rimpiazzando ogni separatore con il carattere `NULL ('\0')`.
`strupr()`	`char* strupr(char* s);` Trasforma in maiuscolo la stringa passata come argomento.

Consiglio

Si possono manipolare sottostringhe assegnando a puntatori l'indirizzo del loro primo carattere.

```
char str1[41] = "Ciao mondo";
char str2[41];
char* p = str1;
p += 5;              // p punta alla sottostringa "mondo"
strcpy(str2, p);
cout << str2 << "\n";
```

L'istruzione di output visualizza la stringa `"mondo"`.

La funzione `strncpy(s1, s2, n)` copia `n` caratteri dalla stringa `s2` alla stringa `s1`. Esempio:

```
char str1[] = "Ancona";
char str2[] = "Ascoli Piceno";
strncpy(str1, str2, 6);
```

La variabile `str1` contiene ora la stringa `"Ascoli"`.

La funzione `strlen()` restituisce il numero di caratteri del parametro stringa, escludendo il carattere nullo di terminazione della stringa. Il tipo di risultato `size_t` rappresenta un tipo intero generale. Esempio:

```
int main()
{
  char s[] = "ABCDEFG";
  cout << "strlen(" << s << ") = " << strlen(s) << endl;
  cout << "strlen(\"\") = " << strlen("") << endl;
  char buffer[80];
  cout << "Introduca stringa:"; cin >> buffer;
  cout << "strlen(" << buffer << ") = " << strlen(buffer)
     << endl;
}
```

Il programma visualizza:

```
strlen (ABCDEFG) = 7
strlen ("") = 0
Introduca stringa: Genga
strlen(Genga) = 5
```

Le funzioni `strcat` e `strncat` concatenano stringhe. `strcat` aggiunge il contenuto della stringa sorgente alla stringa destinazione, restituendo un puntatore alla stringa destinazione. Ad esempio:

```
char stringa[81];
strcpy(stringa, "Borland");
strcat(stringa, " C++");
```

La variabile `stringa` contiene ora `"Borland C++"`. È possibile limitare il numero di caratteri da copiare utilizzando la funzione `strncat(d, s, n)`. Questa funzione aggiunge alla stringa `d` un quantitativo massimo `n` di caratteri della stringa `s` e restituisce il puntatore a `d`. Se viene trovato il carattere nullo in `s` (quindi `s` è lunga meno di `n` caratteri), il processo termina. Ad esempio:

```
char str1[81] = "Ciao io sono";
char str2[41] = "Luigi Mortimer";
strncat(str1, str2, 5);
```

La variabile `str1` contiene ora `"Ciao io sono Luigi"`.

Il programma seguente aggiunge la stringa `s2` alla fine della stringa `s1`.

```
int main()
{
  char s1[] = "ABCDEFGH";
  char s2[] = "XYZ";
  cout << "Prima di strcat(s1, s2):\n";
  cout << "\ts1 = [" << s1 << "], lunghezza = "
     strlen(s1) << endl;
  cout << "\ts2 = [" << s2 << "], lunghezza = " <<
     strlen(s2) << endl;
  strcat(s1, s2);
  cout << "Dopo strcat(s1, s2):\n";
  cout << "\ts1 = [" << s1 << "], lunghezza = " <<
     strlen(s1) << endl;
  cout << "\ts2 = [" << s2 << "], lunghezza = " <<
     strlen(s2) << endl;
}
```

Il programma visualizza:

```
Prima di strcat(s1, s2):
   s1 = [ABCDEFGH], lunghezza = 8
   s2 = [XYZ], lunghezza = 3

Dopo strcat(s1, s2)
   s1 = [ABCDEFGHXYZ], lunghezza = 11
   s2 = [XYZ], lunghezza = 3
```

Le funzioni di confronto lessicografico `strcmp`, `stricmp`, `strncmp` e `strnicmp` confrontano i caratteri di due stringhe utilizzando il valore ASCII di ogni carattere.

`strcmp()` confronta le due stringhe che riceve come argomenti; restituisce un valore minore di zero se la prima è lessicograficamente minore della seconda; restituisce un valore maggiore di zero nel caso opposto; infine restituisce 0 se le due stringhe sono identiche. Ricordiamo che le lettere maiuscole sono lessicograficamente minori delle minuscole. Ad esempio:

```
char str1[] = "Microsoft C++";
char str2[] = "Microsoft Visual C++"
int i;
i = strcmp(stringa1, stringa2);     // i prende un valore
                                    // negativo
```

Il confronto si realizza esaminando i primi caratteri di `str1` e `str2`; poi, i successivi e così via. Il processo termina quando

- si trovano due caratteri diversi nella stessa posizione: `str1[i]` e `str2[i]`
- si trova il carattere nullo in `str[i]` o `str2[i]`

La funzione `stricmp()` confronta le stringhe senza fare distinzione tra maiuscole e minuscole (case insensitive). Ad esempio:

```
char str1[] = "Turbo C++";
char str2[] = "TURBO C++";
int i = stricmp(str1, str2); // i prende il valore 0
```

La funzione `strncmp()` opera lo stesso confronto alfanumerico sui primi `num` caratteri delle due stringhe. Ad esempio:

```
char stringa1[] = "Turbo C++";
char stringa2[] = "Turbo Prolog"
int i = strncmp(stringa1, stringa2, 7);
```

Questa istruzione assegna un numero negativo alla variabile `i`, dato che `"Turbo C"` è minore di `"Turbo P"`. La funzione `strnicmp()` è una `strncmp()` case insensitive. Il prototipo è

```
char stringa1[] = "Turbo C++";
char stringa2[] = "TURBO C++";
int i = strnicmp(stringa1, stringa2, 5);      // i prende il
                                              // valore 0
```

La funzione `strrev()` inverte l'ordine dei caratteri della stringa specificata nell'argomento `s`; restituisce un puntatore alla stringa risultante; ad esempio:

```
char stringa[] = "Ciao";
strrev(stringa);
cout << stringa;      // visualizza "oaiC"
```

La funzione `strupr` converte in maiuscolo le lettere minuscole di una stringa; ad esempio:

```
char* stringa = "abcdefg";
strupr(stringa);
cout << stringa;      // visualizza "ABCDEFG"
```

La funzione `strlwr()` converte in minuscolo le lettere maiuscole di una stringa; ad esempio:

```
char* stringa = "ABCDEFG";
strlwr(stringa);
cout << stringa;      // visualizza "abcdefg"
```

La libreria `cstring` contiene anche funzioni per cercare caratteri e sottostringhe.

Funzioni di ricerca di caratteri	`strchr`	`strrchr`	`strspn`
	`strcspn`	`strpbrk`	
Funzioni di ricerca di stringhe	`strstr`	`strtok`	

La funzione `strchr(stringa,car)` localizza la prima occorrenza del carattere `car` in `stringa`. Ad esempio:

```
char str[81] = "Turbo C++";
char *strPtr;
strPtr = strchr(str, '+');
cout << strPtr << endl; // Visualizza "++" la sottostringa
                        // che inizia dal puntatore al primo '+'
```

La funzione `strrchr(stringa,car)` localizza l'ultima occorrenza di `car` in `stringa`. Se `car` non è in stringa, la funzione restituisce il puntatore a `NULL`. Ad esempio:

```
char* stringa = "----x--x--";
char* risultato;
risultato = strrchr(stringa, 'x');
cout << "Valore restituito:" << risultato; //Visualizza "x--"
```

La funzione `strspn(s1, s2)` restituisce la lunghezza della sottostringa iniziale di `s1` che contiene esclusivamente caratteri appartenenti anche alla stringa `s2`. Ad esempio:

```
char *stringa1 = "1233456";
char *stringa2 = "abc123";
cout << strspn(stringa1, stringa2);     // Visualizza 4
```

La funzione `strcspn(s1, s2)` restituisce l'indice del primo carattere di `s1` che si trova anche in `s2`. Ad esempio

```
char stringa[] = "Los manolos de Carchelejo";
int i = strcspn(stringa, " de"); //Assegna a i il valore 3,
//il numero di caratteri prima dello spazio che è in " de"
```

La funzione `strpbrk(s1, s2)` restituisce un puntatore alla prima occorrenza di qualsiasi carattere di `s2` in `s1`. Se le due stringhe non hanno caratteri comuni restituisce `NULL`.

```
char* s1 = "Hello Dolly, hey Giulio";
char* s2 = "hy";
char* ptr = strpbrk(s1, s2);
cout << ptr << "\n";          // visualizza "hey Giulio"
```

Le funzioni `strstr` e `strtok` permettono di localizzare una sottostringa in una stringa oppure di rompere una stringa in sottostringhe.

La funzione `strstr(s1, s2)` restituisce un puntatore al primo carattere della stringa `s1` da cui inizia la sottostringa `s2`. Se in `s1` non c'è la sottostringa `s2`, la funzione restituisce `NULL`.

```
char* str1 = "123456789";
char* str2 = "456";
char* risultato = strstr(str1, str2);
cout << risultato << "\n";    // Visualizza "456789"
```

La funzione `strtok(s1, s2)` permette di rompere `s1` in sottostringhe in base ai caratteri "separatori" contenuti in `s2`.

```
char *s1 = "(Peppe_Luigi + Mortimer) * Perry";
char *s2 = "+ * ()";
char *ptr = s1;
cout << str;
ptr = strtok(s1, s2);
cout << "\nsi rompe in\n" << ptr;
while (ptr) {
  cout << ptr << endl;
  ptr = strtok(NULL, separatore);
}
```

Questo programma visualizza:

```
(Peppe_Luigi + Mortimer) * Perry
```

si rompe in

```
Peppe_Luigi
Mortimer
Perry
```

10.5 Conversione di stringhe in numeri

Molto spesso bisogna convertire stringhe di cifre rappresentanti numeri nei corrispondenti formati numerici. La libreria `<cstdlib>` del C++ fornisce per questi scopi le funzioni `atoi`, `atof` e `atol`.

La funzione `atoi(s)` prova a convertire la stringa di cifre `s` al corrispondente valore `int`. Se la stringa non può essere convertita, `atoi` restituisce `0`. Il suo prototipo è:

```
int atoi(const char* str);
```

La stringa deve rappresentare un valore intero e rispettare il formato seguente:

```
[spazio vuoto] [segno] [ddd]
```

```
[spazio vuoto] =  stringa opzionale di tabulazioni e spazi
[segno]        =  un segno opzionale per il valore
[ddd]          =  la stringa di cifre
```

Ad esempio, la stringa

```
"1232"
```

può essere convertita in intero, ma la seguente stringa no:

```
"-1234596.495"
```

Quest'ultima può essere convertita in un numero in virgola mobile mediante la funzione `atof()`.

La funzione `atof(s)` prova a convertire la stringa `s` nel corrispondente valore `double`. Il suo prototipo è:

```
double atof(const char* str);
```

La stringa deve rappresentare un numero in virgola mobile. La conversione termina quando si trova un carattere non compatibile con il formato in virgola mobile:

```
[spazio vuoto][segno][ddd][.][ddd][eE][segno][ddd]
```

La funzione `atol(s)` prova a convertire la stringa di cifre `s` nel corrispondente valore `long`. Il suo prototipo è

```
long atol(const char* str);
```

La stringa da convertire deve avere un formato di valore intero lungo:

```
[spazio vuoto] [segno] [ddd]
```

SOMMARIO

In questo capitolo sono state esaminate le principali funzioni per l'input/output di stringhe e per la loro manipolazione. Abbiamo visto che in C++ le stringhe sono array di caratteri che terminano con il carattere nullo (il carattere 0 dell'ASCII). La libreria `cstring` contiene numerose funzioni di manipolazione delle stringhe: assegnamento, concatenazione, conversione, inversione e ricerca.

CONCETTI CHIAVE

- Assegnamento
- Stringa
- Stringa vuota
- Carattere nullo (`NULL`, `'\0'`)
- Confronto
- Conversione
- Libreria `cstring`
- Inversione
- Funzioni di stringa
- *String*

Problemi

10.1 Quali delle seguenti dichiarazioni sono equivalenti?

```
char var_str0[10]="Ciao";
char var_str1[10]={'C','i','a','o'};
char var_str2[10]={'C','i','a','o','\0'};
char var_str3[5]="Ciao";
char var_str4[]="Ciao";
```

10.2 Cosa c'è di scorretto (se c'è) nel seguente codice?

```
char var_str[]= "Ciao";
     strcat(var_str, " e addio");
     cout << var_str<< endl;
```

10.3 Quali sono le differenze e le analogie tra le variabili c1, c2, c3? La dichiarazione è:

```
char** c1;
char* c2[10];
char* c3[10][21];
```

10.4 Scrivere un programma che legga due stringhe di caratteri, le visualizzi insieme alla loro lunghezza, le concateni e visualizzi la concatenazione e la sua lunghezza.

10.5 Scrivere un programma che legga una stringa di caratteri in input e la inverta.

10.6 La funzione `atoi()` trasforma una stringa formata da cifre decimali nell'equivalente numero intero. Scrivere una funzione che trasformi una stringa formata da cifre esadecimali in un intero lungo.

10.7 Definire un array di stringhe di caratteri per poter leggere un testo costituito al massimo da 80 caratteri per riga. Scrivere una funzione per leggere il testo e un'altra per scriverlo; le funzioni devono avere due argomenti, il primo per il testo e il secondo per il numero di righe.

10.8 In un testo di 100 righe vi sono valori numerici interi, che rappresentano i chili di patate raccolti in un'azienda agricola. I valori numerici vengono separati dalle parole da uno spazio vuoto o dal carattere fine di riga. Scrivere un programma che legga il testo e ottenga la somma di tutti i valori numerici.

10.9 Scrivere una funzione che riceva in input una stringa e restituisca il numero di vocali, di consonanti e di cifre della stringa.

10.10 Scrivere un programma che scopra se due stringhe introdotte dalla tastiera sono anagrammi. Due stringhe sono anagrammi se contengono esattamente gli stessi caratteri nello stesso ordine o in un ordine differente. Bisogna ignorare gli spazi vuoti e considerare uguali le lettere maiuscole e minuscole.

10.11 Scrivere un programma per le righe di un testo sapendo che il massimo numero di caratteri per riga è 80. Contare il numero di parole in ogni riga, nonché il numero totale di parole lette.

10.12 Sia dato un testo formato al massimo da 30 righe, del quale si vuole sapere il numero di occorrenze di una parola chiave. Scrivere un programma che legga la parola chiave e ne determini il numero di occorrenze.

10.13 Sia dato un testo di 40 righe. Le righe hanno un numero di caratteri variabile. Scrivere un programma per mettere il testo in una matrice di righe, adeguando la lunghezza di ogni riga al numero di caratteri. Il programma deve leggere il testo, immagazzinarlo nella struttura matriciale e scrivere sullo schermo le righe in ordine crescente di lunghezza.

10.14 Scrivere un programma che legga una stringa chiave e un testo di, al massimo, 50 righe. Il programma deve eliminare le righe che contengano la chiave.

10.15 Scrivere una funzione che riceva come parametro una stringa di caratteri e la inverta (non bisogna usare la funzione `strrev`).

10.16 Scrivere una funzione che riceva una stringa di caratteri, una lunghezza `lun` e un carattere `ch`. La funzione deve restituire un'altra stringa di lunghezza `lun`, che contenga la stringa di caratteri e, se necessario, il carattere `ch` ripetuto alla fine della stringa quante volte sia necessario.

10.17 Occorre sommare dei numeri grandi fuori dal campo del tipo `long`. Perciò si è pensato di introdurre ogni numero come stringa di caratteri e calcolare la somma estraendo le cifre da entrambe le stringhe. Si noti che la stringa somma può avere un carattere in più della lunghezza massima degli addendi.

10.18 Scrivere una funzione che riceva come parametro un numero grande come stringa di caratteri e moltiplichi il numero per una cifra, che riceve come parametro di tipo carattere.

10.19 Scrivere una funzione che moltiplichi due numeri grandi, ricevuti come stringhe di caratteri.

10.20 Un testo è formato da righe di lunghezza variabile. La massima lunghezza è 80 caratteri. Si vuole che tutte le righe abbiano la stessa lunghezza, quella della stringa più lunga. Perciò bisogna riempire le righe con spazi vuoti, partendo dalla destra, fino a completare la lunghezza richiesta. Scrivere un programma per leggere un testo di righe di lunghezza variabile e formattare il testo affinché tutte le righe abbiano la lunghezza della massima riga.

Esercizi supplementari

Per ulteriori esercizi si rimanda all'Appendice A del testo.

Ordinamento e ricerca 11

Indice

Introduzione

Parecchie attività umane richiedono di sistemare collezioni di elementi secondo un ordine specifico. Gli uffici postali ordinano plichi e pacchi in base al codice di avviamento postale, mentre le compagnie telefoniche ordinano lessicograficamente i loro elenchi in base al cognome e al nome dell'abbonato. L'ordinamento (soprattutto di vettori) è uno dei compiti più richiesti alla programmazione.

Lo studio dei metodi di ordinamento è molto interessante e impegna le menti degli informatici dagli anni sessanta. Questo capitolo presenta gli algoritmi di ordinamento più noti e utilizzati, anche in campo professionale, ovviamente soffermandosi sulla loro implementazione in C++. Si analizzeranno i differenti metodi di ordinamento in funzione della loro efficienza negli impieghi reali.

11.1 Algoritmi di ordinamento elementari

Fin dagli anni sessanta, sono stati concepiti vari algoritmi di ordinamento elementari, i cui dettagli implementativi sono stati riportati in innumerevoli testi di programmazione e strutture dati. Probabilmente in questo campo il testo di riferimento più influente è stato [Knuth, 1973],[1] soprattutto la se-

[1] [Knuth, 1973] Donald E. Knuth, *The Art of Computer Programming*. vol. 3: *Sorting and Searching*, Addison-Wesley, 1973.

conda edizione pubblicata nel 1998 [Knuth, 1998].[2] Gli algoritmi si differenziano molto, anche in base alla loro classe di complessità, ma una graduatoria di efficienza non è sempre facile da definire perché le loro prestazioni (tempi di ordinamento) possono dipendere dal particolare vettore da ordinare. Gli algoritmi di ordinamento classici sono:

- Ordinamento per scambio
- Ordinamento per selezione
- Ordinamento per inserimento
- Ordinamento a bolle

11.2 Ordinamento per scambio

Forse l'algoritmo di ordinamento più intuitivo è quello che confronta il primo elemento del vettore con i successivi, effettuando uno scambio di posizione quando l'ordine dei due elementi confrontati non è corretto. Alla fine del ciclo ne parte un altro che ripete la stessa operazione a partire dal secondo elemento e così via, fino al completo ordinamento del vettore.

Ad esempio, prendiamo un vettore `a` di quattro elementi, 8, 4, 6 e 2, che debba essere ordinato in senso crescente e quindi produrre il vettore ordinato 2, 4, 6, 8. L'algoritmo compie $n-1$ iterazioni (3 nell'esempio), compiendo le seguenti operazioni:

Iterazione 1

L'elemento di indice 0 (`a[0]`) si confronta con ogni elemento successivo (`a[1]`, `a[2]` e `a[3]`) scambiandosi eventualmente di posto se quest'ultimo è più piccolo. Alla fine dell'iterazione nella posizione di indice 0 ci sarà l'elemento più piccolo del vettore.

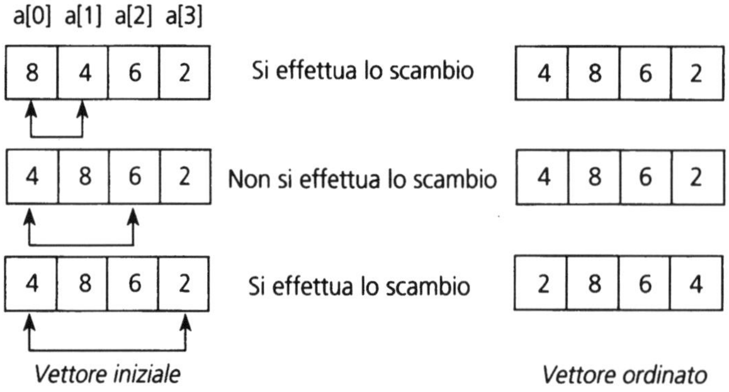

2 [Knuth, 1998] Donald E. Knuth, *The Art of Computer Programming*. vol. 3: *Sorting and Searching*, 2ª edizione, Addison-Wesley, 1998.

Iterazione 2

Poiché l'elemento più piccolo è già al primo posto, si riapplica lo stesso procedimento al sottovettore rimanente (8, 6, 4). Cioè si confronta l'elemento di indice 1 con i successivi e così via, scambiando i posti se l'elemento successivo è minore di quello con indice 1. Alla fine dell'iterazione al secondo posto nel vettore ci sarà il secondo elemento più piccolo.

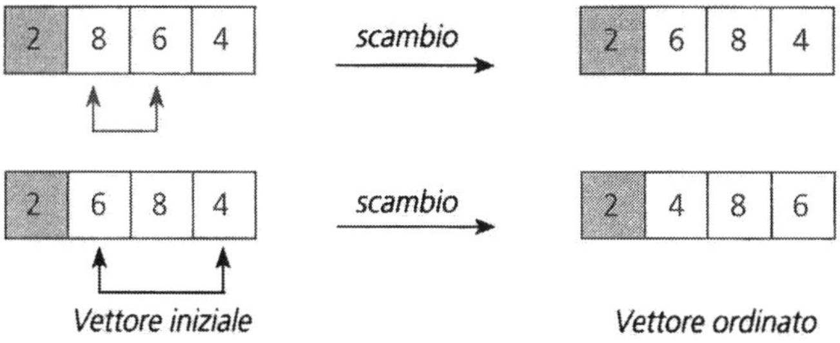

Iterazione 3

Nel nostro vettore di quattro elementi la terza iterazione è l'ultima; a questo punto abbiamo due soli elementi da ordinare (8, 6) e quindi un solo confronto da effettuare.

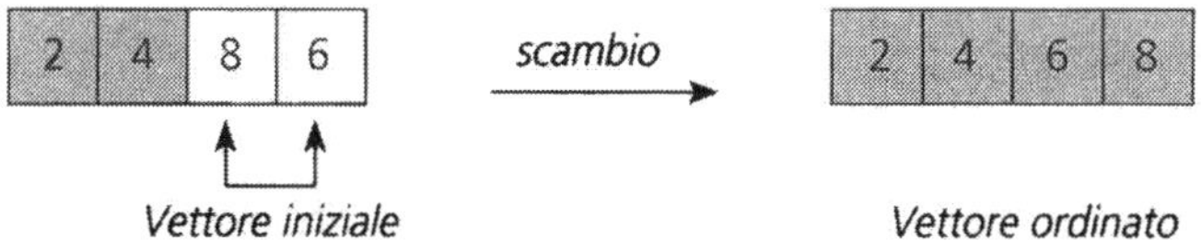

Esercizio risolto 11.1

Il seguente programma ordina un vettore di 20 elementi e li visualizza sullo schermo.

```
#include <iostream>
using namespace std;
// scambia i valori di due variabili intere a e b.
void Scambio (int& a, int& b)
{
  int aux = a;      // Immagazzina valore originale di a
  a = b;            // Rimpiazza a con b
  b = aux;          // Assegna a b il valore originale di a
}
// Ordina gli elementi dell'array di interi in ordine
// ascendente
void OrdScambio (int a[], int n)
{
  int i, j ;
  for (i = 0 ; i < n-1 ; i++)     // Compie n-1 iterazioni
     for (j = i+1 ; j < n ; j++)    // Colloca in a[i] il
                                  // minore fra a[i+1]...a[n-1]
```

```
          if (a[i] > a[j])
            Scambio (a[i], a[j]); // scambia se a[i] > a[j]
}
// Stampa il vettore in ordine ascendente
void StampareVettore (int a[], int n)
{
  for (int i = 0 ; i < n ; i++)
     cout << a[i] << "  ";
  cout << endl ;
}
void main(void)
{
  int vettore[20] = { 30, 35, 38, 58, 14, 15, 50, 27, 10, 20,
                      12, 85, 49, 65, 86, 60, 25, 90, 5, 16 }
  int i ;
  cout << "Vettore originale \n";
  StampareVettore(vettore, 20);
  OrdScambio(vettore, 20);
  cout << endl << "Vettore ordinato "<< endl;
  StampareVettore(vettore, 20);
}
```

L'esecuzione del programma visualizza:

```
Vettore originale
30 35 38 58 14 15 50 27 10 20 12 85 49 65 86 60 25 90 5 16
Vettore ordinato
5 10 12 14 15 16 20 25 27 30 35 38 49 50 58 60 65 85 86 90
```

11.3 Ordinamento per selezione

Anche l'ordinamento per selezione compie successive iterazioni, selezionando però l'elemento minore (o maggiore) del sottovettore non ordinato e mettendolo al primo posto. Supponendo sempre di dover ordinare il vettore in senso crescente, si parte selezionando l'elemento più piccolo e ponendolo al primo posto; si procede applicando lo stesso processo al sottovettore non ordinato e così via fino a che quest'ultimo si riduce a un solo elemento (il maggiore del vettore). Anche l'ordinamento per selezione compie $n-1$ iterazioni. Il seguente esempio descrive il processo di ordinamento per selezione del vettore di interi 11, 9, 17, 5, 14.

Iterazione 0: $9 < 11 \Rightarrow$ selezione: 9
$17 > 9 \Rightarrow$ niente
$5 < 9 \Rightarrow$ selezione: 5
$14 > 5 \Rightarrow$ niente
scambio: 5, 9, 17, 11, 14

Iterazione 1: $17 > 9 \Rightarrow$ niente
$11 > 9 \Rightarrow$ niente
$14 > 9 \Rightarrow$ niente

Iterazione 2: $11 < 17 \Rightarrow$ selezione: 11
$14 > 11 \Rightarrow$ niente
scambio: 5, 9, 11, 17, 14

Iterazione 3: $14 < 17 \Rightarrow$ selezione: 14
scambio: 5, 9, 11, 14, 17 (vettore ordinato)

Riportiamo qui di seguito un esempio di codifica del metodo di ordinamento per selezione:

```
void selezione(float a[], int n)
{
  int i, j, indicemin;
  float aux;

  for (i = 0; i < n - 1; i++)
  {
     indicemin = i;                // Posizione del minore
     for(j = i + 1; j < n; j++)
          if(a[j] < a[indicemin])
               indicemin = j; // Nuova posizione del minore
     aux = a[indicemin];      // Scambia le posizioni
     a[indicemin] = a[i];
     a[i] = aux;
  }
}
```

L'algoritmo di selezione è semplice e richiede un numero di confronti che dipende solo dalla dimensione del vettore e non dalla distribuzione iniziale dei dati. La complessità dell'algoritmo si misura in base al numero di confronti. Nella prima iterazione si fanno $n-1$ confronti, nella seconda iterazione $n-2$ e così via. Matematicamente si può dire che all'iterazione i-esima il numero di confronti nel sottovettore `A[i+1]÷A[n-1]` è

$$(n-1)-(i+1)+1 = n-i-1$$

quindi il numero totale di confronti è

$$C = \sum_{i=0}^{n-2}(n-1)-i = (n-1)^2 - \sum_{i=0}^{n-2} i = (n-1)^2 - \frac{(n-1)\cdot(n-2)}{2} = \frac{1}{2}\cdot n\cdot(n-1)$$

Cioè, per ordinare un vettore di n elementi, il numero di confronti si calcola sommando i primi $n-1$ interi:

$$(n-1)+(n-2)+(n-3)+\ldots+1 = \frac{n\cdot(n-1)}{2} = \frac{n^2}{2} - \frac{n}{2}$$

La complessità dell'algoritmo è quindi *quadratica*, cioè $O(n^2)$ (il numero di scambi è $O(n)$). Non vi sono casi migliori né peggiori dato che il numero di iterazioni e la loro lunghezza non dipendono dal particolare vettore esaminato, ma solo dalla sua lunghezza.

11.4 Ordinamento per inserimento

L'ordinamento per inserimento consiste nell'inserire un elemento alla volta nella posizione che gli spetta in un vettore già ordinato, partendo dal vettore vuoto. La Figura 11.1 illustra il processo di ordinamento per inserimento nel caso del vettore di interi `A = 50, 20, 40, 80, 30`:

La funzione `OrdInserimento` ha due parametri, il vettore `A` e la sua dimensione *n*. L'algoritmo compie i seguenti passi:

1. Il primo vettore costituito dal solo elemento `A[0]` si considera ordinato.
2. Si inizia un ciclo `for` per `i` che sale da 1 ad *n*. Si prende `A[i]`.
3. All'interno del `for` inizia un ciclo `while` per `j` che scende da `i` fino a incontrare un elemento minore o uguale ad `A[i]` (se non lo trova scende fino a 0). Mentre scende, il ciclo `while` sposta gli elementi che attraversa di un posto verso destra (gli aumenta l'indice di 1).
4. Il ciclo `for` inserisce `A[i]` nel posto liberatosi.

```
void OrdInserimento (int A[], int n)
{
  int i, j;
  for (i = 1; i < n; i++)        // i identifica il
                                 // sottovettore A[0]÷A[i]
```

Figura 11.1
Metodo di ordinamento per inserimento.

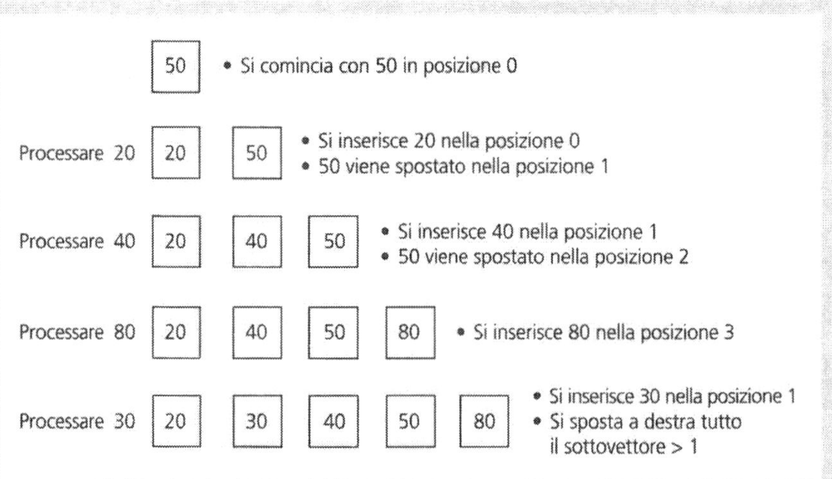

```
    {
    // indice, j attraversa il vettore da A[i] cercando la
    // posizione corretta dell'elemento destinazione,
    // lo assegna ad A[j]
       j = i;
       // Si localizza il punto di inserimento attraversando
       // verso il basso finché A[i]<A[j-1] e non si
       // raggiunge l'inizio del vettore
       while (j > 0 && A[i] < A[j-1])  // Sposta gli elementi
        {                          // verso destra per fare spazio
          A[j] = A[j-1];           // all'elemento in posizione i
          j--;
        }
       A[j] = A[i];
    }
}
```

Il metodo descritto si può migliorare utilizzando una *ricerca binaria* per collocare correttamente `A[i]` nel sottovettore ordinato `A[0]...A[i-1]`. In questo caso lo spostamento dei dati verso destra deve avvenire dopo aver trovato la posizione in cui inserire l'elemento (che in questa codifica è sempre `sinistra`).

```
void InserimentoBinario(int A[], int n )
{
  int i, j, sinistra, destra, centro;
  for(i = 1; i < n; i++)
  {
     sinistra = 0;
     destra = i - 1;
     while (sinistra <= destra)      // Ricerca binaria senza
                                     // interruttore
     {
        centro = (sinistra + destra) / 2;
        if(A[centro] > A[i])
           destra = centro - 1;
        else
           sinistra = centro + 1;
     }
     for(j = i - 1; j >= sinistra; j--)  // Sposta i dati
                                         // verso destra
        A[j + 1] = A[j];
     A[sinistra] = A[i];
  }
}
```

Anche l'ordinamento per inserimento richiede $n-1$ iterazioni. L'i-esima iterazione inserisce un elemento nel sottovettore `A[0]÷A[i]`, cosa che richiede la media di $i/2$ confronti. Il numero totale (medio) di confronti sarà quindi

$$\frac{1}{2}+\frac{2}{2}+\frac{3}{2}+\ldots+\frac{n-2}{2}+\frac{n-1}{2}=\frac{n\cdot(n-1)}{4}$$

Al contrario dei metodi già visti, l'ordinamento per inserimento non utilizza scambi. La complessità dell'algoritmo è data quindi dal numero di confronti, quindi è $O(n^2)$. Il caso migliore capita quando il vettore originale è già ordinato; in questo caso ogni iterazione i inserisce un elemento in `A[i]`, il numero dei confronti è 1 e la complessità $O(n)$. Il caso peggiore si verifica quando il vettore è inversamente ordinato, nel qual caso il numero totale di confronti sarà

$$(n-1)+(n-2)+\ldots+3+2+1=\frac{(n-1)\cdot n}{2}$$

Cioè, la complessità è $O(n^2)$.

I metodi di ordinamento per inserimento lineare e inserimento binario, si differenziano soltanto nel metodo della ricerca. Quando l'intervallo ha i elementi, si effettuano $\log_2(i)$ confronti. Dunque, il numero di confronti è

$$C=\sum_{i=1}^{n-1}\log_2 i=\int_{1}^{n-1}\log_2(x)dx\approx n\cdot\log_2(n)$$

Il metodo della *ricerca binaria* per collocare correttamente `A[i]` nel sottovettore ordinato `A[0]...A[i-1]` riduce quindi la quantità totale di confronti da $O(n^2)$ a $O(n\log_2 n)$. Tuttavia, anche se la posizione corretta si trova in $O(n\log_2 n)$ passi, ognuno degli elementi `A[j+1]...A[i-1]` deve spostarsi di una posizione e ciò richiede comunque $O(n^2)$ sostituzioni.

11.5 Ordinamento a bolle

La tecnica del *bubble sort* è stata già parzialmente spiegata nel Capitolo 7. È un metodo di ordinamento facile da capire, ma è il meno efficiente e perciò normalmente non viene utilizzato.

Nel caso di un vettore con n elementi, l'ordinamento a bolle richiede fino a $n-1$ iterazioni. Per ogni iterazione si confrontano gli elementi adiacenti e si scambiano i loro valori quando il primo elemento è maggiore del secondo. Alla fine di ogni iterazione, l'elemento maggiore ha "gorgogliato" fino alla cima del vettore attuale. I passi dell'algoritmo sono:

- Nell'iterazione 0 si confrontano gli elementi adiacenti.

  `(A[0],A[1]),(A[1],A[2]),(A[2],A[3]) ... (A[n-2],A[n-1])`

Si effettuano $n-1$ confronti. Per ogni coppia (`A[i]`, `A[i+1]`) si scambiano i valori se `A[i+1]` < `A[i]`. Alla fine dell'iterazione, l'elemento maggiore del vettore si troverà in `A[n-1]`.

- Nell'iterazione 1 si effettuano gli stessi confronti e scambi, terminando con l'elemento che ha il secondo maggior valore in `A[n-2]`.
- Il processo termina con l'iterazione $n-1$, nella quale l'elemento più piccolo viene immagazzinato in `A[0]`.

Un esempio illustrerà la tecnica. Sia dato il vettore `a[]`

```
25  60  45  35  12  92  85  30
```

Alla prima iterazione si fanno i seguenti confronti:

`a[0]`	con	`a[1]`	(25 con 60)	*non c'è scambio*
`a[1]`	con	`a[2]`	(60 con 45)	*scambio*
`a[2]`	con	`a[3]`	(60 con 35)	*scambio*
`a[3]`	con	`a[4]`	(60 con 12)	*scambio*
`a[4]`	con	`a[5]`	(60 con 92)	*non c'è scambio*
`a[5]`	con	`a[6]`	(92 con 85)	*scambio*
`a[6]`	con	`a[7]`	(92 con 30)	*scambio*

Dopo la prima iterazione il vettore diventa

```
25  45  35  12  60  85  30  92
```

Compiendo gli stessi confronti, dopo la seconda iterazione il vettore sarà

```
25  35  12  45  60  30  85  92
```

L'insieme completo di iterazioni produrrà

Iterazione 0 (vettore originale)	25	60	45	35	12	92	85	30
Iterazione 1	25	45	35	12	60	85	30	92
Iterazione 2	25	35	12	45	60	30	85	92
Iterazione 3	25	12	35	45	30	60	85	92
Iterazione 4	12	25	35	30	45	60	85	92
Iterazione 5	12	25	30	35	45	60	85	92
Iterazione 6	12	25	30	35	45	60	85	92
Iterazione 7	12	25	30	35	45	60	85	92

Si osservi che il vettore è ordinato già dopo 5 *iterazioni*, dunque le tre ultime iterazioni hanno sprecato tempo macchina. Il metodo a bolle si può quindi migliorare eliminando iterazioni inutili qualora ci si accorga che il vettore è già ordinato. Questa condizione è facile di scoprire perché si verifica quando l'ultima iterazione non ha prodotto alcuno scambio; questo fatto si può monitorare tramite una *variabile flag* di tipo booleano che cambia di valore quando si produce uno scambio.

L'algoritmo migliorato contempla due cicli annidati: il *ciclo esterno* controlla la quantità di iterazioni (all'inizio della prima iterazione ancora non si è prodotto alcuno scambio, quindi la variabile `interruttore` è `false`); il *ciclo interno* controlla ogni iterazione individualmente e, quando si produce uno scambio, pone a `true` il valore di `interruttore`.

L'algoritmo termina dopo l'ultima iterazione ($n - 1$) oppure quando il valore di `interruttore` è `false`, cioè non è stato effettuato alcuno scambio. L'algoritmo è:

```
void OrdBolle (int a[], int n)
{
  int aux, j, iterazione;
  bool interruttore = true;
  for (iterazione = 0; iterazione < n-1 && interruttore
     iterazione++)
  {
     // Ciclo esterno che controlla il numero di iterazioni
     interruttore = false;      // Non è stato ancora fatto
                                // alcuno scambio
     for (j = 0; j < n-iterazione-1; j++)
         // Ciclo interno che controlla ogni iterazione
         if (a[j] > a[j+1])
         {
           // Elementi disordinati
           // è necessario scambio
           interruttore = true;
           aux = a[j];
           a[j] = a[j+1];
           a[j+1] = aux;
         }  // Fine dell'if
  }         // Fine del for esterno
}  // Fine dell'OrdBolle
```

Un'ulteriore modifica potrebbe essere quella di utilizzare, anziché una variabile booleana `interruttore`, una variabile `IndiceScambio` di tipo contatore posta a 0 all'inizio di ogni iterazione e incrementata di 1 a ogni scambio; quando termina l'iterazione, se il valore di `IndiceScambio` è ancora 0, allora non è stato effettuato alcuno scambio e il vettore è già ordinato.

```
void OrdBolle2 (int a[], int n)
{
  int i, j;
  int IndiceScambio;        // Indice dell'ultimo scambio
  i = n-1;                  // i è l'indice dell'ultimo
                            // elemento del sottovettore
  while (i > 0) // Continua fino a che non vi siano scambi
```

```
    {
      IndiceScambio = 0; // Si inizializza IndiceScambio a 0
      for (j = 0; j < i; j++)  // Attraversa il sottovettore
                               // da 0 a i
        if (a[j+1] < a[j]) // Scambia e aggiorna IndiceScambio
        {
          scambio (a[j], a[j+1]);
          IndiceScambio = j;
        }
      // i si stabilisce al valore dell'indice dell'ultimo
      // scambio; continua l'ordinamento del sottovettore
      // da a[0] ad a[i]
      i = IndiceScambio;
    }
}
```

L'efficienza del bubble-sort dipende dalla versione utilizzata. In quella più semplice si fanno $n - 1$ iterazioni ed $n - 1$ confronti per ogni iterazione. Ne consegue che il numero di confronti è $(n - 1)(n - 1) = n^2 - 2n + 1$, cioè la complessità è $O(n^2)$.

Con l'uso delle variabili `Interruttore` o `IndiceScambio` si avrà un'efficienza differente a seconda del vettore da ordinare. Nel migliore dei casi, si farà una sola iterazione (nel caso di un vettore già ordinato in senso ascendente) e la complessità sarà quindi $O(n)$. Il caso peggiore coincide con la versione non migliorata ed è quindi di complessità $O(n^2)$. L'analisi del caso generale è complicata. Nel migliore dei casi, l'ordinamento a bolle può terminare in meno di $n - 1$ iterazioni, ma normalmente richiede molti più scambi dell'ordinamento per selezione e la sua prestazione media è quindi molto più lenta, soprattutto quando gli array da ordinare sono grandi.

11.6 Ordinamento shell

Lo shell-sort è un *ordinamento per inserimento con incrementi decrescenti*. Si tratta di un miglioramento dei metodi di inserimento diretto e bubble, nel quale si confrontano elementi che possono essere non contigui. L'idea generale dell'algoritmo è la seguente. Si divide il vettore di n elementi in $n/2$ gruppi di due elementi, con un intervallo tra gli elementi di ogni gruppo di $n/2$ e si ordina ciascun gruppo separatamente (si confrontano le coppie di elementi; se non sono ordinate, si scambiano). Si divide allora il vettore in $n/4$ gruppi di quattro elementi con un salto di $n/4$ e, di nuovo, si ordinano i singoli gruppi separatamente. Si ripete il processo fino a che, nell'ultimo passo, si ordina il gruppo di n elementi. In quest'ultimo passo il metodo shell coincide con il metodo a bolle.

Riportiamo qui di seguito una codifica del metodo di ordinamento shell.

```
void shell(float A[], int n)
{
  int i, j, salto = n/2;
  float aux;

  while (salto > 0)  // Ordinamento di 'salto' sottovettori
  {
     for (i = salto; i < n; i++)    // Ordinamento parziale
                                    // di i vettori
     {              // Gli elementi di ogni vettore stanno
                    // a distanza salto
       j = i - salto;
       while(j >= 0)
       {
          k = j + salto;
          if (A[j] <=A[k]) // Elementi contigui del vettore
          j = -1;          // Fine ciclo coppia ordinata
          else
          {
             aux = A[j];
             A[j] = A[k];
             A[k] = aux;
             j = j - salto;
          }
       }
     }
  salto = salto / 2;
  }
}
```

Applichiamo la precedente funzione di ordinamento al vettore di interi 9, 18, 7, 9, 1, 7. Il risultato dell'esecuzione, scrivendo gli scambi realizzati e il valore di salto in ognuno di loro è:

```
Vettore disordinato
 9  18   7   9   1   7
comincia  shell                   cambio salto
 9   1   7   9  18   7            18  1   3
 1   9   7   9  18   7             9  1   1
 1   7   9   9  18   7             9  7   1
 1   7   9   9   7  18            18  7   1
 1   7   9   7   9  18             9  7   1
 1   7   7   9   9  18             9  7   1
Vettore ordinato
 1   7   7   9   9  18
Premere un tasto per continuare ...
```

11.7 Ricerca sequenziale e binaria nei vettori

La ricerca di un elemento all'interno di un vettore, magari di grandi dimensioni, è assai frequente, per questo è importante utilizzare tecniche di ricerca affidabili ed efficienti. Nei prossimi paragrafi saranno esaminate due tecniche di ricerca: la *sequenziale* (la tecnica più semplice) e la *binaria* (la più efficiente).

11.7.1 Ricerca sequenziale

La ricerca sequenziale cerca un elemento di un vettore utilizzando un valore `chiave`. In una ricerca sequenziale (a volte chiamata `ricerca lineare`), gli elementi di un vettore si visitano in sequenza, uno dopo l'altro. Essa è necessaria quando il vettore è ordinato in base al valore di un campo diverso da quello che contiene il valore cercato. Ad esempio, quando si cerca l'abbonato a cui corrisponde un certo numero di telefono, poiché l'elenco è ordinato alfabeticamente per cognome e nome dell'abbonato e non per numero telefonico.

L'algoritmo di ricerca sequenziale confronta ogni elemento dell'array con la *chiave* di ricerca, e il programma dovrà confrontare la chiave di ricerca mediamente con la metà degli elementi dell'array.

L'algoritmo può iniziare dal primo elemento `vettore(0)` oppure da una posizione predeterminata (`inizio`) visitando i restanti elementi del vettore, confrontandoli con la chiave. L'attraversamento continua finché si trova un elemento con il valore chiave cercato o finché termina il vettore. Se l'elemento viene trovato se ne restituisce l'indice, altrimenti viene restituito il valore –1.

Esercizio risolto 11.2

Verificare se l'elemento 6 o 14 si trova nell'array `a(4 8 3 14 5 7)`.

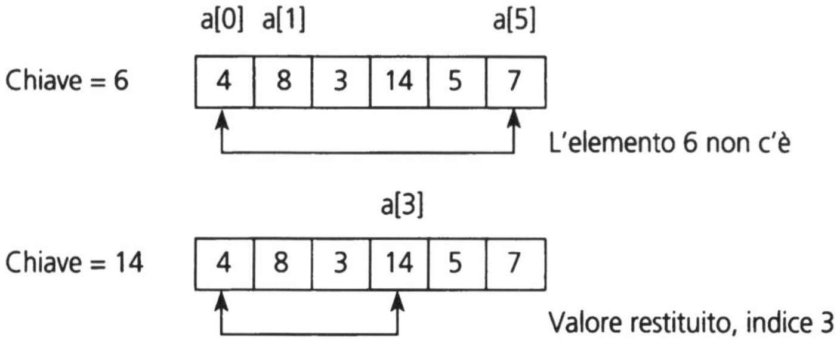

L'algoritmo in C++ è il seguente:

```
int RicercaSeq (int vettore [], int n, int chiave)
{
  for (int i = 0; i < n; i++)
     if (vettore[i] == chiave)
        return i;
  return -1;
}
```

Se invece si desidera esaminare il vettore a partire da un elemento diverso dal primo, si dichiara un parametro `inizio` che corrisponde all'elemento il cui indice è `inizio`. L'algoritmo corrispondente è:

```
int RicercaSeq (int v[], int inizio, int n, int chiave)
{
  for (int i = inizio; i < n; i++)
     if (v[i] == chiave)
        return i;
  return -1;
}
```

Il seguente programma applica la ricerca sequenziale contando il numero di occorrenze di una chiave in un vettore. Il programma principale introduce 10 interi in un array e, poi, chiede una chiave. Il programma compie ripetute chiamate a `RicercaSeq` utilizzando un indice iniziale diverso, a partire dall'indice 0. A ogni chiamata di `RicercaSeq`, se viene trovata la `chiave`, vengono incrementati sia il contatore delle occorrenze sia quello della posizione iniziale, in modo tale che la successiva ricerca non riparta dall'inizio. Se non viene trovata la `chiave` il programma termina e visualizza il numero delle occorrenze trovate.

```
#include <iostream>
using namespace std;
// Cercare l'elemento chiave nell'array di interi
// Restituisce l'indice dell'elemento o -1 se non
// si trova la chiave
int RicercaSeq (int vettore[], int inizio, int n,
  int chiave)
{
  for (int i = inizio; i < n; i++)
     if (vettore[i] == chiave)
        return i;    // Restituisce l'indice
                     // dell'elemento cercato
  return -1;      // Ricerca fallita, restituisce -1
}
```

```
void main (void)
{
  int a[10];
  int chiave, conto = 0, pos;

  // introduzione di un vettore di 10 interi
  cout << "Introduca un vettore di 10 interi:" ;
  for (pos = 0; pos < 10; pos++)
     cin >> a[pos];

  cout << "Introduca chiave da cercare:";
  cin >> chiave;
  // Inizio ricerca nel primo elemento dell'array
  pos = 0;

  // Spostarsi nel vettore fino a trovare la chiave
  while ((pos = RicercaSeq(a, pos, 10, chiave))!= -1)
  {
     conto ++;
     // trovata la chiave, avanzare al seguente intero
     pos++;
  }

  cout << chiave << " si ripete " << conto
       << (conto!= 1 ? "volte" : "volta")
       << " nel vettore." << endl;
}
```

Il programma visualizzerà il seguente output:

```
Introduca un vettore di 10 interi: 4 3 7 1 2 6 3 8 3 4
Introduca chiave da cercare: 3
3 si ripete 2 volte nel vettore.
```

11.7.2 Ricerca binaria

La ricerca sequenziale si applica a qualsiasi vettore, ma se il vettore è ordinato in base al campo che contiene il valore cercato, allora sicuramente conviene utilizzare la *ricerca binaria.* Si inizia dal centro del vettore. Se l'elemento centrale non contiene la chiave cercata, allora si esaminerà l'elemento centrale del semivettore destro o di quello sinistro a seconda del fatto che la chiave dell'elemento esaminato era maggiore o minore di quella cercata. Il procedimento andrà avanti con semivettori sempre dimezzati fino a trovare, se c'è, l'elemento cercato.

Esercizio risolto 11.3

Cercare l'elemento 225 nel seguente insieme di dati:

a[0]	a[1]	a[2]	a[3]	a[4]	a[5]	a[6]	a[7]
13	44	75	100	120	275	325	510

Il punto centrale del vettore è l'elemento `a[3]` il cui valore 100 non coincide con 225; poiché 225 è maggiore di 100, la ricerca continua nel semivettore destro:

a[4]	a[5]	a[6]	a[7]
120	275	325	510

Quest'ultimo ha un numero pari di elementi, quindi non c'è un solo elemento centrale, ma due: `a[5]` e `a[6]`. Scegliamo arbitrariamente di prendere quello di indice minore, cioè `a[5]` nel caso in esame; esso contiene il valore 275 che è maggiore di 225, quindi la ricerca continua nel semivettore sinistro:

a[4]	a[5]
120	275

Anche questo ha un numero pari di elementi, quindi prendiamo il primo che ha valore 120; poiché 120 è minore di 225, la ricerca continua nel semivettore destro che contiene un solo elemento, `a[5]`, il cui valore 275 non è quello cercato. Dunque possiamo concludere che il vettore non contiene il valore chiave 225.

Algoritmo per la ricerca binaria

1. Inizializzare `basso` a `0` e `alto` a `n-1`
2. Calcolare l'indice del punto centrale dell'array
   `centrale = (basso + alto)/2`
3. Confrontare il valore di questo elemento centrale con la chiave:
   - Se `a[centrale] < chiave`, il nuovo semivettore di ricerca ha per valori estremi del suo rango `basso=centrale+1 ... alto`.
   - Se `chiave < a[centrale]`, il nuovo semivettore di ricerca ha per valori estremi del suo rango `basso ... alto=centrale-1`.

L'algoritmo termina quando viene trovata la chiave o quando il valore di `basso` supera quello di `alto`; l'algoritmo restituisce l'indice –1 (chiave non trovata). Consideriamo il seguente esempio: dato l'array di interi `a(-8, 4, 5, 9, 12, 18, 25, 40, 60)`, cercare la chiave 40.

1.

a[0]	a[1]	a[2]	a[3]	a[4]	a[5]	a[6]	a[7]	a[8]
-8	4	5	9	12	18	25	40	60

basso = 0 alto = 8

centrale = (basso + alto)/2 = (0 + 8)/2 = 4

`Chiave (`**`40`**`) > a[4] (`**`12`**`)`

2. Cercare nel semivettore destro

18	25	40	60

basso = 5 alto = 8

centrale = (basso + alto)/2 = (5 + 8)/2 = 6,5

`Chiave (40) > a[6] (25)`

3. Cercare nel semivettore destro

40	60

basso = 7 alto = 8

centrale = (basso + alto)/2 = (7+8)/2 = 7,5

`Chiave (40) = a[7] (40)` *La ricerca ha avuto successo*

4. L'algoritmo ha richiesto 3 confronti contro gli 8 che avrebbe richiesto la ricerca sequenziale ($n - 1 = 9 - 1 = 8$).

Il codice C++ dell'algoritmo di ricerca binaria è:

```
int RicercaBin (TipoDato v[], int basso, int alto,
  Tipodato chiave)
{
  int centrale;
  TipoDato valorecentrale;
  while (basso <= alto)
  {
     centrale = (basso + alto)/2;  // Indice dell'elemento
                                   // centrale
     valoreCentrale = v[centrale]; // Valore dell'indice
                                   // centrale
     if (chiave == valoreCentrale)
          return centrale;         // Trovato valore;
                                   // restituisce posizione
     else if (chiave < valoreCentrale)
          alto = centrale - 1;     // Andare al semivettore
                                   // inferiore
     else
          basso = centrale + 1;    // Andare al semivettore
                                   // superiore
  }                                // Elemento non trovato
  return -1;
}
```

11.8 Analisi degli algoritmi di ricerca

Analogamente alle operazioni di ordinamento, anche per la ricerca è bene considerare la complessità degli algoritmi impiegati. Il grado di efficienza di una ricerca è essenziale per offrire prodotti realmente utilizzabili e migliori di quelli forniti dalla concorrenza (si pensi ai motori di ricerca su Internet).

La complessità della ricerca sequenziale varia da $O(1)$, quando la chiave è nel primo elemento del vettore, a $O(n)$, quando l'elemento cercato si trova alla fine del vettore. Per un vettore qualsiasi l'elemento cercato si trova mediamente dopo $n/2$ confronti, valore che definisce il costo medio della ricerca sequenziale, la cui complessità rimane quindi $O(n)$.

Nella ricerca binaria il caso migliore si presenta quando la chiave si trova nel punto centrale del vettore; si compie infatti un unico confronto e la complessità è $O(1)$. La complessità del caso peggiore corrisponde ai casi in cui l'elemento cercato non esista o venga trovato all'ultimo confronto; si può valutare considerando che nel caso peggiore il semivettore arriva ad essere di un solo elemento. Ogni iterazione che fallisce deve continuare dimezzando la lunghezza del vettore. La dimensione dei semivettori è

$$n \quad n/2 \quad n/4 \quad n/8 \quad \ldots \quad 1$$

e richiede m iterazioni, dove m è approssimativamente $\log_2 n$. Ogni iterazione richiede un'operazione di confronto, quindi

$$\text{Totale confronti} \approx 1 + \log_2 n$$

Come risultato, il caso peggiore della ricerca binaria è $O(\log_2 n)$.

La differenza tra i tempi degli algoritmi di ricerca sequenziale e binaria diventa più evidente al crescere della dimensione del vettore. La Tabella 11.1 compara i metodi di ricerca sequenziale e binaria, in base al numero dei confronti da effettuare nei casi peggiori, rispettivamente, con complessità $O(n)$ e $O(\log n)$.

Tabella 11.1 Confronto tra le ricerche binaria e sequenziale.

	Numero di confronti	
Dimensione del vettore	Ricerca binaria	Ricerca sequenziale
1	1	1
10	4	10
1.000	11	1.000
5.000	14	5.000
100.000	18	100.000
1.000.000	21	1.000.000

SOMMARIO

Uno dei compiti più frequenti nella programmazione è l'ordinamento (ascendente o discendente) di una sequenza di elementi. In questo capitolo abbiamo visto gli algoritmi di ordinamento di base:

- per scambio
- per selezione
- per inserimento

Nel Capitolo 18 esamineremo un algoritmo di ordinamento veloce (di tipo "per scambio"): *quicksort*. Vi sono poi due metodi di base per la ricerca di elementi negli array: *ricerca sequenziale* e *ricerca binaria*. La *ricerca sequenziale*, di complessità $O(n)$, si utilizza normalmente quando l'array non è ordinato. Se l'array è ordinato in base al campo su cui si effettua la ricerca, allora si utilizza la *ricerca binaria*, di complessità $O(\log_2 n)$.

CONCETTI CHIAVE

- Algoritmi di ordinamento elementari
- Analisi degli algoritmi di ricerca
- Ricerca in liste: ricerca sequenziale e ricerca binaria
- Ordinamento a bolle
- Ordinamento per inserimento
- Ordinamento per scambio
- Ordinamento per selezione

Problemi

11.1 Qual è la differenza tra ricerca e ordinamento?

11.2 I primi due elementi del vettore 3, 13, 8, 25, 45, 23, 98, 58 sono stati ordinati con un algoritmo di inserimento. Come sarà il vettore dopo quattro iterazioni in più?

11.3 Qual è la differenza tra ordinamento per selezione e ordinamento per inserimento?

11.4 Il vettore 47, 3, 21, 32, 56, 92 dopo due iterazioni di un algoritmo di ordinamento diventa: 3, 21, 47, 32, 56, 92. Quale algoritmo di ordinamento si sta utilizzando (selezione, bubble o inserimento)? Spiegare la risposta.

11.5 Utilizzando l'algoritmo di ricerca binaria, tracciare le tappe necessarie per trovare i numeri 88 e 20 nel vettore 8, 13, 17, 26, 44, 56, 88, 97.

11.6 Modificare l'algoritmo di ordinamento per selezione in modo che ordini un vettore di interi in ordine discendente.

11.7 Modificare il metodo di ordinamento per selezione in modo che, invece di collocare l'elemento minore nel posto appropriato, lo faccia con l'elemento maggiore.

11.8 Scrivere un programma che generi un vettore di 1000 numeri interi aleatori positivi e minori di 100; il programma dovrà

1. visualizzare i numeri del vettore in ordine crescente
2. calcolare e stampare la mediana (valore centrale)
3. determinare il numero che si presenta con maggiore frequenza
4. stampare un vettore che contenga
   a) i numeri minori di 30
   b) i numeri maggiori di 70
   c) i numeri che non appartengono ai casi a) e b)

11.9 Scrivere un programma per leggere un testo formato da *n* stringhe di caratteri (*n* è una variabile intera). La memoria occupata dal testo dovrà corrispondere alla reale dimensione del testo (ciò significa che il testo non dovrà occupare più memoria del necessario). Dopo aver letto il testo, il programma dovrà ordinarlo in base alla lunghezza delle righe. Infine, il programmma dovrà visualizzare il testo letto e quello ordinato.

Esercizi supplementari

Per ulteriori esercizi si rimanda all'Appendice A del testo.

PARTE

II

Programmazione orientatata agli oggetti

Classi e oggetti

12

Indice

Introduzione

Finora abbiamo trattato gli argomenti tipici della programmazione strutturata, paradigma computazionale fondamentale che il C++ eredita dal C. Con questo capitolo inizia la parte relativa alla cosiddetta *programmazione orientata agli oggetti*, introducendo il suo costrutto fondamentale, quello di *classe*. Una classe è un "tipo di dato" che contiene anche codice, cioè funzioni specifiche per quel tipo di dato. Essa permette di incapsulare dati e codice per gestire un oggetto del programma, come ad esempio una finestra sullo schermo, un dispositivo collegato al computer o la figura geometrica di un programma di disegno. In questo capitolo vedremo come creare e utilizzare classi individuali; nei successivi vedremo come definire e utilizzare gerarchie e altre relazioni tra classi.

12.1 Classi e oggetti

Il paradigma computazionale noto con il nome di *Object Oriented Programming* (OOP) nacque nel 1969 dal norvegese Kristin Nygaard che, tentando di scrivere un programma che descrivesse il movimento delle navi attraverso un fiordo, capì che era molto difficile simulare le maree, i movimenti delle navi e le forme della linea di costa con i metodi di programmazione esistenti in quel momento. Scoprì che gli elementi dell'ambiente che tentava di modellare – navi, maree e linea di costa dei fiordi – e le azioni che ogni elemento poteva eseguire erano più facili da maneggiare se concepiti come "oggetti" dotati di dati e funzioni proprie.

Le tecnologie orientate agli oggetti si sono evolute molto da allora, ma la sostanza del modello computazionale è sempre la stessa: combinare le descrizioni degli elementi (i dati) con le azioni eseguibili su quegli elementi (le funzioni). Le classi e le loro istanze, cioè gli oggetti, sono gli elementi chiave su cui poggia l'OOP.

12.1.1 Che cosa sono gli oggetti

Nel mondo reale, le persone identificano gli oggetti come cose che possono essere percepite mediante i sensi. Gli oggetti hanno proprietà specifiche che definiscono il loro stato, come posizione, dimensione, forma, colore, consistenza ecc., ma possono essere caratterizzati anche da certi comportamenti. L'OOP definisce un oggetto come qualsiasi cosa, reale o astratta, nella quale si possono immagazzinare sia i dati che le operazioni che li manipoleranno.

Un programma orientato agli oggetti può gestirne parecchi. Ad esempio, il gestionale di un esercizio di vendita al dettaglio utilizza un oggetto per ogni prodotto gestito nel magazzino. Il programma manipolerà gli stessi dati per ogni oggetto, includendo il numero di unità, la descrizione del prodotto, il prezzo, il numero di articoli in stock e la data per il nuovo ordine.

Ogni oggetto sa anche come eseguire azioni con i propri dati. L'oggetto prodotto dal gestionale, ad esempio, sa come creare sé stesso e stabilire i valori iniziali di tutti i suoi dati, come modificare i suoi dati e come valutare se vi sono articoli sufficienti nello stock o se bisogna effettuare un nuovo ordine. Quindi un oggetto consiste di dati e di azioni che esso può compiere.

La maggior parte degli oggetti creati da un programma starà nella memoria principale, ma alcuni potranno essere anche salvati su disco per poterli poi recuperare dopo il termine del programma.

Gli oggetti possono comunicare fra loro mediante "messaggi". Un messaggio è un'istruzione che si invia a un oggetto per fargli eseguire certe azioni. Esso include l'identificatore dell'azione che l'oggetto destinatario deve eseguire, insieme con i dati che saranno necessari all'oggetto per eseguire correttamente l'azione indicata. Il messaggio è quindi la finestra con la quale l'oggetto comunica con il mondo esterno.

L'utente comunica con l'oggetto tramite la sua interfaccia: un insieme di operazioni definite dalla classe dell'oggetto in modo che siano visibili al programma. *L'interfaccia* si può considerare come una vista semplificata dell'oggetto: non si sa com'è fatto, ma lo si sa usare mediante la sua interfaccia utente.

12.1.2 Che cosa sono le classi?

Normalmente per classe si intende un insieme di oggetti che condividono struttura e comportamenti. Nell'OOP una classe è un tipo definito dall'utente. Essa è il mattone fondamentale dell'OOP.

Una classe contiene la specifica dei dati che descrivono l'oggetto che ne fa parte, insieme alla descrizione delle azioni che l'oggetto stesso è capace di eseguire. In C++ questi dati si denominano "attributi" o "variabili", mentre le azioni si dicono "funzioni membro" o "metodi" (questo era il nome che si dava alle funzioni membro di una classe nello Smalltalk, uno dei primi linguaggi orientati agli oggetti).

Le classi definiscono tipi di dato personalizzati in funzione dei problemi da risolvere, facilitando la scrittura e la comprensione delle applicazioni. Esse possono separare l'interfaccia dall'implementazione; solo il programmatore della classe conoscerà i dettagli implementativi, l'utilizzatore deve soltanto conoscere l'interfaccia.

Le classi sono esempi di *Abstract Data Type*. Un *tipo di dato astratto* tratta dati e operazioni sui dati come un'entità unica: si descrive in modo astratto quello che fa la classe, anziché specificare come funziona la classe internamente. La *classe* è cioè il mezzo naturale per tradurre l'astrazione di un tipo definito dall'utente che combina la rappresentazione dei dati (*attributi*) con le funzioni (*metodi*) che manipolano quei dati in un'unica entità. La collocazione di dati e funzioni in una sola entità (la *classe*) è l'idea centrale dell'OOP. La Figura 12.1 mostra la rappresentazione grafica di una classe.

12.2 Definizione di una classe

La *definizione* di una classe ha due parti.

- *Dichiarazione*. Descrive i dati e l'interfaccia (cioè le "funzioni membro", dette anche "metodi").
- *Definizioni dei metodi*. Descrive l'implementazione delle funzioni membro.

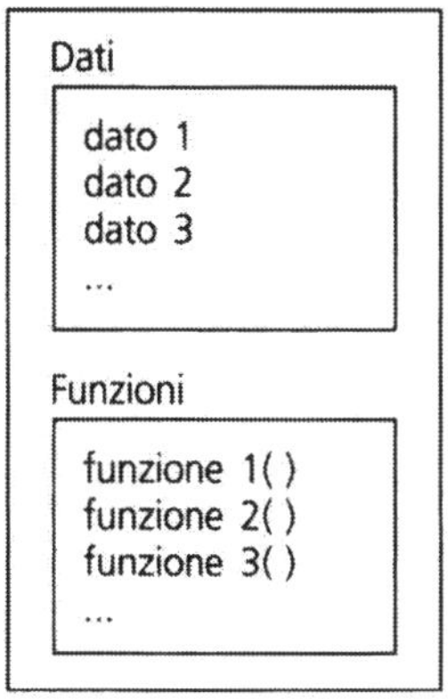

Figura 12.1
Le classi contengono dati e funzioni.

La dichiarazione di una classe utilizza la parola riservata `class`, seguita dall'elenco dei dati e dei metodi della classe, racchiusi tra parentesi graffe.

```
class NomeClasse
{
  dichiarazioni di dati        // Attributi
  dichiarazioni di funzioni  // Metodi
};    // Punto e virgola obbligatorio
```

Regole

- Gli attributi (*dati*) sono variabili semplici (interi, strutture, array, `float`, ecc.).
- I metodi (*funzioni*) sono funzioni semplici che operano sugli attributi (*dati*).
- L'omissione del punto e virgola dopo la parentesi graffa chiusa è un errore frequente, difficile da scoprire.

Per default, i membri di una classe sono nascosti all'esterno, cioè i suoi dati e i suoi metodi sono *privati*. È possibile comunque controllare la *visibilità* esterna mediante gli specificatori di accesso: `public`, `protected` e `private`. La sezione specificata come `public` contiene membri a cui si può accedere dall'esterno della classe, mentre la sezione `private` contiene membri a cui si può accedere solo dall'interno della classe. Ai membri della sezione `protected` si può accedere anche da metodi di classi *derivate* della stessa (cosa sia una classe derivata lo vedremo nel prossimo capitolo).

La sintassi completa di una classe è:

```
class NomeClasse
{
 public:
    Sezione pubblica   // Dichiarazione di membri pubblici
 protected:
    Sezione protetta   // Dichiarazione di membri protetti
 private:
    Sezione privata    // Dichiarazione di membri privati
};
```

Questa caratteristica della classe si chiama *occultamento dei dati* (*information hiding*) ed è una proprietà dell'OOP. Si tratta di una tecnica, spesso denominata *incapsulamento*, che limita molto gli errori rispetto alla programmazione strutturata. La Figura 12.2 mostra graficamente il funzionamento delle sezioni pubblica e privata di una classe.

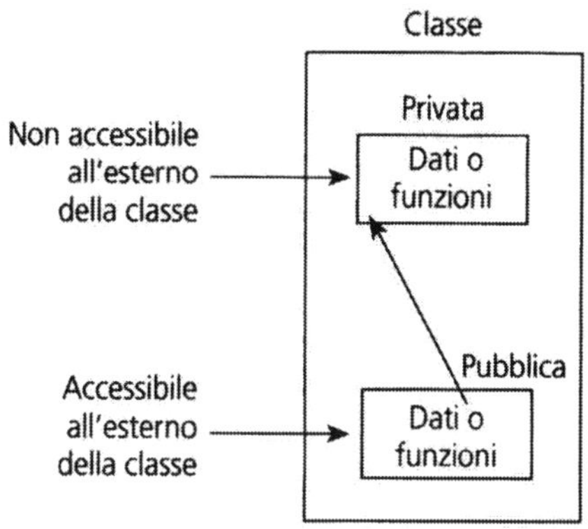

Figura 12.2 Sezioni pubblica e privata di una classe.

Una classe potrebbe essere definita anche con la parola riservata `struct`, ma in questo caso tutti i membri della struttura sarebbero visibili dall'esterno al fine di mantenere la compatibilità con C. Questa è l'unica differenza esistente in C++ tra le parole riservate `class` e `struct`.

Esempio

Dichiarazione di una classe `Semaforo`.

```
class Semaforo
{
 public:
   void cambiaColore();
   ...
 private:
   enum Colore {VERDE, ROSSO, GIALLO};
   Colore c;
};
```

Nella classe `Semaforo` si osserva che la sezione pubblica dichiara la definizione dei servizi (cambio di colore del semaforo), cioè l'interfaccia, e la sezione privata i dettagli interni del semaforo (colori del semaforo).

Regole pratiche nella dichiarazione di una classe

1. Le dichiarazioni dei metodi (cioè le intestazioni delle funzioni), normalmente, si collocano nella sezione pubblica e le dichiarazioni dei dati (attributi), normalmente, si mettono nella sezione privata.
2. È indifferente collocare prima la sezione pubblica o quella privata; è però consigliabile collocare la sezione pubblica prima per mettere in evidenza le operazioni che fanno parte dell'interfaccia pubblica.

3. Le parole chiavi `public` e `private` seguite da due punti segnalano l'inizio delle rispettive sezioni pubbliche e private; benché non sia comune, una classe può avere varie sezioni pubbliche e private.

Controllo di accesso ai membri: pubblico o privato?

Le funzioni membro che costituiscono l'interfaccia della classe vanno quindi nella sezione pubblica, altrimenti non potrebbero essere invocate da un programma. Possono però esserci funzioni membro private, per manipolare dettagli interni all'implementazione, che non fanno parte dell'interfaccia pubblica. In generale, si potrebbe affermare che i dati sono privati (per proteggerli da manipolazioni accidentali), mentre le funzioni sono pubbliche (per accedervi dall'esterno della classe), tuttavia non è una regola stretta e in alcune circostanze si può aver bisogno di utilizzare funzioni private e dati pubblici.

Esempio

Diverse classi con differenti sezioni.

```
class DemoUno
{
  private:
    float prezzo;
    char nome[20];
  public:
    void calcolare(int);
};
```

```
class GiornoDellAnno
{
  public:
  void leggere();
  void scrivere();
  int mese;
  int giorno;
  ...
};
```

La parola riservata `private` non sarebbe necessaria perché il controllo di accesso è privato per default, tuttavia utilizzeremo spesso l'etichetta `private` al fine di evidenziare bene l'occultamento.

Esempio

```
class DemoUno
{
  float prezzo;
  char nome[20];
public:
  void calcolare(int)
  ...
};
```

Per utilizzare una classe bisogna chiedersi tre cose:

1. Qual è il suo nome?
2. Dov'è definita?
3. Quali operazioni supporta?

Il `nome` della classe, ad esempio `Semaforo`, è definito in un header file che ha nome e suffisso (estensione). Normalmente il nome del file è lo stesso nome della classe. L'estensione normalmente è `.h`, ma alcuni compilatori e programmi possono usare `.H`, `.hpp` o `.hxx`. Nell'esempio precedente il file si chiama `Semaforo.h`.

Eccetto alcuni casi speciali che vedremo più avanti, nella definizione della classe si collocano solo le intestazioni dei metodi. Le loro definizioni si collocano, normalmente, in un file a parte, chiamato file di implementazione, il cui nome è lo stesso dell'header file ma con l'estensione `.cpp` anziché `.h`. Nell'esempio `Semaforo.cpp` i due file costituiscono una libreria di classe, e i programmi che utilizzano la classe definita nella libreria si dicono *programmi cliente*. Questi ultimi dovranno includere l'intestazione della libreria con la direttiva `#include`:

```
#include "Semaforo.h"
```

Nota

La differenza fra

```
#include <iostream>
```

e

```
#include "Semaforo.h"
```

è che nel primo caso si indica al compilatore C++ che `iostream` è una libreria standard, mentre nel secondo si indica che la libreria è definita dal programmatore.

Esempio

Definizione di una classe chiamata `Punto` (dichiarata nel file `Punto.h`) che contiene le coordinate *x* e *y* di un punto in un piano.

```
class Punto {
  public:
    int Leggerex();           // Restituisce il valore di x
    void Fissarex(int);       // Assegna un valore ad x
  private:
    int x;                    // Coordinata x
    int y;                    // Coordinata y
};
```

La *definizione* di una classe non riserva spazio in memoria. L'allocazione avviene quando si crea un oggetto di una classe (istanza di una classe).

Esempio

Definizione della classe `eta` (dichiarata nel file `eta.h`).

```
class eta
{
  private:
    int etaFiglio, etaMadre, etaPadre;    // Dati
  public:
    eta();
    void iniziare (int, int, int);   // Funzione membro
    int leggereFiglio();
    int leggereMadre();
    int leggerePadre();
};
```

La *dichiarazione* di una classe consiste della parola riservata `class` seguita dal nome della classe. Ad esempio

```
class Punto;   // Definita in qualche punto di un programma
```

Essa serve per far sapere al compilatore che quella classe è definita in altri moduli del programma.

Sottolineiamo che l'accesso per default è privato. Nella seguente classe `Studente`, ad esempio, tutti i dati sono privati, mentre i metodi sono pubblici:

```
class Studente {
  long numId;
  char nome[40];
  int eta;

  public:
     long LeggereNumId();
     char * LeggereNome();
     int LeggereEta();
};
```

Uno specificatore di accesso può apparire più di una volta in una definizione di classe, ma questo la renderà più difficile da leggere. Lo specificatore si applica infatti ai membri che lo seguono fino al successivo specificatore o fino alla fine della classe.

```
class Studente{
  private:
     long numId;
  public:
     long LeggereNumId();
```

```
  private:
     char nome[40];
     int eta;
  public:
     char * LeggereNome();
     int LeggereEta();
};
```

12.2.1 Oggetti

Definita una classe, possono essere generate istanze della classe, cioè oggetti.

```
nome_classe    identificatore;
```

Così, la definizione di un oggetto `Punto` è:

```
Punto P;
```

Ogni classe è un tipo, e quindi un oggetto è una variabile di quel tipo. Ad esempio, la classe `Semaforo` definisce un tipo denominato `Semaforo` e quindi si può definire una variabile di quel tipo:

```
Semaforo S1;
```

dove `S1` è, a questo punto, l'identificatore di un oggetto del tipo `Semaforo`.

Quindi un oggetto sta alla sua classe come una variabile sta al suo tipo. Un oggetto ha quindi membri funzione e membri dato. L'OOP concepisce i programmi come collezioni di oggetti interagenti. Gli oggetti possono interagire poiché sono capaci di invocare le funzioni membro (pubbliche) degli altri.

Quello che nelle `struct` era l'operatore di accesso al campo (`.`), qui diventa l'operatore di accesso al membro; esso seleziona un membro specifico di un oggetto. Le seguenti istruzioni, ad esempio, creano un punto `P`, che fissa la sua coordinata `x` e poi la visualizza.

```
Punto p;
p.Fissarex(100);
cout << " coordinata x è " << p.Leggerex();
```

Come le strutture, anche gli oggetti possono essere assegnati; il C++ fa una copia bit a bit di tutti i membri. In altre parole, tutti i membri fisicamente contenuti nell'area dati dell'oggetto originale vengono copiati nell'oggetto destinatario. Per esempio, il seguente codice crea un `Punto` chiamato `P2` e lo inizializza con il contenuto di `P`:

```
Punto P;
...
Punto P2;
P2 = P;
```

12.2.2 Dati membro

I dati membro possono essere di qualunque tipo valido, con eccezione del tipo della classe che si sta definendo, poiché incompleto; è possibile tuttavia definire membri puntatori o riferimenti al tipo della classe che si sta definendo.

I dati membro possono essere dichiarati costanti. Se un dato è `const` il suo valore, stabilito durante la costituzione dell'oggetto, non può essere modificato. Non c'è limite al numero di dati in una classe. Non è permesso inizializzare un membro dato di una classe all'atto della sua definizione. La seguente definizione di classe genera quindi errori:

```
class C {
private:
  int T = 0;                   // Errore
  const int CInt = 25;         // Errore
  int& Dint = T                // Errore
  ...
};
```

Infatti non avrebbe senso inizializzare un membro dato dentro la definizione della classe, perché essa indica semplicemente il tipo di ogni membro dato e non riserva realmente memoria (sarebbe come voler inizializzare un campo di una struttura). Bisogna invece inizializzare i membri dato ogni volta che si crea un'istanza specifica della classe, cioè un oggetto. Come vedremo nel Paragrafo 12.3, il luogo dove inizializzare membri dato è dentro il *costruttore* della classe.

12.2.3 Funzioni membro

I metodi possono essere sia dichiarati che definiti all'interno delle classi. Analogamente alla definizione di una funzione, anche la definizione di un metodo consiste di quattro parti:

- il tipo di ritorno della funzione
- il nome della funzione
- la lista dei parametri formali (eventualmente vuota) separati da virgole
- il corpo della funzione racchiuso tra parentesi graffe

Le tre prime parti costituiscono il prototipo della funzione che deve essere definito dentro la classe, mentre il corpo della funzione può essere definito anche altrove.

Esempio

Dichiarazione di una classe `Articolo_Vendite`

```
class Articolo_Vendite {
public:
  double prezzo_medio();       // Dichiarazione prototipo
  bool articolo_uguale (const Articolo_Vendite& art)
                                   // Definizione funzione
  {return iva == art.iva; }
private:                           // Membri privati
...
};
```

In questo esempio la funzione `articolo_uguale` è definita dentro la classe, mentre la funzione `prezzo_medio` è dichiarata dentro la classe ma definita altrove. I metodi definiti dentro la classe si considerano implicitamente *funzioni in linea*, quindi si crea una copia del codice per ogni oggetto di quella classe.

La definizione delle funzioni dichiarate in una classe deve contenere il riferimento alla classe cui appartiene la funzione. La sintassi della definizione fa uso dell'operatore di risoluzione di visibilità (`::`):

```
tipo_restituito Nome_classe :: Nome_funzione (lista_parametri)
{
  istruzioni del corpo della funzione
}
```

Esempio

```
void GiornoSettimana :: Output ()
{
  switch (settimana)
  {
    case 1: cout << "Lunedì "; break;
    case 2: cout << "Martedì "; break;
    ...
    case 7: cout << "Domenica "; break;
    default: cout << "Errore in GiornoSettimana";
  }
  cout << giorno;
}
```

Una funzione membro si dice *costante* se non può cambiare gli attributi dei suoi oggetti; si specifica mediante la parola riservata `const` in questo modo:

```
inline double complesso::reale(void) const
{
  return re;
}
```

Esempio

La classe `Punto` definisce le coordinate di un punto in un piano. Per ogni coordinata fornisce un metodo per determinarla e un altro per restituirla.

```
class Punto {
public:
  int LeggereX() { return x; }
  int LeggereY() { return y; }
  void FissareX (int valx) { x = valx; }
  void FissareY (int valy) { y = valy; }
private:
  int x;
  int y;
};
```

12.2.4 Chiamate a funzioni membro

I metodi di una classe si invocano come si accede ai dati di un oggetto, tramite l'operatore punto (`.`) con la seguente sintassi:

```
nomeOggetto.nomeFunzione (valori dei parametri)
```

Esempio

```
class Demo
{
private:
  ...
public:
  void funz1 (int P1)
    { ... }
  void funz2 (int P2)
    { ... }
};
Demo d1, d2;      // Definizione degli oggetti d1 e d2
...
d1.funz1(2005);
d2.funz1(2010);
```

La funzione `funz1()` è, ad esempio, un metodo della classe `Demo` e quindi la si deve sempre chiamare in connessione ad un oggetto di quella classe. Non avrebbe senso una chiamata diretta `funz1(2005)`, ed infatti essa produrrebbe un errore. Un metodo si invoca per lavorare su di uno specifico oggetto, e non sulla classe in generale. Per utilizzare una funzione membro, l'operatore punto (`.`) (denominato "operatore di accesso ai membri di una classe") collega la funzione membro al nome del "suo" oggetto.

Alcuni linguaggi orientati agli oggetti denominano *messaggi* le invocazioni alle funzioni membro. Pertanto la chiamata

```
d1.funz1();
```

rappresenta l'*invio di un messaggio* all'oggetto `d1` perché esegua un determinato compito.

Esempio

```
#include <iostream>
using namespace std;

class demoOgg {
private:
  int undato;                      // Dati della classe
public:
  void fissaredati (int d)         // Stabilisce i dati
    { undato = d; }
  void mostraredati ()             // Visualizza i dati
    { cout << "Il dato è: " << undato << endl; }
};

int main ()
{
  demoOgg d1, d2;

    d1.fissaredati (2005);
    d2.fissaredati (2010);

    d1.mostraredati ();
    d2.mostraredati ();
    return 0;
}
```

Esercizio risolto 12.1

Definire una classe che rappresenti una radio che trasmette con tecnologia MP3.

```
class radioMP3 {
private:
  int frequenza;
  int volume;
```

```
public:
  void iniziare (void);
  void AumentareFrequenza (void);
  void DiminuireFrequenza (void);
  void AbassareVolume (void);
  void AlzareVolume (void);
};

void radioMP3 :: iniziare (void)
{
  // inizializzare attributi di frequenza e volume
  frequenza = 99.99;
  volume = 45;
}

void radioMP3 :: AlzareVolume (void)
{
  // Incrementare in un'unità il volume
  volume++;
}

void radioMP3 :: AbassareVolume (void)
{
  // Diminuire in un'unità il volume
  volume--;
}

void radioMP3 :: DiminuireFrequenza (void)
{
  // diminuire frequenza 1 MHz
  frequenza--;
{

void radioMP3 :: AumentareFrequenza (void)
{
  // aumentare la frequenza 1 MHz
  frequenza++;
}
```

Un programma `main` che utilizza le funzioni di `radioMP3` potrebbe essere

```
int main (void)
{
  radioMP3 miaStazione;

  miaStazione.iniziare();
  miaStazione.AlzareVolume();
  miaStazione.AbbassareVolume();
  miaStazione.AumentareFrequenza();
  miaStazione.DiminuireFrequenza();
}
```

12.2.5 Tipi di funzioni membro

Possiamo classificare i metodi a seconda del tipo di operazione che eseguono.

- Costruttori e distruttori: si invocano automaticamente, rispettivamente, alla creazione e alla distruzione di un oggetto.
- Selettori (`get`): restituiscono valori di membri dato.
- Modificatori (`set`): modificano valori di membri dato.
- Operatori: definiscono operatori standard C++.
- Iteratori: elaborano collezioni di oggetti come gli array.

12.2.6 Funzioni in linea e fuori linea

Come anticipato, i metodi definiti nella classe sono funzioni *in linea.* Per funzioni grandi è preferibile codificare nella classe solo il prototipo della funzione. Ciò permette di nascondere l'implementazione della funzione fornendo solo il codice sorgente dell'header file e un file di implementazione della classe precompilata. Nel seguente esempio, il metodo `FissareX` è soltanto dichiarato nella classe `Punto`:

```
class Punto {
public:
  void FissareX(int valx);
private:
  int x;
  int y;
};
```

Nella definizione fuori linea della funzione bisogna premettere il nome della classe e l'operatore di risoluzione di visibilità `::`; esso informerà il compilatore che `FissareX` appartiene alla classe `Punto` ed è, pertanto, diversa da altre funzioni con lo stesso nome, globali o appartenenti ad altre classi. Ad esempio, la seguente funzione globale può coesistere con `Punto::FissareX`

```
void FissareX(int valx)
{
  ...
}
```

Esercizio risolto 12.2

Definire una classe `GiornoAnno` che contenga gli attributi `mese` e `giorno` (come numeri interi) e un metodo `Visualizzare`. Scrivere un programma che faccia uso della classe e visualizzi il suo output.

```
#include <iostream>
using namespace std;
class GiornoAnno
```

```
{
  public:
     void visualizzare();
     int mese;
     int giorno;
};

int main() // programma che usa GiornoAnno
{
  GiornoAnno oggi, compleanno;
  cout << "Introduca data del giorno di oggi\n";
  cout << "Numero del mese : ";
  cin  >> oggi.mese;
  cout << "Giorno del mese : ";
  cin  >> oggi.giorno;
  cout << "Introduca la sua data di nascita:\n";
  cout << "Numero del mese : ";
  cin  >> compleanno.giorno;
  cout << "Giorno del mese : ";
  cin  >> compleanno.mese;

  cout << "La data di oggi è ";
  oggi.visualizzare();   // Chiama la funzione visualizzare
  cout << "La sua data di nascita è ";
  compleanno.visualizzare();

  if(oggi.mese == compleanno.mese
     && oggi.giorno == compleanno.giorno)
     cout << "Buon compleanno! \n";
  else
     cout << "Buon giorno! \n";
  return 1;
}
```

Se si esegue il programma si ottiene:

```
Introduca data del giorno di oggi:
Numero del mese : 08
Giorno del mese : 10
Introduca la sua data di nascita:
Introduca il numero del mese : 2
Introduca il giorno del mese : 25
La data di oggi è mese = 8, giorno = 10
La sua data di nascita è mese = 2, giorno = 25
Buon giorno!
```

12.2.7 La parola riservata *inline*

La decisione di scegliere fra funzioni in linea e fuori linea è dettata dall'efficienza. Una funzione in linea è normalmente più veloce poiché non si deve eseguire l'istruzione "call" per chiamarla né l'istruzione "return" per ritornare al programma chiamante.

Purtroppo la definizione di un metodo dentro una classe non garantisce che il compilatore lo renda realmente in linea; questa è una decisione che ogni compilatore C++ prende autonomamente in base alle istruzioni dentro la funzione. Però un metodo definito fuori dal blocco della sua classe può beneficiare dei vantaggi delle funzioni in linea se è preceduto dalla parola riservata `inline`:

```
inline void Punto::FissareX (int valx)
{
  x = valx;
}
```

A seconda del compilatore, le funzioni che utilizzano la parola riservata `inline` possono essere collocate nello stesso header file della definizione della classe. Le funzioni che non utilizzano `inline` si situano nello stesso modulo di programma, ma non nello stesso header file.

12.2.8 Nomi dei parametri delle funzioni membro

Così come per i prototipi di funzioni globali, anche per i prototipi dei metodi si potrebbero omettere i nomi dei parametri e indicare solo i loro tipi. Ad esempio:

```
class Punto {
public:
  void FissareX(int);
  ...
};
```

Tuttavia ciò non è sempre desiderabile poiché, siccome la definizione della classe è anche la sua interfaccia, una funzione membro che definisce solo i tipi dei suoi parametri non fornirà informazione sufficiente su come invocarla:

```
class Demo {
public :
  FunzioneDemo(int, float, char* ,int);
  ...
};
```

Regola

Se i nomi dei parametri appaiono sia nella dichiarazione che nell'implementazione della funzione, non è necessario che essi siano identici (ma devono ovviamente esserlo il loro ordine posizionale e i loro tipi):

```
class Punto {
public:
  void Girare(int valx, int valy);
  ...
};
void Punto::Girare(int x, int y)
{
  ...
}
```

Consiglio

È conveniente includere commenti di una o due righe nella dichiarazione di una funzione che indichino cosa essa faccia e quali siano i valori di input/output corrispondenti.

12.2.9 Header file e intestazioni di classi

Il codice sorgente di una classe si colloca normalmente in un file indipendente con estensione `.cpp`. Se la classe è dichiarata e definita dal programmatore, il suo codice sorgente sarà sempre disponibile, ma se è scritta da altri (e magari è stata comprata), allora il suo uso potrebbe essere limitato al solo codice oggetto, cosa questa che rappresenta la normalità per le classi delle librerie che accompagnano il compilatore C++.

Comunque sia, di ogni classe deve essere sempre disponibile la versione sorgente della dichiarazione. Le dichiarazioni si collocano normalmente negli header file (che nelle versioni C++ precedenti lo standard ANSI/ISO richiedevano estensione `.h` oppure `.hpp`) indipendenti dai file che contengono le implementazioni dei metodi. Così facendo, la stessa dichiarazione di una classe può essere disponibile per parecchi programmi semplicemente includendo in ognuno di loro il corrispondente header file. Questa proprietà facilita il riutilizzo di programmi C++; infatti, un file che contiene l'implementazione di un metodo dichiarato in un certo header file `mia_classe` oppure un file che crea oggetti di una classe dichiarata in `mia_classe` deve semplicemente utilizzare la direttiva di compilatore `#include` seguita da <mia_classe> oppure `"path-name\mia_classe"`, a seconda che l'header file sia nella cartella standard riservata dal compilatore per gli header file (come per le funzioni di libreria) o in una cartella diversa stabilita dal programmatore.

12.3 Costruttori

Normalmente i metodi servono per dare valori agli elementi di un oggetto. Tuttavia, a volte può essere conveniente che un oggetto si possa auto-inizializzare all'atto della sua creazione, senza dover effettuare una successiva chiamata a una sua qualche funzione membro. Il costruttore di una classe è appunto il metodo che viene automaticamente eseguito all'atto della creazione di un oggetto di quella classe. Esso serve per inizializzare i membri dato della classe.

Regole

1. Il costruttore ha lo stesso nome della classe.
2. Può avere zero o più parametri.
3. Non ritorna alcun valore, neanche `void`!

Esempio

La classe `Rettangolo` ha un costruttore con quattro parametri.

```
class Rettangolo
{
  private:
    int Sinistro;
    int Superiore;
    int Destro;
    int Inferiore;
  public:
    Rettangolo(int Sin, int Sup, int Des, int Inf);
                                        // Costruttore
  ...          // Definizioni di altre funzioni membro
};
```

Quando si definisce un oggetto, si passano i valori dei parametri al costruttore utilizzando la sintassi di una normale chiamata di funzione:

```
Rettangolo Rect(25, 75, 25, 75);
```

Questa definizione crea un'istanza dell'oggetto `Rettangolo` e invoca il costruttore della classe passandogli i parametri con valori specifici.

Come caso particolare si possono anche passare i valori dei parametri al costruttore quando si crea l'istanza di una classe utilizzando l'operatore `new`:

```
Rettangolo* Nrect = new Rettangolo(25, 75, 25, 75);
```

L'operatore `new` invoca automaticamente il costruttore dell'oggetto creato.

Un costruttore che non ha parametri si chiama "costruttore di default". Esso normalmente inizializza i membri dato assegnando i valori di default.

Esempio

Il costruttore di default inizializza `x` e `y` a 0.

```
class Punto {
public:
  Punto()              // Costruttore
  {
    x = 0;
    y = 0;
  }
private:
  int x;
  int y;
};
```

Quando si dichiara un oggetto `Punto` i suoi membri dato si inizializzano a `0`. Questa è una buona pratica di programmazione.

```
Punto P1;    // P1.x = 0, P1.y = 0
```

Se `Punto` è dichiarata dentro una funzione, il suo costruttore parte appena l'esecuzione del programma raggiunge la definizione dell'oggetto della classe `Punto`:

```
void FunzDemoCostruttoreD()
{
  Punto Pt;    // Chiama il costruttore
  ...
}
```

Regola

C++ crea automaticamente un costruttore di default quando non vi sono altri costruttori. Tuttavia tale costruttore non inizializza i membri dato della classe a valori predefiniti, quindi è sempre conveniente avere un proprio costruttore di default per inizializzare i dati a valori prestabiliti.

Un costruttore con parametri si dice invece costruttore alternativo.

```
Punto P(50, 250);        // Definisce e inizializza P
```

Un costruttore si può chiamare direttamente, creando un oggetto temporale.

```
Punto x = Punto(50, 250);       // Costruisce un punto e
                                // lo assegna a x
```

Un altro costruttore alternativo della classe `Punto` che visualizza un messaggio dopo essere chiamato:

```
Punto::Punto(int valx, int valy)
{
  FissareX(valx);
  FissareY(valy);
  cout << "Chiamato il costruttore di Punto.\n";
}
```

Un costruttore, così come qualunque altro metodo – ad eccezione dei "distruttori", che vedremo nel prossimo paragrafo – può essere sovraccaricato come una qualsiasi funzione globale. I costruttori sovraccaricati sono abbastanza frequenti; forniscono modi alternativi per inizializzare nuovi oggetti di una classe. Ovviamente, indipendentemente da quanti essi siano, all'atto della creazione di un oggetto viene eseguito un solo costruttore.

Esempio

```
class Punto {
public:
  Punto();                      // Costruttore
  Punto(int valx, int valy); // Costruttore sovraccaricato
  ...
private:
  int x;
  int y;
};
```

La dichiarazione di un oggetto `Punto` può chiamare a qualunque costruttore

```
Punto P;            // Chiama il costruttore default
Punto Q(25,50);     // Chiama il costruttore alternativo
```

Un "costruttore di copia" è un costruttore, creato automaticamente dal compilatore, che viene chiamato quando si passa un oggetto per valore (si costruisce una copia locale dell'oggetto). Il costruttore di copia si invoca anche quando si definisce un oggetto inizializzandolo a un altro oggetto dello stesso tipo. Per esempio:

```
Punto P;
Punto T(P);
Punto Q = P;
```

Per default, C++ costruisce una copia bit a bit di un oggetto. Tuttavia, si può anche implementare il costruttore della copia, che si utilizzerà per segnalare all'utente che è stata realizzata una copia, normalmente come aiuto per il debugging.

Regola

Se c'è un costruttore alternativo, C++ non genera un costruttore di default. Per impedire la creazione di un oggetto senza parametri, si può 1) omettere il costruttore di default oppure 2) mettere il costruttore privato. Per esempio:

```
class Punto {
public:
   Punto(int valx, int valy);
private:
   Punto();
   ...
};
...
Punto T;  // Errore: il costruttore non è accessibile
```

Il costruttore inizializza i membri dato utilizzando *espressioni di assegnamento*. Tuttavia, costanti e riferimenti non possono essere assegnati. Per risolvere questo problema, C++ fornisce una speciale caratteristica, nota come vettore inizializzatore di membri, che permette di inizializzare (anziché assegnare) uno o più membri dato.

Il vettore inizializzatore di membri si colloca immediatamente dopo la lista dei parametri nella definizione del costruttore; consiste nel carattere due punti seguito da uno o più inizializzatori di membro separati da virgole. Un inizializzatore di membri consiste nel nome di un membro dato seguito da un valore iniziale tra parentesi tonde.

Esempio

```
class C {
private:
  int T;
  const int CInt;
  int& Dint;
  ...
public:
  C (int Param): T (Param), CInt(25), Dint (T)
  {
    // codice del costruttore
  }
  ...
};
```

La definizione seguente crea un oggetto

```
C C_Oggetto(0);
```

con i membri dato `T` e `CInt` inizializzati a `0` e `25`, e il membro dato `DInt` inizializzato in modo da referenziare `T`.

Esercizio risolto 12.3

Progettare e costruire una classe contatore che si incrementa di 1 ogni volta che si produce un evento.

```
#include <iostream>
using namespace std;
class Contatore {
private:
  unsigned int conto;          // conto
public:
  Contatore() {conto = 0;}     // Costruttore
  void inc_conto() {conto++;}        // Contare
  int leggere_conto() {return conto;} // Restituisce conto
};
void main()
{
  Contatore c1, c2;             // Definisce e inizializza
  cout << "\nc1 = " << c1.leggere_conto();
  cout << "\nc2 = " << c2.leggere_conto();
  c1.inc_conto();              // Incrementa c1
  c2.inc_conto();              // Incrementa c2
  c2.inc_conto();              // Incrementa c2
  cout << "\nc1 = " << c1.leggere_conto();    // visualizza
                                              // di nuovo
  cout << "\nc2 = " << c2.leggere_conto();
}
```

La classe `Contatore` ha un elemento dato: `conto`, del tipo `unsigned int` (il conteggio è sempre positivo). Ha tre funzioni membro: `Contatore()`; `inc_conto()`, che aggiunge 1 a conto; e `leggere_conto()`, che restituisce il valore attuale di `conto`.

12.4 Distruttori

Nella classe si può definire anche una funzione membro speciale, nota come distruttore, che viene chiamata automaticamente quando si distrugge un oggetto. Il distruttore ha lo stesso nome della sua classe preceduto dal carattere ~. Anche il distruttore non ha tipo di ritorno (neanche `void`) ma, al contrario del costruttore, non accetta parametri e *non* ve ne può essere più di uno.

Esempio

```
class Demo
{
private:
  int dati;
public:
  Demo()  {dati = 0;}        // Costruttore
  ~Demo() {}                 // Distruttore
};
```

Regola

I distruttori non hanno né valori di ritorno né argomenti.

Il distruttore serve normalmente per liberare la memoria assegnata dal costruttore. Se non si dichiara esplicitamente un distruttore, C++ ne crea automaticamente uno vuoto.

Se l'oggetto ha visibilità locale, il suo distruttore viene invocato quando il flusso del programma esce dal suo blocco di definizione. Se l'oggetto ha visibilità di file, il suo distruttore viene invocato quando termina il programma principale (`main`). Se l'oggetto è stato creato dinamicamente utilizzando `new`, il suo distruttore entra in gioco quando si invoca l'operatore `delete`.

Esempio

```
// Il distruttore segnala quando viene distrutto
// l'oggetto della classe Punto
class Punto {
public:
  ~Punto()
  {
    cout << "Chiamato il distruttore di Punto \n";
  }
  ...
};
```

12.4.1 Classi composte

Una classe si dice *composta* se contiene membri dato che sono a loro volta classi. Prima del corpo di un costruttore di una classe composta, si debbono costruire i membri dato individuali nel loro ordine di dichiarazione.

Per esempio, la seguente classe `Studente` contiene membri dato di tipo `Dossier` e `Indirizzo`:

```
class Dossier { ... };
class Indirizzo  { ... };
```

```
class Studente {
public:
  Studente()
  {
     DareId(0);
     DareVotoMedio(0.0);
  }
  void DareId(long);
  void DareVotoMedio(float);
private:
  long id;
  Dossier dos;
  Indirizzo ind;
  float VotoMedio;
  };
```

Anche se `Studente` contiene membri di tipo `Dossier` e `Indirizzo`, il costruttore di `Studente` non ha accesso ai membri privati o protetti di `Dossier` o `Indirizzo`. Il distruttore `~Studente` sarà eseguito prima dei distruttori di `Dossier` ed `Indirizzo`. In altre parole, l'ordine delle chiamate a distruttori di classi composte è esattamente il reciproco dell'ordine delle chiamate ai costruttori.

12.5 Overloading di funzioni membro

Come tutte le funzioni, anche le funzioni membro di una classe possono essere sovraccaricate, ma soltanto nella loro classe, con le stesse regole utilizzate per sovraccaricare funzioni ordinarie: due funzioni membro sovraccaricate non possono avere lo stesso numero e lo stesso tipo di parametri. L'*overloading* permette cioè di utilizzare uno stesso nome per più metodi che si distingueranno soltanto per i parametri passati all'atto della chiamata.

Ad esempio, nella seguente classe `Prodotto` appaiono diverse funzioni membro sovraccaricate:

```
class Prodotto
{
public:
  int prodotto (int m, int n);                // Metodo 1
  int prodotto (int m, int p, int q);         // Metodo 2
  int prodotto (float m, float n);            // Metodo 3
  int prodotto (float m, float n, float p);   // Metodo 4
}
```

Come abbiamo visto, sono i costruttori i metodi che vengono sovraccaricati più di frequente.

12.6 Errori frequenti di programmazione

La facilità di utilizzo delle classi aumenta la possibilità di errore. Eccone alcuni:

1. Uso errato di parole riservate.
   È un errore dichiarare una classe senza utilizzare una delle parole riservate `class`, `struct` o `union` nella dichiarazione.

2. La parola riservata `class` non è necessaria per creare oggetti di classi. Ad esempio, si può scrivere

```
class C {
  ...
};
C c1, c2;              // Definizioni di oggetti
```

invece di

```
class C c1, c2;        // Non è obbligatorio class
```

3. Uso errato di costruttori e distruttori.
   Non si può specificare un tipo di ritorno in un costruttore o distruttore né nella sua dichiarazione né nella sua definizione. Se `C` è una classe, allora non sarà legale scrivere:

```
void C::C I(int n)          // Errore
{
  ...
}
```

Ugualmente, non si può specificare alcun argomento nella definizione o dichiarazione di un costruttore di default della classe:

```
C::C(void)            // Errore
{
  ...
}
```

Non si possono neanche specificare argomenti (nemmeno `void`) nella dichiarazione o definizione del distruttore di una classe.

Non possono esistere due costruttori della stessa classe con gli stessi tipi di argomenti.

4. Inizializzazione errata di membri.

```
class C {
  int x = 5;     // Errore
};
class C {
  int x;
  ...
```

```
  public:
    C() {x = 5;}  // Corretto
};
```

5. Non si può accedere a un membro dato `private` dal di fuori della sua classe, eccetto che per il tramite di una funzione amica (`friend`). Ad esempio, il codice

```
class C {
  int x;
};
int main()
{
  C c;
  c.x = 10;           // Errore, x è privato in C
  ...
}
```

contiene un errore, dato che `x` è privato in `C` e, pertanto accessibile soltanto dai metodi o da funzioni amiche di `C`.

6. Non si può accedere a un membro dato `protected` dal di fuori della sua gerarchia di classi, eccetto che per il tramite di una funzione amica. Ad esempio

```
class C {                    // Classe base
protected:
  int x;
};
class D:public C {           // Classe derivata
  ...
};
int main()
{
  C c1;
  c1.x = 10                  // Errore, x è protetto
  ...
}
```

contiene un errore, dato che `x` è accessibile soltanto da metodi di `C` e funzioni amiche di classi derivate da `C`, come `D`.

7. Non si può sovraccaricare nessuno di questi operatori:

```
.   .*   ::   ?:   sizeof
```

8. Non si può utilizzare `this` come parametro perché è una parola riservata. Non si può neanche utilizzare in un'istruzione di assegnamento del tipo

```
this = ...;       // Errore, this è costante
```

dato che `this` è una costante.

9. Un costruttore di una classe `C` non può avere un argomento di un tipo `C`, ma può avere un argomento di tipo riferimento, `C&`. Questo costruttore è il costruttore di copia.

```
class C {
  ...
};
C::C(C c)                    // Errore
{
  ...
}
C::C(C& c)                   // Corretto
{
  ...
}
```

10. Un membro dato `static` si può dichiarare, ma non definire, dentro la dichiarazione della classe.

```
class C {
  static int x = 7;        // Errore
  ...
};
class D {
  static int x;
};

// definizione con inizializzazione
int D::x = 7;
```

11. I costruttori o distruttori non si possono dichiarare `static`.

12. Mancanza del punto e virgola nella definizione di classe.

    Le parentesi graffe `{}` sono frequenti in C++ e, normalmente, non si mette il punto e virgola dopo quella chiusa. Tuttavia, la definizione di `class` termina sempre con `};`

```
class Prodotto
{
  public:
  ...
  private:
  ...
}       // Manca il punto e virgola
```

13. Mancanza di inizializzazione nei campi di un costruttore.

    Il costruttore deve assicurare che tutti i membri dato siano inizializzati.

```
class Impiegato {
public:
  Impiegato();
  Impiegato(string n);  // Manca il parametro salario
```

```
    ...
private:
  string nome;
  float salario;
};
```

14. Riferimento a un attributo privato di una classe.

    Gli identificatori dichiarati come attributi o funzioni private di una classe non possono essere referenziati dall'esterno della classe. Qualsiasi riferimento produrrà un messaggio di errore del tipo

    `"undefined symbol"`

15. Mancanza dell'inclusione del necessario header file.

    Questa mancanza genera tipicamente numerosi messaggi di errore del tipo:

    `"undefined symbol"`

16. Errore nella definizione di una funzione membro di una classe.

    Questo errore si può produrre in diverse forme:

    1. Errore nella definizione del metodo dal nome della sua classe e l'operatore di risoluzione di visibilità (`::`)
    2. Scrittura errata del nome della funzione
    3. Omissione completa della definizione della funzione della classe

    In tutti i casi, il risultato è lo stesso: un messaggio di errore del compilatore indicante che la funzione chiamata non è nella classe specificata:

    `"is not a member"`

    Ad esempio, se si invoca una funzione `stampare` dell'oggetto `c1` della classe `contatore`

    `c1.stampare();`

    la compilazione visualizzerà il messaggio

    `" 'stampare' is not a member of 'contatore' "`

17. Mancanza del punto e virgola in prototipi e intestazioni di funzioni.

    L'omissione del punto e virgola alla fine del prototipo di una funzione produce un messaggio di errore del tipo:

    `"Statement missing"`

    oppure

    `"Declaration terminated incorrectly"`

SOMMARIO

In questo capitolo abbiamo iniziato a conoscere un nuovo paradigma computazionale, quello della programmazione orientata agli oggetti, che ha decisamente affiancato la programmazione strutturata a partire dagli anni novanta. L'elemento fondamentale di questo paradigma è il concetto di "oggetto", rappresentato in C++ dalla struttura denominata "classe", tipo di dato definito dall'utente che ha due componenti: un insieme di attributi e un insieme di comportamenti (operazioni). Gli attributi si chiamano "membri dato" e i comportamenti si chiamano "funzioni membro" o "metodi". La creazione di una classe comporta due passi fondamentali: determinare gli attributi e il comportamento degli oggetti. Un oggetto sarà poi un'istanza di una classe. La dichiarazione di una classe si compone di tre sezioni: `public`, `private` e `protected`. La sezione pubblica contiene dichiarazioni di attributi e metodi accessibili agli utenti dell'oggetto. Si consiglia la dichiarazione dei costruttori nella sezione pubblica. La sezione privata contiene attributi e metodi nascosti agli utenti dell'oggetto e accessibili solo dalle funzioni membro dell'oggetto stesso. Nessuna sezione è necessaria. L'accesso ai membri di una classe è `private` per default. Una funzione definita dentro una classe è implicitamente `inline`. Per definire una funzione membro esternamente alla definizione della classe si utilizza l'operatore di risoluzione di visibilità `::`.

Abbiamo visto poi l'importanza del costruttore, funzione membro con lo stesso nome della sua classe. Un costruttore non può restituire alcun tipo, ma può essere sovraccaricato. Esso si invoca automaticamente alla creazione di un oggetto per inizializzare gli attributi di un oggetto. Gli argomenti di default rendono il costruttore più utile e flessibile. La creazione di un oggetto corrisponde all'istanziazione di una classe. Da ultimo abbiamo visto che il distruttore è una funzione membro speciale che si chiama automaticamente per distruggere un oggetto della classe.

CONCETTI CHIAVE

- Analisi e progettazione orientata agli oggetti
- Concetto di "classe" e "oggetto"
- Costruttori e distruttori
- Incapsulamento
- Specificazioni `public`, `protected`, `private`
- Funzioni `const` e funzioni membro
- Membri dato
- Information hiding

Problemi

12.1 Si supponga che `a = (A, Bi)` e `c = (C, Di)`. Aggiungere alla classe `complesso` le operazioni

- Somma: `a + c = (A + C, (B + D)i)`
- Sottrazione: `a - c = (A - C, (B - D)i)`
- Moltiplicazione: `a * c = (A * C - B * D, (A * D + B * C)i)`
- Moltiplicazione: `x * c = (x * C, x * Di)`, dove `x` è un numero reale
- Coniugato: `~a = (A, -Bi)`

12.2 Scrivere una classe `Insieme` che gestisca un insieme di interi (`int`) con l'aiuto di una tabella di dimensione fissa (un insieme contiene un vettore ordinato di elementi e si caratterizza per il fatto che ogni elemento è unico: non si deve trovare due volte lo stesso valore nella tabella). Le funzioni da implementare sono le seguenti

- `svuotare()` svuota l'insieme.
- `aggregare()` aggiunge un intero all'insieme.
- `eliminare()` rimuove un intero dall'insieme.
- `copiare()` riepiloga un insieme in un altro.
- `e_membro()` rinvia un valore booleano (valore logico che indica se l'insieme contiene un certo intero).
- `e_uguale()` rinvia un valore booleano che indica se un insieme è uguale a un altro.
- `stampare()` fornisce la visualizzazione "formattata" dell'insieme.

Esercizi supplementari

Per ulteriori esercizi si rimanda all'Appendice A del testo.

Classi derivate: ereditarietà e polimorfismo

13

Indice

Introduzione

Questo capitolo spiega come creare le *classi derivate*. Esse ereditano attributi e comportamenti da *classi base* già esistenti, generando così "gerarchie di classi" che riducono la ridondanza del codice. L'ereditarietà è una caratteristica importante che consente di creare software affidabile, comprensibile, economico, adattabile e riutilizzabile.

13.1 Classi derivate

Il concetto di ereditarietà nasce dal bisogno di costruire classi più specifiche a partire da altre più generali; la nuova *classe* derivata eredita attributi e metodi dalla classe base già esistente. Così, ad esempio, se esiste una classe `FiguraGeometrica` e si vuole creare una classe `Triangolo`, quest'ultima può derivare dalla prima, perché avrà in comune con essa uno stato e un comportamento, anche se poi avrà le sue proprie caratteristiche. `Triangolo` *è-un* tipo di `Figura`. Poiché la classe base e la classe derivata avranno codice e dati comuni, se si creasse la derivata indipendentemente dalla base si duplicherebbe parecchio codice.

La dichiarazione di una classe derivata deve includere il nome della classe base da cui deriva ed eventualmente uno specificatore di accesso che indica il tipo di ereditarietà, `public`, `private` o `protected`, secondo la sintassi:

```
class Derivata : [specificatore_accesso] Base
{
  membri;
}
```

- *Ereditarietà pubblica*: è quella in cui lo specificatore di accesso è `public`.
- *Ereditarietà privata*: è quella in cui lo specificatore di accesso è `private`.
- *Ereditarietà protetta*: è quella in cui lo specificatore di accesso è `protected`.

Se lo specificatore di accesso viene omesso, esso sarà considerato per default `private`.

Regola

In generale, si dovrebbe includere la parola riservata `public` (che rappresenta l'ereditarietà pubblica) nella prima riga della dichiarazione della classe derivata. Ciò farebbe sì che i membri pubblici nella classe base rimangano tali nella classe derivata.

Esempio

Dichiarazione della classe `Triangolo`.

```
class Triangolo : public Figura
  {
    public:
      // sezione pubblica
    ...
    private:
      // sezione privata
    ...
  };
```

Una volta creata la classe derivata, il passo successivo è quello di aggiungere i nuovi membri che specificheranno la nuova classe. Ad esempio:

```
class Direttore : public Impiegato
{
   public:
      nuove funzioni membro
   private:
      nuovi membri dato
};
```

Nella definizione della classe `Direttore` si specificano solo i nuovi membri (metodi e dati) perché essa eredita automaticamente tutti i metodi e i membri dato della classe `Impiegato`.

Esercizio risolto 13.1

Rappresentare la gerarchia di classi delle pubblicazioni in una biblioteca: riviste, libri, ecc. Tutte le pubblicazioni hanno in comune un editore e una data di pubblicazione. Le riviste hanno una determinata periodicità, una tiratura annua e, per esempio, il numero copie realmente vendute. I libri invece hanno un codice ISBN e il nome dell'autore.

Le classi in C++ si specificano così:

```
class Pubblicazione {
  public:
     void InserireEditore(const char *s);
     void InserireData(unsigned long dat);
  private:
     string editor;
     unsigned long data;
};
class Rivista : public Pubblicazione {
  public:
     void InserireTiratura(unsigned n);
     void InserireVenduto(unsigned long n);
  private:
     unsigned tiratura;
     unsigned long venduto;
};
class Libro : public Pubblicazione {
  public:
     void InserireISBN(const char *s);
     void InserireAutore (const char *s);
  private:
     string ISBN;
     string autore;
};
```

Un oggetto della classe `Libro` contiene membri dato e funzioni ereditate dalla classe `Pubblicazione`, e in più `ISBN` e nome dell'`autore`. Saranno dunque possibili le seguenti operazioni:

```
Libro L;
L.InserireEditore("McGraw-Hill");
L.InserireData(990606);
```

```
L.InserireISBN("84-481-2015-9");
L.InserireAutore("Mackoy, Jose Luis");
```

Invece, le seguenti operazioni si possono eseguire solo su oggetti `Rivista`:

```
Rivista R;
R.InserireTiratura(12);
R.InserireVenduto(300000);
```

Se non vi fosse l'ereditarietà sarebbe necessario fare una copia del codice sorgente di una classe, darle un nuovo nome e aggiungere nuove operazioni e/o membri dato. Ciò renderebbe difficile il mantenimento delle classi, poiché eventuali cambi nella base dovrebbero essere effettuati a mano in tutte le classi derivate.

A volte è difficile decidere qual è la miglior relazione di ereditarietà. Consideriamo ad esempio il caso dei lavoratori di un'impresa. Vi sono differenti classificazioni in base a vari discriminatori: tipo di pagamento (stipendio fisso, a ore, a cottimo), relazione lavorativa con l'impresa (tempo indeterminato o determinato), status (tempo pieno o parziale) ecc.; queste classificazioni possono avere ovviamente elementi in comune, cioè uno stesso impiegato può appartenere a differenti classi di lavoratori. Un impiegato a tempo pieno può essere remunerato con un salario mensile, un operaio a tempo parziale può essere remunerato a cottimo e un dipendente a tempo determinato può essere remunerato a ore. Allora la domanda è: qual è la relazione di ereditarietà che meglio descrive le trasmissioni di attributi e operazioni alle varie classi derivate? Evidentemente non esiste unaa risposta assoluta perché essa dipenderà dall'applicazione reale da sviluppare.

13.2 Tipi di ereditarietà

Come sappiamo, in una classe vi sono sezioni pubbliche, private e protette. Gli elementi pubblici sono accessibili a tutte le funzioni; gli elementi privati sono accessibili soltanto ai membri della stessa classe e gli elementi protetti sono accessibili anche da classi derivate (proprietà dell'ereditarietà). Conseguentemente vi sono tre tipi di ereditarietà: pubblica, privata e protetta, la più utilizzata delle quali è la prima.

Una classe derivata non può accedere a variabili e funzioni private della sua classe base. Per occultare dettagli, una classe base utilizza normalmente elementi protetti anziché privati, proprio per consentirvi l'accesso anche da parte delle classi derivate; vale a dire che, se l'ereditarietà è pubblica, gli elementi protetti sono accessibili alle funzioni membro di tutte le classi derivate.

Regola

Per default, l'ereditarietà è privata. Se accidentalmente si dimentica la parola riservata public, gli elementi della classe base saranno inaccessibili.

Il tipo di ereditarietà è, pertanto, una delle prime cose da verificare quando il compilatore restituisce un messaggio di errore indicante che variabili o funzioni sono inaccessibili.

13.2.1 Ereditarietà pubblica

In generale, ereditarietà pubblica significa che una classe derivata ha accesso agli elementi pubblici e protetti della sua classe base. Gli elementi pubblici si ereditano come elementi pubblici; gli elementi protetti come protetti.

Esercizio risolto 13.2

Si consideri la gerarchia `ogg_geometrico`, `quadrato` e `cerchio`.

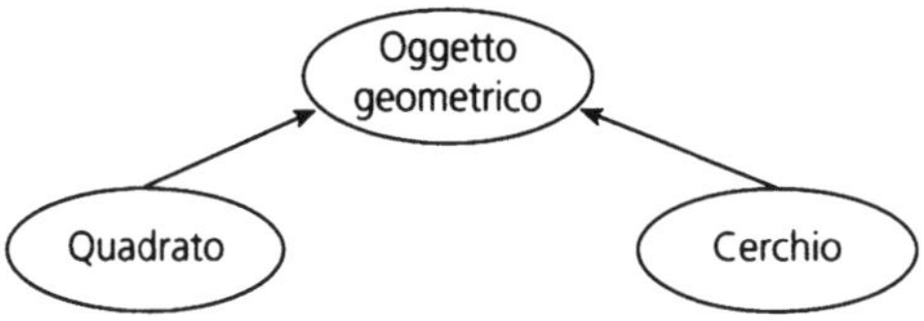

La classe `ogg_geom` di oggetti geometrici si dichiara come segue:

```
#include <iostream>
using namespace std;
class ogg_geom {
public:
  ogg_geom(float x=0, float y=0) : xC(x), yC(y) {}
  void stampacentro() const
  {
     cout << xC << " " << yC << endl;
  }
protected:
  float xC, yC;
};
```

Un cerchio è caratterizzato dal suo centro e dal suo raggio, mentre un quadrato si può determinare dal suo centro e da uno dei suoi quattro vertici. Dichiariamo le due figure geometriche come classi derivate.

Figura 13.1
Cerchio (centro: 2, 2.5), quadrato (centro: 3, 3.5).

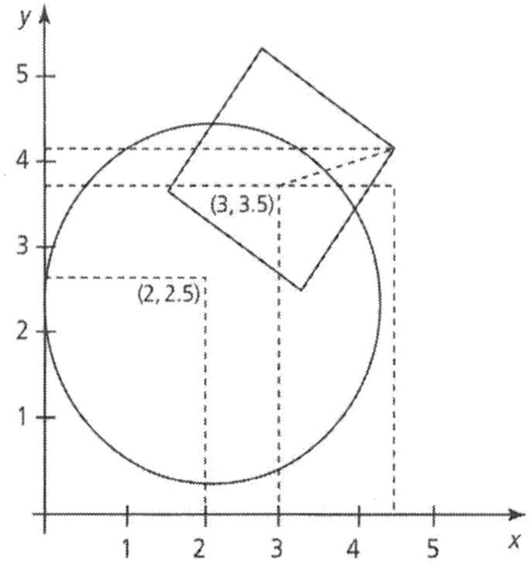


```
const float PI = 3.14159265;

class cerchio : public ogg_geom {
public:
  cerchio(float x_C, float y_C, float r) : ogg_geom (x_C, y_C)
  {
     raggio = r;
  }
  float area() const {return PI * raggio * raggio; }
private:
   float raggio;
};

class quadrato : public ogg_geom {
public:
  quadrato(float x_C, float y_C, float x, float y):
           ogg_geom(x_C,y_C)
  {
     x1 = x;
     y1 = y;
  }
  float area() const
  {
     float a, b;
     a = x1 - xC;
     b = y1 - yC;
     return 2 * (a * a + b * b);
  }
```

```
private:
  float x1, y1;
};
```

Tutti i membri pubblici della classe base `ogg_geom` sono anche membri pubblici della classe derivata `quadrato`. La classe `quadrato` deriva pubblicamente da `ogg_geom`. Si può scrivere

```
quadrato Q(3, 3.5, 4.37, 3.85);
Q.stampacentro();
```

Anche se `stampacentro` non appare direttamente nella dichiarazione della classe `quadrato`, è comunque una delle sue funzioni membro pubbliche poiché è un membro pubblico della classe `ogg_geom` dalla quale deriva pubblicamente `quadrato`. Un altro punto da osservare è l'uso di `xC` e `yC` nella funzione membro `area` della classe quadrato. Questi sono membri protetti della classe base `ogg_geom`, dunque si può accedere ad essi dalla classe derivata.

Riportiamo qui di seguito una funzione `main` che utilizza le classi `quadrato` e `cerchio`.

```
int main()
{
  cerchio C(2, 2.5, 2);
  quadrato Q(3, 3.5, 4.37, 3.85);
  cout << "Centro del cerchio : " << C.stampacentro();
  cout << "Centro del quadrato : " << Q.stampacentro();
  cout << "Area del cerchio : " << C.area() << endl;
  cout << "Area del quadrato : " << Q.area() << endl;
  return 0;
}
```

Il programma visualizza:

```
Centro del cerchio : 2 2.5
Centro del quadrato : 3 3.5
Area del cerchio : 12.5664
Area del quadrato :3.9988
```

Con l'ereditarietà pubblica i membri ereditati hanno la stessa protezione della classe base. L'ereditarietà pubblica è la più utilizzata perché modella direttamente la relazione *"è-un"*.

13.2.2 Ereditarietà privata

Con l'ereditarietà privata i membri pubblici e protetti della classe base diventano membri privati della classe derivata. Gli utenti della classe derivata non hanno accesso alle facilità fornite dalla classe base. I membri privati della classe base rimangono inaccessibili ai metodi della classe derivata.

L'ereditarietà privata è quella di default (quando non c'è lo specificatore di accesso), ma si utilizza meno dell'ereditarietà pubblica. Questo tipo di ereditarietà occulta la classe base all'utente perché sia possibile cambiare l'implementazione della classe base o eliminarla del tutto senza richiedere alcun cambio all'utente dell'interfaccia.

13.2.3 Ereditarietà protetta

Con l'ereditarietà protetta, i membri pubblici e protetti della classe base diventano membri protetti della classe derivata e i membri privati della classe base rimangono inaccessibili. L'ereditarietà protetta è appropriata quando le facilità della classe base sono utili nell'implementazione della classe derivata, ma non sono parte dell'interfaccia che l'utente della classe vede. L'ereditarietà protetta è ancora meno frequente dell'ereditarietà privata.

La Tabella 13.1 riassume gli effetti dei tre tipi di ereditarietà sull'accessibilità dei membri della classe derivata.

Tabella 13.1 Tipi di ereditarietà e accessi consentiti.

Tipo di ereditarietà	Accesso a membro classe base	Accesso a membro classe derivata

`public`	`public`
	`protected`
	`private`
		`public`
		`protected`
		inaccessibile

`protected`	`public`
	`protected`
	`private`
		`protected`
		`protected`
		inaccessibile

`private`	`public`
	`protected`
	`private`
		`private`
		`private`
		inaccessibile

Esempio

Dichiarare una classe base (`Base`) e tre sue classi derivate, `D1`, `D2` e `D3`.

```
class Base {
public:
  int i1;
protected:
  int i2;
```

```
private:
  int i3;
};
class D1 : private Base {
  void f();
};
class D2 : protected Base {
  void g();
};
class D3 : public Base {
  void h();
};
```

Nessuna delle sottoclassi ha accesso al membro `i3` della classe `Base`. Le tre classi possono accedere invece ai membri `i1` e `i2`. Nella definizione della funzione membro `f()` si ha:

```
void D1::f() {
    i1 = 0;           // Corretto
    i2 = 0;           // Corretto
    i3 = 0;           // Errore
};
```

L'accessibilità a `i1`, `i2` e `i3` dall'esterno delle tre classi è mostrato nel seguente programma:

```
void main()
{
  Base b;
  b.i1 = 0;         // Corretto
  b.i2 = 0;         // Errore
  b.i3 = 0;         // Errore
  D1 d1;
  d1.i1 = 0;        // Errore
  d1.i2 = 0;        // Errore
  d1.i3 = 0;        // Errore
  D2 d2;
  d2.i1 = 0;        // Errore
  d2.i2 = 0;        // Errore
  d2.i3 = 0;        // Errore
  D3 d3;
  d3.i1 = 0;        // Corretto
  d3.i2 = 0;        // Errore
  d3.i3 = 0;        // Errore
};
```

13.2.4 Operatore di risoluzione di visibilità

C'è però un metodo per rendere accessibili alla classe derivata i membri della classe base anche con ereditarietà privata o protetta: la dichiarazione di accesso. Si tratta semplicemente di nominare in maniera appropriata uno dei membri della classe base dentro la derivata.

```
class D4 : protected Base {
  public:
     Base::i1;        // Dichiarazione di accesso
};
```

Dichiarare `Base::i1` nella sezione pubblica di `D4` rende `i1` pubblico in `D4` anche sotto ereditarietà protetta. Si può, allora, scrivere

```
D4 d4;
d4.i1 = 0;            // Corretto
```

In modo simile si può rendere `i2` protetto in `D5`, anche sotto ereditarietà privata, nominando `Base::i2` nella sezione protetta di `D5`.

```
class D5 : private Base {
protected:
  Base::i2;           // Dichiarazione di accesso
};
```

13.2.5 Costruttori-inizializzatori in ereditarietà

Una classe derivata è una specializzazione della corrispondente classe base. Di conseguenza, bisogna che il costruttore della classe base venga chiamato per creare un oggetto (della classe base) prima che si attivi il costruttore della classe derivata. L'oggetto della classe base deve esistere prima di diventare un oggetto della classe derivata.

Regole

1. I costruttori delle classi base si invocano prima del costruttore della classe derivate nella sequenza in cui sono specificati.
2. Se una classe base è, a sua volta, una classe derivata, i suoi costruttori si invocano in sequenza: costruttore base, costruttore derivata.
3. I costruttori non si ereditano, anche se i costruttori di default e di copia si generano se necessario.

Esempio

```
class B1 {
public:
  B1() { cout << "C-B1" << endl; }
};
class B2 {
public:
  B2() { cout << "C-B2" << endl; }
};
class D : public B1, B2 {
public:
  D() { cout << "C-D" << endl; }
};
D d1;
```

Eseguendo il programma si ottiene:

```
C-B1
C-B2
C-D
```

Esempio

```
class B1 {
public:
  B1() { cout << "C-B1" << endl; }
};
class B2 {
public:
  B2() { cout << "C-B2" << endl; }
};
class D1 : public B1 {
public :
  D1() { cout << "C-D1" << endl; }
};
class D2 : public D1, public B2 {
public:
  D2() { cout << "C-D2" << endl; }
};
D2 d2;
```

Eseguendo il programma si ottiene:

```
C-B1
C-D1
C-B2
C-D2
```

13.2.6 Sintassi del costruttore

La sintassi di un costruttore di una classe derivata è:

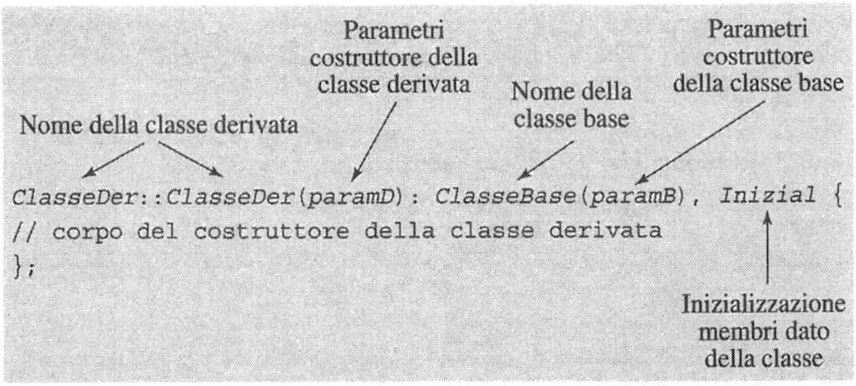

La prima riga include una chiamata al costruttore della classe base. Questo viene eseguito prima del costruttore della classe derivata perché l'oggetto derivato ha bisogno dell'oggetto base per diventare oggetto derivato. Il costruttore di una classe derivata dovrà dunque

- inizializzare l'oggetto base
- inizializzare tutti i membri dato

La classe derivata ha un costruttore-inizializzatore, che invoca uno o più costruttori della classe base. L'inizializzatore appare immediatamente dopo i parametri del costruttore della classe derivata ed è preceduto da due punti (`:`).

Esempio

La classe `Punto3D` è una classe derivata dalla classe `Punto`. Il formato generale è

`Punto3D::Punto3D(listaP):`*`inizializzatore-costruttore`*

Nell'implementazione del costruttore di `Punto3D` si passano i parametri `xv` e `yv` al costruttore di `Punto`.

```
class Punto {
public:
  Punto(int xv, int yv);
  ...
};
class Punto3D: public Punto {
public:
  Punto3D(int xv, int yv, int zv);
  void FissareZ();
private:
  int z;
};
```

```
Punto3D ::Punto3D(int xv, int yv, int zv): Punto(xv, yv){
   FissareZ(zv);
}
```

Abbiamo implementato `Punto3D` fuori dalla definizione della classe per mostrare che il costruttore-inizializzatore non appare nel prototipo della funzione. Se `Punto3D` fosse implementato all'interno della definizione della classe, l'inizializzatore apparirebbe lì.

13.2.7 Sintassi di una funzione membro

La sintassi per la definizione delle funzioni membro di una classe derivata è identica a quella di una classe base.

```
Tipo ClasseDer::NomeFunzione(parametri) {
// corpo della funzione membro della classe derivata
};
```

13.3 Distruttori

Per fortuna, i distruttori sono molto più facili da trattare dei costruttori. I distruttori non si ereditano, ma se necessario si genera un distruttore di default. Un distruttore si utilizza normalmente solo quando un corrispondente costruttore ha assegnato spazio in memoria che deve essere liberato. I distruttori si gestiscono come i costruttori, ma tutto va fatto in ordine inverso, vale a dire che si inizia ad eseguire il distruttore dell'ultima classe derivata.

Esempio

```
class C1 {
public:
  C1(int n);
  ~C1();
private:
  int *pi, l;
};

C1::C1(int n) :l(n) {
  cout << l << " interi si assegnano " << endl;
  pi = new int[l];
}
C1::~C1()
{
  cout << l << " interi sono liberati " << endl;
  delete[] pi;
```

```
}
class C2 : public C1 {
public :
  C2(int n);
  ~C2();
private :
  char *pc;
  int l;
} ;
C2 ::C2(int n) :C1(n), l(n) {
  cout << l << " caratteri assegnati " << endl;
  pc = new char[l];
}
C2::~C2()
{
  cout << l << " caratteri liberati " << endl;
  delete[] pc;
}
void main()
{
  C2 a(50), b(100);
}
```

Eseguendo il programma si ottiene:

```
50  interi assegnati
50  caratteri assegnati
100 interi assegnati
100 caratteri assegnati
100 caratteri liberati
100 interi liberati
50  caratteri liberati
50  interi liberati
```

13.4 Ereditarietà multipla

Con l'*ereditarietà multipla* una classe eredita attributi e comportamento di più di una classe base. In altre parole, vi è ereditarietà multipla quando vi sono molteplici classi base per una stessa classe derivata (Figura 13.2).

L'ereditarietà multipla è sintatticamente più complessa dell'ereditarietà semplice e comporta complicazioni nell'implementazione del compilatore. Essa aumenta le operazioni ausiliarie e complementari e introduce potenziali ambiguità. Inoltre, la programmazione di classi derivate per derivazione multipla tende a produrre più classi di quante necessarie con ereditarietà semplice. Nonostante questi inconvenienti l'ereditarietà multipla può semplificare i programmi e fornire soluzioni per risolvere problemi difficili.

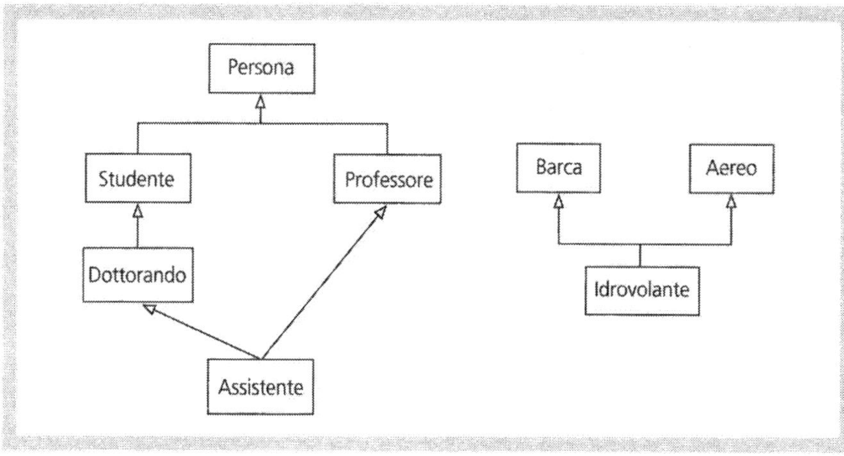

Figura 13.2
Esempi di ereditarietà multipla.

Essa aggiunge forza ai programmi e, utilizzata con precauzione sia in fase di analisi del problema che di progettazione del codice, facilita la soluzione di parecchi problemi che mostrano un'intrinseca natura di ereditarietà multipla. La sintassi è:

```
class Derivata : [virtual][tipo_accesso] Base1,
                 [virtual][tipo_accesso] Base2,
                 [virtual][tipo_accesso] Basen {
public:
    // sezione pubblica
private:
    // sezione privata
...
};
```

Dove

Derivata	Nome della classe derivata
tipo_accesso	`public`, `private` o `protected`, con le stesse regole dell'ereditarietà semplice
Base1, *Base2*, ...	Classi base con nomi differenti
`virtual` ...	La parola riservata `virtual` è opzionale e specifica una classe base compatibile

Funzioni o dati membro che abbiano lo stesso nome in *Base1*, *Base2*, *Basen*, costituiranno motivo di ambiguità. Alcuni esempi:

```
class A : public B, public C { ... };
class D : public E, private F, public G { ... };
```

```
class X : E, Z { … };
class M : virtual public N, virtual public P { … };
```

`public` definisce la relazione *"è-un"* e crea un sottotipo per ereditarietà semplice. Così la classe `A` *è-un* tipo di `B` ed *è-un* tipo anche di `C`. La classe `D` deriva pubblicamente da `E` e `G`, mentre deriva privatamente da `F`. Questa derivazione rende `D` un sottotipo di `E` e `G` ma non un sottotipo di `F`. La classe `X` deriva privatamente da `E` e `Z`, per default. Le classi `N` e `P` sono classi base virtuali di `M` (ne parleremo più avanti).

```
class Derivata : public Base1, Base2 { … };
```

`Derivata` ha derivazione pubblica da `Base1` e derivazione privata (per default) da `Base2`.

Consiglio

È meglio specificare il tipo di accesso in tutte le classi base ed evitare l'accesso privato per default; si utilizzi esplicitamente `private` al bisogno per migliorare la leggibilità.

```
class Derivata : public Base1, private Base2 { … }
```

Esempio

```
class studente {
  …
};
class lavoratore {
  …
};
class studente_lavoratore : public studente,
      public lavoratore {
  …
};
```

13.4.1 Caratteristiche dell'ereditarietà multipla

L'ereditarietà multipla comporta diversi problemi come l'ambiguità per l'uso di nomi identici in differenti classi base e la precedenza di funzioni o dati.

Ambiguità

L'ereditarietà multipla ha il potenziale problema delle ambiguità.

```
class Finestra {
private:
  …
public:
```

```
  void aprire();          // Apre la finestra
  ...
};
class Rubinetto {
private:
  ...
public:
  void aprire();          // Apre il rubinetto
  ...
};
```

Sia la classe `Finestra` che la classe `Rubinetto` posseggono un metodo che si chiama `aprire()`, ma le due funzioni membro potrebbero essere implementate in maniera diversa. Se si crea una classe `FinRub` con ereditarietà multipla, il riferimento al metodo `aprire()` sarà ambiguo:

```
class FinRub : public Finestra, public Rubinetto { ... };
FinRub f;
f.aprire();        // errore
```

La chiamata ad `aprire` è ambigua perché il compilatore non saprà quale delle due funzioni chiamare. L'ambiguità si risolve però facilmente con l'operatore di risoluzione di visibilità.

```
f.Rubinetto::aprire();    // Chiamata ad aprire di Rubinetto
f.Finestra::aprire();     // Chiamata ad aprire di Finestra
```

Precauzione

Non è un errore definire un oggetto derivato con ambiguità potenziali perché queste producono errori in fase di compilazione solo se sono invocate in maniera ambigua. È però meglio risolvere le ambiguità nelle definizioni stesse dei metodi. Ad esempio nel caso precedente:

```
class FinRub : public Finestra, public Rubinetto {
      ...
      void f_aprire() { Finestra::aprire(); }
      void r_aprire() { Rubinetto::aprire(); }
};
```

L'ambiguità vale anche per i dati membro, ad esempio:

```
class lavoratore {
public:
  const int num_ss;
  const char* nome;
  ...
};

class studente {
```

```
public:
  const char* nome;
  ...
};
class stu_lavoratore:public studente, public lavoratore {
public:
  void stampare() {
     cout << "numero ss " << num_ss << endl;
     cout << nome; //errore
     ...
  }
  ...
};
```

Per evitare errori nell'invocazione di `nome` si deve far uso dell'operatore di risoluzione di visibilità.

```
studente::nome
lavoratore::nome
```

L'ambiguità vale anche se i prototipi delle funzioni sono diversi:

```
class A {
public:
  ...
  void f(int);
};
class B {
public:
  ...
  void f(const String &);
};
class C : public A, public B {
public:
  ...
};
C c;
c.f(15);             // Errore, ambiguo
```

La risoluzione del sovraccaricamento non si applica attraverso la visibilità della classe.

13.4.2 Precedenza

Un problema dell'ereditarietà è la precedenza che entra in gioco quando ci sono funzioni in classi derivate con lo stesso nome di altre funzioni delle classi base. Consideriamo dapprima un caso in ereditarietà semplice.

```
class Base {
public:
  void f(int);
  void f(char);
  void f(const String &);
};
class Derivata : public Base {
public:
  void f(const String &);     // Occulta tutte le Base::f()
};

Derivata d;
d.f(5);                 // Errore, Base::f(int) è occulta
d.f('x');               // Errore, Base::f(char) è occulta
d.f("abc");             // Corretto, definita
                        // Derivata::f(const String &);
```

In ereditarietà semplice, le funzioni delle classi derivate hanno precedenza e quindi rimpiazzano tutte le eventuali omonime della classe base. Nel caso precedente la funzione `Derivata::f()` occulta tutte le versioni di `Base::f()`. Non si può invocare `f(int)` o `f(char)` con un oggetto di tipo `Derivata` poiché `f()` di `Derivata` copre tutte le `f()` della classe `Base` anche quando i loro argomenti sono diversi.

Il problema nasce con l'ereditarietà multipla quando la precedenza si combina con l'ambiguità, cioè quando una classe derivata rimpiazza funzioni omonime ereditate da classi base differenti. La funzione della derivata dovrebbe comunque rimpiazzarle tutte, ma la cosa genera imbarazzo al compilatore che potrebbe segnalare l'ambiguità come errore.

Regola

Quando la precedenza si associa all'ambiguità nelle classi base, è bene compiere chiamate dirette nella classe `Derivata` alle rispettive funzioni della classe `Base`

```
class C : public A, public B {
public:
 ...
 void f(int i) {A::f(); }
 void f(const String &s) {B::f(s); }
};
```

13.4.3 Inizializzazione della classe base

L'ereditarietà multipla potrebbe confondere il compilatore nel trattare i costruttori e i distruttori delle classi base. Il seguente esempio chiarirà questo problema.

```
class A {             // Classe base
public:
  A(int);             // Costruttore con argomenti
  ~A();               // Distruttore
};

class B {             // Classe base
public:
  B();                // Costruttore senza argomenti
  ~B();               // Distruttore
};

class C {             // Classe base
public:
  C(double);          // Costruttore con argomenti
  ~C();               // Distruttore
};

class D : public A, public B, public C {   //Ereditarietà
                                           //multipla
public:
  D(int i, double m) : A(i), C(m) {}     //Costruisce A, B, C e D
  ~D();                                  //Distrugge D, C, B, A
};
```

La classe `D` deriva pubblicamente dalle classi base `A`, `B` e `C`. I costruttori di `A` e `C` hanno ciascuno un argomento, mentre `B` ha un costruttore `void`. Per costruire oggetti `D`, il costruttore `D` passa il suo argomento `int` al costruttore di `A` e il suo argomento `double` al costruttore di `C`. Il vettore di inizializzazione dei membri non ha bisogno di passare argomenti al costruttore di `B`.

È la definizione della classe che determina l'ordine delle chiamate ai costruttori e ai distruttori, non il vettore di inizializzazione dei membri. Quindi i vettori di inizializzazione dei membri possono inizializzare le classi base in qualunque ordine. In altre parole, il seguente costruttore modificato di `D` chiama tutti i costruttori base nello stesso ordine di prima.

```
D(int i, double m) : C(m), A(i) {}    // Costruisce A, B, C, D
```

L'ordine nella definizione della classe influenza invece l'ordine delle chiamate dei costruttori.

```
class D : public C, public B, public A {
public:
  D(int i, double m) : A(i), C(m) {}   //Costruisce C, B, A, D
  ~D();                                //Distrugge D, A, B, C
};
```

Precauzione

Se l'ordine delle chiamate ai costruttori base è importante in una dichiarazione di ereditarietà multipla, assicurarsi che l'elenco delle classi base sia quello corretto.

Regola

Ordine di esecuzione dei costruttori

1. Classi base inizializzate in ordine di dichiarazione
2. Membri inizializzati in ordine di dichiarazione
3. Corpo del costruttore

13.5 Binding

Per binding si intende la connessione tra la chiamata di una funzione e il codice che l'implementa. Il binding può essere statico, se il collegamento avviene in fase di compilazione, dinamico se la connessione avviene durante l'esecuzione.

In un linguaggio di programmazione con binding statico, tutti i riferimenti vengono risolti a tempo di compilazione. La maggior parte dei linguaggi procedurali sono a binding statico; il compilatore e il linker determinano direttamente la posizione fissa del codice che deve essere eseguito per ogni chiamata di funzione.

Il binding dinamico fa sì che il codice da eseguire venga determinato solo all'atto della chiamata. Solo l'esecuzione del programma (tipicamente il valore di un puntatore a una classe base) determinerà il binding effettivo tra le diverse possibilità (una per ogni classe derivata).

Il principale vantaggio del binding dinamico, rispetto a quello statico, è quello di offrire un alto grado di flessibilità e praticità nella gestione delle gerarchie di classi. Tra gli svantaggi vi è il fatto che il binding dinamico è meno efficiente di quello statico.

I linguaggi che seguono strettamente l'OOP offrono solo binding dinamico. Quelli che rappresentano un compromesso tra l'OOP e la programmazione imperativa procedurale offrono la possibilità di scelta, avendone uno per default. In C++ il binding per default è quello statico e per specificare il binding dinamico si fa precedere la dichiarazione della funzione dalla parola riservata `virtual`.

13.6 Funzioni virtuali

La parola riservata `virtual` anteposta alla dichiarazione di una funzione indica al compilatore che essa può essere definita in una classe derivata e che, in questo caso, la funzione sarà invocata direttamente tramite un puntatore. Si deve qualificare un metodo di una classe con la parola riservata `virtual` solo quando esiste la possibilità che da quella classe se ne possano derivare altre. Le funzioni virtuali servono nella dichiarazione di classi astratte e nel polimorfismo.

Consideriamo la classe `figura` come la classe base dalla quale derivano altre classi, come `rettangolo`, `cerchio` e `triangolo`. Ogni oggetto `figura` deve avere la possibilità di calcolare la sua area e di potersi disegnare. Quindi la classe `figura` dichiara le seguenti funzioni virtuali:

```
class figura {
public:
  virtual double calcolare_area(void) const;
  virtual void disegnare(void) const;
  // Altre funzioni membro che definiscono un'interfaccia
  // per tutti i tipi di figure geometriche
};
```

Ogni classe derivata deve definire le proprie versioni delle funzioni dichiarate virtuali nella classe base. Dunque, se le classi `cerchio` e `rettangolo` derivano dalla classe `figura`, entrambe devono definire le funzioni membro `calcolare_area` e `disegnare`. Ad esempio, la definizione della classe `cerchio` può essere del tipo:

```
class cerchio : public figura
{
  public:
     virtual double calcolare_area(void) const;
     virtual void disegnare(void) const;
     ...
  private:
     double xc, yc;       // Coordinata del centro
     double raggio;       // Raggio del cerchio
};
#define PI 3.14159        // Valore di "pi"
// Implementazione di calcolare_area
double cerchio::calcolare_area(void) const
{
  return(PI * raggio * raggio);
}
// Implementazione della funzione "disegnare"
void cerchio::disegnare(void) const
{
  ...
}
```

Quando si dichiarano le funzioni `disegnare` e `calcolare_area` nella classe derivata, si può aggiungere facoltativamente la parola riservata `virtual` per sottolineare che queste funzioni sono veramente virtuali. Le definizioni di funzioni non richiedono l'uso della parola riservata `virtual`.

Una funzione virtuale si dice *pura* se il suo prototipo termina con `=0`. La funzione dovrà essere implementata in qualunque classe derivata prima che si creino gli oggetti. Una classe si dice *astratta* se contiene almeno una funzione virtuale pura.

13.6.1 Binding dinamico tramite funzioni virtuali

Consideriamo le seguenti chiamate alle funzioni virtuali `disegnare` e `calcolare_area`:

```
cerchio c1;
rettangolo r1;
double area = c1.calcolare_area();      // Calcola l'area
                                        // del cerchio
r1.disegnare();                    // Disegna un rettangolo
```

Esse sono analoghe a quella di qualsiasi funzione membro. Il compilatore C++ capisce che si richiede di invocare le funzioni `calcolare_area` della classe `cerchio` e `disegnare` della classe `rettangolo`. Esso chiama direttamente queste funzioni collegate a uno specifico codice durante la compilazione. Questo è il binding statico.

Esaminiamo però il caso più interessante in cui le funzioni vengano chiamate tramite un puntatore a `figura` del tipo:

```
figura* s[10];              // 10 puntatori a oggetti figura
int i, numfigure = 10;
// crea figure e immagazzina puntatori nell'array s
// disegna le figure
  for (i = 0; i < numfigure; i++)
  s[i] -> disegnare();
```

Questo è il binding *dinamico*; il compilatore C++ non può sapere l'implementazione specifica della funzione `disegnare()` che sarà chiamata durante l'esecuzione.

Un puntatore a una classe derivata è anche un puntatore alla classe base

In C++ si può utilizzare un riferimento o un puntatore a una classe base al posto di uno alla classe derivata, senza effettuare conversione esplicita di tipi.

Il reciproco non è vero; non si può utilizzare un riferimento o un puntatore alla classe derivata invece di un riferimento o un puntatore a un'istanza di una classe base.

Il seguente esempio mostra l'uso di funzioni virtuali e binding dinamico:

```
#include <iostream>
using namespace std;
// classe A con due funzioni che stampano i loro nomi
class A {
public:
  A() { }
  virtual void Dinamica()
  {
     cout << "Funzione dinamica di classe A" << endl;
  }
  void Statica()
  {
     cout << "Funzione statica di classe A" << endl;
  }
};
// classe B, derivata da A, ridefinendo entrambe le funzioni
class B : public A {
public:
  B() { }
  void Dinamica()
  {
     cout << "Funzione dinamica di classe B" << endl;
  }
  void Statica()
  {
     cout << "Funzione statica di classe B" << endl;
  }
};
void main()
{
  // Definizioni
  A* a;
  B* b;

  // Inizializzazione
  a = new A();
  b = new B();

  cout << "Funzioni dell'oggetto a della classe A" << endl;
  a -> Dinamica();
  a -> Statica();
  cout << endl;
  cout << "Funzioni dell'oggetto b della classe B" << endl;
  b -> Dinamica();
  b -> Statica();
  cout << endl;
```

```
  // Proprietà del polimorfismo
  // a prende come valore un puntatore a un oggetto
  // della classe B
  a = b;
  cout << "Funzioni dell'oggetto a della classe A al quale
     si è assegnato un valore della classe B" << endl;
  // Chiamata alla funzione virtuale della classe B
  a -> Dinamica();
  // Chiamata alla funzione non virtuale della classe B
  a -> Statica();
}
```

Il programma produce il seguente output:

```
Funzioni dell'oggetto a della classe A
Funzione dinamica di classe A
Funzione statica di classe A

Funzioni dell'oggetto b della classe B
Funzione dinamica di classe B
Funzione statica di classe B

Funzioni dell'oggetto a della classe A al quale si è
  assegnato un valore della classe B
Funzione dinamica di classe B
Funzione statica di classe A
```

In C++, le funzioni virtuali seguono una regola concreta: la funzione deve essere dichiarata come `virtual` nella prima classe in cui sia presente. Questa regola significa che, normalmente, le funzioni virtuali si dichiarano nella classe di livello più alto di una gerarchia.

13.7 Polimorfismo

Nell'OOP il polimorfismo è la proprietà in base alla quale oggetti differenti possono rispondere in maniera diversa a uno stesso messaggio. Il polimorfismo è particolarmente importante se utilizzato insieme all'ereditarietà. Ad esempio, consideriamo una gerarchia di classi di figure geometriche:

```
class figura {
  tipoenum tenum;          // tipoenum è un tipo enumerato
public:
  virtual void Copiare();
  virtual void Disegnare();
  virtual double Area();
};
```

```
class cerchio : public figura {
  ...
public:
  void Copiare();
  void Disegnare();
  double Area();
};

class rettangolo : public figura {
  ...
public:
  void Copiare();  // Il polimorfismo permette a più oggetti
                   // di avere metodi con lo stesso nome
  void Disegnare();
  double Area();
};
```

Nei programmi si può passare lo stesso messaggio a oggetti differenti:

```
switch( ... ) {
  ...
case Cerchio:
  MioCerchio.Disegnare();
  d = MioCerchio.Area();
  break;
case Rettangolo:
  MioRettangolo.Disegnare();
  d = MioRettangolo.Area();
  break;
  ...
};
```

In questo esempio `Cerchio` e `Rettangolo` ricevono lo stesso messaggio ma questa soluzione, anche se utilizza il polimorfismo, non è elegante, poiché fa uso del binding statico e di una scelta discriminatoria in base al tipo di oggetto effettuata durante la compilazione. L'esempio precedente invia il programma al `case` appropriato basandosi sul tipo di oggetto. Aggiungere oggetti a questa istruzione `switch` richiederà modifiche all'espressione discriminante. Il binding dinamico non discrimina il tipo di oggetto fino al momento dell'esecuzione. Una soluzione che fa uso del binding dinamico può essere questa:

```
// Crea e inizializza un array di figure
figura* figure[]={new cerchio, new rettangolo, new triangolo};
  ...
figure[i].Disegnare();
```

La parola chiave `virtual` prima della funzione `Disegnare` nella classe base `Figura` indica al compilatore che questo metodo può essere chiamato mediante puntatore. Il segmento di codice passerà il messaggio `Disegnare` alla figura puntata da `figure[i]`. Mediante il binding dinamico, il programma determina il tipo d'oggetto durante l'esecuzione, eliminando il bisogno dell'espressione discriminante e dell'istruzione `switch` associata.

13.8 Vantaggi del polimorfismo

Il polimorfismo permette quindi di utilizzare una stessa interfaccia (come i metodi `Disegnare` e `Area`) per lavorare con oggetti di diverse classi. Esso si può implementare con un array di puntatori a oggetti di differenti classi che condividono il nome di un metodo. Supponiamo che si disponga di una collezione di oggetti di classi derivate dalla classe base `figura`, puntati dagli elementi di un array (o di una lista collegata, che studieremo in seguito). Per lavorare su queste figure basta attraversare l'array con un ciclo e invocare il metodo appropriato (dichiarato come `virtual` nella classe `figura`) tramite il puntatore all'oggetto. In C++ si devono seguire le seguenti regole:

1. Creare una gerarchia di classi con le operazioni importanti definite nei metodi dichiarati `virtual` nella classe base.
2. Implementare i metodi virtuali nelle classi derivate; ogni classe derivata può avere le sue proprie versioni.
3. Riferire gli oggetti di queste classi tramite riferimenti o puntatori (binding dinamico base).

Quindi il binding dinamico (detto anche *late binding*) avviene con funzioni polimorfiche (definite cioè per classi diverse di una stessa famiglia), ma il codice reale sarà collegato solo al momento della chiamata. In questo caso le funzioni polimorfiche vengono dette funzioni virtuali.

Si parla invece di binding statico quando il codice reale della funzione polimorfica si collega in fase di compilazione come funzione sovraccaricata. Quando si invoca una funzione non virtuale, il compilatore determina qual è la versione della funzione da chiamare durante la compilazione, a seconda del numero e del tipo di dato dei parametri della funzione.

Quando si dichiara una funzione come `virtual` in una classe base, il compilatore sa qual è la definizione della classe base che può essere rimpiazzata in una classe derivata. Se il metodo non viene rimpiazzato nella classe derivata, allora la sua definizione della classe base è disponibile nella classe derivata.

Il polimorfismo rende il sistema più flessibile. Il C++ conserva anche i vantaggi della compilazione statica mentre altri linguaggi dell'OOP adottano un polimorfismo assoluto che si scontra con l'idea della verifica dei tipi. Essi offrono flessibilità e libertà, ma tendono ad aggirare le verifiche del codice sorgente, rimandandole al momento dell'esecuzione. Si ha più libertà ma anche più probabilità di errore a seguito di chiamate a funzioni indefinite o mal definite (per ragioni che vanno dal semplice errore di sintassi all'errore logico-concettuale); il programma tende ad essere più lento a causa delle verifiche fatte durante l'esecuzione. Ad esempio nello Smalltalk, che ignora la verifica statica dei tipi, un messaggio può non avere un metodo corrispondente, ma l'errore apparirà solo se e quando si tenterà di eseguire l'istruzione difettosa.

Anche se in C++ c'è meno libertà, il polimorfismo rimane uno strumento molto potente. Le sue applicazioni più frequenti sono:

- **Specializzazione di classi derivate**; ad esempio, una classe `quadrato` è una specializzazione della classe `rettangolo`: si aumenta l'efficienza della sottoclasse conservando un alto grado di flessibilità manipolando in maniera omogenea rettangoli e quadrati.
- **Strutture di dati eterogenei**; il polimorfismo consente di manipolare in maniera comoda e sicura insiemi di oggetti simili ma rappresentati da strutture di dati eterogenee.
- **Gestione delle gerarchie di classi**; gestione di collezioni di classi altamente strutturate, con relazioni di ereditarietà facilmente estendibili.

SOMMARIO

In questo capitolo abbiamo introdotto due importanti relazioni fra le classi: l'ereditarietà e il polimorfismo. L'*ereditarietà* riduce il codice ridondante nei programmi ed è uno dei requisiti essenziali di ogni linguaggio orientato agli oggetti. Una classe creata a partire da un'altra già esistente utilizzando l'ereditarietà si dice *classe derivata* o *sottoclasse*, mentre la classe genitrice si dice *classe base* o *superclasse*. Si parla di ereditarietà semplice quando si crea una nuova classe utilizzando le proprietà della classe già esistente. L'ereditarietà è privata quando una classe restringe l'accesso ai suoi membri, impedendo agli utenti della classe derivata di accedere ai membri della classe base. L'ereditarietà è *multipla* quando una classe deriva da due o più classi base. Benché sia uno strumento potente, può creare problemi, specialmente quando nomi identici appaiono in più di una classe base.

Il *poliformismo* è la proprietà per cui un messaggio può significare cose diverse a seconda dell'oggetto che lo riceve. Per implementare il poliformismo, un linguaggio deve supportare il *binding dinamico*. Il poliformismo è utile perché fornisce la capacità di manipolare oggetti di classi derivate tramite operazioni definite nella classe base. Ogni classe derivata può implementare diversamente le operazioni definite nella classe base.

CONCETTI CHIAVE

- Classe astratta
- Classe base
- Classe derivata
- Costruttore
- Dichiarazione di accesso
- Distruttore
- Specificatori di accesso
- Funzione virtuale
- Ereditarietà
- Ereditarietà multipla
- Ereditarietà pubblica e privata
- Ereditarietà semplice
- Binding dinamico
- Polimorfismo
- Relazione *è-un*

Problemi

13.1 Qual è l'output del seguente programma che contiene funzioni virtuali e non virtuali nella classe base?

```
#include <cstdlib>
#include <iostream>
using namespace std;

class base
{
  public:
    virtual void f(){ cout << "f():
      classe base " << endl;}
    void g() {cout << "g(): classe
      base " << endl;}
};
class Derivata1 : public base
{
  public:
    virtual void f(){cout << "f():
      classe Derivata 1 " << endl;}
    void g() {cout << "g(): classe
      Derivata 1!" << endl;}
};
class Derivata2 : public Derivata1
{
  public:
    void f() {cout << "f(): classe
      Derivata 2 !" <<endl;}
    void g() {cout << "g(): classe
      Derivata 2 !" << endl;}
};
int main(int argc, char *argv[])
{
    base b;
    Derivata1 d1;
    Derivata2 d2;
    base *p;
    p = &b;   p ->f();  p ->g();
    p = &d1;  p ->f();  p ->g();
    p = &d2;  p ->f();  p ->g();
    system("PAUSE");
    return EXIT_SUCCESS;
}
```

13.2 Dichiarare le classi `Punto_unidimensionale`, `Punto_bidimensionale` e `Punto_tridimensionale`, per trattare punti negli spazi, rispettivamente, mono, bi e tridimensionali, mediante una gerarchia di classi.

13.3 Dichiarare la classe astratta `Figura` con le funzioni virtuali `Area` e `perimetro` che abbia come classi derivate le figure geometriche `cerchio`, `quadrato` e `rettangolo`.

13.4 Progettare una gerarchia di classi con la classe base `Sport`, dalla quale derivano le classi `Calcio`, `Pallavolo`, `Pallacanestro`, con binding dinamico.

Esercizi supplementari

Per ulteriori esercizi si rimanda all'Appendice A del testo.

Template 14

Introduzione

Una delle idee chiave nel mondo della programmazione è la possibilità di progettare classi e funzioni che lavorino su *tipi generici*. La maggior parte dei linguaggi per l'OOP supportano questa richiesta di genericità. Anche C++ lo fa mediante i *template*, che si utilizzano proprio per implementare strutture e algoritmi indipendenti dal tipo degli oggetti su cui operano. Ad esempio, un template `Stack` può descrivere come implementare una pila di oggetti arbitrari: numeri reali, stringhe, interi, puntatori, ecc.

14.1 Genericità

La genericità è una tecnica di programmazione che agevola il riutilizzo del software. Essa permette di definire una classe (o una funzione) senza specificare il tipo di dato di uno o più dei suoi membri (o parametri). In questo modo si potrà riutilizzare la classe per altri usi senza doverla riscrivere.

La genericità sfrutta il fatto che gli algoritmi di risoluzione di numerosi problemi non dipendono dal tipo di dato da elaborare. Ad esempio, un algoritmo che gestisce una pila di caratteri sarà essenzialmente lo stesso anche per gestire una pila di interi o di qualunque altro tipo. Tuttavia, nei vecchi linguaggi procedurali come Pascal, C e COBOL, è necessario sviluppare un programma diverso per ogni tipo di dato da inserire nella pila. Ma nei nuovi linguaggi OOP, come ANSI/ISO C++ e Java (come pure nel "vecchio" Ada), esistono i template; essi permettono di definire classi generiche (o parametriche) che implementano strutture e classi indipendenti dal tipo di elemento da processare. Questi template dovranno poi essere istanziati dall'utente per produrre sottoprogrammi o classi che lavorino con specifici tipi di dato. Le classi generiche si denominano anche container class; alcuni esempi tipici sono le pile, le code, le liste, gli insiemi e i dizionari.

14.2 Template in C++

I template furono proposti da Stroustrup[1] nella conferenza USENIX C++ di Denver nel 1988. In quella occasione pose a sé stesso e ai presenti le seguenti domande.

- La parametrizzazione dei tipi può essere pratica da usare?
- Oggetti di tipi parametrizzati possono essere integrati nel C++?
- I tipi parametrizzati possono essere implementati in modo che la velocità di compilazione e collegamento non venga sensibilmente alterata?
- Quel sistema di compilazione può essere semplice e portabile?

Naturalmente Stroustrup rispose "sì" a quelle domande. Il meccanismo dei template presentato nell'*Annotated Reference Manual* nel luglio del 1990 fu accettato dal comitato ANSI C++, e la versione 3.0 del C++ di AT&T introdusse la nozione di template come costrutto per scrivere funzioni e classi molto generali che possono applicarsi a dati di tipo diverso. Vi sono due tipi di template: template di classi e template di funzioni.

L'interesse dei template nasce dal fatto che la loro genericità non implica perdita di rendimento e non obbliga a sacrificare i vantaggi del C++ in tema di controllo stretto dei tipi di dato.

Così come una classe è un modello per istanziare oggetti (della classe) durante l'esecuzione, un template è un modello per istanziare classi o funzioni (del template) durante la compilazione.

Nei linguaggi di programmazione, molto spesso, le funzioni devono essere ridefinite al cambiare dei parametri. Ad esempio, la funzione che `scambia` tra loro i valori di due variabili si deve reimplementare per ogni tipo di coppia di dati. Per dati di tipo intero sarebbe

```
void scambia (int& m, int& n)
{
  int aux = m;
  m = n;
  n = aux;
}
```

[1] Stroustrup, Bjarne, *Parametrized Types for C++*. Proceeding Acts, USENIX C++ Conference, Denver, ottobre 1988.

Ma, per valori di tipo `char` si dovrebbe sovraccaricare la funzione con la seguente definizione:

```
void scambia (char& m, char& n)
{
  char aux = m;
  m = n;
  n = aux;
}
```

Se poi volessimo applicarla a coppie di variabili di tipo `double` o `float`, dovremmo scrivere una terza e una quarta definizione della funzione quasi identiche a quelle precedenti.

L'idea base del template di funzione è quella di creare una funzione alla quale sia possibile passare parametri di qualunque tipo, con una sintassi del tipo:

```
void Scambio (tipo_variabile& var1, tipo_variabile& var2)
{
   tipo_variabile aux;
   aux = var1;
   var1 = var2;
   var2 = aux;
}
```

I template sono quindi funzioni e classi generiche, implementate per un tipo di dato da definirsi in seguito. Per utilizzarli il programmatore deve solo specificare i tipi con i quali essi devono lavorare. Così facendo, la funzione `scambia` sarà implementata una sola volta, e lo stesso varrà per classi generiche come pila, lista collegata ecc.

14.3 Template di funzioni

Un template di funzioni è quindi un insieme indeterminato di funzioni sovraccaricate che descrive l'algoritmo specifico di una funzione generica. Ogni funzione specifica di questo insieme è un'istanza del template di funzione prodotta automaticamente dal compilatore quando necessario.

Si può sovraccaricare un template di funzioni con una funzione normale o con altri template di funzioni. Si può persino avere un template di funzione e una funzione normale con lo stesso nome e gli stessi parametri.

Per meglio capire i vantaggi del C++ sul C, si pensi che quest'ultimo non supporta neanche il sovraccaricamento di funzioni con tipi diversi; a fronte di un'unica `abs()` del C++ la libreria C schiera `abs()`, `fabs()`, `labs()` e `cabs()` per i vari tipi di numero di cui restituire il valore assoluto.

Supponiamo di dover scrivere una funzione `min(a, b)` che restituisca il valore più piccolo dei suoi due argomenti per qualunque tipo di coppia di dati. Come già visto con la procedura `scambia`, bisognerebbe utilizzare differenti funzioni sovraccaricate, una per ogni tipo di dato.

```
#include <iostream>
using namespace std;
int min(int a, int b) // dati interi (int)
{
   if(a <= b) return a;
   return b;
}
long min(long a, long b) // dati long
{
   if(a <= b) return a;
   return b;
}
char min(char a, char b) // dati char
{
   if(a <= b) return a;
   return b;
}
double min(double a, double b) // dati double
{
   if(a <= b) return a;
   return b;
}
int main()
{
   int ia = 1, ib = 5;
   cout << "(int): " << min(ia, ib) << endl;
   long la = 10000, lb = 4000;
   cout << "(long): " << min(la, lb) << endl;
   char ca = 'a', cb = 'z';
   cout << "(char): " << min(ca, cb) << endl;
   double da = 423.654, db = 789.10;
   cout << "(double): " << min(da, db) << endl;
}
```

Il programma visualizzerebbe:

```
(int): 1
(long): 4000
(char): a
(double): 423.654
```

Le varie funzioni `min()` hanno corpo identico e prototipi differenti. In questo semplice caso si potrebbe evitare la molteplicità delle funzioni con una macro:

```
#define min(a, b) ((a) <= (b) ? (a) : (b))
```

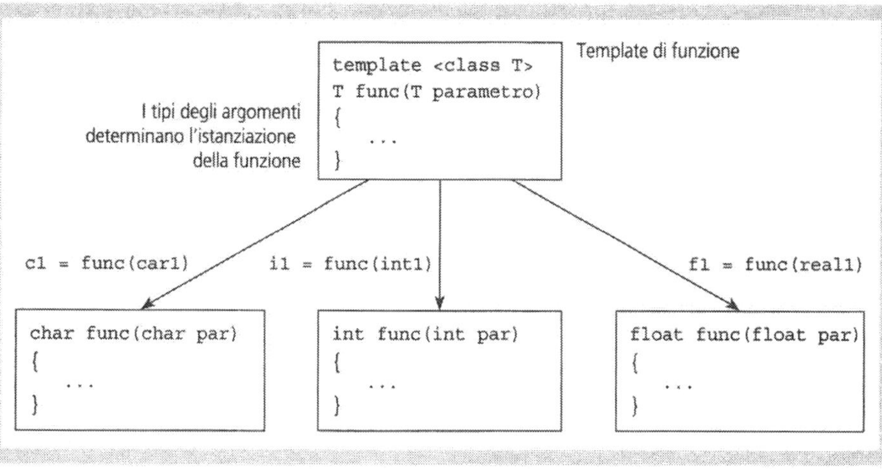

Figura 14.1
Template di funzione.

In questo modo, però, perderemmo i benefici della verifica dei tipi che effettua il C++ per evitare errori, vantaggio che viene mantenuto con l'uso dei template di funzioni (Figura 14.1). Questi permettono di scrivere una funzione modello una sola volta, riducendo spazio e migliorando la mantenibilità e il riuso del software.

L'idea è di rappresentare il tipo di dato utilizzato dalla funzione con un nome che rappresenti "qualunque tipo". Normalmente, questo "qualunque tipo" si rappresenta con `T`, ma si può utilizzare qualsiasi identificatore diverso da una parola riservata. La sintassi di un template di funzioni ha due formati, a seconda che si utilizzi la parola riservata `class` (formato classico utilizzato da tutti i compilatori) o `typename` (formato introdotto dallo standard ANSI/ISO C++).

1. `template <class T>`
2. `template <typename T>`

`T` (detto "argomento del template") è un tipo parametrico che può essere rimpiazzato da qualunque tipo.

Sintatticamente, non c'è differenza tra le due parole riservate, `class` e `typename`, quindi si possono usare indifferentente.

La definizione di un template comincia con la parola riservata `template` seguita da una lista di parametri del template separati da virgole e racchiusi tra parentesi angolari. La lista di parametri non può essere vuota.

Le intestazioni dei template di funzione non si possono salvare in un header file `nome.h` con le definizioni in un header file `nome.ccp` compilato separatamente. Normalmente vengono messe nello stesso file.

I template di funzioni possono avere più di un parametro di tipo.

Vediamo ad esempio due template per restituire il minimo e il massimo di due valori.

```
template <typename T>
T min(T a, T b)
{return a < b ? a : b;}
```

Quando il compilatore trova una chiamata della forma `min(a, b)`, istanzia la funzione `min()` a partire dai tipi di parametri `a` e `b` utilizzati nella chiamata della funzione. Nel programma dell'esempio precedente, il tipo generico `T` sarà sostituito dai parametri `ia` e `ib`, `da` e `db` ecc. Il seguente template tiene conto del fatto che i parametri non saranno modificati dalla funzione:

```
template <typename T>
  const T& max(const T& a, const T& b)
  { return a > b ? a : b;}
```

Per utilizzare un template di funzioni, si deve specificarne un'istanza fornendo argomenti per ogni parametro del template elencandoli dentro le parentesi angolari. Per esempio:

```
long x = max <long> (40, 50);
int x = max (40, 50);
```

Esercizio risolto 14.1

Mostrare il funzionamento completo di un template di funzione per lo scambio dei valori di due variabili.

```
#include <iostream>
using namespace std;
template <class T>
void scambia (T& v1, T& v2)
{
  T aux;
  aux = v1;
  v1 = v2;
  v2 = aux;
}
int main()
{
  //scambio di interi
  int numero1 = 5, numero2 = 8;
  cout << "valori originali:" << numero1 << " " << numero2
     << endl;
  scambia(numero1, numero2);
  cout << "valori scambiati: "<< numero1 << " " << numero2
     << endl;
  // Scambio di caratteri
  char car1 = 'L' , car2 = 'J' ;
```

```
  cout << "valori originali: " << car1 << " " << car2 <<
     endl;
  scambio (car1, car2);
  cout << "valori scambiati: " << car1 << " " << car2 <<
     endl;
  return 0;
}
```

Il programma visualizzerà:

```
valori originali : 5 8
valori scambiati : 8 5
valori originali : L J
valori scambiati : J L
```

Esercizio risolto 14.2

Scrivere una funzione per confrontare due valori restituendo –1, +1 o 0 a seconda che il primo valore sia minore, uguale o maggiore del secondo.

```
template <typename T>
int confrontare (const T &v1, const T &v2)
{
  if (v1 < v2) return -1;
  if (v2 < v1) return 1;
  return 0;
}
```

Occorre almeno un tipo parametrico `T` e si può anche specificare un puntatore (`T* parametro`) o un riferimento (`T& parametro`). La funzione può avere più di un parametro formale e ritornare un valore di tipo parametrico. Alcune possibili dichiarazioni sono:

```
template <class T> T& f(T parametro)
  {
     // Corpo della funzione
  }

template <class T> T f(int a, T b)
  {
     // Corpo della funzione
  }

template <class T> T f(T a, T b)
  {
     // Corpo della funzione
  }
```

È anche possibile dichiarare due parametri tipo `T`, ma con la condizione che siano diversi.

```
template <class T1, class T2> T1 f(T1 a, T2 b)
  {
     // Corpo della funzione
  }
```

Anche le funzioni template possono essere dichiarate `extern`, `inline` o `static`. Lo specificatore si colloca dopo la riga dei parametri formali (mai prima della parola riservata *template*).

```
template <class T> inline T f(T a, T b)    // Dichiarazione
                                           // corretta
{
  // Corpo della funzione
}
extern template <class T> T f(T a, T b)    // Dichiarazione
                                           // errata
{
  // Corpo della funzione
}
```

Esempio

La funzione template `min()` si può dichiarare anche in un file `min.h`.

```
template <class T> T min(const T a, const T b)
{
 return a < b ? a : b;
}
```

con le seguenti chiamate:

```
#include "min.h"
int i, j, k;
double u, v, w;
char a, b, c;
...
k = min(i, j);
w = min(u, v);
c = min(a, b);
```

A seguito di queste tre chiamate, C++ genera tre funzioni template con i seguenti prototipi:

```
int min(const int a, const int b);
char min(const char a, const char b);
double min(const double a, const double b);
```

Esempio

Il file `minmax.h` dichiara due template di funzioni: `min()` e `max()`.

```
#ifndef _INMAX_H
#define _INMAX_H        // Evitare molteplici #include
// Template della funzione max
template <class T> T max(T a, T b)
{
  if(a > b) return a;
  else return b;
}
// Template della funzione min
template <class T> T min(T a, T b)
{
  if(a < b) return a;
  else return b;
}
#endif    // _MINMAX_H
```

Il seguente programma utilizza le due funzioni template:

```
#include <iostream>
using namespace std;
#include "minmax.h"
int max(int a, int b);
double max(double a, double b);
char max(char a, char b);
int main()
{
  int i1 = 100, i2 = 200;
  double d1 = 3.141592, d2 = 2.718283;
  cout << "max(i1, i2) è uguale a: " << max(i1, i2) <<
      '\n';
  cout << "max(d1, d2) è uguale a: " << max(d1, d2) <<
      '\n';
  cout << "max(c1, c2) è uguale a: " << max(c1, c2) <<
      '\n';
  return 0;
}
```

Esempio

Si può utilizzare il template `scambia` per costruire una funzione template `ordinare`.

```
template <class T> void ordinare(T* v, int n)
{
  for (int intervallo = n/2; intervallo > 0; intervallo /=2)
```

```
    for(int i = intervallo; i < n; i++)
      for(int j = i - intervallo;
        j >= 0 && v[j+intervallo] < v[j];j -= intervallo)
          scambia(v[j], v[j+intervallo]);
}
extern int rango_int[30];
extern string vet_stringa[10];
ordinare(rango_int, 30);    // Invoca ordinare(int *, int);
ordinare(vet_stringa, 10);   // Invoca ordinare(string *,
                             // int);
```

Esempio

I template di funzioni sono utilizzate spesso per ordinare vettori o cercare elementi in vettori. Ad esempio, si può definire una funzione parametrizzata per ordinare qualunque tipo di array o vettore, del tipo:

```
template <class T> void ordinare (Array <T>)
{
  ...
}
```

Si può invocare la funzione `ordinare` come qualsiasi funzione ordinaria. Il compilatore C++ analizza gli argomenti della funzione e chiama la versione appropriata della funzione. Ad esempio, dati gli array `iArray` e `fArray` (array di `int` e `float`, rispettivamente), si può applicare la funzione `ordinare` per ciascun array nella forma seguente:

```
ordinare(iArray);        // Ordina l'array di interi
ordinare(fArray);        // Ordina l'array di float
```

Un'altra funzione template che implementa una ricerca generica nei vettori può avere il seguente codice:

```
template <class T>
unsigned RicercaBin(T& DatiDaCercare, T vettore[],
 unsigned num)
{
  in primo = 0, ultimo = num - 1;
  unsigned m;
  do {
      m = (primo + ultimo)/2;
      if (DatiDaCercare < vettore[m])
        ultimo = m - 1;
      else
        primo = m + 1;
  } while (!DatiDaCercare == vettore[m] ||primo > ultimo);
  return (DatiDaCercare == vettore[m])? m: Oxffff;
}
```

Esercizio risolto 14.3

Progettare un template di funzione per calcolare il maggiore fra due o tre dati e un programma che faccia uso di quel template.

```
template <class T> T max2(T primo, T secondo)
{
  return primo > secondo? primo: secondo;
}
template <class T> T max3(T primo, T secondo, T terzo)
{
  return max2(max2 (primo, secondo), terzo);
}
```

Un codice che utilizza questa funzione template potrebbe essere:

```
void main()
{
  cout << max2(6, 4) << endl;
  cout << max3(10, 40, 20) << endl;
  cout << max3(9.99, 4.45, 3.1416) << endl;
  cout << max3('M', 'A', 'S',) << endl;
}
```

Il programma visualizzerà:

```
6
40
9.99
S
```

Con riferimento all'esercizio precedente, supponiamo di effettuare le due invocazioni:

```
cout << max2(4, 5.9) << endl;
cout << max2('A', 66) << endl;
```

Si genereranno due errori durante la compilazione dovuti ai valori di tipo diverso. Una possibile soluzione per evitare questi errori di compilazione consiste nel definire una nuova funzione template, come questa:

```
template <class Tipo1, class Tipo2>
Tipo1 maxd(Tipo1 primo, Tipo2 secondo)
{
  return primo > (Tipo1) secondo ? primo : (Tipo1) secondo;
}
```

Il risultato sarà del tipo del primo parametro. Il seguente codice

```
void main()
{
  cout << maxd(4, 5.9) << endl;
  cout << maxd('A', 66) << endl;
}
```

produrrà questo risultato:

```
5
B
```

Pertanto, quando si dichiarano template di funzioni con più di un parametro è bene prestare molta attenzione. Ad esempio, questa versione della funzione template restituisce un tipo `T` e ha due parametri: un parametro `int` chiamato `a` e un tipo oggetto non specificato `T` chiamato `b`:

```
template <class T> T f(int a, T b)
{
  // Corpo della funzione
}
```

L'utente della funzione template dovrà fornire il tipo di dato per `T`, ad esempio il prototipo

```
double f(int a, double b);
```

Illustriamo ancora il concetto con la funzione `min()` definita precedentemente.

```
int main()
{
  char c1 = 'J', c2 = '1';
  int n1 = 25, n2 = 65;
  long n3 = 50000;
  float n4 = 84.25, n5 = 9.999;
  min(c1, c2);       // corretto
  min(n1, n2);       // corretto
  min(n4, n5);       // corretto
  min(c1, n1);       // errore
  min(n3, n4);       // errore
  min(n2, n3);       // errore
}
```

La compilazione di questo programma genera errori a causa della discordanza di tipi nelle righe:

```
min(c1, n1);         // c1 e n1 tipi diversi
min(n3, n4);         // n3 e n4 tipi diversi
min(n2, n3);         // n2 e n3 tipi diversi
```

14.4 Template di classi

I template di classe permettono di definire classi parametriche che possono gestire differenti tipi di dato. Questi contenitori possono utilizzare vettori, strutture, liste ordinate, tabelle di hash per creare strutture dati astratte e complesse come pile, code, alberi, grafi ecc.

14.4.1 Definizione di un template di classe

La sintassi di un template di classe è un'intestazione della dichiarazione di classe seguita da una dichiarazione o definizione di classe.

```
template <typename T> class tipopar {
 ...
};
```

In alternativa, si può usare la seguente forma sintattica:

```
template <class T> class tipopar {
 ...
};
```

Dove `T` è il nome del tipo utilizzato dal template e `tipopar` (per esempio `Pila`) è il nome del tipo parametrizzato del template. `T` non è limitato a tipi di dato predefiniti (`int`, `char`, `float` ecc.), ma contempla anche tipi definiti dall'utente.

Così come nei template di funzioni, il codice viene sempre preceduto da un'istruzione nella quale si dichiara `T` come parametro di tipo; possono esserci più parametri tipo anche nei template di classe. Vediamo un esempio:

```
template <typename T>
struct Punto {
  T x, y;
};
```

Per utilizzare il template di classe, si deve fornire un argomento per ogni tipo parametrico del template (nel nostro caso solo uno):

```
Punto<int> pt = {45, 15};
```

Il template per una classe generica `Pila` si può scrivere così

```
template <class T> class Pila
{
  T dati[50];
  int elementi;
  public Pila(): elementi(0) {}
  void Immettere(T elem);      // Aggiungere un elemento
                               // alla pila
   T Estrarre();    // Ottiene un elemento dalla pila
   int Numero();    // Numero di elementi reali nella pila
   bool vuota();    // La pila è vuota?
};
```

`Pila` è una classe parametrizzata con il tipo parametrico `T`. Con questa definizione del template di classe `Pila` si possono creare stack di differenti tipi di dato:

```
Pila <int> pila_int;         // Una pila per variabili int
Pila <float> pila_reale;     // Una pila per variabili float
```

Analogamente, si può definire una classe generica `Array` come segue:

```
template <class T> class Array
{
public :
  Array(int n = 16) {pa = new T[_lunghezza = n];}
  ~Array() {delete[] pa;}
  T& operatore[] (int i);
...
private :
  f* pa;
  int lunghezza;
};
```

È possibile anche creare diversi tipi di array, così:

```
Array <int> iArray(128);    // Array di 128 elementi int
Array <float> fArray(32);   // Array di 32 elementi float
```

La seguente specifica del template di classe `coda` contiene due parametri di template:

```
template <class elem, int dimensione> class coda {
  int dimensione;
  ...
public;
  coda(int n);
  int vuota();
  ...
};
```

`elem` che specifica il tipo dell'elemento della coda, e `dimensione` (di tipo `int`) che specifica la dimensione della coda. Oggetti di tipo `coda` possono essere definiti così:

```
coda <int, 2048> a;
coda <char, 512> b;
coda <char, 1024> c;
coda <char, 512*2> d;
```

Due nomi di classe template si riferiscono alle stesse classi, solo se i nomi di template sono identici e i loro argomenti hanno gli stessi valori. Pertanto, gli oggetti `c` e `d` appartengono alla stessa classe.

L'implementazione di un template di classe richiederà le funzioni costruttore, distruttore e membri. La definizione di un costruttore di template ha il seguente formato:

```
template <dichiarazioni-parametri-template>
   nome-classe <parametri-template> :: nome_classe
{
  ...
}
```

Ad esempio, il corpo del costruttore del template `coda` sarà:

```
template <class elem, int dimensione>
  coda <elem, dimensione> :: coda(int n)
{
  ...
}
```

Le definizioni dei distruttori sono simili a quelle dei costruttori. La definizione di una funzione membro di un template ha il seguente formato:

```
template <dichiarazioni-parametri-template> tipo-risultato
   nome-classe <parametri-template> ::
   nome-funz-membro(dichiarazioni-parametri)
{
  ...
}
```

Ad esempio, si può definire la funzione `vuota` della classe template `coda`:

```
template <class elem, int tam> int coda <elem, tam> :: vuota()
{
  ...
}
```

Una classe costruita a partire da un template si dice classe template. Quando il compilatore trova definizioni di oggetti di una classe template, ad esempio

```
coda <int, 2048> a;
```

la prima volta prende gli argomenti dati dal template di classe e costruisce automaticamente una classe template istanziandone un oggetto.

In sintesi, i tre passi per la gestione di un template di classe `Pila` sono:

1. dichiarazione del template `Pila`
2. implementazione della `Pila` (con le funzioni membro `immettere` ed `estrarre`)
3. creazione di un'istanza specifica di `Pila` (ad esempio, con dati di tipo `int` o `char`)

```
template <class Tipo>    // Dichiarazione del template Pila
class Pila {
public:
  Pila();
  bool immettere(const Tipo);  // Mette elemento nella pila
   bool estrarre(Tipo&);       // Estrae elemento dalla pila
private:
  Tipo elementi[MaxElementi]; // Elementi della pila
  int cima;                     // Cima della pila
};
template <class Tipo>       // Implementazione della pila
Pila <Tipo>:: Pila()
{
  cima = -1;
}

template <class Tipo>       // Funzione membro immettere
bool Pila <Tipo>:: immettere(const Tipo item)
{
  if(cima < MaxElementi -1)  {
     elementi[++cima] = item;
     return true;
  }
  else {
     return false;
  }
}

template <class Tipo>
bool Pila <Tipo> :: estrarre(Tipo& item)
{
  if (cima  < 0) {
     return false;
  }
  else {
     item = elementi[cima--];
     return true;
  }
}
// Creazione di istanze specifiche di Pila
Pila <int> pila_int;     // Pila di interi
Pila <char> pila_car;    // Pila di caratteri
```

Confonde un po' il fatto che, come abbiamo visto nell'esempio della "dimensione" del template di classe `coda`, gli argomenti dei template non sono limitati a tipi, ma possono anche essere valori costanti e nomi di funzione. Ad esempio, il seguente codice dichiara un vettore generico di `n` elementi.

```
template <class T, int n> class vettore
{
  T dati[n];
  ...
};
```

Questo argomento costante può perfino avere un valore di default, come un normale argomento di funzione. La regola di compatibilità di tipi tra istanze di argomenti di template rimane la stessa: due istanze sono compatibili se i loro argomenti tipo sono uguali e i loro argomenti espressione hanno lo stesso valore. Questa regola significa che le dichiarazioni seguenti definiscono due oggetti compatibili:

```
Vettore <float, 100> V1,
Vettore <float, 25*4> V2;
```

Esercizio risolto 14.4

Progettare un template di classe `Pila`, con separazione tra header file e file di implementazione. Una pila (o stack) è una struttura dati in cui l'ultimo dato che entra nella pila è il primo a uscire (come vedremo meglio nel Capitolo 18).

Queste classi di contenitori generici sono molto utili. Ad esempio, si può riscrivere la classe template `Pila` senza dover specificare un numero fisso di elementi. Si può anche aggiungere facilmente una funzione per verificare se la pila è piena. L'interfaccia della classe è la seguente:

```
// file pila.h
// Interfaccia di un template di classe per definire pile
// con il numero di elementi definiti nell'istanziazione
template <class T, int nEl = 100> class Pila
{
  T dati[nEl];
  int nElementi;
public:
  Pila():nElementi(0){}
  void Immettere (T elem); //Aggiunge un elemento alla pila
  T Estrarre();      // Ottiene un elemento dalla pila
  int Numero();      // Numero di elementi reali nella pila
  bool Vuota();      // La pila è vuota?
  bool Piena();      // La pila è piena?
};
```

La definizione delle funzioni membro utilizza una sintassi più complessa per specificare i due parametri di template:

```
// file pila.cpp
// Definizione di funzioni membro di un template di classe
// Pila con un numero indefinito di elementi.
```

```
#include "pila.h"
template <class T, int nE1> void Pila <T, nE1>::
     Immettere(T elem)
{
  dati[nElementi] = elem;
  nElementi++;
}
template <class T, int nE1> T Pila <T, nE1>::Estrarre()
{
  nElementi--;
  return dati[nElementi];
}
template <class T  int nE1> int Pila <T, nE1>::Numero()
{
  return nElementi;
}
template <class T, int nE1> int Pila <T, nE1>::Vuota()
{
  return(nElementi == 0);
}
template <class T, int nE1> int Pila <T, nE1>::Piena()
{
  return(nElementi == nE1);
}
```

Una proprietà interessante di questa classe è che il secondo parametro si può omettere, utilizzando il valore di default, come nel seguente esempio:

```
// file usapila.cpp
// Esempio di un'istanza di un template di classe Pila con
// un numero generico di elementi
#include "pila.cpp"
void main()
{
  // Definizione di una pila di numeri
  // interi (dimensione default)
  Pila <int> PilaInt;
  // Definire una pila piccola di dati double
  Pila <double, 5> miniPila;
}
```

Esercizio risolto 14.5

Progettare una classe `Pila` che permetta di gestire pile con differenti tipi di dato. Le operazioni da svolgere sono `immettere`, `estrarre` e `visualizzare`.

```
// file pila1.cpp
enum stato_pila {OK, PIENA, VUOTA};
template <class T> class Pila
```

```
{
public:
  Pila(int _lunghezza = 10);
  ~Pila()  {delete[] tabella;}
  void immettere(T);
  T estrarre();
  void visualizzare();
  int num_elementi();
  int leggere_lung()  {return lunghezza;}
private:
  int lunghezza;
  T* tabella;
  int cima;
  stato_pila stato;
};
```

Nella dichiarazione si considera il tipo generico `T`. `Pila` è una classe parametrizzata per un tipo `T` e si rappresenta con la notazione `Pila <T>`. La dichiarazione di ogni funzione si fa precedere da `template <class T>`, che indica al compilatore che la funzione è parametrizzata per il tipo `T`.

```
template <class T> Pila <T> :: Pila(int _lunghezza)
{
  lunghezza = _lunghezza;
  tabella   = new T[lunghezza];
  cima      = 0;
  stato     = VUOTA;
}

template <class T> void Pila <T>::immettere(T _elemento)
{
  if (stato!= PIENA)
     tabella [++cima] = _elemento;
  else
     cout << "*** Pila piena ***" << endl;
  if (cima >= lunghezza)
     stato   = PIENA;
  else
     stato = OK;
}

template <class T> T Pila <T> :: estrarre()
{
  T elemento = 0;
  if (stato!= VUOTA)
     elemento = tabella[cima--];
  else
     cout << "*** Pila vuota ***" << endl;
  if (cima <= 0)
```

```
      stato = VUOTA;
   else
      stato = OK;
   return elemento;
}

template <class T> void Pila <T>::visualizzare()
{
   for (int i = cima; i > 0, i--)
      cout <<"[" << tabella[i] << "]" << endl;
}

template <class T> int Pila<T>:: num_elementi()
{
   return cima;
}
```

Il seguente programma gestisce la pila con diversi tipi di dato:

```
void main()
{
   Pila <int> p1(6);     // Pila di interi
   p1.immettere(6);
   p1.immettere(12);
   p1.immettere(18);
   cout << "Numero di elementi: " << p1.num_elementi()
        << endl;
   p1.visualizzare();
   cout <<"Estrarre 1 : " << p1.estrarre() << endl;
   cout <<"Estrarre 2 : " << p1.estrarre() << endl;
   cout <<"Estrarre 3 : " << p1.estrarre() << endl;
   cout <<"Numero di elementi : " << p1.num_elementi()
        << endl;
   cout <<"Estrarre 4 : " << p1.estrarre() << endl;
   cout << endl ;

   Pila <long> p2(6); // Pila di interi lunghi
   p2.immettere(60000L);
   p2.immettere(1000000L);
   p2.immettere(2000000L);
   cout <<"Numero di elementi: " << p2.num_elementi()
        << endl;
   p2.visualizzare();
   cout <<"Estrarre 1 : " << p2.estrarre() << endl;
   cout <<"Estrarre 2 : " << p2.estrarre() << endl;
   cout <<"Estrarre 3 : " << p2.estrarre() << endl;
   cout <<"Numero di elementi : " << p2.num_elementi
        << endl;
   cout <<"Estrarre 4 : " << p2.estrarre() << endl;
```

```
  Pila <double> p3(6); //Pila di reali
  p3.immettere(6.6);
  p3.immettere(12.12);
  p3.immettere(18.18);
  cout <<"Numero di elementi : " << p3.num_elementi()
       << endl;
  p3.visualizzare();
  cout << "Estrarre 1 : " << p3.estrarre() << endl;
  cout << "Estrarre 2 : " << p3.estrarre() << endl;
  cout << "Estrarre 3 : " << p3.estrarre() << endl;
  cout << "Numero di elementi : " << p3.num_elementi()
       << endl;
  cout << "Estrarre 4 : " << p3.estrarre() << endl;
}
```

L'esecuzione di questo programma produce il seguente output:

```
Numero di elementi : 3
[18]
[12]
[6]
Estrarre 1 : 18
Estrarre 2 : 12
Estrarre 3 : 6
Numeri di elementi : 0
*** Pila vuota ***
Estrarre 4 : 0

Numero di elementi : 3
[2000000]
[1000000]
[60000]
Estrarre 1 : 2000000
Estrarre 2 : 1000000
Estrarre 3 : 60000
Numero di elementi : 0
*** Pila vuota ***
Estrarre 4 : 0

Numero di elementi : 3
[18.18]
[12.12]
[6.6]
Estrarre 1 : 18.18
Estrarre 2 : 12.12
Estrarre 3 : 6.6
Numero di elementi : 0
*** Pila vuota ***
Estrarre 4 : 0
```

Qui di seguito è riportato un altro modo per implementare la pila.

```
template <class Tipo>
class Pila
{
public :
  Pila();
  Pila(const unsigned n);
  Pila();
  void Svuotare();
  void Immettere(const Tipo & x);
  Tipo Estrarre();
  Tipo Cima() const;
  bool Vuota() const;
  bool Piena() const;
private:
  unsigned max ;
  unsigned cima;
  Tipo * valore;
};

template <class Tipo>
Pila<Tipo>::Pila():
  max(100),
  cima(0),
  valore(new Tipo[max])
{}

template <class Tipo>
Pila<Tipo>::Pila(const unsigned n):
  max(n),
  cima(0),
  valore(new Tipo[max])
{}

template <class Tipo>
Pila<Tipo>::~Pila()
{
  delete []valore;
}

template <class Tipo>
void Pila<Tipo>::Svuotare()
{
  cima = 0;
}

template <class Tipo>
void Pila<Tipo>::Immettere(const Tipo & x)
{
```

```
  valore[cima++] = x;
}

template <class Tipo>
Tipo Pila<Tipo>::Estrarre()
{
  return valore[cima--];
}

template <class Tipo>
bool Pila<Tipo>::Vuota() const
{
  return (cima == 0) ;
}

template <class Tipo>
bool Pila<Tipo>::Piena() const
{
  return (cima >= max) ;
}
```

Il seguente programma istanzia il template `Pila` per gestire tipi di dato appartenenti a due classi, `Complesso` e `Stringa`.

```
void main()
{
  // Pila di complessi
  Pila <Complesso> p1(5);

  p1.immettere(Complesso(5, -4));
  p1.immettere(Complesso(10, -2));
  p1.immettere(Complesso(15, -3));

  cout << "Numero di elementi : " << p1.num_elementi()
       << endl;
  p1.visualizzare();

  // Pila di Stringhe
  Pila <Stringa> p2(5);

  p2.immettere("Prova prima");
  p2.immettere("Prova seconda");
  p2.immettere("Prova terza");

  cout << "Numero di elementi : " << p2.num_elementi()
       << endl;
  p2.visualizzare();
}
```

Le funzioni template si possono utilizzare anche con le classi. Normalmente, la classe definirà l'operazione svolta sull'oggetto nella funzione template. Nel programma seguente, la funzione template `min` opera sugli elementi di una classe numerica.

```
template <class T> T min(Ta, Tb)
{
  if (a < b)
     return a;
  else
     return b;
}
class Numero
{
  long num;
  public:
  Numero(long n):num(n)
  {}
  long Valore()
  {
     return num;
  }
  int operatore < (Numero n2)
  {
     return num < n2.Valore();
  }
};
void main()
{
  Numero nn1 = 15;
  Numero nn2 = 25;
  Numero nn3 = min(nn1, nn2);
}
```

14.5 Modelli di compilazione di template

Quando si definisce un oggetto di un tipo classe, la definizione della classe deve essere presente, ma non sono necessarie le definizioni delle funzioni membro. Per questo si mettono le definizioni delle classi negli header file e le definizioni dei metodi della classe nei corrispondenti file sorgenti.

I template sono diversi. Quando il compilatore vede una definizione di template, non genera codice immediatamente. Esso produce istanze specifiche di tipi del template solo quando vede una chiamata al template (di funzione o di classe). Per generare un'istanziazione il compilatore deve accedere al codice sorgente che definisce il template.

C++ standard definisce due modelli per la compilazione del codice dei template: "compilazione per inclusione" (supportato da tutti i compilatori) e "compilazione separata" (supportato solo da alcuni compilatori). Per entrambi i modelli le definizioni delle classi e le dichiarazioni delle funzioni vanno negli header file, mentre le definizioni di membri e metodi vanno nei file sorgenti. I due modelli differiscono però nel modo in cui le definizioni dei file sorgenti si rendono disponibili al compilatore.

14.5.1 Modello di compilazione per inclusione

Nel modello per inclusione, il compilatore deve vedere la definizione di qualsiasi template. La soluzione adottata è di includere nell'header file non solo le dichiarazioni, ma anche le definizioni. Questa strategia permette di mantenere la separazione tra header file e file di implementazione, anche se viene inserita una direttiva `#include` nell'header file affinché siano incluse le definizioni del file `.ccp`.

Esempio

Normalmente, le definizioni si rendono disponibili aggiungendo una direttiva `#include` alle intestazioni che dichiarano i template di classi o di funzioni. Questa `#include` porta i file sorgenti che contengono le definizioni variabili.

```
// header file demo.h
#ifndef DEMO_H
#define DEMO_H
template<class T> int confrontare(const T&, const T&);
// Altre dichiarazioni

#include "demo.cc"    // Definizione di confrontare
#endif

// Implementazione del file demo.cc
template<class T> int confrontare(const T &a, const T &b)
{
  if(a < b) return -1;
  if(b < a) return 1;
  return 0;
}
// Altre definizioni
```

Questo metodo permette di mantenere la separazione tra header file e file di implementazione, ma assicura al compilatore che vedrà entrambi i file quando compilerà il codice che utilizza il template.

Alcuni compilatori possono generare istanziazioni molteplici. Cioè, se due o più file sorgenti compilati separatamente utilizzano lo stesso template, questi compilatori generano una istanziazione per il template in ogni file. Ciò suppone che un template possa essere istanziato più di una volta.

14.5.2 Modello di compilazione separata

Questo modello di compilazione è simile al modello tipico del C++ e permette di scrivere le dichiarazioni e le funzioni in due file (estensioni `.h` e `.cpp`). L'unica condizione è che si deve utilizzare la parola riservata `export` per ottenere la compilazione separata di definizioni di template e dichiarazioni di funzioni di template. Essa indica che quella definizione può essere necessaria per generare istanziazioni in altri file. Un template può essere definito come esportato soltanto una volta in un programma. Il compilatore decide come localizzare la definizione del template quando deve generare quell'implementazione. La parola riservata `export` non deve necessariamente apparire nella dichiarazione del template. Normalmente, si indica che un template di funzioni sia esportato come parte della sua definizione. Si deve includere la parola riservata `export` prima della parola riservata `template`.

Esempio

La dichiarazione del template di funzione si mette in un header file, ma la dichiarazione non deve specificare `export`.

```
// Definizione del template in un file compilato
// separatamente
export template<typename T>
T somma(T t1, T t2)
```

L'uso di `export` in un template di classe è un po' più complicato. Come al solito, la dichiarazione della classe deve essere posta in un header file. Il corpo della classe nell'intestazione non utilizza la parola riservata `export`. Se si utilizza `export` nell'intestazione, allora quell'intestazione si utilizzerà in un unico file sorgente del programma.

```
// Intestazione del template di classe sta nel file
// di intestazione condiviso
template <class T> class Pila { … };
// File pila.ccp dichiara Pila come esportata
export template <class T> class Pila;
#include "Pila.h"
// Definizioni di funzioni membro di Pila
```

I membri di una classe esportata si dichiarano automaticamente come esportati; si possono anche dichiarare membri individuali di un template di classe come esportati. In questo caso, la parola `export` non si specifica nel template di classe ma solo nelle definizioni dei membri esportati. La definizione si deve collocare dentro l'header file che definisce il template di classe.

Nota

La compilazione separata è molto interessante, ma non è facile da implementare ed è utilizzabile soltanto nelle ultime generazioni di compilatori.

14.6 Template e polimorfismo

Spesso ci si chiede quali siano le differenze fra template e polimorfismo, se sia possibile sostituire il secondo con un template, quale soluzione sia migliore ecc. Per dare una risposta a queste domande, richiamiamo entrambi i concetti.

Una funzione è "polimorfica" se almeno uno dei suoi parametri può supportare tipi di dato differenti. Qualunque funzione che abbia un parametro come puntatore a una classe può essere quindi una funzione polimorfica poiché può essere utilizzata con tipi di dato diversi.

Una funzione è una "funzione template" solo se è preceduta da un'appropriata clausola `template`. Questa definizione significa che queste funzioni si progettano, definiscono e implementano pensandole nella loro genericità. Quindi, scrivere una funzione template implica pensare in astratto, evitando qualunque dipendenza da tipi di dato, costanti numeriche ecc.

Una funzione template è solo un modello e non una vera funzione. L'istanziazione viene fatta automaticamente dal compilatore per ogni differente chiamata. Come risultato si dispone di una famiglia di funzioni sovraccaricate che hanno tutte lo stesso nome e parametri diversi. In altre parole, la clausola `template` è un generatore automatico di funzioni sovraccaricate.

Le funzioni polimorfiche invece sono funzioni che possono essere eseguite con parametri di tipi diversi. D'altra parte, le funzioni template sono funzioni che si possono compilare staticamente in versioni differenti per accordarsi ai parametri di tipi di dato differenti.

Da un punto di vista pratico si può osservare che

- le funzioni template lavorano anche con tipi aritmetici
- le funzioni polimorfiche devono utilizzare puntatori
- la genericità polimorfica si limita a gerarchie
- i template tendono a generare un codice eseguibile grande, perché duplicano le funzioni

SOMMARIO

Spesso, quando definiamo una classe o una funzione, vorremmo poterla utilizzare con oggetti di tipo diverso, senza dover riscrivere il codice ogni volta. Abbiamo visto in questo capitolo che le ultime versioni del C++ incorporano i template; essi permettono di dichiarare una classe senza specificare il tipo di uno o più membri dato, e permettono di definire una funzione senza specificare il tipo di uno o più parametri.

I template di funzione cominciano con la parola riservata `template`, seguita da un vettore di parametri formali racchiusi tra parentesi angolari (< >); ogni parametro formale deve essere preceduto dalla parola riservata `class`, ad esempio:

```
template<class T>
template<class TipoContorno, class
TipoRipieno>
```

I template di classe invece si dichiarano così:

```
template<class T>
class Demo
{
   T v;
   ...
public:
   Demo (const T & val):v(val) {}
   ...
};
```

Si generano istanziazioni di un template di classe quando si dichiarano oggetti della classe specificando un tipo specifico. Ad esempio, la dichiarazione

```
Demo<short> ic;
```

fa sì che il compilatore generi una dichiarazione della classe nella quale ogni occorrenza del tipo di parametro `T` nel template è rimpiazzata dal tipo reale `short` nella dichiarazione della classe. In questo caso, il nome della classe è `Demo<short>` e non `Demo`.

La genericità permette il riutilizzo del codice, semplificando il compito del programmatore e rendendo i programmi più affidabili. C++ standard descrive una libreria standard che include versioni di template per compiti frequenti, quali la ricerca e l'ordinamento.

CONCETTI CHIAVE

- Tipo generico
- Concetti fondamentali di template in C++
- Funzioni di template
- Genericità
- Template di funzioni
- Template contro polimorfismo
- Tipo parametrizzato

Esercizi supplementari

Per gli esercizi si rimanda all'Appendice A del testo.

PARTE III

Strutture dati

Flussi e file: libreria standard di I/O

15

Indice

Introduzione

Lo scambio dati fra il mondo e la CPU si chiama "I/O" (Input/Output). L'input dei dati viene anche detto *lettura* e può avvenire sia dall'esterno del sistema di elaborazione (tramite tastiera, mouse ecc.) che dal suo interno (memoria di massa). Analogamente, l'output dei dati viene detto *scrittura* e può avvenire sia verso l'esterno del sistema (scheda video, scheda audio, stampante ecc.) sia verso dischi fissi, memorie USB ecc.

Le funzionalità di I/O del sistema C++ sono incorporate nelle librerie `iostream` (per l'I/O esterno) ed `fstream` (per l'I/O sul file system), che hanno un gran vantaggio rispetto alle analoghe del C perché lavorano con i *flussi* (*stream*); si tratta di un sistema flessibile ed efficiente basato sulle classi e sul sovraccaricamento di funzioni e operatori, che rende possibile gestire alla stessa maniera l'I/O di qualunque tipo di dato. Questo capitolo esamina le funzioni delle librerie di flussi che supportano l'I/O di file di testo, di file binari e di file ad accesso aleatorio.

15.1 Flussi (*stream*)

Uno *stream* è un'astrazione che rappresenta un *flusso* di dati che scorre tra un *produttore* e un *consumatore*. Bjarne Stroustrup riprende l'idea originale di UNIX immaginando il flusso dello *standard input* come una corrente di byte che fluisce dalla tastiera verso un programma in esecuzione sulla CPU (Figura 15.1), e lo *standard output* come un flusso che scorre dalla CPU verso un dispositivo di uscita. Schwarz utilizza quest'idea per creare la prima classe `istream`, che rappresenta un flusso di caratteri da un dispositivo

Figura 15.1
Simulazione di un flusso.

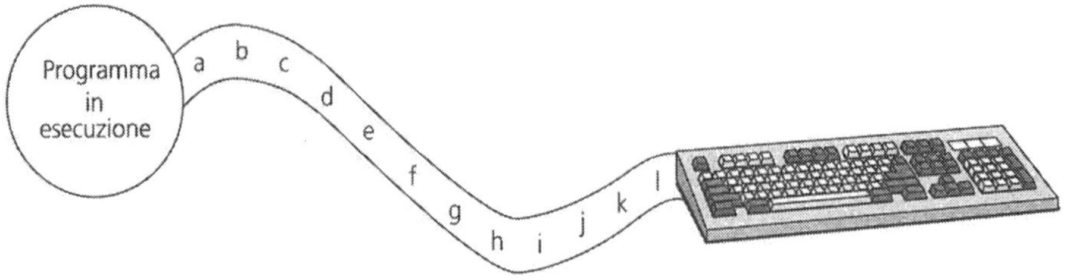

di input arbitrario a un programma in esecuzione. In essenza, un flusso è un'astrazione riferita a un'interfaccia comune per diversi dispositivi di I/O.

Si dice "estrarre da un flusso" per riferirsi alla ricezione di dati da un dispositivo di input, e "inserire in un flusso" per indicare la trasmissione di dati a un dispositivo di output.

Vi sono due forme di flusso: testo e binario. I *flussi di testo* si utilizzano con i caratteri (ASCII, ISO8859/1-15, UNICODE UTF/8,16), mentre i *flussi binari* si possono utilizzare con qualsiasi tipo di dato.

Interpretando il flusso di byte come flusso di testo, cioè come sequenza di caratteri, può capitare che non si stabilisca una relazione biunivoca tra i byte introdotti o estratti dal flusso e i caratteri effettivamente scritti o letti. Questo perché in un flusso di testo, possono occorrere certe conversioni di caratteri richieste dall'ambiente del sistema. Ad esempio, il byte corrispondente al carattere *nuova riga* (`'/n'` in C++) può essere interpretato come coppia di caratteri *ritorno di carrello/nuova riga* (`"/r/n"` in C++).

Un flusso binario è la sequenza di byte pura e semplice, cioè non interpretata. In questo caso, la quantità di byte scritti/letti coincide con quella dei byte inseriti/estratti dal flusso (ma per certi scopi particolari il sistema operativo può anche aggiungere un certo numero di byte nulli a un flusso binario, per esempio, al fine di completare un settore di disco).

In C++ l'input standard è modellato come l'oggetto `cin` della classe `istream` e l'output standard come l'oggetto `cout` della classe `ostream` contenute nella libreria `iostream`. Normalmente l'input standard si riferisce alla tastiera e l'output standard allo schermo.

Con i flussi lavorano gli operatori *inseritore*, <<, ed *estrattore*, >>, che provvedono automaticamente ad effettuare le corrette conversioni di tipo. La Figura 15.2 mostra questa conversione per i flussi `cin` e `cout`. L'inseritore << converte i dati che appaiono nel suo operando di destra in una sequenza di caratteri che inserisce nel flusso di output `cout`. Al contrario, l'estrattore >> prende dal flusso di input una sequenza di caratteri convertendola nel formato appropriato per l'operando che si trova alla sua destra.

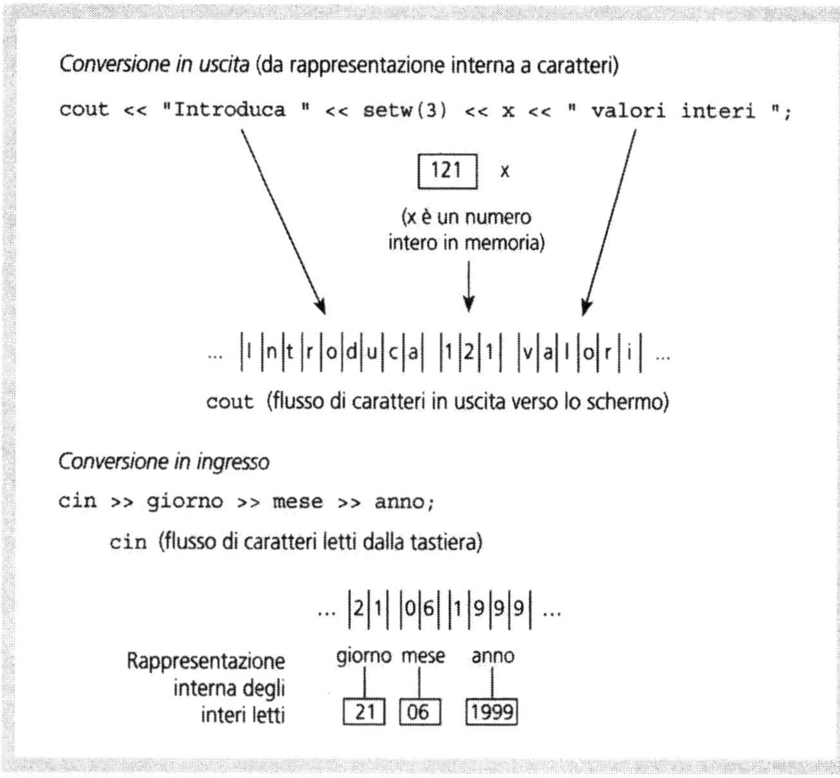

Figura 15.2 Conversione di dati a/da flussi di caratteri.

15.2 La libreria di classi per l'I/O

La gerarchia delle classi di I/O si divide in due aree principali (Figura 15.3): quelle derivate da `streambuf` (processamento a basso livello) e quelle derivate da `ios` (processamento ad alto livello). La classe `streambuf` fornisce un'interfaccia ai dispositivi fisici; metodi fondamentali per operazioni con buffer e flussi quando le condizioni di formattazione non sono troppo esigenti.

La classe `iostream` è quella che si utilizza normalmente in operazioni ordinarie di I/O. Questa classe è una sottoclasse delle classi `istream` e `ostream`, che a loro volta sono classi derivate della classe base `ios`. Le tre classi che includono la parola "`stream`" nel loro nome si utilizzano per il trattamento di file e le quattro classi con la parola "`strstr`" nel loro nome si utilizzano per processare flussi di stringa in memoria. Infine, la classe `stdiobuf` si utilizza per combinare I/O di flussi C++ con le vecchie funzioni di I/O stile C.

Figura 15.3
Libreria di classi di I/O.

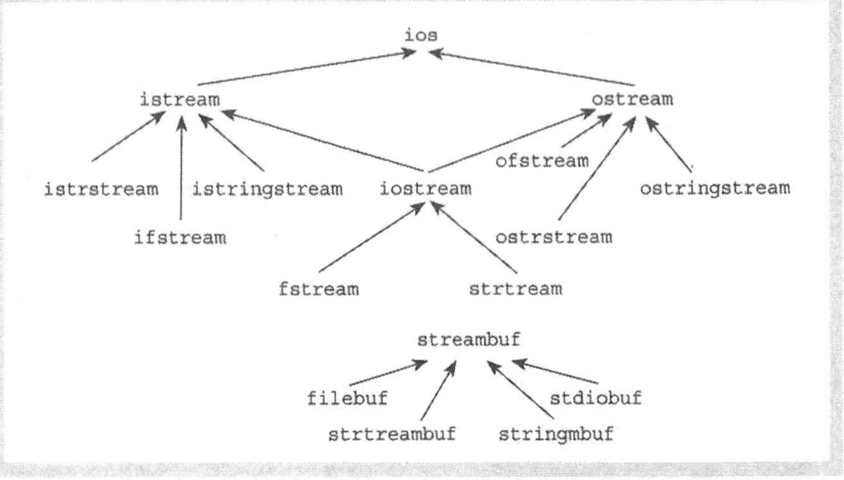

Questa gerarchia di classi è distribuita su quattro header file:

- `<iostream>` dichiara le classi `istream`, `ostream` e `iostream` per le operazioni di I/O con i flussi di input e output standard, nonché gli oggetti `cout`, `cin`, `cerr` e `clog` che si utilizzano nella maggior parte dei programmi C++ (Tabella 15.1).
- `<fstream>` dichiara le classi `ifstream`, `ofstream` ed `fstream` per operazioni di I/O su file (memoria di massa).
- `<sstream>` dichiara le classi `istringstream` e `ostringstream`.
- `<strstream>` dichiara le classi `istrstream`, `ostrstream` e `strstream` per formattare i dati con buffer di caratteri.

Tabella 15.1 Oggetti di `<iostream>`.

Oggetto di flusso	Funzione
`cin`	Oggetto della classe `istream` collegato all'input standard.
`cout`	Oggetto della classe `ostream` collegato all'output standard.
`cerr`	Oggetto della classe `ostream` collegato al flusso standard di errore, per output senza buffer.
`clog`	Oggetto della classe `ostream` collegato al flusso standard di errore, per output tramite buffer.

15.2.1 Gerarchia di classi *ios*

La classe `istream` (input stream) fornisce quindi le operazioni di lettura, mentre la classe `stream` (output stream) implementa le operazioni di scrittura. La classe `iostream` (input-output stream) deriva simultaneamente da `istream` e `ostream`, e fornisce operazioni bidirezionali di input/output (è un esempio di *ereditarietà multipla*).

Le classi `istrstream` e `ostrstream` si utilizzano per gestire le C-string e i flussi, mentre le classi `istringstream` e `ostringstream`, si utilizzano per collegare flussi con oggetti della classe standard `string`.

15.2.2 Flussi standard

Il flusso `cin`, definito nella classe `istream`, è collegato all'input standard; se non è stato rediretto dal sistema operativo, l'input standard è a sua volta collegato alla tastiera, rappresentata dal file `stdin`. Il flusso `cout`, definito dalla classe `ostream`, è collegato all'output standard, cioè allo schermo, rappresentato dal file `stdout` (se non è stato rediretto). Il flusso `cerr`, definito dalla classe `ostream`, è collegato al flusso "standard error" (anche questo normalmente diretto verso lo schermo); questo flusso non usa un buffer di memoria (invia i dati direttamente allo schermo). Il flusso `clog` è pure collegato allo "standard error" ma si gestisce tramite un buffer (invia i dati al dispositivo collegato allo standard error solo dopo averli appoggiati, ed eventualmente editati, su una zona di memoria).

Qualunque oggetto proveniente dalla classe `ios` o da qualunque delle sue classi derivate è un oggetto flusso.

15.2.3 Input/Output su file

L'I/O su file è gestito dalle seguenti tre classi nell'header file `fstream`:

- `ifstream`, derivata da `istream` e utilizzata per gestire la lettura da un file. Quando si crea un oggetto `ifstream` e se ne specificano i parametri, si apre un file in lettura.
- `ofstream`, derivata da `ostream` e utilizzata per gestire la scrittura su di un file. Quando si crea un oggetto `ofstream` e se ne specificano i parametri, si apre un file in scrittura su disco. Si può specificare che il file venga creato in modalità binaria o testuale. Se un oggetto di `ofstream` è già dichiarato, si può utilizzare la funzione membro `open()` per aprire il file o la funzione membro `close()` per chiuderlo.
- `fstream`, derivata da `iostream` e utilizzata per gestire sia la lettura che la scrittura su file. Gli oggetti `fstream` si utilizzano per effettuare simultaneamente operazioni di lettura e scrittura nello stesso file.

15.2.4 Input/Output su buffer di memoria

Nell' header file `strstream` vi sono due classi specifiche per l'I/O su buffer di memoria:

- `istrstream`, derivata da `istream` e utilizzata per leggere caratteri da una zona di memoria, che serve da flusso di input.

- `ostrstream`, derivata da `ostream` e utilizzata per scrivere caratteri in una zona di memoria, che serve da flusso di output.

15.3 La classe *istream*

La classe `istream` permette di definire un flusso di input e contiene metodi per accettare dati sia in modo formattato che non formattato. Per poter effettuare operazioni di input ad alto livello, l'estrattore >> è sovraccaricato per tutti i tipi di dato fondamentali del C++: `char`, `unsigned char`, `signed char`, `short`, `unsigned short`, `int`, `unsigned int`, `long`, `unsigned long`, `float`, `double`, `long double`, stringhe e puntatori.

```
class istream: virtual public ios       // iostream
{
  ...
};
```

L'estrattore >> si applica a un oggetto `istream` e a un oggetto variabile

```
oggetto_istream >> oggetto_variabile
```

e cerca di estrarre da `oggetto_istream` una sequenza di caratteri corrispondenti a un valore del tipo di `oggetto_variabile`. Se non trova caratteri ammissibili, si blocca. Ad esempio, supponiamo che `cin` sia inizialmente vuoto e si eseguano le istruzioni:

```
int eta;
cin >> eta;
```

Se l'utente batte sulla tastiera `25`, immette i caratteri `2` e `5` nell'oggetto `cin`, l'estrattore li legge, li converte nel valore intero `25` e assegna questo valore all'operando di destra `eta`.

Se l'utente digita `t5`, anziché `25`, il flusso `cin` contiene i caratteri `t` e `5`; l'estrattore cerca di estrarre un intero, ma trova il carattere `t`!

La classe `istream` ha un attributo che è il suo *stato* rappresentato tramite flag. Le tre condizioni base sono: `good` (lo stato è buono), `bad` (c'è qualcosa di scorretto nel flusso), `fail` (l'ultima operazione del flusso non ha avuto successo). La classe contiene una variabile *flag* booleana per ognuno di questi stati: `good` inizializzata a `true`, `bad` e `fail` inizializzate a `false`.

Nell'esempio precedente, quando viene trovata la lettera `t`, `good` viene posta a `false` mentre `bad` e `fail` vengono poste a `true`. Per ognuna di esse la classe `istream` fornisce una funzione membro booleana che fornisce informazioni sul suo valore (Tabella 15.2).

Tabella 15.2 Indicatori di stato.

Chiamata a funzione	Restituisce *true* se e solo se
`cin.good()`	è tutto corretto in `cin`
`cin.bad()`	c'è qualcosa di sbagliato in `cin`
`cin.fail()`	non è stato possibile completare l'ultima operazione

Ogni classe `ios` ha delle variabili di stato di tipo enumerativo.

```
class ios {
public:
  enum {   // Valore dell'indicatore di stato di errore
     goodbit = 0,      // Tutto corretto
     eofbit  = 01,     // Fine file
     failbit = 02,     // Ultima operazione fallita
     badbit  = 04      // Operazione non valida
   };
   // Altri membri di ios
};
```

Gli indicatori di formato di flusso si possono cambiare esplicitamente tramite le funzioni di accesso di `ios`. Invece, le variabili di stato di flusso si cambiano implicitamente, come risultato di operazioni di I/O. Ad esempio, quando l'utente introduce il carattere che indica la fine del file (*Ctrl-D* o *Ctrl-Z* a seconda del sistema operativo), l'indicatore di stato eof di `cin` viene posto a 1, e si dice che il flusso è nello stato eof.

È possibile accedere singolarmente alle quattro variabili di stato (`goodbit`, `failbit`, `eofbit` e `badbit`) tramite le loro funzioni di accesso (`good()`, `fail()` e `bad()`). Si può anche accedere a tutte e tre collettivamente tramite la funzione `rdstate()`.

Esempio

```
main()
{
  cout << "cin.rdstate() = " << cin.rdstate() << endl;
  int n;
  cin >> n;
  cout << "cin.rdstate() = " << cin.rdstate() << endl;
}
```

Prima esecuzione

```
cin.rdstate() = 0
22
cin.rdstate() = 0
```

Seconda esecuzione

```
cin.rdstate() = 0
^D
cin.rdstate() = 3
```

Nella seconda esecuzione, l'utente preme *Ctrl-D* per segnalare la fine del file. Questa azione carica `eofbit` e `failbit` di `cin`, che hanno valori numerici 1 e 2, prendendo la variabile di stato il valore totale 3.

La funzione *clear()*

L'uso di *Ctrl-D* (o *Ctrl-Z*) per terminare l'input è semplice e adeguato. Premendo questa combinazione di tasti, si setta il valore di `eofbit` nel flusso di input. Ma poi, per utilizzarlo di nuovo nello stesso programma, si deve ripristinare la situazione iniziale mediante la funzione `clear()`.

Esempio

```
int main()
{
  int n, somma = 0;
  while (cin >> n)
    somma += n;
  cout << "La somma parziale è " << somma << endl;
  cin.clear();
  while (cin >> n)
    somma += n;
  cout << "La somma totale è " << somma << endl;
  return 0;
}
```

Eseguendo questo programma si ottiene:

```
30    20    50    ^D
La somma parziale è 100
40    80
La somma totale è 220
```

L'estrattore può operare in cascata, con un formato del tipo:

`cin >> `*`variable1`*` >> `*`variable2`*` >> ... >> `*`variablen`*`;`

Esempio

```
int Eta;
float Altezza;
cout << "Introduca Eta e Altezza: ";
cin >> Eta >> Altezza;
```

Quando si immettono più dati in input, si deve digitare almeno uno spazio vuoto fra di loro. Ad esempio:

`Introduca Eta e Altezza: `**`47 75`** *<Invio>*

Esempio

Introdurre un valore intero dalla tastiera e poi visualizzarlo.

```
#include <iostream>
using namespace std;
void main()
{
  int val_i;
  cout << "Introduca un numero:";
  cin >> val_i;
  cout << "\nHa introdotto il numero " << val_i << endl;
}
```

Una possibile esecuzione del precedente programma:

```
Introduca un numero: 4321 <Invio>
Ha introdotto il numero 4321
```

L'estrattore legge i caratteri uno a uno secondo le seguenti regole:

1. Ignora gli spazi vuoti, le tabulazioni e i caratteri di fine riga.
2. Legge i valori numerici come caratteri; ogni cifra è un carattere indipendente.

```
#include <iostream>
using namespace std;
void main()
{
  char Lettera1;
  char Lettera2;
  char Lettera3;
  cin >> Lettera1 >> Lettera2 >> Lettera3;
  cout << Lettera1 << Lettera2 << Lettera3;
}
```

Alcune esecuzioni del programma:

```
Lettere
Let
ABC
ABC
75 47 5
754
47.543
47.
```

La lettura di un carattere alla volta richiede una variabile per ogni carattere, per questo è meglio leggere intere stringhe. Un problema è che l'estrattore non lavora bene con stringhe che contengono più di una parola, che contengano cioè spazi vuoti. Illustriamo il problema con due esempi.

Esempio

```
#include <iostream>
using namespace std;
int main()
{
  char nome[30];
  int eta;
  float salario;
  cout << "\n Introduca nome, età e salario: \n";
  cin >> nome >> eta >> salario;
  cout << "\n Nome: "
       << nome
       << "\n Eta: "
       << eta
       << "\n Salario: "
       << salario
       << endl;
   return 0;
}
```

Se si esegue il programma, si può produrre un output corretto del tipo:

```
Mortimer 47 350500 <Invio>
Nome: Mortimer
Eta: 47
Salario: 350500
```

Tuttavia, se la stringa contiene più di una parola, l'estrattore non leggerà oltre la prima parola, troncando il resto della stringa:

Esempio

```
#include <iostream>
using namespace std;
void main()
{
  char Nome[30];
  cin >> Nome;
  cout << '\n' << Nome;
}
```

Quando l'utente digita

`Peppe Mackoy`

il sistema visualizza

`Peppe`

perché l'estrattore >> fa sì che l'oggetto `cin` termini l'operazione di lettura al primo spazio vuoto.

Per risolvere questo problema si potrebbe definire una stringa per ogni parola da introdurre, ma il modo migliore è utilizzare due dei metodi dell'oggetto flusso `cin`: `get()` e `getline()`.

La funzione membro `get()`, definita nella classe `istream`, legge un carattere o una stringa dal flusso associato all'oggetto `cin`. Essa ha diversi formati, con parametri o senza. Senza parametro `get()` restituisce il valore del carattere trovato o `EOF` (*end of file*) se si raggiunge la fine del file. Questa versione si utilizza normalmente nei cicli di input e il suo prototipo è:

```
int get()
```

Esempio

Lettura di caratteri con la funzione `cin.get()`.

```
#include <iostream>
using namespace std;
int main()
{
  char c;
  while ((c = cin.get())!= EOF)
  {
    cout << "c : " << c << endl;
  }
  cout << "\n Terminato!\n";
  return 0;
}
```

Il programma visualizza:

```
Ciao <Invio>
c : C
c : i
c : a
c : o
Mondo <Invio>
c : M
c : o
c : n
c : d
c : o
^D      // oppure Ctrl-Z
Terminato!
```

Ogni chiamata alla funzione `cin.get()` legge un carattere in più da `cin` e lo mette nella variabile `c`. Poi, l'istruzione all'interno del ciclo inserisce nel flusso di output il carattere contenuto nella variabile `c`. Questi caratteri si accumulano in realtà in un buffer che viene svuotato quando si preme il tasto *Invio*. Quando si incontra `EOF` (*Ctrl-z* o *Ctrl-D*), si esce dal ciclo. Nella maggior parte dei computer `EOF` assume il valore `-1`.

Esempio

La costante intera `EOF`.

```
void main()
{
   cout << "EOF = " << EOF << endl;
}
```

Esecuzione:

```
EOF = -1
```

Con un parametro, il prototipo della funzione `get()` è:

```
istream& get(char& c);
```

In questo formato la funzione legge il carattere dal flusso di input mettendolo nel parametro passatole per riferimento. Questa versione restituisce null (ovvero `false`) quando incontra la fine del file, la si può utilizzare per controllare un ciclo di input:

```
while (cin.get(car))
```

Esempio

Lettura di caratteri con la funzione `cin.get(char&)`.

```
main()
{
  char c;
  while (cin.get(c))
    cout << c;
  cout << endl;
}
```

```
En un lugar de Sierra Magina
En un lugar de Sierra Magina
Conocido por Carchelejo
Conocido por Carchelejo
^D
```

Esempio

Un'altra applicazione di `cin.get(char&)`.

```
#include <iostream>
using namespace std;
int main()
{
  char a, b, c;
  cout << "Introduca tre lettere:";
  cin.get(a).get(b).get(c);
```

```
  cout << "a: " << a << "\nb: " << b << "\nc: " << c <<
      endl;
  return 0;
}
```

Esecuzione:

```
Introduca tre lettere: ono
a: o
b: n
c: o
```

La chiamata composta `cin.get(a).get(b).get(c)` è possibile perché, come si vede nel prototipo, questo formato della funzione restituisce il riferimento all'oggetto flusso di cui è membro. Quindi la chiamata `cin.get(a)` restituisce `cin` che può successivamente comporsi con `.get(b)` e così via.

Un terzo formato della funzione `get()` – simile alla funzione `getline()` che vedremo più avanti – accetta due o tre argomenti. Il suo prototipo è

```
istream& get(char* buffer, int n, char sep = '\n');
```

Questo formato legge fino a *n* – 1 caratteri dal buffer, oppure fino a incontrare il carattere separatore `sep` (il terzo argomento è facoltativo). Vale a dire che il primo parametro è un puntatore a un array di caratteri, il secondo è il numero massimo di caratteri da leggere più uno e il terzo è il carattere di terminazione. Ad esempio:

```
char stringa[80];        // Array di input
cin.get(stringa, 80);    // Lettura di caratteri fino a
                         // trovare un carattere nuova linea
                         // o a leggere 79 caratteri
```

Esempio

Lettura di caratteri con `cin.get()`.

```
main()
{
  char buffer[80];
  cin.get(buffer, 8);      // Legge 7 caratteri dal buffer
  cout << "[" << buffer << "]\n";
  cin.get(buffer, sizeof(buffer));
  cout << "[" << buffer << "]\n";
}
```

Se il buffer contiene `ABCDE|FGHIJ|KLMNO|PQRST|UVWXY|Z` l'output sarà:

```
[ABCDE|F]
[GHIJ|KLMNO|PQRST|UVWXY|Z]
```

Come già discusso nel Capitolo 10, un'altra funzione membro che si può utilizzare per la lettura di dati è `getline()`. Essa permette di leggere stringhe che includono spazi vuoti; è molto simile alla funzione membro `get()` con due o tre argomenti, a parte il fatto che `getline()` tiene in considerazione il carattere di terminazione.

La funzione `getline()` inserisce automaticamente il carattere di terminazione `'\0'` come ultimo carattere della stringa. Se non si specifica alcun carattere separatore (si utilizza cioè il formato con due soli argomenti), si prende per default il carattere `'\n'` (nuova linea). Ad esempio:

```
#include <iostream>
using namespace std;

void main()
{
  char Nome[40];
  cin.getline(Nome, 40);
  cout << Nome;
}
```

Se si esegue il programma con l'input `Sierra de Cazorla`, la variabile `Nome` accetta tutta la stringa, cioè tutti i caratteri inclusi quelli vuoti.

Esempio

```
#include <iostream>
using namespace std;

void main()
{
  //Definizione di array di caratteri
  char Nome[40];
  char Via[30];
  char Citta[30];
  char Provincia[30];
  char CodicePostale[5];
  char Telefono[10];

  // Legge i dati
  cin.getline(Nome, 40);
  cin.getline(Via, 30);
  cin.getline(Citta, 30);
  cin.getline(Provincia, 30);
  cin.getline(CodicePostale, 5);
  cin.getline(Telefono, 10);
```

```
  // Visualizza i dati
  cout << Nome;
  cout << Via;
  cout << Citta;
  cout << Provincia;
  cout << CodicePostale;
  cout << Telefono;
}
```

Un input di questo tipo

```
Luis Enrique
Santiago Bernabeu 45
Madrid
Madrid
28230
91-7151515
```

produrrà l'output

```
Luis Enrique
Santiago Bernabeu 45
Madrid
Madrid
28230
91-7151515
```

La differenza tra `get()` e `getline()` è che quest'ultima estrae il carattere separatore dal flusso di input prima di aggiungere il carattere nullo nella stringa.

Con `getline()` si presentano però dei problemi quando si tenta di utilizzare una variabile stringa, dopo aver letto da `cin` una variabile carattere o numerica. Ad esempio, consideriamo il seguente programma:

```
#include <iostream>
using namespace std;

void main()
{
  char Nome[30];
  int Eta;

  cout << "Introduca età:";
  cin  << Eta;
  cout << Eta;
```

```
  cout << "Introduca il nome:";
  cin.getline(Nome, 30);
  cout << Nome;
}
```

Se si introducono in `Eta` e `Nome` i valori `969` e `Matusalemme`:

```
Introduca eta: 969
Introduca il nome: Matusalemme
```

I valori che prendono le variabili citate sono:

```
Eta 969
Nome '\n''\0'
```

Il problema è che per introdurre `969`, si deve premere il tasto *Invio*. Quest'azione inserisce il carattere `'\n'` che rimane nel *buffer* di memoria. La successiva istruzione `cin.getline(Nome, 30)` legge il buffer della tastiera e trova il carattere `'\n'`; poiché questo è il carattere di separazione per default, ferma la lettura e inserisce il carattere `'\0'` nell'array, impedendo di introdurre il nome. Ci sono due modi per risolvere il problema.

1. Specificare un carattere di separazione differente nella funzione `getline()`. L'utente deve introdurre questo carattere che sarà inserito come ultimo carattere prima di `'\0'`.
2. Pulire il *buffer* della tastiera leggendo il carattere `'\n'` avanzato appoggiandolo su di una variabile ausiliaria.

```
#include <iostream>
using namespace std;
void main()
{
  char Ausiliare[2];
  char Nome[30];
  int Eta;
  cout << "Introduca eta:";
  cin >> Eta;                   // Legge i dati numerici
  cout << Eta;
  cin.getline(Ausiliare, 2);       // Pulisce il buffer
                                   // di tastiera
  cout << "Introduca il nome: ";
  cin.getline(Nome, 30);        // Legge i dati di stringa
  cout << Nome;
}
```

Un'altra importante alternativa per la lettura da un flusso è la funzione `read()`

```
istream& read(char* buf, int num);
istream& read(unsigned char* buf, int num);
istream& read(signed char* buf, int num);
```

La funzione legge num byte dal flusso associato (nel nostro caso la chiamata sarebbe del tipo cin.read()) e li colloca nel buffer al quale punta buf. Il parametro è un puntatore a un array di caratteri e num specifica il numero massimo di caratteri da leggere. La funzione estrae caratteri finché non raggiunge la fine del file.

15.4 La classe *ostream*

La classe ostream permette all'utente di definire un flusso di output e metodi per l'uscita formattata e non formattata; da essa derivano le classi ofstream, ostrstream, constream, iostream e ostream_withassign.

Così come istream, anche la classe ostream deriva virtualmente dalla classe ios per evitare dichiarazioni multiple quando si dichiara iostream.

```
class ostream: virtual public ios    // iostream
{
  ...
};
```

La nozione astratta di flusso nasconde questi dettagli di basso livello al programmatore e associa il flusso di caratteri a un arbitrario dispositivo di output.

Si definiscono due oggetti ostream affinché qualsiasi programma che include l'header file iostream abbia due flussi di output (associati al dispositivo che l'utente sta utilizzando per l'output: una finestra, una console ecc):

1. cout per visualizzare l'output normale
2. cerr per visualizzare i messaggi di errore o diagnostica

Il metodo assert() normalmente scrive i suoi messaggi di diagnostica in cerr, non in cout.

L'inseritore << è sovraccaricato per tutti i tipi di dato fondamentali: char, unsigned char, signed char, short, unsigned short, int, unsigned int, long, unsigned long, float, double, long double, void* e char* (puntatore a stringa). Esso si applica a un oggetto ostream con la seguente sintassi:

oggetto_ostream << espressione

L'inseritore valuta espressione e inserisce la sequenza di caratteri corrispondenti nell'oggetto ostream. Ad esempio, l'istruzione

```
cout << "Ciao mondo, C++";
```

non effettuerà alcuna conversione, mandando i caratteri della stringa uno a uno in cout (cioè probabilmente sullo schermo o sulla console). Invece, nelle istruzioni

```
const double PI = 3.1416;
```

```
cout << PI;
```

la funzione `<<` converte il valore `double`, `3.1416`, nella corrispondente sequenza di caratteri `3, ., 1, 4, 1` e `6` e li inserisce uno a uno in `cout`. A destra dell'inseritore vi deve essere un'espressione, dunque potrebbe anche essere valida l'istruzione

```
int i, j;
cout << i+j;
```

L'inseritore può operare in cascata. Ad esempio, l'istruzione

```
cout << 1 << 2 << 3 << 4;
```

genererà un output del tipo

```
1234
```

Si possono sequenziare stringhe e valori numerici. Così, ad esempio, se la variabile `Somma` di tipo `int` contiene il valore `450`, l'istruzione

```
cout << "Totale = " << Somma << endl;
```

visualizzerà

```
Totale = 450
```

Il simbolo `endl`, come noto, fa avanzare il flusso di output alla riga successiva. Le istruzioni

```
cout << "I risultati sono i seguenti:" << endl;
cout << "Gennaio " << Totale_Gen << endl;
cout << "Febbraio " << Totale_Feb << endl;
cout << "Marzo " << Totale_Mar << endl;
```

producono l'output

```
I risultati sono i seguenti:
Gennaio 300
Febbraio 425
Marzo 106
```

Dal punto di vista pratico, ogni operatore di inserimento invia un dato (una costante, un'espressione o una variabile) al flusso di output, e si possono concatenare dati di tipi differenti in un'unica espressione `cout`.

```
cout << Voltaggio << Corrente << Resistenza;
```

L'istruzione precedente scriverà i valori immagazzinati in memoria nell'ordine in cui sono scritti, senza alcuno spazio tra loro (volendo si potranno inserire dei "caratteri spazio" dentro l'istruzione `cout`).

La classe `ostream` fornisce i metodi `put()`, per inserire un unico carattere nel flusso di output, e `write()` per inserire una stringa. I prototipi sono:

```
ostream& put(char& c);
ostream& write(const char* buf, int num);
ostream& write(const unsigned char* buf, int num);
ostream& write(const signed char* buf, int num);
```

Entrambe le funzioni restituiscono un oggetto `cout`. I formati delle chiamate sono:

```
dispositivo.put(carattere);
dispositivo.write(stringa, num);
```

Dove `num` è un valore `int` utilizzato per specificare il numero di caratteri della stringa da visualizzare. Il `dispositivo` può essere qualunque flusso di output. Vedremo più avanti come scrivere, ad esempio, un carattere nella stampante.

Le seguenti istruzioni visualizzano due caratteri (`'Z'` ed `'l'`) nel flusso di output:

```
cout.put('Z');
char lettera = 'l';
cout.put(lettera);
```

Con l'importante funzione membro `write` visualizziamo pure stringhe. Ad esempio, le istruzioni

```
cout.write("Libreria", 3);
cout.write("Festa Nazionale", 15) << "\n";
cout.put(65) << "ntonio Molina \n";
cout.put('C').
cout.write("iao", 4) << " mondo C++ \n";
```

visualizzano

```
Lib
Festa Nazionale
Antonio Molina
Ciao mondo C++
```

Si osservi che la prima funzione `put()` ha come argomento una costante intera; ovviamente, essa viene interpretata come codice ASCII, visualizzando la lettera `A`.

La funzione `write()` visualizza tanti caratteri quanti sono specificati nel secondo argomento. Se la quantità è maggiore del numero di caratteri della stringa, la funzione visualizza qualunque cosa risieda in memoria dopo la stringa.

L'invio dell'output di un programma alla stampante è facile con la funzione `ofstream`. Il formato di `ofstream` è

```
ofstream dispositivo (nome_dispositivo)
```

e il suo uso richiede l'header file `fstream`.

Esempio

Il seguente programma chiede il nome e il cognome dell'utente e stampa il nome completo sulla stampante.

```
#include <fstream>
using namespace std;
int main()
{
  char nome[20];
  char cognome[30];
  cout << "Qual è il suo nome?";
  cin >> nome;
  cout << "Qual è il suo cognome?";
  cin >> cognome;
  // Invia nome e cognome alla stampante
  ofstream stampante ("PRN");
  stampante << "Il suo nome completo è: \n";
  stampante << cognome << ", " << nome << endl;
  return 0;
}
```

15.5 Formattazione dell'output

Se non si istruisce l'inseritore per realizzare operazioni di formattazione specifiche, l'output avviene in maniera diversa a seconda del tipo di dato convertito, secondo quanto riportato nella Tabella 15.3. Ad esempio, le istruzioni

```
cout << "CAZORLA#";
char lettera = 'J';
cout << lettera;
float f = 123.456789101, g = 1234567890.456;
cout << f << '#\n';
cout << g << '#\n';
int y = 123, in = -525;
cout << y << in << '\n';
```

producono

```
CAZORLA#J123.456789#
1.234567E+009#
123-525
```

Tabella 15.3 Conversione per output di diversi tipi di dato.

Tipo	Tipo di conversione di output
`char`	I caratteri stampabili si visualizzano con la larghezza di una colonna. I caratteri di controllo, come nuova riga, tabulazione ecc., possono produrre più caratteri di output.
`int`	Qualunque tipo intero (`int`, `short` o `long`) viene visualizzato come un numero decimale con larghezza sufficiente per contenere il numero e il segno meno se l'intero è negativo.
Stringa	La larghezza sullo schermo è uguale alla lunghezza della stringa.
`float`	I numeri reali in virgola mobile si visualizzano con la precisione di sei cifre decimali. Gli zeri non significativi non vengono visualizzati. Se il numero è molto grande o molto piccolo, viene visualizzato il numero con un esponente di due cifre (o tre cifre se il tipo è `double`) dopo la lettera "E". La larghezza è sempre sufficiente per mantenere un segno meno e/o un esponente.

Ovviamente per molti scopi è necessario avere più flessibilità nella formattazione della visualizzazione dei dati; questo si può fare tramite i manipolatori, funzioni progettate specificamente per modificare il formato di un oggetto flusso (Tabella 15.4). La libreria `iomanip` contiene molti manipolatori e altri se ne possono aggiungere facilmente. I manipolatori si utilizzano prevalentemente per indicare formati come la larghezza di un campo, la precisione dei numeri in virgola mobile ecc. Il manuale di riferimento del compilatore C++ li descrive nel dettaglio.

Tabella 15.4 Manipolatori di flussi.

Manipolatore	Azione
`dec`	Utilizza la conversione decimale (per default).
`hex`	Utilizza la conversione esadecimale.
`oct`	Utilizza la conversione ottale.
`ws`	Estrae i caratteri vuoti.
`endl`	Inserisce una nuova riga (si può utilizzare al posto di `'\n'`).
`ends`	Aggiunge un carattere terminale nullo al flusso di output (`'\0'`).
`flush`	Pulisce un flusso di output.
`setbase (n)`	Stabilisce la base di conversione a `n` (0, 8, 10 oppure 16). 0 significa decimale per default.
`setprecision (n)`	Imposta la precisione in virgola mobile a `n`.
`setw (n)`	Imposta la larghezza del campo a `n`.
`setfill (c)`	Imposta il carattere di riempimento a `c`.
`setiosflags (f)`	Setta i bit di formato specificati dall'argomento `f` di tipo `long`.
`resetiosflags (f)`	Azzera i bit di formato specificati dall'argomento `f` di tipo `long`.

I manipolatori si inseriscono nell'istruzione `cout` come qualunque altro elemento. La sintassi tipica è:

```
cout << setw (larghezza del campo) << elemento di output;
```

Bisogna ricordarsi di includere l'header file `iomanip`

```
#include <iostream>
#include <iomanip>
...
cout << setw(3) << i << setw(5) << i*i*i;
```

Normalmente, gli interi si visualizzano come decimali (numeri scritti in base 10); è però possibile selezionare una base di numerazione diversa (ottale, esadecimale) invocando i manipolatori `dec`, `hex` oppure `oct`. Così, ad esempio l'istruzione

```
cout << dec << Totale << endl;
```

visualizza il valore di `Totale` in base 10. `dec` è importante per riselezionare la base 10 dopo aver lavorato con altre basi. Ad esempio, se `Totale` prende il valore decimale 255, l'istruzione

```
cout << hex << Totale << endl;
```

produce l'output

`ff` (valore esadecimale corrispondente a 255 decimale)

Si possono mescolare in una stessa istruzione diversi manipolatori:

```
cout << "Base 10 = " << dec << Totale
     << "Base 16 = " << hex << Totale << endl;
```

Esempio

```
#include <iostream>
using namespace std;
#include <iomanip>
using namespace std;

void main()
{
  cout << "Valore hex di " << 40 << " in decimale è: "
    << hex << 40 << endl;
  cout << "Valore ottale di " << hex << 34 << " in
    esadecimale è: " << oct << 34 << endl;
  cout << dec;  // Si ristabilisce la numerazione decimale
}
```

L'output del programma è

```
Valore hex di 40 in decimale è: 28
```

```
Valore ottale di 22 in esadecimale è: 42
```

perché `40` decimale equivale a `28 (2*16 + 8 = 40)` in esadecimale, e `42` in base ottale `(4*8 + 2 = 34)` equivale a `22` in esadecimale `(2*16 + 2 = 34)`.

Il manipolatore `setbase(int n)` fissa la base numerica a 8, 10 o 15. Questo manipolatore parametrizzato funziona come `oct`, `dec` ed `hex`. Ad esempio:

```
cout << setbase(10);
cin >> setbase(10);
```

Esempio

```
#include <iostream>
#include <iomanip>
void main()
{
  const int n = 100;
  // Visualizzare i risultati in diverse basi
  cout << "\n" << n << " "
       << oct << n << " "
       << hex << n << endl;
}
```

L'output sullo schermo è

```
100   144   64
```

Il manipolatore `setw()` controlla la larghezza del formato di output. Il prototipo è

```
setw(int n)
```

Un esempio dell'uso di `setw()` per visualizzare un campo lungo otto caratteri è

```
cout << "12345678901234567890" << endl;
cout << setw(8) << "Ciao";
cout << " Mondo";
```

L'output di queste istruzioni è il seguente

```
12345678901234567890
    Ciao Mondo
```

`Ciao` è stato scritto all'interno di un campo di otto caratteri allineato a destra.

Esempio

```
#include <iostream>
using namespace std;
#include <iomanip>
```

```
void main()
{
    cout << setw(10) << "M" << setw(10) << "N" << endl;
    cout << setw(10) << 1 << setw(10) << 7.77 << endl;
    cout << setw(10) << 10 << setw(10) << 77.77 << endl;
    cout << setw(10) << 100 << setw(10) << 777.77 << endl;
}
```

L'output sarà

```
         M         N
         1      7.77
        10     77.77
       100    777.77
```

È possibile utilizzare la funzione membro `width()` per specificare la larghezza del campo della successiva operazione dell'inseritore. Per esempio, le istruzioni

```
cout << "ABC";
cout.width(5);
cout << "DEF" << "GHI";
```

visualizzano

```
ABC  DEFGHI
```

Dove `DEF` è preceduto da due spazi, mentre le altre operazioni sono normali. Il carattere di riempimento può essere specificato tramite la funzione `fill()`. Per esempio, le istruzioni

```
cout << "ABC";
cout.width(5);
cout.fill('@');
cout << "DEF" << "GHI";
```

visualizzano

```
ABC@@DEFGHI
```

Le istruzioni

```
cout << "12345678901234567890" << endl;
cout.width(15);
cout.fill('*');
cout << "Ciao Mackoy" << endl;
float Z  = 99.99;
cout.width(15);
cout << Z;
```

visualizzano

```
12345678901234567890
****Ciao Mackoy
******99.989998
```

Il carattere di riempimento permane fino al successivo cambiamento.

I numeri in virgola mobile sono visualizzati per default fino a sei cifre di precisione. Si può modificare il numero delle cifre con il manipolatore `setprecision()`. Il formato è

```
cout << setprecision(int i);
```

Esempio

```
#include <iostream>
using namespace std;
#include <iomanip>
void main()
{
  float prova = 814.159265;
  cout << setprecision(2)    // 2 cifre significative
       << prova << endl;
  cout << setprecision(3)    // 3 cifre significative
       << prova << endl;
  cout << setprecision(4)    // 4 cifre significative
       << prova << endl;
  cout << setprecision(5)    // 5 cifre significative
       << prova << endl;
}
```

L'output del programma è

```
814.16
814.159
814.1593
814.15927
```

Per stabilire la precisione si può utilizzare anche il metodo `precision()`. Ad esempio, l'istruzione che fissa a 3 la precisione per l'output è

```
cout.precision(3);
```

Ogni oggetto flusso delle classi `istream` e `ostream` contiene un insieme di flag che specificano in ogni momento il suo "stato di formato". Questo modo di procedere è molto diverso da quello impiegato dalle funzioni C, come `printf` o `scanf`, nelle quali a ogni operazione di input/output si forniscono gli indicatori di formattazione appropriati.

Ognuno di questi flag si può settare e azzerare utilizzando un manipolatore come `setiosflags(long)` e `resetiosflags(long)`.

Il manipolatore `setiosflags()` si definisce come

```
setiosflags(long f)
```

e serve per specificare, ad esempio, l'allineamento del dato nel suo campo (il default è a destra). La seguente istruzione attiva l'opzione di allineamento a sinistra:

```
cout << setiosflags(ios::left);
```

Gli argomenti dei manipolatori (bit indicatori di `ios`) svolgono vari compiti elencati nella Tabella 15.5.

Tabella 15.5 Bit di stato (parola di stato della formattazione).

Bit di stato (argomento)	Proposito
`skipws`	Salta gli spazi vuoti in operazioni di input.
`left`	Allinea l'output a sinistra del campo.
`right`	Allinea l'output a destra del campo.
`internal`	Riempie il campo dopo il segno o l'indicatore base.
`dec`	Attiva la conversione decimale.
`oct`	Attiva la conversione ottale.
`hex`	Attiva la conversione esadecimale.
`showbase`	Visualizza l'indicatore di base numerica. Esempio: `044` (numero ottale) `0x2ea7` (numero hex)
`showpoint`	Visualizza il punto decimale nei valori in virgola mobile. Esempio: `456.00`
`uppercase`	Visualizza i valori esadecimali in maiuscolo. Esempio: `4BFE`
`showpos`	Visualizza i numeri interi positivi preceduti dal segno +.
`scientific`	Notazione scientifica per i numeri in virgola mobile. Esempio: `3.1416e+00`
`fixed`	Utilizza la notazione in virgola fissa per i numeri in virgola mobile. Esempio: `1234.5`
`unitbuf`	Svuota i buffer dopo ogni scrittura.
`stdio`	Svuota i buffer dopo ogni scrittura su `stdout` o `stderr`.

Si deve far precedere ogni argomento (bit di stato) dalla clausola `ios::` che risolve la sua associazione con la classe `ios`. Ad esempio, le istruzioni

```
float pi = 3.14159;
cout << setiosflags(ios::fixed) << pi << endl;
```

selezionano un valore in virgola mobile con la notazione fissa e producono il seguente output:

```
3.14159
```

Si seleziona la notazione scientifica utilizzando l'istruzione

```
cout << setiosflags(ios::scientific) << pi << endl;
```

che visualizza l'output

```
3.14159e+00
```

Si possono anche usare più indicatori in un'unica operazione tramite l'operatore `|`. Ad esempio:

```
cout << setiosflags(ios::dec|ios::showbase) << Totale << endl;
```

Per resettare gli indicatori di stato si usa `resetiosflags()`. Ad esempio, per pulire il parametro `showbase`, si può scrivere

```
cout << resetiosflags(ios::showbase) << Totale << endl;
```

Così, ad esempio, se si attiva l'opzione di allineamento a sinistra

```
cout << setiosflags(ios::left);
```

successivamente potrà essere disattivata con l'istruzione

```
cout << resetiosflags(ios::left);
```

Un altro esempio per illustrare l'uso di differenti basi di numerazione:

```
cout << setiosflags(ios::showbase)
     << "\n" << v << " "
     << oct << v << " "
     << hex << v << endl;
```

L'output è il seguente:

```
100   0144   0x64
```

Esempio

Il seguente programma mostra un sistema per formattare dati di output in diverse forme.

```
#include <iostream>
using namespace std;
#include <iomanip>

void main()
{
  float v1 = 4500.25;
  float v2 = 325.993;
  float v3 = 54225;
  cout  << setiosflags(ios::showpoint|ios::fixed)
        << setprecision(2)
        << setfill('*')
        << setiosflags(ios::right);
```

```
  cout  << "\n Saldo Finale: $" << setw(10) << v1 << endl;
  cout  << "\n Saldo Finale: $" << setw(10) << v2 << endl;
  cout  << "\n Saldo Finale: $" << setw(10) << v3 << endl;
}
```

Il programma visualizza

```
Saldo Finale: $***4500.25
Saldo Finale: $****325.99
Saldo Finale: $**54225.00
```

Esempio

```
#include <iostream>
using namespace std;
#include <iomanip>
void main()
{
  const float p = 3.14159;
  // Visualizza i numeri reali con diversi manipolatori
  cout << setiosflags(ios::showpos|ios::scientific)
       << "\n Il valore di PI è "
       << setprecision(3)
       << setw(15) << setfill('*')
       << setiosflags(ios::right)
       << p;
}
```

L'output di questo programma è

```
Il valore di PI è *****+3.142e+00
```

Anche le funzioni membro `setf()` e `unsetf()` modificano gli indicatori di flusso. Queste funzioni sono simili ai manipolatori `setiosflags()` e `resetiosflags()`, con la differenza che `setf()` e `unsetf()` sono vere funzioni membro; le si accede direttamente:

```
cout.setf(ios::scientific);
cout.unsetf(ios::scientific);
```

15.7 I/O da file

C++ utilizza i flussi anche per gestire i file. Un *file* è una sequenza di byte immagazzinati tipicamente in un dispositivo di memoria di massa (per esempio, il disco fisso). In C++, un file è semplicemente un flusso esterno: una sequenza di byte immagazzinati su disco. Se un file viene aperto per scriverci, è un flusso di output; se viene aperto per leggerne il contenuto, è un flusso di input.

La libreria dei flussi di I/O contiene tre classi per creare e manipolare i file: `ifstream`, `ofstream` e `fstream`. Queste classi sono nell'header file `<fstream>` (che include `<iostream>`).

C++ supporta due tipi di file: testo e binario.

Prima che un programma possa leggere o scrivere su un disco, deve aprire il file. Per aprire un file di testo in lettura, si crea un oggetto flusso della classe `ifstream`; per aprire un file in scrittura, si crea un oggetto della classe `ofstream`. Si possono poi utilizzare i nomi dei flussi con gli operatori di inserimento ed estrazione.

Come i flussi `cin` e `cout`, anche i flussi sui file possono trasferire dati in una sola direzione. Ciò significa che si devono aprire e manipolare flussi indipendenti per la lettura e la scrittura di file di testo. La libreria di flussi C++ offre un insieme di funzioni membro comuni a tutte le operazioni di I/O su file.

Per aprire il file in lettura bisogna dichiarare un oggetto flusso e associarlo a un file:

```
ifstream fin ("demo");
```

L'oggetto si chiama `fin` ed è associato a un file il cui nome è `demo`. Il nome è il parametro che si passa al costruttore di classe per consentirgli di localizzare e aprire il file.

Per aprire il file in scrittura non basta dichiarare un oggetto flusso e associarlo a un file, bisogna specificare anche la modalità di apertura in un secondo parametro

```
ofstream fout ("demo", ios::out);
```

perché un flusso `ofstream` in scrittura si può aprire in due modalità: output `(ios::out)` e append `(ios::app)`. Per default, un file `ofstream` viene aperto in modalità output:

```
ofstream fout ("demo");
```

In questa modalità, se un file esiste, viene totalmente riscritto. Per aggiungere, anziché rimpiazzare, i dati in un file esistente, lo si deve aprire in modalità append; i dati inviati nel flusso si aggiungeranno dopo la fine del file. Se il file non esiste verrà creato in entrambe le modalità.

Precauzione

Prima di tentare di leggere o scrivere un file, è bene verificare che il file sia stato aperto con successo.

Ad esempio, nel caso del flusso `ofstream` dell'esempio precedente si dovrebbe utilizzare un controllo di questo tipo:

```
if (!fout)  {  // Apertura fallita
   cerr << "non si può aprire demo per output\n";
   exit (-1);
 }
```

Esercizio risolto 15.1

Scrivere un programma che acquisisca i caratteri dall'input standard e li scriva nel file `demo`.

```
#include <fstream>

int main()
{
  // Aprire un file demo per output;
  ofstream fout ("demo");
  if (!fout) {
     cerr << "Non si può aprire demo per output:" << endl;
     return -1;
  }
  char car;
  while (cin.get(car))
     fout.put (car);
  return 0;
}
```

Esercizio risolto 15.2

Scrivere un programma che legga un file specificato dall'utente e ne scriva il contenuto nell'output standard.

```
#include <fstream>
using namespace std;
int main()
{
  cout << "Scriva il nome del file. ";
  char nome_file[80];
  cin >> nome_file;
  // Aprire un file per input
  ifstream FileIn (nome_file);
  if (!FileIn)  {
     cerr << "incapace di aprire file di input: "
        <<nome_file << endl;
     return -1;
  }
  char car;
  while (FileIn.get(car))
     cout.put (car);
  return 0;
}
```

La classe `fstream` permette quindi di accedere ai file sia per input che per output. Se non si sa se il flusso su file sarà utilizzato in scrittura oppure in lettura, si può chiamare il costruttore della classe senza argomenti, solo per creare un flusso che poi si assocerà a qualche file mediante metodi opportuni. Ad esempio:

```
ifstream ent;         // Crea un flusso di input
ofstream usc;         // Crea un flusso di output
fstream entrambi;     // Crea un flusso di input e output
```

Una volta creato il flusso, si può utilizzare la funzione `open()` per associarlo a un file e aprirlo. Questa funzione è membro delle tre classi di flusso. Il suo prototipo standard è

```
void open(const char* nome, int modo, int accesso =
  filebuf::openprot);
```

Dove `nome` specifica il pathname del file da associare al flusso, `modo` determina la modalità di apertura del file e `accesso` specifica il permesso di accesso che si assegna al file (il valore per default è `filebuf::openprot`). I possibili valori dell'argomento `modo` si definiscono come enumeratori della classe `ios` (Tabella 15.6).

Tabella 15.6 Valori dell'argomento `modo` di `open`.

Argomento	Modo
`ios::in`	Modo input
`ios::app`	Modo append
`ios::out`	Modo output
`ios::ate`	Apre il file e cerca la fine del file
`ios::nocreate`	Genera un errore se non esiste il file
`ios::trunc`	Tronca il file a 0 se esiste già
`ios::noreplace`	Genera un errore se il file esiste già
`ios::binary`	Apre il file in modo binario

Alcuni esempi:

```
// Apre il file AUTOEXEC.BAT per input di testo
char* cAutoExec = "AUTOEXEC.BAT";
fstream f;
// Apre per input
f.open (cAutoExec, ios::in);

// Apre il file DEMO.DAT per output di testo
fstream f;
// aprire per output
f.open ("DEMO.DAT", ios::out);
```

```
// Apre il file PROVE.DAT per input e
// output binario
fstream f;
// Apre per I/O di accesso aleatorio
f.open ("PROVE.DAT", ios::in | ios::out | ios::binary);
```

Si noti che per aprire un flusso in entrambi i modi, input e output, biaogna specificare i due valori dell'argomento *modo*, `ios::in` e `ios::out`.

Se `open()` fallisce il flusso sarà nullo. Comunque, benché sia sintatticamente valido aprire un file tramite la funzione `open()`, normalmente non si fa poiché, come abbiamo visto, le classi `ifstream`, `ofstream` ed `fstream` dispongono di funzioni costruttore che aprono automaticamente il file. Le funzioni costruttore hanno gli stessi parametri e valori di default della funzione `open()`. Dunque, la forma consueta per aprire un file sarà quella che abbiamo visto prima:

```
ifstream mioflusso ("miofile");    // Apre il file per input
```

Se per qualche motivo non si può aprire il file, il valore della variabile di flusso sarà zero.

Nell'esempio che segue, un file denominato "sorgente" si apre in lettura e un altro file chiamato "destinazione" si apre in scrittura. Se entrambi i file si aprono con successo, il contenuto del file sorgente sarà copiato nel file destinazione, altrimenti sarà segnalato un errore:

```
ifstream sorgF("sorgente");
ofstream destF("destinazione");
if(!sorgF || !destF)
  cerr << "Errore sorgente o destinazione open failed\n";
else
  for(char c = 0; destinazione && sorgente.get(c);)
     destinazione.put(c);
```

Il metodo `close` chiude il file collegato all'oggetto flusso; la sua sintassi è

```
void close();
```

Ad esempio:

```
char cAutoExec = "AUTOEXEC.BAT";
fstream f;
// Apre per input
f.open(cAutoExec, ios::in);
// Istruzioni di I/O
f.close()   // Chiude il buffer del flusso del file
```

Queste istruzioni aprono in input il file `AUTOEXEC.BAT`, compiono generiche operazioni di input e poi chiudono il buffer del flusso del file.

La funzione `close ()` non utilizza parametri né restituisce alcun valore.

Oltre alle funzioni membro `open` e `close`, le classi per l'I/O su file ereditano i metodi già visti per `iostream`. In particolare richiamiamo:

- Il metodo `good`, che restituisce un valore diverso da zero se non si verifica alcun errore nelle operazioni di flusso. Il prototipo è

  ```
  int good();
  ```

- Il metodo `fail`, che restituisce un valore diverso da zero se si verifica un errore in un'operazione di flusso. Il prototipo è

  ```
  int fail();
  ```

- Il metodo `eof`, che restituisce un valore diverso da zero se il flusso ha raggiunto la fine del file. Il prototipo è

  ```
  int eof();
  ```

- L'operatore sovraccaricato `!`, che determina lo stato dell'errore dell'oggetto flusso preso come argomento.

Le classi `ifstream`, `ofstream` e `fstream`, oltre alle funzioni membro ereditate dalle classi `iostream`, definiscono le proprie funzioni specifiche:

`void attach(int fd)`	Collega l'oggetto flusso al flusso referenziato dal descrittore del file `fd`.
`filebuf* rdbuf()`	Restituisce un array `filebuf` associato con l'oggetto flusso.

La lettura e la scrittura su file di testo si farà poi con gli operatori << e >>.

Esercizio risolto 15.3

Il seguente programma scrive un intero, un valore in virgola mobile e una stringa in un file chiamato `demo`.

```
#include <fstream>
using namespace std;

int main()
{
  ofstream usc ("demo");
  if (!usc) {
     cout << "Non si può aprire il file" << endl;
     return 1;
  }
  usc << 10 << " " << 325.45 << endl;
  usc << "Esempio di file di testo" << endl;
  usc.close();
  return 0;
}
```

Esercizio risolto 15.4

Il seguente programma legge un numero intero, un numero in virgola mobile, un carattere e una stringa dal file `demo`.

```
#include <fstream>
int main()
{
  char c;
  int i;
  float f;
  char str[40];
  ifstream ent ("demo");
  if (!ent)
  {
     cout << "Non si può aprire il file" << endl;
     return 1;
  }
  ent >> i;
  ent >> f;
  ent >> c;
  ent >> str;
  ent.close();
  return 0;
}
```

Esercizio risolto 15.5

Scrivere dati in un file. Si deve aprire il file `voti.dat` come file di output, costruire il flusso di output `fileusc` e collegare il flusso al file. Queste operazioni si fanno invocando il costruttore della classe `ofstream`. L'algoritmo di scrittura in un file prosegue verificando che il file sia aperto. Perciò viene invocato l'operatore di negazione sovraccaricato (`!fileusc`); in caso di errore, viene visualizzato un messaggio e il programma termina. Invece, se il processo è corretto, il programma utilizza un ciclo di input per leggere i nomi degli alunni, identificare i loro numeri di matricola (`mat`) e i `voti` dall'input standard, e scrivere questi dati in un file.

```
#include <fstream>      // Definisce la classe ofstream
using namespace std;
main()
{
  ofstream fileusc("voti.dat", ios::out);
  if (!fileusc)  {
     cerr << "Errore: non si può aprire file di output"
       endl;
     exit(1);
  }
  char mat[6], nome[20];
  int voto;
  cout << "\n1:";
  int n = 1;
```

```
  while (cin >> nome >> mat >> voto)  {
     fileusc << nome << " " << mat << " " << voto << endl;
     cout << "\n" << ++n << ":";
  }
  fileusc.close();
}
```

Se si introducono questi dati

```
1: Mackoy         951234  7
2: Carrigan       962146  8
3: Mortimer       991045  9
4: Mackena        981146  9
5: Garcia         982045  5
6: Rodriguez      991122  1
7: Lopez          961333  6
```

sarà creato il seguente file `voti.dat`

```
Mackoy     951234  7
Carrigan   962146  8
Mortimer   991045  9
Mackena    981146  9
Garcia     982045  5
Rodriguez  991122  1
Lopez      961333  6
```

Esercizio risolto 15.6

Scrivere un programma che legga i dati da un file (`voti.dat`).

```
#include <fstream>      // Definisce la classe ofstream
main()
{
  ifstream FileIn ("voti.dat", ios::in);
  if (!FileIn) {              // File di input, FileIn
     cerr << "Errore: non si può aprire file di input"
          << endl;
     exit(1);
  }
  char mat[6], nome[20];
  int voto, somma = 0, conto = 0;
  while (FileIn >> mat >> nome >> voto) {
     somma += voto;
     ++conto;
  }
  FileIn.close();
  cout << "Il voto medio è " << float(somma)/conto << endl;
}
```

L'output sarà:

```
Il voto medio è 6.42857
```

15.8 I/O binario

Per scrivere e leggere i dati in binario di un file, si usano le funzioni membro ereditate dalla classe `iostream`: `put()`, `get()`, `read()` e `write()`. Esaminiamo alcuni esempi.

Esempio

Il seguente programma visualizza sullo schermo il contenuto di un file che riceve come parametro.

```
#include <iostream>
#include <fstream>
int main(int argc, char* argv[])
{
  char c;
  if (argc != 2) {
    cout << "errore nel numero di file\n";
    return 1;
  }
  ifstream ent(argv[1], ios::in | ios::binary);
  if (!ent)
  {
    cout << "Non si può aprire il file" << endl;
    return 1;
  }
  while (ent)       // ent sarà 0 quando si raggiunge eof
  {
    ent.get(c);
    cout << c;
  }
  ent.close();
  return 0;
}
```

Il ciclo `while` termina quando `ent` raggiunge la fine del file. Un modo più breve per implementare il ciclo di lettura, seppure meno leggibile, è il seguente:

```
while (ent.get(c)) cout << c;
```

Esempio

Scrivere una stringa di caratteri non ASCII nel file `prova`.

```
#include <iostream>
#include <fstream>
using namespace std;
```

```
int main()
{
  char *p = "Ciao amici \n\r\xff";
  ofstream usc("prova", ios::out | ios::binary);
  if (!usc)
  {
    cout << "Non si può aprire il file" << endl;
    return 1;
  }
  while (*p) usc.put(*p++);
  usc.close();
  return 0;
}
```

Esempio

```
#include <iostream>
using namespace std;
int main()
{
  int car;
  while ((car = cin.get()) != EOF)
    cout.put(car);
  return 0;
}
```

Esempio

Scrittura di un array di interi e successiva lettura.

```
#include <iostream>
#include <fstream>
using namespace std;
int main()
{
  int n[6] = {15, 25, 35, 45, 50, 60};
  register int i;
  ofstream output ("prova", ios::out | ios::binary);
  if(!output)
  {
    cout << "Non si può aprire il file" << endl;
    return 1;
  }
  output.write ((unsigned char*) n, sizeof(n));
  output.close();
  // Inizializza l'array
  for (i = 0; i < 6; i++)
    n[i] = 0;
```

```
  ifstream input ("prova", ios::in | ios::binary);
  input.read ((unsigned char*) n, sizeof(n));
  // Presenta i valori letti dal file
  for (i = 0; i < 6; i++)
    cout << n[i] << " ";
  input.close();
  return 0;
}
```

Se si raggiunge la fine del file prima che sia stato letto il numero di caratteri specificato, la funzione `read()` si interrompe, e il buffer contiene i caratteri letti; per saperne il numero, si può utilizzare la funzione membro `gcount()`, che restituisce il numero di caratteri letti nell'ultima operazione di input binario.

La fine del file si può riconoscere tramite la funzione membro `eof()`, che restituisce `0` solo quando si raggiunge la fine del file.

15.9 Accesso diretto

Nel sistema di I/O del C++ si può accedere direttamente ai singoli byte dei file tramite le funzioni `seekg()` e `tellg()` ereditate dalla classe `istream`.

L'accesso diretto fa uso di un puntatore al file (da non confondere con il già noto puntatore alla memoria) che è un semplice indice della posizione corrente (cioè del byte corrente) nel file. La posizione corrente è il punto nel quale si effettuerà (o inizierà) il successivo accesso al file. Possiamo distinguere fra posizione corrente in lettura (*current get position*) e posizione corrente in scrittura (*current put position*). Il puntatore get specifica la posizione corrente in lettura, mentre il puntatore put specifica la posizione corrente in scrittura. Ogni volta che si realizza un'operazione di I/O, il puntatore corrispondente avanza automaticamente.

Le funzioni di accesso diretto a file `seekg()` e `tellg()` hanno la seguente sintassi:

```
istream& seekg (streampos pos);
istream& seekg (streamoff spost, seekdir ind);
streampos tellg();
```

La versione a un solo argomento di `seekg()` sposta il puntatore get nella posizione assoluta `pos` nel file, partendo da quella iniziale che ha indice `0`. L'argomento `pos` è di tipo `streampos`: un `long` definito nell'header file `iostream`.

```
typedef long streampos;
```

Il primo argomento della seconda versione di `seekg()` è del tipo

```
typedef long streamoff;
```

pure definito nell'header file `iostream`. Il secondo argomento è del tipo enumerativo

```
enum seekdir
{
  beg,       // Inizio del file
  cur,       // Posizione attuale
  end,       // Fine del file
};
```

La funzione sposta il puntatore `get` di `spost` byte

- dalla posizione `0` in avanti, se `ind` è `ios::beg`
- dalla posizione corrente in lettura in avanti, se `ind` è `ios::cur`
- dalla fine del file indietro, se `ind` è `ios::end`

La funzione membro *tellg()*

```
streampos tellg();
```

restituisce la posizione corrente in lettura, oppure `-1` in caso di errore. Esaminiamo alcuni esempi:

```
#include <fstream>          // I/O di file
using namespace std;

void main()
{
  char nome_file[] = "CGP.CPP";
  ifstream file_in (nome_file);
  if (!file_in)
     cerr << "non si può aprire il file \""
          << nome_file << "\"" << endl;

  // Determinare la lunghezza del file
  streampos inizio = file_in.seekg(0, ios::beg).tellg();
  streampos fine   = file_in.seekg(0, ios::end).tellg();

  // Ottenere uno spostamento
  streamoff spostamento;
  cout << "introdurre uno spostamento (+) dall'inizio
          del file \""
       << nome_file << "\"" << endl
       << "la cui lunghezza sia "
       << (fine-inizio) << " caratteri.";
  cin >> spostamento;
```

```
  // Andare allo spostamento
  file_in.seekg (spostamento, ios::beg);

  // Visualizzare il file sullo schermo
  char car;
  while (file_in)
  {
     file_in.get(car);
     cout << car;
  }
  // chiudere
  file_in.close();
}
```

La classe `ostream` ha due metodi analoghi: `seekp()` e `tellp()`. La loro sintassi è

```
ostream& seekp(streampos pos);
ostream& seekp(streamoff spost, seek_dir ind);
streampos tellp();
```

La versione a un solo argomento di `seekp()` sposta il puntatore put nella posizione assoluta `pos` nel file. La versione a due argomenti sposta la posizione corrente in scrittura di `spost` byte secondo quanto specificato da `ind`. La funzione membro `tellp()` restituisce la posizione corrente in scrittura oppure `-1` in caso di errore.

Esercizio risolto 15.7

Il seguente programma permette di specificare un nome di file nella console, seguito dal numero del byte che si vuole modificare nel file. Poi si scrive una 'T' nella posizione specificata.

```
#include <fstream>
using namespace std;
int main(int argc, char *argv[])
{
  if(argc != 3) {
     cout << "Usare: CAMBIA <nome_file> <byte>\n";
     return 1;
  }
  fstream usc(argv[1], ios::in | ios::out | ios::binary);
  if (!usc) {
     cout << "Non si può aprire il file\n";
     return 1;
  }
  usc.seekp(atoi(argv[2]), ios::beg);
  usc.put('T');
  usc.close();
  return 0;
}
```

SOMMARIO

In questo capitolo sono state introdotte le operazioni fondamentali per l'input e l'output. Abbiamo visto che la libreria `iostream` contiene quattro oggetti flusso: `cout`, `cin`, `cerr` e `clog`. L'output sullo schermo utilizza l'identificatore di flusso `cout` e l'inseritore <<, mentre l'input da tastiera utilizza l'identificatore di flusso `cin` e l'estrattore >>. Il metodo `get()` si utilizza per leggere singoli caratteri dall'input, mentre il metodo `put()` si utilizza per scrivere singoli caratteri sull'output. Per leggere una riga completa di input si utilizza la funzione membro `getline()`. Abbiamo anche visto che esistono dei *manipolatori* per modificare il formato dei flussi di input e di output.

Abbiamo poi ricordato che un file è una sequenza di byte immagazzinati in un dispositivo di memoria di massa. Per aprire e chiudere i file, si creano oggetti delle classi `ifstream` e `ofstream`. Ad esempio, per scrivere su di un file, si deve creare prima un oggetto `ofstream` e poi associare quell'oggetto a uno specifico file. Per utilizzare gli oggetti `ofstream`, bisogna includere l'header file `fstream` (che include `iostream`). I flussi dovranno poi essere aperti e chiusi. Queste operazioni si realizzano con le funzioni `open()` e `close()`. Le funzioni implicate nelle operazioni di lettura e scrittura sono: `get` e `put`, `read` e `write`, `seekp` e `seekg`.

CONCETTI CHIAVE

- Apertura del file
- File binario
- File ad accesso aleatorio
- Header file
- File di testo
- Libreria
- Libreria di classi
- Bit di stato
- Chiusura del file
- Input/Output
- Fine del file (`eof`)
- Flusso (*stream*)
- Flusso binario
- Flusso di testo
- Indicatore di stato
- Manipolatore
- Operatore di estrazione
- Operatore di inserimento

Problemi

15.1 Scrivere le istruzioni per aprire un file di caratteri: il nome del file e l'accesso dovranno essere immessi da tastiera in modo lettura. Se il risultato dell'operazione è errato, il file dovrà essere aperto in modo scrittura.

15.2 Un file di testo contiene interi positivi e negativi. Utilizzare l'operatore di estrazione >> per leggere il file, visualizzarne il contenuto e determinare il numero di interi negativi e positivi.

15.3 Scrivere un programma che legga un testo dalla tastiera, lo immagazzini in un file binario e poi rilegga il file binario e ne visualizzi il contenuto.

Esercizi supplementari

Per ulteriori esercizi si rimanda all'Appendice A del testo.

Liste 16

Introduzione

Questo capitolo riprende il concetto di assegnamento dinamico della memoria per illustrarne una prima fondamentale applicazione: le strutture dati dinamiche. Diversamente dalle strutture dati statiche, che hanno dimensione fissa e vengono allocate in memoria durante la compilazione, quelle dinamiche hanno dimensione variabile e vengono allocate durante l'esecuzione del programma. La struttura dati dinamica che si studierà in questo capitolo è la semplice *lista concatenata,* che è una catena di oggetti collegati, uno dopo l'altro, da *puntatori*. Le liste concatenate sono strutture molto flessibili che hanno numerose applicazioni nel mondo della programmazione.

16.1 Le liste

Finora abbiamo utilizzato strutture dati omogenee che vengono allocate in memoria al momento della compilazione (variabili globali) o al momento dell'esecuzione di una funzione (variabili locali). Questa tecnica obbliga a fissare in anticipo lo spazio da occupare in memoria per ospitare la struttura dati. Per non incorrere in un errore di *buffer overflow* in fase di esecuzione, bisogna sovradimensionare gli array e metterli in condizione di ospitare il maggior numero di elementi prevedibili per quell'applicazione; ciò determina un considerevole spreco medio di memoria. Con la *gestione dinamica della memoria* si possono implementare strutture dati che si accrescono o si rimpiccioliscono col fabbisogno reale del momento.

Una *lista concatenata* è una sequenza di elementi collegati l'uno all'altro da un puntatore. Gli elementi si compongono cioè di due parti: una che contiene l'informazione (di qualunque tipo) e un'altra costituita da un puntatore al successivo elemento della lista (Figura 16.1).

Figura 16.1
Lista concatenata.

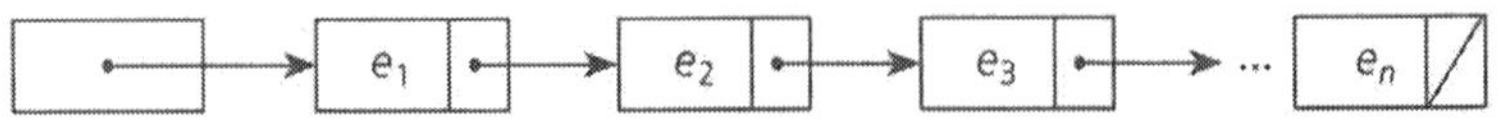

Gli elementi formano una sequenza dal primo all'ultimo. Il primo nodo e_1 si collega ad e_2, e_2 si collega ad e_3 e così via fino ad arrivare ad e_n. L'ultimo elemento non è collegato ad alcun altro, e il suo puntatore assume il valore convenzionale 0.

16.1.1 Classificazione delle liste concatenate

Le liste si possono suddividere in quattro categorie:

- *Liste semplici*: ogni elemento contiene un unico puntatore che lo collega al nodo successivo. La lista è efficiente se percorsa in *avanti*.
- *Liste doppiamente concatenate*: ogni elemento contiene due puntatori, uno all'elemento precedente e l'altro al successivo. La lista è efficiente se attraversata in entrambi i sensi.
- *Liste circolari semplici*: l'ultimo elemento si collega al primo in modo che la lista possa essere attraversata in modo circolare.
- *Liste circolari doppiamente concatenate*: l'ultimo elemento si collega al primo elemento e viceversa. Questa lista si può attraversare in modo circolare in entrambi i sensi.

Per completezza bisogna dire che ognuno di questi quattro tipi di liste può essere implementato sia con i vettori che con i puntatori. Ciò comporta differenze nel modo in cui si assegna la memoria, nel modo in cui si collegano gli elementi e nelle modalità di accesso. Con i vettori si fa riferimento all'assegnamento statico della memoria, mentre con i puntatori si può facilmente utilizzare l'assegnamento dinamico. Come già detto, quest'ultimo ha dei chiari vantaggi in termini di risparmio di memoria, anche se può costare in termini di efficienza computazionale. In questo capitolo e nel successivo faremo riferimento all'implementazione tramite puntatori con memoria dinamica, lasciando come esercizio al lettore l'implementazione tramite vettori.

Ricapitolando, una lista concatenata è una sequenza di elementi costituiti da un campo che contiene l'informazione e un altro che contiene il puntatore al successivo elemento della lista. Il puntatore al primo elemento è detto *puntatore alla testa* della lista. Se la lista non contiene alcun elemento il puntatore alla testa è nullo.

16.2 Operazioni con le liste

Le operazioni comuni sulle liste sono

- creazione con dichiarazione degli elementi
- attraversamento della lista
- inserimento di un elemento
- rimozione di un elemento
- ricerca di un elemento

16.2.1 Dichiarazione di un elemento

In C++ si può definire un elemento o nodo della lista mediante i costrutti `struct` o `class`. Il tipo di nodo è quindi definito dal programmatore che deve pensare ad almeno due campi, uno che contiene l'informazione (di qualunque tipo) e l'altro di tipo *puntatore al tipo* (`struct` o `class`) *che egli stesso sta definendo*. Ad esempio:

```
struct nodo
{
  int dato;
  nodo* puntatore;
};
```

```
class nodo {
public :
   int dato;
   nodo* puntatore;
   // costruttore
};
```

La definizione può utilizzare `struct`, che è un tipo speciale di classe. Infatti, se si cambia la parola riservata `struct` per `class`, la definizione rimane la stessa. La differenza sottile, come ricorderà il lettore, è che in una struttura i campi sono sempre pubblici, mentre in una classe i membri sono privati, a meno che non siano preceduti dalla parola `public`.

Poiché il campo "informazione" può essere di qualsiasi tipo (interi, double, caratteri, stringhe, strutture ecc.) e affinché questo tipo si possa cambiare con facilità, si utilizza di solito `typedef` per definire il nome di questo tipo dentro la struttura del nodo:

```
typedef double elemento;
struct nodo
{
  elemento info;
  nodo* suc;
};
```

Per cambiare il tipo di informazione nei nodi si dovrà cambiare soltanto l'istruzione `typedef`.

Varie dichiarazioni di un nodo

```
class Nodo
{
  public:
   int info;
   Nodo* suc:
};
```

```
typedef class Nodo
{
   public:
    int info;
    Nodo* suc;
}NODO;
```

```
typedef double Elemento;
class Nodo
{
   public:
    Elemento info;
    Nodo* suc;
};
```

Esercizio risolto 16.1

Dichiarare e implementare una classe `Nodo` che contenga un'informazione di tipo `Telemento` e un puntatore a `Nodo`. La classe `Nodo` ha due attributi protetti che sono: `e` di tipo `Telemento` e `suc` che è un puntatore alla propria classe `Nodo`. Si dichiarano tre costruttori

- il costruttore default
- il costruttore che inizializza `e` al valore `x`, e `suc` a `NULL`
- il costruttore che inizializza `e` al valore `x`, e `suc` ad `s`

Le funzioni membro incaricate di `Ottenere` e `Stabilire` tanto l'elemento `e` come il puntatore `suc` sono:

- `Telemento OE();`
- `void SE(Telemento e);`
- `Nodo* Osuc ();`
- `void Ssuc (Nodo *p);`

Infine si dichiara per default la funzione membro distruttore. `Telemento` è il tipo intero; essendo però definito in un `typedef`, può essere facilmente modificato.

```
typedef int Telemento;
class Nodo
{
  protected:
     Telemento e;
     Nodo* suc;
  public:
     Nodo(){}  // Costruttore vuoto
     Nodo (Telemento x); // Costruttore
     Nodo(Telemento x, Nodo* s); // Costruttore
     ~Nodo(){} // Distruttore per default
     Telemento OE();   // Ottiene l'elemento
     void SE(Telemento e); // Imposta l'elemento
     Nodo* Osuc();  // Ottiene il successivo
     void Ssuc( Nodo *p);   // Imposta il successivo
};
```

```
Nodo::Nodo(Telemento x)
{    // Costruttore che inizializza e a x, e suc a NULL
  e = x;
  suc = NULL;
}
Nodo(Telemento x, Nodo* s)
{    // Costruttore che inizializza e a x e suc a s
  e = x;
  suc = s;
}
Telemento Nodo::OE()
{    // Ottiene una copia dell'attributo e
  return e;
}
void Nodo::SE(Telemento x)
{    // Imposta l'attributo e a x
  e = x;
}
Nodo* Nodo::Osuc()
{    // Ottiene una copia dell'attributo suc
  return suc;
}
void Nodo:: Ssuc(Nodo *p)
{    // Imposta l'attributo suc a p
  suc = p;
}
```

16.2.2 Puntatori di testa e coda

Alla lista si accede mediante uno o più puntatori. L'acceso più frequente è tramite il *puntatore alla testa*. A volte, si mantiene un puntatore all'ultimo nodo, il *puntatore alla coda*. Si possono anche mantenere puntatori ad altri nodi. Ogni puntatore deve essere dichiarato. Ad esempio, se si mantiene una lista concatenata con un puntatore alla testa e un altro alla coda, si devono dichiarare due variabili puntatore:

```
nodo* ptr_testa;
nodo* ptr_coda;
```

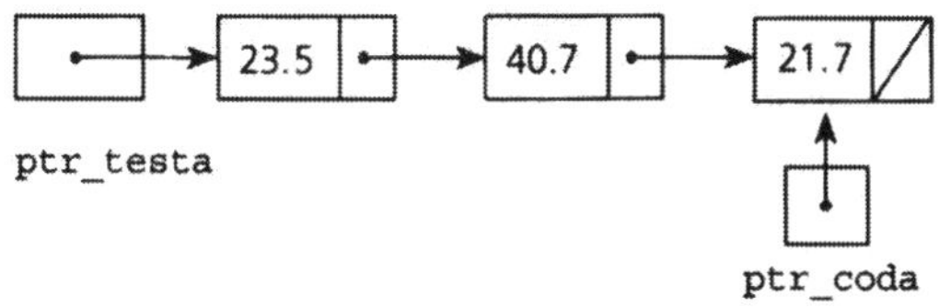

Figura 16.2
Puntatori alla testa e alla coda.

Se il puntatore di testa è `NULL` la lista è vuota. Ovviamente, l'operatore di indirezione `*` applicato a un puntatore restituisce il nodo puntato; ad esempio, `*ptr_testa` restituisce il primo `Nodo` della lista; per visualizzarne il contenuto informativo si può scrivere

```
cout << (*ptr_testa).info;
```

Le parentesi tonde sono necessarie perché l'operatore punto `.` ha priorità più alta di `*`. Come sappiamo, se `p` è un puntatore a una classe/struttura ed `m` è un membro della classe, allora l'espressione `p->m` è una conveniente abbreviazione sintattica per `(*p).m`, perché restituisce il membro `m` della classe/struttura puntata da `p`. L'operatore `->` è detto *operatore di selezione di membro*. L'istruzione precedente può essere riscritta così

```
cout << ptr_testa->info;
```

Nota

Uno degli errori tipici coi puntatori è quello di applicare al puntatore nullo l'operatore di accesso al membro, quello di indirezione o quello di selezione del membro.

16.2.3 Costruzione di una lista

La creazione di una lista concatenata implica i seguenti passi.

Passo 1. Dichiarare il tipo del nodo e il puntatore di testa.

Passo 2. Allocare memoria per un nodo utilizzando l'operatore `new`, assegnandone l'indirizzo a un puntatore.

Passo 3. Creare iterativamente il primo elemento e i successivi.

Passo 4. Ripetere finché ci sono nodi da immettere.

Esercizio risolto 16.2

Creare una lista concatenata di elementi per immagazzinare dati di tipo intero. Un elemento della lista si può definire con l'aiuto della classe.

```
class Elemento {
public :
  Elemento* suc;
  int dato;
  Elemento (Elemento* n, int d): suc(n), dato(d) {}
};
```

Nella classe `Elemento` vi sono due membri dato: `suc`, che è un puntatore all'elemento successivo, e `dato`, che rappresenta il contenuto informativo dell'elemento. C'è pure un costruttore che entra in funzione quando si creano nuovi elementi della lista (oggetti della classe `Elemento`). Per semplicità, tutti i membri sono stati collocati nella sezione `public`.

Il passo successivo per costruire la lista è dichiarare la variabile `Primo` che punterà il primo elemento della lista:

```
Elemento* Primo = NULL; // oppure = 0
```

Il puntatore `Primo` è stato inizializzato a un valore nullo; ciò implica che la lista è vuota. Ora si crea un elemento e lo si colloca nella lista con l'operatore `new`:

```
Primo = new Elemento(Primo, 5);
```

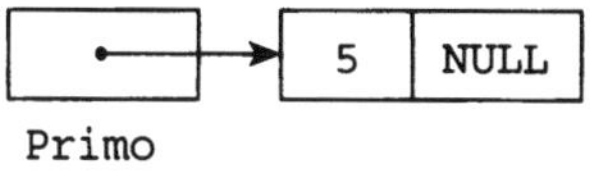

Il puntatore `Primo` adesso punta il nuovo elemento, che si inizializza con il costruttore della classe `Elemento`. Dato che il puntatore `Primo` aveva il valore nullo, il campo `suc` del nuovo elemento prenderà il valore nullo.

Se ora si vuole aggiungere un nuovo elemento con valore 3 e collocarlo al primo posto si scrive semplicemente:

```
Primo = new Elemento(Primo, 3);
```

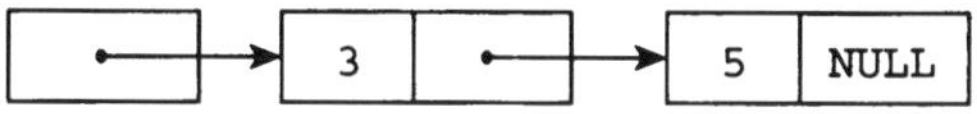

Infine, per ottenere una lista `4, 3, 5` si dovrebbe eseguire

```
Primo = new Elemento(Primo, 4);
```

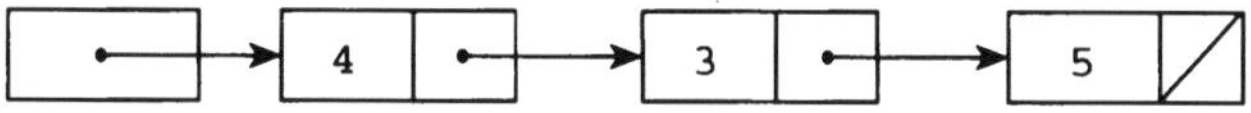

Esercizio risolto 16.3

Creare una classe lista semplice con costruttore, distruttore e funzioni membro per assegnare e ottenere il puntatore al primo nodo della lista.

```
#include <cstdlib>
#include <iostream>
using namespace std;
class ListaS    // Classe lista semplicemente concatenata
{
  protected:
     Nodo* p;
  public:
     ListaS(); // Costruttore
     ~ListaS();  // Distruttore
     Nodo * Op(); // Ottiene il puntatore
     void Sp(Nodo *p1);  // Imposta il puntatore
  // Altre funzioni membro
  ...
};
```

```
ListaS::ListaS()
{
  p = NULL;
}
ListaS::~ListaS(){};

Nodo * ListaS:: Op()
{
  return p;
}
void ListaS:: Sp( Nodo *p1)
{
  p = p1;
}
int main(int argc, char *argv[])
{
  ListaS l1;
  ...
  system("PAUSE");
  return EXIT_SUCCESS;
}
```

16.2.4 Inserire un elemento in una lista

L'algoritmo impiegato per inserire un elemento in una lista varia con la posizione in cui lo si vuole inserire:

- in testa
- in coda
- prima o dopo un determinato elemento

Inserimento in testa

Il procedimento si può riassumere nei seguenti punti.

1. Creare dinamicamente il nuovo nodo puntato da `nuovo_ptr`.
2. Riempire di informazione il nuovo elemento (nel campo `info`).
3. Far sì che il campo `suc` del nuovo nodo punti alla testa della lista.
4. Far sì che `testa_ptr` punti il nuovo nodo appena creato.

Esercizio risolto 16.4

Una lista concatenata contiene tre elementi, 10, 25 e 40. Inserire il nuovo elemento 4 in testa alla lista.

Passi 1 e 2

```
nuovo_ptr = new Nodo;      // Assegna un nuovo nodo
nuovo_ptr -> info = qualche valore;
```

Passo 3

Il campo `suc` del nuovo nodo punta alla testa attuale della lista:

```
nuovo_ptr->suc = testa_ptr;
```

Passo 4

Si cambia il puntatore di testa per puntare il nuovo nodo creato:

```
testa_ptr = nuovo_ptr;
```

A questo punto l'inserimento di un nuovo elemento in testa alla lista termina e la variabile locale `nuovo_ptr` scompare. Rimane solo il puntatore di testa `testa_ptr` che punta alla nuova lista concatenata. Il codice della funzione `InserTestaLista` potrebbe essere:

```
void InserTestaLista (Nodo& testa_ptr, const Nodo::Item&
  inform)
{
  Nodo * nuovo_ptr;
  nuovo_ptr = new Nodo;          // Assegna nuovo nodo
  nuovo_ptr->dato = inform;      // Mette elemento in nuovo
                                 // nodo
  nuovo_ptr->suc = testa_ptr;    // Collega nuovo nodo
                                 // al fronte della lista
  testa_ptr = nuovo_ptr;         // Sposta il puntatore testa
                                 // e punta al nuovo nodo
}
```

La funzione `InserTestaLista` lavora correttamente anche se si aggiunge un elemento a una lista vuota. In questo caso `testa_ptr` passa da `NULL` a puntare il nuovo nodo della lista.

Esercizio risolto 16.5

Creare una funzione membro della classe `ListaS` che aggiunge un nuovo elemento e alla lista. Utilizzare le dichiarazioni degli Esercizi risolti 16.1 e 16.3 delle classi `Nodo` e `ListaS`. Nella zona pubblica della classe `ListaS` si deve includere il prototipo della funzione membro.

```
void AggiungePL(Telemento e);          // Prototipo dentro
                                       // la classe ListaS

void ListaS::AggiungePL(Telemento e)   // Codice
{
  Nodo* aux;
  aux = new Nodo(e);       // Riserva memoria; assegna e
  aux->Ssuc(p);            // Mette p nel successivo di aux
  p =  aux;                // Mette p ad aux
}
```

Inserimento in un posto predeterminato

L'inserimento di un nuovo nodo non sempre si fa in testa alla lista.

Esercizio risolto 16.6

Inserire un nuovo elemento 75 tra l'elemento 25 e l'elemento 40 nella lista 10, 25, 40.

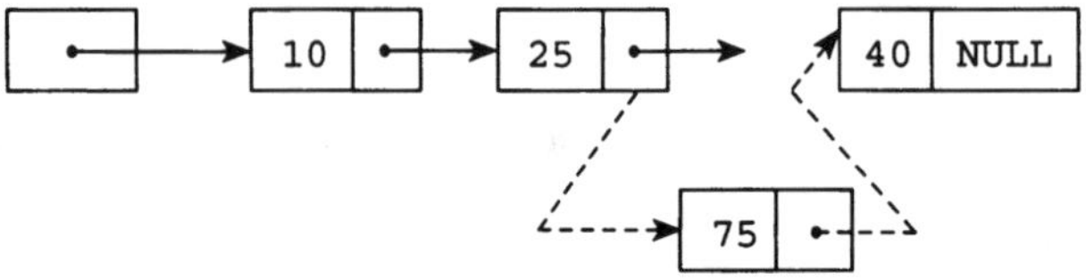

L'algoritmo della nuova operazione di inserzione richiede le seguenti tappe.

1. Creare dinamicamente il nuovo nodo puntato da `nuovo_ptr`.
2. Riempire di informazione il nuovo elemento (nel campo `info`).
3. Far sì che il campo `suc` del nuovo nodo punti al nodo che dovrà stare dopo di lui (oppure a `NULL` se il nuovo elemento dovrà stare all'ultimo posto).
4. Creare un puntatore al nodo che sta prima della posizione voluta dal nuovo nodo e far sì che il nodo da esso puntato punti al nodo appena creato.

Tappe 1 e 2

Si crea un nuovo nodo che contiene 75.

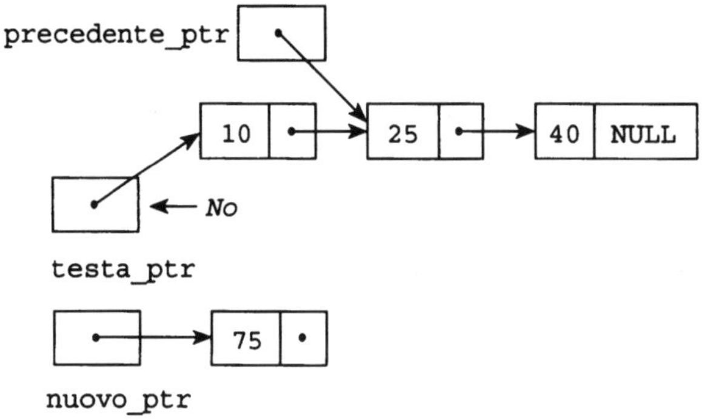


```
nuovo_ptr = new Nodo;
nuovo_ptr->info = qualche valore;
```

Tappa 3

```
nuovo_ptr->suc = ant_ptr->suc;
```

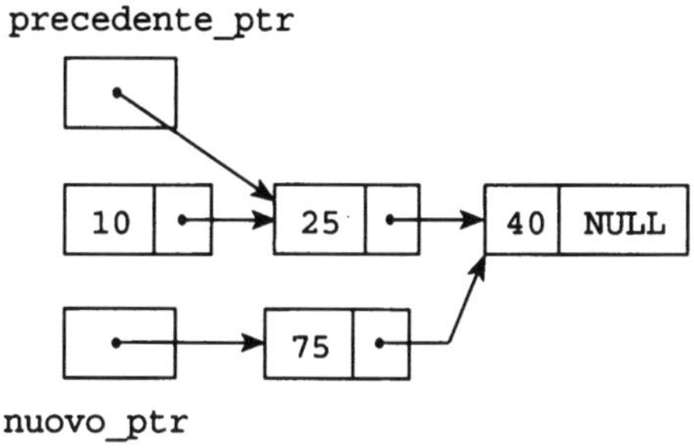

Tappa 4

Alla fine la nuova lista inizierebbe con il nodo 10, continuerebbe in 25, 75 e finirebbe in 40.

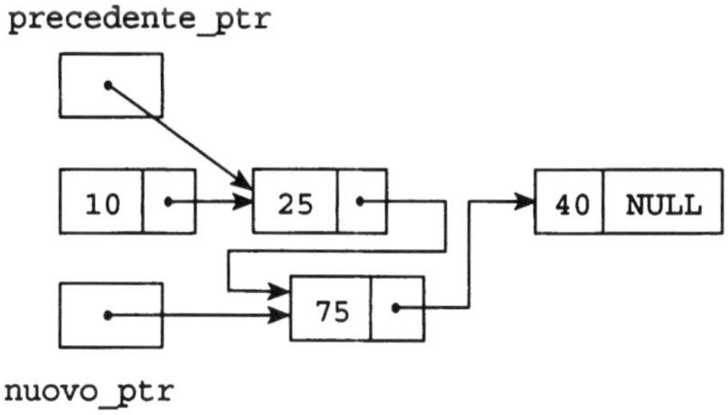


```
void InserireLista(Nodo* anteriore_ptr,const Nodo::Item&
  inform)
{
  Nodo* nuovo_ptr;
  nuovo_ptr = new Nodo;
  nuovo_ptr->info = inform;
  nuovo_ptr->suc = ant_ptr->suc;
  ant_ptr->suc = nuovo_ptr;
}
```

Inserimento in coda

Se non c'è un puntatore all'ultimo elemento della lista, l'inserimento in coda è meno efficiente, perché bisogna prima scorrerla dall'inizio alla fine. Se il puntatore `ultimo` punta l'ultimo nodo, l'inserimento si effettua così:

```
ultimo->suc = new nodo;
ultimo->suc->info = qualunque valore;
ultimo->suc->suc = NULL;
```

La prima istruzione crea un nuovo nodo e lo fa puntare dal campo `suc` dell'ultimo nodo della lista; così il nuovo nodo è ora l'ultimo della lista. La terza istruzione pone a `NULL` il campo `suc` del nuovo ultimo nodo.

Esercizio risolto 16.7

Creare un codice per aggiungere un nuovo elemento e alla lista, tra le posizioni ant_ptr e pos (se pos è NULL, allora è l'ultimo della lista). Si suppone dichiarata la classe Nodo; il puntatore a Nodo aux, che punta al nodo precedente a quello in cui si deve inserire il nuovo elemento (si suppone che esista); e il puntatore a Nodo pos che punta al nodo successivo.

```
Nodo *aux, *pos, *nuovo_ptr;
// Ricerca omessa
nuovo_ptr = new Nodo(x);
nuovo_ptr->Ssuc(pos);
nuovo_ptr->Ssuc(aux);
```

16.2.5 Ricerca di un elemento

Progettiamo la funzione CercareInLista in maniera che restituisca un puntatore all'elemento cercato. La funzione utilizza una variabile puntatore, denominata Indice, per attraversare la lista un nodo dopo l'altro. Tramite un ciclo, Indice punta ai nodi della lista e, se trova il nodo cercato, restituisce un puntatore ad esso, altrimenti restituisce NULL.

```
Nodo* CercareInLista(Nodo* testa_ptr, const Nodo::Item
  destinazione)
{
  Nodo* Indice;
  for (Indice = testa_ptr; Indice != NULL; Indice = Indice->suc)
     if (destinazione == Indice->info) return Indice;
  return NULL;
}
```

Esercizio risolto 16.8

Trovare un nodo data la sua posizione in una lista concatenata. Il nodo viene specificato dalla sua posizione i, cominciando dalla posizione 1, che è la testa. L'algoritmo di ricerca muove il puntatore Indice dalla testa in avanti all'interno di un ciclo for ripetuto i volte. Il ciclo può anche terminare anzitempo, se Indice punta a NULL (la posizione richiesta è maggiore del numero di nodi della lista).

La libreria ANSI C++ fornisce una libreria <assert.h> che contiene una funzione principale assert con un argomento booleano. Essa valuta l'espressione; se questa è true, effettua l'azione prevista, altrimenti visualizza un messaggio di errore e ferma il programma.

```
Nodo* CercarePosizione(Nodo *testa_ptr, size_t posizione)
// Il programma che manipola questa funzione deve includere
// libreria stdlib.h (per implementare tipo size_t)
// libreria assert.h (per implementare funzione assert)
{
  Nodo *indice;
```

```
  size_t i;
  assert (0 < posizione);        // posizione deve essere
                                 // maggiore di 0
  indice = testa_ptr;
  for (i = 1;(i < posizione) && (indice!= NULL); i++)
     indice = indice -> seguente;
  return indice;
}
```

Esercizio risolto 16.9

Ricercare un elemento in una lista concatenata implementata con classi. La funzione membro `Cercare` ritorna un puntatore al nodo che contiene la prima occorrenza del dato `x` nella lista, oppure `NULL` se `x` non c'è. Il puntatore al nodo, `pos`, viene inizializzato al puntatore di testa `p`. Si ripete un ciclo `while` finché non viene trovato l'elemento cercato o non si raggiunge la fine della lista.

La funzione membro `Cercare1` compie la stessa ricerca senza utilizzare l'interruttore `trov` e con un ciclo `for`.

```
Nodo * ListaS::Cercare(Telemento x)
{
  Nodo* pos = p;
  bool trov = false;
  while (!trov && pos)
     if (pos->OE() != x)
        pos = pos->Osuc();
     else trov = true;

     if (trov)            // Trovato
        return pos;
     else
        return NULL;
}

Nodo* ListaS::Cercare1(Telemento x)
{
  Nodo *pos = p;
  for (; pos != NULL; pos = pos->Osuc())
     if (x == pos-> OE())
        return pos;
  return NULL;
}
```

Esercizio risolto 16.10

Creare una funzione membro della classe `ListaS` per aggiungere l'elemento `x` nella posizione `posi` che riceve come parametro. Si ricerca nella lista conservando, oltre alla posizione `pos`, un puntatore al nodo precedente `ant`. Il ciclo ha un contatore per il numero di nodi attraversati, in modo da poter terminare la ricerca quando si arriva al limite `pos`. Al momento di aggiungere il nodo alla lista, si considerano le due eventualità, che sia il primo oppure no.

```
void ListaS::AggiungeposL(Telemento x, int posi)
{
  Nodo *ant = NULL, *pos = p, *aux = new Nodo(x);
  int c = 0;             // Contatore dei nodi della lista
  while (pos && c < posi)
{
  ant = pos;
  pos = pos->Osuc();
  c++;
}
if (c  < posi)
  {
     aux->Ssuc(pos);
  if (ant)               // Centro o fine della lista
     ant->Ssuc(aux);
     else p = aux;       // Primo della lista
  }
}
```

16.2.6 Rimozione di elementi da una lista

L'algoritmo per rimuovere un nodo che contiene un dato può consistere nei seguenti passi.

1. Cercare il nodo che contiene il dato, farlo puntare da `pos` e far puntare da `ant` il nodo che lo precede (se non è il primo).
2. Mettere il puntatore `suc` del nodo puntato da `ant` al puntatore `suc` del nodo puntato da `pos`.
3. Se `pos` è il puntatore di testa si mette `p` al campo `suc` del nodo puntato da `pos`.
4. Si libera la memoria occupata dal nodo puntato da `pos`.

Esercizio risolto 16.11

Rimuovere un nodo da una lista implementata con una classe `ListaS`. Il codice è quello del metodo `Cancellare` della classe `ListaS` vista negli esercizi precedenti.

```
void ListaS::Cancellare(Telemento x)
{
  Nodo* ant=NULL, *pos =p;
     // Ricerca del nodo da cancellare
     ...
     // Sarà cancellato il nodo puntato da pos
  if(ant!=NULL)
     ant->Ssuc(pos->Osuc());  // Non è il primo
  else
     p = pos->Osuc(); // È il primo
  pos->Ssuc(NULL);
  delete pos;
 }
```

Esercizio risolto 16.12

Creare una funzione membro della classe `ListaS` per rimuovere la prima occorrenza dell'elemento `x` della lista, se la trova.

```
void ListaS::CancellareL(Telemento x)
{
  Nodo *ant = NULL, *pos = p;
  bool trov = false;
  while (! trov && pos)  //ricerca
  if (pos->OE()!= x)
  {
     ant = pos;
     pos = pos->Osuc();
  }
  else trov =true;
  if (trov)       // Cancellare la prima occorrenza
  {
     if (ant)     // Non è il primo
        ant->Ssuc(pos->Osuc());
     else      // Cancellazione del primo
        p= p->Osuc();
     pos->Ssuc(NULL);
     delete pos;
  }
}
```

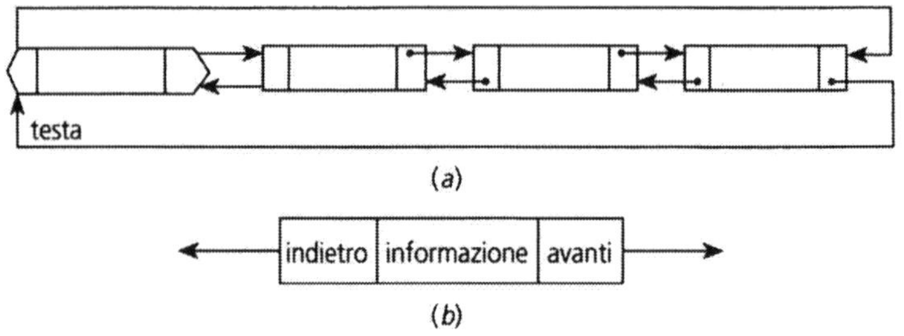

Figura 16.3
Lista doppiamente concatenata: (a) lista con tre nodi; (b) nodo.

16.3 Lista doppiamente concatenata

Esistono numerose applicazioni nelle quali è conveniente l'uso di una lista doppiamente concatenata. In tale lista ogni elemento contiene due puntatori: uno punta all'elemento successivo e l'altro al precedente (Figura 16.3).

C'è un'operazione di *inserimento* e di *rimozione* per ogni direzione. La Figura 16.4 mostra l'inserimento di un nodo *p* a destra del nodo attuale. Devono essere riassegnati quattro puntatori (due vecchi e due nuovi).

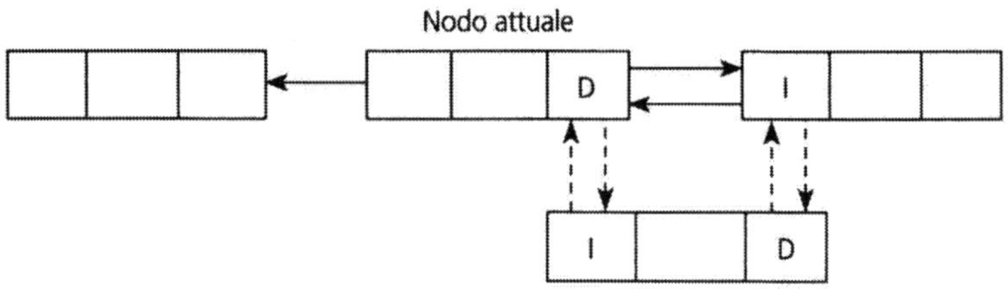

Figura 16.4
Inserzione di un nodo in una lista doppiamente concatenata.

Per rimuovere un nodo da una lista doppiamente concatenata basta cambiare due puntatori (Figura 16.5).

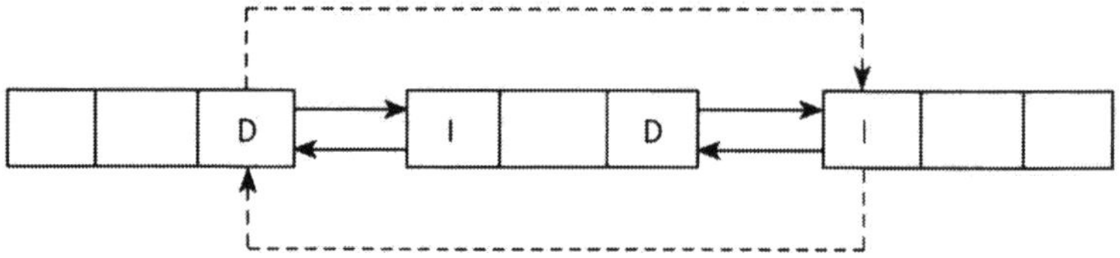

Figura 16.5
Rimozione di un nodo in una lista doppiamente concatenata.

16.3.1 Dichiarazione di una lista doppiamente concatenata

Una lista doppiamente concatenata richiede due puntatori, il valore del campo dato e, se il nodo è di tipo `class`, un costruttore con cui costruire i nuovi elementi. Questo costruttore funzionerà come costruttore default.

```
class Elemento
{
  public :
  Elemento *avanti, *indietro;
  int dato;                  // Dato di tipo intero
  Elemento (Elemento *f = 0, Elemento *b = 0, int d = 0)
     : avanti(f), indietro(b), dato(d) {}
};
```

Ovviamente il nodo può anche essere di tipo `struct`:

```
struct Nodo
{
  typedef int Elemento;
  Elemento dato;
  Nodo *avanti;
  Nodo *indietro;
};
```

16.3.2 Inserimento di un elemento in una lista doppiamente concatenata

Anche l'algoritmo per aggiungere un elemento in una lista doppiamente concatenata varia con la posizione di inserimento.

Inserimento in testa a una lista doppiamente concatenata

Il procedimento si può riassumere nel seguente algoritmo.

- Allocare dinamicamente un nuovo nodo; assegnarne l'indirizzo a un puntatore `nuovo` e copiarvi l'elemento `e` che si vuole inserire.
- Assegnare il campo `suc` del nuovo nodo al puntatore di testa `p`, e il campo `ant` del primo nodo, se esiste, al nodo `nuovo`. Se la lista è vuota non fare nulla.
- Far puntare `p` al nodo `nuovo`.

Esercizio risolto 16.13

Creare una funzione membro della classe `ListaD` per aggiungere un nuovo elemento alla lista doppia come primo elemento.

```
void ListaD::InserisceP(Telemento e)
{
  NodoD *nuovo = new NodoD(e);
  nuovo->Ssuc(p);
  if(p)      // Se esiste p che punta a un nodo
     p->Sant(nuovo);
  p = nuovo;
}
```

Inserimento di un nuovo nodo in una determinata posizione

L'inserimento in una determinata posizione richiede le seguenti tappe.

- Cercare la posizione dove bisogna inserire il nodo.
- Allocare dinamicamente la memoria per il nuovo nodo puntato da `nuovo` e copiarvi il contenuto informativo `e`.
- Far puntare il campo `suc` del nuovo nodo al nodo `pos` che va dopo la posizione del nuovo nodo `ptrnodo` (oppure a `NULL` se non c'è alcun nodo dopo la nuova posizione). L'attributo `ant` del nodo successivo a quello che occupa la posizione del nuovo nodo, che è `pos`, deve puntare a `nuovo`, se esiste; se non esiste, non fare nulla.
- Far puntare l'attributo `suc` del puntatore `ant` al nuovo nodo. L'attributo `ant` del nuovo nodo deve puntare ad `ant`.

Esercizio risolto 16.14

Scrivere una funzione membro della classe `ListaD` che aggiunge un nuovo elemento alla lista doppia in una determinata posizione.

```
void ListaD::InserisceListadoppia(Telemento e)
{
  NodoD* nuovo, *ant=NULL, *pos=p;
  // Ricerca della posizione dove collocare il dato;
  // è noto che non è il primo della lista doppia e
  aux = new NodoD(x);
  if (!pos)    // Ultimo e non primo
  {
     ant->Ssuc(nuovo);
     nuovo->Sant(ant);
  }
  else         // Non primo e non ultimo
  {
     nuovo->Ssuc(pos);
     nuovo->Sant(ant);
     ant->Ssuc(nuovo);
     pos->Sant(nuovo);
  }
}
```

16.3.3 Rimozione di un elemento da una lista doppiamente concatenata

L'algoritmo per rimuovere un nodo è simile all'algoritmo di cancellazione per la lista semplice, ma ora l'indirizzo del nodo precedente si trova nel puntatore `ant` del nodo da cancellare. I passi da seguire sono i seguenti.

- Ricercare il nodo che contiene il dato. Si deve avere l'indirizzo del nodo da rimuovere e l'indirizzo del precedente (`ant`).
- L'attributo `suc` del nodo `ant` deve puntare all'attributo `suc` del nodo da rimuovere, `pos` (se non è il primo nodo della lista). Se è il primo della lista, l'attributo `p` della lista deve puntare all'attributo `suc` del nodo da rimuovere `pos`.
- L'attributo `ant` del nodo successivo da cancellare deve puntare all'attributo `ant` del nodo da rimuovere, se non è l'ultimo nodo. Se il puntatore da rimuovere è l'ultimo, non fare nulla.
- Infine, liberare la memoria occupata dal nodo rimosso `pos`.

Esercizio risolto 16.15

Scrivere una funzione membro della classe `ListaD` che cancella un elemento in una lista doppiamente concatenata.

```
void ListaD::Cancellarelemento(Telemento x)
{
  NodoD *ant = NULL, *pos = p;
  // ricerca del nodo da cancellare omessa
  // NodoD da cancellare in pos
  if(!ant && !pos->Osuc()) // È il primo e ultimo
  {
     p = NULL; // La lista doppia rimane vuota
  }
  else if (!ant) // Primo e non ultimo
  {
     pos->Osuc()->Sant(NULL);
     p = pos->Osuc();
     pos->Ssuc(NULL);
  }
  else if (!pos->Osuc()) // Ultimo e non primo
  {
     ant->Ssuc(NULL);
     pos->Sant(NULL);
  }
  else // Non primo e non ultimo
  {
     ant->Ssuc(pos->Osuc());
     pos->Osuc()->Sant(ant);
```

```
      pos->Sant(NULL);
      pos->Ssuc(NULL);
   }
   delete pos;
}
```

16.4 Liste circolari

Nelle liste lineari semplici o nelle doppie vi è sempre un nodo che ha il puntatore a `NULL`. Una lista circolare, per definizione, non ha inizio né fine. Tuttavia, è comodo stabilire un nodo iniziale da cui accedere alla lista per potere inserire, cancellare dei nodi o svolgere altre operazioni.

Inserimento di un elemento in una lista circolare

L'algoritmo impiegato per aggiungere o inserire un elemento in una lista circolare varia con la posizione in cui si vuole inserire l'elemento nella lista. I passi da seguire sono i seguenti.

- Allocare memoria al nodo `nuovo` e riempirlo di informazione.
- Se la lista è vuota, far puntare il `suc` del nuovo nodo al nodo stesso e far puntare il puntatore di lista al nuovo nodo.
- Se la lista non è vuota, si deve decidere dove collocare il nuovo nodo, conservando l'indirizzo del nodo precedente `ant`. Collegare l'attributo `suc` del nuovo nodo con l'attributo `suc` del nodo `ant`. Collegare l'attributo `suc` del nodo `ant` con il nuovo nodo. Se il nodo `nuovo` inserito deve essere il primo della lista, spostare il puntatore della lista al nuovo nodo; altrimenti non fare nulla.

Esercizio risolto 16.16

Scrivere una funzione membro della classe `ListaS` per inserire un elemento in una lista circolare semplicemente concatenata.

Per implementare una lista circolare semplicemente concatenata, è possibile usare le classi `ListaS` e `Nodo` delle liste semplicemente concatenate. Il codice che si ottiene corrisponde a una funzione membro che aggiunge un elemento `e` a una lista circolare semplicemente concatenata.

```
void ListaS::Inserire(Telemento e)
{
  Nodo *ant = NULL, nuovo;
  // Si cerca dove collocare l'elemento x, lasciando in ant
  // la posizione del nodo immediatamente precedente,
  // se mai esiste.

  nuovo = new Nodo(e);
```

```
  if (p == NULL)          // La lista è vuota e contiene
                          // soltanto il nuovo elemento
   {
     nuovo->Ssuc(nuovo);
     p = nuovo;
   }
  else                    // Lista non vuota, non si inserisce
                          // come primo elemento
  {
     nuovo->Ssuc (ant);
     ant->Ssuc(nuovo);
}
```

Rimozione di un elemento in una lista circolare semplicemente concatenata

L'algoritmo per rimuovere un nodo di una lista circolare è il seguente.

- Cercare il nodo `ptrnodo` che contiene il dato, conservando un puntatore al nodo precedente (`ant`).
- Far puntare il campo `suc` del nodo `ant` dove punta il campo `suc` del nodo da cancellare. Se la lista conteneva un solo nodo, si pone a `NULL` il puntatore `p` della lista.
- Se il nodo da rimuovere è quello puntato dal puntatore di accesso alla lista (`p`) e la lista contiene più di un nodo, si modifica `p` per mandarlo dove punta il campo `suc` del nodo puntato da `p` (se la lista si svuota, fare prendere a `p` il valore `NULL`).
- Infine, liberare la memoria occupata dal nodo eliminato.

Esercizio risolto 16.17

Scrivere una funzione membro della classe `ListaS` che cancella un elemento da una lista circolare semplicemente concatenata.

```
void ListaS::Cancellare(Telemento e)
{
  Nodo *ant = NULL, ptrnodo = p;
  // Ricerca dell'elemento da cancellare (con successo)
  ant->Ssuc(ptrnodo->Osuc());
  if (p == p->Osuc()) // La lista rimane vuota
     p = NULL;
  else if (ptrnodo == p) // Se è il primo, spostare p
     p = ant->Osuc();
}
```

SOMMARIO

In questo capitolo abbiamo introdotto il concetto di *lista concatenata*: sequenza di elementi nella quale ognuno punta al successivo. Ogni nodo della lista contiene due parti: informazione e puntatore. Le operazioni fondamentali su una lista sono la visita, l'aggiunta di elementi (in testa, in coda o in un punto preordinato) e la cancellazione di elementi (dalla testa, dalla coda o di un elemento specifico).

In una *lista doppiamente concatenata* ogni nodo ha anche un puntatore al nodo che lo precede. In una *lista concatenata circolarmente* il puntatore dell'ultimo nodo punta al primo elemento.

CONCETTI CHIAVE

- Lista semplice
- Lista doppiamente concatenata
- Lista circolare
- Aggiunta di un elemento
- Rimozione di un elemento

Problemi

16.1 Scrivere una funzione membro di una classe lista semplicemente concatenata che restituisca "vero" se è vuota, altrimenti "falso". Scrivere un'altra funzione membro che crei una lista vuota.

16.2 Scrivere una funzione membro che restituisca il numero di nodi di una lista semplicemente concatenata.

16.3 Scrivere una funzione membro di una classe lista semplicemente concatenata che cancelli il primo nodo.

16.4 Scrivere una funzione membro di una classe lista semplicemente concatenata che mostri gli elementi nell'ordine in cui si trovano.

16.5 Scrivere una funzione membro di una classe lista semplicemente concatenata che restituisca il primo elemento della classe lista, se esiste.

16.6 Scrivere una funzione membro di una classe lista doppiamente concatenata che aggiunga un elemento come primo nodo della lista.

16.7 Scrivere una funzione membro di una classe lista doppiamente concatenata che restituisca il primo elemento della lista.

16.8 Scrivere una funzione membro di una classe lista doppiamente concatenata che elimini il primo elemento della lista, se esiste.

16.9 Scrivere una funzione membro della classe lista doppiamente concatenata che stabilisca se è vuota.

16.10 Scrivere il codice di un costruttore di copia di una classe lista semplicemente concatenata.

16.11 Scrivere il codice di un distruttore che elimini tutti i nodi di un oggetto della classe lista semplicemente concatenata.

16.12 Scrivere una funzione membro della classe lista semplicemente concatenata che inserisca un elemento *x* in una lista concatenata ordinata in senso crescente.

16.13 Scrivere una funzione membro di una lista semplicemente concatenata che elimini tutte le occorrenze di un elemento *x* che riceve come parametro.

16.14 Scrivere un metodo della classe lista semplicemente concatenata che elimini un elemento *x* che riceve come parametro di una lista concatenata ordinata.

16.15 Scrivere una funzione membro di una classe lista semplicemente concatenata che ordini la lista spostando soltanto i puntatori.

16.16 Scrivere una funzione che non sia membro della classe lista semplicemente concatenata, che riceva come parametro due oggetti di tipo lista che contengono due liste ordinate in senso crescente, e le combini in un'altra lista che riceve come parametro.

16.17 Scrivere il codice di un costruttore di copia di una classe lista doppiamente concatenata.

16.18 Scrivere una funzione membro di una classe lista doppiamente concatenata che inserisca un elemento *x* nella lista, lasciandola ordinata.

16.19 Scrivere una funzione membro di una classe lista doppiamente concatenata che cancelli un elemento *x* dalla lista.

16.20 Scrivere una funzione che non sia membro della classe lista doppiamente concatenata che copi una lista doppia in un'altra.

16.21 Scrivere una classe lista semplicemente concatenata circolare che permetta di svolgere le seguenti operazioni: stabilire se la lista è vuota; identificare il primo elemento della lista; aggiungere un elemento come primo della lista; cancellare il primo elemento della lista; cancellare la prima occorrenza di un genrico elemento *x* nella lista.

Esercizi supplementari

Per ulteriori esercizi si rimanda all'Appendice A del testo.

Pile e code 17

Introduzione

In questo capitolo esamineremo in dettaglio pile (*stack*) e code (*queue*), che sono probabilmente le strutture dati dinamiche più utilizzate. Esse immagazzinano e recuperano i loro elementi secondo un ordine ben preciso: le pile con strategia *LIFO* (*Last In First Out*) e le code con strategia *FIFO* (*First In First Out*).

17.1 Concetto e gestione di una pila

Una *pila* (*stack*) è una lista nella quale si inseriscono e si eliminano elementi solo dalla testa (il termine si usa per analogia con una pila di piatti, una pila di pratiche sulla scrivania di un impiegato ecc.).

La pila è gestita quindi con strategia Last In First Out (LIFO), cioè la sequenza di estrazione di elementi dallo stack è esattamente l'inversa di quella di immissione, cosicché il primo elemento a essere immesso sarà anche l'ultimo a essere estratto.

Operazioni usuali nella pila sono `Inserire` (*push*), che aggiunge un elemento alla cima della pila, e `Rimuovere` (*pop*), che toglie un elemento dalla cima della pila. La Figura 17.1 mostra una sequenza di operazioni *push* e *pop* in uno stack.

La pila si può implementare tramite array, nel qual caso la sua dimensione massima è fissa, o tramite puntatori e liste concatenate, nel qual caso si usa la memoria dinamica e non vi è alcuna limitazione alla sua dimensione.

Figura 17.1
Inserire e prelevare elementi da una pila.

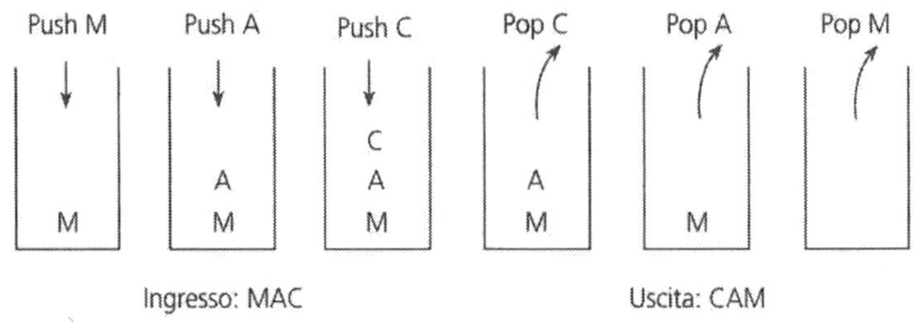

Una pila può essere *vuota* o *piena* (solo nel caso di dimensione massima fissa). Se un programma tenta di rimuovere un elemento da una pila vuota, si verificherà un errore, detto *underflow*. Se, invece, un programma tenta di inserire un elemento in una pila piena, si produce un errore chiamato *overflow*. Per evitare queste situazioni si progettano funzioni che verificano se la pila è piena o vuota.

17.1.1 Implementare la classe Pila con un array

Il modo migliore per definire una pila è con una classe o con un template. Implementandola con un array, i membri di una pila includeranno oltre al vettore, un indice puntatore alla cima della pila e l'insieme di operazioni sulla pila. Un primo risultato da prendere in considerazione è che la dimensione della pila non può superare il numero di elementi dell'array e la condizione *pila piena* sarà significativa per il progetto.

Il metodo usuale di introdurre elementi in una pila consiste nel collocare il *fondo* della pila nella posizione 0 dell'array e crearla senza alcun elemento al suo interno (*pila vuota*); poi si introducono gli elementi nell'array (nella pila), in modo che il primo elemento sia introdotto nella posizione 0, il secondo elemento nella posizione 1, il successivo nella posizione 2 e così via. Con queste operazioni il puntatore che segna la cima della pila si incrementa di 1 ogni volta che si aggiunge un nuovo elemento. Gli algoritmi *push* e *pop* che utilizzano l'indice dell'array come puntatore della pila sono:

push

1. Verificare che la pila non sia piena.
2. Incrementare di 1 il puntatore della pila.
3. Mettere l'elemento nella posizione del puntatore della pila.

pop

1. Verificare che la pila non sia vuota.
2. Leggere l'elemento della posizione del puntatore della pila.
3. Ridurre di 1 il puntatore della pila.

Se l'array ha `DimPila` elementi, l'indice della pila sarà compreso fra `0` e `DimPila-1`; *in una pila piena* il puntatore della pila punta a `DimPila-1`, mentre *in una pila vuota* il puntatore della pila punta a `-1`, poiché 0 sarà l'indice del primo elemento.

La dichiarazione di una pila include i dati e le operazioni citate.

1. Dati della pila (tipo `TipoDato`, che conviene definire tramite `typedef`).
2. Verificare che la pila non sia piena prima di effettuare l'operazione *push*. `Pilapiena` restituisce `true` se la pila è piena e `false` in caso contrario. Se la pila è piena visualizzare un messaggio di errore e terminare il programma.
3. Verificare che la pila non sia vuota prima di effettuare l'operazione *pop*. `Pilavuota` restituisce `true` se la pila è vuota e `false` in caso contrario. Se la pila è vuota visualizzare un messaggio di errore e terminare il programma.
4. `Pulirepila` svuota la pila, lasciandola senza elementi e disponibile per altri compiti.
5. `Vederepila` restituisce il valore situato in cima alla pila, ma non decrementa il puntatore della pila, che rimane quindi intatta.

```
// File "pilaarray.h"
#include <iostream>
#include <cstdlib>
using namespace std;

const int MaxDimPila = 100;

class Pila
{
  private:
     TipoDato vettorepila[MaxDimPila];  // Array della pila
     int cima;
  public:
     Pila(void);        // Costruttore, inizializza la cima
                        // della pila
     // Operazioni della pila
     void Inserire(const TipoDato& elemento);
     TipoDato Rimuovere(void);
     void Pulirepila(void);

     TipoDato Vederepila(void) const; // Accesso alla pila
```

```
    // Verifica lo stato della pila
    int Pilavuota(void) const;
    int Pilapiena(void) const;
};
```

Esempio

Scrivere un programma che manipoli la classe `Pila` definita prima e vi introduca un dato di tipo intero (cioè il numero 25).

```
typedef int TipoDato;
#include "pilaarray.h";        // Include la classe Pila
using namespace std;
Pila P;
P. Inserire(25);               // Inserisce 25 nella pila P
cout << P.Vederepila() << endl;   // Visualizza 25

// Toglie l'elemento 25 e lascia la pila vuota
if (!P.Pilavuota())
  aux = P.Rimuovere();
cout << aux << endl;

P.Pulirepila();                // Pulisce la pila
```

Le operazioni e il costruttore della pila definiti nella dichiarazione si possono implementare così:

```
// Costruttore; inizializza la cima della pila
Pila::Pila(void) : cima(-1)
{}
```

Le operazioni della pila definite nella classe `Pila` sono: `Inserire`, `Rimuovere` e `Vederepila`. Le operazioni `Inserire` e `Rimuovere` inseriscono ed eliminano un elemento della pila; l'operazione `Vederepila` accede alla cima della pila senza rimuoverne l'elemento.

L'operazione `Inserire` incrementa la cima di 1 e immette il nuovo elemento nella pila. Il tentativo di aggiungere un elemento a una pila piena produce un messaggio di errore `"Stack Overflow"` e termina il programma.

```
void Pila::Inserire (const TipoDato& elemento)
{
  // Se la pila è piena, termina il programma
  if (cima == MaxDimPila-1)
  {
     cerr << "Stack Overflow" << endl;
     exit (1);
  }
```

```
    // Incrementa il puntatore pila e copia l'elemento
    // in vettorepila
    cima++;
    vettorepila[cima] = elemento;
}
```

L'operazione `Rimuovere` elimina l'elemento `cima` dalla pila copiandone prima il valore in una variabile locale ausiliare e, poi, decrementandolo di 1. La variabile `aux` viene restituita nell'esecuzione dell'operazione `Rimuovere`. Il tentativo di togliere un elemento da una pila vuota produce un messaggio di errore `"Stack Underflow"` e termina il programma.

```
TipoDato Pila::Rimuovere (void)
{
  Tipodato Aux;
  // Se la pila è vuota, termina il programma
  if (cima == -1)
  {
     cerr << "Stack Underflow" << endl;
     exit (1);
  }
  // Salva elemento della cima
  aux = vettorepila[cima];
  // Decrementa cima e restituisce il valore dell'elemento
  cima--;
  return aux;
}
```

Si deve proteggere l'integrità della pila, perciò la classe `Pila` deve fornire operazioni che ne verifichino lo stato: `Pilavuota` o `Pilapiena`. Inoltre, si deve definire un'operazione `Pulirepila` che ripristini la condizione iniziale della pila determinata dal costruttore (cima della pila a `-1`).

La funzione `Pilavuota` verifica se la cima della pila è `-1`. In questo caso, la pila è vuota e la funzione restituisce `true`; in caso contrario, restituisce `false`.

```
int Pila::Pilavuota(void) const
{
  // Restituisce il valore logico dell'espressione cima == -1
  return cima == -1;
}
```

La funzione `Pilapiena` verifica se la cima è `MaxDimPila-1`. In questo caso, la pila è piena e la funzione restituisce `true`; in caso contrario, restituisce `false`.

```
int Pila::Pilapiena (void) const
{
  // Restituisce il valore logico dell'espressione
  // cima == MaxDimPila-1
```

```
  return cima == MaxDimPila-1;
}
```

Infine, `Pulirepila` reinizializza la cima al suo valore iniziale con la pila vuota (`-1`).

```
// Rimuove tutti gli elementi della pila
void Pila::Pulirepila (void)
{
  cima = -1;
}
```

Esercizio risolto 17.1

Implementare la classe `Pila` con un array. Viene definita la costante `MaxDimPila=100` che rappresenta il massimo numero di elementi che potrà contenere la pila. Si definisce in un `typedef` il tipo di dati che `Pila` contiene (in questo caso saranno numeri interi). `Pila` è una classe i cui attributi sono la `cima` che punta sempre l'ultimo elemento aggiunto alla pila e un array `A` i cui indici varieranno tra `0` e `MaxDimPila-1`. Tutte le funzioni membro della classe sono pubbliche, eccetto `EPienaP` che è privata.

- `SvuotaP`. Crea la pila vuota assegnando alla cima il valore `-1`.
- `Pila`. È il costruttore della `Pila`. Coincide con `VuotaP`.
- `EvuotaP`. Decide se la pila è vuota (`cima` vale `-1`).
- `EpienaP`. Nell'implementazione di una pila con array, la pila deve essere dichiararta privata per prevenire possibili errori. In questo caso la pila sarà piena quando la cima punterà al valore `MaxDimPila-1`.
- `AggiungeP`. Aggiunge un elemento alla pila. Perciò verifica in primo luogo che la pila non sia piena, e, in caso affermativo, incrementa la `cima` di un'unità, per poi mettere l'elemento nella posizione `cima` dell'array `A`.
- `PrimoP`. Verifica che la pila non sia vuota, e restituisce l'elemento dell'array `A` nella posizione puntata da `cima`.
- `CancellareP`. Elimina l'ultimo elemento messo nella pila. Prima verifica che la pila non sia vuota e poi diminuisce la `cima` di un'unità.
- `Pop`. Questa operazione estrae il primo elemento dalla pila e lo cancella. Può essere implementata direttamente oppure chiamando le primitive `PrimoP` e poi `CancellareP`.
- `Push`. Questa primitiva coincide con `AggiungeP`.

```
#include <cstdlib>
#include <iostream>
using namespace std;

#define MaxDimPila 100
```

```
typedef int TipoDato;
class Pila
{
  protected:
     TipoDato A[MaxDimPila];
     int cima;
  public:
     Pila(){ cima = -1;}    // Costruttore
     ~Pila(){}       // Distruttore
     void SvuotaP();
     void AggiungeP(TipoDato elemento);
     void CancellareP();
     TipoDato PrimoP();
     bool EVuotaP();
     void Push(TipoDato elemento);
     TipoDato Pop();
  private:
     bool EPienaP();
};

void Pila:: SvuotaP()
{
  cima = -1;
}

void Pila::AggiungeP(TipoDato elemento)
{
  if (EPienaP())
     {
      cout << "Stack Overflow";
      exit (1);
     }
     cima++;
     A[cima] = elemento;
}

void Pila::Push (TipoDato elemento)
{
  AggiungeP (elemento);
}

TipoDato Pila::Pop()
{
  TipoDato Aux;
  if (EVuotaP())
  {
     cout << "Stack Underflow";
     exit (1);
  }
```

```
  Aux = A[cima];
  cima--;
  return Aux;
}

TipoDato Pila::PrimoP()
{
  if (EVuotaP())
  {
     cout << "Stack Underflow";
     exit (1);
  }
  return A[cima];
}

void Pila::CancellareP()
{
  if (EVuotaP())
  {
     cout << "Stack Underflow";
     exit (1);
  }
  cima--;
}

bool Pila::EVuotaP()
{
  return cima == -1;
}

bool Pila::EPienaP()
{
  return cima == MaxDimPila-1;
}

int main(int argc, char *argv[])
{
  Pila P;
  P.AggiungeP(5);
  P.AggiungeP(6);
  cout << P.Pop() << endl;
  cout << P.Pop() << endl;
  system("PAUSE");
  return EXIT_SUCCESS;
}
```

17.1.2 Implementare la classe *Pila* con liste dinamiche

Per implementare una pila con puntatori basta usare una lista semplice; mai piena, la pila sarà vuota se il puntatore di testa, cioè la cima della pila, è `NULL`. La pila si dichiara come una classe con un attributo protetto che è un puntatore a nodo.

Gli algoritmi *push* e *pop* sono:

push Aggiunge un nuovo nodo, con il dato che si vuole inserire, come primo elemento della lista.

pop Verifica che la lista non sia vuota. Estrae il valore del primo nodo. Cancella il primo nodo.

Esercizio risolto 17.2

Implementare la classe `Pila` con i puntatori. Supponiamo definita la classe `Nodo` già implementata nell'Esercizio risolto 16.1 e utilizzata nelle liste semplici. La classe `Pila` ha come attributo protetto un puntatore alla classe `Nodo`. Le funzioni membro della classe `Pila` sono:

- Costruttore `Pila`. Crea la pila vuota ponendo l'attributo `p` a `NULL`.
- Costruttore di copia `Pila` utilizzato per la trasmissione di parametri per valore da una pila a una funzione.
- Distruttore `~Pila`, il cui codice elimina tutti i nodi della lista.
- `SvuotaP`. Crea la pila vuota mettendo l'attributo `p` a `NULL`.
- `EvuotaP`. Stabilisce se la pila è vuota, valuta cioè se l'attributo `p` è `NULL`.
- `AggiungeP`. Aggiunge un elemento alla pila. Per fare ciò aggiunge un nuovo nodo che contiene come informazione l'elemento che si vuole aggiungere e lo inserisce in testa.
- `PrimoP`. Verifica che la lista non sia vuota e restituisce l'informazione del primo nodo della lista.
- `CancellareP`. Elimina l'ultimo elemento immesso nella pila. Prima verifica che la lista non sia vuota e poi rimuove la testa della lista.
- `Pop`. Questa operazione estrae il primo elemento della pila e lo cancella. Può essere implementata direttamente oppure chiamando le primitive `PrimoP` e `CancellareP`.
- `Push`. Questa primitiva coincide con `AggiungeP`.

```
#include <cstdlib>
#include <iostream>
using namespace std;

typedef int Telemento;

class Nodo {
  protected:
     Telemento e;
     Nodo *Seg;
```

```
  public:
     Nodo(){}
     ~Nodo(){}
     Nodo (Telemento x){ e = x; Seg = NULL;} // Costruttore
     Telemento OE(){ return e;}          // Ottiene elemento
     void SE(Telemento x){ e = x;}       // Assegna elemento
     Nodo * OSeg(){ return Seg;}       // Ottiene successivo
     void SSeg( Nodo *p){ Seg = p;}    // Assegna successivo
    };
class Pila
  {
     protected:
       Nodo *p;
     public:
       Pila(){p = NULL;}
       void SvuotaP(){ p = NULL;}
       bool EvuotaP(){ return !p;}
       Telemento PrimoP(){ if (p) return p->OE();}
       void AggiungeP( Telemento e);
       void Push(Telemento e){ AggiungeP(e);}
       void CancellareP();
       Pila::Pila (const Pila &p2);
       ~Pila();
       Telemento Pop();
  };

void Pila::AggiungeP(Telemento e)
{
  Nodo *aux;
  aux = new Nodo(e);
  if( p )
     aux->SSeg(p);
  p = aux;
}

void Pila::CancellareP()
{
  Nodo *paux;
  if(p)
  {
     paux = p;
     p = p->OSeg();
     delete paux;
  }
  else;              // Errore
}
```

```
Pila::Pila (const Pila &p2)
{
  Nodo* a = p2.p, *af, *aux;
  p = NULL;
  AggiungeP(-1);  // Aggiunge Nodo Testa
  af = p;
  while ( a != NULL)
  {
     aux = new Nodo(a->OE());
     af->SSeg(aux);
     af = aux;
     a = a->OSeg();
  }
  CancellareP();  // Cancella nodo Testa
}
Pila:: ~Pila()
{
  Nodo *paux;
  while(p != 0)
  {
     paux = p;
     p = p->OSeg();
     delete paux;
  }
}
Telemento Pila::Pop()
{
  Telemento e;
  e = PrimoP();
  CancellareP();
  return e;
}
int main(int argc, char *argv[])
{
  Pila p;
  p.SvuotaP();
  p.AggiungeP(4);
  p.AggiungeP(5);
  while (!p.EvuotaP())
  {
     cout << p.PrimoP() << endl;
     p.CancellareP();
  }
  system("PAUSE");
  return EXIT_SUCCESS;
}
```

Figura 17.2
Una coda.

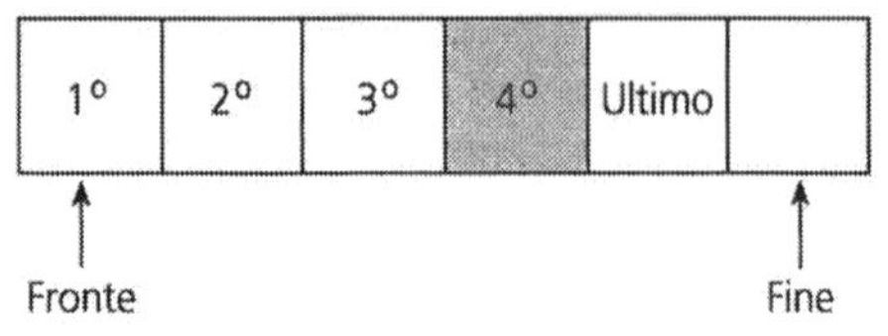

17.2 Concetto e gestione di una coda

La *coda* è una struttura dati gestita con la politica *First In First Out*. Pensata come un vettore, permette di accedere ai dati da ciascuno dei suoi due estremi (Figura 17.2). Gli elementi si immettono dalla fine e si rimuovono dal fronte nello stesso ordine in cui sono stati immessi.

Le *azioni permesse* in una coda sono:

- Creare una coda vuota
- Verificare che una coda sia vuota
- Aggiungere un dato alla fine della coda
- Eliminare un dato dal fronte della coda

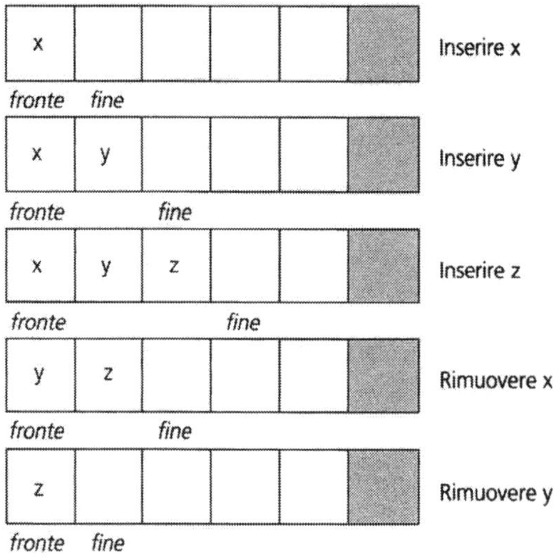

Come le pile, le code possono essere implementate tramite vettori o liste dinamiche. In questo paragrafo considereremo solo l'implementazione tramite vettore, lasciando quindi come esercizio al lettore il compito di implementare la coda come lista semplice con due puntatori, `fronte` e `fine`.

Pensiamo a una classe `Coda` che contiene un array (`vettoreQ`) per immagazzinare elementi di un tipo generico `TipoDato`, e due indici, `fronte` e `fine`; il primo punta la testa della coda e l'altro la prima cella vuota dell'array che segue la fine della coda. Quando si inserisce un elemento, si verifica prima se `fine` punta una posizione valida; se sì, si aggiunge l'elemento e si incrementa `fine` di 1. Quando si rimuove un elemento, si fa una prova per vedere se la coda è vuota e, se così non è, si recupera l'elemento dalla posizione puntata da `fronte` che viene incrementato di 1.

La dimensione massima del vettore è determinata dalla costante `MaxDimQ`.

L'indice `conto` controlla il numero di elementi della coda e serve per determinare se la coda è vuota o piena.

Le operazioni tipiche della coda sono: `InserireQ`, `RimuovereQ`, `Qvuota`, `Qpiena` e `FronteQ`. `InserireQ` prende un elemento di tipo `TipoDato` e lo inserisce in `fine`. `RimuovereQ` elimina e restituisce l'elemento da `fronte`. Il metodo `FronteQ` restituisce il valore dell'elemento in `fronte`. L'operazione `Qvuota` verifica se la coda è vuota prima di eliminare un elemento, mentre `Qpiena` verifica se la coda è piena prima di inserire un nuovo elemento. Se le precondizioni per `InserireQ` e `RimuovereQ` non sono soddisfatte, il programma deve visualizzare un messaggio di errore e terminare.

```
#include <iostream>
#include <stdlib>
using namespace std;
const int MaxDimQ = 100;
class Coda
{
  private:
     // Definizione dell'array della coda,
     // puntatori e contatore
     int fronte, fine, conto;
     TipoDato vettoreQ[MaxDimQ];
  public:
     Coda(void);       // Inizializza i membri dato
     // Operazioni di modifica della coda
     void InserireQ(const TipoDato& elemento);
     TipoDato RimuovereQ(void);
     void CancellareCoda(void);

     // Accesso alla coda
     TipoDato FronteQ(void) const;

     // Metodi di verifica dello stato della coda
     int LunghezzaQ(void) const;
     int Qvuota(void) const;
     int Qpiena(void) const;
};
```

Figura 17.3
Un array circolare.

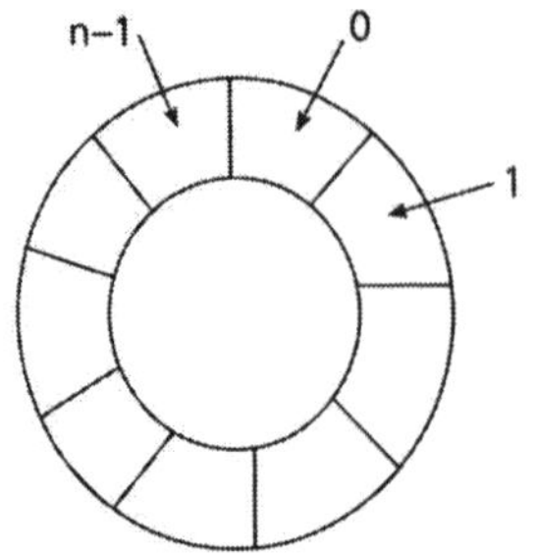

La dichiarazione e l'implementazione della coda si mettono in un header file "codarray.h".

Questo procedimento funziona bene fino alla prima volta che l'indice `fine` raggiunge la fine dell'array, perché non ci sarà più posto per aggiungere elementi. Ma se durante questo periodo sono stati eliminati degli elementi, ci sarà spazio all'inizio dell'array, e quindi si potrebbero spostare verso il fronte tutti gli elementi di tante posizioni quante sono state le rimozioni. Purtroppo lo spostamento dei dati è costoso in termini di tempo di computazione, specialmente se i dati immagazzinati nell'array sono tanti e grandi. Il modo migliore per immagazzinare una coda in un array, è quindi quello di utilizzare un tipo speciale di array che unisca l'ultimo elemento al primo. Questo array *circolare* (Figura 17.3) permette di implementare la coda senza necessità di spostare alcun elemento.

Una coda vuota si rappresenta con la condizione `fronte=fine`.

Dopo le operazioni che li coinvolgono, sia `fronte` che `fine` vengono incrementati in senso orario. La variabile `conto` mantiene il numero di elementi nella coda e, se `conto=MaxDimQ`, la coda è piena. Sia `fronte` che `fine` si incrementano circolarmente all'infinito, quindi per far corrispondere i loro indici di array si utilizza l'operazione "modulo":

Spostare `fine` avanti: `fine = (fine + 1) % MaxDimQ`

Spostare `fronte` avanti: `fronte = (fronte + 1) % MaxDimQ`

Figura 17.4
Una coda vuota.

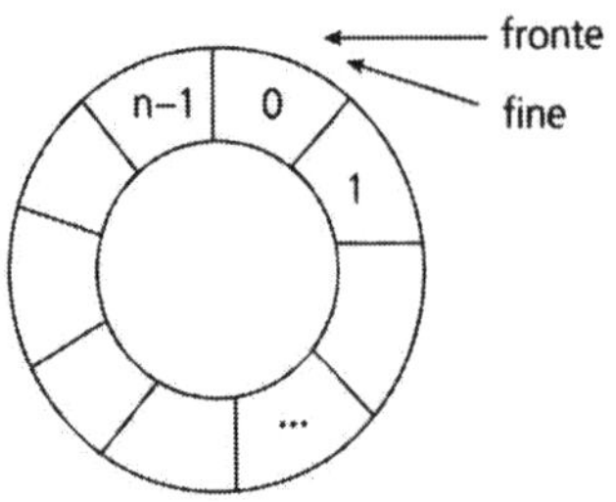

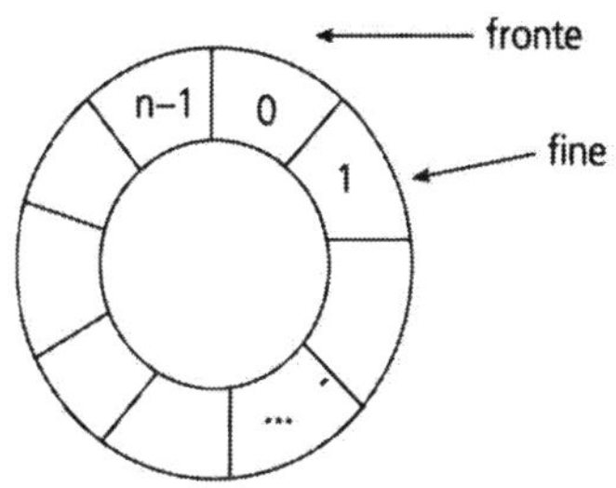

Figura 17.5
Una coda che contiene un elemento.

Gli algoritmi per la gestione di code in array circolari includono almeno i seguenti compiti:

- Creare una coda vuota: `fronte = fine = 0`.
- Verificare se una coda è vuota: `fronte == fine?`
- Verificare se una coda è piena: `(fine + 1) % MaxDimQ == fronte?`
- Aggiungere un elemento alla coda: se la coda non è piena, aggiungere un elemento nella posizione `fine` e porre `fine = (fine + 1) % MaxDimQ`.
- Eliminare un elemento da una coda: se la coda non è vuota, eliminarlo dalla posizione `fronte` e porre `fronte = (fronte + 1) % MaxDimQ`.

Prima di iniziare il processo di inserimento, `fine` punta la successiva posizione disponibile nel vettore. Il nuovo elemento si colloca nella sua posizione e `conto` si incrementa di 1.

```
VettoreQ[fine] = elemento;
conto++;
```

L'indice `fine` deve essere aggiornato tramite l'operatore resto (`%`).

```
// Inserisce un elemento nella coda
void Coda::InserireQ (const TipoDato& elemento)
{
  // Termina se la coda è piena
  if (conto == MaxDimQ)
  {
     cerr << "Queue Overflow" << endl;
     exit (1);
  }
  // Incrementa conto, assegna elemento a vettoreQ
  // e attualizza fine
  conto++;
  vettoreQ[fine] = elemento;
  fine = (fine + 1)% MaxDimQ;
}
```

L'operazione `RimuovereQ` cancella o elimina un elemento dalla testa della coda riferita dall'indice `fronte`. L'eliminazione inizia copiando il valore dell'elemento da estrarre in una variabile temporale e decrementando `conto`:

```
elemento = vettoreQ[fronte];
conto--;
```

Nel modello circolare `fronte` si deve riposizionare nel successivo elemento del vettore utilizzando l'operatore resto (`%`).

```
fronte = (fronte + 1)% MaxDimQ;
```

Il codice sorgente è

```
// Cancella elemento del fronte della coda e restituisce
// il suo valore
TipoDato Coda::RimuovereQ (void)
{
  TipoDato aux;
  // Se vettoreQ è vuoto, termina il programma
  if (conto == 0)
  {
     cerr << "Queue Underflow" << endl;
       exit (1);
  }
  // Registra il valore nel fronte della coda
  aux = vettoreQ[fronte] ;
  // Decrementa il conto, avanza fronte e restituisce il
  valore
  // cancellato
  conto--;
  fronte = (fronte + 1) % MaxDimQ;
  return aux;
}
```

Esercizio risolto 17.3

Implementare la classe `Coda` con un array circolare. La classe `Coda` contiene gli attributi protetti `fronte`, `fine` e l'array `A` dichiarato con una lunghezza massima. Tutte le funzioni membro saranno pubbliche, eccetto il metodo `EpienaC` che sarà privato. Nell'implementazione della classe `Coda` mediante array circolare bisogna tenere conto che `fronte` punterà sempre una posizione antecedente a quella in cui si trova il primo elemento della coda e `fine` punterà sempre la posizione in cui si trova l'ultimo elemento.

```
#include <cstdlib>
#include <iostream>
#define MaxDimQ 100
using namespace std;
```

```
typedef int TipoDato;
class Coda
{
  protected:
     int fronte, fine;
     TipoDato A[MaxDimQ];
  public:
     Coda();              // Costruttore
     ~Coda();             // Distruttore
     void SvuotaC();
     void AggiungeC(TipoDato e);
     void CancellareC();
     TipoDato PrimoC();
     bool EvuotaC();
  private:
     bool EpienaC();
};
Coda::Coda()
{
  fronte = 0;
  fine = 0;
}
Coda::~Coda(){}
void Coda::SvuotaC()
{
  fronte = 0;
  fine = 0;
}
void Coda::AggiungeC(TipoDato e)
{
  if (EpienaC( ))
  {
     cout << "Queue Overflow";
     exit (1);
  }
  fine = (fine + 1) % MaxDimQ;
  A[fine] = e;
}
TipoDato Coda::PrimoC()
{
  if (EvuotaC())
  {
     cout << "Elemento fronte di una coda vuota";
     exit (1);
  }
  return (A[(fronte+1) % MaxDimQ]);
}
```

```
bool Coda::EvuotaC()
{
  return (fronte == fine);
}
bool Coda::EpienaC()
{
  return (fronte == (fine+1) % MaxDimQ);
}
void Coda::CancellareC()
{
  if (EvuotaC())
  {
     cout << "Eliminazione di una coda vuota";
     exit (1);
  }
  fronte = (fronte + 1) % MaxDimQ;
}
```

SOMMARIO

In questo capitolo abbiamo introdotto le più importanti strutture dati dinamiche: le pile e le code.

Una *pila* è una struttura dati gestita con strategia *LIFO* (*last-in, first-out*, ultimo elemento a entrare, primo a uscire) nella quale i dati vengono inseriti e rimossi dallo stesso estremo, che si chiama *cima* della pila. Le più importanti operazioni su una pila sono: `Push` (aggiunge un elemento nella cima della pila) e `Pop` (elimina un elemento dalla cima della pila). Ogni operazione di estrazione di dati deve assicurarsi previamente che vi sia almeno un elemento della pila, altrimenti la pila finirà in *underflow* e si verificherà un errore.

Una *coda* è una struttura dati gestita con strategia *FIFO* (*first-in, first-out*, primo elemento a entrare, primo a uscire) nella quale i dati si inseriscono in *coda* e si eliminano dalla *testa*. Le operazioni fondamentali in una coda sono: `inserire`, `rimuovere`, `fronteCoda` e `fineCoda`.

Pile e code si possono implementare utilizzando sia le liste dinamiche che gli array.

CONCETTI CHIAVE

- Classe Coda
- Classe Pila
- Coda
- FIFO
- LIFO
- Pila

Esercizi supplementari

Per gli esercizi si rimanda all'Appendice A del testo.

Ricorsione 18

Introduzione

Questo capitolo tratta il tema della "ricorsione". Una funzione si dice "ricorsiva" se chiama sé stessa. Si può utilizzare la ricorsione come alternativa all'iterazione, ma normalmente essa è meno efficiente a causa delle operazioni ausiliarie compiute per chiamare la funzione. Ciononostante la ricorsione viene usata perché a volte risulta più semplice concepire algoritmi ricorsivi anziché iterativi.

18.1 Funzioni ricorsive

Per la soluzione di alcuni problemi è comodo consentire a una funzione di chiamare sé stessa. Quando una funzione chiama sé stessa, sia direttamente che per il tramite di altre funzioni, viene detta *ricorsiva*. La ricorsione è un argomento importante che è stato studiato a lungo nella storia della programmazione.

In matematica esistono numerose funzioni che hanno un intrinseco carattere ricorsivo, ma anche nella vita ordinaria esistono problemi che possono convenientemente essere risolti mediante procedure ricorsive. Ad esempio, il fattoriale di un intero positivo `n`, scritto `n!`, è il prodotto

```
n! = n * (n - 1) * (n - 2) * ... * 1
```

Ad esempio

$$5! = 5 * \underbrace{4 * 3 * 2 * 1}_{(5-1)!} = 5 * 4! = 120$$

Cosicché il fattoriale di n è

```
n! = n*(n - 1)!
```

Cioè la funzione ha un'intrinseca natura ricorsiva (si calcola il fattoriale di un numero calcolando il fattoriale di un altro numero).

Ovviamente il fattoriale di un numero intero n ≥ 0 si può calcolare anche in maniera iterativa tenendo presente che

```
n! = 1            se  n = 0
n! = n*(n - 1)!   se  n > 0
```

e utilizzando ad esempio un semplicissimo ciclo `for`:

```
fattoriale = 1;
for (int contatore = n; contatore >= 1; contatore --)
   fattoriale *= contatore;
```

L'algoritmo che implementa la funzione in maniera ricorsiva deve contemplare una condizione di uscita, la condizione cioè che, se verificata, interromperà la sequenza delle chiamate ricorsive. Così come la condizione d'uscita di un ciclo iterativo, anche la condizione di uscita di una ricorsione deve essere prima o poi verificata, pena la non terminazione della ricorsione. Ad esempio, nel caso del fattoriale, la condizione d'uscita sarà il raggiungimento del passo in cui si calcola il fattoriale del numero 0, cioè 0!=1. L'algoritmo ricorsivo sarà

```
n! = 1            se  n = 0 (condizione di terminazione)
n! = n*(n - 1)!   se  n > 0 (passo della ricorsione)
```

L'implementazione ricorsiva della funzione fattoriale sarà

```
int fattoriale(int n)
  { if (n == 0) return 1;    \\ Condizione di terminazione
    else return n * fattoriale(n - 1); \\ Passo
  }
```

Esempio

Definizione ricorsiva del prodotto di numeri naturali.

1. *Soluzione iterativa* $a * b = \underbrace{a + a + a + \ldots + a}_{b \text{ volte}}$
2. *Soluzione ricorsiva* $a * b = a$ se $b = 1$

   $a * b = a * (b - 1) + a$ se $b > 1$

   Ad esempio, 7×3 sarà:

   ```
   7 * 3 = 7 * 2 + 7 = 7 * 1 + 7 + 7 = 7 + 7 + 7 = 21
   ```

Esercizio risolto 18.1

Implementare la serie di Fibonacci: 0, 1, 1, 2, 3, 5, 8, 13, 21 ... Questa serie inizia con 0 e 1, e ogni elemento successivo è la somma dei due precedenti:

0 + 1 = 1
1 + 1 = 2
2 + 1 = 3
3 + 2 = 5
5 + 3 = 8
...

Quindi le condizioni di terminazione e il passo saranno:

```
fibonacci(0) = 0
fibonacci(1) = 1
...
fibonacci(n) = fibonacci(n-1) + fibonacci(n-2)
```

cioè

```
fibonacci(n) = n    se n = 0 oppure n = 1
fibonacci(n) = fibonacci(n-1) + fibonacci(n-2) se n >= 2
```

Si osservi che la definizione ricorsiva della serie di Fibonacci si differenzia dai due esempi precedenti perché il passo richiede due chiamate ricorsive, anziché una. La serie potrebbe essere generata anche da un algoritmo iterativo:

```
int fibonacci(int n)
{ if (n <= 1 ) return(n);
  fibinf = 0;
  fibsup = 1;
  for (i = 2; i <= n; i++){
     x = fibinf;
     fibinf = fibsup;
     fibsup = x + fibinf;
  }
  return (fibsup);
}
```

L'equivalente ricorsivo sembra più intuitivo; lo presentiamo all'interno del seguente programma:

```
#include <iostream>
using namespace std;

unsigned long fibonacci (unsigned long);
main()
{
  unsigned long risultato, num;
  cout << "Introduca un intero : ";
  cin >> num;
```

```
  risultato = fibonacci(num);
  cout << "Fibonacci(" << num << ")= risultato" << endl;
  return 0 ;
}
// Definizione ricorsiva della funzione di Fibonacci
unsigned long fibonacci(unsigned long n)
{
  if (n == 0 || n == 1) return n
  else return fibonacci(n - 1) + fibonacci(n - 2);
}
```

Il programma visualizza:

```
Introduca un intero : 2
Fibonacci (2) = 1

Introduca un intero : 20
Fibonacci(20) = 832040
```

La ricorsione indiretta avviene quando la funzione chiama sé stessa non direttamente, ma tramite una concatenazione di chiamate con altre funzioni che termina con una chiamata alla prima funzione. Ad esempio:

```
#include <iostream>
using namespace std;

void A(int c);
void B(int c);

main()
{
  A('Z');
  cout << endl;
  return 0;
}
void A(int c)
{
  if (c > 'A') B(c);
  putchar(c);
}
void B(int c)
{
  A(--c);
}
```

Il programma principale chiama la funzione ricorsiva `A()` con argomento `'Z'`. La funzione `A` esamina il suo parametro `c`; dopodiché, se il valore in esso contenuto è lessicograficamente maggiore di `'A'`, chiama la funzione `B()` che, a sua volta, chiama `A()` passandole come argomento il valore ASCII immediatamente precedente quello contenuto nel parametro `c`. Ciò farà sì che `A()` torni ad esaminare l'argomento `c` chiamando, eventualmente, ancora `B()` fino a quando `c` conterrà il valore `'A'`. A questo punto la ricorsione terminerà con la chiamata `putchar()` che, sarà eseguita ventisei volte visualizzando tutto l'alfabeto ASCII, carattere per carattere.

18.2 Confronto tra ricorsione e iterazione

Sia la ricorsione che l'iterazione implicano la ripetizione e si basano su una struttura di controllo, un test che se verificato terminerà la ripetizione. Lo svantaggio della ricorsione sta nel fatto che a ogni ripetizione una funzione deve invocare sé stessa (se la ricorsione è diretta) o altre funzioni; lo svantaggio è quindi duplice, perché implica ritardi e maggior occupazione di memoria. In termini di tempo di computazione, lo svantaggio sta nel fatto che la chiamata di una funzione richiede di per sé un tempo di esecuzione, indipendentemente da cosa farà poi la funzione. In termini di occupazione di memoria, lo svantaggio sta nel fatto che a ogni chiamata di funzione bisogna memorizzare nello "stack" una serie di registri e parametri, i più importanti dei quali sono il registro del processore (che contiene l'indirizzo dell'istruzione che dovrà essere eseguita quando la funzione terminerà la sua esecuzione), gli argomenti della funzione stessa e le sue variabili locali. Poiché questi spazi di memoria nello stack saranno rilasciati soltanto al termine della funzione, una ricorsione di chiamate provoca una crescita continua dello stack; esso comincerà poi a svuotarsi come una "pila", cioè in ordine inverso rispetto a quello di riempimento, solo al raggiungimento della condizione di terminazione della ricorsione.

L'unico vantaggio della ricorsione sta nel fatto che alcuni problemi e funzioni hanno un'implementazione ricorsiva intuitiva e naturale, cosa che semplifica il lavoro del programmatore, sia nella scrittura del programma che nella sua "manutenzione".

In conclusione possiamo consigliare la soluzione ricorsiva solo quando la soluzione iterativa è difficile da trovare o l'applicazione non richiede particolari prestazioni in termini di tempo e di occupazione di memoria.

> Qualunque problema che si può risolvere ricorsivamente lo si può risolvere anche mediante un algoritmo iterativo; cioè per ogni funzione ricorsiva se ne può trovare un'altra che fa la stessa cosa attraverso un ciclo e senza richiamare sè stessa. La ricorsione spesso produce soluzioni semplici e di immediata comprensione, ma la corrispondente soluzione iterativa sarà normalmente più efficiente, sia in termini di occupazione di spazio di memoria che in termini di tempo di computazione.

Esempio

La funzione "fattoriale" offre un comodo confronto con la corrispondente soluzione iterativa.

Soluzione iterativa

```
int fattoriale(int n)
{
  int fatt = 1;
  for (int i = 2; i <= n; i++) fatt *= i;
  return fatt;
}
```

Sia l'iterazione che la ricorsione potrebbero non terminare mai; è sufficiente che la condizione di controllo non venga mai falsificata.

Esercizio risolto 18.2

Calcolare la somma dei primi *N* interi positivi. Una funzione iterativa per calcolare la sommatoria dei primi *N* interi è:

```
int Sommatoria(int N);
{
  int somma = 0, i;
  for (i = 1; i <= N; i = i + 1)
     somma = somma + i;
  return somma;
}
```

La versione ricorsiva della funzione `Sommatoria` si basa sul fatto che

$$\texttt{Sommatoria(N)} = \begin{cases} 1 & \text{se } \texttt{N=1} \\ \texttt{N+Sommatoria(N-1)} & \text{altrimenti} \end{cases}$$

e quindi possiamo implementarla così:

```
int Sommatoria(int n)
{
  if (n == 1) return 1;  // Condizione di uscita,
                         // tappo della ricorsione
     else return n + Sommatoria(n - 1);  // Passo della
                                          // ricorsione
}
```

Esercizio risolto 18.3

Scrivere una funzione `mcd()` che calcoli il Massimo Comun Divisore di due numeri interi e un programma che ne faccia uso. Il Massimo Comun Divisore di due numeri naturali (uno dei quali è diverso da zero) è il numero intero più grande per cui sono divisibili entrambi i numeri. L'algoritmo `mcd(m, n)` deve essere tale per cui

- `mcd(m, n)` vale `n` se `n <= m` ed `n` è divisore di `m`
- `mcd(m, n)` vale `mcd(n, m)` se `m < n`
- `mcd(m, n)` vale `mcd(n, resto di m diviso per n)` negli altri casi

Quindi, il MCD vale già `n` se `n` è un divisore di `m`; se `m` è più piccolo di `n`, allora bisogna invertire gli argomenti, altrimenti il MCD si ottiene calcolando il MCD di `n` e del resto della divisione intera di `m` per `n`. L'algoritmo ricorsivo che calcola il MCD potrebbe essere quindi:

```
int mcd(int a, int b)
{
  if (b == 0) return a;          // tappo
     else return mcd(b, a%b);    // passo
}
```

oppure

```
int mcd(int a, int b)
{
  if (b!= 0) return mcd (b, a%b); // passo
  return a;                       // tappo
}
```

Il programma seguente usa un'altra funzione `mcd`.

```
#indice <iostream>
using namespace std;

int mcd(int m, int n)
// m ed n devono essere > 0
// restituisce il MCD fra m ed n
{
  if (n<=m && m%n==0) return n;
  else if (m<n) return mcd(n, m);
     else return mcd(n, m%n);
}

void main()
{
  int m, n;
  cout << "Introdurre due interi positivi:" << endl;
  cin >> m >> n;
  cout << "Il massimo comun divisore è: " << mcd (m, n)
       << endl;
}
```

Il programma visualizza:

```
Introdurre due interi positivi: 6  40
Il massimo comun divisore è: 2
```

Esercizio risolto 18.4

Scrivere una funzione ricorsiva che calcoli la somma dei quadrati dei primi *N* numeri interi. La funzione `Sommaquadrati` implementata ricorsivamente è così definita:

$$\text{Somma}(N) = \begin{cases} 1 & \text{se } N = 1 \\ N^2 + \text{Somma}(N-1) & \text{altrimenti} \end{cases}$$

```
int Sommaquadrati(int n)
{
  if (n == 1) return 1;  // tappo
     else return n*n + Sommaquadrati(n - 1);   // passo
}
```

Che cosa succede se alla funzione `Sommaquadrati` viene passato il valore 0 o un numero negativo?

Esercizio risolto 18.5

Scrivere una funzione ricorsiva che calcoli il prodotto di due numeri naturali utilizzando l'operazione somma. Il prodotto di due numeri naturali `a` e `b` si può definire ricorsivamente così:

`Prodotto(a, b) = 0` *se* `b = 0;`
`Prodotto(a, b) = a + Prodotto(a, b-1)` *se* `b > 0`

Anche questa funzione, come quella dell'esercizio precedente, produrrà una ricorsione infinita se viene chiamata con un numero negativo al secondo membro.

```
int Producto(int a, int b)
 {
  if (b == 0) return 0;
     else return a + Producto(a, b - 1);
 }
```

18.3 Esempi di utilizzo della ricorsione

In questa sezione esamineremo alcuni classici esempi di problemi che si risolvono in maniera semplice ed elegante tramite la ricorsione.

18.3.1 Torre di Hanoi

Si tratta di un gioco orientale ispirato dalla struttura del tempio di Brahma. Ci sono tre pali, A, B e C, su cui sono impilati *n* dischi di diverso diametro. I dischi possono essere spostati da un palo all'altro a condizione che ogni disco impilato abbia un diametro più piccolo di quello sottostante.

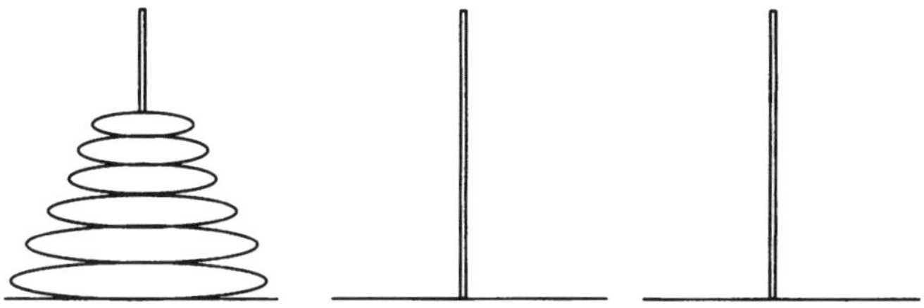

Illustriamo il problema con tre pali che contengono sei dischi nel palo A; i dischi devono essere trasferiti nel palo C. Così per esempio si possono spostare cinque dischi in una volta dal palo A al palo B, e il disco più grande al palo C.

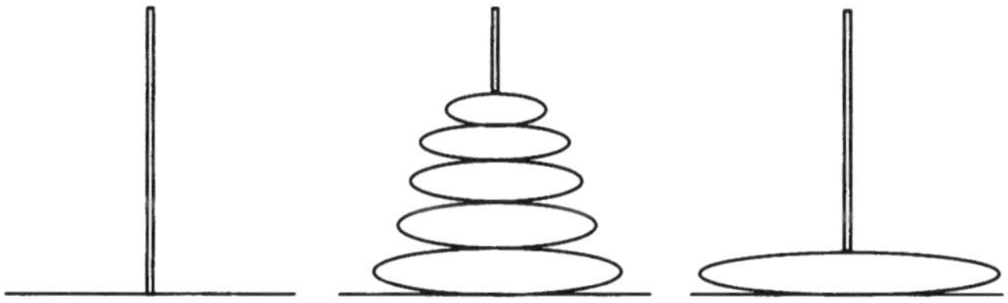

Ora il problema è quello di passare i cinque dischi dal palo B al palo C. Si utilizza un metodo simile al precedente: passare i quattro dischi superiori dal palo B al palo A e il disco maggiore dal palo B al palo C. Il processo continua in modo ricorsivo fin quando, finalmente, non rimane alcun disco nel palo B, che è la condizione di terminazione.

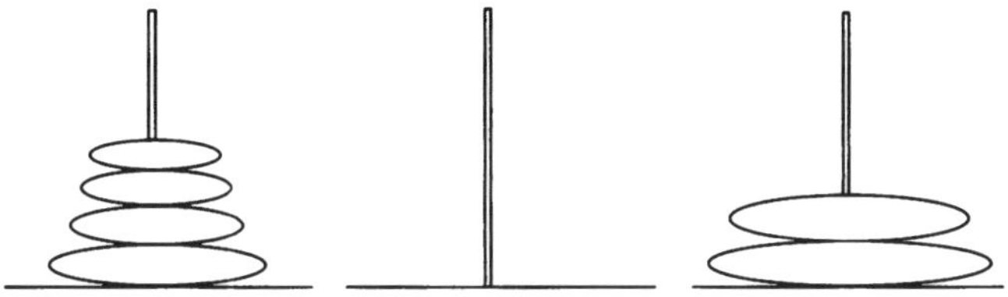

Questo problema è chiaramente ricorsivo.

Progetto dell'algoritmo

L'esempio precedente dei sei dischi si può generalizzare con un algoritmo con *n* dischi e tre pali. La funzione di Hanoi dichiara i tre pali come oggetti di tipo `char`. Nella lista dei parametri l'ordine delle variabili è

```
paloiniziale   palocentrale   palofinale
```

Questo implica che si stanno spostando i dischi dal palo iniziale a quello finale utilizzando il palo centrale come ausilio. Se $n = 1$, si ha la condizione di terminazione, giacché si può spostare l'unico disco dal palo iniziale al palo finale. L'algoritmo sarà il seguente:

a. Se n è 1
   1.1 Spostare il disco 1 da `paloiniziale` a `palofinale`.

b. Altrimenti
   1.2 Spostare $n-1$ dischi da `paloiniziale` fino a `palocentrale` attraverso `palofinale`.
   1.3 Spostare il disco n da `paloiniziale` a `palofinale`.
   1.4 Spostare $n-1$ dischi da `palocentrale` a `palofinale` attraverso `paloiniziale`.

Vale a dire, se `n` è 1, si raggiunge la condizione di terminazione dell'algoritmo. Se `n` è maggiore di 1, le tappe ricorsive 1.2, 1.3 e 1.4 sono tre problemi più piccoli, uno dei quali è la condizione di uscita.

Tappa 1: spostare $n-1$ dischi dal palo iniziale (I).

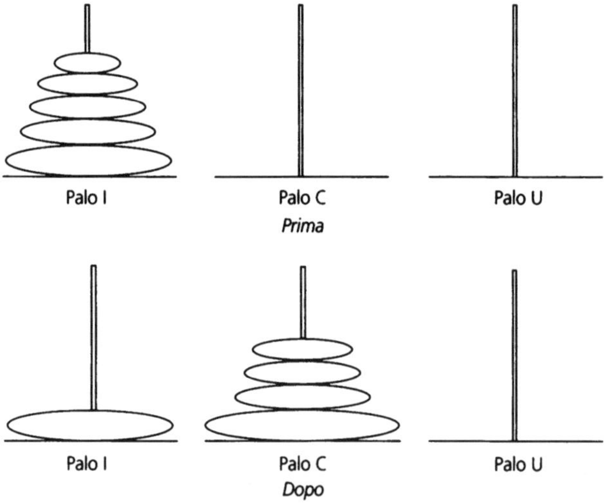

Tappa 2: spostare un disco da I a U.

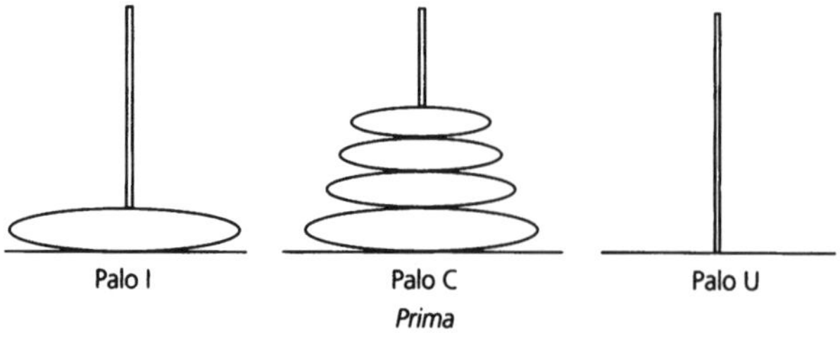

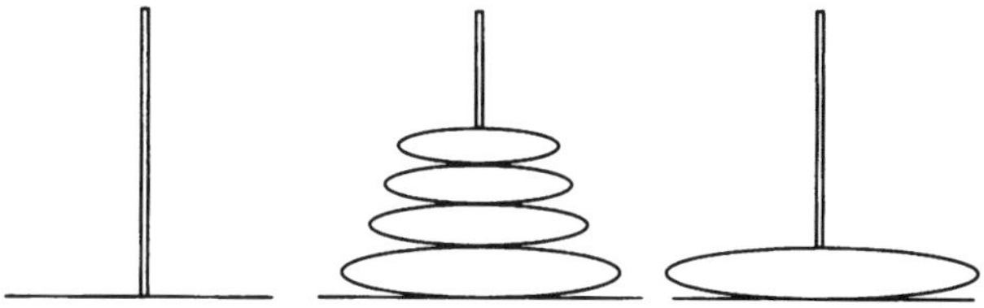

Palo I Palo C Palo U

Prima

Tappa 3: spostare $n - 1$ dischi da C a U.

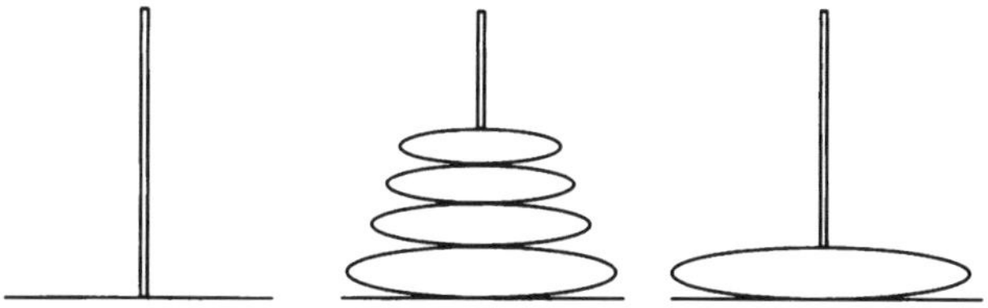

Palo I Palo C Palo U

Dopo

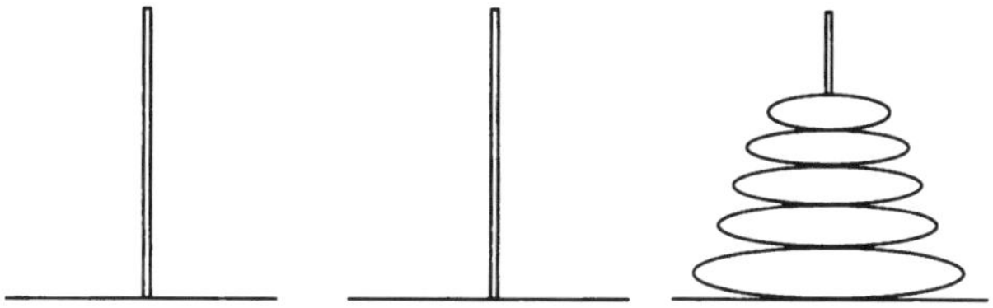

Palo I Palo C Palo U

Dopo

La prima tappa dell'algoritmo sposta $n - 1$ dischi dal palo iniziale a quello centrale utilizzando il palo finale. Di conseguenza, l'ordine dei parametri nella chiamata alla funzione ricorsiva è *paloiniziale, palofinale* e *palocentrale*.

```
// Utilizza palofinale come appoggio ausiliario
Hanoi(n - 1, paloiniziale, palofinale, palocentrale);
```

La seconda tappa sposta semplicemente il disco maggiore dal palo iniziale al palo finale:

```
cout << "muove " << palocentrale << "a " << palofinale
     << endl;
```

La terza tappa dell'algoritmo sposta $n - 1$ dischi dal palo centrale a quello finale utilizzando il palo iniziale come appoggio temporaneo. Di conseguenza, l'ordine dei parametri nella chiamata alla funzione ricorsiva è *palocentrale, paloiniziale* e *palofinale*.

```
// Utilizza paloiniziale come appoggio ausiliario
Hanoi(n - 1, palocentrale, paloiniziale, palofinale);
```

Implementazione della torre Hanoi

L'implementazione dell'algoritmo si basa sui nomi dei tre pali passati come parametri alla funzione. Il programma comincia chiedendo all'utente che introduca il numero *N* dei dischi. Si chiama la funzione ricorsiva `Hanoi` per ottenere una serie di spostamenti che trasferiranno gli *N* dischi da *paloiniziale* a *palofinale*. L'algoritmo richiede $2^N - 1$ spostamenti.

```
void Hanoi(char paloiniziale, char palofinale, char
  palocentrale, int n)
{
  if ( n == 1)
    cout << "Muove disco 1 dal palo " << paloiniziale
         << " al palo " << palofinale << endl;
  else
  {
    Hanoi(paloiniziale, palocentrale, palofinale, n - 1);
    cout << " Muove disco" << n << " dal palo " <<
      << paloiniziale <<" al palo " << palofinale << endl;
    Hanoi(palocentrale, palofinale, paloiniziale, n - 1);
  }
}
```

Per spostare tre dischi dal palo A al palo C mediante il palo B si può chiamare la funzione così:

```
Hanoi('A', 'C', 'B', 3);
```

che visualizzerà in output:

```
Muove disco 1 dal palo A al palo C
Muove disco 2 dal palo A al palo B
Muove disco 1 dal palo C al palo B
Muove disco 3 dal palo A al palo C
Muove disco 1 dal palo B al palo A
Muove disco 2 dal palo B al palo C
Muove disco 1 dal palo A al palo C
```

Considerazioni sull'efficienza della funzione Hanoi

La funzione `Hanoi` risolve il problema della torre per qualunque numero di dischi. Con tre dischi il problema si risolve con 7 (cioè $2^3 - 1$) chiamate alla funzione `Hanoi`. In generale, come detto, *n* dischi richiedono $2^n - 1$ chiamate. Ogni chiamata di funzione richiede l'allocazione di spazio di memoria nello stack, quindi l'occupazione di memoria è esponenziale con la dimensione del problema. Provate a stimare il massimo numero di dischi che questa funzione sarà in grado di gestire nel vostro computer.

18.3.2 Ricerca binaria ricorsiva

Anche la ricerca binaria di un elemento all'interno di un array ordinato rispetto a un campo chiave può essere svolta da un algoritmo ricorsivo. Data la chiave cercata, se ne comincia la ricerca dalla posizione centrale del vettore. Se essa contiene l'elemento cercato l'algoritmo termina, altrimenti si richiama la funzione di ricerca per applicarla al sottovettore inferiore (dal primo elemento a quello centrale) o a quello superiore (dall'elemento centrale all'ultimo), a seconda del risultato del confronto fra la chiave cercata e l'elemento in posizione centrale. Il procedimento continua in maniera ricorsiva. Supponendo sia `A[]` il vettore ordinato, i passi della ricorsione possono essere schematizzati nel modo seguente.

1. Se `chiave < A[centrale]`, l'elemento cercato non può che trovarsi eventualmente nel sottovettore che va dall'estremo `inferiore` all'elemento `centrale - 1`.
2. Se `chiave > A[centrale]`, l'elemento cercato non può che trovarsi eventualmente nel sottovettore superiore, dall'elemento `centrale + 1` all'estremo `superiore`.
3. Il procedimento ricorsivo ricerca nei sottovettori ogni volta dimezzati fino a uno dei due eventi: *successo* se l'elemento centrale è quello cercato, *fallimento* se il limite superiore del vettore diviene più piccolo del limite inferiore, cioè `inferiore > superiore` (e l'algoritmo restituirà convenzionalmente `-1`).

```
RicercaBinaria(inferiore, superiore, chiave)  // Ricerca
                                              // binaria ricorsiva

{ restituisci -1 if inferiore > superiore  // Elemento non
                                           // trovato

  restituisci centrale if A[centrale] == chiave  // Elemento
                                                 // trovato

  restituisci RicercaBinaria(centrale + 1, superiore, chiave)
     if A[centrale] < chiave

  restituisci RicercaBinaria(inferiore, centrale - 1, chiave)
     if A[centrale] > chiave
```

La funzione C++ sarà

```
int RicercaBinaria(int inferiore, int superiore,
  int chiave, int A[])
{
int i;
if (inferiore > superiore) return -1 //Elemento non trovato
  else
  { i = (inferiore + superiore)/2;
     if (A[i]==chiave) return i;     // Elemento trovato
```

```
        else if (A[i]<chiave) return RicercaBinaria(i+1,
            superiore, chiave);
          else return RicercaBinaria(inferiore, i-1,
            chiave);
  }
}
```

18.4 Quicksort

Il metodo di ordinamento *quicksort* fu scoperto da Tony Hoare nel 1962 ed è tuttora il più efficiente fra gli algoritmi noti. Si basa sulla divisione del vettore di *n* elementi in tre partizioni: la *sinistra*, la *centrale*, che contiene un solo elemento denominato *pivot*, e la *destra*. Supponendo di dover ordinare in senso crescente, tutti gli elementi della partizione sinistra dovranno essere minori del più piccolo elemento della parte destra; questo risultato sarà ottenuto confrontando gli elementi con il pivot. Applicando ricorsivamente l'algoritmo sia alla partizione sinistra che a quella destra si arriverà a ordinare tutto il vettore. L'elemento pivot può essere scelto a caso all'interno del vettore. Statisticamente sarebbe buona cosa che esso fosse la metà della somma dei valori minimo e massimo all'interno del vettore. Ad esempio, se il vettore contiene elementi che vanno da 1 a 10, allora si potrebbe prendere come pivot un elemento che ha valore 5 o 6. Esso sarà poi utilizzato per generare le due partizioni; la sinistra con gli elementi minori del pivot, la destra con gli elementi maggiori; dopodiché si applicherà l'algoritmo ricorsivamente alle due partizioni fino a che la partizione da ordinare contiene un solo elemento.

Esempio

Pivot interno al vettore

1. Vettore iniziale 2 96 18 38 12 45 10 55 81 43 39
   Pivot scelto *38*

2	18	12	10	38	96	45	55	81	43	39

<= pivot ↑ pivot >= pivot

2. Vettore iniziale 13 81 92 43 65 31 57 26 75 0
   ↑ pivot
   pivot 65

13 0 26 43 57 31 65 92 75 81
↑

Esempio

Pivot primo elemento del vettore

1. Vettore iniziale | 5 2 1 9 3 8 7 |

   Pivot scelto | 5 |

   Partizione sinistra1 (elementi minori di 5) | 2 1 3 |

   Partizione destra1 (elementi maggiori di 5) | 9 8 7 |

2. Partizione sinistra1 2 1 3

   ↑ pivot

   partizione sinistra 1
   partizione destra 3

   Partizione sinistra1

sinistra	pivot	destra
1	2	3

3. Partizione destra1 9 8 7

   ↑ pivot

   partizione sinistra 8 7
   partizione destra

   Partizione destra

sinistra	pivot	destra
7	8	9

4. Vettore finale ordinato

partizione sinistra			pivot	partizione destra		
1	2	3	5	7	8	9

L'efficienza del *quicksort* è legata al valore del pivot. Scelto il pivot si passa alla seconda fase che è la generazione delle due partizioni. Per fare questo si scambia subito il pivot con l'ultimo elemento.

Esempio

Vettore iniziale 8 1 4 9 6 3 5 2 7 0
Pivot (elemento centrale) 6
Scambio del pivot con l'ultimo elemento 0

Lo scambio produce il vettore

8 1 4 9 0 3 5 2 7 6

Per generare le due partizioni:

1. Si scorre il vettore da sinistra a destra con un contatore `i` che viene inizializzato all'indice minore (`inferiore`) cercando un elemento maggiore del pivot.
2. Si scorre il vettore da destra verso sinistra con un altro contatore `j` che viene inizializzato alla posizione più alta (`superiore-1`) cercando un elemento minore del pivot.

Il contatore `i` seleziona l'elemento 8 (maggiore del pivot) mentre il contatore `j` si ferma all'elemento 2 (minore del pivot).

```
    8  1  4  9  0  3  5  2  7 [6]
    ↑                    ↑
──→ i                    j ──→
```

A questo punto si scambiano 8 e 2 perché vadano a far parte delle corrette partizioni.

```
2  1  4  9  0  3  5  8  7 [6]
```

Continuando, `i` si ferma al 9, mentre `j` si ferma al 5

```
2  1  4  9  0  3  5  8  7 [6]
         ↑        ↑
         i        j
```

Le coppie continuano ad essere scambiate fintanto che `i` e `j` non s'incrociano. Nel nostro caso si scambiano 9 e 5.

```
2  1  4  5  0  3  9  8  7 [6]
```

Continuando, `i` arriva all'elemento 9 e `j` scende fino al 3.

```
2  1  4  5  0  3  9  8  7 [6]
               ↑  ↑
            ---+--+--→
            ←--+--+---
               j  i
```

Ora `i` e `j` si incrociano e non viene effettuato alcuno scambio perché i due elementi stanno già dalla parte corretta. Il vettore originale è stato diviso in due partizioni: la sinistra e la destra.

```
[2  1  4  5  0  3] [9  8  7]  [6]
                 ↑  ↑
                 j  i
```

A questo punto si scambia l'elemento in posizione `i` con il pivot che sta all'ultimo posto, in modo da ritornare alla sequenza iniziale.

```
[2  1  4  5  0  3]    [6]    [8  7  9]
```

partizione sinistra — pivot — partizione destra

18.4.1 Il *quicksort* in C++

Il primo compito è selezionare il pivot. Poiché cercare il valore mediano è troppo dispendioso, si prende l'elemento centrale del vettore o uno dei suoi adiacenti (Figura 18.1).

Riassumiamo l'algoritmo `quicksort`:

- Selezionare l'elemento centrale del vettore `a[0:n-1]` come pivot.
- Dividere gli elementi restanti nelle partizioni sinistra (elementi minori del pivot) e destra (elementi maggiori o uguali al pivot).
- Ordinare la partizione sinistra utilizzando *quicksort* ricorsivamente.
- Ordinare la partizione destra utilizzando *quicksort* ricorsivamente.
- La soluzione è il concatenamento della partizione sinistra con il pivot e la partizione destra.

Per implementare `quicksort` utilizziamo un `template` di funzione. Supponiamo di dover ordinare il vettore `a[0:n-1]` in senso decrescente.

```
template <class T>
void quicksort(T* a, int n)        // Ordina a[0:n-1],
                                   // a[n] chiave minore
{
  quicksort(a, 0, n-1);
}
template <class T>
void quicksort(T a[], int s, int d)      // Ordina a[s:d],
                                         // a[d+1] maggiore
{
  if (s >= d) return;
  int m = s;                       // Indice da sinistra a destra
  int n = d+1 ;                    // Indice da destra a sinistra
```

Figura 18.1
Algoritmo di ordinamento *quicksort*.

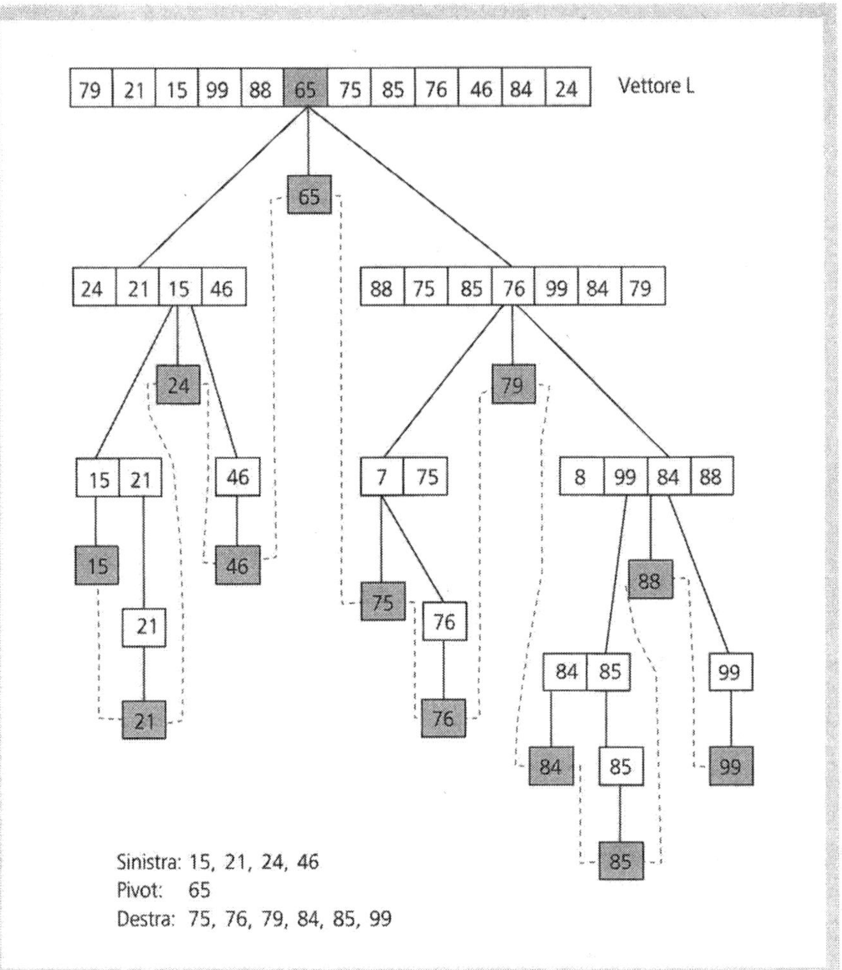


```
T pivot = a[i];
// Scambia gli elementi >= pivot a sinistra
// con gli elementi <= pivot a destra
while (true) {
   do {       // Partizione sinistra
     m = m+1;
   } while (a[m] < pivot);
   do {       // Partizione destra
     n = n-1;
   } while (a[n] > pivot);
   if (m >= n) break ;    // Indice sinistro maggiore
                          // del destro
   scambia(a[m], a[n]);
}
```

```
    // Rimette a posto il pivot
    a[s] = a[n];
    a[n] = pivot ;

    quicksort(a, s, n-1);       // Ordina la partizione sinistra
    quicksort(a, n+1, d);       // Ordina la partizione destra
}
```

18.4.2 Analisi del *quicksort*

Un'analisi generale dell'efficienza del *quicksort* è difficile e fuori dagli obiettivi di questo libro. Il modo migliore per illustrare la complessità dell'algoritmo è quello di considerare il numero di confronti compiuti in circostanze ideali. Supponiamo che il numero di elementi del vettore sia una potenza di due, $n = 2^k$, quindi $k = \log_2 n$. Se il pivot è l'elemento centrale del vettore, *quicksort* divide l'array in due partizioni della stessa lunghezza, o quasi. La prima scansione opera $n - 1$ confronti e genera due partizioni lunghe $n/2$ circa. Nel passo successivo il processamento di ogni partizione richiede approssimativamente $n/2$ confronti, e quindi i confronti totali di questo passo sono $2(n/2) = n$. Il passo successivo richiede il processamento di quattro partizioni dimezzate, compiendo quindi $4(n/4)$ confronti, e così via. L'ordinamento terminerà dopo k passi, quando le partizioni saranno lunghe 1. Il numero totale di confronti sarà approssimativamente

$$n + 2(n/2) + 4(n/4) + \ldots + n(n/n) = n + n + \ldots + n = n * k = n * \log_2 n$$

e quindi la complessità stimata del *quicksort* è $O(n\log_2 n)$. Questo caso ideale corrisponde a un vettore già ordinato, perché il pivot sarà proprio al centro di ogni partizione.

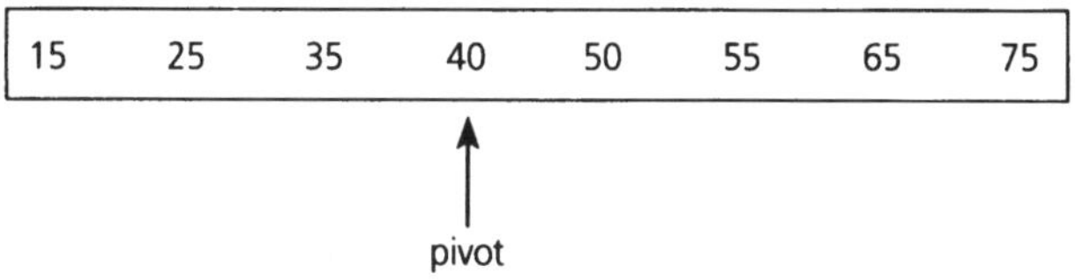

Il caso peggiore è quando il pivot è sempre l'elemento più piccolo della sua partizione. Al primo passo si compiono n confronti e la partizione grande contiene $n-1$ elementi. Al passo successivo la partizione maggiore richiede $n-1$ confronti e produce una sottopartizione di $n-2$ elementi ecc. Il numero totale di confronti sarà

$$n + n - 1 + n - 2 + \ldots + = n(n + 1)/2 - 1$$

e la complessità sarà $O(n^2)$.

In generale la complessità di *quicksort* è $O(n\log_2 n)$; per questo può essere considerato l'algoritmo di ordinamento più efficiente. La Tabella 18.1 confronta le complessità degli algoritmi di ordinamento presentati in questo libro.

Tabella 18.1 Confronto tra le complessità degli algoritmi di ordinamento.

Metodo	Complessità
Bubble-sort	n^2
Inserimento	n^2
Selezione	n^2
Shell	$n\log_2 n$
Quicksort	$n\log_2 n$

In conclusione, si suggerisce di utilizzare l'inserimento diretto e la selezione per vettori piccoli, e il *quicksort* per vettori grandi.

SOMMARIO

In questo capitolo abbiamo introdotto la *ricorsione*, la capacità cioè di una funzione di richiamare sé stessa direttamente o tramite altre funzioni. La ricorsione può essere sempre rimpiazzata da un algoritmo iterativo, e quasi sempre ciò è conveniente in termini di occupazione di memoria e di tempo di esecuzione. Tuttavia la ricorsione in alcuni casi semplifica e rende più eleganti gli algoritmi, facilitandone la comprensione e la manutenzione. L'algoritmo ricorsivo deve distinguere due casi (mediante un'opportuna istruzione condizionale `if`): il "passo" della ricorsione e il "tappo", cioè l'istruzione di terminazione; vi possono essere diverse chiamate ricorsive e diversi tappi (e quindi l'istruzione condizionale potrebbe diventare uno `switch`); tuttavia, la cosa importante è che l'algoritmo prima o poi si concluda correttamente.

CONCETTI CHIAVE

- Complessità
- Ricorsione *versus* iterazione
- *Quicksort*

Problemi

18.1 Scrivere una funzione ricorsiva che calcoli la funzione potenza a^n (con n positivo).

18.2 Scrivere una funzione ricorsiva che calcoli il quoziente intero di n per m, dove m ed n sono interi positivi.

18.3 Scrivere un programma che decida se un numero naturale è pari o dispari mediante una funzione ricorsiva indiretta.

18.4 Scrivere una funzione ricorsiva che sommi le cifre di un numero naturale.

18.5 Scrivere una funzione ricorsiva che calcoli la somma degli elementi di un vettore di numeri reali v che siano maggiori di un valore b.

18.6 Scrivere una classe `ListaS` che, con l'aiuto di una classe `Nodo`, permetta l'implementazione ricorsiva di una lista. Includere nella classe `ListaS` funzioni membro che consentano di inserire, togliere e visualizzare sullo schermo ricorsivamente dei nodi.

Esercizi supplementari

Per ulteriori esercizi si rimanda all'Appendice A del testo.

Alberi

19

Indice

Introduzione

In questo capitolo introduciamo gli "alberi", strutture dati molto importanti in informatica e nella scienza della programmazione. A differenza degli array e delle liste, gli alberi sono strutture *non lineari.* Essi sono molto utilizzati, ad esempio, per rappresentare formule algebriche, aumentare la velocità dell'estrazione di dati da archivi, nell'Intelligenza Artificiale e nella crittografia. I file system dei sistemi operativi sono organizzati ad albero; gli alberi sono pure utilizzati nella progettazione di compilatori, elaboratori di testo e algoritmi di ricerca.

19.1 Gli alberi

Si dice "grafo diretto" un insieme di nodi (che contengono informazione, come nelle liste) legati "a due a due" da archi direzionati (puntatori). Un *albero* è un grafo diretto in cui ogni nodo può avere un solo arco entrante e più archi uscenti. Se un nodo non ha archi uscenti si dice "foglia". Se un nodo non ha archi entranti si dice "radice". Poiché in un albero non ci sono nodi con due o più archi entranti, per ogni albero ci deve essere una e una sola radice. Probabilmente l'esempio più rappresentativo del concetto di albero è l'*albero genealogico* (Figura 19.1).

Proprio per analogia con l'albero genealogico, il nodo da cui un arco parte si dice *padre*, un nodo a cui questo arriva si dice *figlio*. Per esempio, nella Figura 19.3 il nodo `B` è il padre dei figli `C` e `D`. Due nodi con lo stesso

Figura 19.1
Albero genealogico.

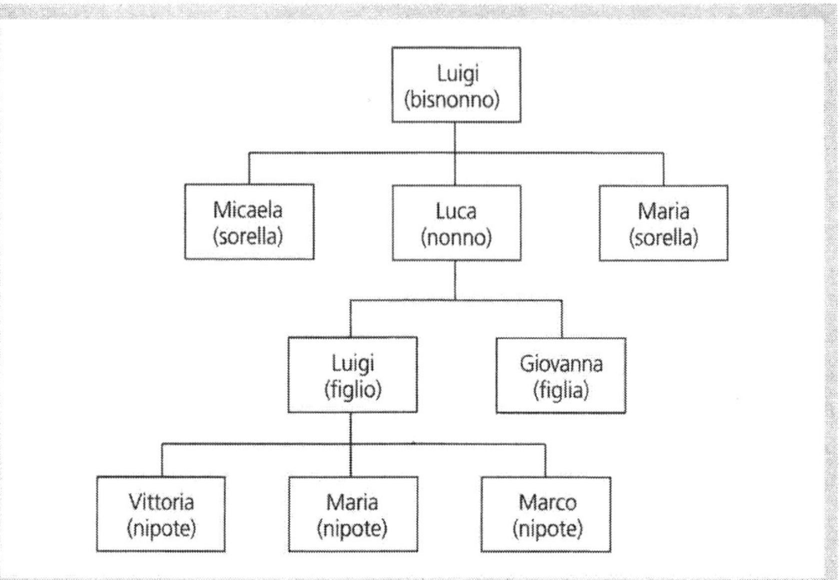

padre sono detti fratelli. Considerando che da ogni nodo non-foglia di un albero si dirama un sottoalbero, si intuisce la natura ricorsiva di questa struttura dati. Dato un nodo, i nodi che appartengono al suo sottoalbero si dicono *discendenti*. Dato un nodo, i nodi che si trovano nel *cammino* dalla radice ad esso sono i suoi *ascendenti*. Per esempio, `B` e `A` sono ascendenti di `C`.

Il livello di un nodo è la sua distanza dalla radice; la radice ha livello 0, i suoi figli livello 1, i suoi nipoti livello 2 e così via. I fratelli hanno lo stesso livello, ma non tutti i nodi dello stesso livello sono fratelli.

Figura 19.2
Struttura gerarchica ad albero.

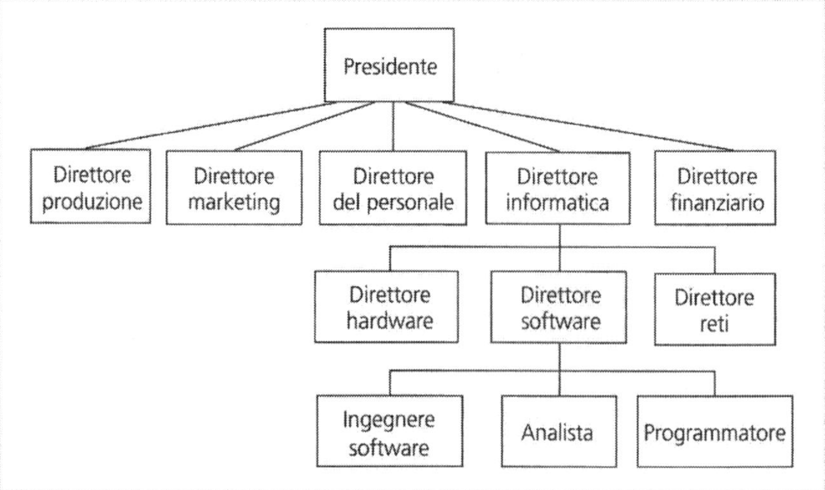

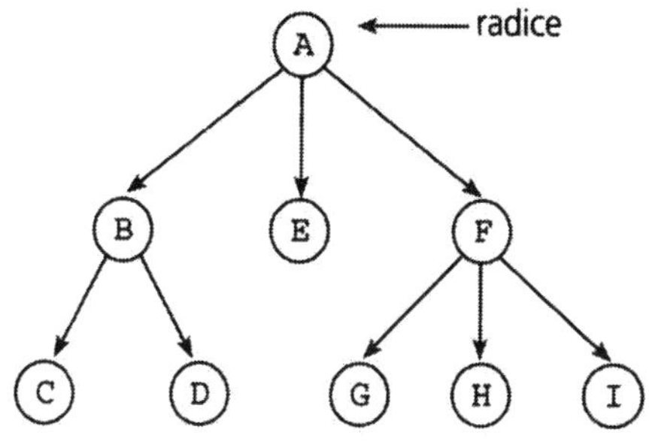

Figura 19.3
Albero.

Nella Figura 19.4 il cammino dalla radice alla foglia `I` si rappresenta con la sequenza dei nomi dei nodi `AFI`. La profondità di un albero è la lunghezza del suo cammino più lungo aumentata di uno (per definizione la profondità di una albero vuoto è 0), ovvero è il livello della sua foglia più profonda. L'albero illustrato nella Figura 19.4 contiene nodi su tre livelli (0, 1 e 2) e ha profondità 3.

Il *livello* di un nodo è la sua distanza dalla radice. La *profondità* di un albero è la lunghezza del suo cammino più lungo aumentata di uno.

Come già osservato, il concetto di sottoalbero mette in luce la struttura intrinsecamente *ricorsiva* dell'albero. Un albero è un insieme di nodi che

1. è vuoto oppure
2. ha un nodo denominato radice da cui discendono zero o più sottoalberi che sono essi stessi alberi.

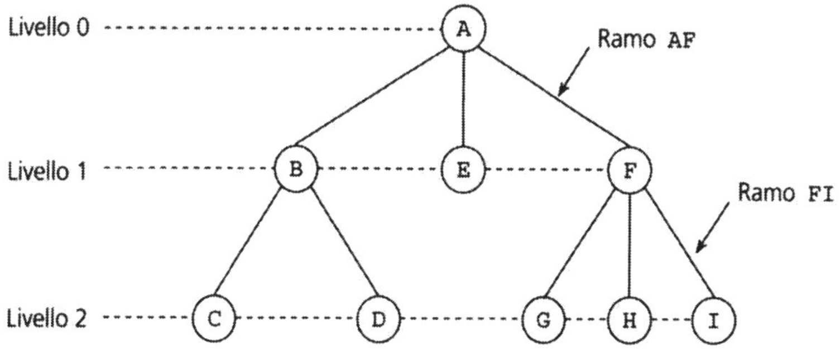

Padri: A, B, F	Foglie: C, D, E, G, H, I
Figli: B, E, F, C, D, G, H, I	Nodi interni: B, F
Fratelli: {B, E, F}, {C, D}, {G, H, I}	

Figura 19.4
Terminologia degli alberi.

Figura 19.5
Alberi di varie profondità.

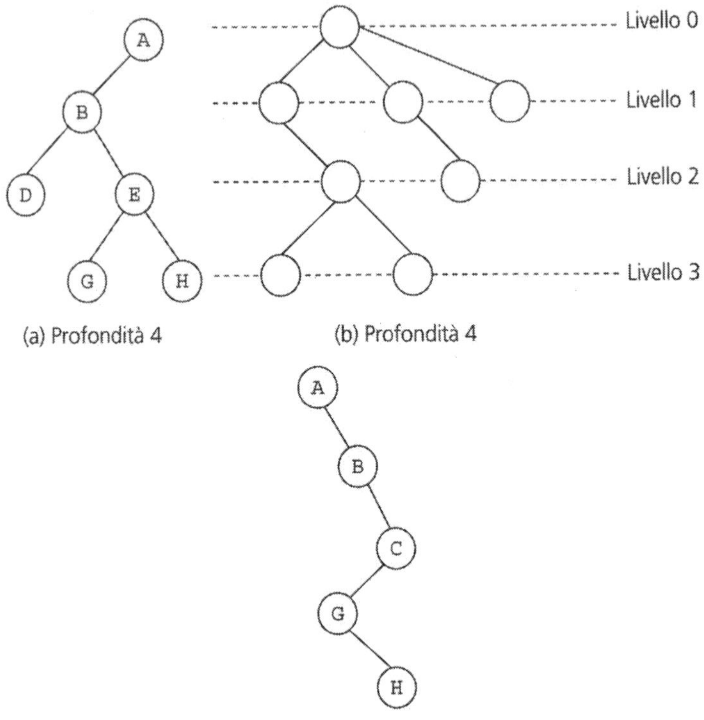

(a) Profondità 4

(b) Profondità 4

(c) Profondità 5

Un albero di profondità h è *equilibrato* quando, dato un numero massimo di k figli per ciascun nodo, ogni nodo di livello $l < h - 1$ ha esattamente k figli. Un albero di profondità h è *perfettamente equilibrato* quando ciascun nodo di livello $l < h$ ha esattamente k figli (Figura 19.6).

19.2 Alberi binari

Un albero è *binario* se ogni nodo non ha più di due figli (sottoalberi), uno sinistro e uno destro (Figura 19.7).

A ogni livello n, un albero binario può contenere da 1 a 2^n nodi. Nella Figura 19.8 l'albero (a) contiene 8 nodi e ha profondità 4, mentre l'albero (b) contiene 5 nodi e ha profondità 5. Quest'ultimo è una forma speciale di albero, detto *degenere*, nel quale esiste un solo nodo foglia (E) e ogni nodo, tranne la foglia, ha un solo figlio. Un albero degenere equivale a una lista concatenata.

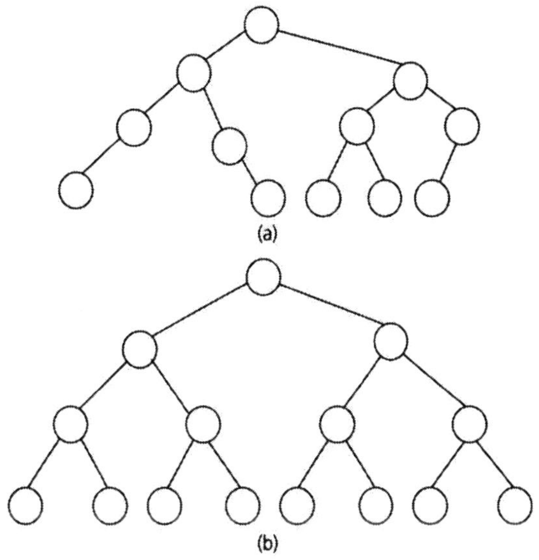

Figura 19.6
(a) Albero equilibrato.
(b) Albero perfettamente equilibrato.

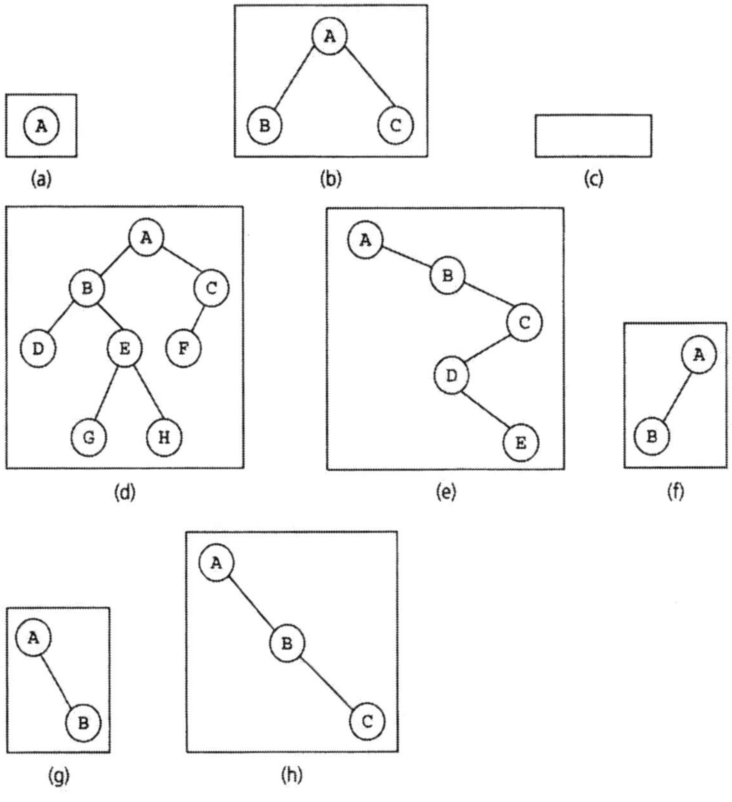

Figura 19.7
Alberi binari.

Figura 19.8
Alberi binari:
(a) profondità 4;
(b) profondità 5.

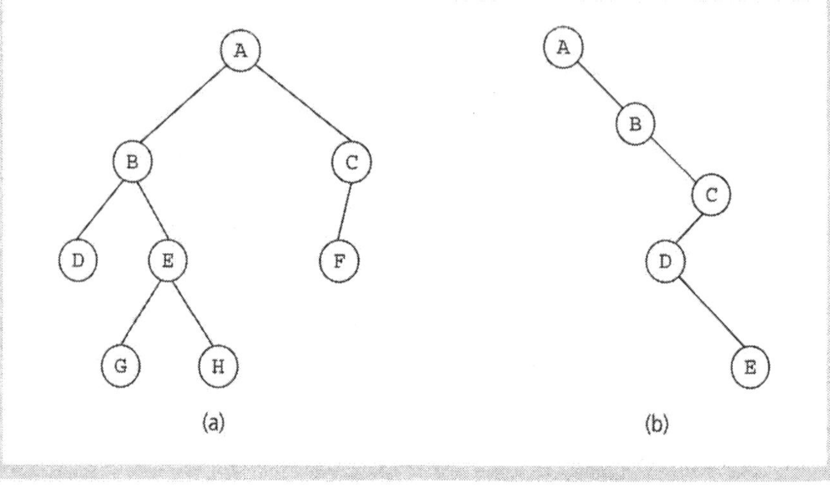

19.2.1 Equilibrio

Il livello di un nodo determina l'efficienza con la quale esso può essere localizzato. Una caratteristica importante di un albero binario è l'*equilibrio*. Si definisce *fattore di equilibrio* di un albero binario la differenza di profondità fra i suoi due sottoalberi. Denominate rispettivamente H_s e H_D le altezze dei sottoalberi sinistro e destro dell'albero B, il suo fattore di equilibrio è

$$B = H_D - H_s$$

Applicando questa formula agli otto alberi della Figura 19.7 si ha (a) 0, (b) 0, (c) 0, (d) –1, (e) 4, (f) –1, (g) 1, (h) 2.

Un albero si dice *equilibrato* se sia lui che i suoi sottoalberi hanno equilibrio 0. Poiché ciò capita di rado, spesso si fa riferimento a una accezione del termine meno stringente: un albero si dice *equilibrato* se sia lui che i suoi sottoalberi hanno equilibrio 1, 0 o –1.

Un albero binario si dice *degenere* se ha una sola foglia. Un albero degenere è una lista semplice.

19.3 Struttura di un albero binario

La struttura di ogni albero, e in particolare di un albero binario, è simile a quella delle liste concatenate, con la differenza che i nodi hanno più di un puntatore all'elemento successivo, perché ogni nodo può avere più elementi successivi. Nel caso dell'albero binario i puntatori sono due e si dicono *destro* e *sinistro* (Figura 19.9).

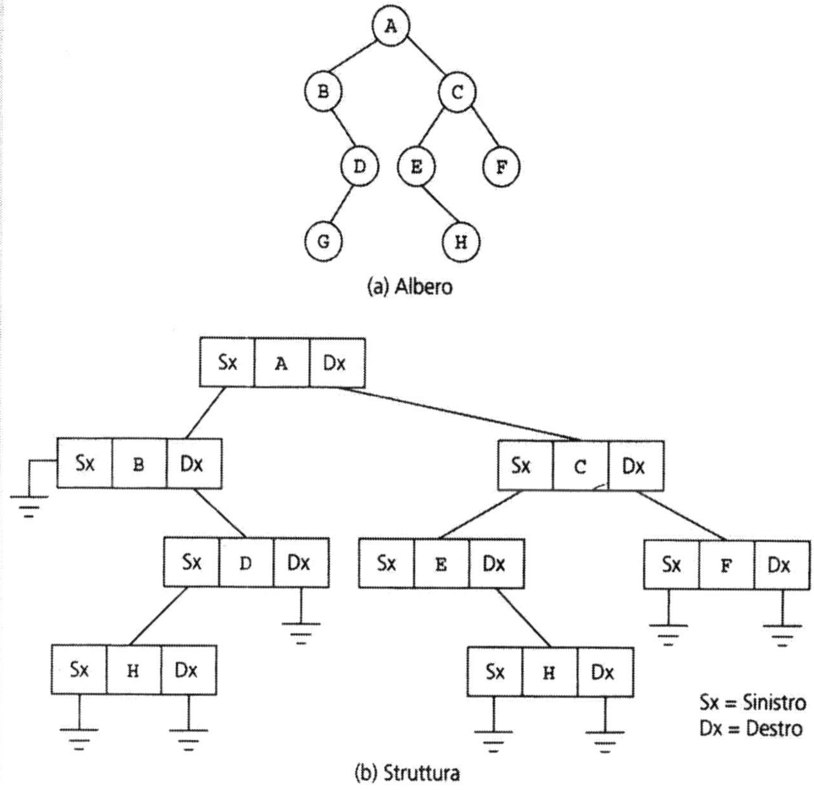

Figura 19.9
(a) Albero binario e (b) relativa struttura in nodi.

Esempio

Rappresentare la struttura in nodi di questi due alberi binari.

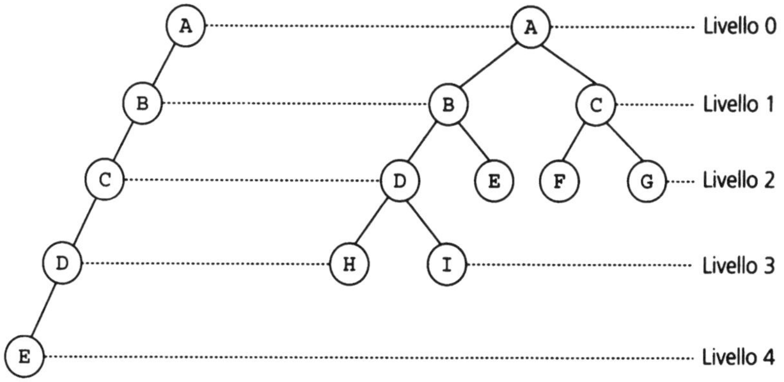

La rappresentazione concatenata degli alberi binari è la seguente:

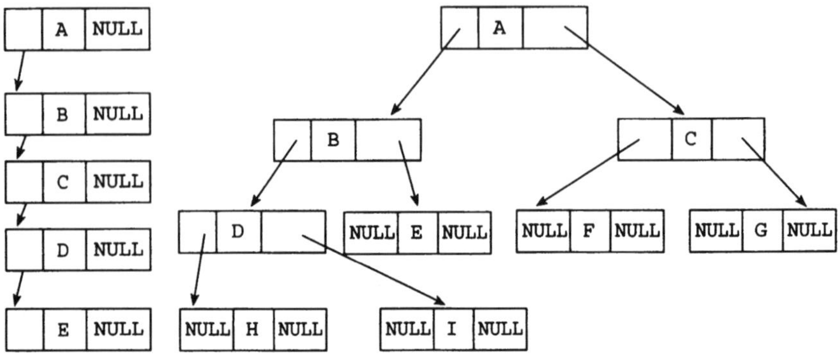

19.3.1 Vari tipi di rappresentazione in C++

I nodi si possono rappresentare sia come `struct` che come `class`; nel primo caso si intende mantenere la compatibilità con il C, nel secondo si intende sfruttare al meglio le potenzialità del C++. Supponiamo che il nodo abbia i campi `dati`, `figlio_sinistro` e `figlio_destro`.

Rappresentazione 1 (stile C)

```
typedef struct nodo* puntatore_albero;
struct nodo {
  int dati;
  puntatore_albero figlio_sinistro, figlio_destro;
};
```

Rappresentazione 2 (stile C)

```
struct Nodo {
  TipoElemento Info;
  struct Nodo *figlio_sinistro, *figlio_destro;
};
typedef struct Nodo ElementoDiAlberoBin;
typedef ElementoDiAlberoBin* AlberoBinario;
```

Rappresentazione 3 (stile C++)

```
class albero {
  class nodo {
     char* dati;
     nodo* destro;
     nodo* sinistro;
  friend class albero;
  };
public:
  nodo* radice;       // Radice dell'albero
```

```
  albero(void)  { radice = NULL; };
  // Altre funzioni membro
};
```

Rappresentazione 4 (stile C++ con template)

```
template <class T>
class AlberoBin;

template <class T>      // Dichiara un oggetto nodo
                        // di un albero binario
class NodoAlbero
{
  private:     // Punta ai figli sinistro e destro del nodo
     NodoAlbero <T>* sinistro;
     NodoAlbero <T>* destro;
  public: // Membro pubblico, si può accedere al suo valore
     T dati;
     // Costruttore
     NodoAlbero (const T& item, NodoAlbero <T>* ptrs = NULL,
                               NodoAlbero <T>* ptrd = NULL);
     // Metodi di accesso ai campi puntatore
     NodoAlbero <T>* Sinistro(void) const;
     NodoAlbero <T>* Destro(void) const;

     // Dare ad AlberoBin un amico per accedere ai campi
     // puntatore sinistro e destro del nodo
     friend class AlberoBin <T>;
};
```

Nell'ultima rappresentazione il costruttore inizializza i dati e i campi puntatore. L'inizializzazione dei puntatori con il default `NULL` fa sì che essi nascano come nodi foglia. Con un puntatore `P` di `NodoAlbero` passatogli come parametro, il costruttore connette `P` come figlio destro o sinistro del nuovo nodo. I metodi di acceso `Sinistro` e `Destro` restituiscono il corrispondente valore del puntatore. La classe `AlberoBin` si dichiara come "friend" di `NodoAlbero` e può così modificarne i puntatori (ne parleremo nella Parte IV "Programmazione avanzata in C++"). Altri clienti devono utilizzare il costruttore per accedere ai puntatori e ai metodi `Sinistro` e `Destro` per visitare l'albero.

19.3.2 Operazioni sugli alberi binari

Le operazioni tipiche sugli alberi binari sono

- Determinarne l'altezza
- Determinarne il numero di elementi
- Copiarli
- Visualizzarli

- Confrontarli
- Eliminarli
- Valutare l'espressione algebrica che essi eventualmente rappresentano.

Come vedremo, queste operazioni si possono compiere visitando l'albero in maniera ricorsiva.

19.3.3 Struttura e rappresentazione di un albero binario

In C++ la struttura di un albero binario si può rappresentare così.

1. La classe `nodo` è annidata dentro la classe `albero`.

```
class albero
{
  class nodo
    {
     public:
       char* dati;
     private:
       nodo* destro;
       nodo* sinistro;
     friend class arbol;
    };
public:
    nodo* radice; // Radice dell'albero
     arbol()  {radice = NULL; };
     // Altre funzioni membro
};
```

2. La classe `AlberoBin` non contiene la classe `NodoAlbero`, però è dichiarata come classe amica (friend).

```
template <class T>
class AlberoBin;

// Dichiara un oggetto nodo di un albero binario
template <class T>
class NodoAlbero
{
 private:
    NodoAlbero <T>* sinistro;
    NodoAlbero <T>* destro;
    T dati;
 public:
    // Costruttore
    NodoAlbero(T item, NodoAlbero <T> *ps, NodoAlbero
                <T> *pd)
```

```
    {
      dati  = item;
      sinistro = ps;
      destro = pd;
    }
    // Metodi per accedere agli attributi puntatore
    NodoAlbero <T>* OSinistro() {return sinistro;}
    NodoAlbero <T>* ODestro(void) {return destro;};
    void PSinistro (NodoAlbero<T>* Sx) { sinistro = Sx;}
        void PDestro (NodoAlbero<T>* Dx) { destro = Dx;}
    // Metodi per accedere all'attributo dato
    T Odati() { return dati;}
    void Pdati( T e){ dati = e;}
    friend class AlberoBin <T>;
};
template <class T>
class AlberoBin
{
private:
    NodoAlbero <T> * p;
public:
    AlberoBin() { p = NULL;}
// Altre funzioni membro
};
```

19.4 Alberi di espressione

Un albero di espressione è un albero binario con le seguenti proprietà:

1. Ogni foglia è un operando.
2. La radice e i nodi interni sono operatori.
3. I sottoalberi sono sottoespressioni dell'operatore principale che sta nella radice.

La Figura 19.10 rappresenta un'espressione infissa e il suo albero.

Gli alberi di espressione vengono utilizzati per rappresentare le espressioni logiche e matematiche, specialmente nei compilatori dei linguaggi di programmazione. La Figura 19.11 mostra l'albero binario dell'espressione aritmetica `(a + b)*c`.

Le parentesi non sono rappresentate perché sono implicite nella struttura dell'albero.

Figura 19.10
Un'espressione infissa e il suo albero.

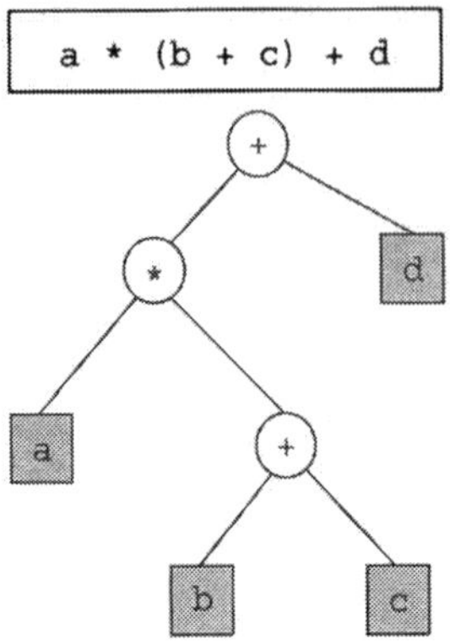

Figura 19.11
Albero binario dell'espressione aritmetica `(A+B)*C`.

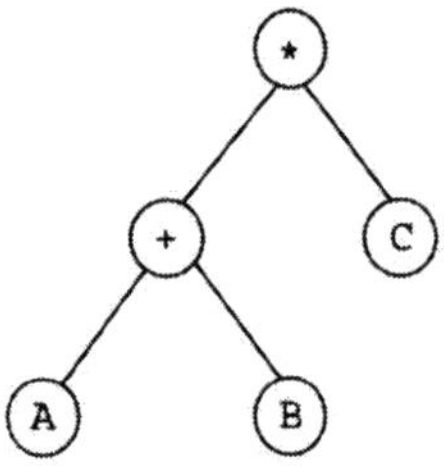

Figura 19.12
Albero binario dell'espressione aritmetica `(X+Y)*(A-B)`.

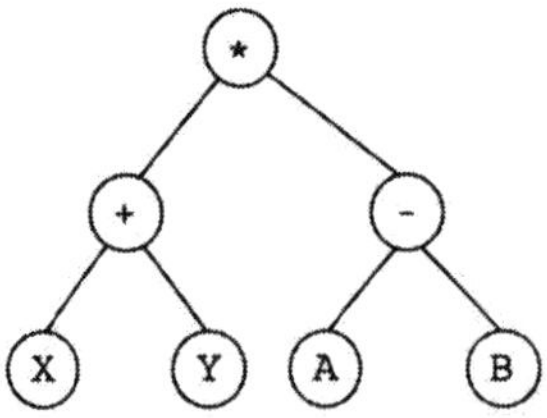

Figura 19.13
Albero binario dell'espressione aritmetica `(X+(Y*Z))*(A-B)`.

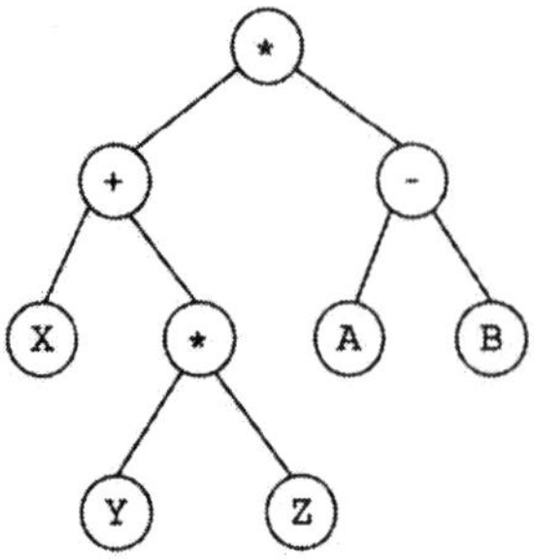

Esempio

Dedurre le espressioni rappresentate dai seguenti alberi binari:

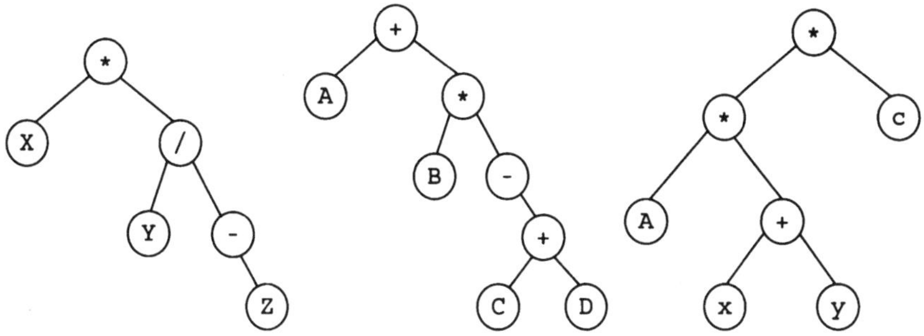

(a) (b) (c)

Soluzioni

a) `X*(Y/-Z)`

b) `A+(B*-(C+D))`

c) `(A*(X+Y))*C`

Esempio

Disegnare l'albero corrispondente a ciascuna espressione:

a) `X*Y/(A+B)*C`

b) `X*Y/A+B*C`

Soluzioni

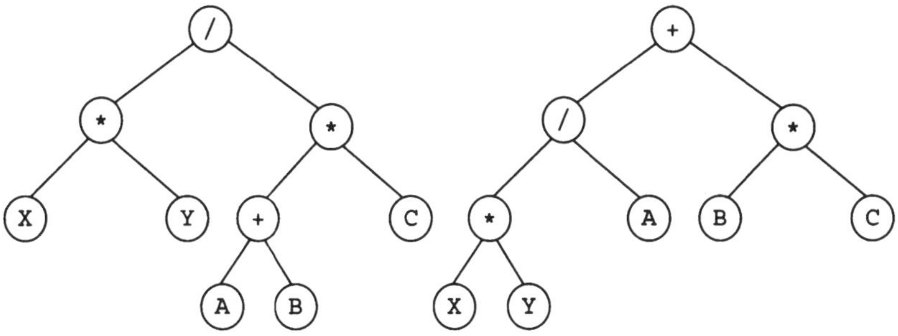

(a) (b)

19.4.1 Regole per la costruzione di alberi di espressione

L'algoritmo è più semplice se si suppone che

1. la priorità si determini solo con le parentesi
2. tutta l'espressione sia fra parentesi

Per esempio (4+(5*6)). L'algoritmo è riportato qui di seguito.

1. La prima volta che si incontra una parentesi a sinistra, creare un nodo radice e mettere in una pila il puntatore a questo *nodo attuale*.
2. Ogni volta che si incontra una parentesi sinistra, creare un nuovo nodo e darlo come figlio sinistro al nodo attuale se non ce l'ha, altrimenti assegnarglielo come figlio destro; assegnare il nuovo nodo al nodo attuale.
3. Quando si incontra un operando, creare un nuovo nodo e dargli l'operando come dato; se il nodo attuale non ha il figlio sinistro assegnare al nuovo nodo il figlio sinistro, in caso contrario assegnargli il figlio destro.
4. Quando si incontra un operatore, prendere il puntatore dalla pila e assegnare l'operatore al campo dati del nodo puntato dal puntatore.
5. Ignorare le parentesi destre e gli spazi vuoti.

Esempio

Generare le espressioni corrispondenti ai seguenti alberi.

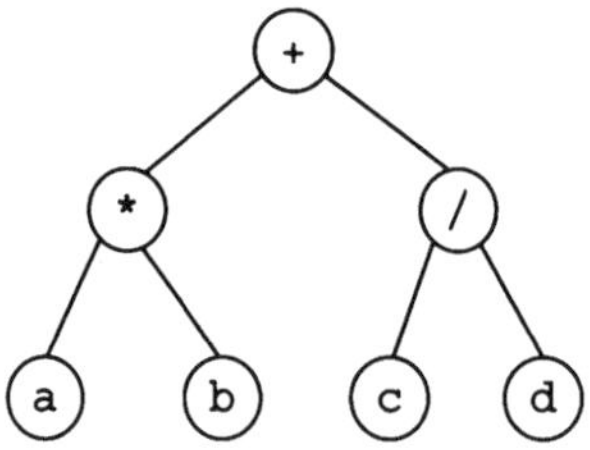

(a)

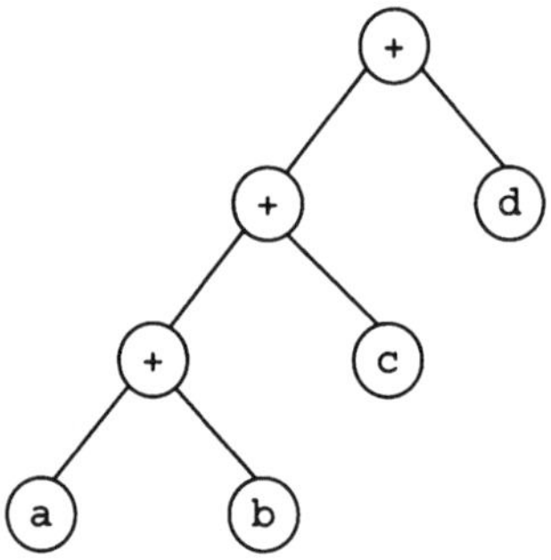

(b)

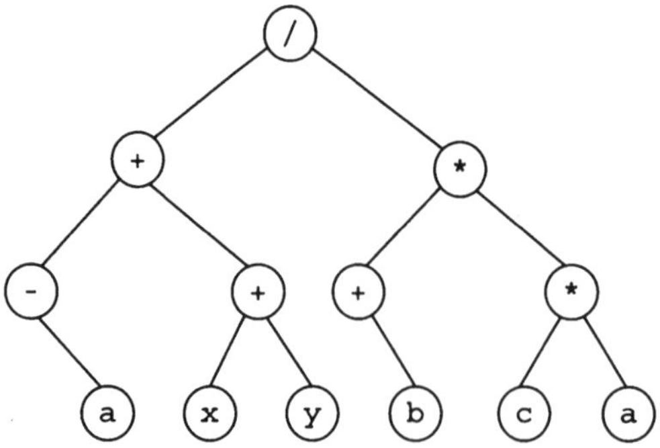

(c)

Le soluzioni corrispondenti sono:

a) (a*b)+(c/d)

b) ((a+b)+c)+d

c) ((-a)+(x+y))/((+b)*(c*a))

Esempio

Il lettore provi a disegnare gli alberi corrispondenti alle seguenti espressioni:

a) `(a + b) / (c - d * e) + e + g * h/a`

b) `-x -y * z + (a + b + c / d * e)`

c) `((a + b) > (c - e)) || a < f && (x < y || y > z)`

19.5 Visita di un albero

Ci sono vari modi per visitare i nodi di un albero; ciò che si richiede in generale è che ogni nodo sia esaminato una sola volta e l'attraversamento dell'albero avvenga secondo un criterio predeterminato. Partendo dalla radice, in linea generale un albero può essere visitato "in profondità" oppure "in ampiezza".

Nella visita in profondità, dopo il nodo corrente viene esaminato un suo figlio, la cui scelta dipende dal particolare algoritmo; se non c'è alcun figlio, si ritorna dal padre ("backtraking" semplice) verso un eventuale altro figlio e così via. Così facendo tutti i discendenti di ogni nodo vengono visitati prima dei suoi eventuali fratelli o pari livello.

Nella visita in ampiezza, dopo il nodo corrente viene visitato un altro nodo di pari livello. Così facendo tutti i nodi di un livello verranno visitati prima di tutti i nodi del livello successivo.

Focalizzando l'attenzione sugli alberi binari, esistono tre strategie di visita notevoli: preordine, inordine e postordine (Figura 19.14).

19.5.1 Visita preordine

La visita preordine visita prima la radice, quindi il sottoalbero sinistro e da ultimo quello destro. L'algoritmo è quindi ricorsivo: per processare sia il sottoalbero sinistro che quello destro si richiama lo stesso procedimento di

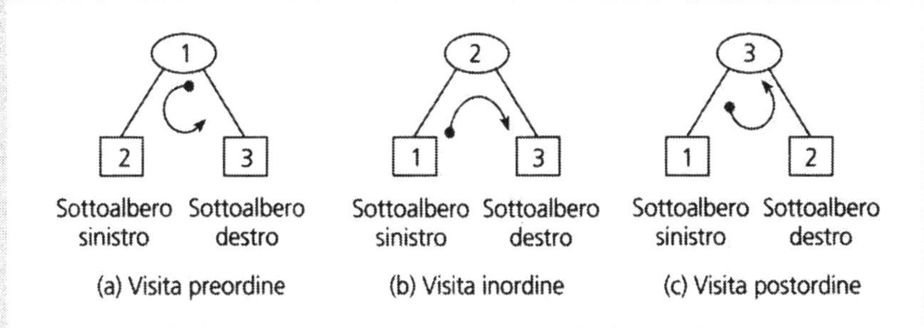

Figura 19.14
Visita di alberi binari.

Figura 19.15
Visita preordine di un albero binario.

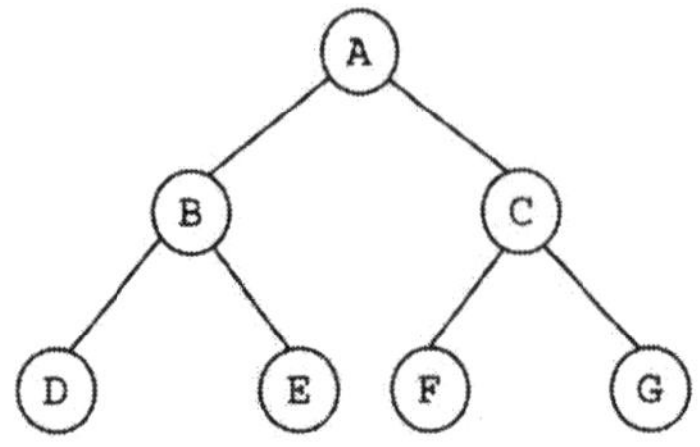

visita in preordine. Ad esempio, nel caso dell'albero della Figura 19.15 si visita prima la radice A, quindi il sottoalbero sinistro in preordine, cioè prima B poi D e quindi E. Successivamente si visita in preordine il sottoalbero destro, cioè la sua radice C poi F e quindi G. Pertanto, la visita in preordine dell'albero della Figura 19.15 restituisce nell'ordine A-B-D-E-C-F-G. In C++ l'algoritmo potrebbe essere espresso così:

```
void PreOrdine(Nodo* p)
{
  if (p)
  {
    cout << p -> dati << ";       // Visita la radice
    PreOrdine(p -> sinistro);     // Visita il sottoalbero
                                  // sinistro
    PreOrdine(p -> destro);  // Visita il sottoalbero destro
  }
}
```

L'istruzione di stampa del dato nel nodo radice può essere rimpiazzata da qualunque tipo di manipolazione dello stesso.

19.5.2 Visita inordine

La visita inordine processa prima il sottoalbero sinistro, quindi la radice e infine il sottoalbero destro.

Nell'albero della Figura 19.15 bisogna quindi visitare inordine il sottoalbero con radice B, cosa che richiede di visitare prima il sottoalbero con radice D. Quest'ultimo non ha sottoalberi, quindi il primo nodo visitato è proprio la sua radice D. Dopodiché si visita la radice del sottoalbero con radice B, cioè il nodo B stesso, e poi il suo sottoalbero destro, cioè il nodo E. Quindi si risale alla radice A e poi al suo sottoalbero destro. La visita di quest'ultimo richiede prima la visita del suo sottoalbero sinistro, cioè F, la sua radice, cioè C, e da ultimo il suo sottoalbero destro G. Quindi la visita inordine dell'albero produce D-B-E-A-F-C-G.

La seguente funzione C++ schematizza l'algoritmo di visita inordine di un albero binario.

```
void InOrdine(Nodo *p)
{
  if (p)
  {
     InOrdine(p -> sinistro);     // Visita il sottoalbero
                                  // sinistro
     cout << p -> dati << '';     // Visita la radice
     InOrdine(p -> destro); // Visita il sottoalbero destro
  }
}
```

19.5.3 Visita postordine

La visita postordine processa prima il sottoalbero sinistro, poi quello destro e infine la radice.

Se si utilizza la visita postordine dell'albero della Figura 19.15, si visita prima il sottoalbero con radice `B`, cosa che, ricorsivamente, richiede la visita del suo sottoalbero sinistro `D`, quindi il sottoalbero destro `E` e poi la sua radice `B`. Quindi si passa al sottoalbero con radice `C`, che richiede la visita del sottoalbero sinistro `F`, poi quello destro `G` e la radice `C`. Da ultimo si visita la radice dell'albero `A`. Quindi la visita in postordine dell'albero produce la sequenza `D-E-B-F-G-C-A`.

La seguente funzione C++ schematizza l'algoritmo di visita postordine di un albero binario.

```
void PostOrdine(Nodo *p)
{
  if (p)
  {
    PostOrdine(p -> sinistro);   //Visita il sottoalbero
                                 //sinistro
    PostOrdine(p -> destro); //Visita il sottoalbero destro
    cout << p -> dati << '';     //Visita la radice
  }
}
```

Esercizio risolto 19.1

Implementare mediante template le tre strategie di visita di un albero binario.

Visita inordine

```
template <class T>
void InOrdine (NodoAlbero <T> *t, void Visitaree (T& item))
{
  // Visita ricorsiva termina col sottoalbero vuoto
  if (t != NULL)
```

```
  {
     InOrdine (t -> Sinistro (), Visitaree );
     Visitaree (t -> dati);
     InOrdine (t -> Destro (),Visitaree );
  }
}
```

Visita postordine

```
template <class T>
void PostOrdine(NodoAlbero <T> *t,void Visitaree (T& item))
{
  // La visita ricorsiva termina col sottoalbero vuoto
  if (t != NULL)
  {
     PostOrdine (t->Sinistro (), Visitaree );
     PostOrdine (t->Destro (), Visitaree );
     Visitaree (t->dati);
  }
}
```

Visita preordine

```
template <class T>
void PreOrdine (NodoAlbero <T> *t, void Visitaree (T& item))
{
  if (t != NULL)
  {
     Visitaree   (t-> dati);
     PreOrdine (t-> Sinistro (), Visitaree );
     PreOrdine (t-> Destro (), Visitaree );
  }
}
```

Esercizio risolto 19.2

Rappresentare sia il nodo che le funzioni ricorsive mediante template.

Classe nodo

```
template <class T>
class NodoAlberoBin {
public :
  NodoAlberoBin() {FiglioSinistro = FiglioDestro = 0;}
  NodoAlberoBin(const T& e)
  {
     dati = e;
     FiglioSinistro = FiglioDestro = 0;
  }
  NodoAlberoBin(const T& e, NodoAlberoBin <T>* s,
     NodoAlberoBin <T>* d)
```

```
  {
     dati = e;
     FiglioSinistro = s;
     FiglioDestro = d;
  }
private :
  T dati;
  NodoAlberoBin <T> *FiglioSinistro, //Sottoalbero sinistro
                    *FiglioDestro;   //Sottoalbero destro
};
```

Visita preordine

```
template <class T>
  void PreOrdine(NodoAlberoBin<T> *t)
  {    // Visita PreOrdine di *t
   if (t) {
     Visitare(t);                    // Visita la radice
     PreOrdine(t -> FiglioSinistro); // Sottoalbero sinistro
     PreOrdine(t -> FiglioDestro);   // Sottoalbero destro
   }
  }
```

Visita inordine

```
template <class T>
  void InOrdine(NodoAlberoBin<T> *t)
  {   // Visita inordine di *t
   if (t) {
     InOrdine(t -> FiglioSinistro);
     Visitare(t);
     InOrdine(t -> FiglioDestro);
   }
  }
```

Visita postordine

```
template <class T>
  void postordine(NodoAlberoBin<T> *t)
  {   // Visita postordine di *t
   if (t) {
     postordine(t ->FiglioSinistro); // Sottoalbero sinistro
     postordine(t ->FiglioDestro);   // Sottoalbero destro
     Visitare(t);                    // Visita la radice
   }
  }
```

La funzione `Visitare()` può essere rimpiazzata con

```
cout << t -> dati;
```

Esercizio risolto 19.3

Indicare le sequenze di visita degli alberi binari rappresentati nella seguente figura.

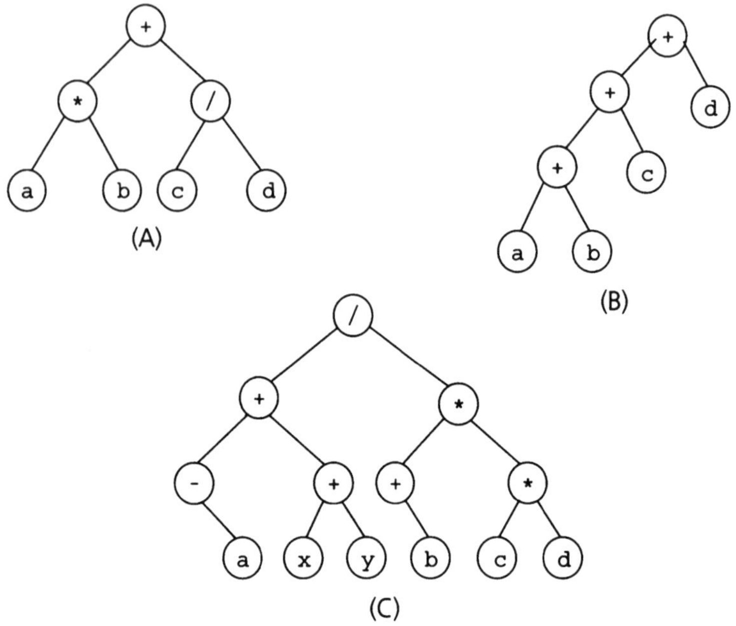

Le sequenze prodotte dalle visite preordine, inordine e postordine sono riportate nel seguente prospetto.

	Albero A	Albero B	Albero C
Preordine	`+*ab/cd`	`+++abcd`	`/*-a+xy*+ b* cd`
Inordine	`a*b+c/d`	`a+b+c+d`	`-a+x+y/+ b* c*d`
Postordine	`ab*cd/+`	`ab+c+d+`	`a-xy++b+cd**/`

19.5.4 Profondità di un albero binario

La funzione `Profondita` valuta la profondità dell'albero binario passatole mediante un puntatore al nodo radice. Il caso più semplice è quello di un albero vuoto, la cui profondità è 0. Se l'albero non è vuoto bisogna valutare separatamente le profondità `ProfonditaS` e `ProfonditaD` di ogni sottoalbero. L'algoritmo consiste nelle chiamate ricorsive della funzione `Profondita` con i due puntatori ai due sottoalberi come parametro. La funzione `Profondita` restituisce la profondità del sottoalbero più profondo aumentata di 1 (quella della radice).

```
int Profondita (Nodo *p)
{
  if (! p)
     return 0;
  else
  {
     int ProfonditaI = Profondita (p -> izda);
     int ProfonditaD = Profondita (p -> dcha);
     if (ProfonditaI > ProfonditaD)
        return ProfonditaI + 1;
     else
        return ProfonditaD + 1;
  }
}
```

19.6 Albero binario di ricerca

Gli alberi visti finora non hanno alcun ordine definito riguardo ai valori presenti dentro i nodi.

In un albero binario *di ricerca*, dato un qualunque nodo, tutti i nodi del suo sottoalbero sinistro hanno valori minori (o maggiori) del suo, mentre tutti i nodi del sottoalbero destro hanno valori maggiori (o minori) del suo. Il seguente è un esempio di albero binario di ricerca.

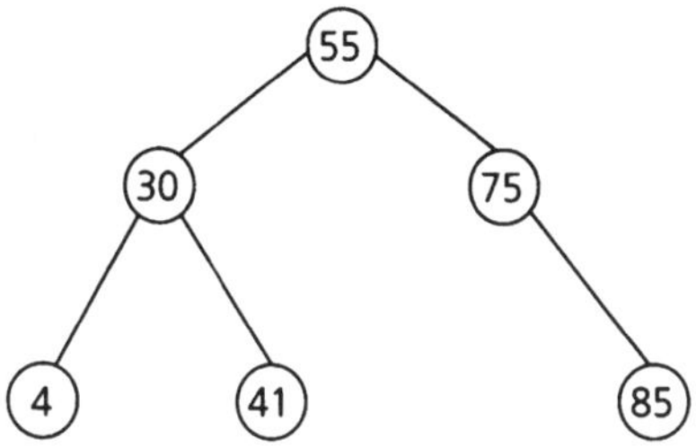

4 minore di 30
30 minore di 55
41 maggiore di 30
75 maggiore di 55
85 maggiore di 75

19.6.1 Creazione di un albero binario di ricerca

Supponiamo di dover memorizzare i seguenti numeri in un albero binario di ricerca.

`8    3    1    20    10    5    4`

Inizialmente bisogna inserire il valore `8` in un albero vuoto, quindi l'unica scelta è metterlo nella radice:

Il numero successivo 3, essendo minore di 8, deve andare nel sottoalbero sinistro.

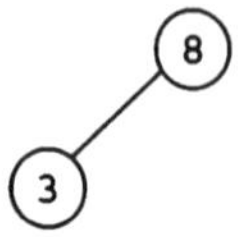

Quindi bisogna inserire 1 che, essendo minore sia di 8 che di 3, deve andare nel sottoalbero sinistro di 3.

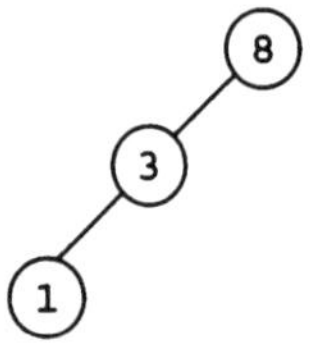

Il numero successivo 20, maggiore di 8, deve andare alla sua destra

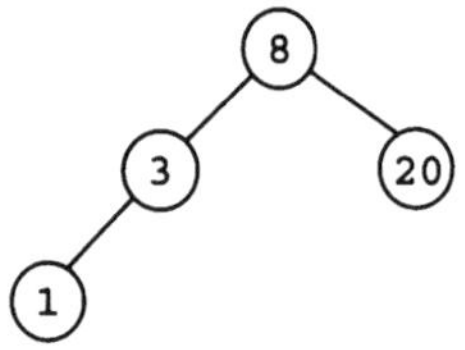

e così via. Ogni nuovo elemento viene inserito come foglia dell'albero corrente.

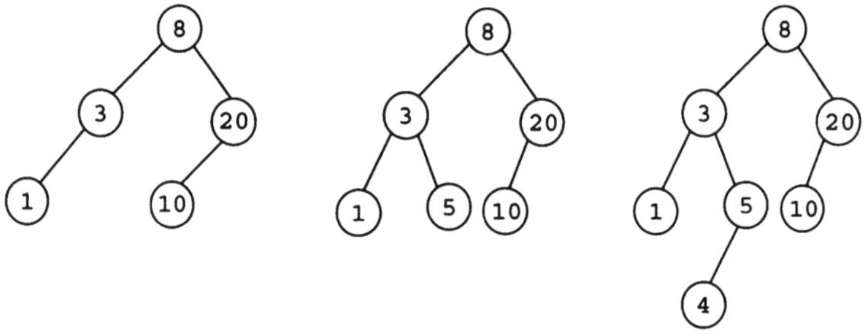

> **Esempio**
>
> Costruire un albero binario di ricerca per immagazzinare i dati 12, 8, 7, 16 e 11.
>
> 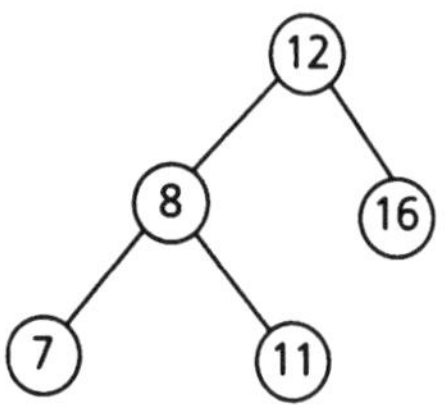

19.6.2 Implementazione di un nodo di un albero binari di ricerca

Gli alberi binari di ricerca servono a ritrovare velocemente i dati in esso memorizzati. Supponiamo di avere un albero binario in cui ciascun nodo contiene il nome e il numero di matricola di uno studente.

```
class Nodo {
public:
  int numero_matricola;
  char cognome_nome[30];
  Nodo* sinistro, *destro;
  Nodo (int id = 0, char *n = 0, Nodo *i = 0, Nodo *d = 0)
       : numero_matricola(id), sinistro(i), destro(d)
       { strcpy(cognome_nome,n) ; }
};
```

16.6.2.1 Ricerca

La ricerca di un nodo inizia dalla radice e segue questi passi:

1. Si confronta la chiave cercata con quella della radice.
2. Se coincidono, si è trovato l'elemento cercato.
3. Se la chiave cercata è maggiore di quella della radice, la ricerca viene avviata ricorsivamente nel sottoalbero destro, altrimenti in quello sinistro.

Nel nostro caso la funzione di ricerca ha due argomenti: il puntatore all'albero da esaminare e il numero di matricola dello studente da cercare. Se lo trova, la funzione restituisce il puntatore al nodo dello studente, altrimenti restituisce il valore `0`. Il codice C++ è

```
Nodo* ricerca(Nodo* p, int cercato)
{
  if (!p) return 0;
    else if (cercato == p->numero_matricola) return p;
      else if (cercato < p->numero_matricola)
        return ricerca(p->sinistro, cercato);
          else return ricerca(p->destro, cercato);
}
```

16.6.2.2 Inserire un nodo

L'inserimento di un nuovo elemento in un albero di ricerca deve essere fatto in maniera tale che il risultato dell'operazione sia ancora un albero di ricerca. Si visita l'albero alla ricerca dell'elemento da inserire e, se lo si trova, non si fa nulla (perché l'elemento c'è già); altrimenti si inserisce l'elemento nel posto dove la ricerca è terminata (senza trovare nulla), perché quello è il posto dove l'elemento sarebbe dovuto stare se fosse stato presente.

Figura 19.16
Inserimento in un albero binario di ricerca.

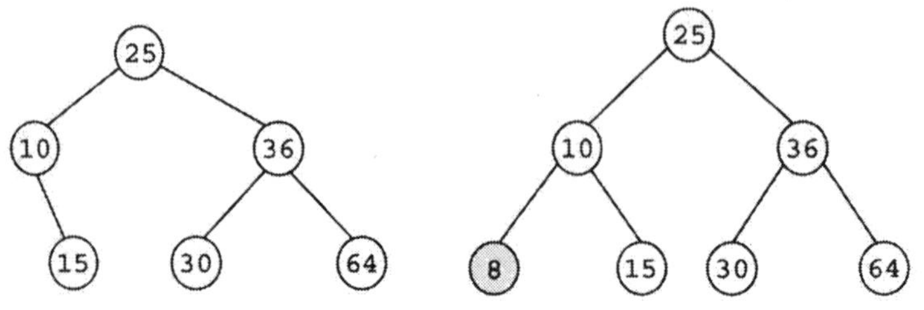

Prima dell'inserimento dell'8 Dopo l'inserimento dell'8

Ad esempio, nella Figura 19.16 per inserire l'elemento `8` si parte dal nodo radice `25`; l'`8` dovrebbe stare nel sottoalbero sinistro perché `8 < 25`. Rispetto poi al nodo `10`, l'`8` dovrebbe stare nel sottoalbero sinistro, che al momento è vuoto. Quindi il nodo `8` sarà il figlio sinistro del nodo `10`. L'inserimento di un nodo inizia quindi dalla radice e segue questi passi:

1. Assegnare dinamicamente la memoria per il nuovo nodo.
2. Cercare l'elemento nell'albero per inserirlo come foglia.
3. Appendere il nuovo elemento all'albero.

La funzione `inserire` ha tre argomenti: il puntatore alla radice dell'albero, il puntatore al nuovo elemento e il numero di matricola dello studente. L'algoritmo crea un nodo per il nuovo studente e lo inserisce nel posto corretto come indicato:

```
void inserire(Nodo* p, int nuova_mat, char* nuovo_studente)
{
  if (!p) p = new Nodo(nuova_mat, nuovo_studente);
    else if (nuevo_mat < p->numero_matricola);
      inserire(p->sinistro, nuova_mat, nuovo_studente);
        else inserire(p->destro, nuova_mat, nuovo_studente);
}
```

Si noti che, se l'albero corrente è vuoto (`!p`), il nuovo nodo ne diventa la radice.

19.6.2.3 Eliminazione di un nodo

Anche l'eliminazione di un nodo da un albero binario è un'estensione dell'algoritmo di ricerca. Ovviamente l'eliminazione deve produrre un albero di ricerca. I passi da seguire sono:

1. Cercare l'elemento da eliminare.
2. Aggiustare i puntatori dei suoi antenati se il nodo da eliminare ha meno di due figli, oppure sostituirlo con il nodo con la chiave più vicina, in modo da conservare la natura di albero di ricerca binario.

Esempio

Sopprimere l'elemento con chiave 36 nel seguente albero di ricerca.

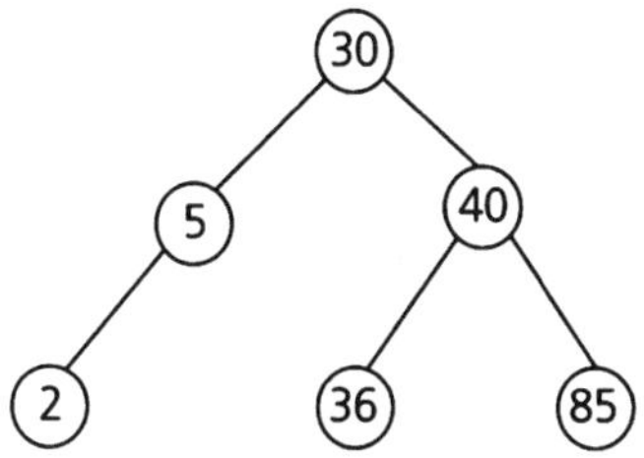

L'albero risultante è

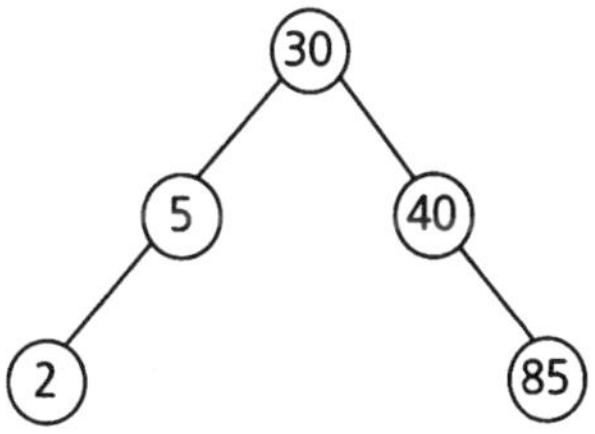

Esempio

Eliminare l'elemento con chiave 60 nel seguente albero.

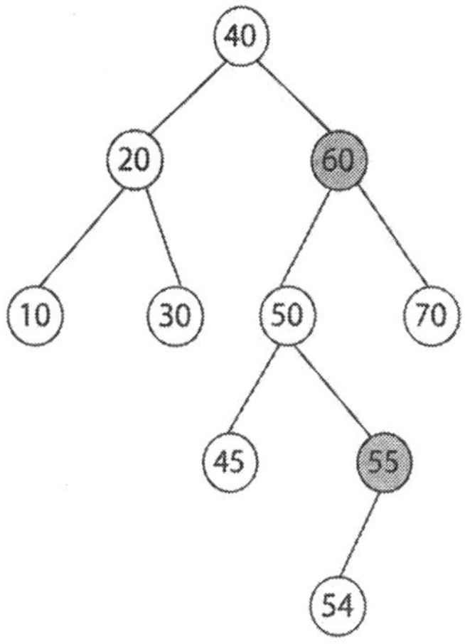

Si rimpiazza 60 con l'elemento maggiore del suo sottoalbero sinistro (55) o con l'elemento più piccolo del suo sottoalbero destro (70). Se si opta per il primo caso, si sposta il 55 alla radice del sottoalbero e si riaggiusta l'albero.

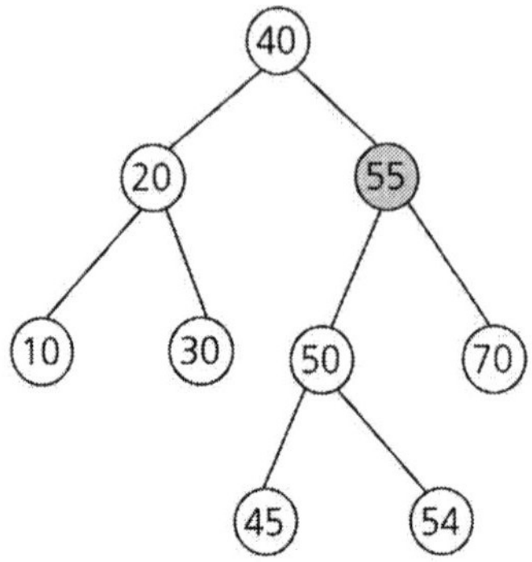

SOMMARIO

In questo capitolo abbiamo visto cosa sono e come si gestiscono gli alberi. Strutture dati dinamiche, sono particolari grafi molto utilizzati per varie applicazioni. In particolare abbiamo introdotto l'albero binario come quello in cui ogni elemento possiede al massimo due figli. Essi sono utilizzati per rappresentare espressioni logico-aritmetiche: i nodi interni contengono gli operatori e le foglie gli operandi.

Gli alberi binari di ricerca sono invece caratterizzati da un ordinamento: dato un qualunque nodo, tutti i nodi del suo sottoalbero sinistro hanno valori minori del suo, mentre tutti i nodi del suo sottoalbero destro hanno valori maggiori. Questi alberi di ricerca sono fondamentali per memorizzare grandi quantità di dati che devono poi essere ritrovati in maniera veloce.

CONCETTI CHIAVE

- Albero
- Albero binario
- Albero di ricerca binario
- Nodo
- Visita inordine
- Visita postordine
- Visita preordine
- Sottoalbero

Problemi

19.1 Spiegare perché nessuna di queste strutture è un albero binario.

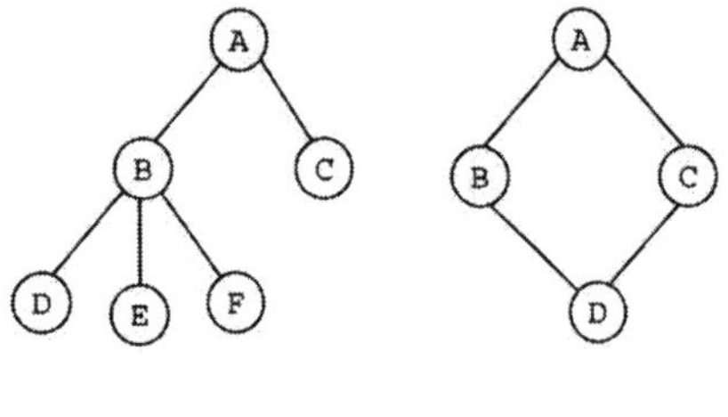

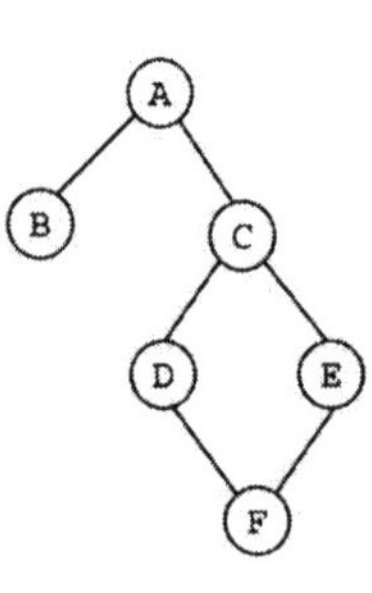

19.2 Dato il seguente albero

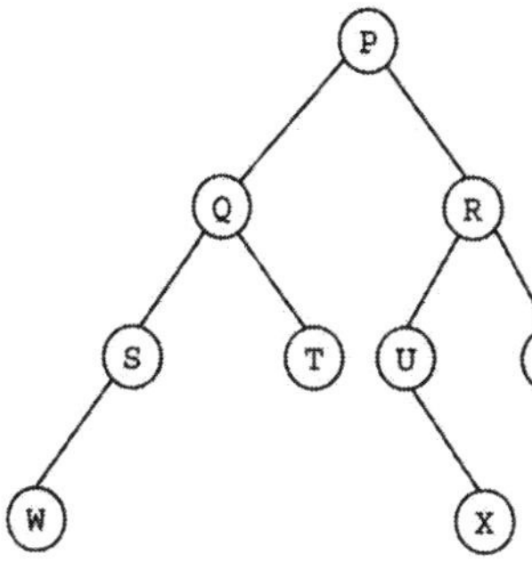

a) valutarne l'altezza
b) valutare se è equilibrato
c) elencare i nodi foglia
d) visitare l'albero inordine, preordine e postordine

19.3 Per ciascuna delle seguenti sequenze di lettere

(i) `M,Y,T,E,R`
(ii) `R,E,M,Y,T`
(iii) `T,Y,M,E,R`
(iv) `C,O,R,N,F,L,A,K,E,S`

a) disegnare l'albero binario di ricerca che esse generano
b) visitare l'albero inordine, preordine e postordine

19.4 Costruire gli alberi di espressione corrispondenti alle seguenti espressioni

a) `(A + B) / (C - D)`
b) `A + B + C / D`
c) `A - (B - (C - D) / (E + F))`
d) `(A + B) * ((C + D) / (E + F))`
e) `(A - B) / ((C * D) - (E / F))`

19.5 La visita preordine di un certo albero binario produce `ADFGHKLPQRWZ`, mentre la visita inordine produce `GFHKDLAWRQPZ`. Disegnare l'albero binario.

19.6 Codificare la classe `albero` come amica della classe `Nodo` per consentire l'implementazione di metodi ricorsivi. La classe `albero` deve contenere il metodo `Ottenere` per ricavare sia il figlio sinistro che quello destro della radice dell'albero.

19.7 Aggiungere alla classe `albero` del problema precedente il costruttore di copia.

19.8 Aggiungere alla classe `albero` del Problema 19.6 una funzione che copi l'oggetto puntato nell'oggetto ricevuto come parametro.

19.9 Scrivere un metodo della classe `albero` che restituisca il simmetrico dell'oggetto albero: per simmetrico intendiamo un albero in cui ogni nodo ha sottoalberi sinistro e destro invertiti, come nel seguente esempio.

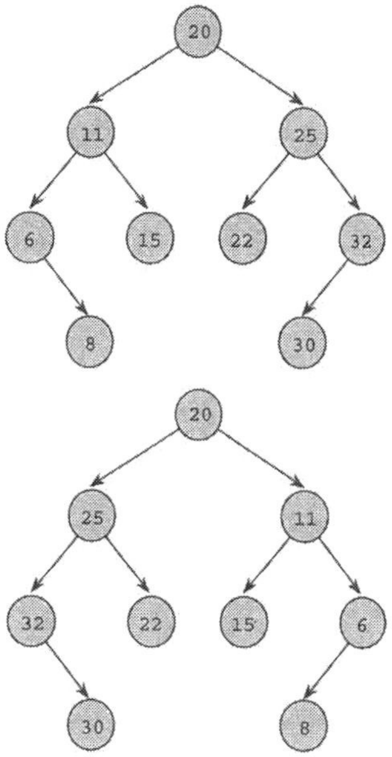

19.10 Aggiungere alla classe `albero` del problema precedente funzioni membro per compiere la visita ricorsiva inordine, preordine e postordine.

19.11 Aggiungere alla classe `albero` del problema precedente una funzione che restituisca il numero dei suoi nodi.

19.12 Aggiungere alla classe `albero` del problema precedente una funzione che restituisca il numero delle sue foglie.

19.13 Aggiungere alla classe `albero` del problema precedente una funzione che prenda in input un numero naturale `n` e mostri i nodi che appartengono al livello `n`.

19.14 Costruire una funzione membro della classe `albero` per visualizzare tutti i nodi di un albero binario di ricerca il cui valore del campo chiave sia maggiore di un valore accettato in input.

19.15 Costruire due funzioni membro della classe `albero`, una ricorsiva e l'altra iterativa, per inserire un elemento accettato in input in un albero binario di ricerca.

19.16 Costruire due funzioni membro della classe `albero`, una ricorsiva e l'altra iterativa, per eliminare un elemento accettato in input da un albero binario di ricerca.

Esercizi supplementari

Per ulteriori esercizi si rimanda all'Appendice A del testo.

PARTE

IV

Programmazione avanzata in C++

Sovraccaricamento degli operatori

20

Indice

Introduzione

Il "sovraccaricamento" degli operatori, anche detto "sovrapposizione" oppure "ridefinizione" degli operatori, è una delle caratteristiche più interessanti dell'OOP e del C++ in particolare. Esso consente, fra l'altro, di manipolare gli oggetti definiti dal programmatore con operatori standard del linguaggio come `+`, `*`, `[]` e `<<`. Di fatto questo significa poter definire una versione "personalizzata" del linguaggio C++. In questo capitolo vedremo il sovraccaricamento degli operatori unari e binari, inclusi gli operatori di *casting*, quelli relazionali e l'operatore di assegnazione.

20.1 Sovraccaricamento

Sappiamo che il C++ ha molti operatori predefiniti per operare su vari tipi di dato. Per esempio, l'operatore `+` può servire per sommare due variabili di tipo `int`, e l'operatore `<=` può confrontare due valori di tipo `double`. Questi operatori predefiniti sono già "sovraccaricati" dal momento che ciascuno può operare con vari tipi di dato. Per esempio, l'operatore `+` si può anche utilizzare per il tipo `double`, e l'operazione compiuta, cioè la funzione eseguita, sarà diversa, poiché le operazioni da compiere per sommare due `double` sono diverse da quelle necessarie per sommare due `int`. Per i tipi di dato definiti dall'utente non esistono ovviamente operatori predefiniti, ma potrebbe risultare comodo "estendere" l'operatività di qualcuno di questi. Ad esempio, se abbiamo bisogno di una classe che gestisca i numeri razionali e le loro possibili operazioni aritmetiche, dati `r1` ed `r2` due oggetti di quella classe, si vorrebbe che l'operatore + possa servire anche per indicare l'espressione `r1 + r2` e che il compilatore intenda correttamente l'operazione. Così facendo, operandi complessi definiti con le classi (`stringa`, `data`, `complesso`, ecc.) si potrebbero trattare come se fossero dati semplici.

Quasi tutti gli operatori predefiniti si possono sovraccaricare in C++ (Tabella 20.1):

Tabella 20.1 Operatori che si possono sovraccaricare.

new	delete	new[]	delete[]				
+	-	*	/	%	^	&	|
~	!	=	<	>	+=	-=	*=
/=	%=	^=	&=	|=	<<	>>	>>=
<<=	==	!=	<=	>=	&&	||	++
--	,	->*	->	()	[]		

Un operatore unario ha un solo operando, come ad esempio `++`.

```
n++;        // unario
```

Un operatore binario ha due operandi, come /.

```
x / y;      // binario
```

Alcuni operatori, come +, possono essere unari o binari a seconda dell'uso.

```
+x;         // unario
x + y;      // binario
```

Tutti gli operatori predefiniti si possono sovraccaricare, tranne i seguenti:

- `.` accesso al membro
- `.*` indirezione di accesso al membro
- `::` risoluzione di ambito
- `?:` operatore condizionale

Per sovraccaricare un operatore si usa la funzione operatore, che è una funzione il cui nome è la parola riservata `operator` seguita da un operatore unario o binario.

`operator` *`operatore`*

A parte il caso degli operatori `new`, `delete` e `->`, le funzioni operatore possono restituire qualunque tipo di dato. Non si possono cambiare precedenza, raggruppamento e numero degli operandi. Ad eccezione dell'operatore `()`, le funzioni operatore non possono avere argomenti per default.

Una funzione operatore può essere o una funzione membro non statica oppure una funzione non membro che abbia almeno un parametro il cui tipo è una classe, un riferimento, o una classe enumerativa o riferimento ad una enumerativa. Questa regola evita di cambiare il significato di operatori predefiniti chiamati ad operare con i loro tipi di dato. Per esempio, il seguente codice non è valido:

```
int operator +(int x, int y)
{
  return x * y;
}
```

Al contrario, la seguente funzione non membro è valida perché almeno un parametro è di tipo classe:

```
class Integer {
...
public:
  int valor;
};
int operator +(const Integer &x, int y)
{
  return x.valor + y;
}
```

Regole

- Il numero degli operandi e la priorità dell'operatore sovraccaricato sono le stesse dell'operatore predefinito.
- Il nuovo operatore può essere definito come una funzione membro o come una funzione amica.

20.2 Sovraccaricamento degli operatori unari

Gli operatori unari sono:

`new`	`delete`	`new[] delete`
`++`	incremento	
`--`	decremento	
`()`	chiamata a funzione	
`[]`	indicizzazione	
`+`	più	
`-`	meno	
`*`	indirezione	
`&`	indirizzo di	
`!`	NOT logico	
`~`	NOT bit a bit	
`,`	virgola	

Il sovraccaricamento è molto usato per gli operatori unari.

Esempio

Sovraccaricamento dell'operatore "meno" per definire vettori opposti.

```
vettore u,v;
...
v = -u;
```

Una volta definito l'operatore unario "meno" e l'operatore binario "più", si potrà definire un operatore binario "meno" nella seguente forma:

```
a - b = a + (-b).
```

Esempio

```
#include <iostream>
using namespace std;
class vettore {
public:
  vettore(float xx = 0, float yy = 0) :x(xx), y(yy) {}
  void stampa_vettore() const;
  vettore operator+(const vettore &b)const; // più binario
  vettore operator -();                     // meno unario
  vettore operator -(const vettore &b)const;//meno binario
private:
  float x, y;
};
  void vettore::stampa_vettore() const
{
  cout << x << '' << e << endl;
}
vettore vettore::operator+ (const vettore &b)const  // più
                                                    // binario
{
  return vettore(x + b.x, e + b.y);
}
vettore vettore::operator-()                 // meno unario
{
  return vettore(-x,-y);
}
vettore vettore::operator-(const vettore &b)const  // meno
                                                   // binario
{
return *this + -b;   // *this è l'oggetto puntato da this
}
int main()
{
  vettore u(3,1), v(1,2), somma, neg, differ;
  somma = u + v ;
```

```
    somma.stampa_vettore();     // uscita (4,3)
    neg = -somma;
    neg.stampa_vettore();       // uscita (-4,-3)
    differ = u-v ;
    differ.stampa_vettore();    // uscita (2,-1)
    return 0;
}
```

Consideriamo una classe di tipo `t` e un oggetto `x` di tipo `t`. Definiamo un operatore unario sovraccaricato `++`, e interpretiamo

```
++x
```

come

```
operator++(x)
```

oppure come

```
x.operator++()
```

Un operatore unario si può definire come una funzione amica con un argomento o, più frequentemente, come una funzione membro senza argomento.

Per sovraccaricare l'operatore `++`, per esempio, si usa la dichiarazione

```
void operator ++
```

Questa sintassi indica al compilatore di chiamare sempre questa funzione quando incontra l'operatore `++`.

L'operatore `++` si utilizza normalmente per incrementare un oggetto della classe `tempo`. Vediamo in primo luogo come incrementare il tempo mediante una funzione membro:

```
void incTempo        // Aggiunge 1 secondo al Tempo
{
  seg++ ;
  if(secs > 59) {secs -= 60 ; ++mins;}
  if(mins > 59) {mins -= 60 ; ++hrs;}
}
```

Per incrementare il tempo `t1` si chiama un metodo nel modo usuale:

```
t1.incTempo ();      // Incrementa t1
```

Nel seguente esempio utilizziamo lo stesso metodo, invocando però l'operatore `++` al posto del nome `incTempo`.

```
// file TEMPO.CPP
// Utilizza l'operatore sovraccaricato ++ per incrementare
// gli oggetti della classe Tempo
```

```
#include <iostream>
#include <stdio.h>
using namespace std;
class Tempo
{
   private:
     int hrs;        // ore
     int mins;       // minuti
     int secs;       // secondi
     public.
       Tempo ()
         {secs = 0;mins = 0;hrs = 0;}  // Inizializza
                                       // Tempo a 00:00:00
       void visualizzaOra(void)       // Visualizza l'ora
         {cout << hrs << ":" << mins << ":" << segs;}
       void leggeTempo  (void)          // Legge l'ora
                                       // dalla tastiera
         {cin >> hrs >> min >> secs;}
       Tempo & void operator ++    // Aggiunge un secondo
         {
         segs++;
         if (secs > 59) {secs -= 60; ++mins;}
         if (mins > 59) {mins -= 60; ++hrs;}
         return * this;
       };
  int main()
  {
     Tempo t1;             // Dichiara la variabile Tempo
       cout << "\n Introduca l'ora (hh :mm :ss) : ";
     t1.leggeTempo ();      // Legge t1
     cout <<  "visualizza t1";
     t1.visualizzaOra();
     ++t1;                  // Incrementa t1,
     cout << "\n dopo l'incremento, t1= ";   // Visualizza
                                             // di nuovo t1
     t1.visualizzaOra();
  }
```

Al posto della funzione `incTempo` per definire il metodo utilizziamo l'operatore sovraccaricato `++`

```
Tempo & operator++
```

Si può allora incrementare l'oggetto `t1` della classe `Tempo` con l'istruzione

```
++t1;
```

Un esempio di uscita di questo programma potrebbe essere:

```
Introduca l'ora (hh:mm:ss):10:59:59
dopo l'incremento, t1 = 11:00:00
```

Vediamo un altro esempio con una classe `vettore` che contiene:

- due membri dato privati (le coordinate, di tipo `double`)
- due funzioni `public`:
  - una funzione membro di inizializzazione
  - una funzione membro che visualizza le coordinate
- un operatore sovraccaricato ++ che incrementa il vettore con il vettore (1,1).

Andiamo quindi a sovraccaricare l'operatore ++ per la classe `vettore`, in modo che il vettore (3,4) diventi (4,5).

```
#include <iostream>
using namespace std;

class vettore
{
  double x,y;
  public:
  void inizializzare(double a, double b)
     {x = a; y = b;}

  void visualizzare()
     {
     cout << "vettore x =" <<x;
     cout << "y = " << e << \n";
     {

  vettore & operator++()
     {
       x++; y++;
       return *this;
     }
};
main()
{
  vettore v;
  v.inizializzare(10.5, 20);
  v.visualizzare();          // Visualizza 10.5 20
  ++v;                    // Incremento del vettore v di 1,1
  v.visualizzare();       // Visualizza 11.5 21
}
```

L'operatore ++ è sovraccaricato e potrà essere utilizzato in altre parti, normalmente con gli operandi aritmetici.

20.2.1 Versioni prefissa e postfissa degli operatori ++ e --

Nelle definizioni e dichiarazioni di `operator++()` e `operator--()`, il compilatore distingue fra le versioni prefissa e postfissa di questi operatori, chiamando queste fuzioni operatore, rispettivamente, senza argomenti o con un argomento `int`. La versione prefissa si sovraccarica mediante una funzione non membro con un parametro; la versione postfissa si sovraccarica definendo una versione di ++ con due parametri, il secondo dei quali di tipo `int`. Si osservi che quando gli operatori ++ e -- vengono sovraccaricati come membri di una classe, le versioni prefisse non hanno alcun parametro esplicito, mentre quelle postfisse ne hanno uno (di tipo `int`).

L'unica differenza fra le due versioni è il paramentro di tipo `int`.
I due operatori possono essere chiamati con la notazione usuale o con quella funzionale, a seconda di come vengono passati gli argomenti. Ad esempio, consideriamo questa classe:

```
class complesso {
  float r, i;
public:
  complesso(float a = 0, float b = 0);
  ...
  complesso& operator++();
  complesso operator++(int);
};
complesso c;
```

L'operatore ++ si può invocare con la notazione standard dell'operatore unario come

```
++c;
```

o

```
c++;
```

oppure con la notazione di funzione membro

```
c.operator++();    // Notazione funzionale
                   // della versione prefissa
```

oppure ancora come

```
c.operator++(0);   // Notazione funzionale
                   // della versione postfissa
```

Le versioni prefissa e postfissa dell'operatore decremento -- si sovraccaricano in modo simile.

Vediamo un altro esempio:

```
class Data
{
  // ... dati privati
public:
  // costruttori e funzioni membro
  // operatore di incremento prefisso
Data& operator++()
  {
  // Chiamata alla funzione membro IncrementareData
  IncrementareData();
  return *this;
  }
// operatore di incremento postfisso
Data temp = *this; operator++(int)
  {
  IncrementareData();
  return temp;
  }
};
```

Si possono implementare simultaneamente l'operatore unario prefisso e quello postfisso.

```
x &operator++();
x &operator++(int);
```

20.2.2 Funzioni amiche

A volte si vuole che l'operatore agisca come funzione globale, e non come funzione membro di una classe. Però, come funzione globale non potrebbe accedere ai membri privati delle classi che le fungono da operandi. In questi casi, mediante la parola riservata `friend`, è possibile dichiarare l'operatore come funzione "amica" della classe dei suoi operandi.

Quando una funzione è dichiarata amica di una certa classe è in grado di accedere ai suoi membri non pubblici.

La dichiarazione di una funzione amica inizia appunto con la parola riservata `friend` e non deve necessariamente apparire dentro la definizione di una classe (anche se vi comparisse non ne costituirebbe comunque funzione membro poiché non è legata alla sezione in cui compare).

Vediamo adesso due esempi per meglio distinguere il sovraccaricamento di un operatore unario prefisso come funzione membro dal sovraccaricamento mediante definizione dello stesso come funzione amica. Iniziamo dal primo caso:

```
#include <iostream>
class Unaria {
  int x;
public:
  Unaria()                  {x = 0;}
  Unaria(int a)             {x = a;}
  Unaria& operator--()      {--x; return *this;}
  void visualizzare(void)   {cout << x << "\n";}
}
main()
{
  Unaria esempio = 65;
  for(int i = 5; i > 0; i--)
  {
     --esempio;            // esempio.operator--();
  }
}
```

Poiché la funzione operatore unario `--()` è dichiarata come funzione membro, il sistema passa il puntatore `this` implicitamente. Di conseguenza l'oggetto che viene passato alla funzione membro si converte nell'operando di questo operatore.

Vediamo ora come definire un operatore come funzione amica:

```
#include <iostream>
class Unaria {
  int x;
public:
  Unaria()                  {x = 0;}
  Unaria(int a)             {x = a;}
  friend Unaria& operator++(Unaria y)
}
void visualizzare           {cout << x << "\n";}
};

int main()
{
  Unaria esempio = 65;
  for(int i = 5; i > 0, i--)
  {
     ++esempio;      // operator++(esempio);
  }
}
```

In questo caso, poiché la funzione operatore `++()` è definita come funzione amica, non le si passa il puntatore `this` implicitamente. Di conseguenza si deve passare esplicitamente l'oggetto della classe `Unaria`. Il seguente esempio integra i due precedenti in un unico programma.

Esempio

Sovraccaricare un operatore unario come funzione membro e come funzione amica. Poiché la funzione operatore unario `--()` è una funzione membro, il sistema passa il puntatore `this` implicitamente. Di conseguenza l'oggetto che chiama la funzione membro si converte nell'operando di quest'operatore. Per contro, la funzione operatore `++()` è definita come funzione amica, per cui le si passa il puntatore `this` implicitamente. Di conseguenza si deve passare esplicitamente l'oggetto della classe `Unaria`.

```
#include <cstdlib>
#include <iostream>
#include <math.h>
using namespace std;

class Unaria {
  int x;
public:
  Unaria()     {x = 0;}      // costruttore per default
  Unaria(int a)  {x = a;} // costruttore con un parametro
  friend Unaria& operator++(Unaria y) {++y.x; return y; }
  Unaria& operator-- () {--x ; return *this;}
  void visualizzare(void)    {cout << x << "\n";}
};

int main(int argc, char *argv[])
{
  Unaria esempio = 65;
  for(int i = 5; i > 0; i--)
  {
    ++esempio;  // operator++(esempio);
  }
  for(int i = 5; i > 0; i--)
  {
    --esempio;  // esempio.operator--();
  }
  system("PAUSE");
  return EXIT_SUCCESS;
}
```

Esercizio risolto 20.1

Creare una classe `Contatore` che consenta l'enumerazione dei successi di un sistema. Il conteggio si salva in una variabile `conteggio`, membro dato della classe `Contatore`, che verrà incrementata dall'operatore `++`.

```
// contatore1.cpp
// Incrementare la variabile del contatore
// con l'operatore ++
#include <iostream>
using namespace std;
class Contatore
{
  private:
    unsigned int conteggio;
  public:                                    // conteggio
    Contatore ()           {conteggio = 0;} // costruttore
    int legge_conteggio() {return conteggio;} // restituisce
                                               // conteggio
    conteggio& operator ++() {++ conteggio;return *this }
                                    // incrementa conteggio
};
  void main()
  {
    Contatore  C1, C2;        // definisce e inizializza

    cout << "\nC1 = " << C1.legge_conteggio();
    cout << "\nC2 = " << C2.legge_conteggio();

    ++C1;     // Incrementare C1 (incrementa conteggio)
    ++C2;     // Incrementare C2 (incrementa conteggio)
    ++C2;     // Incrementare C2 (incrementa conteggio)

    cout << "\nC1 = " << C1.legge_conteggio ();
    cout << "\nC2 = " << C2.legge_conteggio ();
}
```

In questo programma si sono creati due oggetti della classe `Contatore`: `C1` e `C2`. Si visualizzano i conteggi dei due oggetti e, di seguito, si incrementano mediante l'operatore `++`. `C1` e `C2` implicitamente invocano la funzione `operator++` che incrementa il valore del dato `conteggio` di 1. L'uscita del programma è:

```
C1 = 0
C2 = 0
C1 = 1
C2 = 2
```

Vediamo ancora un altro esempio di utilizzo degli operatori di incremento con una classe `Punto`. Utilizziamo gli operatori `++` e `--` sovraccaricati e con notazioni prefissa e postfissa, per incrementare le coordinate di ciascun punto. Cioè, se `p` è (1, 2, 3), allora `++p` è (2, 3, 4).

```
#include <iostream>
using namespace std;

class Punto {
public :
  ...
  Punto& operator ++();          // prefissa
  Punto  operator ++(int);       // postfissa
  Punto& operator --();
  Punto  operator --(int);
//classe Punto
};
...
// operatore incremento prefisso (++p)
inline Punto& Punto::operator ++()
{
  x += 1.0;
  y += 1.0;
  z += 1.0;
  return *this;
}
// operatore incremento postfisso (p++)
inline Punto Punto::operator ++ (int)
{
  x += 1.0;
  y += 1.0;
  z += 1.0;
  return Punto (x - 1.0, y - 1.0, z - 1.0);
}
// operatore decremento prefisso (--p)
inline Punto& Punto::operator --()
{
  x -= 1.0;
  y -= 1.0;
  z -= 1.0;
  return *this;
}
// operatore decremento postfisso (p--)
inline Punto Punto::operator --(int)
{
  x -= 1.0;
  y -= 1.0;
  z -= 1.0;
  return Punto (x + 1.0, y + 1.0, z + 1.0);
}
```

```
// programma principale
int main()
{
  Punto p(5.0, 7.0. 8.0);
  Punto q(1.0, 2.0, 3.0);
  Punto r--;
  // Presentazione di p
  cout << " p ( " << p.X() << " , " << p.Y() << " , "
       << p.Z() << " ) " << endl;

  r = ++p;
  cout << "++p (" << r.X() << " , " << r.Y()
       << ","     << r.Z() << " ) " << endl;

  // Presentazione di q
  cout << " q(" << q.X()    << " , " << q.Y()
       << " , "  << q.Z()    << " ) " << endl;
  r = q++;
  cout << "q++(" << r.X() << " , " << r.Y()
       << " , " << r.Z() << " ) " << endl;
}
```

Il programma dovrebbe visualizzare:

```
p      (5, 7, 8)
++p    (6, 8, 9)
q      (1, 2, 3)
q++    (1, 2, 3)
```

20.3 Sovraccaricamento degli operatori binari

Gli operatori binari hanno due argomenti, uno a destra e uno a sinistra dell'operatore. La Tabella 20.2 elenca gli operatori binari che si possono sovraccaricare.

Anche gli operatori binari si possono sovraccaricare facilmente. Se la funzione non è membro l'operatore si può sovraccaricare passandole due argomenti. Consideriamo un tipo di classe `t` con due oggetti `x1` e `x2` di tipo `t`. Definiamo un operatore binario `+` sovraccaricato, tale che

```
x1 + x2
```

si interpreti come

```
operator+(x1, x2)
```

oppure come

```
x1.operator+(x2)
```

Un operatore binario può essere quindi definito:

- come una funzione di due argomenti oppure
- come una funzione membro di un solo argomento (caso più frequente)

Tabella 20.2 Operatori binari che si possono sovraccaricare.

Operatore	Significato
+	Addizione
-	Differenza
*	Moltiplicazione
/	Divisione
%	Modulo
=	Assegnamento
+=	Addizione con assegnamento
-=	Differenza con assegnamento
*=	Moltiplicazione con assegnamento
/=	Divisione con assegnamento
%=	Modulo con assegnamento
&	AND bit a bit
|	OR bit a bit
^	OR esclusivo bit a bit
^=	OR esclusivo bit a bit con assegnamento
%=	AND bit a bit con assegnamento
|=	OR bit a bit con assegnamento
==	Uguale
!=	Diverso
>	Maggiore di
<	Minore di
>=	Maggiore o uguale a
<=	Minore o uguale a
||	OR logico
&&	AND logico
<<	Scorrimento a sinistra
<<=	Scorrimento a sinistra con assegnamento
>>	Scorrimento a destra
>>=	Scorrimento a destra con assegnamento
->	Puntatore
->*	Puntatore a membro

20.3.1 Sovraccaricamento di un operatore binario come funzione membro

Il seguente esempio mostra come sovraccaricare un operatore binario come funzione membro.

```
#include <iostream>
using namespace std;
class Binario {
  int x;
public:
  Binario()          {x =0;}
  Binario(int a)     { x = a;}
  Binario operator + (const Binario&)const;
  void visualizzare   {cout << x << "\n";}
};
Binario Binario::operator+(constBinario& a)const
{
  Binario aux;
  aux.x = x + a.x;
  return aux;
}
main()
{
  Binario primo(2.8), secondo(4.5), terzo;
  terzo = primo + secondo;
  terzo.visualizzare();
}
```

L'uscita del programma è

```
7.3
```

Come ulteriore esempio, definiamo un tipo di classe `vettore` con

- due membri dato privati (coordinate di tipo `double`)
- due funzioni `public`:
  - una funzione membro di inizializzazione
  - una funzione membro di visualizzazione delle coordinate
- un operatore sovraccaricato `*` prodotto scalare dei due vettori

```
#include <iostream>
using namespace std;
class vettore
{
  double x, y;
  public:
     void inizializzare(double a, double b)
        {x = a; y = b;}
     void visualizzare()
```

```
        {
        cout << " componente x= " << x << "componente y="
             << y << endl;
        }
   double operator * (const vettore v)const
      {
        return (x * v.x + y * v.y);
      }
};

main()
{
   vettore v1, v2
   v1. inizializzare(1,2); v2. inizializzare(2,3);
   v1.visualizzare(); v2.visualizzare();
   cout << " il suo prodotto scalare = ";
   cout << v1*v2;    // visualizza 8
}
```

L'operatore di moltiplicazione `*` è sovraccaricato nella nostra classe `vettore`. La scrittura `v1 * v2` ha ora un aspetto naturale e rappresenta il prodotto scalare di due vettori.

In effetti, `operator*` è definito come una funzione membro che ha un argomento di tipo `vettore` e restituisce un'espressione di tipo `double`, ma la scrittura `v1 * v2` è migliore della `v1.operator*(v2)`. Anche se l'operatore `*` è sovraccaricato per il prodotto scalare, può essere sempre utilizzato nella sua accezione normale scrivendo

```
i = j* k
```

Dove gli oggetti `i`, `j`, `k` sono aritmetici (`int`, `long`, `double`, ...), perché l'accezione corretta sarà individuata in funzione del tipo di operatore.

Come sappiamo, in C non si può utilizzare l'operatore + per concatenare stringhe. Per esempio, in BASIC si può scrivere

```
stringa3 = stringa1+ stringa 2;
```

dove `stringa1`, `stringa2` e `stringa3` sono variabili di tipo stringa, e `stringa3` diviene il concatenamento di `stringa2` e `stringa3`, ma in C no!

Tuttavia, definendo una classe `stringa`, come mostrato nel seguente programma, si può sovraccaricare l'operatore + per ottenere questo concatenamento.

```
// file STRINGA.CPP
#include <iostream>
#include <string>    // necessario per strcat(), strcpy()
                     // e strlen()
```

```
class stringa
{
     char * ch;
     int lunghezza ;
  public:
     stringa () {ch = 0;}
     stringa (const char*);
     ~stringa();
     stringa operator + (const stringa&)const;
     void visualizzare() {cout << ch;}
};

stringa::stringa (const char*s)
  {
  lunghezza = strlen(s);
  ch = new char[lunghezza  + 1];
  strcpy (ch, s);
  }

stringa::stringa~() { delete ch;}

stringa stringa::operator + (const stringa x)const
  {
  stringa temp;
  temp.lunghezza = lunghezza + x.lunghezza ;
  temp.ch = new char [temp.lunghezza  + 1];
  temp.ch = strcat (ch, x.ch);
  return temp;
}

main()
{
  stringa a("Salve");
  stringa b("Mondo");
  stringa c = a+b;  // si concatena in c: " Salve Mondo"
  a.visualizzare();
}
```

Si è definita una classe `stringa` che contiene:

- due membri dato:
  - un puntatore alla stringa
  - la lunghezza della stringa più uno
- un costruttore che alloca dinamicamente memoria nell'heap
- un distruttore che libera la memoria al momento della distruzione dell'oggetto
- un operatore di concatenamento
- una funzione di visualizzazione

Definiti gli oggetti `a` e `b`, la scrittura

```
a + b
```

significa semplicemente che la stringa `b` è stata appiccicata alla stringa `a`.

Il concatenamento si realizza solo se c'è spazio in `a` per passare le due stringhe. Un'alternativa sarebbe copiare `b` in `a` fino a completare 100 caratteri e, in qualunque caso, far sì che l'operatore + restituisca `true` se ha potuto compiere l'operazione, `false` altrimenti. Agendo in questo modo il concatenamento si realizzerebbe con:

```
if (a + b) a.visualizzare();
else count << "errore\n";
```

20.3.2 Sovraccaricamento di un operatore binario come funzione amica

La seguente funzione operatore + è definita come funzione amica:

```
#include <iostream>
using namespace std;
class Binario {
  int x;
public:
  Binario()         { x = 0; }
  Binario(int a)    { x = a; }
  friend Binario operator+(const Binario&,const Binario&);
  void visualizzare(void) {cout << x << "\n";)
};
Binario operator+(const Binario& a, const Binario& b)
{
  Binario aux;
  aux.x = a.x + b.x;
  return aux;
}
main()
{
  Binario primo(2.8), secondo(4.5), terzo;
  terzo = primo + secondo;
  terzo.visualizzare();
}
```

L'uscita del programma è

```
7.3
```

Si è definita la funzione operatore binario `+()` come funzione amica, quindi non le si passa implicitamente il puntatore `this` e le si deve passare l'oggetto `Binario` esplicitamente con entrambi gli argomenti. Di conseguenza, il primo argomento della funzione membro si converte nell'operando sinistro di quest'operatore, e il secondo argomento diventa l'argomento destro.

Figura 20.1
Un punto `P` in un sistema di coordinate cartesiane in tre dimensioni (x, y, z).

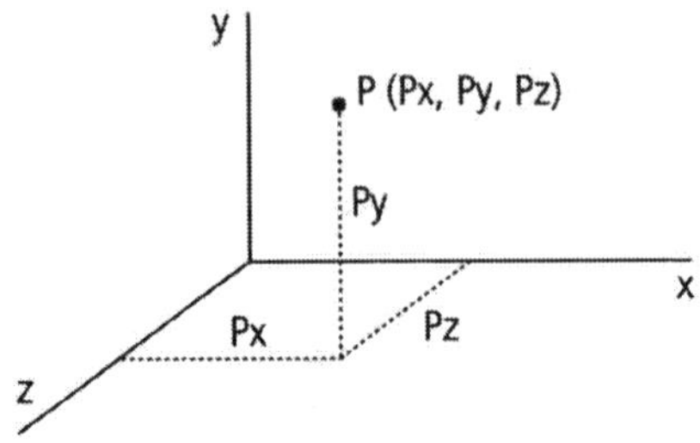

20.4 Sovraccaricamento degli operatori + e -

In C++, se `Punto` è una classe e l'operatore + è sovraccaricato, è possibile scrivere espressioni della forma:

```
Punto P1, P2, P3;
...
P3 = P1 + P2;
```

Sia dato un punto arbitrario `P` (`Px`, `Py`, `Pz`) in un sistema 3D (`x`, `y`, `z`). Le operazioni di somma e sottrazione si compiono nel modo seguente per i punti `P1`, `P2` e `P3`:

```
P1 = (4, 5, 7)
P2 = (2, 1, 4)
P3 = (1, 5, 2)
P5 = P1 + P2 = (6, 6, 11)
P6 = P1 - P2 = (2, 4, 3)
```

Esercizio risolto 20.2

Sovraccaricare gli operatori + e - per la classe `Punto`.

```
#include <iostream>
using namespace std;
// classe Punto
class Punto {
private:
  // membri dato privati
  double x, y, z;
public:
  // costruttori
  Punto(): x(0.0), y(0.0), z(0.0) {}
  Punto(double arg_x, double arg_y, double arg_z = 0.0)
     : x (arg_x),y (arg_y), z (arg_z) {}
  // funzioni membro pubbliche
  double& X() {return x;}
  double& Y() {return y;}
  double& Z() {return z;}
```

```
  const double& X() const {return x;}
  const double& Y() const {return y;}
  const double& Z() const {return z;}
  // operatori sovraccaricati
  Punto operator+ (const Punto& p)const;
  Punto operator- (const Punto& P)const;
};    // classe Punto
// operatori sovraccaricati
inline Punto Punto::operator+ (const Punto& p) // p1 + p2
{
  return Punto (x + p.x, y + p.y, z + p.z);
}
inline Punto Punto::operator- (const Punto& p) // p1-p2
{
  return Punto (x - p.x, y - p.y, z - p.z);
}
void main()
{
  // definire gli oggetti
  Punto p1 (4.0, 5.0, 7.0);
  Punto p2 (2.0, 1.0, 4.0);
  Punto p3, p4, p5;
  // sommare p1 e p2
  p3 = p1 + p2;
  p4 = p1 - p2;
  p5 = p1 + p2 - p3 - p4;
  cout << " p3( "  << p3.X() << " , " << p3.Y()
       << " , "     << p3.Z() << " ) " << endl;
  cout << " p4 ( " << p4.X() << " , " << p4.Y()
       << " , "   << p4.Z() << " ) " << endl;
}
```

Il programma visualizzerà:

```
p3 (6, 6, 11)
p4 (2, 4, 3)
```

20.5 Sovraccaricamento dell'operatore di assegnamento

C++ sovraccarica l'operatore di assegnamento, =, per oggetti di classi definite dal programmatore. Per esempio, il seguente assegnamento

```
p4 = p1;
```

copierà membro a membro tutti i dati membri da `p1` a `p4`, senza dover sovraccaricare esplicitamente l'operatore di assegnamento per la classe `Punto`. Quando si assegna un oggetto a un altro, si fa una copia membro a membro, anziché bit a bit.

L'assegnamento di un oggetto di una classe a un altro della stessa classe si compie mediante l'operatore di assegnamento di copia. I meccanismi sono essenzialmente gli stessi di quelli di inizializzazione per default membro a membro, ma fanno uso di un operatore di assegnamento di copia implicito al posto del costruttore di copia. Il formato generale dell'operatore di assegnamento di copia è il seguente:

```
const nomeClasse& nomeClasse::operator=(const nomeClasse &v)
{
  // evita autoassegnazioni
  if (this!= &v)
  {
     // semantica della copia di classi
  }
  // restituire l'oggetto assegnato
  return *this;
}
```

Dove la condizione

```
if (this!= &v)
```

evita l'assegnamento di un oggetto di una classe a sé stessa.

Regole[1]

Quando un oggetto di una classe si assegna a un altro della stessa classe, come

```
nuovoObj = vecchioObj,
```

1. si esamina la classe per vedere se essa fornisce un esplicito operatore di assegnamento di copia.
2. se sì, si verifica il suo livello di accesso per determinare se lo si può invocare o no in quella sezione del programma.
3. se non è accessibile, si genera un messaggio di errore in fase di compilazione; in caso contrario, lo si invoca per eseguire l'assegnamento.
4. se la classe non fornisce un esplicito operatore di assegnamento, si esegue quello membro a membro.
5. con l'assegnamento membro a membro per default, a ogni membro dato di un tipo composto o incorporato si assegna il valore del suo membro corrispondente.
6. a ogni membro dell'oggetto della classe si applicano ricorsivamente i passi da 1 a 6 fin quando sono assegnati tutti i membri dato dei tipi composti o incorporati.

---

[1] Lipman, S. e Lajoie, J., *C++ Primer*, 3ª ed., Reading, Massachussetts, Addison-Wesley, 1998, p. 730.

Esempio

Sovraccaricamento dell'operatore di assegnamento della classe `Punto`.

```
#include <iostream>
using namespace std;

// classe Punto
class Punto
{
private :
  double x, y, z;
public:
  Punto(): x(0.0), y(0.0), z(0.0) {}
  Punto (double x_arg, double y_arg, double z_arg = 0.0)
    : x(x_arg), y(y_arg), z(z_arg) {}
  // funzioni membro pubbliche
  ...
  // operatore sovraccaricato
  const Punto& operator = (const Punto& p);
};     // classe Punto
// operatore di assegnamento sovraccaricato
const Punto& Punto::operator = (const Punto& p)
{
  x = p.x;
  y = p.y;
  z = p.z;
  cout << " s'e' chiamato l'operatore = sovraccaricato "
       << endl;
  return *this;
}
// Una funzione main che utilizza l'operatore =
int main()
{
  // definire gli oggetti
  Punto p1 (2, 4,6), p2;

  cout << " p1( " << p1.X() << " , " << p1.Y()
       << " , "  << p1.Z() << " ) " << endl ;
  cout << "p2( "  << p2.X() << " , " << p2.Y()
       << " , "  << p2.Z() << " ) " << endl;
  p2 = p1;      // assegnamento
  cout << " p2( " << p2.X() << " , " << p2.Y()
       << " , "  << p2.Z() << " ) " << endl;
}
```

Il programma visualizzerà:

```
p1(2, 4, 6)
p2(0, 0, 0)
```

```
s'e' chiamato l'operatore = sovraccaricato
p2(2, 4, 6)
```

La definizione della funzione membro operatore di assegnamento sovraccaricato fornisce come tipo di ritorno `Punto` e, di conseguenza, è possibile il concatenamento degli operatori di assegnamento:

```
p1 = p2 = p3 = p4;     // assegnamento concatenato
```

Il seguente listato mostra la classe `string` con un operatore di assegnamento sovraccaricato. In questo caso, l'operatore ridefinito permette l'assegnamento di una stringa tradizionale C (`char*`) direttamente a un oggetto di una classe `string`

```
#include <iostream>
using namespace std;
#include <string.h>
class string {
  char * v;
  int lun;
public:
  string() {lun = 0; new char[10];}
  string(char *);
  ~string() {delete v;}
  string operator + (string);
  string operator + (char*);
  const string& operator += (const string&);
  const string operator = (const char*);
  char * Mostraree() {return v;}
  };
  string::string(char*str) {
     lun = strlen(str) + 1;
     v = new (char[lun]);
     strcpy(v,str);
  }
  const string& string::operator = (const char*cad)
  {
     lun = strlen(cad) + 1;
     delete v ;
     v = new char [lun];
     strcpy (v,cad);
     return *this;
  }
  int main()
  {
     string u("Questo è solo un test");
     u = " Questo non è un test";
     cout << "u = " << u.Mostraree() << "\n";
  }
```

20.5.1 Sovraccaricamento degli operatori [] e ()

L'operatore binario di indice vettoriale `[]` si può ridefinire per classi che rappresentano un'astrazione di contenitore multiplo in cui è possibile accedere agli elementi individuali. Nell'uso visto a suo tempo l'utilità di questo operatore sta nel fatto che esso occulta l'aritmetica dei puntatori. Così, per esempio, se si definisce l'array

```
int numeri[20];
```

la compilazione dell'istruzione di assegnamento

```
ch = numeri[12];
```

produce lo stesso codice dell'istruzione

```
ch = *numeri + 12;
```

L'operatore `[]` si può sovraccaricare solo mediante funzioni membro e richiede ovviamente due operandi; infatti nell'espressione generica

```
p = x[i];
```

`[]` è l'operatore, `x` è il primo argomento e `i` è il secondo; in generale, l'oggetto indicizzato è il primo argomento, e l'indice il secondo. In C++ la funzione operatore corrispondente è `operator[]`; può essere definita per una classe `x` in maniera tale che `x[i]` sia equivalente a `x.operator[](i)`.

L'operatore di chiamata di funzione `()` può essere sovraccaricato solo mediante funzioni membro. La chiamata di funzione si considera come un operatore binario.

`espressione principale (lista di espressioni)`

Dove *`espressione principale`* e *`lista di espressioni`* (che può essere vuota) sono due operandi. La funzione operatore corrispondente è `operator()` e può essere definita per una classe `t` solo mediante una funzione membro non statica. Le seguenti espressioni sono equivalenti:

```
x(i) equivale a  x.operator() (i)
x(arg1, arg2)  equivale a  x.operator() (arg1, arg2)
```

20.6 Sovraccaricamento degli operatori di inserimento ed estrazione

I flussi di I/O non sono parte del linguaggio C++ ma sono implementati come classi nella libreria `<iostream>`. In C++ si possono sovraccaricare gli operatori di inserimento ed estrazione in modo da consentir loro di manipolare qualunque istruzione di flusso che includa qualunque classe. Come definito in `<iostream>`, questi operatori lavorano con i tipi di dato predefiniti, come `int`, `long`, `double` e `char*`. Quando si definiscono classi come `string`, si possono sovraccaricare le definizioni degli operatori << e >> per farli lavorare anche con esse. Per esempio, una volta sovraccaricato l'operatore >>, si possono leggere i caratteri di un flusso di input immagazzinandoli in un oggetto della classe `string` scrivendo:

```
string input_utente;
cin >> input_utente;
```

Alla stessa maniera, per visualizzare una stringa `string` si scriverà:

```
string saluti = "Salve a tutti!";
cout << saluti << endl;
```

> Sovraccaricando gli operatori di I/O si possono manipolare non solo i tipi predefiniti (`int`, `long`, `double`, `char*` ecc.), ma qualunque tipo di oggetti di classe.

Il sovraccaricamento dell'operatore di inserimento << consente di visualizzare nel flusso di output qualunque classe definita dal programmatore.

Il seguente programma dichiara una classe `punto` che contiene due coordinate di tipo intero, `x` e `y`. Aggiungendo alla classe `punto` un operatore << sovraccaricato, si potranno inserire in output direttamente oggetti di tipo `punto`.

```
#include <iostream>

class punto{
private:
  int x, y;
public:
  punto()                    {x = y = 0;}
  punto (int xx, int yy)     {x = xx; y = yy;}
  void fissare(int xx)       {x = xx;}
  void fissare(int yy)       {y = yy;}
  int leggex(void)           {return x;}
  friend ostream& operator << (ostream& os, const punto &p);
};

int main()
{
  punto p;

  cout << p << '\n';
  p.fissare(50);
  p.fissare(100);
  cout << p << '\n';
  return 0;
}
```

```
ostream& operator << (ostream& os, punto& p)
{
  os << "x = " << p.x << ", y = " << p.y;
  return os;
}
```

L'ultima linea della classe `punto` sovraccarica l'operatore di inserimento in output dichiarando una funzione membro amica `operator <<()`. Questa funzione amica restituisce `ostream&` e dichiara due parametri riferimento: `os` al tipo `ostream` e `p` a oggetti della classe `punto`.

Come abbiamo visto, le funzioni operatore sovraccaricate sono normalmente amiche della classe perché altrimenti non potrebbero accedere ai membri dato privati, a meno che non ne siano funzioni membro.

Il programma visualizza

```
x = 0, y = 0
x = 50, y =100
```

Il sovraccaricamento di >> è simile a quello di <<. Il seguente programma migliora il precedente aggiungendo una funzione operatore di estrazione dall'input.

```
#include <iostream>
using namespace std;

class Punto {
private:
  int x, y;
public:
  punto()                    {x = e = 0;}
  punto (int xx, int yy)     {x = xx; y = yy;}
  void fijar(int xx)         {x = xx;}
  void fijary(int yy)        {y = yy;}
  int leggex(void)           {return x;}
  int leggey(void)           {return y;}
  friend ostream& operator << (ostream& os, const punto &p);
  friend istream& operator >> (istream& is, punto &p);
};

int main() {
  punto p;
  cout << p << '\n';
  p.fijarx(50);
  p.fijary(100);
  cout << p << '\n';
  cout << " Introdurre i valori di x ed y = ";
  cin >> p;
  cout << '\n S'e' introdotto: " << p;
  return 0;
}
```

```
ostream& operator<< (ostream& os, const punto &p}
{
  os << " x = " << p.x << ", y = " << p.y;
  return os;
}

istream& operator>>(istream& is, punto &p}
{
  is << p.x << p.y;
  return is;
}
```

Un altro esempio di sovraccaricamento dell'operatore di input può essere il seguente. Consideriamo la classe `Data`:

```
class Data{
  int giorno;
  int mese;
  int anno;
public:
  friend istream & operator >> (istream & en, Data &f);
};
```

Come nell'esempio precedente, l'operatore >> sovraccaricato utilizza la classe di input `istream` (definita in `<iostream>`). Un'implementazione della funzione `operator>>()` potrebbe essere:

```
istream & operator>>(istream& en, Data& f)
{
  cout << endl;
  cout << " Numero del mese?";
  en >> f.mese;         // ottiene il mese dalla tastiera
  cout << " Numero del giorno?";
  en >> f.giorno;       // ottiene il giorno dalla tastiera
  cout << " Numero dell'anno?";
  en >> f.anno;         // ottiene l'anno dalla tastiera
  return en;
}
```

A questo punto per ottenere una data dalla tastiera basterebbe l'istruzione:

```
cin >> oggi;
```

Un altro esempio di funzione operatore di input sovraccaricato potrebbe essere:

```
istream & operator >> (istream& en, Persona &p)
{
  cout << "Qual è il nome dell'impiegato?\n";
  en >> p.nome;
```

```
  cout << "Qual è l'età di " << p.nome << "?\n";
  en >> p.eta;
  cout << " Qual è il salario di " << p. nome << "?\n";
  en >> p.salario;
  return en;
}
```

20.7 Sovraccaricamento di *new* e *delete*

A partire dalla versione 2.0 del C++ è possibile sovraccaricare gli operatori `new` e `delete` per controllare in maniera più efficiente i processi di assegnamento e cancellazione dinamica della memoria.

20.7.1 Sovraccaricamento di *new*

Il compilatore C++ considera automaticamente l'operatore `new` come `static` perché viene chiamato spesso per creare istanze di classe. Esso però può essere sovraccaricato inserendo un prototipo del tipo:

```
void* operator new(size_t dimensione, ...);
```

Dove il primo parametro è del tipo standard `size_t`, e l'operatore deve restituire un puntatore `void*`. L'argomento per il primo parametro è il nome di una classe o un tipo di dato. Le successive chiamate di `new` per assegnare memoria a oggetti di classe attiveranno le funzioni sovraccaricate. Anche l'operatore sovraccaricato restituirà l'indirizzo dello spazio di memoria assegnato a quell'oggetto. Se non c'è spazio disponibile, la funzione restituirà `0`.

Consideriamo, ad esempio, la seguente dichiarazione di classe:

```
class Z
{
  public:
     z() {}
     static void* operator new (size_t dim);
};

main()
{
  Z* z = new Z;
  // altre istruzioni
  delete z;
  return 0;
}
```

Il nome della classe `Z` che appare dopo l'operatore `new` è l'argomento per la dimensione del parametro. Il compilatore traduce il nome della classe nella sua dimensione e passa l'informazione al parametro `dim`.

C++ permette di dichiarare parametri addizionali per l'operatore new. Siccome il compilatore considera l'operatore new come static, esso non può accedere a membri dati non statici. Il seguente esempio contiene due versioni dell'operatore sovraccaricato new.

```
class Matrice
{
  protected;
     unsigned Mriga;
     unsigned Mcolonna;
     double* Ptrdati;

public:
  Matrice(unsigned Righe, unsigned Colonne)
  {
     Mrigas = Righe;
     Mcolonnas = Colonne;
     Ptrdati = new double [Mrighe *Mcolonne];
  }
  static void* operator new(size_t dimensione);
  static void* operator new(size_t, unsigned Righe,
     unsigned Colonne);
};

main()
{
  Matrice *mat = new Matrice(15,25);
  // altre istruzioni
  delete mat;
  return 0;
}
```

In questo programma ci sono due versioni dell'operatore new sovraccaricato. Il costruttore di classe invoca la prima versione dell'operatore new per creare i dati dinamici della classe Matrice. La chiamata di new nel main invoca la seconda versione sovraccaricata dell'operatore per creare un'istanza dinamica di Matrice. La creazione dell'istanza attiva il costruttore, che invoca la prima versione dell'operatore new per assegnare dinamicamente spazio addizionale a cui si accede attraverso il puntatore Ptrdati. Per invocare l'operatore new globale, a questo punto si deve utilizzare l'operatore di risoluzione di visibilità ::new.

20.7.2 Sovraccaricamento dell'operatore *delete*

Si può sovraccaricare anche l'operatore delete, ma solo una versione per classe. La sintassi generale per dichiarare un operatore delete sovraccaricato è la seguente:

```
void operator delete(void *p, size_t dimensione)
```

Quando si utilizza questo secondo formato, il compilatore passerà in `dimensione` il numero di byte da liberare.

20.8 Conversione di dati e operatori di conversione forzata di tipi

Quando in C++ si assegna un valore di un tipo standard a una variabile di un altro tipo standard compatibile, C++ converte automaticamente il valore al tipo della variabile ricevente. Per esempio, le seguenti istruzioni eseguono conversioni di tipo numerico:

```
long conteggio = 8;     // Il valore 8 viene convertito
                        // al tipo long
double ora = 15;        // Il valore 15 viene convertito
                        // al tipo double
int lato = 4.44;        // Il double 4.44 viene convertito
                        // al tipo int 4
```

C++ esegue automaticamente queste conversioni che in alcuni casi possono anche far perdere precisione, come nell'ultimo esempio in cui, oltre alla conversione, avviene un troncamento.

Il C++ non converte automaticamente tipi non compatibili. Per esempio, l'istruzione

```
int* p = 50;
```

produce un errore perché a sinistra c'è un *puntatore ad intero*, mentre il valore a destra è di tipo *intero*, e puntatori e interi sono tipi diversi (non si può, ad esempio, elevare al quadrato un puntatore).

Quando non è possibile effettuare la conversione automatica si può utilizzare la conversione forzata, cioè il casting.

```
int* p = (int*) 50;        // p e (int*) 50 sono puntatori
```

Il compilatore funzionerà in maniera diversa a secondo che la conversione sia fra tipi base, fra tipi base ed oggetti oppure fra oggetti di classi differenti. Quando si scrive un'istruzione come

```
var_int = var_float;
```

si suppone che il compilatore converta, mediante un'opportuna funzione, il valore di `var_float`, in virgola mobile, al formato `int` da assegnare a `var_int`. Naturalmente esistono molte conversioni: da `char` a `float`, da `float` a `double` ecc., ciascuna con la propria funzione di conversione implicita. A volte la conversione può essere forzata in maniera esplicita con il *casting*. Ad esempio la conversione precedente sarebbe forzata scrivendo:

```
var_int = int(var_float);
```

Il casting è una conversione forzata, ma utilizza la stessa funzione di conversione implicita.

Per convertire tipi definiti dal programmatore in tipi predefiniti non si possono utilizzare le funzioni di conversione implicita, ma bisogna definire delle specifiche funzioni di conversione, cioè degli operatori di conversione. L'argomento di questi operatori è l'argomento implicito `this`. Per convertire a un tipo `nometipo` si definisce un operatore

```
operator nometipo();
```

tenendo presente che la funzione di conversione

- deve essere un metodo della classe in cui convertire
- non deve specificare un tipo di ritorno
- non deve avere argomenti
- il suo nome deve essere il tipo in cui convertire l'oggetto

Per esempio, una funzione per convertire a `double` avrà questo prototipo:

```
operator double();
```

Ad esempio, consideriamo due classi: `Rect`, che rappresenta la posizione di un punto in un sistema cartesiano, e `Polar`, che rappresenta la posizione dello stesso punto in un sistema di coordinate polari (`Raggio` e `Angolo`).

L'assegnamento

```
Rect = Polar;
```

dovrà implicare una conversione di tipo; quindi dobbiamo anche definire uno specifico operatore di conversione. Ricordiamo dalla geometria elementare che:

x = raggio*coseno(angolo)
y = raggio*seno(angolo)

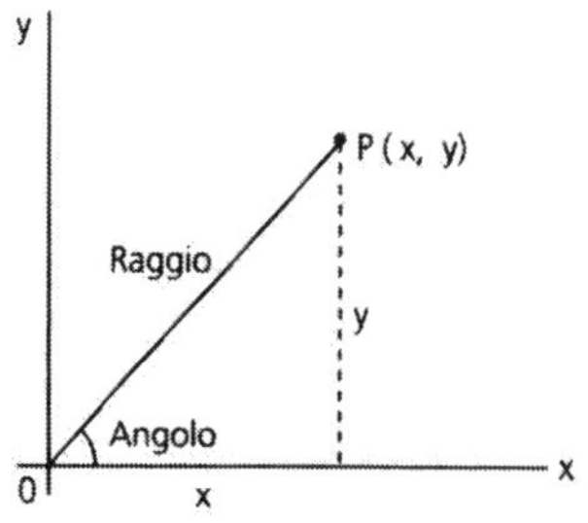

Figura 20.2
Coordinate ortogonali e polari di un punto.

```
#include <iostream>
using namespace std;
#include <math.h>

class Rect
{
  private:
     double xco;       // coordinata x
     double yco;       // coordinata y
  public:
     Rect()
       {xco = 0.0; yco = 0.0;}      // Costruttore 0,
                                    // senza argomenti
     Rect(double x, double y)    // Costruttore 2,
                                    // due argomenti
       {xco = x; yco = y;}
     void visualizzare()
       {cout << " ( " << xco << " , " << yco << " ) ";}
};
class Polar
{
  private:
     double Raggio;
     double Angolo;
  public:
     Polar()                  // Costruttore senza argomenti
       {Raggio = 0.0; Angolo = 0.0}
     Polar(double r, double a) // Costruttore due argomenti
       {Raggio = r; Angolo = a ;}
     void visualizzare()
     {
       cout << " ( " << Raggio << " , " << Angolo << " ) ";
     }
     operator Rect()       // Funzione di conversione
     {
       double x = Raggio * cos(Angolo); // Calcola x
       double e = Raggio * sin(Angolo); // Calcola y
       return Rect(x, y);  // Invoca il costruttore di Rect
     }

  };

  int main()
  {
     Rect rec;                 // Rect utilizza costruttore 0
     Polar pol(100.0,0.785398);      // Polar utilizza
                                     // costruttore 2
```

```
    rec = pol;   // Converte Polar a Rect
                 // utilizzando la funzione di conversione
                 // oppure rec = Rect(pol);
    cout << "\n polare = "; pol.visualizzare();  // polare
                                                 // originale
    cout << "\n cartesiana = ";rec.visualizzare();
                                        // cartesiana equivalente
    return 0;
}
```

La funzione `operator Rect()` trasforma l'oggetto di cui è membro nell'oggetto `Rect` e restituisce questo oggetto, che `main()` assegna a `Rec`.

L'uscita del programma per un dato iniziale di 100,0 di raggio e 45° (0,785398 radianti) di angolo è:

```
polare = (100,00785398)
cartesiana = (70.710690,70.7106767)
```

La conversione si sarebbe potuta realizzare anche definendo un costruttore di conversione nella classe `Rect`, nel modo seguente:

```
class Rect {
  double xco;
  double yco;
public:
  Rect (Polar & p) (xco = p. rad() * cos (p.ang()); // rad()
             // è una funzione membro di polar che
             // restituisce il raggio
  yco = p. rad(); * sen (p. ang());      // ang() è una
             // funzione membro di polar che
             //restituisce l'angolo
  }
...
};
int main() {
Rect Rec;
Polar Pol;
Rec = Pol;   // Converte Pol a Rec invocando il costruttore
             // di conversione
...
}
```

20.9 Un'applicazione del sovraccaricamento degli operatori

Consideriamo un tipo `complesso` per rappresentare i numeri complessi e le loro operazioni (addizione, sottrazione, moltiplicazione, divisione, uguaglianza) mediante sovraccaricamento degli operatori +, -, *, / e ==.

Nota

Dati due numeri complessi

`z1 = a, ib` `z2 = c, id`

le operazioni tipiche sono

$$z1 + z2 = (a + c),\ i(b + d)$$
$$z1 - z2 = (a - c),\ i(b - d)$$
$$z1 * z2 = (ac - bd),\ i(bc - ad)$$
$$z1/z2 = \frac{(a + c)}{c^2 + d^2},\ \frac{i(bc - ad)}{c^2 + d^2}$$

La dichiarazione della classe `complesso` va nel file `complesso.h`, mentre la sua definizione va nel file `complesso.cpp`:

```
// file complesso.h
class complesso {
  float r, i;
public:
  complesso (float a = 0.0, float b = 0.0);
  float real();
  float imag();
  complesso operator + (const complesso& a);
  complesso operator - (const complesso& a);
  complesso operator * (const complesso& a);
  complesso operator / (const complesso& a);
  bool operator == (complesso a);
} ;
// file complesso.cpp
  #include "complesso.h"
  complesso::complesso(float a, float b)
  {
     r = a; i = b;
  }
  float complesso::real()
  {
     return r;
  }
  float complesso::imag()
  {
     return i;
  }
  complesso complesso::operator +(const complesso& a)
  {
     complesso b(r + a.r, i + a.i);
     return b;
  }
```

```
complesso complesso::operator -({const complesso& a})
{
   complesso b(r - a.r, i - a.i);
   return b;
}
complesso complesso::operator *(const complesso& a)
{
   complesso b(r * a.r - i*a.i, r * a.i + i * a.r);
   return b;
}
complesso complesso::operator /(const complesso& a)
{
   complesso b ;
   float denom = a.r * a.r + a.i * a.i;
   b.r = (r * a.r + i * a.i)/denom;
   b.i = (i * a.r-r * a.i)/denom;
   return b;
}
int complesso::operator == (complesso a)
{
   return (r == a.r) && (i == a.i);
}
```

Una volta definita la classe `complesso`, scrivere un programma che simuli una calcolatrice aritmetica per effettuare le operazioni aritmetiche sui numeri complessi letti da tastiera.

```
// file calcolatrice.cpp
// Calcolatrice per l'aritmetica dei numeri complessi
#include <iostream>
#include "complesso.h"

int main()
{
  float ar, ai, br, bi;
  char opr;
  complesso r;
  for(;;) {
     cout << "Introduca il primo numero complesso";
     cin >> ar; cin >> ai;
     cout << "introduca l'operatore: "<< endl;
     cin >> opr;
     cout << " introduca il secondo numero complesso: "
          << endl;
     cin >> br; cin >> bi;
     switch (opr) {
        case '+':
           r = complesso(ar, ai) + complesso(br, bi);
           break;
```

```
        case '-':
          r = complesso(ar, ai) - complesso(br, bi);
          break;
        case '*':
          r = complesso(ar, ai) * complesso(br, bi);
          break;
        case '/':
          r = complesso(ar, ai) / complesso(br,bi);
          break;
        default:
          cerr << "operatore non valido" << endl;
      }
      cout << "Il risultato è: ";
      cout << r.real() << " " << r.imag() << endl;
  }
}
// Il programma termina premendo i tasti Control-C
```

SOMMARIO

Il sovraccaricamento degli operatori è una delle operazioni fondamentali nella OOP. Esso consente di associare nuove operatività a operatori già definiti. Per esempio, il significato dell'espressione `a + b` può essere fatto dipendere dai tipi delle variabili `a` e `b`; oltre alla predefinita somma di interi o reali, l'operazione potrebbe acquisire il significato di somma di numeri complessi o addirittura di concatenamento di stringhe di caratteri. Cerchiamo allora di riassumere per punti le sue caratteristiche.

1. Il sovraccaricamento degli operatori fa uso della parola riservata `operator` seguita dall'operatore che si vuole sovraccaricare.
2. La Tabella 20.1 raccoglie gli operatori predefiniti che si possono sovraccaricare.
3. Gli operatori che non si possono sovraccaricare sono:

   `.`   `.*`   `::`   `?:`   `#`   `##`
4. Gli operatori si possono sovraccaricare come funzioni ordinarie, amiche (`friend`) o membro.
5. Non si possono modificare priorità, associatività e arità degli operatori predefiniti.
6. Un operatore definito come funzione membro ha un parametro in meno di quanti ne avrebbe se fosse definito come funzione ordinaria o amica.
7. Un operatore definito come funzione membro si può invocare sia utilizzando la notazione di funzione membro che quella prefissa, infissa o suffissa. Per esempio, sia data la classe `T` che sovraccarica l'operatore binario +

```
class T {
  ...
public:
  ...
  T operator+(T);
  ...
};
```

Supponendo che `a` e `b` siano variabili di tipo `T`, l'operatore `T::operator+` si può invocare come

```
a.operator+(b)
```

oppure come

```
a + b
```

Quest'ultimo è esattamente il modo in cui l'operatore + sarebbe stato invocato se fosse stato definito come funzione amica

```
class T {
  ...
public:
  friend T operator+(T,T);
  ...
};
```

o come funzione ordinaria

`T operator+(T,T);`

L'ambiguità si può evitare definendo un operatore per ciascuno di questi tre metodi.

8. Le versioni sovraccaricate dei seguenti operatori

   `=   ()   []   ->`

   devono essere definite come funzioni membro e mantengono le seguenti equivalenze

   `p -> x` equivale a `*(p+i)`

   \ `(*p).x` equivale a `p[i]`

9. Le relazioni fra gli operatori sovraccaricati non si stabiliscono automaticamente; per esempio, se `++` è sovraccaricato nel tipo `complesso` per incrementare la parte reale di 1,0, `a++` non sarà automaticamente equivalente ad `a+=1.0` perché questa relazione esiste a priori solo per gli operatori predefiniti.
10. Gli operatori sovraccaricati non possono avere argomenti per default.
11. La relazione fra un operatore e la corrispondente chiamata di funzione si può riassumere così:

Operatore	Chiamata della funzione membro	Chiamata della funzione non membro
A <op> B	A.operator <op> B	operator <op> (A, B)
<op> B	B.operator <op>()	operator <op> (B)
A<op>	A.operator <op>(0)	operator <op>(A, 0)

CONCETTI CHIAVE

- Conversione di tipi di dato
- Funzione operatore
- *Casting*
- Operatore binario
- Operatore unario
- Sovraccaricamento di `new` e `delete`
- `operator`

Esercizi supplementari

Per gli esercizi si rimanda all'Appendice A del testo.

Eccezioni 21

Indice

Introduzione

Uno dei problemi più importanti nello sviluppo del software è la gestione delle condizioni di errore. Indipendentemente da quanto sia buono e testato il software, gli errori possono sempre comparire per svariate ragioni (errori nascosti di programmazione, errori imprevisti del sistema operativo, indisponibilità delle risorse ecc.). Le *eccezioni* sono per l'appunto condizioni di errore impreviste. Queste condizioni di errore dovrebbero attivare delle procedure di segnalamento dell'errore intercorso. Esempi tipici sono l'esaurimento del segmento di memoria, divisioni per zero ecc. C++ mette a disposizione un sistema di trattamento delle eccezioni. L'idea è quella di interrompere l'esecuzione del programma al presentarsi dell'eccezione per consentire l'attivazione di procedure definite dal programmatore per segnalare il problema e tentare di recuperare le condizioni di normale funzionamento.

21.1 Condizioni di errore nei programmi

Lo sviluppo di sistemi software complessi è compito difficile e continuamente esposto a errori, per questo è necessario gestire questi ultimi nel miglior modo possibile. Poiché gli errori sono quasi inevitabili, bisogna pensare a un meccanismo che incorpori la gestione degli errori nella struttura stessa del codice sorgente.

Per migliorare la portabilità delle sue librerie, C++ include un meccanismo di gestione delle eccezioni. In questo capitolo lo esamineremo per capire come esso consenta di rilevare gli errori, gestirli, gestire le risorse e specificare le eccezioni.

Prevedere gli errori è sempre stato un problema per i progettisti di software. In parte perché non sempre si capisce facilmente dove potrebbero prodursi, in parte perché poi non si capisce bene come gestirli. Infatti, una volta prodottosi il malfunzionamento, il programma ha varie opzioni: terminare immediatamente, ignorare l'errore con la speranza che non succeda nulla di disastroso oppure attivare un segnale d'errore che dovrà, presumibilmente, essere verificato da altre istruzioni del programma.

Nella pratica i programmatori non si prendono queste brighe perché esse esigono molto lavoro e perché il codice aggiuntivo appesantisce e rende poco leggibile il software. È davvero difficile capire come prevedere ogni possibile condizione di errore ogni volta che si chiama una certa funzione, per poi chiamare i distruttori per liberare la memoria e chiudere i file aperti prima di mettere in pausa il programma, se qualcosa è andato storto.

La soluzione a questi problemi è chiamare il meccanismo del linguaggio che supporta la gestione degli errori. Quando si produce l'errore, C++ attiva automaticamente un blocco di codice, chiamato "gestore delle eccezioni", per rispondere in maniera appropriata all'errore che l'ha attivato. Questo comportamento generale si chiama *catching an exception*. Se il gestore delle eccezioni non c'è, il programma viene semplicemente abortito.

Le condizioni di errore vengono normalmente codificate per poter essere individuate e riconosciute in modo automatico. Per esempio, i sistemi operativi e le librerie di sistema documentano tutti i possibili codici di errore, specialmente quelli legati a condizioni di terminazione di funzioni che possono lasciare connessioni aperte, file aperti, dati che rimangono sulla RAM senza essere salvati ecc. Se questi errori vengono gestiti immediatamente dopo che vengono prodotti, allora forse possono essere trattati adeguatamente; ma se essi si ripercuotono sui processi successivi, allora possono produrre malfunzionamenti in questi ultimi che, a loro volta, attiveranno i propri meccanismi di gestione delle eccezioni, ma le azioni che verranno intraprese e le informazioni che verranno fornite sui guasti intercorsi potrebbero a quel punto non essere più corrette o significative.

21.2 Gestione delle eccezioni in C++

L'attivazione di un'eccezione indica una condizione di funzionamento anomalo alla quale deve essere associata un'urgente azione riparatrice. Se l'eccezione viene sollevata mentre è attivo il processo di gestione delle eccezioni, allora esso prende il controllo della situazione (cioè il flusso del programma), altrimenti è probabile che il programma si blocchi e termini in maniera anomala.

Purtroppo l'inclusione di un tale meccanismo non è gratuita; si deve aggiungere nuovo codice che tende a rendere oscuro l'originale e ne aumenta, ovviamente, la dimensione.

In C++, un'eccezione è un oggetto che viene passato dal codice che ha prodotto il problema a quello che dovrebbe gestirlo.

Il meccanismo si serve di tre nuove parole riservate `try`, `throw` e `catch`.

- `try`, un blocco per rilevare le eccezioni.
- `catch`, un manipolatore per catturare le eccezioni dei blocchi `try`.
- `throw`, un'espressione per sollevare (*raise*) eccezioni.

I passi sono:

1. Il programmatore prova (`try`) un'operazione per anticipare gli errori.
2. Quando la procedura anticipa un errore lancia (`throw`) un'eccezione.
3. Qualcuno interessato a quella condizione di errore (per eliminarlo o gestirlo) anticiperà l'errore e catturerà (`catch`) l'eccezione sollevata.

Il meccanismo si completa con

- Una funzione `terminate()` che intrappoli le eccezioni non catturate.
- Specifiche che discriminino quali eccezioni, se esistono, possono lanciare una funzione.
- Una funzione `unexpected()` che intrappoli le violazioni delle specifiche delle eccezioni.

La filosofia del sistema di gestione delle eccezioni è semplice. Il codice che gestisce un problema non è lo stesso che lo rileva. Questo tipo di separazione costituisce un firewall fra le applicazioni e le librerie (Figura 21.1).

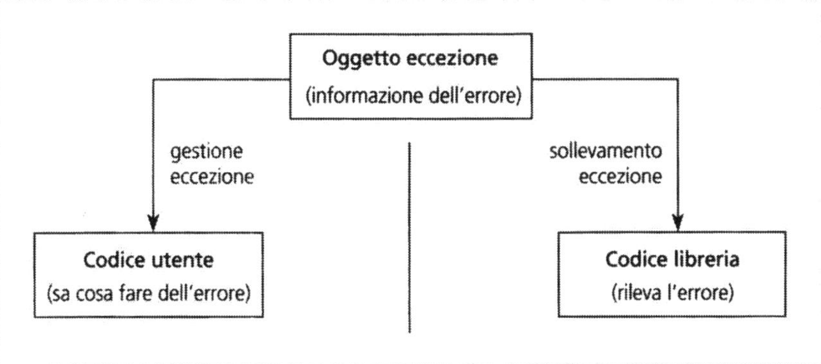

Figura 21.1
La gestione delle eccezioni costituisce un frangifuoco.

Quando un programma utente chiama in maniera non corretta una funzione oppure un oggetto di una classe, la libreria della classe crea un oggetto eccezione che contiene informazioni su ciò che è successo. Essa solleva quindi un'eccezione, cosa che rende l'oggetto eccezione disponibile al codice utente attraverso il gestore delle eccezioni. Il codice utente che manipola l'eccezione può decidere cosa farne. Questo modo di gestire il problema offre diversi vantaggi. I programmi diventano più leggibili dato che il codice che gestisce l'errore è indipendente da quello che lo rileva. Esso uniforma il metodo di gestione e lo rende indipendente dalla particolare libreria coinvolta; il codice utente deve solo dettare le regole circa cosa fare dell'eccezione.

Il frangifuoco che agisce da ponte fra applicazione e librerie deve fare varie cose per gestire adeguatamente il flusso delle eccezioni, riservando e liberando memoria in modo dinamico.

Una delle ragioni più importanti per utilizzare le eccezioni è che le applicazioni non possono ignorarle. Quando il meccanismo solleva un'eccezione qualcuno deve raccoglierla, altrimenti essa diviene "non catturata" (*uncaught*) e il programma termina per omissione. Questo concetto potente è il cuore e la forza del meccanismo, perché forza le applicazioni a gestire le eccezioni anziché ignorarle.

Questo meccanismo segue un modello di terminazione. Vale a dire che non si torna mai al punto in cui l'eccezione è stata sollevata. La gestione delle eccezioni non funziona come la gestione degli *interrupt*, che fa partire una routine di servizio dell'interruzione per poi ritornare nel punto in cui il programma è stato sospeso. Questa tecnica consuma tempo, è prona a loop infiniti ed è più complicata da implementare. Progettato per gestire eccezioni sincrone (cioè prodotte dal programma e non derivanti dall'esterno) con una sola linea di controllo, il meccanismo delle eccezioni implementa invece una cammino alternativo a una sola via per differenti punti del programma.

Esempio

```
void f()
{
  // codice che produce il sollevamento di un'eccezione
  ...
  throw   i;
  ...
}
main()
{
  try {
    f(); // Chiamata ad f, preparata per qualunque errore
    // qui va il codice normale
  }
```

```
  catch(...)
  {
    // Catturare qualunque eccezione sollevata per f()
    // fare altro
  }
  // codice normale del main()
}
```

`f()` è una semplice procedura. Quando s'incontra una condizione di errore, si lancia un'eccezione mediante l'istruzione

```
throw i;
```

L'operando dell'espressione `throw` è un oggetto. Normalmente gli oggetti lanciati contengono informazioni specifiche circa l'errore intercorso.

Nel `main()`, la chiamata ad `f()` è inserita in un blocco `try`. Esso indica al compilatore l'eventualità di un'eccezione.

Il blocco `catch()` cattura un'eccezione del tipo indicato. Nel precedente esempio

```
catch(...)
```

indica che cattura eccezioni di tutti i tipi, perché i punti di sospensione (...) significano proprio "qualunque tipo di argomento". Il `catch` è come una procedura a un solo argomento.

Quindi il C++ può sollevare un'eccezione nel blocco `try` mediante l'espressione `throw`. L'eccezione sarà gestita invocando un apposito gestore da una lista che si trova alla fine del blocco `try`.

21.2.1 Progetto delle eccezioni

La parola riservata `try` designa un blocco di istruzioni che rileva le eccezioni. All'interno dei blocchi `try`, normalmente, si chiamano funzioni che possono sollevare eccezioni. La parola riservata `catch` designa un gestore delle catture con un argomento che rappresenta un tipo di eccezione. Questi gestori delle catture seguono immediatamente blocchi `try` oppure altri `catch` con argomenti diversi.

Per catturare eccezioni bisogna avere un blocco `try` e almeno un `catch`, altrimenti l'eccezione non viene catturata e il programma termina per omissione. I blocchi `try` sono importanti perché i gestori delle catture a loro associati determinano qual è la parte del programma eccezione. Le azioni da compiere con l'eccezione lanciata sono scritte nel codice del blocco `catch`.

21.2.2 Blocchi *try*

Un blocco `try` deve contenere le istruzioni che possono lanciare eccezioni e comincia con la parola riservata `try`. Dopo il blocco `try` c'è una sequenza di uno o più gestori `catch`. Quando un tipo di eccezione lanciata coincide con l'argomento di un `catch`, il flusso di programma entra dentro il blocco di quel gestore `catch`. Se nessuna eccezione è lanciata dal blocco `try`, il controllo salta al gestore `catch` e prosegue con l'istruzione successiva.

La sintassi del blocco `try` è:

1	2

`try {`
  codice del blocco try
`}`
`catch (argomento) {`
  codice del blocco catch
`}`
	`try`
	istruzione composta
	sequenza di gestori catch

I blocchi `try` possono anche annidarsi:

```
void sub(int n)
{
  try {
     ...                          // Blocco try esterno
     try {                        // Blocco try interno
       ...
       if (n==1) return ;
     }
     catch (signatura1) {...}     // Gestore catch interno
  }
  catch (signatura2) {...}        // Gestore catch esterno
  ...
}
```

Un'eccezione lanciata nel blocco `try` interno manda in esecuzione il gestore `catch` interno, se il suo argomento coincide con il tipo di eccezione. Il gestore `catch` esterno gestisce le eccezioni lanciate dal blocco `try` esterno, sempre se il tipo di eccezione coincide con il suo argomento, ma anche le eccezioni lanciate dal blocco `try` interno se il tipo di eccezione coincide con il suo argomento (e non con quello del `catch` interno). Se il tipo dell'eccezione non coincide con l'argomento di alcun blocco `catch`, l'eccezione si propaga al chiamante di `sub()`.

Norme

```
try {
  istruzioni
}
catch (parametro) {
  istruzioni
}
catch (parametro) {
  istruzioni
}
...
```

1. Quando si produce un'eccezione dopo il `try`, si salta al primo gestore `catch` il cui parametro coincide con il tipo dell'eccezione.
2. Dopo che il gestore `catch` ha terminato l'esecuzione delle sue istruzioni, termina il blocco `try` e l'esecuzione prosegue con l'istruzione successiva. Non si ritorna mai al punto in cui si è verificata l'eccezione.
3. Se non ci sono gestori per trattare l'eccezione, si abortisce il blocco `try` e si attiva l'eccezione.

Esempio

La funzione `media()` calcola la media di vettori di tipo `double` mediante la funzione di libreria `avg()` (calcola la media aritmetica, *average* in inglese). Se chiamata in maniera non corretta, `avg()` lancia eccezioni di stringhe.

```
double media(unsigned int lon){
const unsigned int max = 6;
double b[max] = {1.2, 2.2, 3.3, 4.4, 5.5, 6.6};
if (lon > max) {
  cerr << "media: uso di lunghezza per default"
       << max << endl;
  lon = max;
}
try {
  return avg(b, lon);        // Calcola la media
}
catch (char *msg) {
  cerr << msg << endl;
  cerr << media: uso di lunghezza per default "
       << max << endl;
  return avg(b, max);
  }
}
```

La funzione dichiara un array `b` di 6 `double` e chiama la funzione `avg()` passandole `b` e la sua lunghezza `lon`. Però la funzione di libreria `avg()` è chiamata all'interno di un blocco `try` per catturare eccezioni di stringhe. Si osservi che `media` fa sì che `lon` non sia mai maggiore di `max`.

Se `avg` lancia un'eccezione di stringa, il gestore `catch` recupera la stringa e la manda sullo stream *standard error* (`cerr`) tornando poi a chiamare `avg()` con un valore per default (la lunghezza dell'array `b`). Questa tecnica permette a `media` di chiamare `avg()` una seconda volta con un valore corretto.

21.2.3 Lancio di eccezioni

L'istruzione `throw` lancia un'eccezione. Il formato di `throw` è:

1. `throw` *`espressione`*
2. `throw`

Il blocco più interno del `try` in cui l'eccezione è sollevata si utilizza per selezionare l'istruzione `catch` che la processerà. L'istruzione `throw` senza argomento si può utilizzare dentro un `catch` per rilanciare l'eccezione corrente. Normalmente si utilizza quando si desidera chiamare un ulteriore gestore `catch` oltre a quello corrente per processare ulteriormente l'eccezione.

Esempio

```
void demo()
{
  int i;
  i = -16;
  throw i; // lancio di un'eccezione
}
int main()
{
  try {
    demo()
  }
  catch(int n)
    cerr << "eccezione  catturata \n" << n << endl; }
}
```

Il valore intero lanciato da `throw` persiste fino a che è raccolto dal gestore `catch(int n)` che lo prende come argomento.

21.2.4 Cattura di un'eccezione: *catch*

Il gestore delle eccezioni in C++ consiste di tre parti: la parola riservata `catch`, la dichiarazione fra parentesi di un solo tipo od oggetto semplice, e l'istruzione composta che verrà eseguita se il gestore raccoglierà un'eccezione.

Formati

1.
```
catch (argomento) {        // Cattura l'eccezione
                           // corrispondente all'argomento
  codice del blocco catch
}
```

2.
```
catch (...) {              // Cattura qualsiasi eccezione
    codice del blocco catch
}
```

La prima forma del gestore `catch` è simile alla definizione di una funzione:

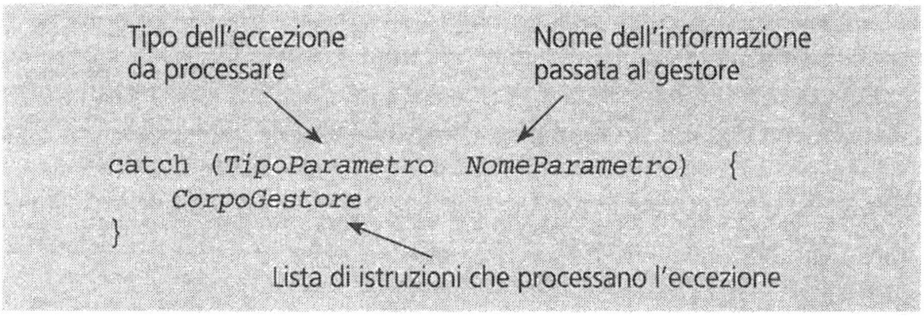

Al contrario del blocco `try`, il blocco `catch` si esegue solo in circostanze speciali. Il suo argomento può consistere di un tipo, un tipo seguito da un nome di argomento oppure una sintassi speciale:

```
catch (tipo)
catch (tipo nome_argomento)
catch (...)
```

Le prime due forme specificano un gestore di eccezioni che raccoglie solo il tipo di eccezione coincidente. Così come le funzioni sovraccaricate, il gestore delle eccezioni si attiva solo se l'eccezione lanciata corrisponde alla dichiarazione del suo argomento.

La terza forma è una sintassi speciale che significa "qualsiasi eccezione". Si può utilizzare questa sintassi per scrivere gestori di eccezioni *catch-all* che raccolgono tutte le eccezioni lanciate e non ancora catturate.

Come già spiegato, quando un'istruzione all'interno del blocco `try` lancia un'eccezione, `try` prova i vari blocchi `catch` nell'ordine in cui sono scritti, finché non ne incontra uno il cui parametro coincide con il tipo di eccezione lanciata. Appena si trova la coincidenza, vengono eseguite le istruzioni del blocco `catch` corrispondente; dopodiché il blocco `try` termina e si prosegue con l'istruzione successiva.

Se non esistono gestori in grado di catturare l'eccezione, il blocco `try` viene abortito e l'eccezione non viene raccolta. Ovviamente, se non viene sollevata alcuna eccezione non si invocherà alcun gestore e tutte le istruzioni all'interno del blocco `try` saranno eseguite normalmente fino alla fine.

Prendiamo ad esempio la seguente funzione:

```
int f(int x)
{
  int a = fa(x);
  int b = fb(x);
  return a/b;
}
```

Dove `fa` ed `fb` sono funzioni arbitrarie. Se `fb` restituisse il valore `0`, la funzione dovrebbe calcolare (e restituire) il risultato di una divisione per zero, cosa che provocherebbe un errore con terminazione del programma. Quindi bisogna intervenire sul codice per impedire che questo accada, sollevando un'eccezione "divisione per zero" e prevedere azioni opportune per cercare di proseguire il programma. Una soluzione potrebbe essere:

```
int f(int x)
{
  int a = fa(x);
  int b = fb(x);
  if (b == 0)
     return INT_MAX;
  return a/b;
}
```

La costante `INT_MAX` è definita nel file header `limits.h` . Essa indica il maggior intero che può essere contenuto in una variabile di tipo `int`, che sarà il valore restituito nel caso `b` fosse uguale a `0`; però questa soluzione non è corretta poiché il vero risultato di una divisione per zero è il valore "infinito" e non `INT_MAX`.

Una soluzione più corretta sarebbe:

```
if (b == 0)
{
  cout << "Overflow dentro la funzione f";
  abort();
}
```

Così, però, il programma termina, cosa che potrebbe non essere davvero necessaria, perché magari la funzione `f`, dopotutto, non è così importante ecc.

La soluzione migliore è quella di consentire alla funzione `f` di generare un'eccezione quando `b` diventa `0`.

```
int f(int x)
{
  int a = fa(x);
  int b = fb(x);
  if(b == 0)
     throw errore_overflow ("Errore in f");
  return a/b;
}
```

Esaminiamo il seguente esempio.

```
void g()
{
  int i;
  while (i)
     try {
        cout << "?";
        if (not cin >> i)) break;
        int r = f(i);
        cout << "Il risultato è " << r << endl;
     }
     catch(errore_overflow)
        cout << "Il risultato è infinito." << endl;
     }
}
```

La funzione `g` legge l'intero dalla tastiera. L'immissione da tastiera termina quando si preme la combinazione dei caratteri che indica la fine del flusso (*Ctrl-Z* o *Ctrl-D*). Per ciascun numero letto si chiama la funzione `f` e si manda nel flusso di output il risultato di `f`. Se viene letto un numero che fa diventare `b` uguale a zero, si esegue la seguente istruzione:

```
throw errore_overflow ("Errore in f");
```

Poiché questa eccezione non è stata prodotta in un blocco `try`, non viene trattata nella funzione `f`. Ciò che accade è che `f` interrompe la sua esecuzione e l'eccezione viene inviata alla sua chiamante `g`. In `g` esiste ora un'eccezione prodotta nel punto in cui è stata chiamata `f`, cioè nell'istruzione

```
int r = f(i);
```

Questa istruzione viene abortita e, poiché risiede in un blocco `try`, il flusso del programma salta al primo gestore `catch` del blocco `try` il cui argomento coincide con il tipo `errore_overflow`. In effetti ce n'è uno che visualizza:

```
Il risultato è infinito.
```

Appena si incontra un gestore che cattura l'eccezione, questa viene eliminata. L'esecuzione prosegue quindi normalmente con la prima istruzione che viene dopo il blocco `try`.

Esempio

```
catch(char* messaggio)
{
  cerr << messaggio << endl;
  exit(1)
}
catch(...)
{
  cerr < " qui si raccoglie tutto " << endl;
  abort();
}
```

Dove i punti sospensivi raccolgono qualsiasi tipo di argomento.

21.3 Specifica delle eccezioni

Una domanda che potrebbe nascere a questo punto è: "Come si fa a conoscere i vari possibili tipi di eccezione?" Ovviamente per saperlo bisognerebbe leggere il codice, ma questo non è sempre possibile con funzioni che sono parte di grandi programmi. Un altro metodo è leggere la documentazione disponibile sul software sperando che contenga informazioni sulle varie possibili eccezioni che può sollevare, ma sfortunatamente queste informazioni non sono sempre disponibili.

C++ offre una terza possibilità. Una dichiarazione di funzione può contenere una *specifica* circa quali eccezioni essa può generare. Questa specifica delle eccezioni garantisce che la funzione non lanci alcun altro tipo di eccezione. I sistemi software ben progettati con gestione delle eccezioni devono definire quali funzioni lanciano eccezioni e quali no, e questo è implicito se si adotta la *specifica delle eccezioni.* Bisogna anche specificare cosa accade se una funzione lancia un'eccezione non *prevista*.

I formati per la specifica delle eccezioni sono:

```
tipo nome_funzione(argomento) throw (e1, e2, eN);   // prototipo
tipo nome_funzione(argomento) throw (e1, e2, eN);   // definizione
{
  corpo della funzione
}
```

`e1`, `e2`, `eN` Elenco dei nomi delle eccezioni che la funzione può lanciare, direttamente o indirettamente, incluse le eccezioni che possono essere derivate pubblicamente da questi nomi.

Se si lancia un'eccezione diversa da quelle indicate nell'elenco, il meccanismo chiama `unexpected()`. Si può inserire una specifica delle eccezioni in qualunque funzione C++, incluse le funzioni membro di classe e le funzioni template.

Se la lista è vuota, la funzione non lancia eccezioni, come nel seguente esempio:

```
void g (argomenti) throw()
```

Se invece non viene specificata la lista delle eccezioni, allora non ci sono vincoli e quindi si può lanciare qualunque eccezione, come nel seguente esempio:

```
void g (argomenti)
{...}
```

Riassumendo:

- Una specifica di eccezione si può aggiungere alla fine della dichiarazione di una funzione.

  ```
  tipo_ritorno f (argomenti) throw(T1, T2, T3, ...)
  ```

  Da qui la funzione può generare solo eccezioni dei tipi specificati.

- Una specifica di eccezione vuota significa che la funzione non genera alcuna eccezione.

  ```
  tipo_ritorno f (argomenti) throw();
  ```

- Senza specifica di eccezione la funzione può generare tutte le eccezioni.

  ```
  tipo_ritorno f (argomenti);
  ```

- Se si genera un'eccezione di un tipo diverso da quelli specificati nella lista delle eccezioni, viene chiamata la funzione `unexpected` che termina il programma.

Esempio

Il prototipo della seguente funzione `f()`, indica che `int` e `double` sono i tipi di eccezione che potrebbero essere gestiti se si invoca `f()`.

```
void f(char c) throw (int, double)
```

Se la funzione `f()` genera un'eccezione diversa dai tipi `int` o `double`, verrà automaticamente invocata la funzione `unexpected`. Per esempio, supponiamo che `f()` sia:

```
void f(char c) throw (int, double) {
  if (isupper(c)) throw(1);
    else if (islower(c)) throw(1.0);
      else if (c == '.') throw(c);
}
```

Se la si invoca così

```
f('a')
```

si genera un'eccezione di tipo `double`. Se la si invoca così

```
f('A')
```

si genera un'eccezione di tipo `int`. Se la si invoca così

```
f('.')
```

il programma termina. Questo perché viene lanciata un'eccezione di tipo `char`, che non è né di tipo `int` né di tipo `double`.

In questo esempio abbiamo visto che se l'eccezione non viene raccolta da un determinato gestore, il meccanismo delle eccezioni chiama la funzione `unexpected()` (che chiama `terminate()` per terminare il programma).

21.4 Esempi di gestione delle eccezioni

Per meglio illustrare il meccanismo di gestione delle eccezioni in C++ esaminiamo alcuni esempi.

Esempio

Trattamento delle eccezioni in un programma per calcolare le radici di un'equazione di secondo grado.

Un'equazione di secondo grado della forma $ax^2 + bx + c = 0$ ha le seguenti radici reali.

$$x_1 = \frac{-b + \sqrt{b^2 - 4ac}}{2a} \qquad x_2 = \frac{-b - \sqrt{b^2 - 4ac}}{2a}$$

I casi in cui le soluzioni non sono valide sono:

1) $a = 0$
2) $b^2 - 4\,ac < 0$

che produce soluzioni non reali, ma immaginarie. Di conseguenza si considerano eccezioni del tipo:

```
enum error {no_radici_reali, coefficiente_a_zero};
```

Una codifica completa è:

```
#include <cstdlib>
#include <iostream>
#include <cmath>
```

```
using namespace std;
enum error {no_radici_reali, coefficiente_a_zero};

void radici (float a, float b, float c, float &r1, float &r2)
throw(errore)
{
  float discr;
  if(b*b < 4 * a * c)
    throw no_radici_reali;
  if(a==0)
    throw coefficiente_a_zero;
  discr = sqrt(b * b - 4 * a * c);
  r1 = (-b - discr) / (2 * a);
  r2 = (-b + discr) / (2 * a);
}

int main(int argc, char *argv[])
{
  float a, b, c, r1, r2;
  cout << "Introduca i coefficienti dell'equazione
        di 2° grado :";
  cin >> a >> b >> c;
  try {
    radici  (a, b, c, r1, r2);
    cout << " radici  reali " << r1 << "  " << r2
         << endl;
    }
  catch (error e)
    {
      switch(e) {
      case no_radici_reali :
        cout << "Nessuna radice reale" << endl;
        break;
      case coefficiente_a_zero :
        cout << "Primo coefficiente zero" << endl;
      }
    }
  system("PAUSE");
  return EXIT_SUCCESS;
}
```

Esempio

In questo esempio applichiamo il meccanismo di gestione delle eccezioni a un programma che gestisce uno stack. Dichiariamo quindi una classe di interi `Pila` con un massimo di dieci elementi. Essa contiene due classi annidate: `Overflow` e `Underflow`, per gestire le condizioni di errore: nel primo caso non si possono più inserire dati nello stack perché esso è pieno; nel secondo caso non si possono togliere perché esso è vuoto. Quando la gestione dello stack cade in uno di questi casi viene lanciata la corrispondente eccezione.

```
#include <iostream.h>
const DIM_PILA = 5;   // dimensione massima della pila

class Pila
{
public:
  class Overflow    // una classe eccezione
  {
  public:
    int val_overflow;
    Overflow (int i) : val_overflow(i)  {}
  };
  class Underflow   // una classe eccezione
   {
  public:
    Underflow  () {}
  };
  Pila () {cima = -1;}
  void meter(int item)
  {
    if (cima < (DIM_PILA-1)) lapila[++cima] = item;
      else throw Overflow (item);
  }
  int sacar()
  {
    if (cima > -1) return lapila[cima--];
      else throw Underflow  ();
  }
private:
  int lapila[DIM_PILA];
  int cima;
};
```

Esempio

Il seguente programma principale dichiara una pila e i gestori delle eccezioni per le condizioni di overflow e underflow dello stack. Il programma forza la pila a chiamare il gestore delle eccezioni se deborda.

```
#include <iostream>
using namespace std;
void main()
{
  Pila miapila;
```

```
  int i = 5, j = 25;
  try     // Blocco try
  {
    miapila.meter(i);
    miapila.meter(j);
    miapila.meter(1);
    miapila.meter(12345);
    miapila.meter(9999);
    // Pila piena con cinque numeri si forza un'eccezione
    miapila.meter(100);     // lancia Pila::Overflow
  }
  // Gestori delle eccezioni
  catch(Pila::Overflow&  p)
  {
    cout << "La pila ha debordato al livello:"
         << p.val_overflow << endl;
  }
  catch(Pila::Underflow   &p)
  {
    cout << "La pila si è vuotata" << endl;
  }
}
```

Quando si esegue il programma, si visualizza:

```
La pila ha debordato al livello: 100
```

SOMMARIO

Le eccezioni sono, normalmente, condizioni di errore impreviste. Di solito, queste condizioni abortiscono il programma con messaggi di errore forniti dal sistema operativo. In questo capitolo abbiamo visto che il C++ dispone di un meccanismo specifico per gestire le eccezioni (simile a quello del linguaggio Ada).

Il codice in C++ può sollevare un'eccezione mediante l'espressione `throw` all'interno di un blocco `try`. L'eccezione sarà raccolta da una clausola `catch` che conterrà le istruzioni per trattare opportunamente il caso capitato, senza far necessariamente terminare il programma.

CONCETTI CHIAVE

- Cattura delle eccezioni
- `catch`
- Blocco `try`
- Specifiche delle eccezioni
- Eccezioni standard
- Lancio delle eccezioni
- `terminate()` e `unexpected`
- `throw`

Esercizi supplementari

Per gli esercizi si rimanda all'Appendice A del testo.

Esercizi supplementari

A

Capitolo 2

2.1 Qual è l'output del seguente programma?

```
#include <iostream.h>
main()
{
  // cout << "Ciao mondo!\n";
}
```

2.2 Cosa c'è di scorretto nel seguente programma?

```
#include <iostream.h>
// Il programma stampa "Ciao mondo!":
main()
{
  cout << "Ciao mondo!\n"
  return 0;
}
```

2.3 Scrivere ed eseguire un programma che stampi il suo nome e indirizzo.

2.4 Scrivere ed eseguire un programma che stampi una pagina di testo con non più di 40 caratteri per riga.

2.5 Correggere il seguente programma.

```
// Un programma C++ senza errori
#include <iostream.h>
void main()
{
  cout << "Il linguaggio di
    programmazione C++ << endl;
// { main()
{
```

2.6 Qual è l'output del seguente programma, se si introducono da tastiera J e M?

```
main()
{
  char primo, ultimo;
  cout << "Introduca le sue
      iniziali:\n";
  cout << "\t Primo cognome:";
  cin << primo;
  cout << "\t Secondo cognome:";
  cin << ultimo;
  cout << "Ciao, " << primo << ". "
      << ultimo << ".!\n";
  return 0;
}
```

Capitolo 3

3.1 Quali dei seguenti identificatori sono validi?

n	85 Nome
MioProblema	AAAAAAAAAA
MioGioco	Nome_Cognome
Mio Gioco	Saldo_Attuale
write	92
m&m	Universidad Pontificia
registro	Set 15
A B	* 143Eta

3.2 Spiegare la differenza tra queste sentenze di assegnamento:

```
A-:= B   e   A-:= 'B'
A-:= 7   e   A-:= '7'
```

3.3 *X* è una variabile intera e *Y* una variabile carattere. Che risultati produrrà la sentenza `cin << x << y;` se l'input è

a) `5   c`

b) `5C`

3.4 Scrivere un programma che legga un intero, lo moltiplichi per 2 e, poi, lo scriva di nuovo sullo schermo.

3.5 Scrivere le istruzioni di assegnamento che permettano di scambiare i contenuti (valori) di due variabili.

3.6 Scrivere un programma che chieda all'utente la lunghezza e la larghezza di una stanza e, poi, visualizzi la sua superficie con quattro decimali.

3.7 Scrivere un programma che converta un numero dato di secondi nell'equivalente in minuti e secondi.

3.8 Scrivere un programma che chieda due numeri decimali e calcoli la loro somma, visualizzando la somma aggiustata a destra. Ad esempio, se i numeri sono 57.45 e 425.55, il programma visualizzerà:

```
57.45
425.55
483.00
```

3.9 Quali sono i risultati visualizzati dal seguente programma, se i dati forniti sono 5 e 8?

```
#include <iostream.h>
#define M 6

void main (void)
{
  int A,B,C

  cin >> A >> B;
  C = 2 * A - B:
  C = C - M;
  B = A + C - M;
  A = B * M;
  Cout << A << endl
  B = -1
  cout << B << C
}
```

3.10 Scrivere un programma per calcolare la lunghezza della circonferenza e l'area del cerchio per un raggio introdotto in input.

3.11 Creare un programma per vedere la differenza tra i diversi formati di output.

3.12 Scrivere un programma che visualizzi i valori:

```
7.1
7.12
7.123
7.1234
7.12345
7.123456
```

3.13 Scrivere un programma che legga tre interi ed emetta un messaggio che indichi se sono in ordine numerico oppure no.

3.14 Scrivere un programma che introduca il numero di un mese (da 1 a 12) e ne visualizzi il numero di giorni.

3.15 Scrivere un programma che classifichi interi letti dalla tastiera secondo i seguenti punti: 1. Se 30 o maggiore o negativo, visualizzare un messaggio in quel senso; in caso contrario, se è un nuovo primo, potenza di 2 o un numero composto, visualizzare il messaggio corrispondente; se sono zero o 1, visualizzerà 'zero' o 'unità'.

3.16 Scrivere un programma che legga due numeri e ne visualizi il maggiore.

3.17 Codificare un programma che determini il maggiore fra tre numeri.

3.18 La domenica di Pasqua è la prima domenica dopo la prima luna piena successiva all'equinozio di primavera, e si determina tramite il seguente semplice calcolo:

```
A = anno % 19
B = anno % 4
C = anno % 7
D = (19 * A + 24) % 30
E = (2 * B + 4 * C + 6 * D + 5) % 7
N = (22 + D + E)
```

Dove `N` indica il numero del giorno del mese di marzo (se `N` è uguale o minore di 31) o aprile (se è maggiore di 31). Costruire un programma che determini le date delle domeniche di Pasqua.

3.19 Scrivere un programma per specificare il giudizio corrispondente a un voto, secondo il seguente criterio:

da 0 a 5.0	Insufficiente
da 5 a 6.5	Sufficiente
da 6.5 a 7.5	Buono
da 7.5 a 8.5	Distinto
da 8.5 a 10	Ottimo
10	Ottimo con lode

3.20 Determinare se il carattere associato a un codice introdotto da tastiera corrisponde a un carattere alfabetico, cifra, simbolo di interpunzione, speciale o non stampabile.

3.21 Scrivere un programma che legga due interi di tre cifre e ne calcoli e stampi il loro prodotto, quoziente e il resto quando il primo si divide per il secondo. L'output sarà giustificato a destra:

```
  739        739
 x 12         12
 -----      -----
 8868       R = 7      Q = 61
```

3.22 Scrivere un programma che disegni il seguente triangolo:

```
        *
      *   *
    *       *
  *           *
* * * * * * * * *
```

3.23 Scrivere un programma che disegni il seguente rettangolo:

```
* * * * * * * * * * *
*                   *
*                   *
*                   *
* * * * * * * * * * *
```

3.24 Modificare il programma precedente, in modo che possa leggere una parola di cinque lettere e la stampi nel centro del rettangolo.

3.25 Scrivere un programma che scriva i numeri da 1 a 100 in una riga.

3.26 Scrivere un programma che legga due numeri e ne visualizzi il maggiore.

3.27 Scrivere un programma che legga due interi di tre cifre e ne stampi il loro prodotto nel seguente formato:

```
   325
 + 426
  1950
   650
  1300
 ------
138450
```

3.28 Avendo come dati di input il raggio e l'altezza di un cilindro, scrivere un programma per calcolare l'area laterale e il volume del cilindro.

3.29 Scrivere un programma in cui si introducono come dati di input la lunghezza del perimetro di un terreno, espressa con tre numeri interi che rappresentano ettometri, decametri e metri rispettivamente. Si deve scrivere, con un cartellino rappresentativo, la lunghezza in decimetri.

3.30 Costruire un programma che calcoli e scriva il prodotto, quoziente intero e resto di due numeri di tre cifre.

3.31 Codificare un programma che mostri un rettangolo sullo schermo.

3.32 Scrivere un programma per ottenere l'ipotenusa e gli angoli acuti di un triangolo rettangolo partendo dalle lunghezze dei cateti.

3.33 Esprimere una certa quantità di secondi introdotta da tastiera nel suo equivalente in settimane, giorni, ore, minuti e secondi.

3.34 Scrivere un programma che chieda il nome dell'utente e lo saluti.

3.35 Scrivere un programma che esprima una certa quantità di euro in banconote e monete di corso legale.

3.36 Quattro interi tra 0 e 100 rappresentano i voti di uno studente di un corso di informatica. Scrivere un programma per trovare la media di questi voti e visualizzare una tabella di voti secondo il seguente prospetto:

Media	Voto
90-100	A
80-89	B
70-79	C
60-69	D
0-59	E

3.37 La relazione tra i lati *a* e *b* di un triangolo e l'ipotenusa *h* è data dalla formula

$$a^2 + b^2 = h^2$$

Scrivere un programma che legga la lunghezza dei lati e calcoli l'ipotenusa.

3.38 L'area di un triangolo i cui lati sono *a, b, c* si può calcolare mediante la formula

$$A = \sqrt{p(p-a)(p-b)(p-c)}$$

dove $p = (a + b + c)/2$. Scrivere un programma che legga le lunghezze dei tre lati di un triangolo e ne calcoli l'area.

3.39 Scrivere un programma che legga l'ora in notazione di 24 ore e la restituisca in notazione di 12 ore. Ad esempio, se l'input è 13:45, l'output sarà

```
1:45 PM
```

Il programma chiederà all'utente di introdurre esattamente cinque caratteri. Così, ad esempio, le nove si introdurrebbero come

```
09:00
```

3.40 Scrivere un programma che accetti date scritte nel modo usuale e le visualizzi come tre numeri. Ad esempio, l'input

```
15, Febbraio 2008
```

produrrà l'output

```
15 2 2008
```

3.41 Scrivere un programma che accetti un numero di tre cifre scritto in lettere e poi lo visualizzi come un valore di tipo intero. L'input deve terminare con un punto. Ad esempio, l'input

```
duecento venticinque
```

produrrà l'output

```
225
```

3.42 Scrivere un programma che legga il raggio di un cerchio e, poi, visualizzi la circonferenza, l'area e il diametro del cerchio.

3.43 Scrivere un programma che accetti un anno scritto in cifre arabe e lo visualizzi in numeri romani, nel rango da 1000 a 2000.

Nota: ricordiamo che V = 5, X = 10, L = 50, C = 100, D = 500 ed M = 1000.

```
V = 4           XL = 40          CM = 900
MCM = 1900      MCML = 1950      MCMLX = 1960
MCMXL = 1940    MCMLXXXIX = 1989
```

3.44 Un file di dati contiene le quattro cifre A, B, C, D, di un intero positivo N: si vuole arrotondare N al centinaio più prossimo e visualizzare l'output. Ad esempio, se A è 2, B è 3, C è 6 e D è 2, allora N sarà 2362 e il risultato arrotondato sarà 2400. Se N è 2342, il risultato sarà 2300, e se N = 2962, allora il numero sarà 3000. Scrivere il programma corrispondente.

3.45 Un file contiene due date nel formato giorno (da 1 a 31), mese (da 1 a 12) e anno (intero di quattro cifre), corrispondenti, rispettivamente, alla data di nascita e alla data attuale. Scrivere un programma che calcoli e visualizzi l'età dell'individuo. Se è la data di un bebè (meno di un anno di età), l'età si deve dare in mesi e giorni; in caso contrario, l'età si calcolerà in anni.

3.46 Scrivere un programma che determini se un anno è bisestile. Un anno è bisestile se è multiplo di 4 (ad esempio, 1984). Tuttavia, gli anni multipli di 100 sono bisestili soltanto se sono anche multipli di 400 (ad esempio, 1800 non è bisestile, mentre 2000 lo è).

3.47 Scrivere un programma che calcoli il numero di giorni di un mese, dati i valori numerici del mese e l'anno.

3.48 Si vuole calcolare il salario netto settimanale dei lavoratori di un'impresa secondo i seguenti criteri:

- Ore settimanali lavorate < 38 a un'aliquota base.
- Ore extra (38 o più) a un'aliquota maggiore del 50% di quella base.
- Nessuna imposta, se il salario lordo è minore o uguale di 300 euro.
- Imposta al 10%, se il salario lordo è maggiore di 300 euro.

3.49 Scrivere un programma che indichi se un numero introdotto da tastiera è positivo, nullo o negativo.

Capitolo 4

4.1 Che valore si assegna alla variabile `consumo` nella seguente istruzione `if` se `velocità` è `120`?

```
if (velocita > 80)
     consumo = 10.00;
else if (velocita > 100)
     consumo = 12.00;
else if (velocita > 120)
     consumo = 15.00;
```

4.2 Spiegare le differenze tra le istruzioni della colonna di sinistra e quelle della colonna di destra. Per ognuna di esse dedurre il valore finale di `x` se quello iniziale è `0`.

```
if (x >= 0)                 if (x >= 0)
  x = x+1;                    x = x+1;
else if (x >= 1);           if (x >= 1)
  x = x+2;                    x = x+2;
```

4.3 Quale output produrrebbe il seguente codice?

```
int x = 2;
cout << "Avviamento\n";
if (x <= 3)
  if (x != 0)
    cout << "Ciao dal secondo if.\n";
  else
    cout << "Ciao dall'else.\n";
cout << "Fine\n";
cout << "Riavviamento\n";
```

```
if (x > 3)
  if (x != 0)
    cout << "Ciao dal secondo if.\n";
      else
        cout << "Ciao dall'else.\n";
cout << "Di nuovo fine\n";
```

4.4 Che cosa c'è di sbagliato nel codice seguente?

```
if (x = 0) cout << x << " = 0\n";
else cout << x << " != 0\n";
```

4.5 Qual è l'errore del codice seguente?

```
if (x < y < z) cout << x << "<" << y <<
  "<" << z << endl;
```

4.6 Qual è l'errore di questo codice?

```
cout << "Introduca n:";
cin >> n;
if (n < 0)
  cout << "Questo numero è negativo.
      Provi di nuovo .\n";
    cin  >> n;
else
  cout << "a posto. n= " << n << endl;
```

4.7 Scrivere un'istruzione `if then else` che classifichi un intero *x* in una delle seguenti categorie e scriva un messaggio appropriato:

$x < 0$ oppure $0 \leq x \leq 100$ oppure $x > 100$

4.8 Selezionare e scrivere il ciclo che meglio risolva i seguenti compiti:

a) Sommatoria del tipo 1/2 + 1/3 + 1/4 + 1/5 + ... + 1/50

b) Lettura della lista dei voti di un esame di storia

c) Visualizzazione della somma degli interi compresi nell'intervallo 11...50.

4.9 Si consideri il seguente codice di programma

```
for (i = 0; i < n; ++i) {
  --n;
}
cout << i << endl;
```

a) Qual è l'output se `n` è 0?

b) Qual è l'output se `n` è 1?

c) Qual è l'output se `n` è 3?

4.10 Qual è l'output dei seguenti cicli?

```
int n, m;
for ( n = 1; n <= 10; n++)
  for (m = 10; m >= 1; m--)
    cout << n << "volte" << m << " = "
         << n * m << endl;
```

4.11 Scrivere un programma che calcoli e visualizzi

$1 + 2 + 3 + \ldots + (n - 1) + n$

dove n è un valore dato.

4.12 Qual è l'output del seguente ciclo?

```
somma = 0;
while (somma < 100)
  somma += 5;
cout << somma << endl;
```

4.13 Scrivere un ciclo `while` che visualizzi tutte le potenze di un intero `n` minori di un valore specificato, `max_limite`.

4.14 Che cosa fa il seguente ciclo `while`? Riscriverlo con istruzioni `for` e `do-while`.

```
num = 10;
while (num <= 100){
     cout << num << endl;
     num += 10;
}
```

4.15 Qual è l'output dei seguenti cicli?

a)
```
for (int i = 0; i < 10; i++)
   cout << " 2* " << i << " = "
        << 2 * i << endl;
```

b)
```
for (int i = 0; i <= 5; i++)
   cout << 2 * i + 1 << " ";
 cout << endl;
```

c)
```
for (int i = 1; i < 4; i++){
   cout << i;
     for (int j = i; j >= 1; j--)
       cout << j << endl;
 }
```

4.16 Scrivere un programma che visualizzi il seguente disegno:

```
        *
      * * *
    * * * * *
  * * * * * * *
* * * * * * * * *
  * * * * * * *
    * * * * *
      * * *
        *
```

4.17 Descrivere l'output dei seguenti cicli:

a)
```
for (int i = 1; i <= 5; i++){
   cout << i << endl;
   for (int j = i; j >= 1; j-=2)
   cout << j << endl;
 }
```

b)
```
for (int i = 3; i > 0; i--)
   for (int j = 1; j <= i; j++)
      for (int k = i; k >= j; k--)
      cout << i << j << k << endl;
```

c)
```
for (int i = 1; i <= 3; i++)
   for (int j = 1; j <= 3; j++) {
      for (int k = i; k <= j; k++)
      cout << i << j << k << endl;
      cout << endl;
   }
```

4.18 Scrivere un programma che legga una riga di testo e poi visualizzi l'ultimo carattere letto. Così, per l'input `Grotte di Frasassi`, l'output sarà la lettera i.

4.19 Scrivere un programma che calcoli la somma dei numeri interi compresi tra 1 e 50.

4.20 Scrivere un programma che calcoli e visualizzi una tabella con le prime 20 potenze di 2.

4.21 Stampare i quadrati degli interi da 1 a 20.

4.22 Data una serie di numeri interi letti in input da un file, calcolare il fattoriale di ciascuno di loro.

4.23 Progettare e implementare un programma che riceva dei numeri interi in input e conti quanti sono positivi, negativi o nulli.

4.24 Progettare e implementare un programma che estragga valori dal flusso di input standard e poi visualizzi il maggiore e il minore di quei valori nel flusso di output standard. Il programma deve visualizzare un messaggio di avvertimento quando non c'è niente in input.

4.25 Progettare e implementare un programma che chieda all'utente una data in input e poi visualizzi il numero del giorno corrispondente dell'anno. Ad esempio, se la data è 30 12 1999, il numero visualizzato sarà 364.

4.26 Un carattere è vuoto se è uno spazio (`' '`), una tabulazione (`'\t'`), un carattere di nuova riga (`'\n'`) o un avanzamento di pagina (`'\f'`). Progettare e scrivere un programma che conti il numero di caratteri vuoti in input.

4.27 Scrivere un programma che legga una temperatura in gradi Celsius e visualizzi l'equivalente in gradi Fahrenheit.

4.28 Scrivere un programma che converta: (a) i centimetri in pollici; (b) le libbre in chilogrammi.

4.29 Scrivere un programma che legga in input il raggio di una sfera e visualizzi l'area e il volume della sfera ($A = 4\pi r^2$, $V = 4/3\pi r^3$).

4.30 Scrivere ed eseguire un programma che inverta le cifre di un numero intero positivo.

4.31 Implementare l'algoritmo di Euclide che trova il massimo comune divisore di due numeri interi positivi.

Algoritmo di Euclide di m ed n

L'algoritmo trasforma una coppia di interi positivi (*m, n*) in una coppia (*d, o*), dividendo ripetutamente l'intero maggiore per il minore e rimpiazzando il maggiore con il resto. Quando il resto è 0, l'altro intero della coppia sarà il massimo comune divisore della coppia originale.

Esempio mcd (532, 112)

		4	1	3	← quozienti
	532	112	84	28	
resti	84	28	00	↑ mcd = 28	

4.32 In un'impresa di computer gli stipendi degli impiegati vengono aumentati a seconda del loro contratto attuale.

Contratto	Aumento %
da 0 a 9.000 euro	20
da 9.001 a 15.000 euro	10
da 15.001 a 20.000 euro	5
Oltre 20.000 euro	0

Scrivere un programma che chieda lo stipendio attuale dell'impiegato e calcoli e visualizzi il nuovo stipendio.

4.33 La costante *pi* (3.1441592...) è molto utilizzata in matematica. Un metodo semplice per calcolare il suo valore è:

$$\pi = 2 \cdot \frac{2}{1} \cdot \frac{2}{3} \cdot \frac{4}{3} \cdot \frac{4}{5} \cdot \frac{6}{5} \cdot \frac{6}{7} \cdots$$

Scrivere un programma che effettui questo calcolo con un numero di termini specificati dall'utente.

4.34 Scrivere un programma che visualizzi un quadrato magico di ordine dispari *n*, compreso tra 3 e 11; l'utente sceglie il valore di *n*. Un quadrato magico è costituito da numeri interi compresi tra 1 e n^2. Le somme dei numeri che figurano in ogni riga, in ogni colonna e in entrambe le diagonali sono identiche. Un esempio è

8 1 6
3 5 7
4 9 2

Un metodo per costruire il quadrato magico consiste nel collocare il numero 1 nel centro della prima riga, il numero seguente nella casella sopra a destra e così via. È corretto supporre che il quadrato si chiuda su sé stesso: la riga sopra la prima in effetti è l'ultima e la colonna a destra dell'ultima è la prima. Tuttavia, quando la posizione del numero cade in una casella occupata, si sceglie la casella situata sotto il numero appena collocato.

4.35 Il matematico italiano Leonardo Fibonacci propose il seguente problema. Supponiamo che un paio di conigli abbia un paio di coniglietti ogni mese e ogni nuova coppia diventi fertile all'età di un mese. Se si dispone di una coppia fertile e nessuno dei conigli muore, quante coppie vi saranno dopo un anno? Migliorare il problema calcolando il numero di mesi necessari per produrre un determinato numero di coppie di conigli.

4.36 Calcolare la somma della serie 1/1 + 1/2 + ... + 1/*N*, dove *N* è un numero che si introduce da tastiera.

4.37 Scrivere un programma che calcoli e visualizzi il più grande, il più piccolo e la media di *N* numeri. Il valore di *N* sarà chiesto all'inizio del programma e i numeri saranno introdotti dall'utente.

4.38 Calcolare il fattoriale di un numero intero letto in input utilizzando le istruzioni `while`, `do while` e `for`.

4.39 Trovare il numero maggiore di una serie di numeri.

4.40 Calcolare la media dei voti introdotti in input tramite una sessione interattiva del tipo:

```
Quanti voti? 20
  Voto 1 : 7.50
  Voto 2: 6.40
  Voto 3: 4.20
  ...
  Voto 20: 9.50
  Media dei 20 voti: 7.475
```

4.41 Scrivere un programma che calcoli la somma dei 50 primi numeri interi.

4.42 Scrivere un programma per calcolare la somma di una serie di numeri letti in input.

4.43 Scrivere un programma per contare il numero di interi negativi introdotti in una riga.

4.44 Scrivere un programma per visualizzare sullo.schermo la seguente figura (il numero di righe che si possono introdurre è variabile):

```
*
**
***
****
*****
```

4.45 Trovare il più piccolo numero naturale *N* tale che la somma dei primi *N* numeri superi una quantità introdotta in input.

4.46 Calcolare tutti i numeri di tre cifre tali che la somma dei cubi delle cifre sia uguale al valore del numero.

Capitolo 5

5.1 Scrivere una funzione logica `Cifra` che determini se un carattere è una delle cifre da 0 a 9.

5.2 Scrivere una funzione `Arrotondamento` che accetti un numero reale `Quantità` e un numero intero `Decimali` e restituisca il valore `Quantità` arrotondato al numero specificato di decimali. Così, per esempio, `Arrotondamento(20.563,2)` restituisce il valore `20.56` e `Arrotondamento(20.563,1)` restituisce `20.5`.

5.3 Scrivere un programma che, tramite funzioni, permetta all'utente di scegliere il calcolo dell'area di una di queste figure geometriche: cerchio, quadrato, triangolo e rettangolo.

5.4 Scrivere un programma che, tramite una funzione, permetta all'utente di determinare e visualizzare il numero più grande tra due numeri dati.

5.5 Scrivere una funzione ricorsiva che calcoli i primi *N* numeri primi.

5.6 Scrivere un programma che chieda all'utente un carattere e lo visualizzi al centro dello schermo. L'utente deve poter spostare il carattere premendo i tasti *A* (alto), *B* (basso), *S* (sinistra), *D* (destra) e *F* per finire.

5.7 Scrivere una funzione che riceva una stringa di caratteri e la restituisca in ordine inverso (`ciao` diventa `oaic`).

5.8 Scrivere una funzione che determini se una stringa di caratteri è palindroma (cioè si legge allo stesso modo in entrambi i sensi, per esempio *radar*).

5.9 Scrivere una funzione accetti il giorno, il mese e l'anno e li visualizzi nel formato

`gg/mm/aa`

Ad esempio, i valori 8, 10 e 1946 si visualizzano come

`8/10/46`

5.10 Scrivere un programma che legga un intero positivo e chiami una funzione che visualizzi la sua scomposizione in fattori primi.

5.11 Scrivere un programma che, tramite funzioni, visualizzi un calendario nel seguente formato:

```
L    M    M    G    V    S    D
          1    2    3    4    5
6    7    8    9    10   11   12
13   14   15   16   17   18   19
20   21   22   23   24   25   26
27   28   29   30
```

L'utente indica unicamente il mese e l'anno. Le formule che permettono di conoscere il giorno della settimana corrispondente a una data specifica sono

- per i mesi di gennaio e febbraio
  `n = 6+a+(a-1)/4-(a-1)/100+(a-1)/400+3*(m/2)+g`
- per gli altri mesi
  `n = a+a/4-a/100+a/400+3*m-(m-3)/2+((m-3)/6)*((m-4)%2)+g`

dove `a` = anno, `m` = mese, `g` = giorno.

Nota: `/` indica la divisione intera, `n % 7` indica il giorno della settimana (1 = lunedì, 2 = martedì ecc.).

5.12 Scrivere un programma che legga i due interi positivi *n* e *b* e invochi la funzione `CambiareBase` per calcolare e visualizzare la rappresentazione del numero *n* nella base *b*.

5.13 Scrivere un programma per invertire le cifre di un numero intero (1234 diventa 4321).

5.14 Scrivere una funzione che permetta di calcolare la serie

$$1^2+2^2+3^2+\ldots+n^2=\frac{n\cdot(n+1)\cdot(2n+1)}{6}$$

5.15 Scrivere un programma che legga due numeri x ed n e calcoli la somma della progressione geometrica:

$$1+x+x^2+x^3+\ldots+x^n$$

5.16 Scrivere un programma che trovi il massimo, il minimo e la somma dei dati di entrata. Calcolare la media dei dati tramite una funzione.

5.17 Scrivere un programma che tramite funzioni svolga i seguenti compiti.

a) Restituire il valore del giorno della settimana dopo che l'utente ha immesso in input la lettera iniziale (maiuscola o minuscola) del giorno.

b) Determinare il numero di giorni, una volta immessi in input il mese e l'anno.

5.18 Scrivere una funzione che calcoli quanti punti di coordinate intere esistono dentro un triangolo di cui si conoscono le coordinate dei suoi tre vertici.

5.19 Codificare una funzione che scriva *N* righe vuote.

5.20 Scrivere un programma che tramite funzioni determini l'area del cerchio corrispondente alla circonferenza circoscritta a un triangolo di cui sono note le coordinate dei vertici.

Capitolo 6

6.1 Scrivere un programma che legga una sequenza di numeri in un certo ordine e poi li visualizzi in ordine diretto e inverso.

6.2 Scrivere un programma per inizializzare un array; per esempio, un array di 4 elementi reali (`double`) con i valori: 22.5, 44.5, 77.5 e 99.5.

6.3 Scrivere un programma che inizializzi solo i primi due elementi di un vettore di 4 elementi. Quale sarà il valore degli elementi non inizializzati?

6.4 Calcolare la somma degli *n* elementi di un array.

6.5 Calcolare la somma dei primi *n* elementi di un array.

6.6 Si ha una sequenza casuale di numeri interi immagazzinati in un array. Si chiede di ordinarli in senso crescente e decrescente.

6.7 Un vettore contiene le temperature medie di una città in ognuno dei giorni di una particolare settimana. Scrivere un programma per calcolare la temperatura massima e minima.

6.8 Si vuole introdurre dalla tastiera una tabella di 4 righe per 5 colonne di elementi interi. Scrivere un programma che, dopo aver letto i numeri interi, li visualizzi sullo schermo.

6.9 Leggere 5 valori da un vettore di numeri interi e calcolare la distanza che li separa dal numero maggiore.

6.10 Qual è l'output del codice seguente? Si suppone che il codice sia inserito in un programma completo e corretto.

```
char a[4] = {'a', 'b', 'c', 'd'} ;
cout a[0] << " " << a[1] << " "<< a[2]
    << endl ;
```

```
a[1] = a[2] ;
cout << a[0] << " " << a[1] << " " <<
    a[2] << endl ;
```

6.11 Qual è l'output del seguente codice?

```
char simbolo[3] = {'a', 'b', 'c'} ;
for (int indice=0 ; indice<3 ; indice++)
  cout << simbolo[indice] ;
```

6.12 Qual è l'output del seguente codice?

```
int i, aux[10] ;
for (i=0 ; i<10 ; i++)
  aux[i] = 2*i ;
for (i=0 ; i<10 ; i++)
  cout << aux[i] << " " ;
cout << endl ;
for (i=0 ; i<10 ; i = i + 2)
  cout << aux[i] << " " ;
```

6.13 Data la definizione

```
void triple (int &n)
{
  n = 3*n ;
}
```

quale delle seguenti funzioni è valida?

```
int a[3] = {4, 5, 6}, numero = 2 ;
triple (numero) ;
triple (a[2]) ;
triple (a[3]) ;
triple [a[numero]) ;
triple (a) ;
```

6.14 Data la definizione di funzione

```
void prova2(int a[], int numero)
{
 for (int indice = 0; indice < numero;
          indice++)
   a[indice] = 2 ;
}
```

quale delle seguenti funzioni è valida?

```
int mio_array[30] ;
prova2(mio_aray, 30) ;
prova2(mio_array, 10) ;
prova3(mio_array, 40) ;
int tuo_array[100] ;
prova2(tuo_array, 100) ;
prova2(tuo_array[3], 30) ;
```

6.15 Scrivere una funzione alla quale vengono passati una data (giorno, mese, anno) e un numero di giorni da aggiungere a questa data. La funzione calcola la nuova data e la visualizza.

6.16 Scrivere un programma che riempia un vettore con i primi 80 numeri primi e li visualizzi.

6.17 Il gioco dell'impiccato si gioca con due persone (o una persona e un computer). Un giocatore seleziona una parola e l'altro giocatore tenta di scoprire la parola indovinando le singole lettere. Progettare un programma per realizzare questo gioco. *Suggerimento*: immagazzinare un vettore di parole in un array e selezionare le parole casualmente.

6.18 Scrivere un programma che legga le dimensioni di una matrice, legga e visualizzi gli elementi della matrice e, poi, trovi il massimo e il minimo elemento della matrice e le loro posizioni.

6.19 Se x rappresenta la media dei numeri $x_1, x_2 \dots x_n$, allora la *varianza* è la media dei quadrati delle deviazioni dei numeri dalla media:

$$Varianza = \frac{1}{n}\sum_{i=1}^{n}(x_i - \overline{x})^2$$

La *deviazione standard* è la radice quadrata della varianza. Scrivere un programma che, tramite funzioni, legga un vettore di numeri reali, li conti e poi ne calcoli e stampi la media, la varianza e la deviazione standard.

6.20 I risultati delle ultime elezioni per il sindaco di un comune sono stati i seguenti:

Collegio	Candidato A	Candidato B	Candidato C	Candidato D
1	194	48	206	45
2	180	20	320	16
3	221	90	140	20
4	432	50	821	14
5	820	61	946	18

Scrivere un programma che svolga i seguenti compiti:

a) Visualizzare la precedente tabella includendo i titoli delle colonne.

b) Calcolare e stampare il numero totale di voti ricevuti da ciascun candidato e la percentuale sul totale dei voti. Visualizzare il candidato più votato.

c) Se un candidato riceve più del 50% dei voti, il programma stamperà un messaggio che lo proclami vincitore.

d) Se nessun candidato riceve più del 50% dei voti, il programma dovrà stampare il nome dei due candidati più votati, che andranno al ballottaggio.

6.21 Scrivere un programma che legga una collezione di stringhe di caratteri di lunghezza arbitraria. Per ogni stringa letta il programma dovrà

a) stampare la lunghezza della stringa

b) contare il numero di parole di quattro lettere

c) sostituire ogni parola di quattro lettere con una stringa di quattro asterischi e stampare la nuova stringa.

6.22 Una concessionaria di automobili ha in catalogo quindici modelli e dispone di dieci agenti. Scrivere un programma che generi un rapporto mensile sulle vendite per agente e modello, indicando il totale delle auto vendute da ciascun agente e, per ogni modello, le auto vendute da tutti gli agenti.

	Modello					
Agente	1	2	3	4	...	15
1	4	8	1			4
2	12	4	25			14
3	15	3	4			7
...						
10						

6.23 Negli scacchi la regina può attaccare qualunque pezzo che stia nella sua stessa riga, colonna o diagonale. Il problema delle *n* regine consiste nel posizionare *n* regine in una scacchiera $n \times n$, in modo che nessuna regina possa attaccarne un'altra. Scrivere un programma che risolva questo problema per un valore dato di *n*.

6.24 Calcolare la media aritmetica di un vettore di numeri reali.

6.25 Scrivere un programma per calcolare il valore massimo di un vettore di numeri.

6.26 Scrivere un programma che legga una stringa di caratteri e la visualizzi in un quadro.

6.27 Scrivere un programma che legga una frase e, poi, visualizzi in colonna ogni parola, seguita dal numero di lettere che compongono ciascuna parola.

6.28 Scrivere un programma che sposti una parola letta dalla tastiera da sinistra fino all'estremità destra dello schermo.

6.29 Scrivere un programma che visualizzi in forma codificata la stringa di caratteri letta dalla tastiera.

6.30 Scrivere un programma che calcoli la frequenza di occorrenza delle vocali di un testo fornito dall'utente. Il risultato dovrà essere rappresentato in un istogramma.

6.31 Scrivere una funzione `sort` che ordini un insieme di *n* stringhe in ordine alfabetico.

6.32 Progettare un programma che determini la media del numero di ore lavorate nei giorni della settimana.

6.33 Scrivere una funzione che ordini i primi *n* elementi di un array di stringhe basandosi sulle lunghezze delle stringhe. Ad esempio, `Acqua` verrà dopo `Anna`.

Capitolo 7

7.1 Data la definizione

```
struct TipoScarpa
{
  char modello;
  double prezzo;
};
```

quale sarà l'output prodotto dal seguente codice?

```
TipoScarpa scarpa1, scarpa2;
scarpa1.modello = 'A';
scarpa1.prezzo = 34,50;
cout << scarpa1.modello << " euro " <<
  scarpa1.prezzo << endl;
scarpa2 = scarpa1;
cout << scarpa2.modello << " euro " <<
  scarpa2.prezzo << endl;
```

7.2 Date la struttura `studente` e la variabile `uno_studente` di tipo `studente`, scrivere un'istruzione che visualizzi il nome dello studente nel formato `cognome, nome`.

```
struct studente
{
  string nome;
  string cognome;
  int eta;
  int voto;
};
studente  uno_studente;
```

7.3 Scrivere una funzione che visualizzi tutti i dati della variabile di tipo `studente`.

Capitolo 8

8.1 Se `p` e `q` sono puntatori a strutture di tipo `elettrico`, spiegare l'effetto delle seguenti istruzioni. Quali istruzioni non sono valide?

```
struct elettrico {
  string corrente;
  int volt;
};
elettrico  *p, *q;
```

a) `p -> corrente = "CA";`
b) `p -> volt = q -> volt;`
c) `*p = *q;`
d) `p = q ;`
e) `p -> corrente _ "AT";`
f) `p -> corrente = q -> volt ;`
g) `p = 53;`
h) `*q = p;`

8.2 Sono uguali gli indirizzi di memoria di `r` e `n`?

```
void main()
{
  int n = 33;
  int &r = n;
  cout << "&n = " << &n << ", &r = "
    &r << endl;
}
```

8.3 Qual è l'output del seguente programma?

```
void main()
{
  int n = 35;
  int *p = &n;
  int &r = *p;
  cout << "r = " << r << endl;
}
```

8.4 Qual è l'output del seguente programma?

```
void main ()
{
  int n = 35;
  int *p = fn;
  cout << "*p = " << *p << endl;
}
```

8.5 Qual è l'output del seguente programma che utilizza una funzione che restituisce un array?

```
float& componente(float *v, int k)
{
  return v[k-1];
}
void main()
{
  float v[5];
  for (int k = 1; k <= 5; k++)
    componente(v,k) = 1.0/k;
  for (int i = 0; i < 5; i++)
    cout << "v[" << i<< "] = " << v[i]
      endl;
}
```

8.6 Indicare quali delle seguenti istruzioni sono valide, motivando la risposta e indicandone gli effetti.

```
int *p;
++(*p);
++p;
int * const cp;
++(*cp);
++cp;
const int *pc;
++(*pc);
const int * const cpc;
++(*cpc);
++cpc;
```

8.7 Disegnare uno schema grafico che mostri le variabili e gli indirizzi puntati dalle seguenti istruzioni:

```
char c = 'v';
char *pc; = &c;
char **ppc = &pc;
char ***pppc = &ppc;
***pppc = 'w';
```

8.8 Disegnare uno schema grafico che illustri l'effetto delle seguenti dichiarazioni:

```
int g(int);
int (*pg)(int);
pf = &g;
```

8.9 Scrivere un programma che mostri come può essere utilizzato un puntatore per attraversare un vettore.

8.10 Scrivere una funzione che utilizzi dei puntatori per copiare un array di dati di tipo `double`.

8.11 Scrivere una funzione che utilizzi dei puntatori per cercare l'indirizzo di un intero in un array. Se il numero è nel vettore, la funzione deve restituire il suo indirizzo, altrimenti deve restituire `NULL`.

8.12 Scrivere una funzione `somma` mediante puntatori a funzioni che calcoli la somma dei quadrati e dei cubi dei primi *n* numeri interi.

Capitolo 9

9.1 Un programma contiene il seguente codice per creare un array dinamico:

```
int* entrata = new int[10];
```

Se non esiste sufficiente memoria nell'heap, la chiamata che precede `new` fallirà. Scrivere un codice che verifichi questa eventualità e visualizzi un apposito messaggio di errore.

9.2 Con riferimento all'esercizio precedente, scrivere il codice per riempire questo array dinamico con 10 numeri letti in input.

9.3 Con riferimento all'esercizio precedente, scrivere il codice per sommare gli elementi del vettore.

9.4 Scrivere una funzione che utilizzi dei puntatori per copiare un array di elementi `double`.

9.5 Scrivere un programma che legga un determinato numero di interi (1.000, come massimo) dalla console e li stampi nello stesso ordine e con la condizione che ogni intero sia scritto una sola volta. Ad esempio, se si leggono i seguenti numeri dalla console

```
55   78   -25   3   55   24   -3   7
```

il programma visualizzerà

```
55   78   -25   3   24   -3   7
```

Si devono utilizzare puntatori per trattare con l'array in cui sono stati immagazzinati i numeri.

9.6 Scrivere il codice della funzione seguente che restituisce la somma degli elementi `float` puntati dai primi `n` puntatori dell'array `p`:

```
float somma (float *p[ ], int n)
```

9.7 Scrivere la seguente funzione che ordina indirettamente gli elementi `float` puntati dai primi `n` puntatori dell'array `p` per il riordinamento dei puntatori:

```
void sort(float *p[ ], int n)
```

Capitolo 10

10.1 Scrivere il codice di una funzione che si comporti come `strlen`.

10.2 Scrivere un programma che legga le parole da un buffer di 79 caratteri.

10.3 Che cos'è che non va nell'istruzione

```
cin >> s ;
```

che dovrebbe leggere l'input `"Ciao, Mondo!"` e metterlo nella stringa `s`?

10.4 Qual è la differenza tra le due seguenti istruzioni, se `s1` e `s2` sono del tipo `char*`?

```
s1 = s2;
strcpy(s1, s2) ;
```

10.5 Che cosa fa il seguente codice?

```
char *s1 = "ABCDE" ;
char *s2 = "ABC" ;
if(strcmp(s1, s2)<0) cout << s1 << " < "
  << s2 << endl ;
else cout << s1 << " >= " s2 << endl ;
```

10.6 Scrivere un programma che faccia l'eco dell'input, riga a riga.

10.7 Contare il numero di occorrenze della lettera `e` nel flusso di input.

10.8 Scrivere un programma che faccia l'eco del flusso di input e poi metta in maiuscolo la prima lettera di ogni parola.

10.9 Scrivere una funzione che estragga gli interi dal flusso di input.

10.10 Scrivere un programma che legga una sequenza di stringhe, le immagazzini in un array e poi le visualizzi.

10.11 Scrivere un programma che legga una sequenza di nomi, uno per riga, che termina con il valore sentinella `$`, e poi visualizzi i nomi immagazzinati nell'array `nomi`.

10.12 Scrivere la funzione `strncat()`.

10.13 Scrivere un programma che legga una sequenza di nomi, uno per riga, li metta in ordine e poi li visualizzi sullo schermo.

10.14 Scrivere un programma che utilizzi la funzione `invertire()` per invertire una stringa letta dalla tastiera.

10.15 Scrivere un programma che legga una riga di input, scarti tutti i simboli eccetto le cifre, converta la stringa di cifre in un intero e fissi il valore dell'intero alla variabile `n`.

Capitolo 11

11.1 Eliminare tutti i numeri duplicati da un vettore. Per esempio, l'array

```
4   7   11   4   9   5   11   7   3   5
```

deve diventare

```
4   7   11   9   5   3
```

11.2 Un array contiene gli elementi indicati qui sotto. Utilizzando l'algoritmo di ricerca binaria, tracciare le tappe necessarie per trovare il numero 88. Ripetere la ricerca per il numero 20.

```
8   13   17   26   44   56   88   97
```

Un array contiene i seguenti elementi:

```
3   13   7   26   44   23   98   57
```

Quante iterazioni saranno necessarie per ordinarlo in senso crescente con i metodi a bolle, per selezione e per inserimento?

11.3 Scrivere un programma che legga 10 nomi e li metta in ordine alfabetico utilizzando il metodo di selezione.

11.4 Ordinare il vettore

```
42   57   14   40   96   19   08   68
```

mediante i metodi a bolle, per selezione e per inserimento.

11.5 Sia data una sequenza di *n* numeri da ordinare.

1. Quanti confronti e quanti scambi saranno richiesti per ordinare la sequenza con il metodo di selezione
   - se sono già ordinati?
   - se sono in ordine inverso?
2. e con il metodo a bolle?

11.6 Modificare l'algoritmo di ordinamento per selezione perché ordini un vettore di impiegati in base ai loro stipendi.

11.7 Scrivere un programma per consultare un elenco telefonico, sia per nome che per numero.

11.8 Realizzare un programma che confronti il tempo di calcolo delle ricerche sequenziale e binaria. *Suggerimento*: costruire e ordinare un vettore *A* di 2.000 interi aleatori nel range 0 ... 1999 e un vettore *B* di 500 interi aleatori nello stesso range. Gli elementi di *B* si utilizzano come chiavi degli algoritmi di ricerca.
Nota: la funzione di tempo (`TickCount`) è nel file `tics.h` e restituisce il numero di sessantesimi di secondo trascorsi dall'avvio del sistema. Il tempo si misura in funzione delle 500 ricerche che si utilizzano in ogni algoritmo. L'output include il tempo in secondi e il numero di coincidenze.

11.9 Realizzare un programma che permetta di immettere 12 numeri interi in un vettore e, tramite un menu, eseguire a scelta uno dei seguenti metodi di ordinamento: selezione, scambio, inserimento o bubble. Il programma deve presentare sullo schermo i vettori ordinati in senso crescente o decrescente a scelta dell'utente.

11.10 Costruire una funzione che permetta di ordinare per date un vettore di *n* elementi che contengono dati di contratti (*n* <= 50). Ogni elemento del vettore deve essere una struttura con campi (interi) giorno, mese, anno e numero di contratto.

Nota: possono esistere diversi contratti con la stessa data, ma non con lo stesso numero.

11.11 Scrivere un programma che crei un array di 100 interi aleatori nel range da 1 a 200 e poi, utilizzando un metodo di ricerca sequenziale, ricerchi 50 interi selezionati aleatoriamente (uguali o diversi). Alla fine del programma si devono visualizzare le seguenti statistiche:

- numero di ricerche con successo
- numero di ricerche fallite
- percentuali di successo e di fallimento

Dov'è l'errore nella seguente dichiarazione di classe?

```
union float_byte {
private:
  char mantissa[3], char esponente ;
public:
  float num;
  char esp(void);
  char mant(void);
};
```

Che cosa non va nella seguente definizione di classe?

```
#include <cstring>
struct buffer {
  char dati[255];
  int cursore ;
  void iniziare(char *s);
  inline int Long(void);
  char *contenuto(void);
};
void buffer::iniziare(char *s)
{
  strcpy(dati,s) ; cursor = 0;
}
char *buffer::contenuto(void)
{
  if(Long()) return dati; else return 0;
}
inline int buffer:: Long(void)
  {return cursor;}
```

Definire una classe che implementi una pila di 100 caratteri tramite un array. Le funzioni membro della classe devono essere:

`inserire, rimuovere, stack_vuoto, stack_pieno`

12.4 Individuare gli eventuali errori nella seguente dichiarazione di classe:

```
class punto {
  int x, y;
  void punto(int x1, int y1){x = x1;
    y = y1;)
};
```

12.5 È legale il seguente `main()`?

```
class punto {
public:
  int x, int y;
  punto(int x1, int y1) {x = x1; y =
  y1;}
};
main()
{
  punto(25, 15);     // è legale questa
                     // istruzione?
}
```

12.6 Avendo risposto alla precedente domanda, quale sarà l'output del seguente programma?

```
#include <iostream>
class punto{
public:
  int x, int y;
  punto(int x1, int y1)  {x = x1;
      y = y1;}
  punto(int z)  {punto (z, z);}
};
main()
{
  punto p(25);
  cout << "x = " << p.x << ", y = "
       << p.y << endl;
}
```

12.7 Classificare i seguenti costruttori, i cui prototipi sono:

```
rect::rect(int a, int h);
nodo::nodo(void);
calcolatrice::calcolatrice(float *val i
  = 0.0);
stringa::stringa(stringa &c);
abc::abc(float f);
```

12.8 Data la seguente dichiarazione di classe, perché non si può costruire l'array?

```
class punto {
public:
  int x, y;
  punto(int a, int b) {x = a; y = b;}
};
punto poligono[5];      // è valida questa
                        // istruzione?
```

12.9 Si cambi il costruttore dell'esercizio in un costruttore di default. Si può costruire, in questo caso, l'array?

12.10 Quale costruttore viene attivato nel seguente esempio?

```
class prova_totale {
private:
  int num;
public:
  prova_totale()       {num = 0;}
  prova_totale(int n = 0) {num = n;}
  int valore(void)     {return num;}
};
prova_totale prova;
```

12.11 Creare una classe che abbia membri dati di tipo `int` per ore, minuti e secondi. Un costruttore inizializzerà questi dati a 0, mentre un altro li inizializzerà a valori predefiniti. Una funzione membro dovrà visualizzare l'ora nel formato 11:59:59. Un'altra funzione membro sommerà due oggetti di tipo `ora` passati come argomenti. Una funzione principale `main()` deve creare due oggetti inizializzati e un terzo non inizializzato. Sommare i due valori inizializzati e lasciare il risultato nell'oggetto non inizializzato. Da ultimo visualizzare il valore risultante.

12.12 Creare una classe chiamata `impiegato` che contenga come membri dato il nome e il numero di impiegato, e come funzioni membro `Leggeredati()` e `vederedati()`; la prima legge i dati dalla tastiera e la seconda li visualizza sullo schermo. Scrivere un programma che utilizzi la classe, creando un array di tipo impiegato e poi riempiendolo con i dati corrispondenti a 50 impiegati. Una volta riempito l'array, visualizzare i dati di tutti gli impiegati.

12.13 Si vuole realizzare una classe `vettore3d` che permetta di manipolare vettori di tre coordinate `x`, `y`, `z` secondo le seguenti regole.

- Ci sarà solo una funzione costruttore e sarà in linea.
- Ci sarà una funzione membro `uguale` che permette di sapere se due vettori hanno le loro componenti o coordinate uguali. La dichiarazione di `uguale` si realizzerà utilizzando: a) trasmissione per valore; b) trasmissione per indirizzo; c) trasmissione per riferimento.

12.14 Includere nella classe `vettore3d` dell'esercizio precedente una funzione membro detta `normamax` che permetta di ottenere la norma maggiore dei due vettori. *Nota*: la norma di un vettore $v = x, y, z$ è $x^2 + y^2 + z^2$ oppure $x * x + y * y + z * z$.

12.15 Progettare una classe `vettore3d` che permetta di manipolare vettori 3D (di tipo `float`) e che contenga una funzione costruttore con valori per default (0) e le funzioni membri `somma` (somma di due vettori) e `prodottoscalare` (prodotto scalare di due vettori: $v_1 = x_1, y_1, z_1; v_2 = x_2, y_2, z_2; v_1 * v_2 = x_1 * x_2 + y_1 * y_2 + z_1 * z_2$).

12.16 Sia data la seguente classe `punto`.

```
class punto{
  int x, y;
public :
  punto(int abs = 0, int ord = 0)
  { x = abs; y = ord;}
};
```

Scrivere una funzione indipendente `visualizzare`, amica della classe `punto`, che permetta di visualizzare le coordinate di un punto. Si fornirà separatamente un file sorgente che contenga la nuova dichiarazione (definizione) di `punto` nonché un file sorgente che contenga la definizione della funzione `visualizzare`. Scrivere un programma che crei un oggetto punto della classe e generi dinamicamente un altro punto visualizzandone le coordinate.

12.17 Spiegare la differenza di significato tra la struttura

```
struct a {
  int i, j, k;
};
```

e la classe

```
class a {
  int i, j, k;
};
```

Per quale motivo la dichiarazione della classe è inutile? Come si può utilizzare la parola `public` per convertire la dichiarazione della classe in una dichiarazione equivalente a `struct a`?

12.18 Creare una classe `Complesso` per la gestione dei numeri complessi (un numero complesso è costituito da due numeri reali `double`: parte reale e parte immaginaria). Le operazioni da implementare sono le seguenti:

- una funzione `stabilire()` che inizializzi un oggetto di tipo `Complesso`
- una funzione `stampare()` che visualizzi un oggetto di tipo `Complesso`
- Due funzioni `aggregare()` (sovraccaricate) rispettivamente per aggiungere un `Complesso` a un altro e per aggiungere due componenti `double` a un `Complesso`.

12.19 Creare una classe `vettore` che svolga i seguenti compiti:

- Creare un vettore semplice che contenga zero o più elementi di un certo tipo.
- Creare un vettore vuoto.
- Aggiungere elementi al vettore.
- Determinare se il vettore è vuoto.
- Determinare se il vettore è pieno.
- Accedere a ogni elemento del vettore e svolgere qualche azione su di essi.

12.20 Implementare una classe `Random` per generare numeri pseudoaleatori.

12.21 Implementare una classe `Data` con membri dato per il mese, il giorno e l'anno. Ogni oggetto di questa classe costituisce una data, che rappresenta il giorno, il mese e l'anno come interi (giorno `g`, mese `m` e anno `a`). Si deve includere un costruttore di default, un costruttore di copia, funzioni di accesso, una funzione `reset(int g, int m, int a)` per reimpostare la data di un oggetto, una funzione `avanzare(int g, int m, int a)` per far avanzare la data e una funzione `stampare()`. Utilizzare una funzione di utilità `normalizzare()` che assicuri che i membri dato stiano nell'intervallo corretto $1 \le$ `a`, $1 \le$ `m` ≤ 12, `g` $\le$ `giorni(Mese)`, dove `giorni(Mese)` è un'altra funzione che restituisce il numero di giorni di ogni mese.

12.22 Ampliare il programma precedente in modo che possa accettare anni bisestili. *Nota*: un anno è bisestile se è divisibile per 400 o se è divisibile per 4, ma non per 100. Ad esempio, gli anni 1992 e 2000 sono bisestili, ma 1997 e 1900 non lo sono.

12.23 Definire una classe `Razionale` che rappresenti i numeri razionali (frazionari). I membri privati saranno il numeratore e il denominatore della frazione, e nella parte pubblica bisogna avere almeno le seguenti funzioni membri: `assegnare`, `convertire`, `invertire`, `stampare`, che svolgeranno le seguenti operazioni: assegnare i valori dei parametri a numeratore e denominatore rispettivamente (per esempio, 22/7); convertire in decimale il numero razionale (per esempio, 3.14286); calcolare l'inverso della frazione (per esempio, 7/22) e, infine, visualizzare la frazione (per esempio 22/7, 6/15 ecc.).

12.24 Implementare una classe `Punto` che rappresenti i punti in tre dimensioni (`x`, `y`, `z`). Includere un costruttore di default, un costruttore di copia, una funzione `negare()` che trasformi il punto nel suo contrario (negativo), una funzione `norma()` che ritorni la distanza del punto dall'origine `(0,0,0)` e una funzione `visualizzare()`.

12.25 Implementare una classe `Ora`. Ogni oggetto di questa classe rappresenta un'ora specifica di un giorno, immagazzinando le ore, i minuti e i secondi come interi. Includere un costruttore, funzioni di accesso, una funzione `avanzare()` per avanzare (anticipare) l'ora attuale di un oggetto esistente, una funzione `reset` per azzerare l'ora attuale di un oggetto esistente e una funzione `visualizzare()`.

12.26 Implementare una classe `Persona` che rappresenti i dati personali di una persona. I membri dati devono includere il nome della persona, la data di nascita e l'anno di laurea. Si deve includere un costruttore di default, un distruttore, funzioni di accesso e una funzione di visualizzazione.

12.27 Implementare una classe `Stringa`. Ogni oggetto della classe rappresenta una stringa di caratteri. I membri dato sono la lunghezza della stringa e la stringa di caratteri attuale. Inoltre, si devono aggiungere costruttori, distruttori, funzioni di accesso e funzioni per visualizzare, nonché una funzione `carattere(int i)` che restituisca il carattere posto nell'indice `i` della stringa.

12.28 Implementare una classe `Matrice` 2×2 che includa un costruttore di default, un costruttore di copia, una funzione `inversa()` che restituisce l'inverso della matrice, una funzione `det()` che ritorna il determinante della matrice, una funzione logica (boolean) `DetZero` che ritorni `true` o `false` (a seconda che il determinante sia zero oppure no) e una funzione `visualizzare()`.

Capitolo 13

13.1 Definire una classe base `persona` che contenga un'anagrafica generale comune a tutte le persone (nome, indirizzo, data di nascita, sesso, ecc.). Progettare una gerarchia di classi che contempli le classi seguenti: `studente`, `impiegato`, `studente_impiegato`. Scrivere un programma che legga un file di informazione e crei un vettore di persone: a) generale; b) studenti; c) impiegati; d) studenti impiegati. Il programma deve permettere di ordinare alfabeticamente le persone per cognomi.

13.2 Implementare una gerarchia `Libreria` che abbia almeno una dozzina di classi (collezioni di libri di letteratura, scienze, tecnologia, ecc).

13.3 Progettare una gerarchia di classi che utilizzi come classe base una classe LAN (rete di area locale). Le sottoclassi derivate devono rappresentare diverse topologie, come stella, anello, bus e hub. I membri dati devono rappresentare proprietà come il supporto di trasmissione, il controllo di accesso, il formato dei dati, lo standard, la velocità di trasmissione, ecc. Si vuole simulare l'attività dei nodi di questa LAN. La rete consiste di nodi, che possono essere dispositivi, quali personal computer, workstation, macchine FAX, ecc. Un compito principale della LAN è quello di supportare le trasmissioni dei dati tra i suoi nodi. L'utente del processo di simulazione potrà svolgere le seguenti operazioni:

- Enumerare i nodi attuali della rete LAN.
- Aggiungere un nuovo nodo alla rete LAN.
- Togliere un nodo dalla rete LAN.
- Configurare la rete, fornendole una topologia a stella o bus.
- Specificare la dimensione dei pacchetti, ovvero il numero di byte che si trasferiscono da un nodo all'altro.
- Inviare un pacchetto da un nodo a un altro.
- Diffondere un pacchetto da un nodo a tutti gli altri nodi della rete.
- Realizzare statistiche della LAN, quali il tempo medio che impiega un pacchetto per essere trasferito.

13.4 Implementare una gerarchia `Impiegato` di un qualunque tipo di impresa. La gerarchia deve avere almeno quattro livelli, con ereditarietà di membri dato e metodi. I metodi dovranno permettere di calcolare gli stipendi, promuovere, licenziare, mandare in pensione, ecc. I metodi devono consentire anche di calcolare gli aumenti di stipendio degli `Impiegati` in base alla loro categoria e ruolo. La gerarchia potrà essere utilizzata per fornire differenti tipi di accesso agli `Impiegati` per almeno quattro tipi di accesso.

13.5 Implementare una classe `Automobile` dentro una gerarchia ad ereditarietà multipla. Si consideri che oltre ad essere veicolo, un'automobile è anche una comodità, uno status symbol, un mezzo di trasporto, eccetera. `Automobile` deve avere almeno tre classi base e tre classi derivate.

13.6 Scrivere una classe `FigGeometrica` che rappresenti figure geometriche, quali il punto, la linea, il rettangolo, il triangolo e altro. Deve fornire i metodi che permettano di disegnare, ampliare, spostare e distruggere tali oggetti. La gerarchia deve includere almeno una dozzina di classi.

13.7 Implementare una gerarchia di tipi numerici che estenda i tipi di dato fondamentali come `int` e `float`, disponibili in C++. Le classi da progettare possono essere `Complesso`, `Frazione`, `Vettore`, `Matrice`, ecc.

13.8 Implementare una gerarchia di ereditarietà di animali che contenga almeno sei livelli di derivazione e dodici classi.

13.9 Progettare la seguente gerarchia di classi:

Persona
nome
età
visualizzare()

Studente		*Professore*	
nome	ereditato	nome	ereditato
età	ereditata	età	ereditata
id	definito	salario	definito
visualizzare()	ridefinito	visualizzare()	ereditata

Scrivere un programma che manipoli la gerarchia delle classi, legga un oggetto di ogni classe e lo visualizzi

a) senza utilizzare funzioni virtuali

b) utilizzando funzioni virtuali

13.10 Il seguente programma mostra le differenze tra le chiamate a una funzione virtuale e a una normale.

```
#include <iostream>
class Base {
public:
  virtual void f() { cout << "f():
  classe base!" << endl; }
  void g() { cout << "g():classe base!"
    << endl; }
};
class Derivata1:public Base {
public:
  virtual void f() { cout <<"f():classe
  Derivata!"<< endl; }
  void g() { cout << "g():classe
    Derivata!" << endl; }
};
class Derivata2 : public Derivata1 {
public:
  virtual void f() {cout << "f():classe
  Derivata2!"endl;}
  void g() {cout << "g():classe
    Derivata2!" << endl;}
};
void main()
{
  Base b;
  Derivata1 d1;
  Derivata2 d2;
  base *p = &b;
  p ->f();
  p -> g();
  p= &d1;
  p ->f()
  p ->g();
  p=&d2;
  p ->f();
  p ->g();
}
```

Qual è il risultato dell'esecuzione di questo programma? Perché?

Capitolo 14

14.1 Definire due template di funzione `min()` e `max()` che restituiscano il minore e il maggiore di due valori.

14.2 Scrivere un programma che utilizzi le funzioni template dell'esercizio precedente per calcolare i valori massimi di coppie di `int`, di `double` e di `char`.

14.3 Definire un template di classe che possa immagazzinare un piccolo database di documenti.

14.4 Scrivere un programma che utilizzi il template dell'esercizio precedente per creare un oggetto della classe database.

14.5 Definire un template di funzione `tscambio` che scambi due variabili di qualunque tipo.

14.6 Definire una classe template per le pile.

14.7 Come si implementano le funzioni generiche in C++? Fare un confronto con i template di funzione.

14.8 Dichiarare un template di funzione `gsort` per ordinare gli array.

14.9 Definire un template di funzione che restituisca il valore assoluto di qualunque tipo di dato riceve come argomento.

14.10 Definire una funzione template `max()` che lavori con i tipi di dato predefiniti.

Capitolo 15

15.1 Quali sono gli operatori di inserimento ed estrazione? Qual è la loro missione?

15.2 Spiegare le differenze tra i formati di `cin.get()` e `cin.getline()`.

15.3 Creare un programma che scriva nei quattro oggetti `iostream` standard: `cin`, `cout`, `cerr` e `clog`.

15.4 Scrivere un programma che chieda all'utente di introdurre il suo nome completo e, poi, lo visualizzi sullo schermo.

15.5 Scrivere un programma che utilizzi le funzioni `setf()`, `fill()` e `width()` e produca il seguente output formattato:

Capitolo 5	Classi	300
Capitolo 6	Ereditarietà	325
Capitolo 7	Flussi	355

15.6 Scrivere il codice per ciascuno dei seguenti casi:

a) Stampare l'intero 12345 in un campo di 12 cifre allineate a sinistra.

b) Stampare 3.14159 in un campo di 12 cifre con zeri precedenti.

c) Leggere un intero in decimale e stamparlo in ottale.

d) Leggere un intero in esadecimale e stamparlo in decimale.

15.7 Scrivere una funzione `set_width(int w)` che imposti la larghezza del campo a `w` colonne con `cout`.

15.8 Scrivere un codice C++ che legga una riga di testo e faccia l'eco della riga cancellando tutte le lettere maiuscole.

15.9 Aprire un file di testo, leggerlo riga per riga in un array di caratteri e scriverlo di nuovo in un altro file.

15.10 Copiare un file, in modo binario, carattere per carattere.

15.11 Scrivere un programma che legga un numero arbitrario di interi da un file che ha il seguente formato:

8
7
6
5
4
3
2
1

15.12 Scrivere un programma che legga un testo dalla console e lo immagazzini in un nuovo file di testo con il nome `miofile.txt`. Il nuovo file deve avere la stessa struttura di righe del testo scritto sulla console. Inoltre, le lettere minuscole devono essere convertite in maiuscole.

15.13 Si dispone di un file `telefono.txt`, con nomi e numeri di telefono ordinati in ordine alfabetico. Scrivere un programma che aggiunga un nuovo elemento nella rubrica. Il programma deve leggere un nome e un numero di telefono della nuova persona dalla console e, poi, inserire questa informazione nel posto corretto del file, in modo che rimanga ordinato. *Suggerimento*: utilizzare un file temporale.

15.14 L'informazione su un insieme di persone è immagazzinata in un file binario per propositi statistici. L'informazione immagazzinata per ogni persona è il nome, l'altezza, la taglia delle scarpe, l'età e lo stato civile. Al fine di processare i dati, bisogna conoscere il sesso di ogni persona, anche se questa informazione non si include nel file. Scrivere un programma che legga il file e crei due nuovi file, uno per le donne e l'altro per gli uomini. Per ogni persona, il programma deve chiedere all'operatore se è uomo o donna.

15.15 Scrivere un programma che permetta di creare un database dei libri di una libreria, nonché di calcolare e stampare il valore totale dell'inventario. I campi di ogni libro devono includere il titolo, l'autore, l'ISBN, il prezzo, la quantità e l'editore.

Capitolo 16

16.1 Scrivere una funzione che calcoli il numero di nodi di una lista concatenata.

16.2 Scrivere una funzione che elimini l'*n*-esimo elemento da una lista.

16.3 Scrivere il codice che mostri se una lista concatenata è vuota.

16.4 Scrivere il frammento di codice che crei la lista concatenata con i dati 1, 2...20.

16.5 Scrivere una funzione che conti il numero di volte che una determinata chiave si ripete in una lista sequenziale.

16.6 Scrivere un algoritmo che legga una lista di numeri interi in input, crei una lista concatenata con tali numeri e stampi il risultato.

16.7 Scrivere un algoritmo che accetti una lista concatenata, l'attraversi e restituisca il dato del nodo con il valore minore.

16.8 Scrivere un programma che scambi due nodi di una lista concatenata. I nodi si identificano per numeri e si passano come parametri. Ad esempio, per scambiare i nodi 5 e 8, si deve invocare `scambio(5, 8)`. Se lo scambio si realizza con successo, si restituisce vero; se si produce un errore, come un numero di nodo non valido, si restituisce falso.

16.9 Scrivere un programma che legga un file e crei una lista concatenata. Una volta creata, la lista viene visualizzata sullo schermo. Si può utilizzare qualunque struttura dati, sempre che abbia un campo chiave e dati. Due casi: una lista di CD musicali oppure una agenda di numeri di telefono.

16.10 Supponiamo di avere una lista concatenata nella quale i dati di ogni elemento contengono un intero. Scrivere una funzione per determinare se la lista è ordinata.

16.11 Scrivere un programma che legga una lista di studenti da un file e crei una lista concatenata. Ogni entrata della lista concatenata deve avere il nome dello studente, un puntatore al successivo studente e un puntatore a una lista concatenata di votazioni. Ad esempio, cinque votazioni per ogni studente.

16.12 Scrivere un programma che crei un array di liste concatenate.

16.13 Scrivere un programma che sommi e sottragga polinomi. Ogni polinomio si rappresenta come una lista concatenata. Il primo nodo della lista rappresenta il primo elemento del polinomio, il secondo nodo rappresenta il secondo elemento e così via. Ogni nodo contiene tre campi. Il primo campo è il coefficiente del termine; il secondo campo è la potenza del termine (l'esponente) e il terzo campo è un puntatore al termine successivo. Esempio: se un termine è $5x^4$ la sua rappresentazione nel nodo sarebbe

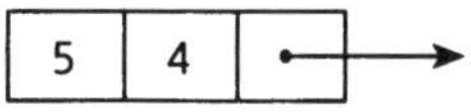

e un polinomio $2x^3 - 7x^2 + 3x$

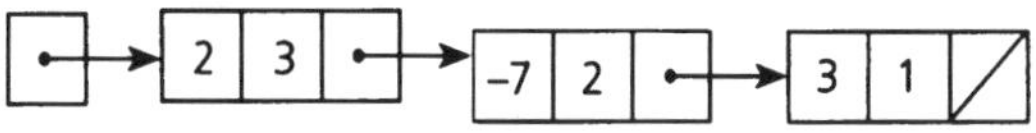

Esempio

p1: $5x^4 + 8x^3 - 9$

p2: $2x^3 - 7x^2 + 5x$

p1 + p2: $5x^4 + 10x^3 - 7x^2 + 5x - 9$

16.14 Un vettore disperso è quello che ha parecchi elementi nulli. Scrivere un programma che permetta di rappresentare tramite liste un vettore disperso e consenta di svolgere le seguenti operazioni:

- Somma di due vettori dispersi.
- Prodotto scalare di due vettori dispersi.

16.16 Data una lista doppiamente concatenata di numeri interi, scrivere il programma per ordinare la detta lista in ordine crescente.

16.17 Scrivere una funzione che prenda una lista concatenata di interi e inverta l'ordine dei suoi nodi.

16.18 Si dispone di una lista doppiamente concatenata ordinata con chiavi ripetute. Progettare una funzione di inserzione di una chiave nella lista in modo tale che, se la chiave si trova già nella lista, essa venga inserita alla fine di tutte quelle che hanno la stessa chiave.

16.19 In una lista semplicemente concatenata `L` si trovano nomi di persone ordinati alfabeticamente. Partendo dalla lista `L`, creare una lista doppiamente concatenata `LL` di forma tale che il puntatore di inizio della lista punti alla posizione centrale. Si presuppone che la posizione centrale sia il nodo che occupa la posizione $n/2$, essendo n il numero di nodi della lista.

16.20 Scrivere un programma che legga un testo di lunghezza indeterminata e produca come risultato la lista di tutte le parole differenti contenute nel testo, nonché la loro frequenza di apparizione.

16.21 Utilizzare una lista concatenata per controllare una lista di passeggeri di una compagnia aerea. Il programma principale deve essere controllato tramite menu; deve permettere all'utente di visualizzare i dati di un determinato passeggero, visualizzare la lista completa, creare una lista, inserire un nodo, cancellare un nodo e sostituire i dati personali di un determinato passeggero.

16.22 Disegnare una funzione che inserisca dei nodi in determinate posizioni di una lista concatenata. Ripetere l'operazione per il caso di lista doppiamente concatenata.

Costruire un programma che gestisca una lista doppiamente concatenata che deve rimanere ordinata durante l'esecuzione del programma.

Capitolo 17

17.1 Descrivere due possibili applicazioni delle pile nei programmi dei computer.

17.2 Qual è l'output di questo frammento di codice (tipo di dato = `int`):

```
Pila p;
int x = 5, y = 3;
p.Inserire(8);
p.Inserire(9);
p.Inserire(y);
x = p.Rimuovere();
p.Inserire(18);
x = p.Rimuovere();
```

```
p.Inserire(22);
while (!p.Pilavuota())
{
  y = p.Rimuovere();
  cout << y << endl;
}
cout << x << endl;
```

17.3 Scrivere i seguenti algoritmi di una pila per dati di tipo intero:

- `creare`
- `inserire`
- `rimuovere`
- `pila_vuota`
- `pila_piena`
- `cima_pila`
- `lunghezza_pila`
- `liberare_memoria_pila`

17.4 Siano `P1` e `P2` due pile vuote di interi. Disegnare uno schema che rappresenti le pile dopo le seguenti operazioni:

```
P1. Inserire (3);
P1. Inserire (5);
P2. Inserire (7);
P1. Inserire (9);
P2. Inserire (11);
P2. Inserire (13);
while (!P1.pilavuota ())
{
  P1. rimuovere (x);
  p2. rimuovere (x);
}
```

17.5 Scrivere una funzione

```
void CancellarePila (Pila& P);
```

che pulisca (cancelli) una pila. Perché è importante che `P` si passi per riferimento?

17.6 Descrivere due applicazioni delle code in un programma informatico.

17.7 Leggere 10 interi di un array e metterli in una pila. Stampare il vettore originale e poi la pila estraendo gli elementi.

17.8 Scrivere un programma che permetta di determinare se una parola o frase è palindroma. *Nota*: una parola è palindroma se può essere letta da sinistra a destra e viceversa; per esempio, *osso*. Nel caso di una frase si omettono i spazi. Esempio (in spagnolo): "Dabale arroz a la zorra el abad".

17.9 Scrivere una funzione `copiarePila` che copia il contenuto di una pila in un'altra. La funzione deve avere due argomenti di tipo pila, uno per la pila sorgente e l'altro per la pila destinazione.

17.10 Scrivere un programma che inverta il contenuto di una pila.

17.11 Scrivere una funzione che verifichi se i contenuti di due pile sono identici.

17.12 Scrivere un programma che crei una pila a partire da una coda.

17.13 Scrivere un programma che comprima una stringa di caratteri, cancellando tutti i caratteri vuoti.

17.14 Data una coda di interi, scrivere un programma che elimini tutti gli interi negativi senza cambiare gli altri elementi della coda.

17.15 Scrivere un programma che inverta il contenuto di una coda.

17.16 Scrivere un programma che verifichi i contenuti di due code e restituisca vero se sono identiche e falso in caso contrario.

17.17 Scrivere un codice per creare una lista concatenata che descriva una coda di tre macchine. Per ogni macchina si devono immagazzinare numero e anno di immatricolazione, marca e modello.

Capitolo 18

18.1 Si converta la seguente funzione iterativa ricorsiva; la funzione calcola il valore approssimato di *e*, base dei logaritmi naturali, sommando la serie

$1 + 1/1! + 1/2! + \ldots + 1/n!$

fino a che i termini da aggiungere non saranno più significativi con l'approssimazione desiderata:

```
float loge()
{
  float enl, delta, fact;
  int n;
  enl = 1.0;
  n = 1;
  fact = 1.0;
  delta = 1.0;
  do
  {
    n++;
    fact * = n:
    delta = 1.0 / fact;
  } while (enl != enl + delta);
  return enl;
}
```

18.2 Spiegare perché la seguente funzione può restituire un valore sbagliato:

```
long fattoriale(long n)
{
  if (n == 0 || n == 1)
    return 1;
  else
    return n * fattoriale (--n);
}
```

18.3 Qual è la sequenza numerica generata dalla seguente funzione ricorsiva?

```
long f(int n)
{
  if (n == 0|| n == 1)
    return 1;
  else
    return 3 * f(n - 2) + 2 * f(n - 1);
}
```

18.4 Scrivere una funzione ricorsiva `int lungstr(char s[])` per calcolare la lunghezza di una stringa. *Suggerimento*: condizione di terminazione `s[] == 0` (stringa vuota).

18.5 Progettare la funzione ricorsiva per produrre la sequenza delle permutazioni di una lista di numeri.

18.6 Scrivere una funzione ricorsiva che calcoli la funzione di Ackermann:

$A(m, n) = n + 1$	se $m = 0$
$A(m, n) = A(m - 1, 1)$	se $n = 0$
$A(m, n) = A(m - 1, A(m, n - 1))$	se $m > 0$ ed $n > 0$

18.7 Qual è la sequenza numerica generata dalla seguente funzione ricorsiva?

```
int f(int n)
{
  if (n == 0)
    return 1;
  else if (n == 1)
    return 2;
  else
    return 2*f(n - 2) + f(n - 1);
}
```

18.8 L'elemento massimo di un array di `n` interi si può calcolare ricorsivamente. Definire la funzione

```
int max(int x, int y);
```

che restituisce il maggiore di due interi `x` ed `y`. Definire la funzione

```
int maxarray(int a[], int n);
```

che utilizza la ricorsione per trovare il valore massimo degli interi `a[]`.

tappo: `n == 1`
passo: `maxarray = max (max(a[0] ... a[n-2]), a[n-1])`

18.9 Scrivere una funzione ricorsiva che calcoli il numero di combinazioni di *m* elementi in classe *n*.

$$C(m, n) = \frac{m!}{n!\,(m-n)!}$$

18.10 Scrivere una funzione ricorsiva che restituisca `true` se e solo se le viene passata come argomento una stringa contenente una frase palindroma.

18.11 Quello delle "otto regine" è un classico problema che consiste nel porre otto regine su una normale scacchiera in modo che nessuna sia sotto scacco di un'altra. Scrivere un programma che contenga una funzione ricorsiva per risolvere questo problema. *Suggerimento*: proposta per enumerare le caselle di una scacchiera.

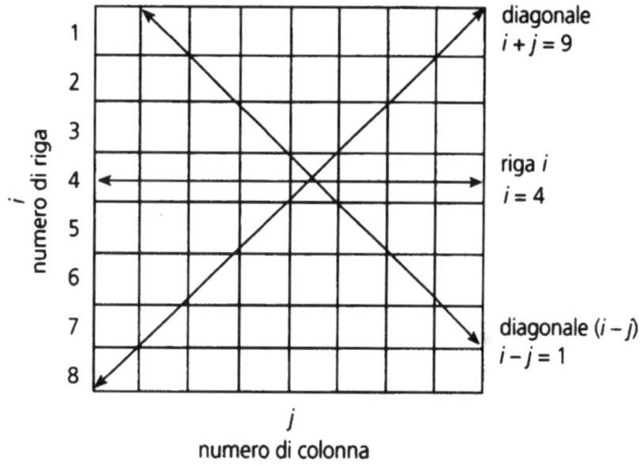

18.12 La somma dei primi `n` numeri interi è data da:

`1 + 2 + 3 + ... + n = n(n + 1)/2`

inizializzare l'array `a[]` con i primi 50 interi. La media degli elementi del vettore è 25.5. Verificarlo con la funzione ricorsiva `media (media(float a[], int n))`.

Capitolo 19

19.1 Scrivere un programma che processa un albero binario i cui nodi contengono caratteri; le funzioni sono le seguenti:

`I` (seguito da un carattere)	: Inserisce un carattere
`B` (seguito da un carattere)	: Elimina un carattere
`RE`	: Visita inordine
`RP`	: Visita preordine
`RT`	: Visita postordine

19.2 Scrivere una funzione che accetta un albero in input e restituisce il numero dei suoi nodi.

19.3 Progettare una funzione iterativa che cerchi un elemento in un albero binario di ricerca.

19.4 Dato un albero binario di elementi di tipo `int`, scrivere le funzioni che calcolino

a) la somma dei suoi elementi

b) la somma dei suoi elementi che sono multipli di 3

19.6 Scrivere una funzione booleana che prende in input due alberi e restituisce `true` se e solo se essi sono identici.

19.5 Scrivere una funzione booleana che prende in input due alberi e restituisce `true` se e solo se essi hanno elementi in comune.

19.7 Progettare un algoritmo iterativo che implementi le visite inordine, preordine e postordine.

19.8 Un albero binario di ricerca si può implementare mediante un array; il nodo nella i-esima posizione dell'array ha il figlio sinistro in posizione $2i$ e il figlio destro in posizione $2i + 1$. A partire da questa rappresentazione, progettare le funzioni per gestire l'albero (il cui numero di nodi sarà comunque limitato dalla dimensione dell'array).

19.9 Dato un file di testo, utilizzare un albero binario di ricerca come struttura ausiliaria per ordinare in senso ascendente le parole del testo.

19.10 Dato un albero binario di ricerca, scrivere una funzione che elenchi i suoi nodi in senso ascendente.

Capitolo 20

20.1 Scrivere una classe `Razionale` per i numeri razionali, cioè i numeri che possono essere rappresentati come coefficienti di due interi (1/2, 3/4, 4/2 ecc). Sovraccaricare i seguenti operatori in modo da farli applicare al tipo `Razionale`: . ==, <, <=, >, >=, +, -, * e /.

20.2 Data la classe `Complesso` introdotta in questo capitolo, sovraccaricare i seguenti operatori in modo da farli applicare al tipo `Complesso`: =, +, -, *, >> e <<. Si ricorda al riguardo che il prodotto di due numeri complessi è dato dalla seguente formula:

$(a + b*i) * (c + d * i) == (a * c - b * d) + (a * d + b * c) * i$

20.3 Scrivere una classe `Ora_giorno` che consenta di scrivere l'ora del giorno (in ore e minuti) nel formato 24 ore. La classe deve sovraccaricare gli operatori ++ e -- per incrementare ore e minuti.

20.4 Data la classe `Punto` introdotta in questo capitolo, sovrascrivere l'operatore - per calcolare la distanza di due punti.

20.5 Sovraccaricare gli operatori aritmetici per applicarli ai vettori.

20.6 Sovraccaricare gli operatori aritmetici per applicarli alle matrici.

20.7 Sovraccaricare tre operatori aritmetici per concatenare, staccare e confrontare le stringhe.

Capitolo 21

21.1 Il seguente programma che implementa un algoritmo di ordinamento base non funziona bene. Inserire le dichiarazioni nel codice del programma in modo da verificare se questo programma funziona correttamente. Scrivere il programma corretto.

```
#include <iostream>
void scambio(int x, int y)
{
  int aux = x;
  x = y;
  e = aux;
}
void ordinare (int 1[], int n)
{
  int i, j;
    for (i=0; i|=n; ++i)
      for (j=i; j|=n; ++j)
        if (1[j] < 1[j+1])
          scambio(1[j], 1[j+1]);
  }
main()
{
  int z[12]={14,13,8,7,6,12,11,10,
    9,-5,1,5};
  ordinare (z, 12);
  for (int i=0-; i<12; ++i)
      cout << <[i] <<+ \t';
  cout <<-"\ ordinato " << endl;
  }
```

21.2 Il seguente codice serve per definire e gestire eccezioni:

```
class stringa {
  char* s;
public:
  enum {minLong = 1, maxLong = 1000};
  stringa();
```

```
  stringa(int);
  ...
};
stringa::stringa(int lunghezza)
{
if (lunghezza < minLong || lunghezza >
  maxLong)
  throw (lunghezza);
s = new char [lunghezza];
if (s == 0)
  throw ("Fuori memoria");
}
...
void f(int n)
{
  try{
      stringa cad (n);
}
catch (char* Msgerr)
{
  cerr << Msgerr << endl;
  abort();
}
catch(int k)
{
  cerr << "Fuori rango:" << k << endl;
    if (stringa::maxLong);
  }
}
```

a) Che cosa succede se si eliminano le seguenti righe dalla funzione `f` e si invoca `f` con l'argomento 5000?

b) Che cosa succede se si cambia il costruttore con il seguente codice e si invoca `f` con l'argomento 5000?

```
stringa::stringa (int n) throw (char*)
{
  ...
}
```

Indice analitico

V

W

Finito di stampare
nel mese di gennaio 2008

Made in the USA
Monee, IL
05 November 2026

67977829R00378